革命文献与民国时期文献
保护计划

成 果

中国共产党早期新闻史史料汇编

第一卷

下

《中国共产党早期新闻史史料汇编》编写组　编

人民日报出版社
北　京

目录

解放日报

解放日报	时间	1942-11-28	期	第559期
			版	第2版

兴县民众集资开办纺织厂

【新华社晋西北二十六日电】由于政府奖励生产法令的颁布，与根据地之日渐繁荣，兴县民众集资创办纺织□［厂］者日多。有四个村子，已开设五处。每处均有织布机三四架。行署建设处为帮助其发展，除解决其工具原料问题外，并在技术上管理上加以指导。

【新华社晋西北二十六日电】兴县二区纺织业旧日即有成就，近二年来，在政府推动和帮助下，展开更速，全区会纺花妇女共七百四十五人，技术最高的每天可纺六两。最少能纺四两，纺纱一斤买棉半斤，值法币二十元。王三多的老婆，纺织技术很高，织布又快又好，每天能织三丈多，值工资法币二十元。另一个姓王的寡妇，有木机一架，在两天内可纺布一匹，自己织自己卖，每天可收入四十元，家中生活不仅过得去，还一天比一天好了。

晉西北行署三月工作方針

徵收公糧鞏固金融　貫澈精簡反對貪污

文抗學習黨風文件

同宜傳機關學習成績

如何改善優抗工作

（繼前）

興縣民眾　集資開辦紡織廠

太行各界　準備明年春耕

邊府貸款二百萬元

黨的生活

注意調劑區鄉幹部

農縣地主張助成違法典地　政府判決仍交原佃租種

王萬義努力生產　今年糧產增六倍

甘谷驛發起糧入會

延市按條例徵收完成任務　安塞一區規定「黨員秋徵紀律」

延市各工廠　競賽占題

關中大香山萬人廟會　政府進行防奸宣傳

邊保各單位　黨校　學習工作

延市府往縣府僱員　謀增福利

赴淡選購種羊　農林部派員

解放日报 | 时间 | 1942-12-1 | 期 | 第562期 | 版 | 第2版

康省举办地质矿产调查

【中央社成都二十九日电】康省府为开发西康宝藏，决举办全省地质矿产调查，先自宁属各地开始。矿质调查队，分头出发，预计明年十月完成。又该省铁矿藏量，现已调查竣事，统计全康铁矿已知藏量为三一六二万余吨，约占全国总存量百分之二，约占川滇黔桂四省藏量百分之八十。煤矿藏量为八六〇〇余万吨，且煤铁矿区适相邻近，尤为难得。

【中央社重庆二十九日电】自前四川省地质调查所所长李春曦转长中央地质调查所后遗缺由侯德封充任。现已到所视事，刻正积极推进四川矿产调查工作。又该所化验室以碳酸钾为防治鼠疫之重要药品，现正派员去川北大量采取重晶石以备作碳酸钾及纯咸。又该所以陪都附近二万五千分之一地质图，有关于各项工业建设，去年绘制未竟全功，今特由赵景德续未竟之工作。该所复在雷波发现铁矿。特派曹国权会同中央地质调查所王起翔，前任重勘，并详细研究该矿产状储量，闻曹等已赴雷波云。

關中實行精簡
調整組織合署辦公
改進國民教育工作

【本報關中廿八日電】澈底實現精兵簡政政策，關中分區已在開始進行。黨與保安科等，關合署辦公，行政工作與專署如何統一進行，正在研究計劃中。至於人員精簡與新的工作制度之建立，不久亦開始實行。此次住址遷移，各機關以及所有辦部沒有發生任何本位主義以及其他不良傾向。如遷移，關對於門窗紙張極關注意，沒有損毀一草一木，真正作到了「在遷移中不浪費一文錢，損壞一點東西」的號召。

吳堡縣委號召黨員
把整風學習心得運用到徵糧中去
重視調查作模範執行政策

西川苗鎮完小公地減租
影響地主自動退租
李某不切實減租受罰

一個被蹂躪的村莊

敵寇鐵蹄下的唐縣婦女

浙東敵寇到處掠奪資財

康省舉辦地質礦產調查

徵糧研究

調查的準備工作與宣傳的聯系

青年劇院黨風學習
幹部組織觀念加强
財經處整風學習結束

「大渡」成立五週年
舉行軍事體育比賽 展覽文化學習成績

滇省徵實已收一半

農林部積極推廣優良品種

边区铁厂试出炼铁数百斤

【关中讯】边区炼铁厂高炉试验，已得初步成绩。该厂在上月二十日前后试验炼铁三次，出纯生铁数百斤，矿石成分在百分之四十上下。所出生铁断面为麻口细粒组成，质量均好，能做翻砂之用。现因耐火材料不坚固，致炉壁破损多处，俟修理完竣再继续试炼。同时并进行小规模翻砂工作。

華池徵糧入倉
慶陽倉庫收糧日夜不停

高迎區某鄉評議員
多數公道作模範
驛馬關區三鄉羣衆揭發舞弊

邊區鐵廠
試出煉鐵數百斤

黨的生活

精簡中的幹部配備的問題
——鄭羣鋒同志的來信——

「西北」「新中國」兩商店合併
減少百餘人

陶室峪駐軍
即將開始整訓

延安華僑救國會
加強宣傳研究

邊區撥款四十萬元
補助合作社發展

河南等省災民紛來邊區
邊府通令各縣救濟
安置住所借給食糧工具

靖邊下季稅收任務完成
葭縣一緝私員拒絕受賄

延安商業
艾狄

桂行政會議
通過要案多件

菸類專賣
渝市實施菸價趨穩定
兩廣閩浙等省年內實施

軍委會規定
學生應服兵役

後方人士寒衣捐款
慰勞八路軍將士

國內簡訊

敵佔區同胞內遷
臨縣移居數十戶

太行响应赵占魁运动举行竞赛产量提高

劳动英雄纷纷涌现

【新华社太行四日电】集总某某工厂，配合政治攻势和响应延安赵占魁运动，进行热烈的生产竞赛。某某工厂，仅在二天内，便完成了十月份全月生产计划百分之一百四十二点六。有些工厂不但完成了生产计划，并在各种生产技术上，创造了不少新的发明。如某工厂过去只能用一次的模样工具，经过这次的改良，已可用七八次之多。此外在这次生产突击运动中，创造了许多敌后的赵占魁。如某工厂工友王绍堂同志，改进了工作方法，增加每人每日生产量四倍。某某工厂工友刘克勤同志，生产量超过预定数量的三倍。解聆森同志，一天生产量等于别人三天。常胜基同志一天可完成过去两天半的生产，全体工友今天都在“多出力气早胜利”的信念下，创造着生产战线上的新纪录。

GIEFANG RIBAO

解放日報

今日出版一大張 第五六七號 中華民國卅一年十二月六日

本期零售五角 每月二十元 三月卌四元 半年六十三元 全年一百七十元 社址：延安

斯城戰局新發展

南翼紅軍西渡頓河

連克居民地十一處

中路德寇反攻失敗

【合衆社莫斯科五日電】頃據訊：蘇聯軍先頭部隊突然自斯大林格勒西南新方向猛攻德軍……

劉師長五十壽辰

太行軍民籌備祝賀

【新華社太行四日電】本月十六日爲一二九師劉師長伯承將軍五十壽辰……

太平洋戰爭爆發一週年

蔣委員長發表談話

【中央社重慶五日電】十二月八日……

墨索里尼哀鳴

意兵譁變拒赴前綫

希姆萊將重赴意國

【新華社延安五日電】紅軍在斯大林格勒……

葉公超談

敵軍在緬集中北運

【中央社倫敦三日電】……

加爾各答僑胞

踴躍服兵役

社論

減租交租法令必須貫徹

陝甘寧邊區政府的減租交租法令，正在各地積極推行着。這個工作是十分重要的，它對於邊區農業生產和民衆生活的改進，對於邊區的民主建設，對……

太行響應趙占魁運動

舉行競賽產量提高

勞動英雄紛紛湧現

【新華社太行四日電】……

八路军印厂突击工作

【安塞讯】八路军印刷厂之党风学习业已结束。现开始自下而上的检查。该厂为了完成今年度的工作计划，特于本月三日召开全体职工大会，除检讨十一月份工作外，当即一致通过，排字股以十个人上架字，八个人拼版、改样、校“初校”，预定本月二十五日以前，排完七本书籍，全部字数计一百八十余万。其他如机器、装订等股一定要在年底将所排成之书籍，全部印装完成，决不留到□[明]年。又闻该厂为响应赵占魁运动决定于今年年底前选出模范劳动英雄，并举行给奖大会。

晉綏敵寇搶糧
離石大修囤糧倉庫
行唐敵強迫「灌倉」

甘泉安塞徵糧
部份提前入倉
黨員幹部起模範作用
子長進行第二次調查

甘泉楊永莊徵糧調查

八路軍印版 突擊工作

「徐堡」團 總結黨風學習

邊區租佃關係的特點與減租問題
庶

慶陽新堡區農會 執行減租交租法令 促進群衆生產事業

某團加緊學習 準備整編

西川民衆自動幫助駐軍

國內簡訊

川省名宿尹昌齡逝世

中央撥款百萬 急賑豫災

結束第一期工作 鄉學輔導團

全國郵政會議 舉行訓練報告

边区工厂提高生产

改进行政管理与技术设备，努力制造机器工具日用品

【本报讯】边区各工厂在生产第一的目标下，均□□[积极]作扩大数量与提高质量的努力。创造研究的空气弥漫各个工厂的各个角落。工程师和技师们，正力谋技术的改进；工人和学徒们，也各自尽着最大的力量，以求生产数量的提高，而工厂的机构与管理，也日趋于合理化中。新的机器、生产工具、日用必需品、布匹、毛织物、纸张和皮革，正以最大可能的速度生产着，以供应各方面的需要。机器厂机械总工程师沈鸿同志认为：能打胜仗的部队，就是好部队，能生产的工厂，才算好工厂，所以我们要强调生产。

【本报讯】机器厂沈总工程师最近为中央印刷厂设置油墨机一架，并无模样可资参考，乃全凭借学理与经验而创造者，经一部分工人三个月之工作，终于成功，据试用结果，所产之油墨质料颇细，今日印刷解放日报所用之油墨，即此机器出品。日前该厂又应振华纸厂之请，正为其设置铡草机与压浆机，压浆机将以旧汽车头为其动力。同时该厂并将出产若干化学品云。

【本报讯】农具工厂自后勤修理部并入后，生产力愈益提高，全体职工均在兴奋鼓舞中，忙于安置机器及制造成品。模范劳动英雄赵占魁更是笑逐□[颜]开、埋头劳动、一架巨大的蒸汽锅已经制成，若干轻工业机器，亦在加□赶制中，其所产织□铁机，品质颇佳，预计本月底可完成十部；还有钢质的洋锁、铁锅、农业生产工具及小手工业生产工具，均为□生产目标。闻医科大学与自然科学研究会，正请该厂为其制造医疗用具及科学仪器。徐厂长称：本厂之当前任务为训练熟练技术干部，出产有关金属的各种必需品，全厂职工热情很高，深信必能获得相当成绩云。

【本报讯】边区规模最大之纺织厂——难民工厂，虽然工人减少，而出品反见增加，精简效果由此可见。布每月平均产量为五百匹——六百匹（每匹

四十码），毛毡每月可制一千床——一千二百床。财政厅为提高质量，特规定有关之纺织工厂所织之布匹，凡洋经土纬，每一英寸保证三十七条以上，土经土□[纬]保证三十条以上，难民工厂工人均自信完成此项任务并不困难。该厂□政当局表示：质量已在逐步提高中，部分机器尚停闲未用，将来如需增加产量，只要增添工人与获得原料，即可将产品从现有数量提高一倍。

【本报讯】振华纸厂现为适应新的供给条件，特将甘泉分厂扩大，而将高桥川之本厂缩小。目前由于马兰草来源之困难，分厂每月产量为二百令，总厂七十令，现在正□高粱秆、麦秸、破布、麻等作为补助原料，试验之结果颇佳。以高粱秆所制之纸版，既省工，又经济，将减少印厂若干麻烦。最近所制之细纸，可以印书，虽不及白报纸，但已较前大进一步。待铡草机与压浆机制成后，其成产效率与质地定将随之提高。

【本报讯】兴华制革厂对皮革之试验已获相当成绩。在以硝、食盐、油、碱、青铜树皮、沙柳树皮及山茶树皮等物的泡制中，其质地柔软，颜色亦较美观，其所有造成品，与一两年前比较，显已提高一步。该厂目前之主要出品为皮鞋、皮衣、枪带、皮带、皮包等，而篮排球类亦有少量出产。

解放日報

中華民國三十一年十二月九日　第五七〇號　今日出版一大張

社址：延安　定價：每份五角　本期零售每月二十元

西北商店總店啓事

尋馬啓事

啓事

金隆貨棧 大光商店 聯合啓事

三五九旅騎兵大隊啓事

邊區工廠提高生產

改進行政管理與技術設備

努力製造機器工具日用品

晉西北敵佔區人民

自動繳公糧

截擊敵人搶糧

晉西北民兵進行出動

武安涉縣 疫病流行

敵寇厲行「配給」

淪陷區同胞衣無食

盟機數百襲歐陸

英美進攻北歐之可能性

柏林人士首次公開討論

榮祥過延赴渝

紅軍追敵後退數公里

斯城西北德反攻不逞

爾熱夫南蘇發動新攻勢

太平洋戰爭一週年

敵酋發表演說

憂慮美英反攻

鄭延卓抵西安

定日內返渝覆命

滬市新兩報

遭敵封閉

解放日报 | 时间 | 1942-12-12 | 期 | 第573期
| | | | 版 | 第1版

晋察冀工人生产热忱高涨

自动加工产量倍增

【新华社晋察冀十一日电】军区工业部各厂工人，生产热忱空前高涨。他们之中，出现了很多的劳动英雄，创造了许多生产新纪录。某厂于二十天完成了一月的计划。个别工人模范的例子，更是不胜枚举。如工人杨进文，刚来做工，不过三个月，现在技术已相当熟练；并且自动增工半班（每班八小时），因此他们生产成绩超出原来计划的二倍。杨鹏海原需八小时的生产量，他现在三小时内就超过了。其他许庆祥超过一倍半；贻芳廷超过一倍，傅瑞山一倍，安小山一倍。又如潘自厚不仅利用体力，抓紧时间努力工作；而且更运用脑力，细心研究，他为节省煤油，研究用木炭代替发动机的燃料，虽有不少次的失败，终于完成了他的任务。现在厂中生产数量不仅提高，而且成本也比过去减低不少。

解放日報

今日出版一大張　第五七三號　中華民國卅一年十二月十二日

社址：延安　半年六十三元　全年一百七十元　三月卅四元　每月十二元　每五角售零期本

推行總司令屯田政策

三五九旅製定計劃

明年全旅種地三萬九千畝

一本十利可收一千餘萬元

【本報特訊】根據推行朱總司令屯田政策的模範——三五九旅，今年種地一萬一千八百〇八畝，部隊生活、部隊整訓、軍民關係等均大爲改善。該旅根據該旅已定出明年度農業生產計劃，根據過去的經驗，規定明年全旅擴大耕地至三萬九千畝。爲實現此計劃，須投資一百四十餘萬元。預計明年收穫，可得細糧五千二百石，草五百八十餘萬斤，僅此二項即值一千二百餘萬元，連同其他副產，幾乎一本十利。茲將該旅明年農業生產計劃摘錄如下：

（一）怎樣組織部隊農業生產

一、本旅各團各部隊駐防區域，均有可耕土地，因此，規定每個伙食單位，按勞動力與土地情況組織農業生產。

二、每一伙食單位的農業生產，在隨軍環境中，百人以上的伙食單位，只須三個伙事員，故每個伙食單位可抽出伙事員六至七個身壯力健、熟有農業耕作經驗的同志，來專門從事耕種勞作。

三、各營生產，由副營長各連特務長，團旅生產顧問負籌劃監督之責，在春耕夏鋤秋收之際，組織指揮全體人員參加。

四、每一個戰鬥連隊的伙食單位，規定除解決全部蔬菜外，應種植地六百畝。

（二）一年之計在於春，今冬就要準備來春事

一、每一個伙食生產單位，須那些土地？山地多少？川地多少？熟地多少？荒地多少？須查調清楚，着重調查研究種什麼東西？下種、鋤草、收割時間須多少工？多少牲口等。

二、種地需要牛、犂，還需要其他農具，如鋤、鏟、鐝、鐮等，多需要先全準備好，其具體要求如下：每一個伙食生產單位，必須準備耕牛三頭，耕犂三孔，其他農具（如鋤、鐝等）共六十件。

三、不上糞的莊稼長不好，各單位務必收集所有人糞、牲畜糞、柴炭灰等，故應注重廁所、豬圈、羊圈、牛馬圈之管理，要求每畝地至少要上四担肥料，六百畝地要二四〇〇担肥料。許多地方有水沖、草根、[illegible]葉，均可製爲耕地燒灰。

以上計算，每個伙食單位須準備的東西是：

耕牛	三
耕犂	三
其他農具（件）	六〇
肥料（担）	二四〇〇

（三）要多少本錢？要多少工作日？

一、牛犂和其他農具，都須花錢買，或者花錢去做，錢就是本錢。此外還有肥料、種籽，六百畝地至少得用八百元錢。總計六百畝地得用本錢多少？請看下表。

六百畝地須用的本錢總算表

耕牛費	一二、〇〇〇
耕犂費	六〇〇
其他農具費	六、〇〇〇
肥料種子費	八〇〇
耕牛飼養費	二、七〇〇
合計	二二、一〇〇

註：（一）耕牛每頭係按四〇〇〇元計算；（二）耕犂每具按二〇〇元計算；（三）其他農具平均每件按一〇〇元計算；（四）耕牛飼養費按每頭每年九〇〇元計算。

二、從開荒播種，直到收打完畢，種六百畝地須要多少工作日？估計開荒播種需工五百個，製肥及施肥需工八百個，鋤草三次，需工一千八百個，收打需工四百五十個，總計共需三千五百五十個工作日，請看下表：

耕地播種	五〇〇
製肥及施肥	八〇〇
鋤草三次	一、八〇〇
收打	四五〇
合計	三、五五〇

附註：種六百畝地，六個伙事員專門從事生產，一年至少可以做一〇〇〇個工；三五五〇個工除掉一〇〇〇個經常工，還有二五五〇個工，每個伙食生產單位，按一〇〇人計算，那末每個人在一年中，須支付二五個工作日，從事農業生產。

（四）耕作物的種類，各類的收穫量

一、按土地狀況，須要適合種什麼糧食，一般應種穀、[illegible]、粟、高粱、包谷、豆類、[illegible]等。此外，還必須估計部隊本身的需要，種大小蔬，可解決打草鞋、做鞋的麻皮，燈油、食油。但在××、××的部隊，可多種綿花。1、×團可在××一帶植棉二百畝，估計每畝收花三十斤，總計可收花六千斤，按每斤五十元折價，則總可折款三十萬元。2、××營[illegible]除種六百畝糧食外，還須種二十畝綿花，估計可收花二千四百斤，折款十二萬元。

二、按每個地（三畝）平均產細糧四斗計算，則六百畝地可產細糧八十石，每石按一千二百五十元折價，則六百畝地產糧折款爲十萬元。

三、在六百畝地當中，估計作數（三百畝）是種穀子，每畝地產草按三百斤計算，則總計產草九萬斤，每斤草按一元折價，則六百畝地產草折款爲九萬元。

四、以上兩者折價合計，每個伙食單位少農業生產收穫，可值十九萬元。

爲實現此計劃，各團各部應根據此計劃後，立即召開生產委員會議，討論執行辦法，限期將本團、本部的總計劃及各個伙食單位的計劃（根據三年來自給菜蔬以外吃油、燈油、燒草、鞋用的麻皮等材料，加進自己的計劃中）作出，呈報旅部。

部隊除了從事農業生產外，還有八九個月的時間，可以進行教育訓練，所以在屯田任務中，同時提高部隊的軍事、政治、文化水平，加強部隊的戰鬥力，是完全可以實現的。

晉察冀工人

生產熱忱高漲

自動加工產量倍增

【新華社晉察冀十一日電】軍區工業部各廠工人，生產熱忱空前高漲。他們之中，出現了很多的勞動英雄，創造了許多生產新記錄。某廠於廿天完成了一月的計劃。個別工人模範的例子，更是不勝枚舉。如工人楊鳳文，剛來做工，不過三個月，現在技術已相當熟練；並且自動增工半班（每班八小時），因此他們生產成績超出原來計劃的二倍。楊鳳瀛原需八小時的生產量，他現在三小時內就超過了。其他許多超過一倍，傳瑞山一倍，安小山一倍。又如滑國厚不僅利用體力，抓緊時間努力工作，而且更運用腦力，細心研究，[illegible]研究用木炭代替發動機的燃料，雖有不少次的失敗，終於完成了他的任務。現在廠中生產數量不僅提高，而且成本也比過去減低不少。

滇西敵開始蠢動

騰衝寇北犯與我激戰

河內敵沿滇越路南段推進

【中央社重慶十一日電】據前線消息：（一）保山十一日電，滇緬路西一帶，騰衝敵最近增兵，六日由騰衝開始蠢動，以五六千之衆，分三路北犯，[illegible]向騰衝附近推進，我軍奮勇迎擊，戰事激烈。七日夜，敵復北進，未能得逞。刻仍在[…]

（二）保山十一日電，敵機一架，六日飛滇西上空偵察，被迫降落於某某地區。該機機件收已損壞。[…]

【中央社重慶十二日電】據越南消息：（一）越北河內敵分路出擾，均爲我擊退。[…]

深入整風學習

晉綏分局決定重新開始

【新華社晉西北十日電】爲了貫徹毛主席的號召，一元化的精神，使整風學習達到更進一步的深入，更徹底的實現，中共中央晉綏分局特決定於一九四三年一月一日起，從新學習整風文件。中共晉西北黨的整風學習運動，自晉綏分局成立後，[…]

因此規定自明年一月起，地委一級以上之幹部必須參加整風學習，縣級以下則按規定，閱讀整風文件。[…]如自願和有可能抽時間學習文件者，可自由學習。

斯城南郊紅軍突進

西北前綫雙方交相反攻

【新華社延安十二日電】蘇聯情報局公報稱：十二月九日夜，斯城西郊紅軍某部攻入德防線，佔領戰壕數處，殲敵官兵約二百人。一至十日，公報復稱：「工廠區小股紅軍攻之紅軍，[…]」

[…]

沂蒙區開始冬耕

【新華社山東十八日電】沂蒙區消息：沂蒙各區，現正開始冬耕運動，動員各家民力量，預防春荒。[…]（一）發動多種麥子，保證全區所有生產力參加投入冬耕運動中。（二）[…]（三）耕地除應優先幫助抗屬及烈屬外，[…]（四）提倡防災救荒，[…]

社論

積極推行「南泥灣政策」！

朱總司令從前方回延後，竭力提倡部隊實行工業、農業、運輸等方面的生產工作，以豐富的勞動力，投入有用的活動，以減輕人民負擔，改善部隊生活，密切軍民關係，增強團結，以克服物資困難，支持長期抗戰的一正確主張。朱總司令不但苦口婆心，[…]工作。當時，南泥灣曾是荒無人煙的地方，只能找到一個小廟作宿。但經過[…]是「南泥灣政策」成了屯田政策的名[…]

三五九旅是執行朱總司令屯田政策之下，全旅的生產熱潮是達到了空前的高潮，並展開生產競賽，[…]創最高紀錄。在各部隊中湧現了無數的[…]辛勤勞作，建築了千餘個窰洞，和[…]和棉蓆，供給了自己的需要，節省了公[…]

今年該旅的收穫是驚人的。全旅收糧[…]百十九隻，雞七四三隻，鴨一〇七隻，[…]本業一萬斤。

[…]產的成績，使部隊生活一天天的好起來了。他們節省了公家的糧食，在伙食方面，每人每天每人五錢油、一斤半菜，每餐時還常吃雞鴨大米。戰士們穿着自己勞動果實棉衣，蓋着新棉被、羊毛毯子。棉鞋、手套齊全。戰士們不僅有舒適的物質生活的保證，活躍的體育活動和文化生活。

生產已有成績的優良環境中，正是部隊整訓的好機會。賀師長說過「邊區部隊處後方環境，生產與教育任務，就是戰鬥任務。」王旅長也說過「我們現在的環境，對於整訓是空前的」，因爲部隊有着自己建築的營舍，自己生產的優良物質供給保證與集中守備的環境。該旅隨着計劃，在今年七、八、九、十四個月中，除進行農業生產外，曾利用時間進行軍事學術操練，教完隊列條令，練習投彈及射擊，進行特種部隊教育如通訊、偵察、炮工等。同時部及戰士之整風學習，上文化課以提高文化水平，該旅的戰鬥力和文化政治軍事的素養都[…]

[…]消息，該旅根據過去成績與經驗教訓，又擬訂了明年的農業生產任務。預計全旅各部隊明年種地三萬九千畝，生產細糧五千二百石，草五百八十餘萬斤。棉蔬生產之外，菜蔬全部自給自足的實行，花百餘萬元的本錢，將生產價值千餘萬元的農作物，它不僅可以供給部隊更多的使部隊整訓進行充實的物資保證，而且可以大大幫助邊區國民經濟之發展。

該旅今年的生產與整軍的成績，是邊區部隊足以自傲的，不但駐守邊區的十八集團軍其他部隊，而且也可以供全國許多友軍的參考，這是它無疑義的。本報特將該旅今年度的生產成績與經驗與訂定的明年度農業生產計劃介紹給大家。

在今年十月革命節本報特刊上，號召邊區各部隊實行朱總司令「南泥灣政策」說：「軍隊[…]，是必須而且能夠生產自給的。」解決了軍隊的困難，也就解決了根據地困難的主要[…]參加了根據地的建設。「在前方，拿起槍戰鬥，在後方，拿起鋤種地。」讓邊區[…]三五九旅一樣，執行朱總司令與賀師長的指示，在邊區各軍駐地，都建設起自己的「南泥灣」，克服物資困難，支持長期抗戰，爭取最後勝利。

解放日报	时间	1942-12-12	期	第573期
			版	第2版

葭县奖励模范纺织妇女

【葭县螅蜊峪讯】本联保模范工属高增汉同志之妻，深得广大妇女群众的热烈爱护，县务委员会及县党委特提出嘉奖。高增汉同志为本联保抗救支会主任，家中产业全无，仅一妻二儿，家属平时生活，除由公家给予部分救济粮以外全赖伊妻努力生产维持。她平日纺花织布，夏季又学蚕抽丝，养活一家三口，还自动地去帮助附近妇女□[群]众养习纺织，她常向人宣传纺织对公私都有利的道理，改变了群众过去认为“纺花织布是替公家尽义务”的错误观念。现在通镇第一保有二百多妇女受过她的纺织教育，这二百多人又在传授给其他的妇女。使这里的纺织□大大的开展。广大的妇女群众都团结在这位模范工□□[的]周围。今年二月间高增汉因调动工作，要移居别地。这□[消]息被传出后，成批男女纷纷到她家挽留，并凑起了五六垧土地，轮流给她代耕，又表示志愿在她的领导下，各人再分别在农村中进行义务教育，□[扩]展附近地区的整个纺织事业。

征粮运动中 涌现大批模范干部

葭县米脂党员为众表率

米葭秋征调查

桃镇区干部集七乡试办 发动群众揭穿谎报份子

市府竭力施救 外来难民受惠实深

米脂县务会

葭县奖励 模范纺织妇女

西川[illegible]会 讨论减租和安征粮

西川双湖峪 冬学普遍开学

党的生活

谈延市支部工作

延安市委组织部 郭鸿德

中研院开始检查工作

延县朱家沟工会 工作日有进展

日前总结工作商改进办法

延市两参议员确实报告 西区下村干部要私情

边区各厂表示 生产建设[illegible] 欢迎同志参加工作

北区[illegible]

唐县 [illegible]毛织业

同盟胜利公债 各省市顺利售募

交部人员失职 移付惩戒

延县朱家沟工会工作日有进展

日前总结工作商改进办法

【延安县讯】本县朱家工会于日前总结上届工会工作，兹摘要报道如下（一）工会之收获：在工会发动下，四个炭窑曾优待了四家抗属的经常燃料费用，并完成了一石六斗五升公粮，五百一十五斤之公盐。此外，民生、利华、新新、复兴四厂曾于“七七”慰劳□[拐]□医院残废军人，共捐慰问费一千二百一十四元。对于工人之利益，工会不时予以注意，曾拨大批款项以解决工友之疾病、失业等苦痛。在工会组织方面，能半月举行一次小组会，以商讨问题。而会员的数目已增加为一百一十名。（二）工会因为人力财力的缺乏，对于工友之帮助还不能做到尽善尽美；特别是对于工人之文化教育进行太少，而对于工友所发生之问题的解决，还嫌不够。其次在娱乐活动方面还没有设法解决，致使个别工人因得不到文化娱乐以自娱，往往影响煤窑治安。（三）此后工会工作当加强如下数端：（一）切实为工友谋利益；（二）加强对于工友之教育，以纠正不良习惯；（三）进行整理和登记工作，并吸收新的会员；（四）响应政府关于增加生产之号召。

徵糧運動中 湧現大批模範幹部

霞段米幹部質對爲衆表率

米脂秋徵調查

桃鎮區幹部集七鄉試辦 發動羣衆揭穿謊報份子

市府竭力施救 外來難民受惠實深

米脂縣務會 出版訊列物

葭縣獎勵 模範紡織婦女

中研院 開始檢查工作

西川鎮大鄉議會 討論減租治安徵糧

西川雙湖峪 冬學普遍開學

黨的生活

談延市支部工作

延安市委組織部長 郭鴻德

延縣朱家溝工會 工作日有進展

目前總結工作商改進辦法

【延安縣訊】本縣朱家溝工會於日前總結上期工會工作，茲摘要敘述如下（一）工會之收穫：在工會發動下，四個炭窯對待了四家抗屬的經常燃料費用，計完成了一石六斗五升公糧，五百一十五斤之公鹽。此外，民生、利華、新新、復興四廠分給「七七」慰勞捐及醫院之傷病人，共捐獻開資一千二百一十四元。對於工人之利益，工會不時予以注意，曾將大批款項以解決工友之疾病、失業等苦痛。在工會組織方面，能半月舉行一次小組會，以商討問題。現會員的數目已增加爲一百一十名。（二）工會因爲人力財力的缺乏，對於工友之幫助還不如做到盡善盡美；特別是對於工人之文化教育進行太少，而對於工友所發生之問題的解決，還嫌不夠。於文化娛樂活動方面還沒有該法解決，致使個別工人因得不到文化娛樂以自娛，作詐影響煤窯治安。（三）此後工會工作當加強如下各點：（一）切實保工友之利益；（二）加強對於工友之教育，以糾正不良習慣；（三）進行整頓和登記工作，並吸收新的會員；（四）響應政府關於增加生產之號召。

全國禁煙 節約獻金

延市參議員確實報糧

西區下溝村幹部要私情

邊區各廠表示 生產建設更行擴充

歡迎同志參加工作

唐縣 毛紡業

同盛勝利公債 各行南興利儲券

交部人員失職 移付懲戒

菸類專賣

解放日报	时间	1942-12-12	期	第573期
			版	第2版

唐县发展毛织业

【新华社晋察冀九日电】唐县县府实业科，为了开展毛织业，近成立了毛织厂，每天一个弹花□能弹二十条的毛絮，这些毛絮，雇老乡捻成毛线，织成毛手套、毛袜子和毛衣。所以在唐县花十块钱，就可以买到一斤毛线。如果买一斤半毛线，再花四五块钱，雇妇女们打一打，就可以穿上很暖和的毛衣了。这样不但可以解决布匹、棉花的供给缺乏，并且还可以提倡家庭副业。在毛织厂附近的妇女们，一天纺一斤毛线，可赚两元钱的工钱；两天织一件毛衣，可得四五元的工钱，对老乡的生活上，起了很大的帮助。最近□[更]计划添置□[机]器，改良技术，帮助老乡学会纺织毛线，并且还计划着更进一步的织毛毡和粗的毛呢。

徵糧運動中湧現大批模範幹部

米脂印斗區幹部紛紛自動多負担 (實質上幾)

鄉幹部帶頭為群衆表率

【本報訊】據息：本縣幹部在動員徵糧中，不斷地湧現[illegible]積極分子，他們以身作則，帶頭為群衆表率。[illegible]今年收穫量的百分之二十[illegible]

【[illegible]訊】[illegible]

米脂秋徵調查

桃鎮區幹部集七鄉試辦

發動羣衆揭穿謊報份子

【本報米脂訊】[illegible]

市府竭力施救　外來難民受惠實深

【本市訊】[illegible]

米脂縣務會出版訊刊物

【[illegible]訊】[illegible]

西川雙湖峪冬學普遍開學

【西川訊】[illegible]

黨的生活

談延市支部工作

延安市委組織部長　郭鴻德

[illegible]

葭縣獎勵模範紡織婦女

【葭縣訊】[illegible]

西川鄉擴大區委會討論減租冶安徵糧

【西川訊】[illegible]

中研院開始檢查工作

【本報訊】中央研究院[illegible]

全國黨員節約獻金

【中央社重慶十二日電】[illegible]

延縣朱家溝工會工作日有進展

日前總結工作商改進辦法

【延安縣訊】[illegible]

延市瀉參議員確實報糧

西區下瀉村幹部要私情

【本報訊】[illegible]

邊區各廠表示生產建設啟行擴充

歡迎同志參加工作

【本報訊】[illegible]

北關[illegible]制定優待抗屬代耕辦法

【新華社晉察冀十日電】[illegible]

唐縣發展毛織業

【新華社晉察冀九日電】[illegible]

同盟勝利公債各省市展開勸募

【中央社重慶十一日電】[illegible]

菸類專賣

財部在積極籌理

【中央社重慶十日電】[illegible]

交部人員失職移付懲戒

【中央社重慶九日電】[illegible]

解放日报 | 时间 | 1942-12-17 | 期 | 第578期
版 | 第2版

绥德分区民间纺织年可产布三十万匹

土布公司成立解决群众困难

【本报绥□[德]十五日电】绥德分区的纺织事业实为陕北最发达之区，尤其是近三年来的发展，更为突飞猛进。据记者调查所得材料，警区五十万人民的生活，除农业外，主要靠手工业尤其是纺织业来补助；现在绥德、吴堡、清涧及米脂等县，几乎家家都有纺织。□手拉机已由零架增至五百余架，织机由数架增至六千余架，每年计约产布三十三万匹以上，以目前市价计，年产总值为二万万元左右，其中棉花等原料支出不超过六千万元，分区人民年可收入一万万四千万元，直接间接的分配给纺织妇女、小工厂和经营原料布匹的商人或小贩，在改善人民生活与增强抗战力量上，起了很大的作用。目前警区纺织业的中心问题是打破原料的困难，改进土纱代替洋货，提高布匹质量，奖励成绩优良者，统一标准等。月来因棉花价涨，土布价跌，纺织业大受影响，纺织机因利少资缺而停顿者约二分之一，此实值得注意。最好方法为政府举行贷款，以渡难关。

【本报绥德十三日电】土布公司筹备已久，现正式开幕。已有公私商家五十余户入股。在该公司开幕之日，该公司经理对记者称：土布公司于筹备之日起，即开始与人民订布订纱，先约原料，每匹定价工资五十元，现收得布千余疋，纱七千余斤，布匹完全合乎统一标准，重量每卷由七十斤到八十多斤。在开幕前已将绥市附近织布工人团结在公司周围，今后的问题应是大量与纺织者订布，逐渐提高工资，并将实行纺织工具贷款，此对分区纺织业自有推动作用。

綏德分區民間紡織 年可產布三十三萬疋

土布公司成立解決羣衆困難

【本報綏德十五日電】綏德分區的紡織事業，在陝北最發達之區，尤其是近三年來的發展，更爲突飛猛進。據記者調查所得材料，警區五十萬人民的生活，除糧食外，主要靠手工業，尤其是紡織業來補助；現在綏德、吳堡、清澗及米脂等縣，每手幾乎都有紡織。同手拉機已由零星增至五百餘架，織機由數架增至六千餘架，每年計可產布三十三萬疋以上，以目前市價計，年產總值約爲二萬萬元左右，其中棉花等原料支出不能超過六千萬元，分區人民每年可收入一萬萬四千萬元，直接間接的分配給紡織婦女、小工廠和經營原料布疋的商人成小販，在改善人民生活與增強抗戰力量上，起了很大的作用。目前紡織業的中心問題是打破原料的困難，改進土紗代替洋貨，提高布疋質量，統一標準等。月來因棉花價漲，土布價跌，紡織業大受影響，紡織者因利少資缺而停織者約二分之一，此實值得注意。最好方法爲政府舉行貸款，以資維護。

【本報綏德十三日電】土布公司籌備已久，現正式開幕。已有公私商家五十餘戶入股。在該公司開幕之日，該公司經理對記者稱：土布公司於籌備之日起，即開始與人民訂布訂紗，先貸原料，每疋訂價工資五十元，現收得布千餘疋，紗約七千餘斤，布疋完全合乎統一標準，重量經擔由七十斤到八十多斤。在開幕前已將綏市附近織布工人團結在公司週圍，今後的問題除擴大與紡織者訂布，逐漸提高工資，並將實行紡織工具貸款，此對分區紡織業自有推動作用。

延川組織送公糧

全縣已入倉九百石

贛推行冬耕

物價逐漸下跌

淳耀縣府規定冬學紀律

粵省府撥專款獎進農工技術

創造模範小組

本報關中通訊處組織基幹通訊員

淳耀民衆認眞選舉 支部保證鄉選完成

選好人充實三三制

邊區學術獎金 第二次優秀作品評定

教部邊疆教育委員會 開第三屆大會

文化勞軍 各地積極推行

被服三廠工人曲獻三 積極工作不計較待遇

浙贛路積極籌備修復

國家總動員會議 調整機構

醴縣的減租運動

——本文係由本報通訊員八人集體搜集材料—— 劉傳茀 干行

一 首先要大家相信

二 減租中地主花樣

三 農民的減租組織

——完——

解放日报	时间	1942-12-17	期	第578期
			版	第2版

被服三厂工人曲献三积极工作不计较待遇

【本市讯】被服三厂的整风学习，刻已深入，每星期三、五两日，必举行文件报告；现正研究反对平均主义，自由主义，宗派主义等文件。此外，全体工人的讨论及反省，是在学习赵占魁□解决具体事件中来进行的，每个工人都曾拿赵占魁的模范行为来检查自己。在检查会上不仅发现了一些有着严重错误的同志，而且也涌出了不少一贯埋头苦干的模范工作者。如六十岁的老工人曲献三同志，须发皆白，但在四年工作中一贯积极，吃苦耐劳的精神超过任何青年，他是工厂伙食委员并兼劳动保护委员，在这些工作中他把革命利益摆在前面，特别关心工友□的健康，及伙食上的节省与改进；而对自己的工资待遇等问题从未计较过大小高低，甚至病时还起来工作。

綏德分區民間紡織 年可產布三十萬疋

土布公司成立解決羣衆困難

【本報綏德十五日電】綏德分區的紡織事業近幾年來發展……

延川組織送公糧 全縣已入倉九百石

【延川訊】目前入倉工作的中心……

淳耀縣府 規定冬學紀律

粵省府撥專款 獎勵農工技術

記者學術獎金 第一次優秀作品評定

本報關中通訊處 創造模範小組 組織基幹通訊員

選好人充實三三制 淳耀民衆認眞選舉 支部保證鄉選完成

教部邊疆教育委員會 開第三屆大會

贛推行冬耕 物價逐漸下跌

文化勞軍 各地積極推行

被服三廠工人山獻三 積極工作不計較待遇

【本市訊】被服三廠的整風學習，到已深入，每星期三、五兩日，必舉行文件報告；現正研究反對平均主義、宗派主義等文件。此外，各個工人的討論及反省，是在學習聯繫實際，解決具體事件。……

浙贛路 積極謀修復

國家總動員會議 調整機構

鄜縣的減租運動

——本文係由本報通訊員八人集體搜集材料——

劉　傳　茀　執行

一　首先要大家出租

二　減租中地主花樣

三　農民的減租組織

解放日报	时间	1942-12-19	期	第580期
			版	第1版

晋察冀工人生产率提高

【新华社晋察冀十六日电】军区供给部造纸第一厂和榨油厂，自从精兵简政以后，生产率大大提高。原来有两个池子抄纸，每日每池只出四百张大麻纸，现在人数少了，又多开辟了两个池子，这四个池子的工人，提出了抄纸比赛，能够保证经常出纸四百八十张，有时还能出到六百张。洗麻的是工会主任，他为了以实际工作来影响其他同志，以前是供给一个池子，现在他供给两个池子，一天到晚，工作甚为紧张。榨油厂原是一班人，以前每日只生产七百斤核桃油。现在为了响应上级增加食油的号召，供给各单位不断吃油，他们把现有人数分成两班，昼夜不停地加紧工作。现每天可出油一千六百斤。

解放日報
中華民國卅一年十二月十九日　第五八〇號　今日出版一大張
社址：延安　定價：半年六十三元　全年一百七十元　每月二十元　三月卌四元　本期零售五角

紅軍攻勢日盛

蘇洛維基洛西勝利殲敵

繳獲大炮六百車輛千餘

蘇包圍圈堅強　德寇無力突破

路透社記者評論

敵迫我居民種植大煙

【中央社重慶十七日電】

嵐縣加强軍民關係

岢嵐保德簡政

軍區直屬隊調整機關

賴伐爾遇炸受傷

魯南專署頒佈幫助逃亡日兵辦法

發動羣衆廣事紡織

警察實工人生產率提高

濱海區政治攻勢猛烈展開收效甚大

橫渡沭河活躍臨郯平原

敵我糧食鬥爭益趨激烈

敵僞矛盾

日照敵僞相互暗鬥

清源寇殘殺僞人員

悼國際友人柯棣華大夫

騰衝敵北犯再被擊退

日駐歐使節將集議于京

南区方老太太团结妇女努力纺纱

【本市讯】自建厅号召妇女参加生产以来，南区各乡妇女纺毛运动已蓬勃开展，现穷乡僻壤间，久已喑哑的纺车声又重新复活起来，每日自晨至晚均可闻纺车转动及妇女谈笑的声音。这种热烈而愉快的生产现象，是和新民消费合作社方主任的老母亲紧紧结合着的。她已经是一个六十六岁鬓发皆白的老太太了。当她听到儿子说纺毛对生产的作用及对群众有利益时，她便积极要求儿子带些毛回来试纺一下，因她过去在横山生活时，完全是依靠纺织为生的。后当方主任把毛领回来的时候，她高兴极了立刻把纺车修理好，就开始工作起来。并把她周围的邻家妇女及儿媳妇孙女等都集拢来耐心的教导她们怎样□[抡]车、怎样抽线等，尽量地减轻她们的家务事，督促她们努力生产。而她自己的纺车，就放在自己的炕头上，除白天纺毛外，有时在夜间当她睡不着的时候，人们也常常会为她嗡嗡不断的纺车声闹醒。她总爱自言自语，或责问她的儿子说："为什么不早些发毛给我们纺呢？那样我还可以多纺几年。"在群众消闲的季节，她所领导的纺车群更加扩大了，附近三乡的妇女们，几乎整天带着纺车和羊毛在她的身边请教着，现在她每天平均可纺一斤上等毛线，自开始以来总共已纺了五十多斤，计得工资千余元，她高兴极了，就用这笔钱做了一套新棉衣，并替小孙儿也缝了一件花棉袍。在这次纬华毛线厂奖励时，她得了奖，群众都说她是纺毛模范的老母亲。

邊區積極發展農業

今年開荒四十五萬畝

增加細糧五萬石

植棉計劃完成百分之八十二

收棉花一百四十萬斤

延長冬學課程注重實用

延縣駐軍籌備過年

南區方老太太團結婦女努力紡紗

曲子實驗縮編羣衆團體

赤水按例完成徵糧

淳耀倉庫草站工作薄弱 三六兩區多用攤派徵收

厲行物質生活的節約（上接第一版）

八路軍守河防老百姓出公糧

葭縣提前入倉

米脂各區競賽工作

邊教會議閉幕

勞動海外僑胞救濟豫災

全國美展定期開幕

太原城內

敵移民激增另築「新城」 市面冥兇蕭條毒氣瀰漫

解放日报	时间	1942-12-22	期	第583期
			版	第2版

财厅被服一厂实行计件工资生产质量提高

【本市讯】财厅被服一厂自本月份起，开始试验被服计件工资制，学生单制服每套二元，锁扣□每套二毛、裁剪照机子房计算，此种纯计件制，尚属初次，故暂定一月为试验期。但在第一周内即检查出有如下优点。（一）生产量提高，前每日每人生产量为五套，今已增加到七八套，据悉以后可产十余套。（二）生产情绪为之高涨，更积极生产，免除若干事假和病假。（三）原料省节损失减少，工人特别爱护工具，怕其损坏时延误自己的生产量。（四）质量反而提高，因定有严格质量标准，不足标准时得二次重做。现其他被服厂有鉴于此，亦在准备试验与改革中。

延縣南區合作社
發展業務改善民生
邊區合作事業的方向

邊區合作事業推進
生產社效能提高
消費社作用增大

子長集大部完工

黨的生活

秋徵中延安黨的調查工作

延安縣委組織部長　王國華

邊保還出模範炊事勤務員
工作積極注意節省

財廳被服一廠
實行計件工資
生產質量提高

繼續展開趙占魁運動

（上接第一版）

邊府優待辦法收效
本年移入難民萬餘
政府積極扶助妥爲安置
難民獲得溫飽努力生產

延安師大校友會

支部幹事的工作

——容景華同志——

下半年延市商業稅
日內開徵

時屆冬令謹防流行性感冒

英訪問團留館賑款

解放日报	时间	1942-12-23	期	第584期
			版	第1版

边区轻工业发展

逐渐达到自给目的，农村手工业已有始基

【本报特讯】三十一年度行将结束，陕甘宁边区工业机关各种公私工业生产量统计表上的曲线，斜耸直上，指出工业产量之激增，较去年上升的状态尤为迅速。为边区最大工业之布匹总产量，据建厅负责同志根据统计与估计，至少产布十万疋，值时价二万万五千万元，供给边区军民全年需布量百分之四十，已接近半自给自足。其中尤以农村手工业的发展最为显著，民间布产量的生产能力年可产十五万匹，本年实际生产至少为五万余匹，占布之总产量百分之五十以上。例如绥德一地，手拉织机，今年即达六七百台。其他地区如制毯、硝皮、打铁等也都有很大的发展。私营纺织事业主要地区的绥德分区，本年产布一万八千匹，较去年增产一倍以上，厂数亦较去年增加十分之二。纺织生□[产]合作社与农村家庭纺织虽难有精确统计，但据建厅可靠□[估]计，至少产布六万疋：公营纺织本年产布二万二千匹，较去年增产五分之一，产毯一万八千余条，较去年增产一倍以上。其他如牛毛纺织与妇纺运动之推进，亦均有显著的进步。其次，造纸工业本年产量总计在六千令以上，较去年增产二倍以上，现已能供印刷自给。造纸工具已可全部自造；交通工具（大车）在数量上虽较去年略低，但质量已有甚大之提高。纺织工具仅难民纺织厂工具制造部，今年已可制造大量的梭子竹机，纬管筒子等。延安、安塞两县所制纺车在千架以上；农具工厂两个月内制犁□[铧]一千四百页。化学工业仅新华化学厂即产肥皂三十万条，较去年增产一倍，不仅可以自给且能大量外销。其他如精盐、牙粉、粉笔亦均可供给需要，火柴、炼铁亦正积极研究试验中。总观上列不完全的统计，政府今年"巩固现有工厂"之方针，已获得相当成效，并正逐渐向自给自□[足]的途程前进，而"发展农村手工业"之工业政策，在政府今年大量发动纺织、制造工具、增加植棉等成绩看

解放日報

午日出版一大張　第五八四號　中華民國卅一年十二月廿三日

社址：延安　元三十六年半 元七十百年全　元四卅月三元二十月每 角五售零期本

尋人啓事

[illegible]

事務站總訊通

（一）[illegible]

（二）[illegible]

蘇攻勢威力日增

紅軍進迫烏克蘭

米爾列維沃德寇危殆

頓河河曲敵急速後退

[illegible]

社論

克服思想障礙 集中力量於兩大任務

[illegible]

晉察冀討論整政

製定計劃分期進行

聯系實際改造工作

[illegible]

美機飛襲 緬成臘

[illegible]

晉西北人民展開

擁護抗日軍熱潮

[illegible]

邊區輕工業發展

逐漸達到自給目的

農村手工業已有始基

[illegible]

組織伊伯利安集團

西外長談西葡會商

[illegible]

第一卷（下）

来，亦已具有始基。

【本报特讯】在偏僻落后的条件下，百折不挠地和自然斗争的结果，轻工业的基础，已在陕甘宁边区，开始建立。各种日用必需品，不仅已逐渐能够自给自足，精美的毛毯、新华肥皂，且常受边区以外人士的热烈欢迎，其他各种工业品的产量与质量，亦均与日增进。在最近五年中陆续建立的难民、交通、团结、纬华、公益、大光、保安、新华、大□[昌]、新民、益华、救亡、留守、三边、新中国等二十一纺织工厂，二七年只产洋布一四〇匹，二八年产洋布一、四二六匹，二九年产洋布一四、四七〇匹，产毛毯四二〇条，三十年产洋布一八、七五〇匹，产毛毯七、六六一条，今年则产洋布二二、八三二匹，产毛毯一八、八〇〇条，此中进展之速度，至堪惊人。振华纸厂、振华分厂以及延园、宝丰、新兴、新政、利华（一厂）、利华（二厂）、绥德、金盆、大光、益民、关中、民生（私营）等十四纸厂，从今年一月至十月，共产对开马兰纸及麻纸五、一三七令，其中振华总分两厂十个月产纸二、九五七令，本年供给出版局三千令马兰纸的任务即可全部完成，上列各厂今年之生产基本上已够供给全边区印刷事业之需要。新华化学厂出产之新华肥皂，今年完成三十余万条自用有余，输出亦多，大光肥皂厂已足够供给绥米警区之需用。延安煤业现共有十五煤井，根据今年九月份统计，是月产量即为一百七十余万大斤，惟全年产量尚不够延安全年的需要。其他如制革、制药等工业，虽因种种困难，但亦均有相当成绩。火柴、陶器、玻璃、酒精、油墨、练麻、精盐、工具、农具等工业，也□[正]在积极的研究、建设与扩大。炼铁在关中试炼结果，证明该地所产矿石含铁量约在百分之三十以上，□[能]炼成灰色生铁，现正在继续试炼。

解放日報

中華民國卅一年十二月廿三日　第五八四號　今日出版一大張

社址：延安　　每月二元十角　三月四元　零售每期五角

事務總站啟事

（一）本站遵照公曆三十二年一月一日……放假……公下午休息。

（二）自三十二年一月一日起……不加限制。

尋人啟事

……姓名不具　十月廿九日

蘇攻勢威力日增

紅軍進迫烏克蘭

米爾列羅沃德寇危殆

頓河河曲敵急速後退

[illegible]

社論

克服思想障礙 集中力量於兩大任務

[illegible]

晉察冀討論整政

與建設計劃分期進行

聯系實際改造工作

[illegible]

晉西北人民展開

擁護抗日軍熱潮

[illegible]

美機飛襲 衡陽成功

【中央社重慶廿二日電】……

[illegible]

邊區輕工業發展

逐漸達到自給目的

農村手工業已有始基

【本報特訊】……

[illegible]

【本報特訊】在偏僻落後的條件下，百折不撓地自給自足鬥爭的結果，輕工業的基礎，已在陝甘寧邊區建立。各種日用必需品，不……

[illegible]

組織伊伯利安集團

西外長談西葡會商

[illegible]

解放日报	时间	1942-12-23	期	第584期
			版	第2版

全边区推广家庭纺织

土机纺车共八万架，会纺织者达九万人

【本报特讯】纺织工业为边区今年发展最快的工业，政府及部队从事此项纺织工业之工厂，计公营工厂二十一厂，布机三八八台，毯机三二台，生产人数一、〇八三人。纺织生产合作社三十处，布机一六七台，毯机一二台，生产人数三八五人，此外家庭副业亦已扩充至土机一万二千台，手纺织车六万八千架，会纺纱人七万五千名，会织人一万三千五百名，惜因原料供应不易，技术落后，尺寸不一，交通困难，供销与质量较差之结果，致产量只能发挥三分之一，今年产布五万疋左右。私营工厂及农村纺织，以绥德、清涧、吴堡为主要地区，仅纺车即有三万五千台，布机六千余架，会纺人数四万余名，会织人数七千余名，其生产能力，年可产布四万余匹，纺纱六十五万斤。其次即为固临、延安、延川等地，现延安、安塞、赤水、新正、庆阳、甘泉、鄜县亦正积极开展农村纺织运动。据建厅负责同志称："农村纺织广泛展开，为边区建设轻工业之第一条件。"边区银行在绥德投资二百万元，组织土布产销公司，以利纺织工业之发展，惟目前棉花与洋纱之供给，因来源不经常，交通不方便，生产者尚不能随时买得原料；同时销路方面，财政、商业等机关过去尚缺乏整个统筹之计划，以致生产□[者]尚不能随时以适当市价推销其成品。现财厅正在东三县收买棉花，闻明年工业生产将以发展农村家庭纺织为中心。

全邊區推廣家庭紡織
土機紡車共八萬架
會紡織者達九萬人

【本報特訊】紡織工業爲邊區今年發展最快的工業，政府及部隊從事此項紡織工業之工廠，計公營工廠二十一個，布機三八八台，毛機三二台，生產人數一、〇八三人。紡織生產合作社三十處，布機一六七台，毛機一二台，生產人數三八五人。此外家庭紡織業亦已擴充至土機一萬二千台，手紡織車六萬八千架，會紡紗人七萬五千名，會織人一萬三千五百名，惟因原料供應不易，技術落後，尺寸不一，交通困難，供銷亦實感較差之結果，發展當與計劃[illegible]三分之一，今年產布九萬疋左右。私營工廠及農村紡織，以綏德、清澗、吳堡爲主要地區，僅紡車即有三萬五千台，布機六千餘架，會紡人數四萬餘名，會織人數七千餘名，其生產能力，年可產布四萬餘疋，紡紗六十五萬斤。其次則爲關中、延安、延川等地，現延安、安塞、赤水、新正、淳耀、甘泉、鄜縣亦正積極開展農村紡織運動。據綏德負責同志稱：「農村紡織廣泛展開，爲發展邊區民間輕工業之第一條件。」邊區銀行在綏德投資二百萬元，組織土布產銷公司，以利紡織工業之發展，惟目前棉花與洋紗之供給，因來源不經常，交通不方便，生產者尚不能隨時買得原料；同時銷路方面，財政、商業等機關過去尚缺乏整個統籌之計劃，以致生產者尚不能隨時以適當市價推銷其成品。現財廳正在東三縣收買棉花，聞明年工業生產將以發展農村家庭紡織爲中心。

晉西北勞動英雄大會
王思良榮獲特等獎
辛勤耕耘產量超過旁人
鼓勵群衆提高生產熱忱

【新華社晉西北廿一日電】晉西北勞動英雄給獎大會上，王思良獲得特等獎。他被兩位大會招待員扶上主席台，下面響着「向王思良學習」的口號，千百雙羨慕的目光注視着這位個子高大、面孔純樸的壯年農民，表示了無限的敬意。[illegible]

志丹鄜縣民衆
歸還農貸

【志丹訊】邊區銀行本年在志丹發放三次農貸，共放出貨額三十二萬零三百五十九元，[illegible]

【鄜縣訊】[illegible]

邊區簡訊

【延川永平區訊】[illegible]

【安塞訊】[illegible]

前方傷病員三百餘人
回延療養

【本市訊】[illegible]

米脂銀城市兩區主任
不實行減租法令
縣務會予以撤職處分

【本報綏德訊】[illegible]

綏德葭縣徵糧調查
幹部作模範
影響群衆實報

【本報綏德訊】[illegible]

淳耀駐軍
進行精兵教育
某連文盲全部肅清

【關中訊】[illegible]

甘肅經濟建設一瞥
李克

蘭州爲西北今日軍事、政治、經濟的一個重鎮中心。[illegible]

（本文材料均係根據中央社電訊）

文化勞軍列車
遊行渝市
一日所收獻金五十萬元

【中央社重慶廿日電】[illegible]

三邊鄉選
配合徵糧同時進行

【本報三邊廿日電】[illegible]

整理自治財政
豫省分期進行

【中央社洛陽廿一日電】[illegible]

安塞机器一厂工会建议开展赵占魁运动

【安塞讯】机器一厂工会，近已进行改选。在改选前后，各会员对下届工会工作纷纷提出建议，总合各方面的意见，有以下几点：（一）在厂中应广泛地开展赵占魁运动，以增加工作效能。（二）加强工人教育，转变大家的思想，使每个工友同志都能以新的劳动态度对待工作。（三）开展文化娱乐工作，活跃大家的生活。

【安塞讯】机器一厂在整风学习开展后，工人们对文化学习的情绪，已空前高涨，每礼拜必尽量把教员所指定的参考书、笔记、练习题，看完和做完，而且还常常把星期日和假期作了学习之用。晚上没有足够的灯火，然他们也不愿将仅有的一点灯油浪费，所以有很多班都自动决定："大家每晚集体学习一小时"后即熄灯。

關中分區 徵糧超過任務

環縣公糧全部入倉

隴東縣府結束黨風學習 幹訓班進行思想檢討

自白反省自己批評旁人

暴行與慘敗

（上接第一版）

安塞機關一職工會 建議開展趙占魁運動

葭縣螅鎮 軍民合作鞏固河防

加强自衛軍訓練

隴東中學準備編寫 研究改進教學方法

西川苗圃冬學開課

藥科學校 討論對技術學習觀點

綏師教職員收效

綏德伊川修渠以工代賑

管制物價

關中限期成立平價委會 豫先行指定實施區域

建設西北十年計劃

已經中樞核定施行

禁止隨地殺牲

市府命令

振华纸厂工友严寒冰冻中努力造纸

【甘泉讯】冬季对纸厂工作障碍颇大，主要系天气太短，气候严寒冰冻，水碾子及槽碾均转动不灵，纸浆碾不出来。蒸煮原料，烧晒纸墙要用多于夏季三倍的燃料。振华纸厂为了供给目前之需要，在冬季以前行政、支部、工会都进行了“克服困难，坚持冬季生产”的动员。一方面准备燃料与设备，另一方面在工人中也进行了精神上的动员，以保证冬季生产任务之完成，现十一月份已完成一、八七〇刀，十二月截至月半亦完成了七〇〇刀。

警區實行減租交租

少數違法地主被予處分

羣衆擁護政府判案公正

【本報綏德訊】據本報綏德、米脂、佳縣、吳堡四縣通訊員之報導，警區各縣減租交租運動已進入普遍的熱潮。政府的判案公正、迅速，尤為廣大羣衆所擁護。

隴東徵糧進行總結

專署獎勵模範幹部羣衆

定邊三區一鄉平均負担佔收穫百分之十一

支部的生活

關於黨報和小組會

——改進連隊工作的一點經驗——

羅健

安塞公糧入倉

已集中千八百石

一區自衛軍運糧

積極練習寫作

延縣金盆灣牛瘟

區政府防止傳染

關中劃定移民區

優待外來難民安居

【本報關中廿三日電】關中分區專署十二月二日通令，為優待移民，劃定移民區，實行優待辦法。

振華紙廠工友

嚴寒冰凍中努力造紙

【甘泉訊】冬季對紙廠工作障礙頗大，主要係天氣太冷，氣候嚴寒冰凍，水碾子及搗碾均轉動不靈，紙漿磕不出來。蒸煮原料，須經紙槽應用多於夏季三倍的燃料，振華紙廠為了供給目前之需要，在冬季以前行政、支部、工會都進行了「克服困難，堅持冬季生產」的動員。一方面準備燃料與設備，努力倒在工人中也進行了精神上的動員，以保證冬季生產任務之完成，現十一月份已完成一、八七〇〇刀，十二月截至月中亦完成了七〇〇〇刀。

鹽池民衆

愼重選舉好人

隴東冬學工作

慶陽成績較好

雲南起義

渝各界舉行紀念

文化勞軍

陪都獻金競賽結束

偽組織人員

備受敵凌辱

終日惶恐希思反正

交部接收

運輸統制局

【中央社重慶廿六日電】交通部二十六日接收運輸統制局運務，汽車牌照及配件等業務，均歸交通部辦理。

解放日报	时间	1942-12-28	期	第589期
			版	第2版

野战卫生材料厂实行精简

【新华社太行二十六日电】野战卫生部材料厂，自实行精简后，工作效率及质量均有显著提高。今年虽处在频繁的反“扫荡”中，全年有五分之一的时间停工，人数且减少五分之四，而在六月中之产量，即已打破历年来每年生产总额之最高纪录。据十个月不完全统计，（因战斗停工时间在内）比去年提高一倍。至九月份提出重质不重量之口号后，药品质量已提高五倍。现一磅药品等于过去五磅之效能，此为白求恩医院实验所证明者。而原料亦是在根据地内购买，此外并自造许多普通注射针药，如奎宁剂，强心剂等数十种。玻璃工业方面，去年只能制造一些简陋的大油瓶，今年则已能制造各种医疗上所需及日常需用之工具。该项原料，完全采自根据地之土产。

【新华社太行二十五日电】十八集团军野战政治部，为响应朱彭总副司令生产节约的号召，一年来在农业生产方面，计种水地五亩一分，生产菜蔬共值洋二千三百九十一元，种山地四十亩，收山药蛋七百斤，值洋一千元。商业方面，计运输事业生产一万〇五百四十一元。养猪生产二百六十三元，养羊十八只九〇〇元。总计一年来共生产洋一万八千三百一十六元，超过预定数字几达一倍。这些生产的成绩，改善了他们全体的伙食，并且解决了学习体育建设等各项费用。

太行籌劃春耕

注意進行冬耕積糞

林北山蠶業漸恢復

【新華社太行廿五日電】太行區今冬春耕準備工作，各方正積極進行中。據農林局、黎城、偏城、涉縣、武安、邢台、平順等縣所設立的[illegible]，已於上月開始調查村莊情形，研究進行準備工作之具體辦法。偏城參耕，現已完成五分之一，計一百一十餘畝。[illegible]左權五區參耕突擊，已經完畢。[illegible]該局並倡設水車廠，每輛[illegible]設水車，每具可提高水位四尺至五尺，每日只需四個人工，即可澆地十六畝。現清漳河沿岸各村，已紛紛向該局定購水車，並送熟練工人前往建廠，一面工作一面學習，準備將來[illegible]到各村，擴大製造。

【新華社太行廿七日電】林北訊：本縣山蠶業經過一個時期的摧殘，現已逐漸恢復。[illegible]

綏德分區進入普徵

調查工作深入獲效

模範幹部羣衆湧現

【本報綏德廿七日電】分區各縣秋徵運動現已進入普徵階段。[illegible]

「還是咱們這邊好」

——訪新民會先鋒隊俘虜王龍山等的反正——

本報特派記者　海雲

[illegible]

（十二月十五日寄自晉西北）

延安各界迎新年

【本報訊】延安各界迎接一九四三年的降臨，各機關部隊正忙於開會和擬訂計劃，及今年整風學習的總結。新年期間文化娛樂活動[illegible]

累進徵收

根據葭縣調查材料

更能做到公平合理

【葭縣訊】葭縣徵糧工作[illegible]

鹽池補選縣參議員

【本報三邊廿六日電】[illegible]

追悼柯大夫

定卅日上午舉行

【本市訊】[illegible]

管制物價

陳誠氏談鄂省實施情形

桂粵等地商訂推行辦法

【中央社恩施廿五日電】[illegible]

江北埋雷炸車斃敵

【中央社淮陽廿五日電】[illegible]

滑翔機百架在渝正式命名

【中央社重慶廿五日電】[illegible]

黃紹雄談浙情

【中央社麗水廿七日電】[illegible]

野戰衛生材料廠實行精簡

【新華社太行廿六日電】野戰衛生部材料廠，自實行精簡後，工作效率及質量均有顯著提高。今年雖處在頻繁的反「掃蕩」中，全年有五分之一的時間停工，人數且減少五分之四，而在六月中之所發，即已打破歷年來每年生產總額之最高紀錄。據十個月不完全統計，（因戰鬥停工時間在內）比去年提高一倍。第九月份提出重質不重量之口號後，藥品質量已提高五倍。現一磅藥品等於過去五磅之效能，此為白求恩醫院實驗所證明者。而原料亦是在根據地內購買，此外並自造許多注射針藥，如[illegible]等數十種。玻璃工業方面，去年只能製造一些簡陋的大油瓶，今年則已能製造各種醫療上所需及日常用之工具。該項原料，完全採自根據地之土產。

【新華社太行廿五日電】十八集團軍野戰政治部，為響應朱彭總副司令生產節約的號召，一年來在農業生產方面，計種水地五畝一分，生產菜蔬共值洋二千三百九十一元，種山地四十畝，收山藥蛋七百斤，值洋一千元。商業方面，計運輸事業生產一萬〇五百四十一元，養豬生產二百六十三元，養羊十八隻九〇〇元。總計一年來共生產洋一萬八千三百一十六元，超過預定數字幾達一倍。這些生產的成績，改善了他們全體的伙食，並且解決了學習體育娛樂等各項費用。

發動部隊協助農耕

某戰區推行獲效

【中央社洛陽廿五日電】[illegible]

太行×分區徵送友軍戰士歸隊

【新華社太行廿六日電】[illegible]

渝婦慰總會舉行年節勞軍

【中央社重慶廿七日電】[illegible]

閩省調整縣政機構

【中央社永安廿七日電】[illegible]

滇鹽斤增加

【中央社昆明廿四日電】[illegible]

解放日报	时间	1942-12-30	期	第591期
			版	第2版

庆阳工厂实行计件工资

【庆阳讯】为改善工人生活，提高生产热忱，此间联合工厂决定改用计件工资制，并经工人大会选出了评议会。现各工厂生产情绪都很高，产品的质量亦较前进步。

人民熱烈實報早送

綏德普徵將告完竣

縣府令各區即日總結

一免徵農民自動繳糧

財廳秋徵指示

遲緩縣份應加速完成

切實檢查公糧質量

陝甘寧邊區土地租佃條例草案（附說明）

——中華民國三十一年十二月九日第三次政府委員會通過，十二月二十九日公佈——

第一章 總則

第一條 根據邊區施政綱領，為合理調整租佃關係，發展農業生產，特制定本條例。

第二條 本條例適用於邊區內一切土地租佃關係。

第三條 本條例所稱之地租如左：

（一）定租（亦稱死租）：按照土地面積計算，所定之租額，是謂定租。

（二）活租：即指地分糧，出租人只出土地，所需生產工具概由承租人自備，就地上收穫正產物，由雙方按成分配者，是謂活租。

（三）夥種：出租人除出土地外，並供給承租人各種生產工具之一部或全部，就地上收穫按成分配者，是謂夥種。

（四）安莊稼：出租人除出土地及全部生產工具外，並借給承租人糧食窯房等，就地上收穫，雙方按成分配者，是謂安莊稼。

第四條 本條例所稱土地副產物，指柴草等而言。

第五條 各縣市在本條例範圍內，得按當地實際情況，製定有關租佃單行辦法，呈請邊區政府核准施行之。

本條例頒佈前，一切有關租佃法令，有與本條例抵觸者，均照本條例規定辦理。

第二章 減租

第六條 出租人應依本條例所定減租，不得多收或並本增租。

第七條 定租（死租）依照當地減租法令或當地現行減租額給租，在未經分配土地區域，一般減租率不得低於二五。

第八條 活租（指地分糧）按原租額減百分之廿五至四十，減租之後，出租人所得最多不得超過收穫量百分之卅。土地副產物皆歸承租人。

【說明】活租的地租應當和當地定租的地租保持大致相同的額數。它的減租多少隨當地定租額及土地好壞而定。在減租之後，若出租人所得不到三成時，就照該數給租，若超過三成時減為三成。

減租計算法舉例如下：假定原租率是四六分（主四佃六），而減租率假定為百分之卅，那麼出租人應分二成八，承租人應分七成二。

有些地方把活租誤同於夥種，這是錯誤的。關於夥種的減租辦法，不適用於活租。

第九條 夥種按原租額減百分之十至廿，減租之後，出租人所得最多不得超過收穫量百分之四十。土地副產分法依其約定，無約定者依習慣。

【說明】夥種減租多少，看原租額、高低出租人所供給的生產工具多少而定，供給多的少減，供給少的多減。減租之後，若出租人所得不到四成時，照原數給租；若超過四成時，減為四成。

第十條 安莊稼，按原租額減百分之十至二十，減租之後，出租人所得最多不得超過收穫量百分之四十五，土地副產物亦按比例，由雙方按成分配，出租人對所借糧食……

[illegible]

第三章 交租

[illegible]

第四章 租佃契約及佃權

[illegible]

第五章 其他

[illegible]

第六章 附則

[illegible]

各地準備慶祝新年

[illegible]

西川教育近訊

[illegible]

太行冬學全部開課

[illegible]

抗大總校黨風學習進入緊張階段

[illegible]

三五九旅召開宣教會議

隴東駐軍某團整訓

[illegible]

慶陽工廠實行計件工資

[illegible]

本市物價漸趨穩定

[illegible]

西北工作區 抵迪化

[illegible]

第一卷（下）

解放日报	时间	1943-1-10	期	第600期
			版	第2版

难民工厂成立四周年

【安塞讯】难民工厂于元旦举行该厂成立四周年纪念会。在大会上，任副厂长报告一年来之工作总结。略谓：本厂于本年精简后，人员为之减少，然出品却逐渐增加着。(一)去年生产人数为二百二十余人，产布五千七百四十疋，毛毯一万零四百余床，其他产品甚多。(二)技术的改进如植物染料之大量采用，旋床之改进，布机、曲轴之改进等。(三)机器制造部全年产品价值八十八万余元。(四)在累进工资制下，产量大为提高。工友之生活亦因之改善。后由吴厂长提出今年之生产方向如下：(一)更加发展边区经济，保证供给。(二)克服工厂机关化。(三)实行实事求是作风。

【又讯】难民工厂去年发动之节约运动，收效颇大。添油工人如袁光华同志，平日注意节省，致每日加油后比前节省机油百三十斤。此种实例颇多。闻厂方对此等因节约收效巨大之优秀工□[人]拟加以奖励云。

清澗擬定初步計劃

擴大紡織養蠶

植棉一萬二千畝

安塞工廠區 成立魚市

厲行生產節約

邊保等部同志 種菜節省公糧自揹木柴

難民工廠 成立四週年

提高政府工作效能

謝覺哉

延縣冬學

六百五十人經常到校

川口女學生與家庭關係好

大同坑儲之懷！

晉西北通訊

米脂駐軍與某地友軍

互賀新年

X兵團 文娛工作

懲罰貪污

難民工廠保管員 王一明貪污送法院

靖邊舊縣駐軍

檢閱軍政教育成績

安河集合作社

年織布千八百疋

每股金一元分紅兩元

政院農林顧問

羅德民將赴川西考察

講話變公文

有辦黨八股？

財廳重整文風

管制物價

鄂北如期實行

解放日报	时间	1943-1-11	期	第601期
			版	第2版

太行山的赵占魁

【新华社太行一九四二年十二月二十八日电】

假如以十月份的生产量为一百的话，那么十一月份就是四百二十,十二月份将达到一千。从这个数字的上升里，我们可以知道十八集团军某军营工厂已经卷入“赵占魁运动”的高潮了。被胜利前的愉快和无产阶级政治觉悟所鼓舞着的工厂，是无昼夜之分的，机器震动的声音，从一个黄昏到另一个黄昏，从来没有间断过。仅仅“完成生产计划”已不是被工人们重视的光荣，“为突破生产计划而奋斗”才是工人们自己提出的口号。某工厂工人工作的紧张是令人想象不到的，工匠韩奋兴一连工作三个星期没有休息过一天；工匠杜金海因为病了一天没有上工，第二天他便突击出了两天的工作；王孝堂在突击中超过平常生产的四倍；工头罗智亲自参加生产，白天上工，半夜还在工厂里指挥工作。难以抑止的工作积极性，改变了指导员的任务，我们看不见指导员督促工人上工，相反的指导员的工作是要求工人爱护身体，预防工人的过度疲劳，制止工人过长时间的工作。青年工匠赵俊因为肚痛，指导员不准他上工，他急得哭起来，厂长也几乎没有办法制止。黄□、姚锁贵、李中友、丁亲友等四同志，连续三十小时工作还不愿休息。高度劳动热情更发挥了工人无限的创造性，青年工友胡广云和刘宝珍，发明两个人在一部机器上同时完成一件物品必经的两个步骤，这样可以减少机器工作时间的一倍，生产速度大为增加。在提高技术与改善生活中，出现了许多劳动英雄，据最近的总结，就有李湘池，杜金海、胡广云、刘宝珍等三十四人获得劳动英雄的光荣头衔，这些工人在共产党八路军领导下，充分的发挥着他们的劳动热情和创造天才。

隴東專署令各縣及早準備春耕

轉變幹部觀點建立群衆觀點號召群衆思想

楊家嶺機關生產縮小商業擴大農業

具體辦法正計劃中

戰鬥劇社進行整風

【本市訊】一二〇師戰鬥劇社於此次持續整風後，開始整風……

延縣冬學準備結束

【延安縣訊】冬學會於本月七日縣開會討論冬學結束問題，根據過去兩年之經驗，決定如下：（一）本月廿五日結束冬學，考試題目由縣冬學會直接發給各冬學；（二）關於冬學學生成績問題，決定今後交由鄉政府負責……

廿谷驛商人納稅踴躍

【延安縣廿谷驛訊】本市商人認識繳納商業稅……

太行山的趙占魁

【新華社太行一九四二年十二月廿八日電】假如以十月份的生產量為一百的話，那麽十一月份就是四百廿，十二月份將達到一千。從這個數字的上升表，我們可以知道十八集團軍某被服工廠已經捲入「趙占魁運動」的高潮了。

紡織第二廠擴大生產一倍

原料採用土花土紗

改善個人生活減輕公家負擔

曹振伍努力工餘生產

種菜收穫千二百元　今年準備增多產量

我的工餘生產

今年既是毛主席……號召我們……

曹振伍

今日的農村婦女

范瑾

吳堡許議員宋紹光宣傳全莊實行減租

米脂地主常又文慨允退租

常相賢實行減租交租法令

【吳堡訊】……

【米脂訊】……

粵省限價十五日起實行

滇成立管制物價會

【中央社韶關十日電】……

第一卷（下）

解放日报	时间	1943-1-11	期	第601期
			版	第2版

纺织第二厂扩大生产一倍

原料采用土花土纱

【本市讯】边区纺织第二厂于今年一月五日下午举行生产总结大会，首由顾厂长详细的报告了一年的工作，略谓："在政府被服统筹的政策下，一年来本厂生产成绩为：共织土洋布五、五三二匹，蜂巢式毛巾一二、七八四条，若平均每人年织土洋布一一匹零四二尺，毛巾一一五条。平均一个劳动日开机二十二台，和原来计划比较，不仅在设备与人工上节省，而且在产量上也超过了一倍。"此外对于一九四三年度的生产计划亦有说明："在增加生产的号召下，今年至少再扩大一倍，工作准备现已次第就绪。今后将大部采用铁机，以便增加效率，原料决采用边区土产棉花和土纱，并为使织物耐用美观起见，拟采用边区羊毛，试验棉毛交错织物及毛呢等。"

隴東專署令各縣

及早準備春耕

轉變幹部輕視經濟建設思想

積極領導群眾發展生產

[illegible]

楊家嶺機關生產

縮小商業擴大農業

具體辦法正計劃中

[illegible]

戰鬥劇社

進行整風

[illegible]

延縣冬學

準備結束

[illegible]

太行山的道路

【新華社太行一九四二年十二月廿八日電】

[illegible]

紡織第二廠

擴大生產一倍

原料採用土花土紗

【本市訊】邊區紡織第二廠於今年一月五日下午舉行生產總結大會，首由該廠長評潮的報告了一年的工作，略謂：「在政府獎勵發展紡織的政策下，一年來本廠生產成績為：共織土洋布五、五三二疋，斜紋式毛巾一二、七八四條，若平均每人年織土洋布一一疋零四二尺，毛巾一一五條，平均一個勞動日耐投廿二台，和原來計劃比較，不僅在設備與人工上節省，而且在產量上也超過了一倍。」此外對於一九四三年度的生產計劃亦有說明：「在增加生產的號召下，今年至少再擴大一倍，工作轉變現已次第就緒，今後將大部採用機紡，以便增加收益，原料決採用邊區土產棉花和土紗，並為使織物適用美觀起見，擬採用邊區羊毛，試與棉毛交錯織物及毛呢等。」

改善個人生活減輕公家負担

曹振伍努力工餘生產

種菜收穫千二百元

今年準備增多產量

【本報特訊】

[illegible]

我的工餘生產

曹振伍

今年既是毛主席、朱總司令號召我們這樣作，我當更多種些地，比去年要增加一倍收益，同時也不妨礙公事；相反，公事我要更加努力些。

廿谷驛商人

納稅踴躍

【延安縣廿谷驛訊】

[illegible]

今日的冀中婦女

范瑾

[illegible]

吳堡許議員宋紹光

宣傳全莊實報租

米脂地主常又文慷慨出糧

常相賢實行減租交租法令

【吳堡訊】

[illegible]

粵省限價

十五日起實行

滇成立管制物價會

【中央社韶關十日電】

[illegible]

解放日报	时间	1943-1-13	期	第603期
			版	第2版

增办合作社鼓励妇女纺纱安塞发展纺织生产

延川甘泉合作社总结工作

【安塞讯】本县政府为更进一步发展纺织生产，特于日前召集生产合作社正副主任及县经济建设委员，检查该社一年来生产情形，并计划今年之生产。按该社于一年来出产品的数量及质量均比往年有□进步，原有股金四万元，现已扩大达十万元。在生产量方面，纺纱四五三、九一一斤，织布一、七二四匹，织毛巾五四一条，每月平均出产布一百四十多匹，纺洋土纱三、八〇〇斤。今年生产总值约一、二九八、一六〇元。至于本年生产计划之草案大致如下：（一）提高质量，（二）发展民办社，使各社能供给原料，及推销成品。（三）自三十一年十一月起至三十二年九月份止，生产长十丈零四尺宽二尺四的布四千匹。（四）大量发展农村纺织，协助与鼓励农村妇女纺纱，每妇女发给棉花二斤交纱一斤。（五）提高工人的教育与待遇，推展赵占魁运动。

【延川讯】本县民众合作社于七日召开代表会议讨论一年来之工作，由惠主任报告去年工作成绩如次：（一）该社有股金共十二万九千六百余元，门市部营业进货一百余万元，销货七十九万九千余元，盈利达二十二万九千九百余元。（二）设染房二处共染布八万七千余尺，占全县人民需要十分之六；盈利达十九万六千余元。以上除开支外，净得红利三十七万六千七百六十六元。（三）营业方针以供给社员需要为原则。后由杨代县长讲话，他指出合作社必须实行民办，由人民管和经营，并应大量吸收投资，以扩大和巩固合作社。县委杨部长说：要向人民宣传解释，使其在思想上认识合作社是人民自己所经营之事业。大会检讨一年来之工作，并确定今后之方针为多收买社员之农产品，供给社员一切必需品；大量吸收投资，在合作社大会上奖励了模范工作者三位：永远区一□[乡]梁正齐，城市区四乡王云山，清延区二乡惠生宽。

綏德分區幫助貧民 五千勞動力南移墾荒

固臨縣府救濟河南災民

延安科學會等 紀念牛頓

綏師學生下鄉宣傳

合辦合作社鼓勵婦女紡紗 安塞發展紡織生產

延川甘泉合作社總結工作

隴東各縣組織長腳戶 舊年前運鹽萬馱

黨的生活

革命的積極性反對個人主義的積極性

錦明

一個鄉的三五減租

姚文

（一）調查統計

（二）兩個租佃會

固臨縣城為我收復

敵亂竄續陷潢川等地 安慶寇增援再犯不逞

延市公糧入倉 已逾半數 鹽池注意倉庫保管

春夏秋三季換工 綏德試驗成功

三邊分區幹部 重新進行整風學習 鴨綠部工作改進

關中分區一級 黨風檢查鑑定幹部 配合處理精簡人員

贛成立經檢委會 浙省討論物價管制

國內簡訊

此三位同志对于工作皆认真办理，深得群众爱戴。

【甘泉讯】本县合作社于六日召开社员代表大会，总结去年成绩：计去年资本为三万二千一百二十元，全年销货七十三万四千四百余元，除开支外，共获红利十一万余元。按该社于二十五年成立于高家哨，仅劳山设一分社，当时社员四百余名，共有股金一百五十余元。后因战争影响，至二十七年方得重新整顿，在四年内，获得发展，致有今日之成绩。现该社拟于今年再扩大股金四万六千元云。

綏德分區幫助貧民 五千勞動力南移墾荒

固臨縣府救濟河南災民

【甘泉訊】本縣合作社於六日召開社員代表大會，總結去年成績：計去年資本爲三萬二千一百廿元，全年紅貸七十三萬四千四百餘元，除開支外，共獲紅利十一萬餘元。按該社於廿五年成立於高家坪，僅勞山設一分社，當時社員四百餘名，共有股金一百五十餘元。後因戰爭影響，新寨頓，在四年內，經廿七年方得重展，幾有今日之成績。現該

安塞發展紡織生產

合辦合作社鼓勵婦女紡紗

延川甘泉合作社總結工作

隴東各縣組織長腳戶 舊年前運鹽萬馱

延安科學會紀念牛頓

綏師學生下鄉宣傳

一個鄉的三五減租

姚文

（一）調查統計

（二）兩個租

佃會

固始縣城爲我收復

敵亂竄續陷潢川等地

安慶寇增援再犯不逞

延市公糧入倉已逾半數

鹽池注意倉庫保管

黨的生活

革命的積極性反對個人主義的積極性

鍾紀明

春夏秋三季養蠶 綏德試驗成功

三邊分區幹部重新進行整風學習

「鴨綠」部工作改進

贛成立經檢委會

浙省討論物價管制

國內簡訊

關中分區一級黨風檢查鑑定幹部

配合處理精簡人員

解放日报	时间	1943-1-14	期	第604期
			版	第2版

一二〇师纺织厂人员减少产量提高

一月织布四百九十匹，过去要九十人现只要七十五人

【葭县讯】一二〇师纺织工厂，在赵占魁运动下进行精简工作。精简后工人劳动热忱高涨，生产力大大提高。该厂原有人员缩减□[一]半，工人与事务人员之比例，由一.五比一，变为二.五比一，行政经费开支，减少五分之二，节省下的经费，当即移作购买原料及生产工具之用。现该厂已增加织布机四台，减少木机十五台，成品亦由七十余种减少至二十余种（包括附产品在内），主要成品之洋布，则由月产三百五十匹，增至四百九十疋。按此生产量，原需九十个工人始能完成，而现在只要七十五个工人即可。工人劳动热忱之提高，表现在各部门中：如修理组过去有五人，现仅两人，修理工人□□[树]良，过去单修理工具，已经够他一天工作，现在除修理外，并能制造新工具。

【葭县讯】一二〇师纺织工厂于精简后，紧缩下来的人员，厂方借给一部分工具，由他们自己去各地开设纯粹营业性之工厂。指导员某带去二十个工人，向厂方借十六台织袜机，一架织毛衣机子，到米脂开设“革新织袜厂”，并在葭县乌镇与绥德义合镇设立分厂。现该厂附近各村庄，纺织业亦跟随开展。十一、十二两月，分厂即发给各村群众棉花千余斤纺纱□以一斤十二两花收细纱一斤，群众获利不少。地主高振民先生，亦在该厂帮助下开设了织布工厂。

向棉花自給目標前進

東三縣計劃植棉九萬畝

組織編工扎工增產糧食

【本報特訊】東三縣今年植棉計劃爲九萬畝（去年植棉七萬五千畝）：延川四萬畝，延長三萬畝，固臨二萬畝。東三縣爲邊區出產棉地區，自廿九年政府號召植棉以來，羣衆植棉情緒高漲，以延川一縣而論，廿九年全縣僅有植棉四三千五百畝，三十年即增至一一、〇四六畝，到去年就達三萬畝。該地區植棉歷史很久，土地肥沃，大部爲川地，羣衆經驗亦豐，故每畝能收淨花十五斤（小秤）。九萬畝棉田可收淨花一、三五〇、〇〇〇斤，除去年三縣人口——十萬八千七百人每人每年用六斤花，共六五二、二〇〇斤外，尚餘六九七、八〇〇斤可出售，每斤以時價六十元計算，共值洋四一、八六八、〇〇〇元，在人民經濟上爲一巨大之收入。今年該三縣九萬畝之大規模植棉計劃，如何保證計劃之完成呢？據延川縣長辛……著稱：今年的植棉，只要天時不壞，按照……計劃的完成是沒有問題的。因東三縣植棉地區幾遍及全區，羣衆有數十年植棉經驗，加上近年來政府積極提倡，施行獎勵辦法（植棉不出公糧），發放農貸，起了很大的鼓勵作用，這是保證完成計劃的有利條件。另外，還有幾個問題如能適當解決，使完成計劃更多一層保障，這幾個問題是：

（一）調劑籽種……[illegible]

[illegible]

一二〇師紡織廠

人員減少產量提高

一月織布四百九十疋 過去要九十人現只要七十五人

【綏德訊】一二〇師紡織工廠，在經占站運動下進行精簡工作，精簡後工人勞動情緒高漲，生產力大大提高。該廠原有人員……工人與事務人員之比例，由一·五比一，變爲二比一，行政經費開支，減少五分之二，節省下的經費，當即轉作購買原料及生產工具之用。現該廠已增加織布機四台，減少木機十五台，成品亦由七十餘種減少至二十餘種（包括附屬產品在內），主要成品之斜布，則由月產三百五十疋，增至四百九十疋。按此生產量，原需九十個工人始能完成，而現在只要七十五個工人即可。工人勞動熱忱之提高，表現在各部門中，如作牌組過去有九人，現僅兩人，修理工人過去專修補工具，已經做到一天工作，現在除修理外，並能製造新工具。

【又訊】一二〇師紡織工廠於精簡後，將縮下來的人員，向廠方借紗一部份工具，由他們自己去各地開設純粹羣衆性之工廠。指導員共帶去二十個工人，向廠方借十六台織機，一架彈毛衣機子，到米脂鎮開設「革新織擴廠」，並在……設立分廠。現該廠附近各村莊，紡織業亦很隨開展。十一、十二兩月，分廠即發給各村羣衆棉花千餘斤紡紗，以一斤十二兩花收細紗一斤，羣衆獲利不少。地主高巖民先生，亦在該廠幫助下開設了織布工廠。

今年公鹽收十萬馱

較去年減輕四分之一

實運或代金各縣酌量決定

【本報訊】本年公鹽代數，政府已經決定爲十萬馱，較去年減少二萬六千五百馱。[illegible]

一年之計在於春

各機關各縣區紛紛籌劃生產

[illegible]

影展

[illegible]

敵佔區人心內向

民衆歡迎我縣長悲喜交集

知識界冒險來根據地觀光

[illegible]

赤水完小學生家長保證下學期學生自動到校

[illegible]

晉西北總工會提倡工農寫作

[illegible]

興縣清理舊租舊債運動的一角

海源

[illegible]

晉偽組織人員大批被敵「清洗」

[illegible]

葭縣店鎮羣衆大會批評個別地主頑抗法令

靖邊準備成立農會減租交租

[illegible]

谷正倫談甘省今年政務

[illegible]

渝各報評中美英新約

興奮警惕自立自強

[illegible]

敵寇索糧

[illegible]

中蘇文化叢書

渝中蘇文協編纂刊行

[illegible]

难民工厂提取植物染料

【安塞讯】难民工厂为解决染料问题，曾于去岁成立一植物染料小组，从事研究从边区植物中提取染料，已获得很大成绩。十几种植物染料已开始加以利用。去年应用植物染料仅一种黑格立根皮，可染褐色，现已从查根、黄白刺根，□[樑]树叶等提取十多种染料云。

保障佃權以利春耕
綏德檢查減租交租
違法者加重處罰

【本報綏德十二日電】……

財廳指示各縣
總結徵糧工作
掃清尾欠　研究經驗
提供農業稅及改物料

【本市訊】……

難民工廠提取植物染料

【安塞訊】難民工廠爲解決染料問題，曾於去年成立植物染料小組，從事研究從各種植物中提取染料，已獲得很大成績。……

生產增加一倍
隴東某工廠開展趙占魁運動

【本報隴東十二日電】……

赤水二區代書記
王金榜努力學習積極幫助旁人

【本報關中十三日電】……

安塞催收尾數
公糧入倉九千石
公草全部入站

【安塞訊】……

關中分委分配幹部
加強鄉政權
部份人員轉入生產

【本報關中十三日電】……

提高鹽產質量
鹽務局將開會商討
鹽本增加鹽民稱利

【本報訊】……

晉冀魯豫交通總局
寄遞信件工作艱苦
綠衣使者活躍太行山
四個月內寄信五萬件

【新華社太行七日電】……

黨的生活

秋徵中支部工作幾點經驗

吳堡縣委組織部長　韓文湖

……

（一）抓緊「村評議會」

……

（二）黨員的任務

……

（三）團結積極份子

……

十二月十五日於吳堡

開發西北
首應解決交通困難
工考團負責人談

【中央社成都十二日電】……

全國徵購糧
已收百分之六十四

【中央社重慶十三日電】……

豫省向農行貸款
充農民春耕用費

【中央社洛陽十三日電】……

興縣紡織工友
文盲漸減思想進步

……

國內簡訊

……

解放日报	时间	1943-1-15	期	第605期
			版	第2版

生产增加一倍

陇东某工厂开展赵占魁运动

【本报陇东十二日电】开展赵占魁运动，提高生产技术，加强劳动思想教育，是××纺织厂目前中心任务。该厂最近发动竞赛，提出创造模范劳动英雄的口号，其标准为：（一）生产热忱高，有正确的认识，与新的劳动态度。（二）产量超过一般人，质量优异，对技术有改进。（三）遵守劳动纪律，服从领导。（四）能设法克服困难，爱惜物资。（五）学习积极。闻竞赛时间为一月，竞赛期满被选为模范劳动英雄者，将予物质和名誉的奖励。现全厂工人均已卷入竞赛的浪潮中，纺纱组袁玉手一天纺了一斤纱（平时木机一天最多纺十两），织布组郑保羊一天织了四丈布（平时只能织二丈五尺），制毯组一天三人制四床（平时制两床），其他各组成绩均较竞赛前有显著的进步。

保障佃權以利春耕
綏德檢查減租交租
違法者加重處罰

財廳指示各縣 總結徵糧工作
掃清尾欠 研究經驗
提供農業稅參攷材料

難民工廠提取植物染料

赤水二區代書記 王並金努力學習 積極幫助人

安塞催收尾數
公糧入倉九千石
公草全部入站

隴中分委分配幹部
加強鄉政權
部份人員轉入生產

晉冀魯豫交通總局
寄遞信件工作艱苦
綠衣使者活躍太行山
四個月內寄信五萬件

提高鹽產質量
鹽務局將開會商討
鹽本增加鹽民稱利

生產增加一倍
隴東某工廠開展趙占魁運動

黨的生活
秋徵中支部工作幾點經驗

開發西北
首應解決交通困難
工考團負責人談

全國徵購糧
已收百分之六十四

國內簡訊

隴省向農行貸款
充農民春耕用費

文盲消滅思想進步

解放日报	时间	1943-1-15	期	第605期
			版	第2版

兴华制革厂工友文盲消灭思想进步

【安塞讯】“只有学习才能提高自己，才能为革命作更重大的工作。”兴华制革厂工友，经过半年来的教育，对学习的认识和态度，均有转变，上面的话，是许多工友一致的意见。连一位最落后的工人，也这样惭愧地说：“我也要学习了，不学习将来是吃不开的。”一部分工人因为教育加强后。不但不妨碍生产，反而工作更加安心，也不再要求进学校了。最显著的成绩，是文化政治水平的提高，据教育科半年来的总结谓：“低级班的工人从前是一个字不识的，现在已能认识二三百个汉字了。算术学会了加减法。中级班从前只能认识二三百字，现在已增加到六七百字，都能写信、写账、写小文章了。算术已学会了乘法。高级班的阅读和写作的能力，已提高到相当初中一二年级的程度，均能读懂一般的书报，及写成简洁清顺约当五六百字的文章了。至于政治方面，大多数工人对目前国际、国内及边区的大事与我党的重要政策，均能简要的了解。整风后，自由主义、经济主义、平均主义等思想和现象，也较前减少了。特别值得表扬的，如工人蔡步高、汪顺□[禄]、刘察义、张西成、李永英、彭满成等；青工如郑银柱、程日道等同志，平时经常努力学习，进步亦快，并能帮助别人，堪称学习模范。

保障佃權以利春耕
綏德檢查減租交租
違法者加重處罰

財廳指示各縣
總結徵糧工作
清尾欠　研究經驗　提供農業稅參攷材料

難民工廠提取植物染料

赤水二區代書記
王金榜學習積極　並努力幫助旁人

生產增加一倍
隴東某工廠開展趙占魁運動

安塞催收尾數
公糧入倉九千石　公草全部入站

關中分委分配幹部
加強鄉政權
部份人員轉入生產

晉冀魯豫交通總局
寄遞信件工作艱苦
綠衣使者活躍太行山　四個月內寄信五萬件

提高鹽產質量
鹽務局將開會商討　鹽本增加鹽民福利

黨的生活

秋徵中支部工作幾點經驗

（一）抓緊「村評議會」

（二）黨員的任務

（三）團結積極份子

十二月十五日於吳旗

開發西北
首應解決交通困難
工考團負責人談

全國徵購糧
已收百分之六十四

豫省向農行貸款
充農民春耕用費

興華製革廠工友
文盲消滅思想進步

國內簡訊

解放日报	时间	1943-1-16	期	第606期
			版	第2版

妇女纺线工厂织布

三边赶制纺毛机，各工厂扩大生产

【本报三边十三日电】发展三边纺织业。目前三边当局除计划帮助原有工厂发展外，并计划筹设大规模之毛织工厂，纺毛、纺纱、织布，另外为发动三边妇女纺毛，最近专署特制纺毛机四百架，定边市的一百架正在赶制中。

【本报三边十三日电】在发展纺毛业声中，三边各毛织工厂均胜利地完成了一九四二年工作，现在正向新的任务迈进，兹将各工厂情况报道于下：新塞纺织工厂，为定边最大工厂，原为政府所办，收容抗属纺毛，改善抗属生活。当时（一九四〇年十月）接收旧定边工厂机器约值八百元，现金二百元，合共资金千元。抗属工人两百余，四一年七月改组，吸收难民工厂及银行贷款七万元，改雇工人生产，将抗属送回原籍。去年八月，又扩大招股，每股千元，招收官商资金三十一万元，连同原有资本约共七十余万元。现有工人四十余名。内分清毛、弹毛、厂内织毛、厂外纺毛、染色、织毯、制毡等部门。去年一月至八月，栽绒毯七七三方尺，四六毡二一三条，二六毡十五条，被胎六条；八月至九月底，栽绒毯二三七方尺，被胎一一〇条，裤胎一〇三块，四六毡二七床，二五毡四九床，苫毡一三二块，马替子九〇块；十至十二月底栽绒毯三二三方尺，大小毡共一三四床，马替子一三二块。总计自四一年七月至四二年八月十五日，盈利三十一万余元，以后三个月尚未计算在内。现该厂正计划添织布机、织毛毯机，以便今年扩大生产。该厂目前主要困难：一、是机器缺乏，全厂只有弹毛机一架；二、技师与熟练工人少，又加之一般农村妇女常不愿纺织，以致阻碍生产的扩大。大光毛织工厂厂址设定边，原为×旅四支队所办，现正移交于驻军旅部，四一年八月创办毡房，并发动战士纺毛卖给延安工厂，去年六月，正式成立工厂，至年底计织花毛毯四百余床，毛毡大小六百余床，毡鞋一千一百余双，毛布二百余丈，布鞋二千余双，解决部队被子、毯子、鞋子等问题，余可出售。截至目前，该厂约有资本四十万元，内有织毯子机四架、织布机三架、千股机二架、整纱机□[一]架、手纺车五十余架、脚踏车机一百五十余架、工人三十余名，最高工资除供食宿外，每月工资八百元，最低工资五百元。童工、女工纺线一斤，工资二元，厂外纺线一斤六元，学徒每月工资一百元。据该厂负责人谈，如资金充足，以现在基础，机子全部开动，今年可纺织十万斤毛，而获利亦可达两倍。元华工厂为盐池唯一工厂，去年五月开工，边府投资五万元，民股七万元，系按每股五百元招收，现由边区参议员兼盐池副议长靳体元先生任厂长，织绒毯、毛毡、毡鞋、毛口袋等物。工人四十名全系雇工，最高工资除给食宿外尚支九百元。学徒颇多，目前毡房尚有工人十余人，纺毛多由城厢①妇女担任。自开工到年底产栽绒毯百余块，毛毡六百余条，毡鞋千余双，毡帽千余顶，毛口袋五百余条，盈利四十余万，除开支外纯利尚有十余万元。靳厂长甚为努力，创造之初即亲自去发动各家妇女纺毛，最近更计划购置机器织毛巾、花毛毯等，以供市场销售为主。三边为产毛主要地区，仅盐池一县年产即有五十余万斤，市场秋毛每斤不过十余元。只要产品精良，原料、销路均不成问题。即目前出产之栽绒毯，常为蒙回同胞购买一空，但亦感资金、熟练工人、优良技师缺乏的困难云。

① 厢应为乡。

婦女紡織工廠織布
三邊趕製紡毛機
各工廠擴大生產

完縣紡織業發達
婦女勞力生產家庭地位提高

邊區政府關於擁軍運動月的指示

改公糧為農業累進稅
邊府成立委員會
爭取年內實現

做到豐衣足食
綏德駐軍籌劃生產
自給外並幫助民衆春耕秋收

三邊各界準備禮物
春節慰勞抗屬
曲子抗屬郝鳳珠熱心公事

賞罰嚴明群衆擁護
靖邊獎勵模範幹部
惡霸郝寶林開除黨籍

綏德清澗兩川開徵商業稅

昨日全國實施限價
公佈辦法嚴厲執行

國內簡訊

增進財政收益
國府擬增稅辦法

完县纺织业发达

妇女努力生产家庭地位提高

【新华社晋察冀十四日电】完县自本月初开过生产救灾会议以后，不足半月，纺织业已在三个区数十个村迅速开展起来。计某区某村参加纺线者×××人，纺线×××斤。某区某村参加纺织者×××人，纺线×××斤。广大群众对此劳作，极其兴奋，群众生产情绪空前提高，许多老太太女孩子都是起五更打黄昏的纺线织布。××庄一个七十五岁的老太婆，五天纺一斤线，一个十五岁没有娘的女孩子，每天除了管理家务带弟弟以外，八天还纺一斤线。某城一个老太太，纺到黄昏还不停止，把窗户纸弄破透进光亮来纺。更黑的时候，叫孩子点上灯纺，一直纺到夜深才睡。×村一个纺织小组长除了自己积极纺线以外，天天检查每个组员纺的好坏，对年青组员说："把线纺细些，看起来光滑，织起来好织。"×区许多群众，自动到区要求领棉花，各村干部与群众几乎都是夜以继日的分送棉花，纺线织布，照此速度继续下去，到阴历正月底的积蓄，即可解决三个月的生活问题。由于纺织业的开展，妇女工作也进一步活跃了，××村一个年近八十的老太太，从来没有参加过任何组织，现在她能够很清楚地说出她的小组长，并知道小组长的具体任务。她领的棉花较坏，纺出线来比较粗，她觉得□[很]丢脸，对小组长说："我以后要用心再纺细。"各村妇女不分贫富，领了棉花都是互相督促，互相学习，许多婆姨或姑嫂妯娌，晚上凑在一个灯下，一边纺一边谈家里的事情。许多青年妇女，把从冬学里学来的道理，乘机告诉给弟弟们。线赚了钱再不是各自积起来，而是供给全家过日子。这么一来，使许多家庭更和睦，婆姨姑姊妯娌之间的关系更密切，妇女们活跃起来，其他各种工作的开展更容易。许多村里都是生气勃勃，大家生产，大家过日子，显出新的气象来。

【新华社太行十三日电】晋冀鲁豫边区政府林木保护办法颁布后，给予太行区造林业以极大推动。据政府农林局统计，去年一年中仅左权、平顺、偏城、武乡、黎城五县，即恢复禁山一四四处，禁林十一处。

婦女紡織工廠織布
三邊趕製紡毛機
各工廠擴大生產

完縣紡織業發達
婦女努力生產家庭地位提高

邊區政府關於擁軍運動月的指示

改公糧為農業稅
邊府成立委員會
爭取年內實現

做到豐衣足食
綏德駐軍籌劃生產
自給外並幫助民衆春耕秋收

三邊各界準備禮物
春節慰勞抗屬
出于抗屬邢鳳珠熱心公事

靖邊獎勵模範幹部
懲辦郝寶林開除黨籍
賞罰嚴明群衆擁護

昨日全國實施限價
公佈辦法嚴厲執行

綏德市商西川
開徵商業稅

國內簡訊

國府擬增稅辦法
增進財政收益

救亡工厂开展赵占魁运动进行思想教育

“咱是为集体而劳动”

【本报陇东十五日电】开展赵占魁运动，在救亡工厂发动竞赛，曾经过较长时间的酝酿，事先由分区工会杨主任将有关赵占魁运动的各种材料，编成职工课本，向全厂工友报告了五次，工人小组又讨论了三次，针对着厂中某些不良倾向，作了深刻的检讨和批评，特别是对于被开除工会会籍和工厂籍的吴文玉，和他的落后影响，作了严正的思想斗争。据悉，吴文玉是过去该厂的工会主任，平时对工作既不负责，又不执行上级工会的指示，打人、骂人、贪财腐化，并利用厂方的困难来反对行政领导，在工友中散播不正确思想。在“反对吴文玉，学习赵占魁”的口号下，全厂工友的生产热忱提高了，思想认识逐渐加强了，一个受过吴文玉影响的工友说：“现在咱才知道咱劳动是为的集体，吴文玉是为的个人，谁要只为个人打算的，就不是好人。”

【本报陇东十五日电】陇东救亡工厂成立于一九三八年，因管理不善、资金原料缺乏，几年来所得成绩甚微。但自去年四月归专署领导后，又并进了各县工厂的生产工具和工人，经过初步整顿，已在逐渐发展和改进。固定资本七万余元，活动资本约二十三万元。又去年各县民众扩大羊毛股一万斤，（约十三万余元）现有宽木机四架，每月可出宽洋布八十余匹，毛毡一百五十余床。该厂现已全部由织宽毛布改为织宽洋布，这是技术上的一个进步。此外在该厂的领导下，并有庆阳附近的民家妇女纺毛线，陇东各机关人员冬天用为毛衣毛袜、手套，大部分都是该厂制造的毛线，至于工人生活及教育，该厂现亦甚注意。不久之前开始实行计件工资，全体今年伙食、衣服及教育费等，统由厂方供给。另宽洋布每疋给工资十一元，每月可织成二十二匹，可得二百四十余元，工人除自己部分消费外，还可以有钱维持其生活。

新四軍頑強抗擊 蘇南敵再犯再敗

太行民兵戰績輝煌 全體軍民滾巨石殲敵

進行三邊分行確定今年方針 鞏固金融發展生產 教育幹部重視經濟工作

延安各機關生產 積極進行準備工作 總結經驗調整土地

抗日長城 冀南軍民改變地形 積極興築村莊堡壘

華北朝鮮獨立同盟 延安支部開會 決定加強組織與教育

晉察冀敵 搶糧勒索有加無已

「大渡」「嘉陵」兩部 鑑定幹部思想 黨內外非黨員均誠懇反省

綏德隴東各縣 陸續完成自衛軍整訓 加強崗哨巡查維護治安

食鹽暢銷 鹽局注意提高質量

正確執行寬大政策 葭縣土匪六名悔悟自新 慣匪曹加禮判處死刑

救亡工廠開展趙占魁運動 進行思想教育 「咱是爲集體而勞動」

國內簡訊

晉省限價工作 配合自給自足政策

魯東激戰未已 皖西再克太湖

軍委會設運輸會議 督導全國業務

建设厅计划增加本市煤产

【本报讯】今年延安附近煤炭生产额，计划增至二千三百万斤（去年为一千六百万斤）。计朱家沟一千八百万斤，白家牙五百万斤。至如何改良生产和管理方法及改善工人生活，提高生产情绪，顷据建设厅工业科负责同志谈：今年将采用六日休息制及计件累进工资，使工人有固定的休息时间及较多的工资，这样可以提高其生产情绪；同时雇用一般劳动力作地上剥炭石皮的工作，使挖炭工人专门集中劳力去挖炭，这样可以把过去每个工人每月下窑十八天，提高到二十二天。不过煤井巷道越打越远，煤的产量即将随之减低，甚至不能出煤，故欲增进产量，尚须添掘新煤井。另外白家牙煤井生产成本高，运费大，用作家用煤实不合算。例如利华一厂全年产煤二百五十万斤，只运费一项即比朱家沟多支出一百二十五万元，若以五十万元在朱家沟重掘新井，还可省七十五万元。其次如能统一管理各煤井，可以避免甲系统要煤用，而窑上无存煤。乙系统不要煤，窑上煤却堆积如山的矛盾现象。统一管理后，又可解决井下通风排水的矛盾。井上能适当调度人力，使井上井下完全配合。在统一管理的原则下，工人待遇也可统一，以免有跳厂现象。最后谈到关于成本及节省问题：（甲）减低成本，如能减低成本百分之二十，则朱家沟一千八百万斤煤值九百万元，可节省一百八十万，这个计划以下面的几个条件能顺利进行为保证：一、增加产量，相对地降低了工资及管理费；二、适当配合井上井下的劳动力，可以节省支出；三、改善工具，减低工具消耗；四、另雇用地面劳动力做剥石皮工作，以代挖炭工人的工作。（乙）节省运费。炭上的石皮工人因分份子关系不愿去净，如能去净后再运，石皮以炭重之百分之五计算，朱家沟一处即可节省运费四十五万元。（丙）改良炉灶，也可节省很多。因此延安燃料问题，除增加产量外，再从这些方面着手，可做到全年节省四百五十万元之多，工业用煤尚未计算在内。另外，计划朱家沟煤供给全部延安附近家用燃料，白家牙出的煤则供给工业用。并计划以白家牙所产煤二百五十万斤炼成焦炭约八十万斤，以代替木炭，这个是否可行尚待研究。总观以上所述，如能切实进行，今年延安的燃料，可以得到适当的解决。

機關生產英雄 黃立德首獲榮號

他在中央黨校種菜種得好

【本報訊】[illegible]

志丹加緊送糧

縣府派員督促限期完成 各區日來入倉踴躍

【志丹訊】[illegible]

安塞農貸發放 多多照顧難民

【安塞訊】本縣今年有萬余貸，[illegible]

種菜英雄黃立德

曾艾狄

（一）在會議上

[illegible]

（二）老黃是怎樣一個人？

[illegible]

（三）五年的種菜經驗

[illegible]

建設廳計劃 增加本市煤產

【本報訊】今年延安附近煤炭生產額，計劃增至二千三百萬斤（去年爲一千六百萬斤），計朱家溝一千八百萬斤，白家牙五百萬斤。至如何改良生產和管理方法及改善工人生活，提高生產情緒，據建設廳工業科負責同志談：今年將採用六日休息制及計件累進工資，使工人有固定的休息時間及較多的工資，這樣可以提高其生產情緒；同時僱用一般勞動力作地上剷炭石皮的工作，使挖炭工人專門集中勞力去挖炭，這樣可以把過去每工人每月下窯十八天，提高到二十二天。不過煤井越打越遠，煤的產量即將隨之減低，甚至不能出煤，故欲增加產量，尚須開新煤井。另外白家牙煤井生產成本高，運費大，用作家用煤實不合算。[illegible]

華池警衛隊 總結去年生產

選出模範人員多名

【華池訊】[illegible]

南泥灣移民日增 努力勞動開荒增產

【本報訊】[illegible]

紡織一二兩廠 實行合併

【本市訊】[illegible]

安塞賑救 重新登記貧民

【安塞訊】[illegible]

政院通令各省市 厲行限價違者軍法懲處

【中央社重慶十八日電】[illegible]

部藝公演新劇 今日招待文化界

【本市訊】[illegible]

湘省簡政 社會處糧政局結束

【中央社耒陽十七日電】[illegible]

統一調劑耕地 市府通知各單位陳報

【本市訊】[illegible]

豫省籌放 耕牛貸款

【中央社魯山十八日電】[illegible]

晉敵推行「新國民運動」 加強對淪陷區奴役

【新華社晉西北十六日電】[illegible]

更正

[illegible]

纺织一二两厂实行合并

【本市讯】财政厅决定将所属纺织一二两厂合并，现已开始搬运，随□[搬]随装并随即开工，以期尽可能减少停工时间，计划二十日前搬装完毕。两厂合并后可减少干部七人，工人、学徒二十三人，杂务人员四人，家属五人，共三十九人。另骡子二头。每月开支减少约五分之一。在生产方面，大布由五百疋可增加到七百疋，提高约八分之三。

機關生產英雄 黃立德首獲榮號

他在中央黨校種菜種得好

志丹加緊送糧

縣府派員督促限期完成 各區日來入倉踴躍

安塞農貸發放 多多照顧難民

種菜英雄黃立德

曾艾狄

建設廳計劃 增加本市煤產

華池警衛隊 總結去年生產

紡織一二兩廠 實行合併

南泥灣移民日增 努力勞動開荒增產

安塞青救

政院通令各省市 厲行限價違者軍法懲處

新藝公演新劇 今日招待文化界

湘省簡政 社會處與民政局結束

統一調劑耕地 市府通知各單位陳報

敵推行「新國民運動」 加強對淪陷區奴役

豫省發放 耕牛貸款

更正

解放日报	时间	1943-1-20	期	第610期
			版	第1版

晋察冀完县发展纺织

【新华社晋察冀十九日电】完县公营商店、合作社联合号召灾民，参加纺织。其办法是动员灾民，组成小组，由合作社供给棉花，每纺线一斤，得工钱六元；每织布一匹，工钱九元。去年十二月中旬，已有四十个村庄发动起来，参加人数共计一、三七五人，组织了三四五个小组。纺了一、八一一斤棉花。在二区几个村内，已交到五五斤线子。灾民对纺织情绪，异常高涨，大家争先加入，某庄一个六十八岁的瞎老太婆，也积极参加生产，日夜加工，每两天纺线一斤，又快又好，当地妇女敬慕她，向她学习。

解放日報

中華民國三十三年一月二十日 第一〇一六號 今日出版一大張

社址：延安 全年七十元 半年三十六元 三月四十元 每月十二元 零售每期五角

尋人啟事

和順（原名淮月明）係山西萬泉人，三九年初由抗大畢業，赴河北唐縣一帶工作，至今不知下落，家中現有要事，見報後希速為返延，或先來信告知，如有同志知其下落者，亦請告知，感謝不盡。來信寄交延安新市場長春茂收轉

父淮印山啟

延安各機關學校部隊一九四三年生產總結動員大會籌備會啟事

本會依據中央辦公廳指示，負責進行今年生產總結動員大會籌備工作，已於十八日召集第一次會議。茲將各項重要決議公佈如下：

（一）各部門「一九四二年生產總結」與「一九四三年生產計劃」在中央辦公廳規定時間內按下列系統……

兩千公里全綫告捷

列寧格勒解圍

攻克加民斯克瓦盧基

渡過頓尼茲河馬內河

列城舉行祝捷大會

朱可夫 伏洛諾夫 榮任元帥

半月國際述評

中美中英新約

列城解圍與南綫紅軍勝利

美國的一千億元預算

北非戰況

西歐和地中海形勢

專員縣長聯席會議閉幕

擬訂生產具體計劃 確定教育改革方針

晉察冀 完縣發展紡織

新華日報華北版 精簡完竣

潘友新招待我政府要員

美礦工奉命復工

解放日报	时间	1943-1-20	期	第610期
			版	第1版

美矿工奉命复工

【路透社华盛顿十六日电】赛夕法尼亚一万五千罢工之无烟煤矿工人代表已于星期一决议复工。他们一致接受美国矿工联合会主席路易斯之最后通告，此通告系于战时劳动局下令工人于谈判前复工后数小时发出者。劳动局曾称：如果工人不听从其命令，此事将交与白宫处理。罢工系由工人拒绝每月增付五毛费用而起，此事系上项矿工联合会会上，在主席路易斯指示下而议决者。

解放日報

今日出版一大張　第六一〇號　中華民國三十二年一月二十日

社址：延安　每月十二元　三月卅四元　半年六十三元　全年一百七十元　本期零售五角

尋人啓事

和順（原名淮月明）係山西萬泉人，三九年初由抗大畢業，赴河北唐縣一帶工作，至今不知下落，家中現有要事，見報後希速爲返延，或先來信告知，如有同志知其下落者，亦請告知，感謝不盡。來信寄交延安新市場長春茂收轉

父淮印山啓

延安各機關學校部隊一九四三年生產總結動員大會籌備會啓事

本會依據中央辦公廳指示，負責進行今年生產總結動員大會準備工作，已於十八日召集第一次會議。茲將各項決議公佈如下：

（一）各部門「一九四二年生產總結與一九四三年生產計劃」，在中央辦公廳規定時間內按下列系統：中直軍直兩系統交中央管理局，軍事系統交留守兵團政治部，邊區一級交建設廳，以便整理、審定後轉交中央辦公廳。

（二）決定在動員大會上獎勵生產英雄（直接參加生產的）及模範事務工作人員（從單位工作幹部到伙夫馬夫等同志）選舉辦法：一、各單位提出當選名單之前，應注意其是否真正英雄，條件必須嚴格，不必勉強，以昭鄭重。二、當選者必須經過各單位大會討論提出通過。三、各單位將當選名單和當選者小傳（一二百字）及當選的詳細理由提交各所屬領導機關（中組局、邊政、財廳、建廳）轉交本會，以便統一審核。

（三）徵求獎品獎金——爲獎勵生產英雄和模範事務工作人員，本會除財政廳撥有專款外，並徵求各機關、學校、部隊、工廠、商店捐贈獎品獎金，請送交中央辦公廳「一九四三年生產動員大會籌備會」爲盼。

兩千公里全綫告捷
列寧格勒解圍
攻克加民斯克瓦盧基
渡過頓尼茲河馬內河

……了新勢態，此外，還奪取了……第四、五、六、七、八號工人鎮，……第九十六、第一百七十、第六十一……之第八十五步兵團，第二百二十三……

列城舉行祝捷大會

〖路透社莫斯科十九日電〗……

朱可夫 伏洛諾夫 榮任元帥

〖塔斯社莫斯科十九日電〗……

半月國際述評

中美中英新約

經過了整整四個月的談判，中美中英廢除在華特權的新約終於成立。中美中英新約訂立的消息公佈後，立即引起盟友邦全世界反法西斯人士的熱烈歡迎。現在加拿大已在籌劃我國商訂新約。我們希望在不久的將來，在華尚保有特權的一切盟國，也能根據平等互惠的立場，與我締結新約的外交關係。

不平等條約的廢除，打碎了中華民族百年來所受的枷鎖，我全國同胞歡欣鼓舞，不言而喻。但是今天擺在我們面前最重要的急務，還是要再接再厲，堅持抗戰。只有最後戰勝日寇，新約中的許多權利（如收回租界等）才能真正收回，中華民族才能真正完成民族解放的大業。

列城解圍與南綫紅軍勝利

在南路紅軍攻勢已發展爲全綫總攻之際，列寧格勒紅軍又於十一日開始反攻，攻克斯魯塞堡等地，使列城得以解圍。蘇軍冬季攻勢已沿二千二百公里戰綫全面展開了！

紅軍斯城地區大勝後，去年十二月廿四日，開始高加索的攻勢。近半月來，該方紅軍主力，沿高加索鐵道幹綫猛進，已於十六日逼近阿馬維爾；其右翼則已進逼伏羅希洛夫斯克城郊。

頓河下游紅軍，分數路前進，其一路沿斯大林格勒至特徵列茨克鐵道而下，現已渡過馬內河，到達薩爾斯克城郊，對高加索德寇廿五師向羅斯多夫之退路，給予重大威脅。

頓河下游紅軍之另一部，在頓河以北、斯城——里哈亞鐵路以南地區，肅清殘敵，先頭部隊已於九日抵達頓河與頓尼茲河交叉處，而其右翼則於十五日到達羅斯多夫正東一百四十公里之處。

頓河中游間的紅軍，於十六日攻克米爾列羅沃城，守軍全部殲滅。紅軍佔領米城後，正向羅斯多夫前進，現已渡過頓尼茲河，佔領加民斯克。本月十三日夜，紅軍又在沃羅涅日以南三路向西出動，擊潰德寇九師，推進九十餘公里，現已佔領瓦盧基。紅軍這一勝利，已使卡爾科夫德寇受到箝制，這使更加孤立了羅斯多夫及高加索之德寇。沃羅涅日綫擊刺羅沃鐵道，亦因此完全打通，今後對頓尼茲綫鐵路之接濟，得到莫大方便。

此外，在斯城地區被圍之敵，原有廿二師之衆，由於不斷死亡，現僅餘七八萬人。蘇聯統帥部於本月八日對被圍德軍致最後通牒，勸其繳械投降，勿作無謂之掙扎，德軍拒絕，於是紅軍乃於十日舉行殲滅的攻勢，連日激戰，被圍德寇已大半喪失，而紅軍攻勢剛好兩月，德寇連續潰敗，夏季攻勢所得戰果已大半喪失，而紅軍攻勢之威力仍在繼續增長。

美國的一千億元預算

本月十一日，美總統羅斯福向國會提出一九四四年度（今年七月至明年六月底）的預算，總額達一千萬萬美元，其中直接關於戰費的在七百五十萬萬美元以上。這個驚人的數目，將佔於上次大戰中美國的全部戰費，實是史無前例。它是美國全部作戰力量總動員的標誌，無怪乎盟國人士聞訊振奮，而軸心則像懸失措，德國盟社已不止一次地大呼「美國加強反攻力」。

美國今年擴充軍力的目標是陸軍增至七百五十萬人（現有五萬萬百人），生產飛機十萬架（去年爲四萬八千架），建造一千六百萬噸船（去年造船量爲八百九十萬噸）以及加緊完成兩洋艦隊計劃，再加上農業方面增產六萬萬蒲式耳（約等於二萬萬担）的麥子。要完成以上目標，非一千萬萬元的預算不可。

目前美國在海外的駐軍已達一百五十萬，自一九四一年三月以來，美國根據租借法案而供給盟國的軍火物資，共值六十五萬萬美元。這誠然是巨大的數目，但是這僅是美國作戰力量的七分之一。要最後擊潰德意日，盟國還需以更多的武器與物資供應中英蘇各盟國。一千億美元的預算，說明美國作戰力量完全發揮出來的時候，盟國就可以「向柏林、羅馬、東京之途邁進」（羅斯福總統語）了。

北非戰況

利比亞英軍新攻勢，約經二十日的準備，到本月十五日又開始了。第八軍業已越過羅麥爾原擬據守之三道河床與密蘇拉塔，距的黎波里百六十公里。突尼西亞的戰事，目前仍限於巡邏活動，但雙方都在增兵，新戰鬥正在醞釀中。

突境原有德軍約三萬，最近增援七萬，如與利比亞的德意軍隊會合，則其軍力可能有十五萬到二十萬之譜。在盟國方面，除英美經常增援外，美國即將在北非成立第五軍，而非洲法軍亦在日益增強。過去有西非之塞內加爾族軍五萬，早已參加盟軍作戰，現在青羅德將軍正在北非徵編法軍，裝備全由美國供給，現已有大批軍火由達布羅陀運往北非，武裝九萬以上的受訓法軍，同時達喀爾過去復員之法軍，現亦正在準備歸隊，中非法軍已與英第八軍及突境法軍會合。

西歐和地中海形勢

由於東綫吃緊，希特勒已將德國本部及比利時、荷蘭、南斯拉夫、保加利亞等國的德軍及存儲武器大批運往東綫。整個西歐防務更形空虛。另一方面，加拿盟軍源源抵英，實力繼續增大。盟國在歐陸開闢第二條戰綫之可能，日益增長。本月十一日起敘利亞美軍突然在塞浦路斯島登陸。盟軍似有從東地中海進攻南歐之勢。因此，希特勒亦下令加強巴爾幹半島尤其是希臘沿岸與愛琴海諸島嶼的防務，且以一部德軍開往克里特島。

晉察冀
完縣發展紡織

〖新華社晉察冀十九日電〗……

新華日報華北版
精簡完竣

〖新華社太行十九日電〗……

專員縣長
聯席會議閉幕
擬訂生產具體計劃
確定教育改革方針

〖本報訊〗……

潘友新招待我政府要員

〖中央社重慶十九日電〗……

美礦工奉命復工

……

解放日报	时间	1943-1-22	期	第612期
			版	第2版

财厅各工厂选举模范工人

【本市讯】财厅为奖励生产日前号召各纺织、被服、制鞋等工厂，在本月底选出自己的模范工人，其当选条件有五：（一）工作积极负责，有创造性，且成绩卓著者；（二）不贪污、不浪费、特别爱护公物者；（三）生活艰苦、埋头苦干者；（四）肯帮助别人，关心群众者；（五）学习努力，并有显著进步者。现各厂正在积极进行中。

民工冒寒趕築 寶延路各段接通

運鹽腳夫稱便不已

三邊駐軍籌劃生產

開荒兩萬八千畝 運鹽六十萬斤

綏米一縣如何發展農業

——兩縣行政首長的談片——

財廳各工廠 選舉模範工人

【本市訊】……一、具有領導著者；（二）不貪污，不浪費，特別愛護公物著；（三）生活艱苦，埋頭苦幹著；（四）肯幫助別人，關心群眾著；（五）學習努力，能為群眾模範著。現各廠正在積極進行中。

關中瑞雪

晉察冀某皮革廠 精簡後開展一號

邊保劇團同志 出發途中抓空學習

晉西北農民銀行 本年業務注重農貸

目前積極準備春耕貸款

綏德分區公糧 即將全部入倉

定邊合作社聯席會議 確定業務新方針

發展紡毛運銷土產

建廳撥款 防治獸疫

各省紛籌中鹽 報告限價實施

五年來 寧夏建設狀況

油植物煉汽油 試驗成功

國內簡訊

中央各機關今日開始 集體總結去年生產經驗

管理局將開辦訓練班

晋察冀某皮革厂精简后面貌一新

【新华社晋察冀二十一日电】军区供给部皮革工厂自精简以后，各方面均获得很大成绩。在克服浪费现象上说，以前裁下的碎皮头，都是丢了，可是现在他们已开始注意收集，从十月份就收集了五大捆，十一月份中就把它做成子弹盒的底和两头，按市价计，就可值五百余元。以前做皮袄裁下来的皮毛头，现在他们也收集起来，用线连起又缝了几十件皮背心和五十二件皮大衣，合市价就值一七〇〇元左右。近来他们又把牛皮头收集起来，每件可做四个子弹盒，合市价可值七十二元。以前总把缝皮的线头丢掉了，现在也注意收集起来，打成绳用，值市价百十元。在提高生产与改进技术上说，也有更好的成绩，做足球、手套、皮袜等，都发现了新办法，以前每人两天缝一个篮球，现在能够每人一天完成一个。在裁子弹盒方面，以前要用铅笔画印，现在改用手裁。以前四人裁，供应一个组不够用，现在一人裁，一□个缝还缝不过来。以前一个子弹盒共缝二百针，现在增到了三百针。以前只用直针，现在能斜缝。以前不会上针现在都会代针。以前刨皮每人每天刨六张，现在增到八张。以前有的皮面发硬质松，现在做的又柔又软。以前做的子弹盒是花的，不适于正规兵团用，现在一色了，并且质地耐久。在全厂工作情绪上说，已经空前高涨，他们在一周内，能学两个歌子，三个月中识二百字，现在能识五百字。最近他们又组织了歌咏组，每天早晨学唱歌，下午做游戏，厂中妇女同志更加活跃，已向男同志提出挑战。

民工冒寒趕築 定延路各段接通

運鹽腳夫稱便不已

三邊駐軍籌劃生產

開荒兩萬八千畝 運鹽六十萬斤

財廳各工廠 選舉模範工人

關中瑞雪

綏米二縣如何發展農業

——兩縣行政首長的談片——

精簡後面貌一新

晉察冀某皮革廠

邊保劇團同志 出發途中抽空學習

晉西北農民銀行

本年業務注重農貸

目前積極準備春耕貸款

綏德分區公糧 即將全部入倉

定邊合作社聯監會議 確定業務新方針 發展紡毛運銷土產

建廳撥款 防治獸疫

各省紛紛實施 報告限價實施

五年來 寧夏建設狀況

油桐物煉汽油 試驗成功

中央各機關今日開始 集體總結去年生產經驗

管理局將開辦訓練班

國內簡訊

解放日报 | 时间 | 1943-1-22 | 期 | 第612期 | 版 | 第2版

五年来宁夏建设状况

【中央社贺兰二十一日电】宁夏建厅长李翰国，顷以去年本省生产建设之回顾与前途为题撰文刊载宁夏民国日报。文中对宁夏抗建以来之经建成绩，有扼要叙述，兹择要志次：（一）水利农业方面，全省渠道灌溉面积，战前为一、九七二、八四一亩，三十一年为二、五〇七、八六四亩，因此该省战前原为粮产入超者，今已有余粮。（二）森林方面，除保护贺兰山天然林外，近年来计造林六二三、八一五株，育苗三六、三九八、八三五株。（三）农贷自二十九年七月起，迄今已组成三〇五社，社员四五、六六五人，股金八四、四〇三元。（四）工矿方面，战前全省并无工业基础，今则已有纺纱、染织、火柴、酒精、石膏、麻袋、造纸、制皂工业各一。织布厂二所。食盐外销亦与年俱增，二十六年计为八七、三〇〇担、三十年已达二六九、四〇〇担。（五）交通方面，数年来水陆两方均有修建者，昔日之羊肠小道今则南通平凉，北达陕坝，汽车可通行无阻矣。

民工冒寒趕築 安延路各段接通
運鹽腳夫稱便不已

三邊駐軍籌劃生產
開荒兩萬八千畝 運鹽六十萬斤

綏米二縣如何發展農業
——兩縣行政首長的談片——
育涵

財廳各工廠 選舉模範工人

關中瑞雪

晉察冀某皮革廠 精簡後兩號一併

邊保劇團同志 出發途中抓空學習

晉西北農民銀行 本年業務注重農貸 目前積極準備春耕貸款

綏德分區公糧 即將全部入倉

建廳撥款 防治獸疫

定邊合作社聯席會議 確定業務新方針 發展紡毛運銷土產

各省紛電中樞 報告限價實施

國內簡訊

湘植物煉汽油 試驗成功

五年來 寧夏建設狀況

中央各機關今日開始 集體總結去年生產經驗

管理局將開辦訓練班

解放日报	时间	1943-1-26	期	第616期
			版	第2版

西川奖励模范炭工

蔡子举团结工人努力生产，蔡子高比旁人挖炭特别多

【本报西川讯】此间县工会提出模范挖炭工人蔡子举、蔡子高二名，号召六百余炭工（会员）向他们学习。蔡子举今年四十岁，自十二岁即开始挖炭。一九三九年□立工会后，他被选为四个炭窑的分会主任，领导着一百五十个炭工，他除自己下窑参加生产外，并耐心解决工人间的纠纷，将炭工间由过去被人挑拨时起冲突的情况，转变成为现在相互间的亲爱团结。因而在工人中威信颇高；同时工人和窑主间如有纠纷，他也能照顾劳资双方利益而给以调解。蔡子举没有其他工人过去传统的恶习，他并且能纠正某些炭工之一切恶习（如赌博等）。他下窑挖炭，上窑卖炭，除能分配适当外，且对人态度和平，故一般买炭脚户都对他印象很好。又模范炭工蔡子高他的特点是生产积极，技术优良，由于他的力气大，从不误工，并且在别人因事不能挖炭时，他每次都能自动顶工，所以他每月能比别人多挖炭二三千斤。他挖的炭，边沿整齐，碎炭很少，且能左右两手随意使用，也是别人所不及的。县工会根据模范炭工的优良条件，在炭工中普遍展开宣传教育，一般工人无不感觉此为炭工从未有过之光荣，均愿向他们二人学习。

成立各級組織募集禮物
隴東開展擁軍運動
華北書店文化勞軍

吳滿有捐款勞軍
積極領導優抗工作
致書慰問兄弟

你是八路戰士，我是勞動農民，雖然崗位不同，目的只有一個：打走日本，保衛邊區，保衛中國……

蘇北興化打壩運動

——新華社華中二十二日電

偉林

關中利用春節
宣傳減租交租
提倡生產建設

淳耀固區合作社
九元股金分紅廿元

隴東文協推進文化工作
民教館開辦夜校

延安各界
祝徐老六七壽辰

邵力子談
「蘇聯戰時經濟」

定延路馱運暢通
路局擬檢查全線工程
清明節最後完工通車

西川獎勵模範炭工
蔡子舉團結工人努力生產
蔡子高比旁人揹炭特別多

【本報西川訊】此間礦工會提出模範挖炭工人蔡子舉、蔡子高二名，號召六百餘炭工（會員）向他們學習。蔡子舉今年四十歲，自十二歲即開始挖炭。一九三九年成立工會後，他被選爲四個炭窯的分會主任，領導着一百五十個炭工，他除自己下窯參加生產外，並關心解決工人間的糾紛，特炭工間由過去被人挑撥時鬧糾紛的情況，轉變成爲現在相互間的親愛團結。因爲在工人中威信很高；同時工人和窯主間如有糾紛，他也能照顧勞資雙方利益而給以調解。蔡子舉沒有其他工人過去傳統的惡習，他並且能糾正某些窯工之一切惡習（如賭博等）。他下窯挖炭，上窯賣炭，除他分配適當外，且對人態度和平，故一般買炭群衆都對他印象很好。又模範炭工蔡子高他的特點是生產積極，技術優良，由於他的力氣大，從不躲工，並且在別人因事不能挖炭時，他都來頂替，所以他每月能比別人多挖炭二三千斤。他挖的炭，遠滑整齊，碎炭很少，且能左右開弓，臨窯使用，也是別人所不及的。該工會模範模範炭工的優良條件，在炭工中普遍展開宣傳教育，一般工人無不感覺此

炭工從未有過之光榮，均願向他們二人學習。

機器一廠引擎工友
工作早到遲退

青記第三次學術獎金
清秀同志等獲獎

閩省各縣設處
辦理平價分銷
贛嶺懲處違法奸商

新年中
敵兵自殺

更正

机器一厂引擎工友工作早到迟退

【安塞讯】据悉：机器一厂之引擎工人，比一般工人工作尤为良好。他们每日早上工十五分钟，迟下工十五分钟，且在工作时间外修理损坏之引擎，因此厂方按原定工资予以增加百分之三十。该厂引擎工人王元喜说："公家经济这样困难，我每月工资已够，何必多领钱呢？工厂是我们自己的，我应当多做义务工；现在既没有义务工，那么，百分之三十的额外加工工资，我就不领了。"这样多劳动，少取报酬的精神，实是边区工人觉悟程度提高的表现。

成立各級組織募集禮物
隴東開展擁軍運動
華北書店文化勞軍

吳滿有捐款勞軍
積極領導優抗工作
致書慰問兄弟

你是八路戰士，我是勞動農民，雖然崗位不同，目的只有一個：打走日本，保衛邊區，保衛中國……

蘇北興化打壩運動

——新華社華中二十七電

偉林

關中利用春節
宣傳減租交租
提倡生產建設

淳耀同區合作社
五元股金分紅廿元

隴東文協推進文娛工作
民教館開辦夜校

延安各界
祝徐老六七壽辰

邵力子談
「蘇聯戰時經濟」

定延路馱運暢通
路局擬檢查全綫工程
清明節最後完工通車

西川獎勵模範炭工
蔡子華團結工人努力生產
蔡子高比旁人挖炭特別多

青記第三次學術獎金
清秀同志等獲獎

機器一廠引擎工友
工作早到遲退

閩省各縣設處
辦理平價分銷
贛嚴懲處違法奸商

新年中
敵兵自殺

更正

解放日报	时间	1943-1-27	期	第617期
			版	第2版

总工会通知各工厂纪念“二七”进行拥军

提高生产

【本市讯】今年“二七”，正值春节和边区拥军与拥政爱民运动月，边区总工会特发出通知，指示各工厂工会，发动全体职工，组织娱乐活动，进行拥军募捐及写信慰劳附近抗属。同时延安附近各厂，闻将于“二七”联合组织晚会，借以动员提高生产，活跃文化娱乐生活。

林李主席撥款 慰勞本市駐軍
延安安塞佈置擁軍

中直軍直 生產總結完畢
掌握政策增高信心 交換各種生產知識

眞武洞
——一個邊區新興的農業市場

方修農

陝北江南 攝成影片
不日在延公映

新寧縣參議長 沈邦彥逝世

靖邊軍民踴躍輸稅
去年稅收超過兩倍

葭縣移民南下墾荒 路費由政府發給

總工會通知各工廠 紀念「二七」進行擁軍
◇提高生產◇

沂蒙冬學 繼續擴大學生 提倡「見物識字」

綏德推廣植棉
王宗華試種成功 較種穀利大十倍

清澗公糧 全部入倉

如何配合生產？ 農學會將開年會

專賣行限價

教部謀擴充 師範職業教育

關中煤礦工人 生活改善

解放日报	时间	1943-1-27	期	第617期
			版	第2版

关中煤矿工人生活改善

【关中讯】××村煤矿工人第一次代表大会所通过的决议，现已逐渐实现：矿工工作时间系由早饭后下矿，天黑时上井，每天劳动时间在十二点钟左右（过去为十六小时）；“把头”一天不工作，“底经”（矿底工头）三天不下井，即没有工钱，不能分利。有四家矿窑开始建立矿工集体伙房及宿舍。

林李主席撥款 慰勞本市駐軍
延安安塞优属擁軍

中直軍直 生產經驗總結完畢
掌握政策增高信心 交換各種生產知識

真武洞
——一個邊區新興的農業市場

方紀農

「陝北江南」攝成影片
不日在延公映

鄜縣移民南下開荒 路費由政府發給

總工會通知各工廠 紀念「二七」進行競賽
◇提高生產◇

新寧縣參議員 沈邦彥逝世

靖邊軍民積極納稅
去年稅收超過兩倍
關中營業稅完成百分之一百

綏德推廣植棉
王宗華試種成功 較種穀利大十倍

沂蒙冬學 繼續擴大學生 提倡「見物識字」

清澗公糧 全部入倉

如何配合生產？ 農學會將開年會

粵厲行限價

教部謀擴充 師範職業教育

關中煤礦工人 生活改善

解放日报	时间	1943-1-28	期	第618期
			版	第2版

十个月一九千匹 大光厂去年超过任务

抽空学习文化技术提高

【本报绥德讯】十个月织布九千余匹，盈利八百余万元，三五九旅之大光纺织厂去年生产超过原定任务的三分之一，解决了该旅的服装问题。该厂除布匹外，并产旁的物品，去年上半年织毛巾二千八百零六打、毛毯五百八十一床、绑腿八七二尺，制毡八十条。该厂十一、十二两月曾经停工（因原料缺乏），职工全部参加学习，文化、政治和技术各方面，都提高了一步。　厂方曾为提高工作效能，新制铁机四十五架，比原先的手拉机多织三分之一的布匹。在组织与健全厂方的各种制度上，亦建立了周报及月报制度，每星期各部均召开检查会，厂方亦一月开检讨会一次。新筑机房三间与工人宿舍三十二间。工资由津贴制改变为计件工资后，大大提高工人的生产情绪。党在工作中起了很大的作用，去年四次的竞赛运动中，党首先发动党员作为模范劳动者。竞赛后涌现出大批的劳动英雄，其中党员即占百分之三十。六十多位学徒工人进步为熟练工人。又闻在今年的计划中，厂方除为完成相当于四千三百石小米价值的任务而努力生产外，并准备在各县设立办事处，扩大营业范围，向固临，三边等地推销货物。试制花布床毯、毛巾被。准备精简脱离生产的工人与干部约十余人，转移到生产部门去。自种菜地二十多亩，以达到菜蔬自给半年。

【本报绥德讯】由于原料供给的困难，大光纺织厂曾在去年十一、十二月中，停止工作，全部参加学习，预先将工人按程度编为甲乙丙三组，每天由厂方派专人上课，课程内容分文化、政治和技术三部，实行每星期小测验一次，每月考试一次。建立互助小组，如甲组吴凤山、李继中均能在课余时，帮助乙组同志识生字，起了推动学习的作用。全厂这次大测验的成绩，平均在八十五分以上。一个农发村出来的妇女马汝廷，一年来在厂方的教育下，能识到八百多字了。过去该厂工人，有百分之三十是不识字的，经过两月的学习，均能识字到一百五十个以上。

中華民國三十二年一月廿八日　解放日報　星期四　第二版

綏德安塞 舉行擁軍大會

號召人民努力生產幫助部隊

醫區印廠工人停止休假 趕印擁軍宣傳品

居民積極協助駐軍

大光廠去年超過任務 十個月一千九百疋

抽空學習文化技術提高

行政學院計劃 開荒百五十畝

橋兒溝女冬學生 部份可助丈夫記賬

黨的生活

鎮原三區四鄉支部改選經驗

撫原縣委組織部長 孫久德

清澗減租交租 城關區執行最好

本市各區 運鹽隊組織就緒 春節後即可出發

新寧縣級黨風學習結束 幹部安心工作 重視調查研究

亂彈中劇團的反省會

張蓉林

渝市煤荒

謝老夫人勤儉刻苦 改善五人生活

今年更要擴大生產

大後方教育設施

重慶得雨

交部成立 全國公路總局

蓉市發動 春節慰問征屬

一九四二，十二，二十，於…

第一卷（下）

解放日报	时间	1943-1-30	期	第620期
			版	第2版

交通团结两厂合并全年织布九千匹

【本报讯】为了管理统一，节省开支，提高生产量以符合精简原则，交通、团结二厂，于日前合并，易名为陕甘宁边区纺织厂，并于日前在××湾举行合厂纪念大会。是日，两厂工友及工作人员在极欢愉之气氛中互相交谈、勉励，为完成今年的生产任务而努力。南厅长在会上讲话谓：我们的工厂不是为了赚钱，而是为了保证军需的供给，保证今年能够达到丰衣的目的。并谓：工作人员除了工作及学习外，也要抽空参加生产，以改善自己的生活。朱宝庭老同志则以管理生产是光荣的事激励全体工作同志。建厅赵科长谓：边区纺织厂要争取成为全边区的模范工厂。工人李周先以“一切责任都在我们身上”的响亮口号致答词。

【本报讯】陕甘宁边区纺织厂，虽合厂伊始，但该厂已在紧张之工作中，根据确实情况，订出今年努力生产的目标。按该厂现有工人××名，织机××架（内有铁机××架），今年拟织四十码宽布九千匹（这是根据现有的人力物力计算，本年度内还准备提高产量），蜂巢式手巾十万条。现原料采购等工作已布置就绪。为加强工人教育，该厂拟将成立一学习委员会，推动此项工作之进行。另外，为了丰衣足食改善生活，该厂拟种菜十万斤，喂大批的猪，保证全厂人员的蔬菜肉食的自给。

【本报讯】边区纺织厂于日前进行劳动英雄的选举，结果选出劳动英雄十八名，现正送上级审核，以做最后决定。

各分區開展擁軍運動

本市各機關踴躍獻金

擁政愛民運動同時進行

三五九旅抽出大部騾馬

積極發展運輸業

運鹽運貨減輕人民負担

警區貧民移墾內地

豐收糧食回鄉買地

綏五百農人離南下開荒

二十一年前的回來了！

路東根據地一瞥

——新華社華中分社——

紀曉

將辦部設會訓練班

吳旗縣

中央管理局

審查各單位生產計劃

工委計劃詳盡切實

交通團結兩廠合併

全年織布九千疋

建廠增產食糧

推廣種植甜菜南瓜

地內良改羊種增繁

財廳劉印

吳滿有年畫

僞滿國務總理

張景惠自戕

傅東華

傳被敵俘

同宜耀

部份完成減租交租

三邊地幹班學生

畢業下鄉工作

米脂、志丹公糧

大部份入倉

米脂個別地主拖延不繳

解放日报 | 时间 | 1943-2-5 | 期 | 第626期 | 版 | 第2版

走向生产战线！蔡畅同志等发起筹办妇女合作社

关中借纺车给难民妇女

【本市讯】蔡畅、康克清、张琴秋、白茜、王友兰等同志特发起筹办“边区妇女合作社”。目的在提倡妇女生产——特别是纺织毛线和做鞋子的手工业生产。一面帮助妇女解决工具与原料的困难，一面又帮助推销成品。闻该社拟开始在本市设立总社，然后推及各县。资本二十万元左右，入股分原料、资金或劳动力三种，每股五十元。该社现已与纬华毛织厂及实验工厂商订合同，尽量供给毛线。各机关如有进行织毛生产者，可派人与该社接洽。闻该社已定三八节正式开幕。

【又讯】财政厅女同志生产小组成立已两周，并即与“边区妇女合作社”取得联系，借取大批毛线与工具进行生产。技术熟练者已打就三件毛衣，每件工资，起码在五十元以上。闻这类毛织品，准备在“三八节”公开展览。

【本报关中三日电】分区各县发动难民妇女纺纱换花运动。日来各县政府正从事调查，赶制纺车百部，有难民愿纺织者，由政府借给纺车，然后由分区纺纱厂发给棉花，待纺成棉纱后，工厂按棉花两斤收纱一斤标准收回。按每斤棉花出纱十五两，纺妇每人每日纺纱以四两计算，保证可获工资边币二十元。此项运动为帮助解决难民春荒生活及地方棉纱需要。闻政府纺车限六月底始收回。

鹽務局總結工作
訂優待運輸公鹽辦法
三邊分區歡迎劉建章運鹽隊

百年桎梏一日解除 中華民族鬥爭結果
李副主席談

林主席 李副主席 致函慰問軍隊

恭喜抗屬
曾 健

西北工考團 離關返渝

走向生產戰綫！

蔡暢同志等發起 籌辦婦女合作社
關中借紡車給難民婦女

太行區的「榮譽軍人」
李 莊

山東文協工作方針 協助政府推進國民教育

南泥灣影片 連日在各處放映 大衆俱樂部排定映會日程

隴東赤水某旅直屬隊 種地千七百畝 規定每人拾肥料五担

機器一廠訂定計劃 培養技術人材

財政廳 獎勵優秀倉庫幹部

集中领导节省人力物资三被服厂合并

现每日成衣四百套

【本报讯】边区被服一、二、三厂，日前假新市场三厂原址举行合并联欢大会，到来宾与全厂男女职工×百余人。财厅南厅长在会中向全体工友发出响亮的号召，要求他们在合并后人力物力更加集中的优越条件下，大家动手，努力生产，以保证今年“丰衣”任务的全部实现。同时更指出三厂合并后的努力目标为加强技术、提高质量，大步走向被服供给历史的新阶段。被服一、二、三厂，原为财政厅、后勤部及中央管理局三处分别领导，去年十月初为适应边区精简政策及被服供给上的统筹统支，曾全部划归财政厅统一领导，但当时各厂仍形分立，十一月间由三厂负责同志数度磋商，以节省人员，节省运输费，及人才集中，工具集中，技术集中等为理由，联合要求财厅实行三厂合并，此意见被接受后，旋即组织合并委员会，由三厂厂长参加，一面向教厅及边青救收买房屋及扩大建设新厂，一面更具体计划与布置合并事宜，决定以十二月八日至二十八日结束合并与搬家等工作。在此次搬家期间，工友们情绪极高，不仅未发生任何不满现象，且发扬了三厂工友相互间团结友爱的精神，这表现在搬家时全厂男女工友一起动手，十数里外迎送工具成品，和山上山下努力搬运等事实，同时尤觉难得的是在整个搬家与合并过程中，所有器材竟丝毫未损失，许多意料中之困难问题（如干部间的人事问题，和工友间的帮口问题），亦均未发生云。

【本报讯】合并后之边区被服工厂，人力物力顿形充实，现全厂职工共×百人，缝衣机五十六架，全厂组织机构已重加调整，除工会组织外，行政上设厂长一人，副厂长二人及政治协理员一人，下分工务、总务、会计三科，其中工务科下又分手工、机子、裁剪三股，分别领导全部技术工作。此外并于新市场内附设门市部一处，集中机子十架，及熟练工友三十余人。除专门供给首长被服外，并从事营业，其作用是在于平抑缝纫市价。

【本市讯】边区被服工厂，已于本月二日正式开工，现全厂每日共开四十八架机子，可制成军衣四百套，据该厂工务科长谈，今后因生产集中领导集中，过一个时期估计，每日成品可达五百套之数，且确信能完成“加强技术，提高质量，保证今年生产任务”。

延屬分區民衆春節勞軍慰問抗屬

晉冀魯豫參議員拜訪抗屬

隴東總結徵糧徵草工作

人民踴躍繳納超過任務

各縣模範幹部羣衆受獎

延安慶祝廢約大會特寫

集中領導節省人力物資

三被服廠合併

現每日成衣四百套

延安文化界

招待吳滿有等

三邊運公私鹽

即將同時開始

專署沿途增設草站

指導生產改善伙食

中直軍直設六委員會

管理局挑選文化學習模範

醫科大學慰勞燒炭同志

一個敵探的投誠

陳賡榮談閩省目前建設

地礦學會決定測量十里鋪煤礦

農學會總結過去經驗

關中分區機關取消勤務員

多數轉入生產戰線

浙省指定物價管制區

粤當局再召集行商會談

地矿学会决定测量十里铺煤矿

农学会总结过去经验

【本市讯】日前地矿学会，开会讨论十里铺煤井是否继续深掘问题，结果决定在春节假期中，由地矿学会及有测量经验之同志，由十里铺到白家牙进行测量，以便精确的估计十里铺的煤层。　按十里铺煤井于一九四〇年春季即开始动工，当时由建厅及地矿学会勘察结果，认为岩层向西北倾斜，十里铺必为朱家沟以及白家牙煤层之伸延。朱家沟距延安三十里，供给延安用煤，在运输上实不经济，如能改在十里铺采掘，当可节省甚多。当□估计在二十五丈与二十丈左右即可见煤，先后由银行、建厅、中财处、工业局等投资，由胡科同志主持开采。迄今已打至二十九丈九尺多，先后发现煤层共五处，厚有八寸、九寸、一尺一寸者三层，但均较朱家沟者为薄。按以前系以河床坡度、地层倾斜，及平面距离估计，均未经测量，不确可知，故此次首先须进行测量，然后依据所得结果确定层位。如果尚未到朱家沟层，则继续深掘，并施用炸药以增加工程速度，如已到朱家沟或白家牙岩层，煤层虽薄，但离延安较近，且可增加焦煤产量，亦可进行开采。

【本市讯】农学会于一月三十一日假边区银行大楼召集在延会员三十余人，举行座谈会。讨论如何总结五年来边区农业工作的经验，与决定今后新的任务，并决定分组研究南泥湾屯垦，延安机关种菜、东三县植棉、延属分区农贷以及牲畜防疫，修水地、林务、农业教育等方面的经验，及李富春同志给科学会的信中所提之有关农业技术的问题，并定期举行扩大座谈会。

延屬分區民衆 春節勞軍慰問抗屬

晉冀魯豫參議員拜訪抗屬

隴東總結徵糧徵草工作

人民踴躍繳納超過任務

各縣模範幹部羣衆受奬

延安慶祝慶約大會特寫

一個敵探的投誠

指導生產改善伙食

中直設六委員會

文化學習模範

管理局挑選

陳賡榮談

閩省目前建設

三被服廠合併

現每日成衣四百套

集中領導節省人力物資

延安文化界

招待吳滿有等

三邊運公私鹽

即將同時開始

專署沿途增設草站

醫科大學

慰勞煤炭同志

地礦學會決定

測量十里舖煤礦

農學會總結過去經驗

【本市訊】日前地礦學會，開會討論十里舖煤井采礦測量問題，結果決定在春節假期中，由地礦學會及有測量經驗之同志，由十里舖到白家牙進行測量，以便精確的估計十里舖的煤層。按十里舖煤井於一九四〇年春季即開始動工，當時由機械及地礦學會勘察結果，該處岩層向西北傾斜，十里舖必須朱家溝以及白家牙煤層之伸延。朱家溝距延安三十里，供給延安用煤，在運輸上實不經濟，如能改在十里舖採掘，當可節省甚多。當[illegible]估計在二十五丈與廿丈左右即可見煤，先後由銀行、建廳、中財處、工業局等投資，由胡科同志主持開採。至今已打至二十九丈九尺多，先後發現煤層共五層，厚有八寸、九寸、一尺一寸者三層，但均較朱家溝者為薄。[illegible]

【本市訊】農學會於一月三十一日假邊區銀行大樓召集在延會員三十餘人，舉行座談會，討論如何總結五年來邊區農業工作的經驗，與決定今後新的任務。[illegible]

關中分區機關取消勤務員

多數轉入生產戰綫

浙省指定物價管制區

粵當局再召集行商會談

延安文化界招待吴满有赵占魁黄立德

若干作家将到农村工厂中去

【本报讯】整风精神在延安文化界的具体表现，可于昨日文化工作者二百余人在青年俱乐部欢迎边区三位劳动英雄的座谈会上，令人获得一般较深之印象。从事文艺工作及学术思想界的同志，对于过去缺乏生产知识及脱离实际政治之文化活动，在三位劳动英雄面前，均曾展开深刻的自我批评。被欢迎的劳动英雄，即模范农民吴满有，模范工人赵占魁，模范机关生产者黄立德三人。座谈会是于昨日下午二时开始，劳动英雄均曾分别被请报告他们从革命中翻身的历史及在生产斗争中的史实。吴满有在着重说明生产与抗战的关系后，他对毛主席发展生产的号召，除自己用劳动的行动表示奉行外，其中最精彩之发言，而令到会同志非常感动的："毛主席计划好了，咱们就要好好努力干，不这样的话，毛主席有什么办法呢？"赵占魁告诉大家："在边区做工，是在自己家里做工，和在外边的劳动态度是不同的。"黄立德兴奋地说："当党分配我做生产工作的时候，我很高兴，因为我可以用更多的生产，帮助抗战。"是的，他是一贯的劳动英雄，他种庄稼和种菜的第一个秘诀，就是抓紧时间，当人家还都没有下种的时候，他已经开始锄草了。"胜利以后的任务是建设的任务"，他说："我今年四十一岁，如少十岁，将来我真想到苏联去学习他们集体的农作方式呢！"这许多明确言辞，使出席之文化工作者，深受感动。范文澜说：只知道吃救国公粮的像我们这样的文化人，对于自己应负的责任，实在太惭愧了。艾思奇说：文化的来源靠生产，我们要好好地向你们学习。陈伯达说他自己非常惭愧："能有什么真正的知识呢？"张仲实听了三位英雄的报告，内心感到非常亲切，他说："这不是知识分子所能够说出来的"。而丁玲更感慨地说："过去总有些感伤的性情，今天三位新的英雄，已经给予我们新的健康的题材了。"文化界的同志，都一致接受三位英雄"到农村去到工厂去”的意见，并且要向他们学习，把笔头与锄头、铁锤结合起来。座谈会并献给三英雄旗帜各一面，赠给吴满有的为：“耕牧神手”，赵占魁为：“钢铁英雄”，黄立德为：“圃中英雄”。各文化团体及私人，亦均有礼物相赠：锄头、书笔、毛巾等，放满了一长□[桌]子，吴老、艾青及音协等，赠以诗歌、乐曲、并当场朗诵与演奏。晚餐时青年食堂特别优待八折，菜饭丰富异常。当三英雄出现在晚会“南泥湾”电影开映时，数千观众均报以热烈的掌声，并齐呼万岁，以示敬仰。又：现已有若干著名作家，即将到农村、工厂中去。

解放日報

今日出版一大張　第六二八號　中華民國三十二年二月七日

本期零售一元　每月三十三元　三月八十八元　半年百五十元　全年二九〇元

社址：延安

尋張慶月同志

更正

吳忠和啟事

文徵語界世

者讀求徵刊書語界世

一、世界語學習刊（半月刊）　初中級讀物　半年一·八〇元　全年三·六〇元

二、中國報導（半月刊）　國際宣傳刊（附學習刊）　半年三·〇〇元　全年六·〇〇元

三、中國世界語者（月刊）　綜合刊　每期按數目三元

中國世界語協會延安分會

紅軍攻勢益盛

克巴爾分哥沃等城

頓尼茲盆地將受包圍

高加索德寇已無退路

延安文化界

招待吳滿有趙占魁黃立德

若干作家將到農村工廠中去

【本報訊】發揚精神在延安文化界的具體表現，可於昨日文化工作者二百餘人在青年俱樂部歡迎邊區三位勞動英雄的歡談會上……

敵渡沭河西退

濱海我追擊敗敵

中伊交換

友好條約批件

破壞鐵路橋樑

偷襲密芝那

本市兩千工友

今日集會紀念「二七」

加緊生產努力學習！

傅秉常

赴蘇就任

沂蒙駐軍

助民生產

代論

響應生產號召展開趙占魁運動

鄧發

解放日报	时间	1943-2-7	期	第628期
			版	第1版

本市两千工友今日集会纪念“二七”

加紧生产努力学习！

【本报讯】“加紧生产，提高文化”！“开展拥军拥政爱民运动”！这是今年纪念“二七”的主题。“二七”二十周年边区各工厂均于事前做了关于此问题的报告。延安附近各工厂工人二千余，于今日下午六时齐集边参会大礼堂，纪念此工人阶级斗争的伟大节日。这个大会的意义，还包含有欢迎模范工人赵占魁，让全延安的工人和他见面、联欢、交换生产经验的意义。其次是进行生产动员，保证完成本年度的生产计划，及为工人们的丰衣足食而斗争。这个大会，有首长及工人领袖的演词，有总工会高主任关于开展赵占魁运动的讲话，在晚间有由大众俱乐部主持，中央印刷厂演出的评剧。工人们这几天因为拥军废约的工作处在空前的忙碌中，今天这个斗争的日子，给予了他们更加兴奋的热情。印刷机器工人老蔡对记者激动地说：“我从十三岁起开始做工，参加了五卅以及以后好几次上海的大罢工，我们是受尽了无数的苦。可是到了边区，才真像回到自己的家，在边区工人比谁都光荣。而我们工人自己呢，就应该埋头苦干，一方面加紧生产，一方面努力学习，我们不能永远做老粗，将来建设新中国，我们工人是要起很大作用的。”今年“二七”，工人们带着更深厚更切实的心情来纪念它。

解放日報

今日出版一大張　第八二六號　中華民國三十二年二月七日

本期零售一元　每月三十三元　三月八十八元　半年一百五十元　全年二九〇元　社址：延安

尋張慶月同志

更正

吳忠和啟事

紅軍攻勢益盛

克巴爾分哥沃等城

頓尼茲盆地將受包圍

高加索德寇已無退路

延安文化界

招待吳滿有趙占魁黃立德

若干作家將到農村工廠中去

代論

響應生產號召開展趙占魁運動

鄧發

敵渡沭河西退

濱海我追擊敗敵

中伊交換友好條約批件

傅秉常赴蘇就任

沂蒙駐軍助民生產

本市兩千工友

今日集會紀念「二七」

加緊生產努力學習！

解放日报	时间	1943-2-7	期	第628期
			版	第2版

西川煤炭产量提高

【本报西川讯】本县为警区煤产区之一，全县煤炭产量，自改善劳资关系后，已较前大为提高，现每日全县产炭二十万斤以上，据调查共有炭窑二十八处，计驼耳巷三处，周家崄三处，瓜园区三处，三川口七处，马蹄沟周围十二处（内有公营炭窑四处）。马蹄沟、徐家沟四处炭窑，能出炭三层，每天一个炭工能掏炭五驮（每驮计二百斤），其他各处均为两层炭，平均每人一天可掏炭四驮。现全县有炭工九百余人（内有绞把工二百五十人），炭工每两天半下窑一次，全县每天下窑工人计二百六十人，每人以日产炭八百斤计，每日共可出炭二十万斤以上，按现批价每百斤为三十五元，每日产额可值七万二千余元。此项煤炭运至绥德后，每百斤即售百二十元，按此价格实为运输费之昂贵，故目前政府正拟组织驮炭脚户，修路通大车等设施，俾能减低运费。

隴東駐軍擬訂計劃 實行屯田政策

開荒地為四千畝 產細糧四千五百石

興縣術開春耕 發放貸款四十萬元

市府舉行晚會 招待抗屬榮譽軍人
商討改善優抗工作

延屬牡丹區群眾 慰勞邊緣駐軍

——致南泥灣屯墾部隊：你們堅持抗戰五年有半，同時努力生產，保障人民負擔，使我們非常感激……

為生產而戰為學習而戰

——紀念「二七」二十週年——

文人

西川煤炭產量提高

邊師整風學習完畢
選出模範生二十人

晉西北文聯 實行精簡

慶陽總結教育工作
今年着重幹部教育
鼓勵老百姓辦學校

各地慶祝廢約盛況

豫主席李培基談 管仲工作仍有弊端
期以決心克服困難

交部設辦事處

第一卷（下）

解放日报	时间	1943-2-7	期	第628期
			版	第2版

交部设造船处

【中央社重庆三日电】交部设立造船处，系将原有西江、川江两造船处改组并充实其设备而成者。此举在适应后方水运日益频繁之需。

關中駐軍擬訂計劃 實行屯田政策

——開荒將滿四千畝 產細糧四千五百石——

興縣徧興義耕 發放貸款四十萬元

市府舉行晚會 招待抗屬榮譽軍人

洒洞改善優抗工作

延□牡丹區羣衆 □金送豬羊勞軍

為生產而戰為學習而戰

——紀念「二七」二十週年——

立人

西川煤業 產量提高

邊師整風學習完畢 選出模範生二十人

晉西北文聯 實行精簡

慶陽總結教育工作 今年着重幹部教育 鼓勵老百姓辦學校

各地慶祝廢約盛況

豫主席李培基談 管償工作尚有弊端 期以決心克服困難

交部設造船處

解放日报	时间	1943-2-8	期	第629期
			版	第1版

本市工友热烈纪念“二七”

继续开展赵占魁运动

【本报讯】工人们对于自己壮烈的斗争节日，感到无上的光荣。昨日下午四时，边区大礼堂，聚集着延安各工厂工人二千余，举行“二七”二十周年纪念会。这个会是在极紧张的工作中筹备的，但这是工人们自己的集会，简单朴素是这个会的特点。高长久同志宣布了开会的意义，总括起来有三点：一、纪念我们工人阶级的英勇战士，在“二七”牺牲的烈士们。二、欢迎职工运动的前辈，中国工人阶级的领袖刘少奇同志；欢迎边区的模范工人，生产战线上的英雄赵占魁同志。三、开展赵占魁运动，为提高生产，减低成本，建立新的劳动态度，改善工人生活而努力。他举出自从赵占魁运动进行以后，很多工厂如化学厂、机器厂、光华印刷厂等已涌现出很多劳动英雄。他号召全边区的工厂都要发动起来，成为一个自愿的群众运动，并且要把开展赵占魁运动和改造工会工作联系起来。在为“二七”死难烈士静默三分钟及唱国际歌后，刘少奇同志于掌声雷动中开始讲话，他首先说明中国工人阶级从“二七”以后才成为一个独立的政治力量，二十年来的英勇奋斗已经得到很大成绩，今后还要继续努力。他说边区工人的工作是有很大意义的。他不是给任何一个剥削者做工，而是给革命做工，为工人阶级自己做工，因此，就应该努力生产，节省材料，守纪律，提高劳动质量。我们边区已经有了赵占魁这样的模范工人，这是边区工人的光荣。最后他说纪念“二七”，纪念平汉铁路牺牲的工人，我们应该学习他们跟着他们前进。邓发同志讲话的中心意义是继续开展赵占魁运动，他告诉工人们要用最大的热情，最高的政治觉悟，响应共产党加紧生产的号召。他并且指出在开展赵占魁运动当中有些工厂的行政、工会、支部还没有予以极大的注意，这是不好的。今后，一定要使这个运动开展下去，在今年五一节的时候，要有大批的劳动英雄出现。在赵占魁同志讲话的时候，热烈的掌声淹没了他的声音。他说："我没有别的话讲，我要告诉大家，今年我们工人一定要响应毛主席的两大号召，就是加紧生产，努力学习"。大会结束，工人们自己主持的晚会接着开始，直至十时始散。归途上"纪念二七，学习赵占魁"，成为工人们谈论的中心。

中華民國三十二年二月八日　GIEFANG RHBAO　第一期　第一版

解放日報

今日出版一大張　第六二九號　中華民國三十二年二月八日

社址：延安　本期零售一元　每月三十元　三月八十元　元十五百年半　元〇九二年全

本報廣告科啟事

本報報頭兩旁之廣告地位歡迎各界刊登長短期廣告，從一九四三年一月一日起刊登廣告價目及手續如下：

一、報頭一邊每日一百二十元（不超過四百字）

二、小廣告以百字計算每百字每日四十元

三、刊登廣告時最好於前三日接洽以免延誤

四、刊登廣告時廣告稿與廣告費同時並收

五、郵寄之廣告可掛號以免遺失不付廣告費者概不刊登（並要有機關或商店介紹信）長期廣告可徑與本科面議

解放日報社廣告科

機器掛麵

本食堂機器掛麵，自零售以來，總是供不應求，緣其不但價格特別便宜，而且麵的品質亦佳。為適應大眾需要，定於二月六日起增加機器，即開始擴大出產，零躉批發，更為克己，特歡迎醫務、保育、及各機關整批定購，並給以折扣優待（麵米換掛麵亦酌情通融）謹此預為通知。

青年食堂啟　二月一日

尋張慶月同志

羅斯多夫大火瀰漫

紅軍逐步包圍卡庫兩城

沃城以西困敵走頭無路

敵分路犯行唐

我軍猛烈阻過中

時評

五論紅軍冬季攻勢

本市工友

熱烈紀念「二七」

繼續開展趙占魁運動

蔣爾談

中美新約

太行各界

慶祝廢約

一一五師某旅

生產節約成績

自己勞動改善生活

中国共产党早期新闻史史料汇编

解放日报	时间	1943-2-10	期	第631期
			版	第2版

八路军印刷厂制定生产计划

达到丰衣足食

【安塞讯】八路军印刷厂本年生产计划，兹探悉如下：（一）丰衣足食方面，该厂自一月份起，即实行每人每月保证吃猪肉三斤（五天一次，每次半斤），早晨吃汤菜（白菜或粉条煮豆腐），中午吃炒菜，每人每月调和钱增加三元，并挑选专门有□[烧]菜经验的炊事员担任之。每日三餐要烧三次不同的菜蔬，且制定菜单。（二）工业生产方面，该厂今年度分成两个工厂，故人力和材料较前分散，今年的生产计划，在十七个排字工人的配备下要完成一千二百万字，在九个印刷工人的配备下要完成九〇〇令对开纸，并保证印出来的书籍图表，墨色均匀，装切整齐。并闻该厂全体职工，自动要求每日每人做十分钟的义务劳动工，接收一些外来印刷零件，作为丰衣足食的补助生产。其次还将废纸钉成拍纸本，碎纸头作卷烟纸出卖，利用油墨渣子做成单料油出售，平均每月可得盈余一万五千元到两万元。（三）农业生产方面，种二垧白菜，四垧苞谷和杂粮，四垧洋芋，每月养猪十五头。（四）个人生产方面：全体职工在不妨害八小时工作与两小时学习下，可以领取生麻，捻成细麻绳，供排字股扎版用（这种麻绳，市面上是购买不到的，而且需用量很大）。如捻十八两大称，则给工资五十元，现有不少同志去领取，进行个人生产。其次是每两人必须种白菜半垧。另外还有进行扎鞋底和打毛衣的。据该厂厂长陈钧同志谈：该厂为了完成上述计划。已将行政组织机构略有变动，加强各科的领导，并将会计股直属于厂部。

開展擁政愛民運動

留邊政邀集政民聯歡

對戰和平二醫院舉行慰勞

新正消費合作社

贏利多擴大股金

岳飛公演

日程現已排定

隴東駐軍「大渡」一部

今年開荒一千二百畝

鄜縣駐軍計劃生產自給

邊行安塞辦事處

開設糧店調劑市場

延縣的婦紡運動

吳力永

八路軍印刷廠

製定生產計劃

達到豐衣足食

魯各界慶祝

范議長八十壽辰

木市溜冰比賽

敵寇在滬

限制購糧

難民紡織工廠

突飛猛進

劉佐魁

慶陽市勞軍獻金

稅工節省伙食捐獻

陝南推廣植棉

新省物產豐饒

譯電簡訊

統制皮毛官價收買

發展水利擴大灌溉

禁人塞以糧食牟利

東正

左权准备春耕工人提前复工

【新华社太行十日电】为准备春耕，左权县工会号召工人提前复工。七区工人，均热烈响应。车上铺编村工会主席，日前特号召工人，训练三日，讨论劳动政策与检讨过去个别工人存在的缺点后，又请雇主座谈，征询意见。会后又续开主雇联席会，检讨过去个别发生的缺点，是由双方造成的，今后双方均须力加克服。工会提出保证，今年误工绝不超过十五天。合同协议订立后，工人不再要求增加工资。会上工人互相提出今后爱护农具牲畜，提高生产效率。现车上铺编村已无失业工人，而地主亦不感劳力缺乏，各村春耕工作正进行中。

延市延縣黨政民 合組擁軍慰勞團

不日出發金盆灣南泥灣

文化界亦組勞軍團前往

葭縣螅鎮 人民擁軍熱忱

松林峪村獻金三千五百元

軍民合作固守河防

靖邊縣發展馱鹽的計劃

（三）為實現運鹽二萬五千馱而努力

（上接第一版）

邊府任免令

羅邁任邊府秘書長

移民的一個鏡頭

延縣新民鄉

過去荊棘遍野　今日炊烟四起

左權準備春耕 工人提前復工

延安縣書王不年

提倡熬硝生產

川口六鄉計劃進行

中央總衛生處炊事員 曹玉璽是節約模範

燒火有辦法節省石炭萬斤

軍事學院勞働團 獻給邊府

留渝選定本年度 業務教育計劃

華北敵加緊掠奪物資

統制內蒙皮毛調查牲畜

雁北劃定經濟封鎖區

渝市主管當局 防止奸商偷運物資

令飭市商會登記存貨

閩省去歲 增加冬耕面積

鄂北棗棍糧食生產

建設陝西

省當局草擬三年計劃

湘青年會 組工作團勞軍

〔4〕 162

南区合作社今年计划更臻完备

新股收齐运盐等工作已开始

【本报特讯】延安县南区合作社主任刘建章同志，顷已就该社去年工作总结，拟成今年的工作计划，并已经边区政府建设厅、延安县政府核准，高厅长特郑重介绍这个计划——他说：刘主任所做的这个计划，具体切实，是今年边区合作事业的方向；全边区的所有合作社及经建人员，都要好好地研究这个计划，汲取经验，依据各地具体情形，发展农村经济的合作。按南区合作社成立于一九三六年年底，经过六七年的摸索与艰苦奋斗，到现在，已由一百六十个社员发展到包括南区户数百分之九十以上，自愿入股的一千二百三十多个社员，股本由一百五十元发展到二百余万元，由一个社发展到十六个社，净利由数十元发展到一百七十余万元。它发展了南区人民的农工商业，照顾了南区人民经济利益的各方面，成为南区人民的经济中心。

【本报特讯】刘建章同志所拟定的南区合作社今年工作计划，在该社积极努力下，现已有很多的都实行了：该区移民五十余户，均已发动纺线，维持了他们的生活。又：镢五百把，已经以二百三十元（连运费）之价格全部买回（市价二百五十元），梢镢正交铁匠铺赶打，犁铧五千页正在运输途中。七十万农贷款已放出三分之二。运盐已达三次，计一百三十头骡子驮运两次，三十头骆驼驮运一次，业已运到四百五十驮，其中骡子三十头，骆驼三十头是今年才组织起来的，计划中之毛驴一百五十头，也已经组织好了半数。妇纺亦已由八百人发展至九百余人，纺车均已发出。代交公盐已全数收齐。包缴之公粮亦已收齐二百六十石，原计划扩大股金一百万元，因现已收齐，故已改增为二百万元，其余各项或因时间未至，或正积极筹办中。　兹将刘主任所作去年工作总结及本年计划全文发表于后。

中華民國三十二年二月十三日 星期六 第一版

GIEFANG·RHBAO

解放日報

中華民國三十二年二月十三日 第六三四號 今日出版一大張

社址：延安 每月三十元 零售一元

最新 最詳 最精

蘇聯戰區詳圖出版預告

最新蘇聯戰區詳圖 歡迎預約 廿三日出版

南區合作社 今年計劃更臻完備 新股收齊運鹽等工作已開始

南區合作社去年工作總結與今年工作計劃

（一）去年工作總結

何總長抵印 商援華物資運輸 將加強對敵壓力

德報哀鳴 東線情勢嚴重

蔣夫人將訪白宮

邱吉爾下院演講 闡述卡港會議內容 申言竭力援助蘇聯

紅軍連克數要城 深入頓尼茲盆地 高加索敵即將全部肅清

濱邊激戰仍烈 敵增援猛犯

臨離民衆擁軍忙 春節勞軍優抗 晉西北行署修正優抗條例

中美新約 美參院批准

十家人一把榮刀 晉敵壓迫花樣翻新

中国共产党早期新闻史史料汇编

解放日报 | 时间 | 1943-2-13 | 期 | 第634期 | 版 | 第1版

南区合作社去年工作总结与今年工作计划

（一）去年工作总结 本社现在共有五个消费合作社，十个工场和作坊，三个骡马店，一个过载行，一百头运输骡子。共有社员一千二百三十余名，股金二百一十余万元，各社资产共值七百万元以上。另外为了便利本社运盐起见，又在张家畔和定边城与当地人民伙开了两个骡马店，后来为了便利食盐统销，已将张家畔的骡马店出让给盐业公司了。上述是自成立以来的成绩，但去年这一年的成绩比以前任何一年要大、要好。概括来说，有下面各项。1.全年供给了人民必需品一千余万元，又代社员推销了农产品六十余万元。由本社卖给社员的必需品，至少比市价便宜百分之五至百分之十，反之替社员代销的农产品，又比市价多卖了百分之五至百分之十的价钱。2.全年驮了一千二百五十驮食盐，占延安全县人民驮盐总数十分之四以上，这主要是为了响应政府发展运盐的号召。3.发展妇纺八百名，纺纱八千余斤，妇女得到手工钱四十余万元，为了发展妇纺，合作社贷出了棉花一万斤，并支出了奖励和工具费四万余元。4.为了鼓励农户生产，提出了包缴公粮（如果再增加公粮负担，由合作社负责），稳定了农户的生产情绪，纠正了去年春耕前部份农户企图迁徙的倾向。并采取贷棉花、借粮食给难民的办法，帮助吸收移民，配合发展生产的经济政策。5.代人民缴公盐一千零五十驮，缴公粮二百六十石，缴教育经费四万五千元，免除了社员因动员此项负担的开会日工三千个，便利了社员的生产。6.替政府推销了公债三万一千元，有奖储蓄券三万四千元。人民又将公债票交与合作社作为入股，在一年之内人民买公债一元，合作社替社员分红三元。7.替政府代收牲畜买卖手续费二万八千余元，免除了政府设专人来经收此项手续费。8.各社在去年一年内扩大股金一百七十余万元，又新组织了一个过载行，张家畔和定边城内两个骡马店，也是去年伙开的。9.最后，去年总社社址及货物值一百余万元，全被大水冲毁，部分工作人员一时灰心失望，当时本社呈请边区政府借款五十万元，又在社员中新扩大股金四十万元，即将此款以二十万元重建坚固的楼房，其余用来做了三次走水生意，将损失弥补了大部分，工作人员的情绪提高了，合作社的营业恢复了，社员的信心也更提高了。以上是去年工作的主要成绩，这些成绩是从以下各方面得来的。一、工作方法转变了。过去以为合作社就是合股做生意，从做生意赚钱来分给社员。这种做法虽然能赚钱，能分红，但赚钱有限，对社员并没有多大帮助，在整个国民经济上起不了什么作用。去年这一年的中心，把合作社变为替社员服务，由合作社推动妇纺，组织社员驮盐增加社员副业收入。替社员买耕牛、农具和籽种，发展社员的农业生产。贷棉花、借粮食给难民，帮助吸收难民。代人民运公盐、缴公粮，代政府推销公债，代收牲畜买卖手续费等。因此，合作社起了新的作用。走上与人民生活要求打成一片，更多更广泛的人民倚靠了合作社，合作社从合股做生意的狭小圈子内冲破出来了。二、力量强大了。过去只求社员多，不求股金大，甚至以为股金愈小愈好，愈"纯洁"，结果审么作用也起不了。去年纠正了这一倾向，让社员尽量入股，愈多愈好，因而在一年之中扩大了股金一百七十余万元，超过以前六年来积累的股金总数四倍以上（一九四一年全部股金只有四十余万元），于是合作社有力量起作用，成了能说能行的好汉，而不是肩不能挑，手不能提的书生。三、找到了巩固发展的办法。过去合伙做生意的办法，使干部天天在脑子里盘算"合作社是否能够存在"？对于前途毫无信心，工作毫无兴趣。现在证明只要合作社的活动，不是被束缚在为合作社本身赚钱分红的小圈子内，而把合作社变为替全体社员服务，使广大人民得到利益，则合作社的前途是无限量的，巩固发展是完全可能与必需的。这样的合作社是人民需要的，一定拥护，政府一定帮助，党与政府也一定奖励，并且已经得到毛主席和西北局、边区政府的光荣奖励，我们也一定要加倍努力来发扬这一光荣。四、干部质量提高了。本社共有百余干部，都是从毫无工作经验起，从工作中学习经验，从失败中得到教训。现在已经过几年了，许多干部有了大的进步，例如区社会计王耀明、沟门子支社主任李生章、区社副主任张和堂、罗家岩支社主任方登山、过载行经理杨步旺、运输队正副队长刘永祥、王步奎等同志，他们的工作是很好的，对于合作社工作有功绩，值得奖

解放日報

中華民國三十二年二月十三日　第六三四號　今日出版一大張

社址：延安　本期零售一元　每月三十元　三月八十元　半年一百五十元　全年二九〇元

最新蘇聯戰區詳圖
歡迎預約—廿三日出版

預約期間：本埠自即日起，至本月廿二日止，外埠至三月十日止。

圖大二八〇方英寸，鋅版有光紙精印，每幅定價邊幣十五元，預約十二元。預約辦法：

本埠：自即日起至本社營業科交款，憑取收據，廿三日憑據取圖。

外埠：可將訂費（以銀邊幣不收郵票）寄交本社會計科，本社收到後即行掛號寄圖，雙方均以掛號為憑，如有遺失，本社概不負責。外埠預約期限，以寄款之日為準，過期寄送者，照定價辦理。

凡機關、部隊、學校、團體，訂購五十份以上者，照預約價九折優待，一百份以上者九折。

凡預訂購者內附紙名，每幅二十五元，只賣預約，不另零售。

批發代寄，辦法面議。

解放日報社啓

蘇聯戰區詳圖出版預告

最新　最詳　最精

本社為配合讀者了解「紅軍節」及紅軍反攻之偉大勝利，並為應一九四三年世界主要戰場形勢之發展與發展的需要，特請專家精繪蘇聯戰區詳圖一幅，定紅軍節（二月廿三日）出版。

本圖範圍，東起莫斯科，西至華沙，北自羅斯托夫，南至高加索，在此戰場二千餘英里內之城市村鎮河流道路，繪為詳盡，實為本報讀者及一切欲知本年春季紅軍偉大攻勢究竟者之最佳參考材料。

茲為便利本報讀者起見，特訂定預約辦法如後。

南區合作社
今年計劃更臻完備
新股收齊運鹽等工作已開始

【本報特訊】延安縣南區合作社主任劉建章同志，頃已就該社去年工作總結，擬成今年的工作計劃，並已呈送縣政府核准。延安縣長劉秉溫同志介紹這個計劃——他說：劉主任所擬的這個計劃，其價值，是今年延安合作事業的方向；全延安的所有合作社及經理人員，都要好好的研究這個計劃，爭取實現。

（下接第二版）

南區合作社去年工作總結與今年工作計劃

（一）去年工作總結

本社現在共有五個消費合作社，十個工廠和作坊，四個騾馬店，一個運輸行，一百頭運輸騾子。共有社員一千二百卅餘名，股金二百一十餘萬元，各社資產共值七百萬元以上。另外為了便利本社運鹽起見，又在張家畔和定邊城與當地人民聯開了兩個騾馬店。後來為了便利食鹽統銷，已將張家畔的騾馬店出讓給鹽業公司了。

上述是自成立以來的成績，但去年這一年的成績比以前任何一年要大、要好，概括來說，有下面各項：

1、全年供給了人民必需品一千餘萬元，又代社員推銷了農產品六十餘萬元。由本社賣給社員的必需品，至少比市價便宜百分之五至百分之十，反之替社員代銷的農產品，又比市價多賣了百分之五至百分之十的價錢。

2、全年馱了一千二百五十馱食鹽，佔延安全縣人民馱鹽總數十分之四以上，這主要是為了響應政府發展運鹽的號召。

3、發展紡婦八百名，紡紗八千餘斤，婦女得到手工錢四十餘萬元，為了發展婦紡，合作社貸出了棉花一萬斤，並支出了獎勵和工具費四萬餘元。

4、為了鼓勵移難民生產，提出了包繳公糧（如果再增加公糧負擔，由合作社負責），穩定了難民的生產情緒，糾正了去年春耕前部份難民企圖搬移的傾向，並採取貸棉花、借糧食給移難民的辦法，幫助貧苦移民，配合發展生產的政策。

5、代人民繳公鹽一千零五十馱，繳公糧二百六十石，繳教育經費四萬五千元，免除了社員因動員此項負擔的開會日工三千個，便利了社員的生產。

6、替政府推銷了公債三萬一千元，有獎儲蓄券三萬四千元。人民又將公債票交與合作社作為入股，在一年之內人民買公債一元，合作社轉社員分紅三元。

7、替政府代收稅務費手續費二萬八千餘元，免除了政府派專人來徵收此項手續費。

8、各社在去年一年內擴大股金一百七十餘萬元，又新組織了一個運鹽行，張家畔和定邊城內兩個騾馬店，也是去年籌開的。

9、最後，去年總社社址及貨物值一百餘萬元，被大水沖毀，部份工作人員一時灰心失望，當時本社呈請政府借款五十萬元，又在社員中新擴大股金四十萬元，即將此款以廿萬元補修緊要的樓房，其餘用來作了三次走水生意，將損失彌補了大部份，工作人員的情緒提高了，合作社的營業恢復了，社員的信心也更提高了。

以上是去年工作的主要成績，但這些成績是從以下各方面得來的：

一、工作方法轉變了。過去以為合作社就是合股作生意，從作生意賺錢來分給社員。這樣作法雖然能賺錢分紅，但賺錢有限，對社員並沒有多大幫助，在整個國民經濟上也起不了甚麼作用。去年這一年的中心，把合作社變為替社員服務，由合作社號召組織婦紡，組織社員變工，增加社員副業收入，替社員買耕牛、農具和籽種，發展社員的農業生產，貸棉花、借糧食給移難民，幫助貧苦難民，代人民繳公糧、繳公鹽，代政府推銷公債，代收稅務手續費等。因此，合作社起了新的作用，走上與人民生活聯系打成一片，要為更廣泛的人民作事了。合作社，合作社從合股作生意的狹小圈子內解放出來了。

二、力量擴大了。過去只求社員多，不求股金大，以為股金愈小愈好，愈「精選」，結果其營業作用也縮小了。去年糾正了這一傾向，讓社員儘量入股，愈多愈好，因而在一年之中擴大了股金一百七十餘萬元，超過以前六年來積累的股金總數四倍以上（一九四一年全部股金只有四十餘萬元），於是合作社有力量起作用，做成了能說能行的好漢，而不是肩不能挑，手不能移的書生。

（下接第二版）

何總長抵印
商援華物資運輸
將加強對敵壓力

德報哀鳴
東線情勢嚴重

邱吉爾下院演講
闡述卡港會議內容
再言竭力援助蘇聯

蔣夫人將訪白宮

滇邊激戰仍烈
敵增援猛犯

紅軍連克數要城
深入頓尼茲盆地
高加索敵即將全部肅清

晉西北行署修正優抗條例
春節勞軍優抗
臨離民衆擁軍忙

美參院批准
中美新約

十家人一把菜刀
晉敵壓迫花樣翻新

励。但也有个别干部不仅没有进步，反而堕落了，例如白奚如，区社派他带八万元到安边买羊绒，他在那里大嫖、大赌，又抽大烟，贪污浪费一万余元。几次去信要他回来都拒绝了。后来派人去才把他找回来。开除了他的工作，并交法庭判了他六个月徒刑，这样的干部是应当受处罚的。另外也还有少数干部不求进步，安于坐在做合股生意的小圈子内，不愿把合作社转变为替广大人民服务的团体，因为这些干部的保守，就使得合作社的工作不能很快地转变过来，以取得更多更大的成绩。因此，与这样倾向作斗争，是今后开展合作社工作的重要前提。**（二）本年工作计划**　　本年的业务，以配合生产运动，协助社员发展农业生产，扩大食盐运销，推广妇女纺纱等为基本任务方针，在此方针下贯彻发扬为社员服务的作用，与扩大合作社的力量，并为完成下列具体工作而努力。**1.协助发展农业和副业。**甲、组织旧移民中之社员与非社员回家号召新移民来南区开垦，本社对于此项移民予以□[借]给食粮，调剂耕牛和农具的帮助，或代为找主□[安]伙子。并准备除政府拨粮供给移民外，本社负责在社员中调剂八十石，由社内以贷放妇纺的方式借出二十石，并对愿意纺纱的移民给以临时赊欠与低利借贷的帮助。乙、根据农贷章程代放东区农贷七十万元，代买铧五千页（供给全县）。梢镢五百把，老镢五百把，向外购入耕牛五十头，在本区调剂五十头。此项代买的农具，完全照本（加上运费）出卖。丙、区社与分社备牛八犋，组织四个农场，种地二百四十垧。吸收移民二十八户，准备产粮二百五十石，并替光华农场推广优良品种，以为借此推行改进农业作法的示范。丁、由各分社主任负责，组织十个变工队，吸收一百个全劳动力参加，准备春季组四社（札镢工），秋季六社（札锄工），采取变工与札工的混合办法，以札工为组织核心。戊、代买桑苗二千株，桃种五千株，柳一千株，除本社自植部分外，其余卖给社员。己、向榆林买优良儿马一匹，绥德买大叫□[驴]一头，设立输种站，专为输种之用，以改良牲畜品种。又向三边买母羊五百只，卖给社员。聘请有经验的兽医，成立牲畜诊疗所，协助进行家畜防治工作，以保护牲畜繁殖。由各分社喂母猪十头，估计以猪娃一百头放给难民伙喂，增加难民副业收入，并供应延市肉食消费。庚、组织社员及移民，在农暇时挖黑格蓝根与刮杏皮二万斤，一方面增加人民副业收入，一方面供给颜料原料。**2.运盐五千驮。**

甲、现有长脚骡子一百头，准备运盐十六次，每次运一百五十驮，全年可运二千四百驮。乙、新组织骡马五十头（原定一百头，现有改变），全年运十二次，每次运七十五驮，全年可运九百驮。丙、组织毛驴一百五十头，全年运十次，每次运一百五十驮，全年可运一千五百驮。丁、组织骆驼三十头，全年可运六次，每次运六十驮，全年可运三百六十驮。戊、在放青时，组织社员的耕牛和毛驴运五百驮。以上共计可运五千六百六十驮（县政府给本社任务四千七百驮），除去意料不及的阻碍外，以五千驮为努力目标。为着顺利完成此项任务起见，拟采取如下办法来组织运输合作。甲、新组织的骡马五十头，毛驴一百五十头，骆驼三十头，由合作社三七出资（合作社出三成，群众出七成），二八分红（合作社分二成，群众分八成），并呈请政府准予加入合作社运盐的牲口，其运盐所□的运费在一定时期内免除或减少收公粮以示优待。并由本社负责调剂运盐资本。乙、设立运输补充队与牲畜诊疗所，并收买瘦牲口养壮，补充运输队的力量。诊疗所进行医疗牲畜疾病，减少损失。丙、呈请盐业公司准本社依照公司章程设立盐店，以便利运盐。丁、协助县政府并与安塞、靖边、志丹等县合作，建设延定、延靖两线的骡马店与转运栈，以便利运盐与减低运费。**3.发展纺织**。甲、发展新纺妇一千名，提高旧纺妇八百名的产量与质量。预计全年纺棉毛各一万斤。新纺妇的纺车由本社供给，一年后由纺纱手工内扣还。棉花由本社供给，纱由本社收买，新发展的纺妇仍采取二斤棉花换一斤纱的办法，好坏都收。旧纺妇纺纱分三等，头等每两长度一百五十尺，以七两纱换花一斤。二等每两长度一百二十尺，半斤纱换一斤棉花。三等每两长度九十尺，十两纱换一斤棉花。特别纺得又细又匀的，除从优给工资外，还奖励毛巾或毯子。纺纱的妇女，在本社购买必需品，实行九五扣优待，并对十分贫穷的酌予赊欠的帮助。乙、纺织社保证原有布机八台，袜机五台全部开工，预计全年织布一千匹，袜子二千打。丙、制毡社保持原有产量。为便利运输队起见，新设打绳、皮坊、织口袋等作坊一处。**4.发展交换，便利购买方面**。本年应达到全南区人民所需要的布匹、食盐、火柴、纸张等日用必需品，全由本社保证供给，人民剩余的农产品，由本社代售，供给人民的必需品，应尽量以边区土产向外交换进来，实行平抑物价，保证低于市价出卖给人民，并优待抗属。**5.其他服务方面**。甲、包缴公盐代金九十八万四千元，公粮三百石。凡社员以应出之公盐代金和公粮，得先交合作社，作为向合作社入股，该社员应出之盐或公粮由合作社支付。乙、以后本区社员教育经费负担，全由本社支出，不再向社员摊收。丙、代收牲畜买卖手续费五万五千元（去年三万五千元），以免政府设专人经收，或出包商人。丁、举办临时低利借贷，凡社员因婚、丧、疾病或天灾损失等急需者，本社得酌量予以临时借贷，以便利社员。**6.其他**。甲、预计本年扩大股金二百万元，招收新社员（本区新移入之难民）四百名。训练会计十名。乙、总结各社去年工作，奖励有功干部与工作人员，加强对各分社、支社工作的检查，务使各社工作适合总的任务方针，纠正保守落后的倾向，并将检查所得经验教训，供全县各社参考，并相互交换经验。丙、依据本社所起的作用。重新制订社章，先交社员分别研究后，再在本年代表大会通过并供全县、全边区参考。丁、为明了本区经济状况，本年进行一次全区经济调查，以便依据情况，开展本社工作。（完）

延安劉縣長親自領導變工隊

實行勞動互助節省人力 十二人即可開荒一百垧

赤水準備春耕

今年計劃開荒六千畝 修築埝田增加收穫量

南區合作社去年總結與今年工作計劃

青年劇院勤務員 創作劇本公演

邊府重申前令 嚴禁糧食出境

一一五師某部去年戰績

斃俘敵僞萬七千人

作戰九百次克地九十處

中央醫院勞軍

製獻慰勞袋卅七個 捐現金六千八百元

蘇聯建國廿五年

陪都舉行照片展覽

職校同學赴各工廠實習

一元獻機運動結束

卅架飛機在渝命名

國內簡訊

中美平準基金協定展期半年

政府獎勵種棉

給予棉農幫助以求增產

全國生產會議定期舉行

解放日报 | 时间 | 1943-2-14 | 期 | 第635期 | 版 | 第2版

妇女合作社筹备就绪

欢迎生产妇女大批入股

【本报讯】由蔡畅等同志发起妇女合作社，现已筹备就绪。目前正拟大批吸收生产妇女参加该社，入社股金每股暂定边币五十元，不论现金、实物或劳动力抵交均可。据该社发起人谈：妇女合作社之创□[办]，其目的即在于把生产战线上的妇女组织起来，自己动手，解决自己在手工业生产中之原料、工具及成品推销等困难问题。它的性质将不限于只是妇女的生产组织，且应当成为她们的消费组合，如供给妇女和儿童日常生活必需品等。此外合作社还可帮助生产者作少数资金上的周转，以及办理妇女储蓄等等。但开始创办，只能先从纺毛织毛做起，由此再逐渐推及其他。同时该社并希望将这一合作社的办法，推广到全边区，根据各地不同的情况，组织各式各样的妇女合作社，互相取得密切联系和帮助，使它成为边区妇女在经济领域上最广泛的活动园地，以期边区妇女能借此逐渐提高自己的经济地位。

馬丕恩回家召鄉親

從米脂移到延安來開荒

南區合作社給盤纏千元

李漢杰吉存誠績優異

隴東徵糧模範幹部

專署擬請邊府予以獎勵

慰問抗屬

優待同志

組織農村的運輸力

甲工

推行南泥灣政策

鄜西駐軍屯墾

物資局承製輕工業機械用具

【本市訊】物資局爲扶助輕工業發展，爲各農具訂定合同，由該局承製各種輕工業之機械用具多種，

人民的畫面

——記電影團影展

模範抗屬王克清

自己勤勞維持生活

不輕享受公家優待

婦女合作社

籌備就緒

歡迎生產婦女大批入股

【本報訊】由蔡暢等同志發起婦女合作社，現已籌備就緒。目前正欲大批吸收生產婦女參加入社，入社股金每股暫定邊幣五十元，不論現金、實物或勞動力折交均可。據該社發起人談：婦女合作社之創辦，其目的即在於把生產戰線上的婦女組織起來，自已動手，解決自己在手工業生產中之原料、工具及成品推銷等困難問題。它的性質將不僅限於只是婦女的生產組織，且應當成爲她們的消費組合，如供給婦女和兒童日常生活必需品等。此外合作社還可幫助生產者和少數發家上的困難，以及婦孺婦女儲蓄等等。但開始創辦，只能先從紡毛線毛織起，由此再逐漸推及其他。同時該社並希望將統一合作社的辦法，推廣到全邊區，使婦各地不同的情況，組織各式各樣的婦女合作社，互相取得密切聯系和幫助，使它成爲邊區婦女在經濟和社會上最廣泛的活動園地，以期邊區婦女能藉此經濟提高自已的社會地位。

湘煉油廠

大別山區發展經建

滬敵強抽壯丁

粵中山縣寇搜刮米穀

粵嚴禁糧食黑市

韶州管制車運限價

中樞講訓

交部在天水籌設林木廠

解放日报	时间	1943-2-14	期	第635期
			版	第2版

大别山区发展经建

最近被敌人侵犯之大别山区，位于鄂豫皖三省交界。年来逐渐建立成为一抗日根据地。该地区农产颇丰，皖中鄂东均盛收稻米，六安年产二百万石，合肥年产三百万石。豫东皖北，则麦浪遍野，阜阳一地，年产即达三百万石。其他如大麻、线麻、霍邱叶集，年产三万捆，此外为固始蒋集、黎集，六安苏家埠，立煌麻埠，均为盛产地。至以农村手工业而论，土布出产量，据统计黄冈年产四十万匹，六安二十万匹，太湖二十一万匹，桐城十三万匹，造纸业据统计潜山年产花笺纸二十万刀，舒城年产皮纸二十三万刀，霍山十六万刀，六安二十万刀；太湖年产草纸二十七万刀。其他特产如立煌之铁砂，年产八万担，岳西七千余担，舒城三千余担。霍山之绿叶，年产九十万篓；庐江之明矾年产二万担；麻城之砂糖年产十二万斤；浠水之甘蔗，潜山之茯苓等。该地区物产可称丰饶。自前年九月×战区经委会在立煌成立办事处后，即积极着手经济建设，年来在皖西成立纺纱厂，酒精、油墨厂，在□[淠]河流域设甘蔗制糖厂八处。并在皖西筹设冶铁、机械、造纸、麻织四厂。鄂东筹设纺织、麻织、冶铁，制糖四厂。

馬丕恩回家召鄉親

從米脂移到延安來開荒

南區合作社給盤纏千元

隴東徵糧模範幹部

李漢杰吕存成績優異

專署擬請邊府予以獎勵

組織農村的運輸力

甲　工

人民的畫面

記魯藝刻展

物資局承製輕工業機械用具

慰問抗屬

推行南泥灣政策

隴西駐軍屯墾

婦女合作社

籌備就緒

歡迎生產婦女大批入股

模範抗屬王克清

自己勤勞維持生活

不靠享受公家優待

滬敵强抽壯丁

粵中山縣寇搜刮米穀

湘煉油廠

大別山區發展經建

中樞調訓

交部在天水舉設林木廠

粵嚴禁糧食黑市

福州管制車運限價

第一卷（下）

朝南区合作社方向迈进 延县合作社检查工作

运盐队已半数组成，农贷放出二分之一

【本报延安县讯】延安县全县合作社主任联席会议，经三日之检查与讨论，已于昨日闭会。此次会议的主要收获，解决了运输队中一个重要问题，即牲口之医疗、补充，各区运输队今后均可获得伸缩的机会，因该会已一致通过运输大队部成立补充队。该补充队乃由全县各合作社中，抽出公盐代金一百万元所成立，各区运输队的牲口如果发生病□，即作价卖给补充队，由该队径行医疗或转卖，同时运输队并可立时在补充队中买得牲口。盖对于一般运输队中威胁最大的，是死牲口的危险，补充队成立后，此项危险比较的已经缩小，同时由运输大队部统一指挥与领导之结果，全县一万八千驮公盐和私盐任务之完成，已获得更加可靠的保证。关于运盐问题全县已组织了骡马三〇七头，驴一〇三头，骆驼一〇七头，如再能组织倍于此数之牲口，据刘主任估计，全年运盐任务即可完成。各合作社主任并曾提出两个建议：（一）在张家畔设立运输站；（二）在延安设立盐店，这两个建议已经刘主任呈请县府设法解决。同时并可提告盐业当局要着重注意的，是各地盐业公司应给予运盐人民以更多的便利，盐业公司工作人员须懂得脚户的感情，此于完成今年边区运盐任务有甚大的关系。据悉，各区农贷已放出二分之一以上。各区妇纺，全县已发展至二、六四〇人，各区合作社主任估计，今年可纺花八万三千斤，能织布七千五百余匹，如果这个计划能全部完成，则可解决全县人民需布量的半数。今后发展妇纺的方式，将按南区合作社的办法进行。此次联席会议的另一收获，则在全县各合作社向南区合作社看齐的进程中，已奠定始基，联席会议曾当场通过成立县联社的理事会（南区合作社改为延县合作总社），选出理事十二人，并一致推选刘建章同志为主任，并规定此后每两个月开会一次，统筹全县的合作事宜。唯此尚为一个教育过程，刘主

任检查各社工作时，记者曾列席旁听，各区社主任所提出的困难，大部都是“本钱少啦，没办法啦……”。例如甘谷驿合作社主任曹秀俊同志对刘主任说：“商人本钱多，合作社本钱少，能有什么办法呢？”但当刘主任问他全区有多少人口，多少财富，人民每年需要多少用品，他却一概不知。刘主任根据此种现象，在会议上曾着重指出：合作社如果不接近人民，不了解人民的生活和心理，不抱定为人民服务的宗旨，那股金是不会扩大的，业务是不会发达的。他并详细地叙述他创办南区合作社的经验，他说：“经常了解人民的生活，遇到他们真正发生困难的时候，就自动借些钱给他们，这样，就是他们对合作社再没有□□，在事实中也自然会把他们教育过来了。”但他并特别着重说明，所有一切方式方法，要看当地的具体条件，而采取各种不同的办法。又各社已集中九十五万元资金，实行集体买货。

朝南區合作社方向邁進

延縣合作社檢查工作

運鹽隊已半數組成

農貸放出二分之一

[illegible]

延縣今天開羣衆大會

深入宣傳擁軍運動

警區文化界義賣勞軍

三邊羅專員親訪抗屬

[illegible]

模範勞動英雄李文與

去年公餘生產兩萬元

所種菜蔬全部繳給公家

忠誠革命十年如一日

[illegible]

和平醫院

為方老祝壽

[illegible]

三邊軍民春節聯歡

「劉堡」某連愛護人民

[illegible]

我軍攻克鄭城經過

[illegible]

炭窰

田方　志青

[illegible]

軍委會飭令所屬

保護林木

[illegible]

農行撥貸三億元

辦理豫省平糶

[illegible]

何總長在印演講

[illegible]

國民教育實驗區

贛黔川分設

豫國教年來有進展

[illegible]

建設伊盟

[illegible]

川湘通車

湘公路局籌劃

[illegible]

綏德感冒流行

[illegible]

解放日报	时间	1943-2-17	期	第638期
			版	第2版

安塞高赵氏三个月纺纱十二斤

供给家庭全部费用

【安塞讯】本县妇纺现逐渐推进，在妇联之发动下产生不少模范妇女纺织者，徐家沟高赵氏即是其中积极之一员。她是县府前任裁判员高鼎明同志之妻。现高同志有病在家作长期修养，家中一切费用均赖其妻生产。她自去岁十月至十二月底，共纺花十二斤，每斤线子可赚花一斤，因此三个月内得棉花十斤，值洋一千余元。她平时早起晚睡，白天忙于家务，晚间即摇起纺车，积极纺花，因之获得徐家沟妇纺英雄之称号。

三五九旅擁政愛民

指示所屬改進軍政民關係

各部已派員赴各地檢查

延安擁軍慰勞團出發

邊府專署慰問榮譽軍人

殘廢戰士生產成績優良

大進軍的號角

湖西我反蠶食

連日襲敵據點摧毀碉堡

延大展覽

珂勒惠支作品

美使館派員駐蘭

安塞高超氏

三個月紡紗十二斤

供給家庭全部費用

【安塞訊】本縣婦紡魏延萊，在婦聯之發動下，有不少模範婦女紡織者，像高超氏即是其中模範之一，她是縣府前任……同志之妻。自去年十月底至十二月底，共紡花十二斤，每斤線子可賺花一斤，因此三個月內得棉花十斤，值洋「千餘元」。她……，白天忙於家務，晚間即紡紗，因之家中一切費用均係其妻生產……。

辛苦是我們　勝利也是我們

新華社山東十日電

陳冰

春節宣傳效果如何？

西北局宣傳部

令各單位進行總結

國內簡訊

元宵節日

晉西北慶祝廢約

秦和嚴格統制糧商

某地破獲囤積巨案

國家總動員會

改良水陸檢查機構

財部下月開徵

竹木皮毛紙張統稅

陕甘宁边区被服第一厂、第二厂、第三厂为三厂合并启事

本厂等为集中人力，物力增强生产管理，奉令于二月一日合并完竣，改名为陕甘宁边区被服厂，该厂今后一切事务，由现任厂长栾佩章副厂长刘国华、杜占彪三同志负责办理，至二月一日以前，三厂一切未了手续，由前被服一厂厂长栾佩章副厂长陈麦波，被服二厂厂长刘国华副厂长甘照寰，被服三厂厂长林占彪分别负责清理。此启二月十五日

解放日報

GIEFANG RHBAO

中華民國三十二年二月廿四日 星期三 第一版

第六四五號 今日出版一大張

陝甘寧邊區紡織第一廠第二廠為兩廠合併啓事

陝甘寧邊區被服第一廠第二廠第三廠為三廠合併啓事

紅軍廿五週年紀念

斯大林昭告將士

廿月來德寇傷亡九百萬

堅持前進不讓敵人休息

紅軍節日新勝利

紅軍收復蘇美等地

傳德涅泊河畔納粹後退

頓尼茲袋形中殲敵六千

英共致電印督

主張釋放甘地等

晉察冀邊區參議會

通過施政綱領

選出正副議長及政府委員

精誠團結大會勝利閉幕

贛北我軍冒雨苦戰

塔斯社闢謠

蘇未派軍事使團赴國外

〔4〕 209

绥德分区今年织布三十二万疋

永昌公司组织妇女纺织

【绥德十九日电】此间永昌土布产销股份有限公司，已初步确定今年业务方针，以帮助小型工厂与家庭纺织业为主旨。仍采取去年订货制度，团结更多的家庭纺织者，并与专署建设处订立合同，完全织土经土纬之土布。为达到此目的，一方面需要发动纺妇，多纺细纱，以高价收买，另一方面提高织土布的工资。清涧一带，已按照此方针，将家庭纺织妇女完全组织起来了。今年全警区计划产布三十二万疋（小布），永昌公司估计最低限度能产一万匹，现该公司已用贷款订货的办法，吸收民间纺织者。现除定制若干小型织布机外，并精心研究如何做到布匹的尺度、分量及经线之多寡能合乎统一标准。

本市各界歡欣鼓舞 慶賀蘇聯反攻大捷

紅軍節舉行各種盛會

【本報訊】廿三日自晨間十時起，本市市民即紛紛赴各集會場所參加紅軍節紀念盛會，慶賀紅軍反攻偉大勝利。

膠東各界 救濟被敵蹂躪災胞

膠東工業研究室創造頗多

戰鬥英雄吳士正

（新華社晉西北十八日電）

邊職校學生赴難民工廠實習

馬氏父女給獎大會延期召開

赤水縣級統一領導生產 去年獲利二十餘萬元

安塞各區製訂經建計劃 第三區較為週密

組織變工扎工開荒八千畝

（一）本區一般情況

（二）本年生產計劃

憶作民

寄萍

綏德分區

今年織布卅二萬疋

永昌公司組織婦女紡織

【綏德十九日電】此間永昌土布商股份有限公司，已初步確定今年業務方針，以幫助小型工廠與家庭紡織業為宗旨。仍採取去年定貨制度，團結更多的家庭紡織者，並另訂立合同，完全織土紗土棉之土布。為達到此目的，一方面督促廣泛發動紡婦，多紡細紗，以高價收買，另一方面提高織土布的工資。

固臨縣的棉產

王同文

急救水災 各方募捐賑濟

三邊分區機關人員 種地紡毛生產自給

總收入可以超過預算

甘肅主管機關編製 本年水利建設方案

延安市县筹备纪念“三八”深入农村调查妇女纺织

【本报讯】延安市，延安县庆祝“三八”节的筹备工作，现已深入农村。若干机关学校之妇女同志，现均在农村中作家庭访问，调查并研究妇女过去生产的情形。边区妇联会某同志通过南区合作社的关系，在农村中进行此项工作时，获得当地妇女亲热的欢迎。延县南区区政府昨日并召开“三八”节的筹备会，决定八日在该区二乡南庄河，十日在罗家岩两地分别举行纪念大会，其内容乃宣传妇女劳动英雄马杏儿的劳动事迹，另并奖励各该地劳绩卓著之妇女。附近工厂暨合作社，均已纷纷捐助若干礼物。举行纪念会时除演戏助兴外，另并请参加大会的农村妇女会餐。按南庄河、罗家岩乃南区妇纺之中心地区。

中直軍直今年計劃
生產六千萬元
土地資金問題大致解決

各地擁軍擁政愛民熱潮

新正各界集會
張鄉長被獎爲擁軍模範

合水綏德熱烈勞軍

南泥灣駐軍
將協助人民春耕
慰問部隊書信雪片飛來

邊區衛生處
免費施種牛痘

安塞改善移民工作
五十戶難民即可到達

黨的生活

辦支部流訓班的一些經驗
風起

「徐堡」部種地萬七千畝
光華農場準備春耕

延安市縣籌備紀念「三八」
深入農村調查婦女紡織

晉西北訓練民兵幹部
開展對敵鬥爭

延大各院系
緊縮組織

太行鑼鼓喧天
慶祝紅軍勝利
掀起勞軍優抗熱潮

各方捐糧協助
急賑豫省災胞

各省積極推銷
同盟勝利公債

物資局調劑農具供需
大批犂鏵熟鐵上市

(4)　218

发起创办边区妇女合作社启事

为响应边区政府之生产号召，并谋解决各机关妇女生产中之困难，同人等特发起创办边区妇女合作社。盖各机关之手工业生产多系纺织，所需原料有待解决，所出成品有赖推销，然欲排除此等困难，唯有组织全体妇女于生产战线上，以集体力量解决之。妇女合作社则是构成每个生产者，工厂和贸易机关间之桥梁。它不限于只是帮助妇女解决纺毛织毛之困难，同时又可解决妇女一切生产上之困难，诸如纺纱、缝衣等；它也不限于只是妇女的生产组合，且是妇女的消费组合，如供给妇女和儿童日常生活必需品。此外，并帮助生产者作少数资金流转及办理妇女储蓄等事业。唯以创办伊□[始]，一切困难，兹先从纺毛织毛做起，由此逐渐推及其他。最后，并希望得到各界襄助，将此办法推广于全边区，依据各地不同情况，组织适宜于其地区之合作社，使成为边区妇女在经济领域上最广泛的活动园地。

发起人：蔡　畅　鲁子亮　边志英　张琴秋　惠凤连　周　平　康克清
区梦觉　田　星　熊天荆　马景昭　王　铁　白　茜　李培芝
王友兰　赵　锋　杨竞成

（外订有详细章程）

解放日報

今日出版一大張　第六四八號　中華民國三十二年二月廿七日

社址：延安　半年一百五十元　全年二九〇元　三月八十元　每月三十元　本期零售一元

發起創辦邊區婦女合作社啟事

為響應邊區政府之生產號召，並謀解決各機關婦女生產中之困難，同人等特發起創辦邊區婦女合作社。蓋各機關之手工業生產多係紡織，所需原料有待解決，所出成品有賴推銷，然欲排除此等困難，唯有組織全體婦女於生產戰線上，以集體力量解決之。婦女合作社則是構成每個生產者、工廠和貿易機關間之橋樑。它不限於只是幫助婦女解決紡毛織毛之困難，同時又可解決婦女一切生產上之困難，諸如紡紗、織衣等；它也不限於只是婦女的生產組合，且是婦女的消費組合，如供給婦女和兒童日常生活必需品。此外，並幫助生產者集少數資金流轉及辦理婦女儲蓄等事業。備以創辦伊始，一切困難，茲先從紡毛織毛做起，由此逐漸推及其它。最後，並希望得到各界贊助，將此辦法推廣於全邊區，依據各地不同情況，組織適宜於其地區之合作社，使成為邊區婦女在經濟領域上最廣泛的活動園地。

發起人：秦蝸　魯子茵　遠志英　張琴秋　惠風蓮　周平　康克清　區夢覺　田星　熊天荊　馬葆昭　王錫　白　霄　李培芝　王友蘭　趙　錄　楊虎成

（外訂有詳細章程）

重視勞動努力生產

中直軍直舉行動員大會

獎勵四十八位勞動英雄

太北敵合擊撲空

我軍圍擊大部就殲

乘強偽軍一部反戈殺敵

甘納第提議

高加索紅軍連克數地

對敵包圍圈益緊縮

奧庫兩城間坦克激戰

嚴格實行精簡

魯中民兵參戰英勇

在戰鬥中成長壯大

太行民兵地雷戰殲敵

德國工業中心

努連堡遭猛炸

那不勒斯又被破襲

敵軍官兵厭戰情緒日增

宋外長訪羅斯福

社論

春耕

為了完成抗戰建國的偉大歷史任務，為了保證軍隊和民眾的充分供給，做到豐衣足食，西北局和邊區政府提出加強生產為一九四三年邊區黨政軍民的工作中心之中心，而各項生產中，又以農業為第一。（特別是要增產細糧八萬石，棉花十五萬觔）

現在，九九將盡，春耕就要開始，我們希望今年的春耕運動能夠切實開展，因此必須：

一、要有正確的具體計劃。我們知道，各個區域有它特殊的地方，因此，計劃就應該根據各地的具體情況來決定。在地廣人稀的地區，如延屬分區，要把發動開荒，安置移難民當做主要工作。而在地少人多的地區，如綏德分區，要改良耕作法，發動移民當做工作中心（今天綏德分區要組織五千勞動力南下），在適於植棉的地區，如沿河三縣及綏德分區的一部，要多注意植棉工作；而在畜牧中心地區，如三邊分區，要多注意種植苜蓿。……不僅在不同分區，就在不同的縣、區、鄉，也應該有它不同的春耕計劃。要避免主觀主義，反對平均分配數字。否則，計劃是空的，工作也就不可能切實開展。

二、要幫助農民解決主要的困難。在執行減租法令的地區，要保障個農的佃權，不致無地可種。在發動移民的地區，要幫助移民解決搬移上所發生的困難。在吸收移難民地區，要幫助移[illegible]的困難，使他們安心耕種。在植棉[illegible]題。在種植苜蓿的縣，要準備苜蓿籽種[illegible]使他們具備了生產的條件，生產熱忱才[illegible]

三、組織農村勞動力。廣泛提倡「[illegible]」[illegible]組織勞動力，提高勞動效能。組織勞動[illegible]，確定他們一定的生產任務，保證[illegible]按時完成。組織二流子生產，對於提高[illegible]的。

四、開展與論動員。把政府、機關[illegible]人民團體中宣傳群眾，使他們知道[illegible]情形以及黨、政、團體、模範和勞動[illegible]，但要讀書。

五、抓緊時機抓緊工作。我們知道[illegible]都有一定的季節。如果錯失了農時，不[illegible]失。所以，一切準備工作，必須事先做[illegible]鬧的播種，手忙腳亂。一切不必要的[illegible]。這是必要的動員和開會，也要儘量[illegible]題要立即解決。反對拖延等待，不[illegible]現象。

擺在我們面前的任務是艱鉅的，但[illegible]例要求各地黨政領導同志糾正存在於某[illegible]態度，把春耕工作積極開展起來。

德国工业中心努连堡遭猛炸

那不勒斯又被破袭

【合众社伦敦二十六日电】英最大轰炸机对德国南部最大工业中心之一努连堡作一小时之轰炸，并对德国西部作辅助袭击。同时据称自非洲出击之美机，星期三夜对那不勒斯又作另一破坏袭击。此外并袭击“意大利靴底”之克罗多尼。六月来努连堡为第一次遭受袭击。此袭击往返须历一千三百里。空军部称英机九架失踪。

【路透社伦敦二十五日电】二十二日晚英机以百余枚四千磅炸弹投于德国第二大港不来梅。此系德国西北部四日来的第三次被炸。不来梅之目标中，有德斯钦马格造船厂——德国最大造船厂之一——该厂夜以继日地工作，以生产潜艇。该处亦有福克·乌尔佛公司之三工厂。

中华民国三十二年二月廿七日　GIEFANG RHBAO　星期六　第一版

解放日報

發起創辦邊區婦女合作社啟事

為響應邊區政府之生產號召，並謀解決各機關婦女生產中之困難，同人等特發起創辦邊區婦女合作社。蓋各機關之手工業生產多係紡毛，所需原料有待解決，所出成品有賴推銷，然欲排除此等困難，唯有組織全體婦女於生產戰線下，以集體力量解決之。婦女合作社則是使成每個生產者、工廠和貿易機關之橋樑。它不限於只是幫助婦女解決紡毛織毛之困難，同時又可解決婦女一切生產上之困難，諸如紡紗、縫衣等；它也不限於只是婦女的生產組合，且是婦女的消費組合……

重視勞動努力生產
中直軍直舉行動員大會
獎勵四十八位勞動英雄

高加索紅軍連克數地
對敵包圍圈益緊縮
奧庫兩城間坦克激戰

晉察冀邊府通令所屬 嚴格實行精簡

太北敵合擊撲空
我軍圍擊大部就殲
棗強偽軍一部反戈殺敵

甘納第提議

社論 春耕

德國工業中心 努連堡遭猛炸
那不勒斯又被破襲

魯中民兵參戰英勇
太行民兵地雷殲敵

在戰鬥中成長壯大

敵軍官兵 厭戰情緒日增

宋外長 訪羅斯福等

浦口三井煤厂工人起义

新华社淮南二十日电

在去年春天反“扫荡”中，有十多个八路军地方武装同志被敌寇俘去。他们经过敌人多次严刑审问，始终不屈，最后被敌人押上运煤火车，走了三日，从北平装到浦口来了，他们被强迫到一个日本人办的三井煤厂运煤码头上做苦工。这码头三面都是一片汪洋的江水，只有东边有一条筑在堤埂上通到浦口去的运煤铁路，算是唯一的陆上通路。在这里被奴役着的共有两千多人，其中除小部是被俘的抗战军队弟兄外，大半都是被日军抓去的各地老百姓和强迫征来的苦役。码头内外有三个警卫室，分驻着日军及伪满警察、伪军共有百余人，有两挺机关枪，成日上着子弹夹，对着来往做活的人。这样还不算，为了有效镇压这些奴隶，每天饭是不给吃饱的，鞭子总是要断掉几根。必要时还集合大家看毙人，七月份就有三个当众枪毙了。汉奸翻译对大家说，他们想造反。这些八路军的同志押送来这里后，第三天他们就和几个被日寇俘去的新四军同志秘密接上了头，分头把自己的人组织起来，并利用一切机会暗中鼓动大家反抗，“我们活着要为中国人服务，不应该替日本人做奴才”。“我们两千多人就一辈子受这几个鬼子虐待吗？”第四天，第五天，这些抗战军队被俘弟兄们，心上仇恨更激动起来了，他们中有人咬紧牙激动地说；“横竖他妈的死，怎么死也胜似给鬼子打死！”时机成熟了，大伙决心也下了，以里面的八路军新四军同志为首，领导着百多个抗日友军的弟兄和积极群众，组成了四个起义小队，计划砍死鬼子，夺取武器，大伙冲过津浦路，一块到新四军去。并决定第一小队（主要八路军新四军同志领导）解决鬼子，夺机枪；第二小队解决满洲警察；三、四小队对付伪军。起义日期初决定在第六天，时机选择在晚饭后点名前，因这时间岗楼上日军没上岗，外面流动哨还没派，栅门这时也还没上门。不巧得很，偏偏第六天要赶活，平时做两工活，太阳落山时下工，这天要做三工活，天黑还下不了工，可是天一黑下，岗楼就上岗，流动哨就派出，栅门也被关上。这样时间就错过去，起义日期得延到第七天了。八月十九日——第七天，大家好容易盼到太阳落了山，开过晚饭，点名场上满挤着是人。“吃烟吃烟喂！”场上忽然嚷起来，这样一片嚷声中，大群大群向栅门日寇警卫室奔去。“冲”！“冲”！下手第一小队发动了，四个日本人被干倒了，三个铁杠打开了他们脑袋，另一个混乱中溜走了，一挺机枪转到了起义者的手里。敌人的步枪和驳壳枪这时连续的射击着，一刻，江中日寇军舰上重机枪开火了，朝着码头上疯狂的扫射起来。在极度紧张和恐怖中，人们成群倒下了，惊惶的相互撞击着，在伸手不见五指的黑暗中，全都沿着堤埂上的铁轨奔跑。不久，铁轨响起隆隆的声音，两道电光耀眼的直射过来，火车开过来了。大家被逼下水。会水的在水里游泳了六个钟头，才跑脱出来。其中张福贵等三十二人，经过许多危险和困难，终于到达新四军地区。

綏德移民 紛紛南下開荒

趙世杰要趕上馬丕恩

延縣南區放出農貸

借戶買到耕牛擴大生產

隴東分區機關 自給糧食四個月

統一生產領導組織

延安捐贈猪羊雞數百隻 慰勞南泥灣駐軍

軍民同樂欣喜異常

關中各界 紀念紅軍節

晉冀魯豫邊區 整風與精簡

丹東輯

漫談「吃各事」

莫艾

三邊蒙回漢各界 舉行擁軍擁政愛民大會

到會萬餘人情況熱烈

製革廠劉長青 努力節約

赤水醫衛隊 多已學會新文字

國內簡訊

川舉辦卅二年度 物產競賽會

桂省實行 實物借貸

浦口三井煤礦工人起義

新華社淮南二十日電

解放日报	时间	1943-3-1	期	第650期
			版	第2版

葭县纺织日渐发达

通镇半年纺车增加两倍多，光华商店供给大批原料

【葭县讯】葭县纺织手工业，一年来大有发展。根据不完全调查，通镇原有纺车一二六架，去年上半年即增加到三三九架。城关小石板桥只一家人不纺纱，其原因为这家没有女人。乌镇核桃树村，在妇救会去检阅纺纱生产时，全村妇女均带上纺车纺锤在村长家坐满一院。至于建设科工厂的二十四个头的纺纱机，因机价本贵，故不能推广。一般妇女均善用纺车，因纺车不仅比纺锤生产力大，且不费本钱和力气，冬天又可以放在炕上工作。又葭县织布业，因机子较贵，所以不如纺纱的普遍；困难并不能阻碍织布业的发展。根据不完全统计，通镇原有小机三十三架，大机十一架。去年上半年即增加了小机二十八架，大机三架。城关小石板桥的村主任有小机一架，只要一空，就被人借去，甚至嫁到城里去的妹妹，也要回乡下娘家借织布机。倍甘神堂沟几家富农中农，正准备合组纺织合作社。乌镇高家寨有两家地主卖了地开织布工厂，去年赚钱很多，最近还有几家地主正作同样打算。

【葭县讯】螅镇光华商店曾用最大力量向延安、绥德等地购运棉花，自去年四月至年底，总共零售给螅镇居民熟花六千余斤，每一集日（每月四次）平均可售一百五十斤左右，且其价格比市价常低五元。该店任经理为使葭县南区纺织业进一步发展起见，特同意县务会提出之意见：在上级棉贷未发下之前，先由该店向民间贷放棉花一千斤。以资提早发动群众进行纺织生产；任经理并亲身帮助拟定放贷计划。又该店自成立以来，在供给居民日常用品及平抑物价方面，起了很大作用，在群众中并扩大了公营商店的影响。由于去年四月以后，该店鉴于敌人扫荡晋西北时破坏了临县南沟煤窑，因而引起螅镇临近六十里内居民缺乏燃料之苦，该店即特地经售煤炭，自去年四月至今年一月，总共零售煤炭八万斤，且价格低于市价二角，目前每斤仅售一元。

解放日報

延安縣委 獎勵模範黨員申長林

對黨忠誠八年如一日 生產積極深得群衆擁護

本市已有八百婦女幹部 參加公餘紡織生產

婦女合作社門市部「三八」開張

「挑戰書」到達的時候

莫艾

工作積極

甘谷驛完小沙有才

本市籌辦 衛生澡塘

葭縣紡織日漸發達

通鎮半年紡車增加兩倍多 光華商店供給大批原料

【葭縣訊】葭縣紡織手工業，一年來大有發展。根據不完全調查，通鎮原有紡車一二六架，去年上半年即增加到三三九架。城關小石板村只一家人不紡紗，其原因為這家沒有女人。烏鎮樓挑樹村，在婦救會去發動紡紗生產時，全村婦女均帶上紡車紡線在村裡安家燒一晚。至於棉紗原料工廠的二十四個頭的紡紗機，因機價太貴，故不能推廣。一般婦女均需用紡車，因紡車不僅比紡錘出產力大，且不費太多和力氣，冬天又可以放在炕上工作。

又葭縣織布業，因機子較貴，所以不如紡紗的普遍；困難是不能用鐵機布柔的發展。據不完全統計，通鎮原有小機三十三架，大機十一架。去年上半年即增加了小機二十八架，大機三架。城關小石板橋的村主任有小機一架，只要一台，就被人借去，甚至轉到城裏去的絲機。供給時常滿幾家常發中斷，光華備合組紡織合作社，烏鎮兩家海有兩家地主實了機開織布工廠，去年賺錢很好，最近還有幾家地主正作開機打算。

【葭縣訊】通鎮光華商店今年底，總共替合給紡織局會用最大力量向延安、綏德等地購買棉花，自去年四月至十斤大千餘斤，歸一般日（每月四次）平均可售一百五十斤左右，且其價格比市價低百元。該店任經理為使葭縣紡織業繼續一步發展起見，特別宣稱紡會裡出之意見；在上賬貸款發放下之前，先由該店向與開貸款……

三邊各界

慶祝廢約與紅軍大捷

[illegible]號召努力開荒運鹽

赤水合作社 二區成績較優

幫助其他各區合作社發展

韓國「三一」廿四週年

渝中韓文協舉行紀念

物資局 各地設分支局

章漩同志等最好

一月份記者獎金作品選出

「嘉陵」部平素愛護人民

調防時民衆再三挽留 歡讌演戲熱誠慰勞

華僑、難民兩工廠

擬發展紡婦兩千人

華僑廠已製手車五百架

去年全國節儲二十億元

文勞捐款收足七百萬

各地查獲 違犯限價小販

粵省徵實 超過定額

來函照登

赤水合作社二区成绩较优

帮助其他各区合作社发展

【本报关中九日电】赤水全县合作社去年共获利十万零一千二百余元，该县计有合作社四处，工人合作社一处（以上为消费社），生产合作社一处（仅有纺织生产），县联社则附设于二区消费合作社内。共计有股金一万七千七百余元，社员四千五百余名。二区消费合作社系赤水合作事业之母，早于二十六年秋即成立，该时股金仅八十元四角，社员五十余人，后一、三、四区均向二区合作社投入股金，至次年春，一三四区复抽出股金单独正式成立合作社，当时四个合作社的股金共一千五百元左右。由于外来布匹困难，促使家庭纺织业走向繁荣，即有八百名妇女集股八百元举办纺织合作社，但仍附属于二区合作社之内，二十九年股金扩至二千五百三十五元时，始脱离二区合作社而单独成立组织。去年政府向该社投资一万五千元，即成为今日之生产合作社。二区之消费合作社，社员系农村雇工、手工业工人集股组成，直接受县工会领导。三十年度始交县府四科领导。该合作社尚附关中药房一所。生产合作社主任吴秉章先生年已六旬余，最先充当二区合作社采办员，他对合作社事业表示负责积极，他终日是东奔西跑采办纺织原料，在去年下半年最困难的情况下，能竭其能力做最后的挣扎，当纺织陷于停顿时，他即进行运输生产。去年各合作社在购办棉花这一点上，曾给群众以方便。县府四科去年合作社总结中指出：个别合作社（如四区）货物较商人货价还高。前年仅一二区两合作社分红利，去年则全未分过，县府四科虽有指示，并在全年中召集过四次主任联席会议，但分红利及转为民办等工作，终未实现。各社理监事会虽有成立，作用亦小，若干干部存在着纯盈利观念。合作社干部、政府四科长于检讨合作社工作时，率直的提出：部分合作社既未实行民办，又包而不办。区乡干部对帮助群众合作社之发展关心不够。合作社之改造工作已有重大意义。政府拟于四月十日左右召开社员大会公布账目分发红利，并决心向民办方向前进，业务性质亦将着重运输纺织，扩股并吸收实物及农产品。

延安縣委
獎勵模範黨員申長林
對黨忠誠八年如一日
生產積極深得群衆擁護

本市已有八百婦女幹部
參加公餘紡織生產
婦女合作社門市部「三八」開張

「挑戰書」到達的時候
莫艾

工作積極

[illegible]縣紡織日漸發達
通鎮半年紡車增加兩倍多
光華商店供給大批原料

本市籌辦
衛生澡塘

三邊各界
慶祝廢約與紅軍大捷
羅斯福號召努力開荒運鹽

赤水合作社
二區成績較優
帮助其他各區合作社發展

華僑、難民兩工廠
擬發展紡婦兩千人
華僑廠已製手車五百架

物資局
各地設分支局

一月份記者獎金作品選出
章璇同志等最好

韓國「三一」廿四週年
渝中韓文協舉行紀念

「嘉陵」部平素愛護人民
調防時民衆再三挽留
獻旗演戲熱誠慰勞

各地查獲
違犯限價小販

來函照登

粵省徵實
超過定額

去年全國節儲三十億元
文勞捐款收足七百萬

华侨、难民两工厂拟发展纺妇两千人

华侨厂已制手车五百架

【本报讯】华侨、难民两工厂准备在今年内，发展纺线妇女两千人。□华侨工厂业经制备有手摇车共五百架，专做纺线之用。去年一年内，华侨工厂曾支出奖励费用共达十万元，在延安县罗家崖等地，共发展了三百余纺线妇女。现该厂每日均有六架合股机不住地在合毛线，平均可产经漂染过的毛线共一百余磅，全部售给边区妇女合作社，供作织毛衣之用；另外每日可产毛毯二十五床，毛呢若干匹。去年一年中，共出产毛毯三千三百床、毛线四千余磅、毛呢一百匹，以所存羊毛实物折洋，共获净利五十万元。

【本报讯】华侨工厂，今后拟以生产毛线为中心。工人家属及该厂后沟老百姓，从早到黑均忙于纺线，手摇纺线车嗡嗡之声到处可闻。因为全家参加生产，工人们均过着丰衣足食生活。记者曾到三家工人家属，参观她们纺线，她们炕上铺满新制被服。一女工说："纺线生产，风雨均不受影响，多纺一斤线，便多拿一斤的钱，纺线花力气小，又容易学，最多一礼拜便可学会。"该厂工人家属任自明，身虽怀孕，但她努力为其生产费用准备，经三个月的努力，纺线子共收入三千多元，第一个月□[纺]了二等线四十二斤，以后便每月交头等线三十余斤（头等线每斤工资□米三升），厂方看到她纺线特别好，特于去年底奖励她一百元。现她因身体关系，暂□[时]休息，据她说：待生产后，当□[再]继续纺线。另该厂工人家属武珍，每月亦平均纺二等线子达四十□[余]斤，十二月份最高产量，竟交二等线子七十余斤。

延安縣委
獎勵模範黨員申長林
對黨忠誠八年如一日
生產積極深得群衆擁護

本市已有八百婦女幹部
參加公餘紡織生產
婦女合作社門市部「三八」開張

甘谷驛完小沙有才
工作積極

「挑戰書」到達的時候
莫艾

本市籌辦
衛生澡塘

葭縣紡織日漸發達
通鎮半年紡車增加兩倍多
光華商店供給大批原料

三邊各界
慶祝廢約與紅軍大捷
羅斯福號召努力開荒運鹽

赤水合作社
一區成績較優
幫助其他各區合作社發展

韓國「三一」廿四週年
渝中韓文協舉行紀念

「嘉陵」部平素愛護人民
調防時民衆再三挽留
獻旗演戲熱誠慰勞

華僑、難民兩工廠
擬發展紡婦兩千人
華僑廠已製手車五百架

物資局各地設分支局

一月份記者獎金作品選出
章璇同志等最好

各地查獲
違犯限價小販

去年全國節儲三十億元
文勞捐款收足七百萬

粵省徵實
超過定額

來函照登

解放日报 | 时间 | 1943-3-3 | 期 | 第652期 | 版 | 第1版

工厂厂长联席会开幕

朱总司令指示工业建设方向，邓发同志号召协力完成任务

【本报讯】在生产年中，边区之农业、商业、运输业均曾进行讨论与布置。工业方面，昨日上午十时，在建厅举行之边区工厂厂长联席会上，又已开始发动。关于该会之重要性，朱总司令曾指出目前工业建设的新阶段，他说："我们的工业是在摸索中做起来的，但现在摸索的时期已经过去了。"出席之人员，除边府十三个工厂厂长外，朱总司令、邓发同志、高岗同志、林主席、南厅长、高厅长、霍副厅长、高长久同志及各厂工会主任等均出席参加。朱总司令曾即席说明改善质量、加强教育、反对贪污浪费及关于发展生产运动等四个问题，而其中心环节则在于加强教育。朱总司令曾强调指出：目前部分工人思想中所存在的不安心现象及落后意识，是由于没有真正了解边区工厂是我们工人自己的，没有了解做工是最有出路的工作。加强教育，就是要使人人把革命的家务处好，把一切的事情当作自己的事情，反对贪污浪费，反对工人中的二流子，反对官僚主义，反对工厂机关化，学习苏联工人以一当十的精神，并厉行节约运动，虽一针一线之微，也都要好好地保护它、爱惜它：凡此种种，乃一极重要之教育过程。朱总司令继指出：和节约同样重要的，则是要提高质量，特别是供给机关，不要只图数量的完成，而必须注意质量，须知革命的家务，是老实、坚固与经用，不是自欺欺人，要建设永久的基础，一劳永逸，并须从今立即开始着手。至此，对□[难]民工厂呢毯质量之进步，朱总司令曾特予赞扬，并嘱联会查明给奖。关于发动生产竞赛，朱总司令重复指出：仅仅从生产数量上和质量上着眼，还是不够的，要从思想上，启发工人主人公的感觉，例如自动节约原料等的固有美德。邓发同志在联会中，具体地说明了今日工厂中的四大问题：一即厂长的任务；二是党在工厂中的任务；三为工会的任务；第四说明边区工人劳动的性质。

其中心点乃在说明工厂、工厂支部、工会以至工人，都是为一个目标而奋斗，四者之任务，乃是同心同德，相助相□[成]，为增加产量、提高质量、减低成本、完成并超□[过]党与政府所给予之任务。此一报告精辟异常，与会同志莫不感奋。高厅长在指出各厂之成绩后，亦着重说明了提高生产质量之重要，特别是造纸质量更要注意改进，此外对于工厂中的精简问题，亦有详尽指示。总工会主任高长久同志除就工会问题有所论列，指出工会与工厂应配合工作外，关于工人生活的改进问题，特提出利用工余生产，为达到进一步的丰衣足食而斗争。建厅二科与财厅一科同志，并就各该主管下之工厂状况，提出报告。至下午四时，始行休会。今日林主席、南厅长等将有报告。

GIEFANG-RHBAG

中華民國三十二年三月三日　星期三　第一版

解放日報

中華民國三十二年三月三日　第六百五十二號　今日出版一大張

社址：延安

看！看！看！

新到大批貨物歡迎批購

價格分外公道歡迎主顧

延安光華商店

延安中國醫科大學招考新生啟事

工廠廠長聯席會開幕

朱總司令指示工業建設方向

鄧發同志號召協力完成任務

羅斯托夫以西紅軍楔入敵陣

傳西北綫攻勢向南擴展

德寇列城守軍猛烈出擊

泗陽附近繼續血戰

滇西我軍阻敵續犯

美駐華空軍出動助戰

蔣夫人抵紐約

不堪敵寇奴役

英共發言人再請工黨合作

晉西北抗聯規定春耕工作為目前中心

保證代耕優抗徵實行

社論

生產大競賽

不折不撓反抗納粹

挪共會記殉難

解放日报 | 时间 | 1943-3-3 | 期 | 第652期 | 版 | 第2版

三边发展毛织业

各厂增加资金五百万，盐务局筹设置毛工厂

【本报三边二十八日电】发展毛织业，正在三边各地积极进行中。专署决定在定、靖、盐三县，以现有工厂为基础，再扩大资金五百五十万元，计定边新塞工厂扩大资金三百万元；靖边毛织工厂增加资金一百五十万元；盐池元华工厂扩大资金一百万元。以上新扩大资金，计边府投资二百五十万元，三边各机关投资一百五十万元，其余一百五十万元，由当地商人和群众自由入股。现新塞、元华两厂正在进行整编，以便加强组织机构，提高工作效率，并制定今年上半年生产计划，决定将非必需品如织绒毯之生产减少，扩大毛布、毛毯等必需品之产量。另驻军某旅今年亦决定发展毛织业，向新塞工厂投资五十万元，并选具有纺织经验之战士参加工厂生产。大光工厂决定移交某旅，现正办理移交手续中。靖边毛织厂，亦正拟订计划，购买机器，准备大量生产，最近盐务局更设立塞北制毛工厂，定制毛织品，以供公家需用。

【本报三边二十八日电】在三边发展纺织事业中，塞北制毛工厂实为后起之秀。该厂位于定边之北，系由盐务局创起，资金暂定一百万元。现正依长城开窑洞、筑工房，三月底即可正式开工。该厂生产，着重供给，决定今年上季完成以下任务：毡帽三万顶、绒鞋六千双、土耳其帽三百顶、老羊皮衣三千件、二毛皮衣一百件。六月后即筹备织毛布、毛衣、毛毯等毛织品，八月即保证有成品出来。此外并设毛口袋作坊，保证每月出毛口袋一千条，以供盐站装运食盐之需。记者曾访问该厂厂长朱霁云同志，据谈目前已有工人四十余名，织毯技师系由榆林聘来，上项员工，现在继续物色中。在原料方面，已备有秋毛一万斤、绒毛七千斤、二毛羔皮六百张，老羊皮及其他原料亦正购置中。按现有原料以五十个工人生产，足够两月之用。关于生产量，朱厂长谈：每个毡工每天可出四六毡一条，剪成鞋面十六对；每个鞋工日做

鞋三双，在现定生产任务下，每日须经常有鞋工九人，毡工三人。帽工每人每日产帽二十五顶，每条四六毡可裁帽七顶，经常需帽工六个，毡工二十四个。每件皮衣皮工需花工三天，经常应有工人二十一名。毛口袋工人应经常保持三十四名。以上完成上季任务，共需工人九十七人。若以目前原料工资计算，该厂出品鞋子每双约四十三元五角；帽子一顶约二十三元六角；老毛皮袄每件约六百六十七元五角，价格可谓低廉。

【又讯】此间毛口袋大量制造，除元华厂仍继续扩充外，土产分公司近亦正计划设立毛口袋作坊。将来各□[厂]所产毛口袋，均集中供给盐局装运食盐之用。据定市织毛口袋工人谈：三边毛口袋销路甚好，货一出来，马上即被南路脚户买走。故用毛口袋运盐，对食盐推销及发展毛织业，均有裨益。

三邊發展毛織業
各廠增加資金五百萬
鹽務局籌設製毛工廠

【本報三邊廿八日電】發展毛織業，正在三邊各地積極進行中。專署決定在定、靖、鹽三縣，再撥大資金五百五十萬元，計定邊新新工廠擴大資金三百萬元；靖邊毛織工廠增加資金一百萬元；鹽池元華工廠擴大資金一百萬元。以上新撥大資金，計邊府投資二百五十萬元，三邊各縣五十萬元，共爲一百五十萬元，由當地商人和群衆自由入股。現新新、元華兩廠正在進行發展機構，提高工作效率，並規定今年上半年生産計劃，決定將非必需品如織絨等之生産減少，增加必需品之産量。另縣府某款今年亦決定發展毛織業，向新新工廠投資五十萬元，並選其參加工廠生産。大元工廠決定移交某旅，現正辦理移交手續中。靖邊毛織廠，亦正擬訂計劃擴大量生産，最近鹽務局更設立三邊北製毛工廠，定製毛織品，以供公家需用。

【本報三邊廿八日電】在三邊發展紡織事業中，鹽北製毛工廠實爲後起之秀。……

赤水農民開始耕作
縣府積極發放農貸

棗園擁軍擁政愛民工作的介紹

（本文係根據『群談會』刊物材料編成）

（一）全鄉人口與組織的調查

（二）工作佈置

（三）老百姓的意見

（四）反省種種

魯藝成立美術供應社

膠東我軍靈活襲敵
費縣西南我伏擊獲勝

綏德警區發展農村副業
植桑養蠶造林畜牧

隴東稅務局捐款勞軍

【隴東廿九日電】此間稅務分局王局長，日前在該局所開辦之稅務訓練班中，對各局所稅工人員，作關於擁軍的報告。當場即有某店員等廿三人，自動捐款共一千二百六十元。……

稅工訓練班開課

[illegible]植棉
固臨發放棉貸
去年棉田增加

留直召開生產幹部會議
修正計劃立即行動

【本市訊】留直各機關以春耕在即，特於二月廿八日……

總結延縣經建工作 檢討幹部思想
劉秉溫同志報告

豫軍民節糧賑災

豫各地得雨

徐炳昶等發起中國史學會

來函照登

记太行两个工厂

一

薪工制在八路军的工厂实行以后，某部被服厂一所的工人，曾经发出这样的疑问：“我们是不是变成了雇佣劳动者？”他们多数是一九三八年以前的老工人，以及新由部队转来的战士和勤务员，几年来的革命锻炼，使他们对政治前途的关心，远胜过每日所拿的工钱。“我们是革命工人，一切为了前线。”他们每说到这句话，就感到无限光荣。当敌人九路围攻的时候，他们扛着缝衣机子打游击，刚一歇脚就摆开活计开工。一九四〇年，为了需要，厂里的计划全是一长串的数目字，但是他们从没皱过眉头。为了完成任务，他们疲劳了就倒在工房里，醒来时只揉揉眼睛，就自动的接班。他们的所长，为了他们的健康，曾不断劝止做夜工，后来连工房的灯也强制没收了，但是他们偷偷把帽花摘下来，钻个孔，做成临时的小灯帽，用自己买的油点着“偷工”。这种“一切为了前线”的自我牺牲精神，创造了工作中的惊人数字：五个工人和学徒（附一架机子），每天平均共完成四十四套单衣，四十四套衬衣，二十二顶军帽，二十六双袜子，和十条子弹袋。然而一九四二年开始薪工制以后，这种生产情绪却受到了波动。不满情绪在工人中蔓延开了。“不要咱革命啦！”他们把薪工制度看成一般的雇佣制度。正在这时候，一位八路军负责同志到了一所参观，他向工人们讲了话。他说：“在八路军领导下的工厂中，还是存在着剩余劳动的，工资并不等于劳动所创造的价值。但是这些剩余劳动并不是为某个人所占有，而是为了满足革命的需要，正如革命者把其毕生的智慧、精力以至生命贡献给革命事业一样。”这话是很容易为工人们所理解的，因为他们深知自己的生产品是给流血革命同志御寒的。于是对薪工制度的不满情绪便平复下去了。现在，缝衣质量较以往大大提高了。工人们也因此而得到充分的休息和学习时间。经过他们反复的精密的设计，每疋洋布可以裁棉衣十套零三（过去八套零五），平均三十方尺六十方寸布，可以做成一套。他们以负责任的态度所创造出来的这个功绩，已成为全太行区被服厂的标准，预计可以节省布十分之二以上。“我们不是雇佣劳动者，我们是革命工人，为了前线的需用，不仅愿意流汗，而且愿意流血。”——新的认识使得他们火一样的劳动热情燃烧起来。当敌人紧张扫荡的时候，他们像爱护自己的财产一样，把所有的机械、布匹，在两小时内埋藏起来。及至估计到敌人一两天内还到不了那里，又立刻把场面摆开，星期天也不停止地工作。他们说：“能做半天，就做半天，争取时间要紧，完成任务以后再说休息。”（新华社太行三日电）

二

第×毛织场现在已经四岁了。它在摸索中慢慢找到了正确的道路。去年全年生产总值，较前年增加了十余倍。它是太行实业社经营的。主要产品为毛毯、仿俄毯、西式绒毯、花毯、普通毯、军毯，此外还生产一部分毛线、毛衣和毛布。它是从作坊慢慢蜕化出来的，现在已经真正走上工场手工业的道路。大家都响应“生产专门化”，“门门有成功”的号召。如规定学徒不必经历所有的工作过程，只要安心在一个工作过程中提高技术到一定水平，都可成为该部门的成工。在作坊制度下，一个“打穗”学徒仅供应一个机工，现在一个“打穗”的成工可以供应三个机工；从前一个“合线”的学徒，每两天能合十几斤“纺线”的，现在成工可以合七十四斤；“捻毛”的学徒从前每天最多捻四斤，现在成工可以捻十二斤；纺线的学徒从前每日最高纺一斤半，现在成工可以纺四斤至五斤。生产专门化的效果，生产效率提高了三倍多。作坊徒弟三年出师，现在一个聪明努力的学徒，四个半月就可以变成一定部门的成工了。为了劳动效率的提高，曾由厂方供给小米菜金，货币工资按件计值。去年该厂复把全部的工资都改成按件计值，生产马上有了进步。去年十二月实行了雇工考查，线工工人每月工资由考工前的二〇四元增至考工后的三三八元，捻毛工人由一四六元增至二三六元，漂染工人由一五四元增至二五四元。从此得出，适当的工资政策是提高生产效率的有利因素。但订定劳动标准，必须慎重，过高过低都是有害的。他们并把一切能由群众担任的生产过程，全部交给厂外群众，工厂本身只掌握群众不能做的精练过程。该厂本年计划捻线×万×千斤，这些线全由群众纺好，每斤工价二元。厂中劳动的工数约占群众劳动的二分之一，这是一个合理的现象。因为群众劳动的比重越大，越能合理敌后战争的要求，该厂准备将木机分散到各地去诱导群众学习精良技术，组织群众性的毛织生产。太行山在广大群众的基础上，今后毛织生产，相信一定会大大发展的。（新华社太行一日电）

中長林參加生產競賽
自己把莊稼種好
幫助群眾發展經濟

馬欄八十里內居民
舉行春耕動員大會
李學義榮獲獎勵

用最高的生產紀錄來
——紀念張浩同志逝世一週年

安塞選舉勞動英雄
農貸發放較慢

志丹一區農民
投資合作社運鹽

赤水小學改進
教員威信增高
學生經常到校

延縣金盆灣
軍民開始春耕

記太行兩個工廠

獎勵小學教員
魯中實行「年功加俸」

綏德駐軍功勳卓著
清澗土匪投誠
西川公審大會槍決慣匪

靖邊鹽池吳旗
積極佈置機關生產
各級幹部種地三千四百畝

閩省檢討限價
今後試辦物物交換

臨縣兒童
捕獲漢奸一名

皖省簡政

交部籌辦渝蘭郵運

晋察冀龙华某区妇女纺织运动开展

太行举行生产展览会

【新华社晋察冀六日电】胜利在望，边区人民愈加振奋，生产热情极为高涨。龙华某区纺织小组已扩大到一二八个，包括一、二八〇个妇女，每月可纺棉花六三六〇斤，织布的四十二人，每月可织六百余匹。田冈村一老太太，年已七十四岁，每月纺线六斤。该村邢某为使全家参加生产，制定四十天生产计划，两个十四五岁的孩子，保证割柴两千斤，拾粪四百斤，识字八十个，完成一项，每人得奖二元，全部完成，奖金照加。三个妇女亦保证每人纺纱八斤。灵寿生产运动，亦以纺织为中心，现全县已有七十个村庄成立九百七十三个纺织小组，每日平均纺纱三百八十余斤，织布三百余匹。此外更有四百六十八人，从事毛织业，每日可织毛衣一百二十件，纺毛线四百八十二斤，弹毛九十斤。徐定的生产事业以打石板凿井为主，平均每个石工一月可得五百元以上的纯利。水井现已凿成五六十眼，可浇地三四百亩。

【新华社晋察冀六日电】自从正确地施行劳动政策以后，边区各阶层人民关系日臻亲密。地主、富农亦均积极从事生产。某村地主高姓两弟兄除收租外，尚各自耕种良田百余亩，养羊十数群。高某年逾六十，每日鸡鸣即起，督促全家做活，并亲自放羊、拾粪，现在为了准备春耕，已雇几个铁匠收拾锹镐。这些地主，对□累税都很满意。今年全区各村的租子，佃户都全数交清，租佃双方关系，愈加融洽。

【新华社太行七日电】本月一日，晋冀鲁豫边区政府工商管理局之太行实业社，于涉县某地举行太行生产展览会，二日闭幕。附近机关、团体代表及群众参观者颇为拥挤。最为观众称赞者，为陈列于第一室之毛织品有俄毯、西式绒毯、军毯、羊裘、狐裘及各式毛布、毛褥等与第二室之纸张、药品、肥皂等。

米脂移民卅戶到安塞 縣府撥給糧款土地

綏德專署救濟河南災民

安塞高橋合作社 組織全區運輸力

金盆灣軍人合作社主任受獎

楊朝臣的勞動影響

南泥灣駐軍 派出吳滿有訪問團

交換生產經驗商議競賽條件

綏德提倡改良農作法 推廣植棉扶助紡織業

甘泉一區號召黨員積極生產

延川縣級人員減少三分之一

太行朝鮮獨立同盟等紀念「三一」運動

介紹盧廷相孫慶元李鳳蓮

三位受獎勵的勞動英雄

晉察冀龍華某區 婦女紡織運動開展

太行舉行生產展覽會

紀念「三八」節 關中各地座談婦女生產

參加紡織及農忙時幫助耕作

振華分廠計劃 今年造紙一千六百令

更正

振华分厂计划今年造纸一千六百令

【甘泉讯】振华造纸分厂，自今年三月份起，拟造纸一千六百令。据该厂负责人谈：如原料可充分供给，则还可增加产量。现将其计划摘录如下：（一）原料方面，全年需用马兰草二十二万八千二百斤，现有十万八千斤。（二）设备上，拟从三月至七月开新池子七个，最近建造洗料及泡料池子四个。碾坊要加以修理，秋后并拟建立火墙四十二丈。按该厂现有工人六十四名，需要逐月补充若干人。从三月下旬起，即可按照建设厅所规定之质量交出成品。为此该厂并决定（一）设备、人员、经费及原料要保证及时供给；（二）继续开展赵占魁运动以提高工人生产积极性；（三）加强管理和领导；（四）成立技术研究会，提高纸质。至于提高纸质之具体办法为：马兰草要经常选择和泡洗，改造蒸煮锅灶，工场工房要经常保持清洁。

縣府撥給糧款土地
米脂移民卅戶到安塞
綏德專署救濟河南災民

【安塞訊】前由米脂七鄉杜會等介紹來本縣之難民五十戶，已於日前到達三十戶。由難民代表杜成貴等縣府請求幫助住處、農具及食糧等。該縣長當即決予安置，借予食糧三十石，農貸三萬元，並介紹至二區一鄉居住；耕牛問題亦由政府予以解決。杜成貴等受政府此種優厚的待遇，甚爲感動，均申言他們到此，決要積極打算，在政府幫助下，從事農業建設事業，以期將今日之難民村，不日變爲繁榮的莊子。聞另外的二十戶，不久亦將移入。

【綏德訊】[illegible]

組織全區運輸力
安塞高橋合作社
金盆灣軍人合作社主任受獎

[illegible]

楊朝臣的勞動影響

海燕

[illegible]

派出吳滿有訪問團
南泥灣駐軍
交換生產經驗商議競賽條件

[illegible]

太行朝鮮獨立同盟等紀念「三一」運動

[illegible]

綏德提倡改良農作法
延川縣級人員減少三分之一

[illegible]

推廣植棉扶助紡織業
甘泉一區號召黨員積極生產

[illegible]

介紹盧廷相孫慶元李鳳蓮
三位受獎勵的勞動英雄

[illegible]

婦女紡織運動開展
曾經龍華某區

[illegible]

太行舉行生產展覽會

[illegible]

關中各地座談婦女生產
紀念「三八」節
參加紡織及農忙時幫助耕作

[illegible]

振華分廠計劃
今年造紙一千六百令

【甘泉訊】振華造紙分廠，自今年三月份起，擬造紙一千六百令。據該廠負責人談：如原料可充分供給，則還可增加產量。[illegible]

更正

[illegible]

晋西北各工厂生产竞赛热潮高涨 劳动英雄不断涌现

【新华社晋西北九日电】晋西北总工会，于去年七月间向各级职工会发出创造劳动英雄的号召以来，各工厂很快地掀起了热烈的革命竞赛，这个运动仍在汹涌澎湃着。西北纺织一厂工友孙振仪，在三个月的竞赛中，创造了以九小时内用木机织布十一丈五尺（一尺三寸宽）的纪录，超过过去产量百分之二十五，当选为劳动英雄。印刷工业中吕梁印刷厂工友杜芝保，创造了每小时印刷速度达一千七百余张，超过原来产量百分之三十，也被选为劳动英雄。在被服工业上，二军分区被服工友康必花，在九小时中做棉衣上身四十件，能做棉裤一百条，超过他人百分之二十八。特别是炸弹厂翻砂工友张秋凤，每天能做手榴弹壳五十三箱，超过他人百分之二十。按张秋凤同志自当选为晋西北特等工人劳动英雄后，对工作更加积极，更用心研究工具的改良，他在装造某种军火上，竟超过他人百分之五十，光荣的被选为军事工业中劳动英雄了。其他如煤窑、纸厂产量均惊人的增加。在竞赛过程中，生产品的质量又随着大大提高，织出来的布均匀，布面平坦，布边齐整。在印刷上字迹标题清清楚楚，印出的书报整齐，而没有偏差，也没有印出废纸。做出的军装和鞋子样子好看，又是新制出的。炸弹壳厚薄均匀，铁汁化合适当，因此杀伤敌人的效力也大。在遵守劳动纪律方面，自从竞赛开始，各厂的工人全是按时上工。早退、迟到、打架、吵嘴、在工作时间抽烟、谈笑的现象，已经绝迹。相反的工人自动加工，在工余时间便把工具和机器修理装备妥当。对工具的爱护是经常的擦拭、检查、注油、修理，不使因小毛病发展到大的损坏，然后影响生产。对节省原料上，一滴油一寸线，也不让浪费，并创造了废物利用的运动，其他在政治、技术的学习方面，都有很大进步，个别落后工人装病旷工现象已消灭。

【新华社晋西北四日电】行署直属各厂，根据去年生产总结，订出今年生产计划。去年生产，据统计：纺一厂全年织布一一、七五〇匹；纺二厂六千匹。工具厂生产各种纺织机共二二五架，配制零件千余件。化学厂生产各种肥皂三九、二二〇条及油印油墨外，并制出铅印油墨，成品优良，不亚于外货。各厂生产任务，大部完成，在生产建设中，所起作用甚大。今年生产：纺一厂计划织布一万五千疋；纺二厂七千疋，工具厂拟制各种纺织机八百二十余架；铁机零件十八件。化学厂计划月产肥皂三千条，油墨三百盒，并试制植物染料、火硝、皮革等。

【新华社晋西北九日电】宋侯女荣膺晋西北特等妇女劳动英雄后，此间妇女已掀起纺织热潮，纷纷努力，要向宋侯女看齐。高家村的劳动英雄白紫凤，和宋侯女同村的白喜灿，均抱着竞赛之心，声言要争取做一九四三年的特等劳动英雄。最近本区于姓开办的一座小型纺织工厂，已聘请宋侯女为纺织教师。同村妇女拜宋侯女为师，学习纺织者已达三十余人。在宋侯女影响下，全部妇女纷向政府请求帮助，决心从事纺织生产，政府正做大批纺车，即将分发群众。

【新华社晋西北七日电】离石抗属王婆儿，年五十余，特别热心纺织。去春全家五口生活，全靠她纺织生产来解决。她不但织布好，且织得又快，别人的布重斤五六两，她的布重一斤十多两至二斤。别人一天织布一丈一二尺，她每天织二丈。别人每天纺纱五六两，她可纺八九两。她对抗战勤务工作，如缝衣做鞋亦很努力；并常写信嘱咐自己儿子，安心抗日，不要挂念家中生活。

解放日報
第六八〇號　中華民國三十二年三月十一日　今日出版一大張
社址：延安　本期零售一元　每月三十元　三月八十元　半年百五十元　全年二九〇元

緊急通知

茲因各機關住院休養員所欠本院糧費伙食爲數太多，送次催送，終未清算，本院現爲澈底清算各機關所欠之糧費伙食，希速送到，今後各機關所送之入院休養員，如不帶糧費伙食，概不准入院，特此通知！

邊區醫院

各機關休養員所欠之糧費伙食詳開列於左

男人開荒女人紡織餵猪
吳滿有村開始春耕
與駐軍訂問團約好競賽條件

紅軍攻克貝利城
中北兩路敵聯系被截斷
南綫蘇軍拖守頓尼茲河

十日國際述評

晉西北各工廠
生產競賽熱潮高漲
勞動英雄不斷湧現

太行加緊春耕
漳河兩岸發動修水地

强渡長江敵繼續南侵
濱西我軍向騰衛追擊

新島海外盟國空軍告捷

晉察冀成立
工商管理局

蘇駐澳公使
呈遞國書

第一卷（下）

解放日报	时间	1943-3-11	期	第660期
			版	第2版

绥德驻军被服厂一年制衣两万套

涌现二十一位劳动英雄

【绥德讯】本地驻军某旅被服厂去年全年生产成绩很大，计制单衣二万套。共织布一百余万尺；鞋工每月出鞋子二千双。曾在六十天内——三月至五月——缝工完成六千余套单衣。该厂能获得如此成绩，主要是由于在生产过程中产生二十一位遵守纪律政治进步的模范工作者，他们不仅自己生产积极，并推动了全厂三百多工人都努力工作。如五十岁的兵工金贵元，自调工厂工作以来，总是以战斗精神来完成任务，连长因他年纪老了不让他做夜工，可是金贵元却把被子吊起来堵住窗口，避免灯光漏出来，偷偷地在夜里上鞋底。在他这样影响下，田百祟、王玉球等几个工人，也成了劳动英雄。在去年一年中，不但工厂扩大了——织布机从十五架增到三十架；织工厂的工具，由二万七千件增到五万六千件——并且在生产技术上也大大地提高了，去年全厂从学徒中提升四十八个熟练工人，以前一天打轴二十个，现在能打三十个。过去所谓“留一手”的师傅徒弟关系，现在也克服了。

【绥德讯】驻军某旅于日前特派出大批干部到各单位检查生产工作。检查部门计分：农业、畜牧业、手工业、商业四项。在检查工作干部会议上，供给部李政委特指出：必须详细具体，以便吸收经验教训，布置新的计划。检查中心必须注意：（一）原定计划和完成任务的程度；（二）领导问题（包括干部问题）；（三）党的组织及工作；（四）经验教训。

留直舉行動員大會
號召貫澈精兵簡政
直屬隊裁減一千四百人

三邊各縣
積極開展婦女紡毛運動
定邊等地紀念「三八」節

邊區參議員劉傑三
將率大批移民來延
專署籌備招待安置

怎樣訂農戶生產計劃
王止

志丹開春荒二萬畝
全年迎墾萬六千畝
縣區鄉人員糧食部分自給

一個家庭
書瑯

綏德駐軍被服廠
一年製衣兩萬套
湧現廿一位勞動英雄

綏德縣府號召學習
延家川深耕細作

關中同宜耀煤礦
去年產炭一千二百萬斤
專署磁廠製出首批磁器

綏德工作人員
參加興業生產

衛生所羅建貴勤勞刻苦
工餘生產年達兩萬七千元

固臨縣府
組織縮小

濱海區
敵加緊特務活動

邊區簡訊

解放日报	时间	1943-3-12	期	第661期
			版	第2版

迎接“五一”节本市工人竞赛

【本市讯】本市工人已定于本月十五日起至四月底止，为劳动竞赛日期，并将展开赵占魁运动。选举劳动英雄及模范工头，以迎接“五一”纪念节。此一决定乃市工会于本月十日所召开之监工与工头联席会上所通过者。另并决定实行工头工人登记制，以保障工人的职业与生活。最后并通过资助工友李劝业返回米脂原籍一案，因李最近家中孩子患病，老婆死亡，无钱返米脂安顿家务，故一经提议，当场即捐集边币二千七百元，这种友爱的精神，令人感动至深。

機關生產競賽開始
孫慶仁向黃立德挑戰
保證本部門全年菜蔬自給

兩位種菜英雄
備受各界敬愛

綏師校長寇仲年
調任延安師範校長

迎接「五一」節
本市工人競賽

【本市訊】本市工人已定於本月十五日起至四月底止，舉行勞動競賽日期，並將展開趙占魁運動。選舉勞動英雄及模範工頭，以迎接「五一」紀念節。此一決定乃市工會於本月十日所召開之監工與工頭聯席會上所通過者。另並決定實行工頭工人登記制，以保障工人的職業與生活。最後並通過資助工友李勤業返回米脂原籍一案，因李接近家中孩子患病，素發死亡，經錄返米脂安頓家務，故一經提議，當場即捐集邊幣二千七百元，這種友愛的精神，令人感動萬鑠。

留衛門診部
施種牛痘

陳左二鄉的農業生產計劃

三邊黨政幹部會議
確定領導一元化
擬定定邊目前經建任務

山東戰況

（一）濱海區

（二）魯南區

（三）魯中區

（四）魯西南（湖西）地區

（五）魯北區

紀念「三八」節
綏德號召婦女努力紡織養蠶
獎勵十四位模範婦女

甘泉農貸一百萬
全部放出

解放日报 | 时间 1943-3-15 | 期 第664期 | 版 第2版

边区政府工业投资两千万

公私纺织放款四百万元

【本报讯】边府前日举行的第四十二次政务例会，决定投资工业及与工业有关的农业、合作、交通运输等事业费二千二百六十四万四千元，兹将各种贷款类别分列如下：（一）工业事业费投资总额一千万元，内纺织业三百九十万元，造纸一百九十一万元，矿业九十五万元，榨棉油业三十万元，蚕丝业三十万元，化学工业六十五万元，农具工业四十五万元，准备费一百五十四万元。（二）农业事业费投资总额三百八十一万五千元，内植棉二十七万元，种苜蓿六十万零五千元，畜牧九十二万元，其他如苗圃、改进作物品种等计二百零二万元。（三）合作事业费三百二十六万九千元。（四）交通水利事业□[费]投资总额五百五十六万元，内定延、鄜米、清靖三路的工程费计二百八十万元，水利工程二百四十万元，其他如打井、仪器等等三十六万元。据关系方面息，上列各费已有部分放出。

【本报讯】边区政府今年纺织投资三百九十万元，除其中一百九十万元投入政府、机关、部队等所经营的纺织厂外，余二百万元均为发展民间纺织贷款，计延属分区五十一万元，绥德分区九十三万元，三边分区十七万元，关中分区十九万元，陇东分区二十万元。此项民间纺织投资的办法，据建厅所拟计划，延属分区由延安合作社供销总栈帮助专署及县府，利用各合作社已有组织贷放；绥德分区由绥德土布公司等经手发放；三边、关中、陇东等分区均由专署负责组织发放。

邊區政府
工業投資兩千萬
公私紡織放款四百萬元

【本報訊】邊府前日舉行的第四十二次政務例會，決定投資工業及與工業有關的農業、合作、交通運輸等事業費二千二百六十四萬四千元，茲將各種貸款類別分列如下：

（一）工業項業投資總額一千萬元，內紡織業三百九十萬元，提花一百九十一萬元，鐵業九十五萬元，肆油業三十萬元，紙業三十萬元，化學工業六十五萬元，機器工業四十五萬元，準備費一百五十四萬元。

（二）農業事業投資總額三百八十一萬五千元，內植棉二十七萬元，種畜六十萬零五千元，畜牧九十二萬元，其他如苗圃、改進作物品種等計二百零二萬元。

（三）合作事業費三百二十六萬九千元。

（四）交通水利事業投資總額五百五十六萬元，內定延、鄜米、綏榆三路的工程費計二百八十萬元，水利工程二百四十萬元，其他如打井、儀器等等三十六萬元。

據關係方面息，上列各費已有部分放出。

【本報訊】邊區政府今年紡織投資三百九十萬元，除其中一百九十萬元投入政府、機關、部隊等所經營的紡織廠外，餘二百萬元均為發展民間紡織貸款，計延屬分區五十一萬元，綏德分區九十三萬元，三邊分區十七萬元，關中分區十九萬元，隴東分區二十萬元。此項民間紡織投資的辦法，據悉所擬計劃，延屬分區由延安合作社供銷經營輔助專署及縣府，利用介行代紡已有紡織貸放；綏德分區由綏德土布公司等經手貸放；三邊、關中、隴東等分區均由專署負責組織發放。

延安作家紛紛下鄉
實行黨的文藝政策

【本報訊】[illegible]

關於吳滿有的方向

（[illegible]）

[illegible]

三月十日

魯藝秧歌隊
赴金盆灣勞軍
受黨政軍民熱烈歡迎

【本報訊】[illegible]

延屬各縣民衆
熱烈轉運公糧
糧局希望各級政府注意督運減少損耗

【本市訊】延屬分區各縣[illegible]

本市農民
收田廿三萬

【本報訊】[illegible]

會計[illegible]
第一屆[illegible]

【本市訊】[illegible]

綏德專署指示各縣
認真進行優抗工作
西川改進代耕辦法

【本報綏德訊】[illegible]

隴東婦女
織旗獻給駐軍
「三八」獎勵紡織模範

【本報隴東八日訊】[illegible]

積勞病逝
中央醫院[illegible]同志

【本市訊】中央醫院[illegible]

賦[illegible]明

[illegible]

敵後[illegible]
逃往南洋或編入偽軍

[illegible]

安塞妇女李贵云今年纺毛两百斤

合作社借款解决困难

【安塞高桥讯】高桥区三乡三行政村焦培杰之妻李贵云，在她今年个人生产计划里，要纺毛二百斤，增进家庭收入七千元。她本人素以勤劳会纺著名，一家四口，父母年迈多病，靠着丈夫一人劳动，农忙时顾不过来，就要全靠着她的帮助了。一年农忙三季，她和她丈夫一同上山、抓粪、打土圪塔、锄草、收秋，从山里回来，还要做家里杂务。去年她还抽出时间给难民工厂纺了十几斤毛，她纺的线，在头等中也算好的。今年区上的同志帮她拟订今年生产计划时，起初，她说最多只能纺四十斤。因为她估计到今年仍然要帮助丈夫种庄稼，家里老人病，还要做杂务、针线等，但经商量结果，由合作社借给她家二千元，在农忙时，雇人帮助三个月的短工，她自己全部时间抽出来纺毛，一年以十个月的时间计，她保证至少可纺二百斤，估计一斤工资以四十五元计（难民工厂规定），二百斤可赚九千元，除了还合作社二千元外，可净赚七千元。并且，她自动答应帮助政府说服本庄十五个妇女参加纺毛，她并自动担任教导。她的丈夫听到了这个计划很是高兴，当即向她提出保证："多给她时间，不以杂事麻烦她。"

關中各地積極開荒

難民實行勞動互助情緒高漲

金盆灣移民激增

新老戶互助生產

志丹歡迎豫省災胞

劉女兒曹女子 生產不弱於男子

延縣府呈請獎勵

安塞婦女李貴雲 今年紡毛兩百斤

合作社借款解決困難

【安塞通訊】高橋區三鄉三行政村焦婦杰之妻李貴雲，在她今年個人生產計劃裏，要紡毛二百斤，增進家庭收入七千元。她本人素以勤勞會紡著名，一家四口，父母年邁多病，農務丈夫一人勞動，農忙時顧不過來，就要全靠着她的幫助了。一年農忙三季，她和她丈夫一同上山，抓糞、打土疙瘩、鋤草、收秋，從山裏回來，還要作家裏雜務。去年她曾抽出時間給難民工廠紡了十幾斤毛，她紡的錢，在婦女中也算好的。今年區上的同志幫她訂今年生產計劃時，起初，她說最多只能紡四十斤。因為她估計到今年仍然要幫助丈夫種莊稼，家裏有人病，還要作雜務、針線等等，但經商量結果，由合作社借給她家二千元，在農忙時，僱人幫助三個月的短工，她自己全部時間抽出來紡毛，一年以十個月的時間計，她保證至少可紡二百斤，估計一斤工資以四十五元計（難民工廠規定），二百斤可賺九千元，除了還合作社二千元外，可淨賺七千元。當氏，她自動答應幫助政府說服本鄉十五個婦女參加紡毛，她並自動擔任教師。她的丈夫聽到了這個計劃很是高興，當即向她提出保證：「多給她時間，不以雜事麻煩她。」

黨的生活

關於公營商店及財經部門

駐各地機關中黨的工作管理的決定

中共西北中央局

一九四三年二月廿七日

隴東各縣

幹部會議結束

環縣模範幹部四人受獎

甘泉牛瘟嚴重

應迅採取防止辦法

定邊組織觀摩

各區向七區學習

試黎的客民

河南災情慘重

渝各報痛切呼籲救濟

大公報被罰停刊三天

太行文聯

商討今年文運方針

甘谷驛成立

集體合作社

席德仁同志

安葬

本報通訊員

趙岳同志病逝

解放日报	时间	1943-3-18	期	第667期
			版	第2版

三边发展皮毛业

公私合办设庄统销

【本报三边十一日电】三边为边区皮毛主要产地，如何以皮毛换取边区必需物资，已引起此间当局极大注意。日前分区及定边县党政干部联系会上，大家一致认为管理皮毛为稳定物价、安定民生之重要办法。目前规模宏大的三边皮毛庄，已于最近成立。该庄在分区专署直接领导下，公私合办，以物资局三边分局吴局长为经理，定市商会长赵卿文先生为副经理。资金暂定××万元。物资局投资××万元，分区投资××万元，其余招收商股。总庄设于定边，盐、吴、靖三县设立分庄，首先在产皮毛中心区的盐池西山一带，设立两支庄，然后再及于靖、吴两县。以区为单位设立皮毛站，在区级干部直接领导下，由各区合作社代收皮毛，人们可以用皮毛向合作社换取日用品。定、盐两县所收买之皮毛均须送定边总庄统一销售，靖、吴两县则由当地分庄分销。此外计划模仿三边各地风俗，设立皮毛会，每到会期合作社与老百姓集市交换日用品与皮毛。

【本报三边十日电】九日罗专员召集机关妇女座谈发展定市妇纺问题。大家认为必须女干部及干部家属以身作则，来推动群众妇纺。高书记夫人程英同志计划今年要用自己纺织所得解决全家鞋袜供给；并领导三家妇女纺毛。罗专员夫人史云亭同志，带着两个孩子，还准备纺毛线三斤，教会五家妇女。地委组织部长夫人李玉峯同志愿参加妇联会工作，开办妇女半日班，教授妇女纺织。她自己纺毛五斤，解决家人的□[鞋]袜及衬衣。此外县委王书记夫人刘香亭同志以及路昭兰等同志，也都拟定了今年自己纺织及领导群众妇女纺织计划。座谈会上即时成立分区妇纺指导委员会，由专署经建科长傅培滋同志任主任。并决定在定市以□[县]为单位成立妇纺小组，由公家发给工具，原料自筹（如家境穷困，可由公家补助）。目前专署正进行调查，俟调查完毕，即将纺车发出，开始纺线。

晉西北春耕開始

離石計劃增產十分之一
興縣續放耕牛紡織貸款

本市文化界 南泥灣勞軍

赤水展開興有滿運動 獎勵勞動英雄

幹部帮助農戶製訂生產計劃

延市臨工所 商定工價

南泥灣駐軍某部

保證每人種地十畝

勞動英雄廿人受獎

安塞運輸合作的創始

李嘉輝

張書記曹專員等即將出發 視察延屬各縣春耕

合水第一次運鹽 超過任務七百馱

定邊回胞擴大駱駝隊

關中籌備安置 移難民二千五百戶

分區計劃開荒五萬畝

邊區衛生處 派醫下鄉種牛痘

高幹會雜記

（上接第一版）

三、對黨忠誠的模範

三邊發展皮毛業 公私合辦設莊統銷

解放日报	时间	1943-3-20	期	第669期
			版	第2版

去年振华分厂造纸千四百令

【甘泉讯】此间振华分厂去年生产总结如下：全年产纸一千四百九十二令，平均每人每月产纸十四刀：全年成本计八十二万一千余元。此项生产任务之超过，系在经费困难及设备简陋的条件下所完成者。此外，曾培养练习生及学徒二十余名，对于洗浆包子加以改进，节省人力四分之三。然去岁由于草梗与生熟马兰草之混杂，致所出成品粗糙不堪；今年在纸质上将予以更多改进。

邊區系統各機關 舉行生產動員大會

全年生產任務一萬一千萬元

甘四位勞動英雄 及模範工作者受獎

甘泉回答延安 今年開荒萬五千畝

關中開展生產競賽運動

中華鞋工廠 每天一人製鞋三雙

歡迎移民難民開荒

南泥灣駐軍努力春耕

王旅長等親自荷鋤開荒

去年振華分廠 造紙千四百令

【甘泉訊】此間振華分廠去年生產總結如下：全年產

紙一千四百令十二令，平均每人每月產紙十四刀；全年成本計八十二萬一千餘元。此項生產任務之完成，係在現有困難及設備簡陋的條件下所完成者。此外，曾培養技術生及學徒二十餘名，對於洗漿包子加以改進，節省人力四分之三。惟尖紫由於草硬與生熟馬蘭草之混雜，致所出產品質量不佳；今年在紙質上將予以更多改進。

臨鎮金盆兩區 安置難民妥善

已來移難民二百二十餘戶

關中駐軍衛生部 整編完畢

四川發展紡織運動

計劃增加紡車一萬架

予長擬定計劃 今年植棉四千畝

棉農如有損失由政府補償

綏德習書記等 下鄉放賑

運鹽道上騾驢成羣 腳戶較去年增加一倍

蘇聯影刻作品 在渝展覽

淪陷區土布輸入 財部通令免稅

固臨改進 紡織技術

解放日报	时间	1943-3-20	期	第669期
			版	第2版

西川发展纺织运盐

讨论增加纺车一万架

【本报绥德十七日电】西川县具有向多方面发展经济建设的条件，故该县今年的生产计划，除在农业上有一般的规定外，并特别注意纺织业与盐业；纺织业规定今年增加纺车一万架，以裴宁乡、老君殿、苗镇为中心区，提倡改良纺织工具，如将纺车锭子改细、木骨处改小，使纺线细匀等。在盐业上，公家拟以资金五万元在马蹄沟开五口盐井，另外对于运盐西川近创造了允许私人包运盐的办法；如双湖峪区原应运私盐一百八十驮，现由三川零的两个驮夫包运，老百姓每驮出盐本及运费一千五百元，盐运回后，包运的人，将先收的成本及运费，仍都退还原主，而驮回的盐所卖得的盈利，包运的人并与原主四六分（包盐人得六成，原主得四成）。这种办法，很得老百姓欢迎。

邊區系統各機關
舉行生產動員大會
全年生產任務一萬一千萬元

甘泉四位勞動英雄及模範工作者受獎

中華鞋工廠 每天一人製鞋三雙

甘泉回答延安
今年開荒萬五千畝
關中開展生產競賽運動

南泥灣駐軍努力春耕
王旅長等親自荷鋤開荒

去年張華分廠 造紙千四百令

臨鎮金盆兩區
安置難民妥善
已來移難民二百二十餘戶

關中駐軍衛生部 整編完畢

子長擬定計劃
今年植棉四千畝
棉農如有損失由政府補償

歡迎移民難民開荒

西川發展紡織運動
計劃增加紡車一萬架

綏德習書記等 下鄉放賑

延鹽道上騾驢成羣
腳戶較去年增加二倍

蘇聯版刻作品 在渝展覽

淪陷區土布輸入 財部通令免稅

固臨改進 紡織技術

解放日报	时间	1943-3-21	期	第670期
			版	第1版

晋西北发展纺织奖励私人创办工厂

【新华社晋西北二十日电】私人纺织事业，自去年三区王起运老先生创办小型纺织工厂后，几个月来，各地群众，均纷纷自动合资集股开办小型工厂、目下据已呈报登记者有七处，纺织机共×××架。已经开工者，有万镇黎明工厂，相家川工厂。其他一如马镇、花□[石]崖、张家沟、香草墕、王家凸等工厂，亦已准备就绪，一俟原料运到，即可开工。据估计，各私人工厂，若原料能及时供给，可产布万匹，足能解决全县人民衣着需要百分之二十。行署为鼓励私人纺织工厂的发展，决定发放纺织贷款十万元；并在原料、工具诸方面，予以实际接济。此外各厂所需工人及指导人员，一律由县府从公营工厂中抽出派给。

【新华社晋西北二十日电】为发展纺织事业，神府县府决定把神木河两岸刘家坡，王桑塔、石角塔、沙峁等村子划为纺织实验区，集中妇女干部，由县抗联领导实验。此区除有地理上之便利条件及宜于植棉外，尚有神府贸易支局，神府纺织工厂之直接协助。同时并计划在所有公营工厂与私人小型工厂的地方，由群众团体发动妇女组织纺织小组。凡纺织者，政府即予以贷款，每人最高额三百元，用作购买纺织机或纺织资本。棉花由各工厂供给；并与纺织第一厂商定发斤半棉花交一斤纱。为提高纺织技术，除派人到工厂学习外，县抗联并派妇女干部二人为纺织指导员，经常巡视各地，协助工作。

【新华社晋西北二十日电】神府县三十五万农贷已发放至区乡政府，抗联并指示各区，务于四月十日以前一律放到农民手中。在发放中，政府与抗联共同负责；抗联基础强的地方，全由抗联负责，其基础较弱的地方，则由政府负责。农贷款项的付给，县区统一于财政经济建设委员会，乡统一于春耕委员会，村则组织农贷小组。其贷款用途，以解决农民粮食及奖励黄河川、神木川植棉为主；耕牛、水利次之，依照各地实际情况妥为分配。

解放日報

中華民國三十三年三月廿一日 第六七〇號 今日出版一大張

社址：延安 本報零售一角 每月三十元 三月八十元 半年一百五十元 全年二九〇元

本署成立以來，因無適當地點，故分在其他機關辦公，現已全部遷移延安軍事學院之舊址。除請各機關部隊多多補助之外，凡有接洽或公文函件，請逕送該處為荷。

陝甘寧邊區保安司令部 延安分區專員公署 啟
三月十九日

鹽業公司貨物總站暨延安市第二貨物分站 啟事

軍民合作發展生產

金盆灣群衆讓出菜地千畝

部隊助以人工萬餘作酬謝

【本報消息】金盆灣人民為實行擁軍……

駐軍普遍展開競賽

每人一天開荒一畝

「陳左」九連七班創新紀錄

十日國際述評

中路紅軍繼續推進

歐陸反德游擊戰

美 外 訪 英

東 條 訪 華

中路紅軍續進

猛攻敵強固據點

德尼茲河拉鋸戰激烈

英共書記波立特

呼籲建立工人統一戰線

黨員激增工人日報暢銷

滬英美僑民

被敵陸續集中營

路吉衛

接見熊式輝

晉西北發展紡織

獎勵私人創辦工廠

鄂南鄂北騰戰

我一度攻入崇容

古魯邸斯與北非戰況

解放日报	时间	1943-3-21	期	第670期
			版	第2版

晋察冀伯华药厂工人突击生产

太行中药西造出品优良

【新华社晋察冀十八日电】为了增加药品生产，军区伯华制药厂，曾于一月份实行突击，全厂工人在高度的发扬生产热忱之下，自动提出“星期日不休息，病号不后人”的口号。并且要求在精兵简政后，一个人要做两个人的工作。某种药丸子，一个人六点钟内做五斤，现在可做九斤。女同志张书荣为了帮助别人，每天自己挑水。由于不断的研究和创造，在技术的进步上，有了显著的成绩，以前黄芩百斤可做膏子八斤，现在可做十二斤。过去一磅朱砂膏，须用朱砂六钱，现在只用三钱。过去制造黄芩咸，用确□五百毫升，出货两磅，现在仅用一百四十四毫升，即可出黄芩咸六□。这些药品，在原料上省了许多，功效和从前一样。在这一个突击月中，并涌现了六十七个劳动英雄，创造了该厂生产新纪录。

【新华社太行十八日电】太行利华药厂，努力研究中药西造，已获不少成绩。近更制成名贵注射液两种，一为柴胡注射液，医名□[瀑]泼利尔，系用土产草药柴胡提制而成，对原细菌之原形质有强烈的侵入性，而起杀灭或抑制其发育之作用，不仅可医疗流行性感冒、回归热、产褥热、肺结核发展期之发热等，并有代替奎宁，确治疟疾的功效。二为苍术油注射□，系以土产苍术草药提制而成。苍术为一种酸性油质，其发汗解热之功效，堪与阿司匹林媲美。如有不便注射情况时，吞服亦具同效。以上两种药品的成本，价格较舶来药品奎宁与阿司匹林便宜甚多。

邊府等召開群衆大會
獎勵馬丕恩馬杏兒
號召大量移民墾荒

杜發增勤勞生產
影響全莊努力勞動
開窯借物安置移民

黨的生活
曲子某區的區鄉級幹部

固臨縣婦女紡織業
王同文

本市籌備
紀念兒童節

華池賀憲兒
代丈夫料理家務
種地卅五垧養牛羊百餘頭

延安紡婦增至三千人
縣府撥款製造紡車
新合廠織布分散民間

晉察冀伯華藥廠
工人突擊生產
太行中藥西造出品優良

【新華社晉察冀十八日電】為了增加藥品生產，軍區伯華製藥廠，曾於一月份實行突擊，全廠工人在高度的發揚生產熱忱之下，自動提出「星期日不休息，病號不後人」的口號，並且要求在精兵簡政後，一個人要做兩個人的工作。某某在丸子，一個人六點鐘內作丸三斤，現在可做丸斤。女同志張雲榮偷了輔助閒人，每天自己挑水。由於不斷的研究和創造，在技術的進步上，有了驚人的成績，以前製一斤可做含子八斤，現在可做十二斤。過去一磅三硫砂膏，須用硫砂六錢，現在只用三錢。過去製造實驗藥，用試五百西西，用宜兩磅，現在僅用一百四十西西，即可提煉六。這種藥品，在原料上省了許多，功效和從前一樣。在這一個突擊月中，一共湧現了六十七個勞動英雄，創造了驚人的生產新紀錄。

【新華社太行十八日電】太行科學院製藥廠，努力研究中藥西造，已產不少成績。所製成的名大汁肘液用精，一為消毒劑，一為退熱劑，係用土產草藥製煉而成，對於療治之感冒有顯著的發汗作用，同時效果亦與其他西藥之作用，不僅可醫療流行性感冒，因瘧疾、肺結核發燒所引起之發燒等，亦有代替作用，其作用之功效。二為荅冗痲注射，係以土產荅冗草製提煉而成，亦有不便注射的現時，香服亦具同效。以上兩種藥品的成就，等於替中央邊區日阿斯匹林、安乃近節省不少。

延安東關
籌建市場

綦江煤礦
提出解決渝市煤荒辦法

春季單衣
財廳月內分發

延縣金盆區婦女家村
向吳家棗園挑戰
保證收成如積極優抗擁軍

解放日报	时间	1943-3-22	期	第671期
			版	第2版

绥妇救会提倡纺妇组织变工

【本报绥德十八日电】郝家桥妇女的纺织热忱现正激增中。此次在妇救会领导下。全村一百一十二位纺妇已正式举出模范纺妇高老婆、郝军理之妻、刘英珍三人，并建立纺织生产小组二个，参加者二十人，现已互相挑战，发动纺织竞赛，其条件为：早起晚睡，质量要好。又各组员并已订出今年纺织生产计划，如模范纺妇刘英珍的计划：今年要揽织一百匹布，一天织三丈，如无布揽织时，则自行纺线，一天以四两计，一月约八斤，一年可纺线九十六斤。她已向全村纺妇挑战，她的条件是纺上等线，织上等布。生产模范村郝家桥的妇女们，已被纺织生产的竞赛热潮所激动了。她们为了保证完成计划和争取竞赛的胜利，还共同拟订了小组公约。她们要学习高老婆和刘英珍的生产精神。高老婆是全村纺织的创始人，现年五十一岁，但还在继续她的纺织生活。民国元年，她就开始纺织，现在已经三十多年，他并将纺织技术传授给全村妇女。刘英珍丈夫自去年生病后，一家四口的生活，就靠她一人维持。

【本报绥德十八日电】警区生产模范村郝家桥的妇女纺织，亦为该村生产特点之一，此种妇女纺织，在农户家庭经济中所占地位颇高，惟目前尚因资金原料关系，未能大量发展。该村百分之九十以上均系贫农，平均每个纺妇仅有棉花一斤，致使生产上形成周转不灵现象。闻妇救会已商得政府同意，决定在该村暂发纺织贷款五千元，今□妇救会并拟招股筹设妇女纺织生产合作社。又在此项调查中，发现纺妇间之纺织变工，即纺与织之劳动互助，此种民间变工形式，已为妇救会注意，今后将提倡发展，借以提高集体劳动之强度及传授织布之技术。该村共有妇女劳动力一百三十人，会纺线者已达一百一十二人，有纺车九十六架，但会织布者尚属少数，全村有小织布机十六架，大织布机二架。故目前除提高纺线质量外，普遍传授织布技术，亦属需要。

模範黨員勞動英雄
綏德劉玉厚受獎
郝家橋被選爲模範村

實行減租交租條例 完成今年生產計劃

志丹加強 牲畜防疫

「徐堡」部深入 擁政愛民教育

平劇院同學 上山砍柴生産

綏婦救會提倡 紡婦組織變工

三邊各校開學
回漢居民紛送子弟入學
志丹集中力量辦好完小

甘泉駐軍屯墾
今年計劃墾地八千畝

延大同學二百人 即將分配工作

一個札工隊的誕生
莫艾

關中馬欄一鄉 成立唐將班子七組

子長縣府等機關 今年生產三百萬元
糾正少數幹部輕視生産觀念

本市橋兒溝小學 開始上課

庆阳妇女积极领花纺纱

赤水等县涌现妇女劳动英雄

【本报陇东十九日电】庆阳妇女纺织情绪日益增高，据联合工厂统计，自本月九日至十九日十天内，前往该厂领取原料之纺妇，计有五十六家，共领出棉花二百余斤。其中有好几家已经是第三次领花纺纱。此外，高迎区及赤城区政府代群众领去棉花一百余斤。现工厂提高工资，规定头等纱一斤换二斤一两棉花，二等纱一斤换一斤十五两花，三等纱一斤换一斤十三两花。即每纺头等纱一斤可赚棉花一斤。很多纺妇每三天能纺一斤纱，西街某妇女在九天之内竟纺了三斤十四两纱。还有些妇女因没有纺车尚不能立即从事纺织，但此问题已引起政府及工厂注意，现正在设法解决中。

【关中讯】赤水一区一乡刘老婆在过去三年中开拓荒□[地]十五亩，维持自己的生活，并抚育两个孩子，深得该乡群众尊重。刘老婆的丈夫于三年前病故，家境贫困，但在她的积极的劳动下，三年来克服了各种困难，并使家庭生活逐渐改善。去年她的十五亩地共打粮食三石六斗，并且在夏天和两个孩子拾穗打麦一石七斗，秋后挖药三百余斤，冬季拾粪十五车。过年时一家三口，都穿着新做的棉衣，愉快地过新年。她今年的生产计划，已与谢区委书记讨论制订，种的十一亩冬麦，保证锄草两次，芒种前开荒地五亩，种谷、糜、洋芋等秋禾各二亩。夏季拾麦一石，秋后挖药一百斤。刘老婆今年已四十五岁，为人正派，对孩子们教养很认真，去夏拾麦中，她的一个孩子拿了人家的一捆麦回来，经她察觉后，便督促孩子送还原主。这件事曾得到村人很多好评。据赤水一区政府“三八”节前调查结果，认为刘老婆是全区最能努力生产的模范妇女，特于“三八”节给予奖励。

【延长讯】本县于最近奖励妇女劳动英雄，得奖者计有清儿妈妈等四位妇女。其中以清儿妈妈成绩最好，她系前年从清涧移来，去年织布五十六

黨政協力勸導 本市二流子參加生產

男耕女織痛改前非

[illegible]

赤水撥米八百石 接濟移民食糧

隴東鄜縣調查難民

[illegible]

本市機關學校 生產熱烈展開

[illegible]

華池放出農貸 春耕普遍開始

馮月順農作法優良

[illegible]

邊府調整各地幹部 各專署科長等委定

明天開會獎勵申長林

[illegible]

黨的生活

介紹一個小組的生產

李進旺

[illegible]

鄜縣大義區 組成卅五個變工隊

固臨推行勞動互助

[illegible]

安塞禾坊 成立集市

[illegible]

談談綏德分區的植棉

康健如

[illegible]

慶陽婦女積極領花紡紗

赤水等縣湧現婦女勞動英雄

[illegible]

建廳令各縣 教育腳戶運好鹽

鹽業公司換用標準秤

[illegible]

安塞二區 治牛瘟

[illegible]

蘇聯版刻作品

[illegible]

丈，纺线九斤，做鞋五双，缝棉衣三十套，单衫九件，她用以上劳动收入换得粮食三石五斗，油十二斤，解决了全年生活费用，使得全家丰衣足食。她在此次受奖后，并谈及今年生产计划：除帮人缝衣及做零工外，以九个半月纺八十斤线，再以一个月织四十八丈布。她们四人均得县府所奖纺车及毛线等物。

【又讯】为便利妇纺之发展，此间纺织工厂决定以二斤至二斤四两生花交一斤线子，如此可提高一般农□[妇]之生产情绪。由日前清儿妈妈等得奖后，即有数人前往工厂领花，她们说："人家得奖有光彩，今年我们也要努力纺纱。"

【安塞一区讯】本区妇纺英雄以一□[乡]之谢富贵为最好。她在一九四一年即纺了二十八斤线，织了四十五丈布，四十八丈裹腿；去年带了一个不满周岁的娃娃，每天做三顿饭，又养一只猪，十多只鸡，还纺了十五斤线，织了二十二丈布，同时又替别人织了七丈布。她和其他五个妇女生产模范，均得到政府的奖励。

【固临讯】此间近发现一妇女劳动英雄兰春香，她现年四十七岁，因生产成绩优良而获得政府□[奖]励。她去年一年中织布三十一丈，除解决全家人之穿用外，还卖了六丈，得九百元。她因丈夫去世，两个儿子都在友区，雇了一长工共种地九垧，伙种三垧，且亲自上山劳动。此外她还是一位拥军的模范，常帮助驻军磨谷子，去年即帮军队磨了八石多。

黨政協力勸導 本市二流子參加生產

男耕女織痛改前非

赤水撥米八百石 接濟移民食糧

隴東慶縣調查移民

本市機關學校 生產熱烈展開

魯藝菜已下種

華池放出農貸 春耕普遍開始

馮月順農作法優良

邊府調整各地幹部 各專署科長等委定

明天開會獎勵申長林

黨的生活

介紹一個小組的生產

李准旺

鄜縣大義區 組成卅五個變工隊

固臨推行勞動互助

談談綏德分區的植棉

康健如

安塞茶坊 設立集市

延川……

慶陽婦女積極領花紡紗

赤水等縣湧現婦女勞動英雄

建廳令各縣 教育腳戶運好鹽

鹽業公司換用標準秤

安塞二區 治牛瘟有方

蘇聯彫刻作品……

解放日报	时间	1943-3-25	期	第674期
			版	第2版

迎接“五一”劳动节 边区工厂发动竞赛

各厂生产纪录不断提高

【本报讯】为了迎□[接]“五一”国际劳□[动]节的到来，边区各工厂工人正以高度的劳动热忱，纷纷发起生产竞赛。兴华纺织厂过□[去]每天只能织布四丈到五丈，每月二十六天工作日，没有超过二十八匹的。自从开展竞赛到最近为止，十八天工□[夫]个人最高纪录已达三十一匹，即每天织八丈一尺布，几超过过去一倍，现在此种纪录数字仍在日渐增长中。边区纺织厂闻讯后，立即响应并参加竞赛，现已有人每天保证织布十丈。边区被服厂自三月一日即发动竞赛，现每天完成单衣三百套，亦比以前增加数倍，他们还经常出版墙报，披露竞赛情况，表扬模范生产者，全体工人，情绪极为高涨。其他如中央印刷厂、难民工厂、光华印刷厂、化学厂、农具工厂亦均按照供给原料等具体情形，推进赵占魁运动。至于厂与厂，部门与部门，个人与个人的详细竞赛条件，各厂正在具体计划；无数新的赵占魁，将从这次竞赛中出现。闻总工会及建设厅在今年“五一”节，将大举奖励模范工厂、模范厂长、模范工厂支部、模范工会、模范工作者，及模范工人。

【本报讯】进行将近一月的边府所属各工厂厂长联席会议，近日已举行总结，此次讨论范围甚广，而着重于□[质]量、供销、开展赵占魁运动及厉行节约，消灭浪费等问题，各厂长、工会主任一般均能以整风精神检讨过去，并在发展生产保证供给、保证数量、提高质量的原则下，计划今后工作。邓发同志、高厅长、霍副厅长、刘厅长均经常莅会指导，故此次会议能获得很好的效果，当在预料之中。现总结即将完毕（总结情形，本报不日披露），联会一两日内即可闭幕。

【本报讯】开展赵占魁运动、加强工会工作，亦为此次厂长联会讨论的中心内容之一，闻总工会在联会闭幕后，即分发大批干部到各工厂、组织生产竞赛，推进赵占魁运动，以新的生产纪录和新的劳动态度，来迎接今年的“五一”节，这是全边区每个工厂，需要以最大的热忱来履行的紧要任务。

迎接「五一」勞動節
邊區工廠發動競賽
各廠生產紀錄不斷提高

【本報訊】為了迎接「五一」勞動節的到來，邊區各工廠工人正以高度的勞動熱忱，紛紛發起生產競賽。[illegible]

警區推廣養蠶
本年計劃收繭十萬斤

[illegible]

延長佈置紡織工作

[illegible]

農村中節省人力畜力的幾個問題

[illegible]

一、調劑工作要有計劃

[illegible]

二、減少會議

[illegible]

三、好好組織代耕工作

[illegible]

四、把勞動力組織起來

[illegible]

曲子區教聯會討論教育工作

[illegible]

魯藝生產熱潮
四月製鞋三百雙牙刷五百支

[illegible]

廣大讀者熱烈祝賀
邊區羣衆報二週年
兩月後將改出三日刊

[illegible]

赤水的難民新村

[illegible]

神府發展紡織業
羣衆自動集資開辦小型紡織工廠七處

[illegible]

關中發起節糧救濟難民

[illegible]

建廠工作人員籌組合作社

[illegible]

二流子轉變的模範
劉生海勞動成家

[illegible]

三邊鹽民組合作社
苟池鹽場租額確定

[illegible]

解放日报	时间	1943-3-26	期	第675期
			版	第1版

启事

本厂产品委托延安新市场利生商号经售，但只限于零销，凡零整批发，仍由本厂直接办理。此启新华化学厂华侨纺织厂同启

解放日報

中華民國三十二年三月廿六日　第六七五號　今日出版一大張
社址：延安　全年二九〇元　半年百五十元　三月八十元　每月三十元　本埠零售一元

緊急啓事

本月二十九日，為黃花岡七十二烈士殉國三十二週年紀念日。邊青救決定於是日上午十時在八路軍禮堂召開延安各界青年紀念大會，請凱豐同志報告：「紀念黃花岡七十二烈士與中國青年當前任務」，希各學校全體同志及各機關、團體、部隊青年屆時列隊參加為荷！

邊區青救會

三月二十五日

啓事

本廠前在新華化學廠內擬發化學品……

新華化學廠　難民紡織廠　同啓

啓事

本號承新華化學廠及難民紡織廠之委託，經售兩廠之一切產品：肥皂、牙粉、……、一切毛織品。物美價廉，童叟不欺，……

利生商號啓

晉中我軍 擊退敵寇四次進攻

晉北我攻入敵據點俘獲甚衆

晉西北部隊 推進擁政愛民運動

償還借物幫助民衆春耕　指戰員建立星期宣傳制度

綏德分區專署令各縣 保證種地及時下種

頒佈優待移難民辦法

觀摩生產成績 安塞縣書等來延參觀

該縣安置移民已達百四十戶

軍委會發言人稱 長江南岸戰事已成拉鋸狀態

馬勒斯全綫激戰

盟機猛炸敵集中部隊　羅麥爾部擬固守頑抗

德涅泊河上游西岸 蘇軍據點迅速擴大

邁斯基稱 盟國實踐全力 儘速結束戰爭

启事

本号承新华化学厂华侨纺织厂之委托，经售两厂之一切产品：肥皂、牙粉、精盐、墨水、一切毛织品。物美价廉，童叟不欺，如蒙惠顾，无任欢迎。

利生商号启

解放日報

今日出版一大張　第六百七十五號　中華民國三十二年三月廿六日

社址：延安　本報零售一元　每月三十二元　三月八十八元　半年一百五十元　全年二百九十元

緊急啓事

本月二十九日，為黃花岡七十二烈士殉國三十二週年紀念日。邊青救決定於是日上午十時在八路軍禮堂召開延安各界青年紀念大會，請凱豐同志報告：「紀念黃花岡七十二烈士與中國青年當前任務」，希各學校全體同志及各機關、團體、部隊青年屆時列隊參加為荷！

邊區青救會
三月二十五日

魯中我軍 擊退敵寇四次進攻

魯北我攻入敵據點俘獲甚衆

晉西北部隊 推進擁政愛民運動

償還借物幫助民衆春耕

指戰員建立星期宣傳制度

綏德分區專署令各縣 保證補地及時下種

頒發優待抗屬辦法

臨陽縣敵兵自殺

觀摩生產成績 安塞縣書等來延參觀

該縣安置移民已達百四十戶

軍委會發言人稱 長江南岸戰事 已成拉鋸狀態

馬勒斯全綫激戰

盟機猛炸敵集中部隊

羅麥爾部擬固守頑抗

德涅泊河上游西岸 蘇軍據點逐漸擴大

邁斯基稱 蘇英美聯盟益鞏固 儘速結束戰爭

解放日报	时间	1943-3-28	期	第677期
			版	第1版

设立门市部启事

本厂为便利各机关部队学校解决生产衣服起见，特于新市场大街设立门市部承包各式服装，因系服务性质，不但价格公平，而且注意原料的节省。兹订于四月四日开幕。在开幕前一礼拜（三月二十九日起至四月四日止）一律照原价九折，如蒙赐顾请向新市场后沟门市部兼主任杜占彪同志接洽。此启陕甘宁边区被服厂

解放日報
中華民國三十二年三月廿八日　第六七一號　今日出版一大張
社址：延安　本報零售每份一元　每月三十元　三月八十元

遷移啓事

本報於三月一日遷移……合併……大眾化組轉移啓

聯合啓事

設立門市部啓事

陝甘寧邊區被服廠

建廳指示各分區縣
研究運鹽組織方式
應以組織運輸合作爲中心

敵偽廳播淪陷區人民 加強掠奪人力物資

散佈「撤退」謠言

南北健兒會合鏖戰中 華北日軍傾巢

濱海區參議會閉幕
各議員盛讚政府設施 通過擁軍案組勞軍團

蔣委員長 視察貴陽

紅軍進擊
斯摩林斯克外圍
德寇圖渡頓尼茲上游失敗

我軍事使團 返抵開羅

鄂南公安北 我軍收復米積台
滇西敵我恢復原陣勢

英第八軍 深入馬勒斯防綫
中部戰事轉趨沉寂

迎接“五一”节三边工厂增产

【本报三边二十六日电】三边各毛织工厂，正以紧张的工作，开展赵占魁运动，以迎接行将到来的“五一”节。各厂刻已纷纷拟订扩大生产的计划，而此次边区建设厅对各地的工业投资，更给予此间各厂扩大生产以物质基础。如新塞工厂已派人到安塞某工厂，购置各种机器，以便扩大生产。该厂目前三个月（四—六月）的生产计划为：（一）添设生产工具，四月份除原有打毛机二架，弹毛弓三面，畜力弹毛机一架，七七纺纱机十架，络纱机三架，继续工作外，另增合股机一架、织布机二架、整经机一架、织毛毯机一架，五月份再增加弹毯弓三面、络纱机三架、合股机一架、敲经机一架、织布机三架、织毯机一架。六月份增添打毛毯机一架、弹毯弓二面、络纱机三架、合股机一架、织布机一架、织毯机一架。（二）扩大工人一百五十名。（三）出产量，出毛布一百八十二疋（一匹五丈），毛毯四百八十三床，弹成秋毛七千七百八十七斤，细毛线三千四百六十一斤，毛毯八百一十条，裁绒毡四百八十方丈，鞋一千六百二十双。工人方面该厂除已聘请若干熟练工人外，并由政府介绍二流子数人，委托该厂给予生产教育。据王厂长谈：她们进厂三天，即学会纺纱，一周后所纺的纱，就可以织布，对他们的教育工作，虽较艰苦，但绝不是不可能的。大光工厂除去年停工的织毯布机已□[恢]复工作外，又增置织裁绒毡机三架，现该厂每天可出宽面毛布三丈，裁毡机每架每天可成毡三块，鞋工每人每日可做皮底鞋三双，裁绒每日每机可成三块。盐池元×厂新近添织毛布机一架，现正试验织毛经毛纬布，另增添织毛毯机、缝衣机各一架、织袜机二架，即将于四月初开工。该厂又承做塞北工厂毡帽二万四千顶，棉衣代用面一万件。盐务局创办之塞北毛织工厂亦于三月十五日提前开幕，计到工人二十余人，至今已做成军用毡帽六百余顶，毛口袋，骡包子，熟皮鞋若干件。据朱经理谈，以目前速度估计，毡鞋毡帽可提早完成任务，该厂除于定市设总厂外，另于盐场堡设分厂。分厂工人于暑天中，还可以趁工闲打盐。

晉西北 軍民互助開展春耕

敵搶奪耕牛被我民兵擊退 駐軍以人力畜力協助羣衆

西北局機關生產任務 今年增加百分之廿五

雷登高同志

延川縣委宣傳部長 史堅

二月份青記獎金 閻有光等獲得

延縣二流子改悔自新 何永清向高交運挑戰

種地十垧全家參加勞動

蟠龍合作社 運回公鹽二百馱

魯藝事務人員 工作比賽

固臨模範黨員李金成 殘廢退伍種地百畝

時時不忘黨的利益高於一切

安塞徐家溝黨員競賽 推動全村完成生產計劃

發展慶陽家庭紡織業

劉昆林

現有紡織業概況

本年發展紡織業計劃

怎樣保證這計劃完成

迎接「五一」節 三邊工廠增産

甘谷驛牛瘟

重要更正

反对德寇强征出国比国工人大罢工

历时两周卒获胜利，瑞典妇女要求禁止德军过境

【塔斯社伯尔尼三十一日电】因强迫派遣比利时工人赴德而在比引起抗议罢工。列日科凯里尔大钢铁工厂之厂方宣布有一百二十六名工人特选派往德国。在该厂立即召集大之会上，三千工人遂决议罢工。次日，罢工便波及列日、西宛、福利玛尔、安格勒、格里维涅地区之所有五金工厂。厄尔夫之十六个工厂与十个矿山以及著名福拉斯特·龙伯玻璃工厂之工人亦加入了罢工。第三天，罢工之工人已有六万余。德国司令颁布命令禁止居民于下午三点钟以后在街上出现。于罢工之第一天，占领当局逮捕科凯里尔工厂之工人代表四十人，但鉴于罢工之扩大，希特勒匪徒们决定将他们释放。司令颁布命令恐吓“捣乱分子”同时召集工人复工。罢工继续两周以上。直至官方宣布“暂时废止”派比利时人赴德之后，工人方始复工。

【塔斯社斯托哥尔姆三十一日电】斯托哥尔姆无线电称：“拥护和平与自由”之妇女团体决定要求政府完全停止外国军队通过瑞典。该建议称，此种行动不仅违反瑞典之中立，且亦有碍于北欧各国之合作。

【塔斯社斯托哥尔姆三十日电】日前芬兰士兵联合会机关报“狄”报发表文章，证实芬兰军民不睦之增长。该报社论称：后方人民仅照顾其私事，而忘怀战斗仍在进行。士兵已成了异类……后方人民很想忘掉彼等之存在。挪威官员拒绝赴东线，德驻军千余相继逃跑。

【塔斯社斯托哥尔姆二十八日电】奥斯陆讯：吉斯林清洗其“民族统一”党中之重要官员，此清洗系由无数吉斯林党之领袖拒绝赴苏德前线所引起。根据吉斯林之命令，大奥斯陆城之“民族统一”党组织之领袖已因拒赴苏德前线之罪名而遭逮捕。彼并帮助朋友逃避向盖斯塔波登记。另一“民族统一”党之领袖蓄意犯罪，以便拘禁于集中营因而避免送赴苏德前线。吉斯林之警

察局局长约哈斯·里因拒绝重返前线而被捕。

【塔斯社斯托哥尔姆三十日电】奥斯陆讯：驻挪威之德军已有大部分逃跑。有九名主（要为奥人）之士兵于二月中由德伦的英驻军中逃跑。根据占领军司令法尔肯荷尔斯特将军之命令所进行之调查，断定有数士兵曾帮助其同志逃跑。“已枪毙之逃跑同谋者”已在各驻军中公布。尽管如此，数日后十二名士兵与一名上士由那尔维克驻军中逃跑。据所获之材料，过去三月中有一千二百名德国士兵逃跑并匿于山中。他们有充足之武器，并袭击德军给养、火车及巡逻队。最近在那尔齐索附近逃跑者之支队与护送给养火车之党卫军间曾发生冲突。逃跑者将所有党卫军击毙，夺取给养，然后逸去。护送者有七人参加彼等队伍。德军指挥部禁止讨论逃跑事件，违者处死。但所有士兵都充分知道：“叛徒”是藏在山林中。无数事实证实在挪威北部有组织德国逃跑士兵“中心”之存在。此可由盖斯塔波首领雷狄尔之措施证明，彼曾成立一“特别部门”，其主要目的在于扑灭此逃跑者之“中心”。

【塔斯社斯托哥尔姆三十一日电】奥斯陆讯：三月十六日在克利斯提安桑德附近，有德军上尉一名中尉两名因与挪威爱国者合作而被枪决。数日前，十八个德国军人以同样罪名在克利斯提安桑德被处死。

反對德寇強徵出國
比國工人大罷工
歷時兩週卒獲勝利
瑞典婦女要求禁止德軍過境

【塔斯社倫敦卅一日電】因德寇強迫比利時工人赴德而在比引起抗議罷工。列日特凱里耶大鋼鐵工廠之廠方宣佈有一百廿六名工人特選派往德國。在該廠立即召集之大會上，三千工人遂決議罷工。次日，罷工便波及列日、四宛、紙利娛樂、安格勒、格蘭蘇瑟地區之所有五金工廠。尼爾夫之十六個工廠與十個礦山以及著名的拉斯特、龍伯鐵鋼工廠之工人亦加入了罷工。第三天，罷工之工人已有六萬餘。德國司令部佈命令禁止居民於下午三點鐘以後在街上出現。於罷工之第一天，佔領當局就捕料凱里廣工廠之工人代表四十人，但鑑於罷工之擴大，希特勒匪徒們決定將他們釋放。前令頒佈命令恐嚇「搗亂份子」同時召集工人復工。罷工繼續兩週以上。但軍官方宣佈「暫時停止」派比利時人赴德之後，工人方始復工。

【塔斯社斯托哥爾摩卅一日電】斯托哥爾婦女協會發表宣稱：「擁護和平與自由」之婦女團體決定要求政府完全停止外國軍隊通過瑞典。該會聲稱，此種行動不僅違反瑞典之中立，且亦有礙於北歐各國之合作。

【塔斯社斯托哥爾摩卅日電】日前芬蘭士兵聯合會機關報「秋」報發表文章，證實芬蘭軍民不睦之消息。該報社論稱：後方人民仇視士兵，而忘懷我們仍在進行。士兵已成了異類……後方人民仇視他們的被等之存在。

挪威官員拒絕赴東綫
德駐軍千餘相率逃跑

[illegible]

德寇提倡宿命論
戈培爾圖麻痺人民反抗情緒

[illegible]

在庫爾斯克前綫

雲倫堡作　戈寶權譯

[illegible]

（未完）

軸心分崩離析
匈羅斯衝突日烈

[illegible]

突境盟軍續克兩地
傳英海軍在東岸登陸

[illegible]

全蘇紀念高爾基

[illegible]

賈吉會談有進展
戴高樂三週內不赴北非

[illegible]

李維諾夫赫爾會談
羅斯福盼美蘇舉行會議
美邀卅八國商戰後糧食問題

[illegible]

印緬邊續有空戰
敵據點多處被炸

[illegible]

埃森被炸混亂
學校關閉商店被毀

[illegible]

美機襲炸所島北部

[illegible]

解放日报	时间	1943-4-2	期	第682期
			版	第2版

边区各地妇女纷纷走上经济战线

尚加乐夫妇向吴满有家庭挑战

【本报讯】中央关于妇女工作的决定发布后，一月来，边区妇女同志均以实际行动来响应中央的号召。在妇女合作社领导下，本市各机关女干部，已将近有三千人参加公余生产，部分女干部并已转入经济部门工作，如杨家岭供给商店及手工业代办处，即为女同志所经营管理，时只一月，成绩颇佳。边妇联及各地妇联同志，已开始深入农村，组织广大农妇参加纺织运动和春耕运动。绥德分区各县女干部，亦相继下乡工作，如分区妇联会孙克悠同志，亦赴生产模范村郝□[家]桥（沙滩坪一乡）作文书工作。南泥湾驻军家属及女干部，亦于“三八”纪念会后，全体参加生产，走向工厂、合作社和群众中去（已志三月十四日本报）。她们并致函中央妇委蔡畅同志，表示她们对中央所指示的妇运新方向的热忱拥护，并用实际行动来回答了中央的号召，同时希望其他分区的驻军的女同志，亦同样的一齐走上生产战线。中央妇委于三月三十日复信给她们谓：“接到你们的信非常高兴！你们的‘三八’大会开得很好，是由于你们热烈响应中央的号召，以实际行动贯彻中央的决定所致。你们参加到生产战线上去，到工厂、合作社、公营经济机关工作，和你们的父兄丈夫同负起战胜日寇、建设抗日民主根据地的战斗任务，这是抗属的光荣，也是妇女的光荣，我们坚信你们必能胜利地完成这个光荣的任务！我们正在动员一切抗属及女同志向你们看齐。”

【本报讯】葭县城关区三保居民尚加乐、尚曹氏夫妇，已向吴满有家庭提出挑战，并请蔡畅同志及高霍正副厅长为评判人。他俩人提出的竞赛条件，主要的有：一、种地十三垧（租地五垧），翻地两次，比去年深耕一寸，及时锄草，天旱多锄一次，平时锄四次，每垧地上粪九袋，增产细粮五升，做到明年除交公粮外，足够食用。二、种棉二亩（较去年增一亩半），收净花三十斤。三、种菜二垧，种枣树三十株。四、全年纺纱十五斤（比去年增五斤），织布三十丈（比去年增十丈），伙喂猪一头、站羊二只。以上是他俩家庭生产计划。另外，尚加乐是乡政府委员兼行政村主任，他决定今年要亲自领导一个变工队，去年他村共收棉花三百斤，今年要增加一倍。尚曹氏要在她村里组织纺织小组八个，至少有七十人参加，纺纱一千斤，织布二千丈，蔡畅同志接到他们的信后，特于三月三十一日回信给他们："我接读你们的信和给吴满有的挑战书，觉得非常高兴！党及政府都号召我们大家积极生产，建设边区，做到人人丰衣足食，你们是模范公民，以实际行动来响应党和政府的号召，我以能做你们的评判人为荣，并鼓励一切女同志向你们学习。"

邊區各地婦女

紛紛走上經濟戰綫

向加樂夫婦向吳滿有家庭挑戰

【本報訊】中央關於婦女工作的決定發佈後，一月來，邊區婦女同志均以實際行動來響應中央的號召。在婦女合作社領導下，本市各機關女幹部，已將近有三千人參加公餘生產，部份女幹部家屬已轉入紡織部門工作，如楊家灣供給商店及手工業代辦處，即為女同志所經營管理，時只一月，成績頗佳。邊區婦聯及各地婦聯同志，已開始深入農村，組織廣大農婦參加紡織運動和春耕運動。侯由分區各縣女幹部，亦相繼下鄉工作，如分區婦聯會孫克黎同志，亦赴生產模範村郝家橋（沙灘坪一鄉）作文書工作。甘泉隴東軍家屬及女幹部，亦於「三八」紀念會後，全體參加生產，走向工廠、合作社和民衆中去（已誌三月十四日本報）。她們並致函中央婦委蔡暢同志，表示她們對中央所指示的婦運新方向的熱忱擁護，並用實際行動來回答了中央的號召，同時希望其他分區的姊妹們女同志，亦向樣的一齊走上生產戰綫。中央婦委於三月三十日覆信給她們說：

「接到你們的信非常高興！你們的「三八」大會開得很好，是由於你們熱烈響應中央的號召，以實際行動貫徹中央的決定所致。你們參加到生產戰綫上去，到工廠、合作社、公營經濟機關工作，和你們的父兄丈夫同負起戰勝困難、建設抗日民主根據地的戰鬥任務，這是抗屬的光榮，也是婦女的光榮，我們堅信你們必能勝利的完成這個光榮的任務！我們正在動員一個抗屬及女同志向你們看齊。」

【本報訊】甘泉縣城區三保居民向加樂、吳滿有夫婦，已向吳滿有家庭提出挑戰，並請蔡暢同志及高富正同志爲評判人。他倆人提出的競賽條件，主要的有：一、讓地十三晌（租地九晌），翻地兩次，比去年深耕一寸，及時鋤草，天旱多鋤一次，平時鋤四次，每晌地上糞九馱，增產細糧五升，做到明年除交公糧外，足夠食用。二、植棉二畝（較去年增一畝半），收籽花三十斤。三、種菜二晌，植瓜三十株。四、全年紡紗十五斤（比去年增五斤），織布三十丈（比去年增十丈），養喂豬一頭，織草二袋。以上是他倆家庭生產計劃。另外，向加樂是鄉政府選舉委行政村主任，他決定今年與親自領導一個變工隊，去年他村共收棉花三百斤，今年要增加一倍。向賣氏要作該村婦紡織小組八個，至少有七十人參加，紡紗一千斤，織布二千丈。吳滿有同志接到他們的信後，特於三月卅一日回信給他們：

「我接到你們的信和給吳滿有的挑戰書，感得非常高興！黨及政府號召我們大家積極生產，發家邊區，做到人人豐衣足食，你們是模範公民，以實際行動來響應黨和政府的號召，我以能作你們的評判人爲榮，並鼓勵一切女同志向你們看齊。」

合作社發放棉花

延川婦女積極紡紗

三邊駐軍每天紡毛兩小時

馬欄市的難民們

周　而

光華農場

設菜籽繁殖場

總衞生處

規定改進衞生辦法

南區籌備衞生運動週

鄜縣特設招待所

已安置難民四百八十戶

安塞出現移民女勞動英雄

自己動手

——記一個織物展覽會——

同宜耀後殿村

互助生產

本市黨委負責人

下鄉檢查春耕

安塞區級幹部

月底在縣上集體學習

邊府辦公廳

昨日起正式辦公

物資局舉辦

出入口過境貨登記

獻人唐右青等

在平遭敵慘殺

[以上各篇正文字跡過小模糊，僅錄標題]

合作社发放棉花延川妇女积极纺纱

三边驻军每天纺毛两小时

【延川讯】本县今年生产计划宣布后，农村已普遍的开展了生产热潮：在“一天保证纺一两纱”的号召下，妇女纺纱热忱大大提高起来。本县银行办事处特拨一批棉花给合作社推进妇纺，根据城市区合作社的统计；从三月二日起开始换纱以来，截至二十三日止共换出熟花三百四十余斤，每日换纱的社员、妇女络绎不绝。据合作社惠主任谈：目前主要的困难就是棉花弹不出来，弹花工人很缺，不然每天一百斤熟花也不够换，现每日弹四十斤熟花不够换出。此外，纺纱热潮的高涨，对于二流子的影响也很大，城市赵家沟某二流子的老婆，也自动参加纺纱了，到合作社要求贷给她两斤棉花，并保证十天一定纺完。

【本报三边二十六日电】在分区纺毛运动中，此间驻军实为一支生力军，除了在定边新塞工厂投资七十万元外，并将整编精简下来的勤务员和家属，送入工厂做工，此外该部并在警备区之新华纺织工厂，再增投资本五十万元，增加工人八十名，织布机增至三十架，每月每架布机可织布九疋，全年可织布三千余疋，解决部队服装一大部分。在各单位生产方面，除计划在秋后抽出二十天时间捻毛线，以解决毛衣、衣、鞋、袜外，每个战士平时每天要纺毛两小时，此项生产所得，则完全作为改善伙食之用。

【本报三边二十六日电】定边各机关男女同志，每日晚饭前后，都以木槌或纺车纺毛。专员罗成德同志与其夫人史云亭同志亦参加。定边正进行纺妇登记，日内即将发下纺车给贫寒农妇，据调查，各农村妇女学习纺织颇快，如宁夏新来的回民难妇黑二娘，本不会纺线，学习三天即会纺细线，并对纺线发生很高的兴趣。又盐池原有纺妇三十余人，计划今年扩大到六百名。近来到工厂领取棉花、纺车的妇女很多。

邊區各地婦女紛紛走上經濟戰綫

向加樂夫婦向吳滿有家庭挑戰

【本報訊】中央關於婦女工作的決定發佈後，一月來，邊區婦女同志均以實際行動來響應中央的號召。……

合作社發放棉花　延川婦女積極紡紗

三邊駐軍每天紡毛兩小時

【延川訊】本縣今年生產計劃宣佈後，農村已普遍的開展了生產熱潮：在「一天不閒，一天不離紡」的號召下，婦女紡紗熱忱大大提高起來。本縣縣行辦事處轉發一批棉花給合作社推進婦紡，根據城市區合作社的統計：從三月二日起開始換紗以來，截至二十三日止共換出熟花三百四十六斤，每月換紗的社員、婦女絡繹不絕。……

光華農場設菜籽繁殖場

總衛生處規定改進衛生辦法

南區籌備衛生運動週

鄜縣特設招待所　已安置難民四百八十戶

安塞出現移民女勞動英雄

自己動手

——記一個織物展覽會——

問宜耀後殿村互助生產

本市黨委負責人下鄉檢查春耕

物資局舉辦出入口過境貨登記

在平遭敵慘殺

馬欄市的難民們

周　前

安塞區級幹部月底在縣上集體學習

邊府辦公廳昨日起正式辦公

解放日报	时间	1943-4-4	期	第684期
			版	第2版

绥吴清纺织业发达

三县纺妇五万织布机万架，提高质量达到土纱代洋纱

【本报绥德讯】目前仅就绥市及附近崔家湾等地区估计，每日当有五千以上之纺妇从事于纺线生产。在绥设立之财厅采办处，难民工厂办事处，及永昌土布公司等机关，平均每日可收纱达一千斤以上。按市价三百五十元一斤计算，每天即有价值三十五万元之土纱投入织布工厂。每斤纱纺妇可获利八十元，如此每日在绥市附近之五千纺妇，即可获利达十万元。仅就此点观之，即可见警区妇纺在经济地位上之重要性。现绥、吴、清三县共有纺织妇女五万一千余人，纺车四万一千余架，土织布机约万架以上，手拉机七百三十四架，年可产布二十七万匹。在此雄厚之基础上，提高质量，乃为此间发展纺织生产之要务。故专署现已根据各地区发展情况之不同，确定绥德之崔家湾、枣林坪、延家川，清涧东区，吴堡全县，葭县南区作为纺织中心区，以组织纺织小组，提高质量为主；而绥德之四十里铺、薛家坪，及西川、米脂、葭县之北区为纺织之推广区。在提高质量方面，以达到土纱代替洋纱为目的。土布标准则规定宽一尺二寸，长五丈，并以二尺四寸之宽布为将来发展之对象。纺车在绥、吴、清，每县应平均发展到原有数百分之十至三十。西、米、葭每县，应发展至三千架至五千架。清涧应增手拉机三十架，吴堡增二十架，绥德暂时不增，西、米、葭各增二十至三十架。土机子则可尽量发展。在葭县因纱价较贵，土纱不宜外销，故该县需自立织布工厂，布匹除自给外，并可向晋西北等地推销。

建廳指示各分區縣 普遍發動農戶植樹

成活百分之八十者受獎

【本市訊】建設廳頃就植樹護林工作，特給各分區、各縣發出如下指示：一、在今年的植樹工作中，應普遍發動農戶，在自己的房屋、窰洞周圍，及便於管理保護的地方，多種植桑、梨、桃杏各種果木樹。綏德分區、子長等縣，擴大獎勵植桑樹，以增加農家副業的收入。二、各種樹如榆、柳、槐、椿等樹木，應選擇便於保護能保證成活的地方栽植。三、在有自然林地區，如延安、甘泉、鄜縣、志丹，及隴東、關中等地，應當廣泛進行護林工作。四、今年的植樹護林工作，應於六月底做出初步總結，報告建廳。該廳政府對護林工作，有顯著成績，或所植樹木成活百分之八十以上者，酌予獎勵。

【本市訊】日前市府召集延市各機關代表討論今年植樹事宜。到會代表有中管局、西北局、建設廳等六大單位，首由綏仰應同志報告，略謂根據不完全統計，今春延市工作人員，每年栽不少於植樹萬株以上，然驗收檢查結果，成活率還不到十分之一，其原因多為大家對植樹認識及管理保護不夠，沒有嚴密組織，缺乏經常檢查等。為了使今年植樹計劃更有效的完成，在三月中旬市府即已開始植樹準備工作……

劉秉溫劉建章祇志丹 談具體領導生產

介紹華池二位好勞動者

高伯㳤

七十歲的勞動英雄——孫榮彥

耕作模範的高德壽

安塞高橋區 獎勵模範抗屬

趕緊準備植棉！

川敏

延縣姚店區 雷休成翻地最多

關中駐軍某營 與李學義競賽

東關學校 集肥甚多

政府分給土地幫助農民 定邊動員二流子生產

羣衆修築水堤防止山洪

上關一直屬隊 召開生產動員會

開荒的英雄——張振財

太行規定新勞動者標準 戰時保衛工廠資財 平日努力生產與學習

米脂婦紡英雄 常錦華將受獎

每天能紡紗十兩

綏吳清紡織業發達

三縣紡婦五萬織布機萬架

提高質量達到土紗代洋紗

金盆區一鄉 發展紡車百餘架

〔4〕　366

金盆区一乡发展纺车百余架

【金盆湾讯】南区妇纺运动的经验，在此间被广泛地应用着。一乡杨家峪白生喜之妻，去年冬由梢原子梁移来，她看见南庄河妇女纺线有利，即自做纺车一架，领了合作社的棉花，纺起线来，劳动的成果，可解决夏衣问题。后政府和合作社及时地拿这一例子，进行宣传，现该乡由无一架纺车发展成一百一十一架，由合作社发出六十架，农民自做五十架，仅杨家峪一村，即有二十二架，平均每户一架。

建廳指示各分區縣 普遍發動農戶植樹

成活百分之八十者受獎

劉秉溫劉建章抵志丹 談具體領導生產

介紹華池二位好勞動者

高伯祥

七十歲的勞動英雄——孫榮茂

耕作模範的高德壽

安塞高橋區 獎勵模範抗屬

延縣姚店區 雷保成翻地最多

趕緊準備植棉！

川敏

關中駐軍某營 與李學義競賽

東關學校 集肥甚多

開荒的英雄——張巖財

政府分給土地幫助農具 定邊動員二流子生產

羣衆修築水堤防止山洪

「上關」一直屬隊 召開生產動員會

米脂婦紡英雄 常錦華將受獎

創紀錄每日紡紗十兩

太行規定新勞動者標準

戰時保衛工廠資財 平日努力生產與學習

綏吳清紡織業發達

三縣紡婦五萬織布機萬架

提高質量趕到土紗代洋紗

金盆區一鄉 發展紡車百餘架

〔4〕 366

黑玉祥纺织又快又好

规劝丈夫参加生产

【延川讯】模范妇女纺织者黑玉祥，三年来努力纺织，成绩□□[卓著]。计三年共织布三百六十八丈，纺线一百六十五斤。她虽是一妇女，然因勤俭和劳动之结果，除供给娃娃和一绰名“宣谎鬼”之二流子丈夫外，且使全家生活日益改善。她积极纺织，且成绩优良。她说：“我纺织好而快的原因是靠摇得快、拉得快，线子才会松紧适当；捉捻要捉得均匀，线子才会粗细均匀。”她还种了地，去年种一垧棉花，还种菜蔬及杂粮。农忙时，上山种地，农闲时，昼夜纺织。终年勤劳不懈。出负担也很踊跃。她的丈夫是一个二流子，此事不仅使她生活上多负累，且日夜焦虑。历年来她丈夫朱占元，经她劝导，屡次不改。在群众中的影响不好。今年黑玉祥又向她的丈夫不断劝勉，政府亦加以帮助；朱占元开始改邪归正。他计划今年开地二垧，种棉二垧，及时的打油条、打卡，保证收花五十斤。此外并种杂粮八垧，保证不荒一垧地。规定每十天向乡长报告一次他的劳动情况。

志丹示範村 展開個人生產競賽

延川獎勵兩位勞動英雄

郝韜一人種地五十垧 改良耕作熱心幫助旁人

黑玉祥紡織又快又好 規勸丈夫參加生產

提醒。她的丈夫是一個二流子，此事不僅使她生活上多負累，且日夜焦慮。歷年來她丈夫朱占元，經她勸導，屢次不改。今年黑玉祥又向她的丈夫不斷勸勉，政府亦加以幫助；朱占元開始改邪歸正。他計劃今年開地二垧，種棉二垧，及時的打油餅、打卡，保證收花五十斤。此外並種棉八垧，保證不荒一垧地。規定每十天向鄉長報告一次他的勞動情況。

志丹前四科長 郝應春積勞病逝

關中農貸 馬欄放出十八萬 移民首先借得買農具

延縣金盆慶成讓出土地 給移難民耕種 組織金盆二鄉群衆互助勞動

安塞五區四鄉 變工開荒

要把糞土變成金 ——記西北文工團生產熱潮——

芸夫

綏德模範黨員吳榮邦 積極響應移民號召

邊府總生產委會 大批運購菜籽 低價供給各機關學校

向軍隊看齊

林朗

开展赵占魁运动朱家沟炭工竞赛

【延安县讯】为了迎接“五一”劳动节，保证各机关学校的燃料供给，此间工会号召各炭厂工人响应赵占魁运动，以高度生产热忱，来纪念工人们的节日。现此间朱家沟炭工分会已首先响应此号召，并于上月二十八日召开筹备会，讨论生产竞赛工作。而民生炭厂一道号（炭工四人）已首先将其生产计划订出：（一）在旧历三月一月内要下窑二十次，每次出炭三千斤。（二）炭皮要比别人剥得净（过去售炭要带百分之二十的石皮）。（三）互相帮助，谁也不能无故误工。（四）遵守厂规，爱护工具。（五）服从工会决议，不做违法事情。保证窑内安全，掏的炭要齐，打炭要整，自己巷内不出毛病。

米脂崔家灣增產糧食

組織變工調劑畜力

多施肥耕地兩次鋤草四五次

綏德劉培潤深耕細作

山地垧半收糧五石二斗

張萬軍兩垧高粱收九石

鎮原縣的減租交租工作

鎮原縣特委書記　陳致中

響應中央文委號召

文藝部份同學下鄉工作

開展趙占魁運動

朱家溝炭工競賽

【延安民訊】為了迎接「五一」勞動節，保證各機關學校的燃料供給，北關工會號召各炭窯工人響應趙占魁運動，以高度生產熱忱，來紀念工人們的節日。現北關柴炭溝炭工分會已首先響應此號召，並於上月廿八日召開會員會，討論生產競賽工作。兩個朱炭廠一道號（炭工四人）已首先將其生產計劃訂出：（一）在四、五月一月內要下窯二十次，每次出炭三千斤。（二）炭皮要比別人剝得淨（減少出售炭裏帶百分之廿的石皮）。（三）互相幫助，誰也不偷懶故誤工。（四）遵守窯規，愛護工具。（五）服從工會決議，不做違法事情，保證窯內安全，掏的炭塊齊，打炭要整，自已避內不出毛病。

在發展中的日人反戰同盟太行支部

太行日人反戰同盟代表　吉田太郎

安塞雲家坪的紡紗婦女

化武

保小紀念兒童節

魯中積極準備

縣村兩級選舉

葭縣成立

運炭合作社

吳旗民衆借得農貸

買耕牛擴大生產

延川擬興修

文安驛水利

葭县成立运炭合作社

【本报绥德讯】葭县于确定今年的经建计划后，现已走上行动阶段，运炭合作社业已组成。本县地处黄河沿岸，地质甚薄，草木缺少，炭及烧柴多感不够。一般中农家庭所收的柴草以最节省办法，也仅够半年烧用，沿河及南区一带距产炭区较远，河运又不发达，因之炭价高涨。事务委员会有鉴于此，特召集城关富绅商讨集股组织运炭合作社，并得他们一致拥护，当推城关市长乔滋甫及李守仁、张子祯三人为该合作社临时经理，除县务会投资十万元外，另集私人股金三十万元，上月内即集股完毕，现已派人去保德买船运炭，约于清明前即可抵葭，炭本仅及一元，今后市场炭价即可稳定。该合作社并拟运销食盐、棉花等人民生活必需品，此种事宜颇受群众欢迎。闻城关各乡农民亦正纷纷集股，准备仿效。又螅镇亦由光华商店投资十万元，组织同样性质的合作社，今秋并将于荷叶坪、木头峪、峪口设立煤炭分栈。本县发展煤炭运销，实与□[农]业生产有密切关联，过去农家，因缺乏燃料大家都烧草烧粪，以致影响牲口喂草及耕地肥料，又因砍柴误工，常常妨碍生产时间。因此，如燃料问题一经解决，农业生产必将随之提高。

米脂崔家灣增產糧食
組織變工調劑畜力
多施肥耕地兩次鋤草四五次

綏德劉培潤深耕細作
山地垧半收糧五石二斗
張萬軍兩垧高粱收九石

鎮原縣的減租交租工作

鎮原縣委書記　陳致中

響應中央文委號召
絳縣部份同學下鄉工作

開展趙占魁運動
朱家溝掀工競賽

在發展中的
日人反戰同盟太行支部

太行日人反戰同盟代表　吉田太郎

安塞雲家坪的紡紗婦女

化武

保小紀念兒童節

魯中積極準備
縣村兩級選舉

葭縣成立
運炭合作社

吳旗民衆借得農貸
買耕牛擴大生產

延川擬興修
文安驛水利

解放日报 | 时间 | 1943-4-7 | 期 | 第687期 | 版 | 第2版

看谁纺织最多最好

延川赵家沟妇女与张家湾比赛，永胜三乡向延县川口六乡挑战

【延川讯】此间妇女纺织竞赛已首先在赵家沟提出，该村纺织小组长曹玉英，已代表全村妇女向张家湾提出竞赛。按赵家沟已有十八名妇女参加纺织小组。她们在竞赛书里写道："黑玉祥已被选为妇女纺织劳动英雄，我们心里很高兴。我们要向你们提出竞赛，看谁纺织最多、最好。我们十八人都愿意参加纺织；除原有十个会织布外，今年要教会两个。我们十八个人今年要纺三百九十斤花，织二百六十丈布。现在我们白天帮助丈夫做饭照顾娃娃，夜里纺花，还要互相变工来完成这个任务。"

【延川永胜区讯】此间三乡惠老太婆纺织成绩良好，解决了全家四口的生活。她白天织布，晚间纺线，去年一年即织布七十丈，除用度外，还买了一牛犊，和别人伙买一老驴。她家虽然有两个男人，但老头已七十多岁不能劳动，儿子又常患病，因此，全年生活全赖她以纺织来维持。今年惠老婆有二十斤花，她计划要增加产量。

【延川讯】此间永胜区三乡为响应生产竞赛，已由模范乡长鲍光臣及支书樊占银二同志提出挑战书，向延安县川口区六乡挑战。其条件如下：一、改良农作法。六乡在一拐沟里，人多地少，且地薄、牲畜缺乏（大多数是两三家合用一条牛或驴），因此不能保障每垧地上粪十袋，但一定要比去年增加两袋（去年每垧地上粪六袋）。并保证"砍地畔""溜崖"，以此增地二十垧。以杂粮谷地锄三次草，保证每垧地增细粮二升。因为牛少、劳动力缺乏，豌豆、黑豆不能秋翻地，但其他谷物一定要翻。二、植棉九十垧，要超过二十垧，每垧至少锄五次。并组织二流子十人种地十垧，每垧打粮七斗。三、因乡上无荒地、牛少，不能"札工"，不过要组织三分之二的人"变工"下种。锄草时"札工"。四、全乡妇女除纺织外，并可上山帮助"打油条"。全乡妇

女二百六十四人，可纺织者一百三十二人，要纺花四千一百九十六斤，织布六千二百九十四丈，除自给外而且能输出。

【延川讯】县委于本月二十三日召开扩大会议，讨论西北局关于具体领导春耕的指示及高岗同志的“代论”，并根据上列指示以检查全县春耕工作。

看誰紡織最多最好

延川趙家溝婦女與張家灣比賽

永勝三鄉向延縣川口六鄉挑戰

【延川訊】此間婦女紡織競賽已首先在趙家溝掀起，該村紡織小組長曹秀英，已代表全村婦女向張家灣提出競賽。按趙家溝已有十八名婦女參加紡織小組，她們在發動書裏寫道：「咱們村已被選為婦女紡織勞動英雄，我們心裏很高興，我們要向你們提出競賽，看誰紡織最多、最好。我們十八人都願意參加紡織；除原有十個會織布外，今年要教會兩個。我們十八個人今年要紡二百九十斤花，織二百六十丈布。現在我們白日幫助丈夫做飯送飯鋤草，夜裏紡花，還要在模範工作完成個任務。」

【延川永勝區訊】此間三鄉惠老太婆紡線成績良好，解決了全家四口的生活。她白天織布，晚間紡線，去年一年即織布七十丈，除用度外，還買了一牛犢，和別人夥買一老驢。她家裏只有兩個男人，但老頭已七十多歲不能勞動，兒子又常患病，因此，全年生活全賴她以紡織來維持。今年惠老婆有二十斤花，她計劃要增加布匹。

【延川訊】此間永勝區三鄉為響應生產號召，已由模範鄉長趙志國向延縣川口區六鄉提出挑戰書，向延安縣川口區六鄉挑戰。其條件如下：一、改良農作法，六鄉齊一犁溝泥，人多地少，且地薄，作務缺乏（大多數是兩三家合用一條牛或驢），因此不但保證每垧地上鋤十餘，但一定要比去年增加兩餘（去年每垧增上糞六驢）。並保證「歇晌」、「補工」，以此增地二十垧。以稀植穀泡麻三次草，保證每垧增糧三升，因為牛少，勞動力缺乏，婦女、漢窰不能勝鋤地，但其他穀物一定要鋤。二、積糞九十駄，要超過二十垧，每垧至少糞五駄。三、組織二流子十人種地十垧，每垧打糧七斗。三、因為土無荒地，牛少，不能「札工」，不過要組織三分之二的人「變工」下種。鋤草時「札工」。四、全鄉婦女除紡織外，並可上山幫助「打糧食」。全鄉婦女二百六十四人，可紡織者一百三十二人，要紡花四千一百七十六斤，織布六千二百九十四丈，除自給外而且能售出。

【延川訊】縣決於本月二十日召開擴大會議，討論西北局關於具體領導春耕的指示及高崗同志的「代論」，並根據上列指示以發動全縣春耕工作。

志丹模範坊屬青海英

勞動自給熱心公務

今年增產糧十石完成優抗工作

【志丹訊】……

某部在邊區三年來的經濟建設

劉亞生

在堅持抗戰中，我們的部隊……

經濟建設中的紡織事業

一、兵工紡織

吳旗市鎮鄉

討論發展生產

怎樣養好羊

二九師政工會議

討論政治工作中整風問題

綏德分區發展工礦業

復興紙廠今年產紙十萬刀

米脂籌辦煤炭公司

綏德某案

代移民家屬耕地

吳堡小學教員會議

確定教學方針

訓導學生重視生產

魯中紀念兒童節

小學教師待遇提高

安塞五區二鄉幹部

分工督導二流子生產

關中各區以鄉為單位

教育機關進行生產

部份開始轉變上山開荒

解放日报	时间	1943-4-7	期	第687期
			版	第2版

绥德分区发展工矿业

葭县峪口年产纸十万刀，米脂筹办煤炭公司

【本报绥德讯】分区于发展工矿业中。除纺织及煤炭外，造纸业亦为其中之一，目前绥德鱼池沟纸厂（专署设立的）暂不拟扩大，该厂现有七个池子，工作人员四十三人，现正集中精力试验麦秸造纸，成功与否，于半月后即可有结果，如试验成功，该厂再扩大到十个池子，并将麦秸造纸经验介绍给各纸厂。米脂民生纸厂拟扩充池子至六个(现有四个)，可增产量至一万零八百刀。对葭县峪口纸房，亦拟在技术上给予帮助。

【葭县讯】本县峪口出产麻纸，全镇共有小规模的民营纸厂五十一家、公营纸厂二家，人民多赖造纸为生。据统计全镇纸厂资本共约四十多万元，工人三百余，全年产量五万区（每区两刀）。唯目前因原料来路困难，资金薄弱及技术欠佳，故得利不大。县务会今年经建计划中关于纸房的发展，亦列入工商业项内，据查纸房内有十五家资金较少的纸厂，拟请建厅贷款作基础组织合作社；同时改良原料，试验以桑皮造纸，并请建厅拨付试验费一万元。

【米脂讯】本县××煤炭公司，刻正由党政军积极筹备中，预计资金百万元，边区银行亦准备投资，××煤炭藏量甚多，现有工人三百余人，日产十万斤，米葭及榆横部分人民烧煤，均赖该地供给。但该处窑户素有“官炭”负担，以致影响产量，自县务委员会成立后，已断然取消“官炭”制，并由该公司统一管理，以利人民。

看誰紡織最多最好

延川趙家河婦女與張家灣比賽

永勝三鄉向延縣川口六鄉挑戰

[illegible]

志丹模範炳屬雷海英

勞動自給熱心公務

今年增產糧十石完成優抗工作

[illegible]

怎樣養好羊

[illegible]

延川中區 棉貸已發出

[illegible]

某部在邊區二年來的經濟建設

劉亞生

經濟建設中的紡織事業

一、兵工經營

[illegible]

一二九師政工會議

討論政治工作中整風問題

[illegible]

綏德分區發展工礦業

葭縣給口年產紙十萬刀

米脂籌辦煤炭公司

[illegible]

魯中紀念兒童節

小學教師待遇提高

[illegible]

綏德專署 代移民家屬耕地

[illegible]

吳堡小學教員會議

確定教學方針

訓導學生重視生產

[illegible]

安塞五區二鄉幹部

[illegible]

關中各縣以鄉為單位

教育會議進行生產

部份開始轉變上山開荒

[illegible]

去年胶东的经济建设

（一）农业方面 去年春季敌人大“扫荡”，全区军民在残酷的战争破坏下抢救春耕。使全年生产未遭严重损失。政府更在积极方面加强农林事业的建设，计去年一年中主要成绩为：修河五三、二六四丈，筑堤三七九、〇九四丈，掘井二八、〇五二眼，植树二、二一九、七三六株，压条五、〇三〇、一四九株，除害鸟三七四、三七五只，除害兽一、一九六、一九四只等。由于以上措施，获得增加耕地面积三、九六五、三〇四亩。同时由于政府积极提倡的结果，农村畜牧家禽大有增加，计一年中仅某军分区不完全统计：其增加牛一、五五二头，驴一、九五三头，猪五一、〇五二只，鸡一四九、三一六只。此外农场工作亦有不少改进。东海农场研究了肥料，北海农场研究了农产品种病害，西海农场研究了果树与病害，都收到了相当成绩。各农场共增设苗圃十三处，占地一七六亩、育苗一、四五七、六三六株。同时又进行改良蚕丝业，共改良蚕种二、五一一张，除一部发于农民外，蚕场共收茧四三九斤，制□二、二三三茧，去年春季又制优良蚕种七六、八九六蛾，除发给农民外，蚕场共养三、〇七九蛾。**（二）工业方面** 首先是纺织业，政府和妇救会密切配合着开□[展]了群众纺织运动，建立了纺织小组、生产小组、纺织工厂、纺织合作社之间的联系，使得生产运销与消费都得到合理的解决。全区成绩最好的某县，每月可出布一四、九九〇匹（每匹二十尺），可以自给百分之二十。总计一年成绩，东海、北海两区共纺线四四、一三九斤，东海、西海、北海三区共织布二、六〇四、三一四尺。其次是织绸业。缫丝织绸业普遍于××××等县，几年来虽遭敌寇不断摧残，但在政府奖励扶持下，一年来仍获不少成绩。计共缫灰丝四〇二、四九九两，缫白丝六四、〇九〇两，织绸三、九三五匹。再次为农业与手工业工具的制造。（一）创造了六锭机、二十锭机及三十锭机，二十锭机四小时可出“三二线”十两，“六锭机”四小时可出“三二线”六两，并且轻快便利，出线均匀，十二岁的小姑娘就能使用，各地争先购用，颇为普遍。其次创造“利民犁”，经试验结果比旧犁省力三分之二。耕地均匀，使用较便，对于无力购买耕畜的贫民，有极大便利，故专署特命为“利民犁”。最后刀锄播种机，都是西海区的创造，使用较便，妇女亦能使用，平均每人每天能锄地十五亩。（四）制造了适用于敌后的打浆器，解决了敌后造纸业中的一大困难。日常用品的制造亦在进行中，如毛巾与牙刷，现各区均能自造，价格便宜，颇为群众所欢迎。去年一年中东海北海两区共造肥皂五二、二九九条，出牙粉三六、五九□包。鞋袜出品东海区已能自给自足。此外文具用品亦□部分制造，去年一年东海及北海两区共出纸一、七四六令，出油墨四、○一六盒，钢笔头一三、九九五个。工业方面之另一成就，即管理了工业研究室，开展了研究工作，能自造电池、木焦油、甘油、硫酸镁、昇汞、□化锌、火碱、盐化锡二铁等，以上各种制品均成本低廉，材料便宜。**（三）合作事业方面**　□一年来的合作事业在整理巩固中进行与发展的，而合作社的统一运动是整理巩固合作事业的关键。在这方面我们做了以下的工作：第一，建立了各级合作事业指导委员会，大量的平衡的统一的开展了合作事业，现在全区已成立六个县指导委员会，及十个区指委会。指委会的建立，对各地合作事业的发展有很大作用。第二，成立合作社交易上和事务上的统一领导组织——区、县联合社现已成立××处。第三，整理各地合作社，取消区乡消费合作社，改为村合作社，因而纠正了区乡合作社为地主豪绅所把持操纵的现象，而使合作社深入农村，真正为广大群众谋利。同时并展开了反贪污、反浪费、反高利剥削的斗争，提高了合作社的信用与质量。合并或停止了少数不起作用的合作社。第四，在业务经营上许多消费合作社，去年已逐渐变质成为生产性质的合作社，如北海区七处消费合作社变为生产合作社，东海区有四处消费合作社变为生产合作社。在以上整理巩固的基础上，合作事业继续发展。计去年东海区共成立生产消费合作社一二八处、消费合作社一三一处，北海区成立产销合作社七处、消费合作社四十处，西海区成立产销合作社十六处，其他地区亦有增加，总计一年来合作社共增加了×××处，资金增加了若干元，使根据地市场更趋繁荣。（新华社胶东三月二十七日电）

緬境西部 英軍發動新攻勢

殲傷俘敵六千

英人評艾登赴美

討論蘇英美關係加強團結

或將召開四國外長會議

艾登赴舊金山會議

戰後遠東問題

英美已有試驗性協定

意倫協議密約

德意關係日深

波人搶救政治犯

北意工人行動日益廣泛

匈牙利清洗政府黨

並擬改組匈青年團體

蘇人民委員會公佈

援軍捐款達七十億盧布

一〇二空軍師榮獲衛隊銜

印緬邊有小戰事

仰光敵油廠被炸毀

東京在轟炸圈內

紐約成立蘇美友誼協會

沉傷日艦多艘

英報軍機轟炸日本土

美國空軍分配情況

巨型高射砲

英國正在試驗

去年膠東的經濟建設

（一）農業方面

（二）工業方面

（三）合作事業方面

本市妇女已有六十人参加纺毛

市府发款救济河南灾胞

【本报讯】延市妇女自“三八”节后，其生产热忱，为前所未有，截至昨日为止，便已发展纺毛线妇女约六十余人（机关、学校妇女纺毛的人数尚不计在内），市妇联近已制就一百架纺毛车子，发出者已达五十余架。在该市妇联会办公室，现每日领毛或交毛线的，至为拥挤，其中又以河南难民最为努力和纺得最好。本地妇女亦已陆续参加纺毛，预计在本年内，全市要发展市民五百群众妇女参加纺毛。

【本报讯】河南难民居住延市者，共有五十余家，均经市政府救济与安置，计分别介绍到乡里□地，作□[雇]工，到工厂工作，或经□[同]乡帮助做小生意。市府临时救济，最初每人支洋五十元，以后每户由一百到五百元，因政府的帮助及难民努力生产，难民的生活困难，已大部分获得解决。南区龙儿湾河南难民李敏华妈，自获得“三八”纪念大会奖励后，她每日更为勤劳与教人纺毛，附近居民亦因她获奖而羡慕，并群起参加纺毛，现该处纺户已有十余家。东□[区]野夫子沟、崔子沟亦有不少河南难民妇女开始纺毛。桥儿沟、东关等乡亦有三十余户本地居民纺毛。据妇联同志调查所得，过去某些妇女因听信破坏分子造谣，怕纺毛线□[会]变成“公家人”，现在事实完全戳穿了这些无耻的谣言。居民大部分也知道了，这□[种]纺毛是政府帮助他们丰衣足食，故均愿意参加纺毛。

慶陽萬人盛會 號召努力加緊生產

王倉李文魁王毅堂受獎

【本報慶陽六日電】[illegible]

農具工廠 怎樣開展趙占魁運動

[illegible]

「長城」部指戰員 廿天開荒四千畝

甘泉駐軍進行競賽計劃

[illegible]

領導生產要到家

綏德縣委組織部長　胡英駿

[illegible]

洗刷「害羣之馬」

——延川縣開除「敗類」王金表

王韻

[illegible]

綏德義合二鄉支書李成福 群衆選爲勞動英雄

劉玉厚等十人受獎

[illegible]

子長完小 學生自動入學

【子長訊】[illegible]

綏大填居民 合作修水渠

[illegible]

隴東分區機關參雜人員 公餘生產提高民衆情緒

[illegible]

山塬相連 荒挖地

[illegible]

平劇院編餘人員 參加生產

[illegible]

本市婦女 已有六十人參加紡毛

市府發款救濟河南災胞

[illegible]

南區合作社 運鹽隊抵定邊

子長縣[illegible]

[illegible]

中央印刷厂参加赵占魁运动

四十二人拟订新的生产计划

【本报特讯】中央印刷厂开展赵占魁运动的特点，除全体职工均已掀起澎湃的生产热潮外，厂方并已决定进行工作大检查，借使劳动力的组织和配备，以及原料使用等管理制度方面，更臻完善，以达到提高数量、改进质量与减低成本的目的。

【本报特讯】中央印刷厂已经正式参加赵占魁运动，具体拟定向赵占魁看齐的生产计划的工人，已有四十二人。他们并都根据“提高一步”的原则，拟定新的生产计划。从这些计划中，可以看出一个共同的特点，即在提高数量、质量以及节省原料三方面，都能从各自不同的工作中，订出根据上述原则的具体办法。同时对于学习亦均异常严□[格]，特别是在工作较久的工人同志中，在今天的工人运动里，尤其有重要的意义。在排字工人姚文田的生产计划中，质量、数量各方面均较前提高百分之二十五.五。他是十九岁的青年工人，平常思想意识、工作、学习均极进步，为全厂一致所称赞。陆斌同志现虽年只二十六岁，但做工的历史已有十一年了，除了工作一贯积极不断提高自己、帮助别人外，对于学习并不因为自己是老工人而稍有松懈，相反地，他在学习方面，却始终遵守时间，好学不倦，现已能看解放日报。兹先将姚、陆二同志所作的各自生产计划发表于后：**姚文田的计划**　一、生产：1.生产计划：诗钞、医药、物理化学等书籍每小时平均排八五〇字，一般书籍每小时平均排一、〇五〇字，质量平均每千字不超过八个错字（过去一般规定为十个）。诗钞、医药、物理化学等书籍每小时平均还一、〇〇〇字，一般书籍每小时平均还一、三〇〇字（自然科学书籍的部位字比一般书籍多难排，故计划与一般书籍不同）。又，排字间一九四二年平均生产量最高者，排字八九四，还字为一、〇五三。现在排字与装书分开，排一个算一个不打空铅，故现排一千字约等于一九四二年的一、一〇〇字。现在排字生产计划最高者每小时平均排九〇〇字，还一、一〇〇字（一般书籍），根据这个数字看，则本计划比去年生产最高纪录，每小时平均多排二五六字，多还二四七字，比现在排字组最高计划每小时平均多排一五〇字，多还二〇〇字。2.爱护工具、节省原料：保证架子清洁整齐，架子下不掉字；不丢可以用的字，丢坏字时须经组长许可；用过了的工具，放在一定地方，不使损坏。3.绝对执行厂规，劳动纪律、学习、生活纪律及其他条例。二、学习：每天保证两小时正规学习外（现为文件），还抽出半小时工余时间看解放日报。做笔记、讨论会发言提纲。并且要即知即行。三、其他：在工作上向同志们学习，努力提高我的技术，不与任何同志闹别扭；在学习上经常和同志们谈问题，向同志们学习，帮助同志们；发现自己的缺点立即改正；对同志们的缺点，以同志的态度向他们提出。**陆斌的计划**　　一、质量要端正清晰，数量每一小时刻：即比去年的计划超过五分之二，比现在一般同志的计划超过五分之一。二、利用工作较少的时间整理架子，现在四行、六行、木刻字，及二号方体字，有些太低，有些不好看，在两个月内把它们去掉，补充新的。以后并作为经常工作，这一项工作除我做外，还分一些给其他同志做。三、自己解决刻字刀，并要做到每人一副。四、保证刻下之铅屑不浪费，每一个木头用二次（将旧木头翻过来再刻一次），利用旧弹簧打刻字刀。五、服从分配，遵守各种纪律。六、每天除保证两小时正规学习外（现为文件），还挤出时间看解放日报，并写正楷大字二十个。七、对别人对自己的毛病都不采取自由主义，不“小广播”，不背后批评别人或发牢骚。八、和同志们不吵架，技术不如我的同志帮助他，时常同他们研究。如果别的部门技术上有不知道的，我知道就要告诉他。在学习上，如果别人有不懂的来问我，我想办法告诉他。

中央印刷廠參加趙占魁運動

四十二人擬訂新的生產計劃

【本報特訊】中央印刷廠開展趙占魁運動的特點，除全體職工均已兼定澎湃的生產熱潮外，廠方並已決定進行工作大檢查，推使勞動力的組織和配備，以及原料使用等管理制度方面，更趨完善，以達到提高數量、改進質量與減低成本的目的。

【本報特訊】中央印刷廠已經正式參加趙占魁運動，具體擬定向趙占魁看齊的生產計劃的工人，已有四十二人。他們並都根據「提高一步」的原則，採訂新的生產計劃。從這些計劃中，可以看出一個共同的特點，即在提高數量、質量以及節省原料三方面，都是從各自不同的工作中，訂出提高上述原則的具體辦法。同時對於學習亦均異常積極，特別是在工作較久的工人同志中，在今天的工人運動中，尤其有重要的意義。在排字工人姚文田的生產計劃中，質量、數量各方面均較前提高百分之二十五。五。他是十九歲的青年工人，平常思想意識、工作、學習均極進步，為全廠一致所稱讚。陸穎同志現雖年只二十六歲，但做工的歷史已有十一年了，除了工作一貫積極不斷提高自己、幫助別人外，對於學習亦不因為自己是老工人而稍有鬆懈，相反的，他在學習方面，卻能按時間，好學不倦，現已能看解放日報。茲先將姚、陸二同志所作的各自生產計劃摘要於後：

姚文田的計劃

一、生產：1、生產計劃：（排）詩鈔、醫藥、物理化學等書籍每小時平均排八五〇字（一般書籍每小時平均排一、〇五〇字）。質量平均每千字不超過八個錯字（過去一般規定為十個）。詩鈔、醫藥、物理化學等書籍每小時平均還一、〇〇〇字，一般書籍每小時平均還一、三〇〇字（自然科學書籍的部位字比一般書籍多難排，故計劃與一般書籍不同）。又，排字開一九四二年平均生產量最高者，排字八九四，還字為一、〇五三。現在排字與還字分開，排一個算一個不打蔡論，故現排一千字約等於一九四二年的一、一〇〇字。現在排字生產計劃最高者每小時平均排九〇〇字，還一、一〇〇字（一般書籍），保證這個數字後，把本計劃比去年生產最高紀錄，每小時平均多排二五六字，多還二四七字，比現在排字組最高計劃每小時平均多排一五〇字，多還二〇〇字。2、愛護工具、節省原料：保證架子清潔整齊，架子下不準字；不丟可以用的字，丟填字時須經組長許可；用過了的工具，放在一定地方，不使損壞。3、嚴格執行廠規，勞動紀律、學習、生活紀律及其他條例。二、學習：每天保證二小時正規學習外（現寫文件），還抽出半小時工餘時間看解放日報。能懂記，討論會發言積極，並且要即知即行。三、其他：在工作上向同志們學習，努力提高我的技術，不與任何同志鬧彆扭；在學習上經常和同志們談問題，向同志們學習，幫助同志們；發現自己的缺點立即改正；對同志們的缺點，以同志的態度向他們提出。

陸穎的計劃

一、刻銅模：數量每一小時刻：

		去年的計劃	現在一般同志的計劃	現在我的計劃
散宋：	頭號：	三個	五個	六個
	二號：	五個	八個	九個
	三號：	六個	九個	十一個
	四號：	九個	十二個	十五個
方體：	頭號：	五個	七個	八個
	二號：	七個	十個	十二個
	三號：	八個	十一個	十三個
	四號：	十一個	十四個	十六個
老宋：	頭號：	三個	七個	八個
	二號：	五個	九個	十個
	三號：	六個	十二個	十二個
	四號：	十個	十三個	十五個
	五號：	十一個	十四個	十六個

即比去年的計劃超過五分之二，比現在一般同志的計劃超過五分之一。

二、利用工作較少的時間整理架子，現在四行、六行、太刻字、及二號方體字，有些太低，有些不好看，在兩個月內把它們去掉，補完的。以後要作為經常工作，做一項工作除我做外，還分一些給其他同志做。三、自己解決刻字刀，要學做刻每人一副。四、愛護刻下之鋼材不浪費，每一個木頭用二次（八號至木頭翻過來再刻一次），利用舊彈殼打鋼字刀。五、服從分配，遵守各種紀律。六、每天除保證二小時正規學習外（現寫文件），還擠出時間看解放日報。七、寫正楷大字廿個。八、和同志們不吵架，對別人對自己的毛病都不採取自由主義，不「小廣播」，不背後批評別人或發牢騷，技術不如我的同志幫助他，時常同他們研究。如果別的部門技術上有不知道的，我知道就要告訴他。在學習上，如果別人有不懂的來問我，我就耐心地告訴他。

黑窰溝

——一個黨的模範小組紀實——

守一

[illegible]

小組會

[illegible]

連系群衆

[illegible]

安塞合作社

發放棉花紡車

神府整頓民辦合作社

【安塞訊】……

【神府訊】此間民辦合作社，過去無經驗，陷於停頓。現決定恢復民辦合作社，已整理就緒，於上月十五日開始營業，已有股金五萬元。……

甘泉殘廢退伍軍人

王有清種地自給

幫助羣衆勸導二流子生產

【甘泉訊】……

三邊駐軍屯田

十八天開荒二千餘畝

每戰士挖甘草日達五十二斤

【本報三邊七日電】……

自帶糧食鐝頭

臨鎮駐軍助民開荒

李權海老人積極擁軍

【本報臨鎮訊】……

延職校學生

實習造肥皂

【本市訊】延職校同學……

延縣川口區檢查春耕

三鄉組十七個變工隊

六鄉炭窰已集資動工了

……

孫慶仁所種菜地

即將全部挖好

兵站人員協力幫助

【本報訊】……

會計訓練班

學生專心學習

【本市訊】財廳會計訓練班……

解放日报	时间	1943-4-12	期	第692期
			版	第2版

安塞合作社发放棉花纺车

神府整顿民办合作社

【安塞讯】四区合作社顷运到棉花两千斤，供给全区妇纺，已于本月三日开始发放，由县府四科派员帮助。此次领取手续尚简便，只要是该区居民向合作社登记后，即可领取。农民称道不已。然因弹花机有限，所弹棉花尚不敷分配。又该社已制好纺车三百架，即将大批发给纺妇。又，合作社在收线时拟分为三等，一等领取二斤棉花交一斤线，二等领二斤棉花交一斤二两线，三等领二斤棉花交一斤四两线。这样不但便利老百姓，且质量还可提高。

【神府讯】此间民办合作社，过去无经验，陷于停顿。现决定恢复民办合作社，已整理就绪，于上月十五日开始营业，已有股金五万元。据谈，六月底拟扩大股金至十万元。

中央印刷廠參加趙占魁運動

四十二人擬訂新的生產計劃

【本報訊】中央印刷廠爲開展趙占魁運動的特點，除全廠職工均已參加[illegible]外，廠方亦已決定進行工作大檢查，藉使勞動力的組織和配備，以及原料使用等管理制度方面，更爲完善，以達到提高數量、改進質量和減低成本的目的。

【本報特訊】中央印刷廠已經正式參加趙占魁運動，具體擬定向趙占魁看齊的生產計劃的工人，已有四十二人。他們[illegible]，從這些計劃中，可以看出一個共同的特點，都在提高數量，質量以及節省原料等方面，都能從各自不同的工作中，訂出根據上述原則的具體辦法。同時對於學習，[illegible]。[illegible]

姚文田的計劃

一、生產：1、生產計劃：[illegible]

陸颯的計劃

一、習字要端正清晰，數量每一小時寫：

		去年的計劃	現在一般同志的計劃	現在我的計劃
散宋：	頭號：	三個	五個	六個
	二號：	五個	八個	九個
	三號：	六個	九個	十一個
	四號：	九個	十二個	十五個
方體：	頭號：	五個	七個	八個
	二號：	七個	十個	十二個
	三號：	八個	十一個	十六個
	四號：	十一個	十四個	十六個
老宋：	頭號：	[illegible]	七個	八個
	二號：	五個	九個	十個
	三號：	六個	十二個	十二個
	四號：	十個	十三個	十五個
	五號：	十一個	十四個	十六個

照比去年的計劃超過五分之二，比現在一般同志的計劃超過五分之一。

二、利用工作較少的時間，整理字子，[illegible]

安塞合作社

發放棉花紡車

神府整頓民辦合作社

【安塞訊】四區合作社爲調劑棉花二千斤，供給全區婦紡，已於本月三日開始發放，由黨員[illegible]幫助。此次領取辦法[illegible]，只要[illegible]登記後，即可領取。[illegible]，所備棉花尚不敷分配。又該社已製好紡車三百架，即將大批發給紡婦。又，合作社在收線時擬分爲三等，一等領取二斤棉花交一斤線，二等領二斤棉花交一斤二兩線，三等領二斤棉花交一斤四兩線。這樣不但便利老百姓，且質量還可提高。

【神府訊】此間民辦合作社，過去無經驗，陷於停頓。現決定恢復民辦合作社，已整頓就緒，於上月十五日開始營業，已有股金五萬元。據談，六月底還擬擴大股金至十萬元。

甘泉殘廢退伍軍人

王有福種地自給

幫助群衆勸導二流子生產

【甘泉訊】此間殘廢退伍軍人王有福，[illegible]

三邊駐軍屯田

十八天開荒二千餘畝

每戰士挖甘草日達五十二斤

【本報三邊七日電】[illegible]

自衛軍爲食鹽頭

臨鎮駐軍助民開荒

李權海老人積極擁軍

【本報臨鎮訊】[illegible]

延職校學生

實習造肥皂

【本市訊】延職校同學自二月起工廠試驗，至今已達成功。[illegible]

延縣川口區檢查春耕

三鄉組織十七個變工隊

六鄉炭窰已集資動工

【本報訊】[illegible]

孫應仁所種菜園

即將全部挖好

兵站人員協力幫助

【本報訊】有四十年經驗的種菜老農孫應仁，[illegible]

會計訓練班

學生專心學習

【本市訊】[illegible]

黑窰溝

——一個勞動模範小組紀實——

守一

[illegible]

小組會

[illegible]

連系群衆

[illegible]

第一卷（下）

解放日报	时间	1943-4-14	期	第694期
			版	第1版

中央印刷厂加紧生产厉行节约

刻字工友请求一人完成二人工作，整理废纸每月可节省一万四千元

【本报特讯】赵占魁运动在中央印刷厂，现已深入全体职工的一切活动中。每一部门，每一职工，都在紧张的工作中。例如报版间的工人，甚至把大便或小便的时间，都要挤在下工之后，争取报纸提早付印，呈现于读者之前；而在工余的时候，无论是在自己的小组里或散步时，他们主要的话题，就是怎样才能把工作更提高一步，根据这个原则，怎样具体制定各自的生产计划，以向赵占魁看齐。从这些细微的事实中，可以说明积极生产的热潮，在该厂工人群众中，已经澎湃展开。在机器部，原由八个人做的工作现已有几个工友提出由七人担任，他们同时并自动提出每四周的礼拜日，都做义务加工（厂方现正考虑中）。他们并保证在质量方面，摇机器时要平稳，把报纸印得清清楚楚，扫地时要检点遗弃在地上的原料，厉行节约。并有几个工友提议每周检查一次，把计划贯彻到行动里去。铸字部过去每人每点钟规定浇字（以五号计算）数量为八百字，在向赵占魁看齐的口号下，宋瑞祥同志研究出加炭加铅时手敏眼快，把劳动时间组织得更加恰当，现已达到了在一点钟内浇字二千的惊人纪录。报版间有些工友除在工作时间内完成工作外，过去铅字架子是不大爱整理的，可是现在为了节省上工时的工作时间，在下工之后，都把这些工作做好了才离开排字房。并且还都自动的检查各自当天所做的工作——是否完成了自己所提出来的计划呢？在三月份内，最高纪录每小时排字一、二一七字，还字一、五七一字，这也是该厂有史以来最高的纪录。在质量的改进上，过去有些工人每千字有排错二十几个字的，现在一般的情形，每千字只排错十二三个字了。并且他们正在研究由二十四人减至二十一人，来完成同样的任务。现刻字工人曹国兴，已经向厂方要求把两个人的工作，并归一个人做，他说：“两个人实际只做了一个半人的工

作，如果归一个人做，只要加紧一些就正好了。”纸栈内之三个工人，他们把废烂纸头整理一下，按月可改作十六开和三十二开纸各二万张，值现在市价一万四千六百余元，这是一宗平常看不出的节约。像上面的各种例子是很多的。现全厂工人，在支部、工厂、工会各种大会、小组会以及个别谈话后，多数均已根据各人的实际情形与特点，拟定具体计划，提交各该部分的负责同志审阅批准实行。

中華民國三十二年四月十四日　星期三　第一版

·GIEFANG·RHBAO

解放日報

社址：延安
中華民國三十二年四月十四日　第六九四號　今日出版一大張
每月三十三元　三月八十九元　每期零售一元
全年二九〇元　半年一百五十元

中央印刷廠加緊生產厲行節約

刻字工友請求一人完成二人工作

整理廢紙每月可節省一萬四千元

【本報特訊】趙占魁運動在中央印刷廠，現已深入全體職工的一切活動中。每一部門，每一職工，都在緊張的工作中。例如裝版間的工人，甚至把大便或小便的時間，都要擠在下工之後，爭取報紙提前付印，送到讀者之前；而在工餘的時候，無論是在自己的小組裏或散步時，他們常談的話題，就是怎樣才能把工作更提高一步，根據這個原則，怎樣具體規定各自的生產計劃，以向趙占魁看齊。從這些細微的事實中，可以說明機械生產的熱潮，在該廠工人群衆中，已經蓬勃展開。在鑄字部，原由八個人做的工作現已有幾個工友提出由七人担任，他們同時並自動提出每日鑄字的數目，都保證按時加工（廠方現正考慮中）。他們並保證在質量方面，將鑄字時要平整，把報紙印得清晰整齊。鑄字時要檢驗每塊在爐上的原料，照行鑄勻。該有幾個工友建議每週檢查一次，把計劃實施執行下去。鑄字部過去每人每點鐘規定鑄字（以五號計算）數量為八百字，在向趙占魁看齊的口號下，朱瑞祥同志研究出加漿如鈴時手做得快，把勞動時間做得更加恰當，現已達到了在一點鐘內鑄字二千的驚人紀錄。裝版間有些工友除在工作時間內完成工作外，過去給字架子是不大乾淨的，可是現在為了節省上工時的工作時間，在下工之後，都把這些工作做好了才離開排字房。並且都自動的檢查各自每天所做的工作——是否完成了自己所提出來的計劃呢？在三月份內，最高紀錄每小時排字一、二一七字，這字一、五七一字，這是該廠有史以來最高的紀錄。在質量的改進上，過去有些工人每千字有錯二十幾個字的，現在一般的情形，每千字只錯誤十二三個字了。並且他們正在研究由廿四人減至廿一人，來完成同樣的任務。現刻字工人曾國興，已經向廠方要求把兩個人的工作，併歸一個人做，他說：「兩個人實際只做了一個半人的工作，如果歸一個人做，只要加緊一些就正好了。」紙操內之三個工人，他們把廢爛紙切整理一下，按月可改作十六開和三十二開紙各二萬張，值現在市價一萬四千六百餘元，這是一宗平常看不出的節約。像上面的各種例子是很多的。現全廠工人，在支部、工廠、工會各種大會，小組會以及個別談話後，參數均已根據各人的實際情形與特點，擬定具體計劃，提交各該部份的負責同志審閱批准實行。

中直軍直與留直進行生產比賽

雙方商討規定統一標準

【本報特訊】中直、軍直與留直進行生產友誼比賽，雙方為製定統一標準，討論與訂立比賽的統一標準，前後經過三次，費時近月，現競賽標準已共同訂出，即日起即照條件督促與檢查。當雙方訂定比賽標準前，均先後召集有生產經驗的同志，相互討論、研究，比如水地每畝收穫量，最初本規定為大秤三千斤，以後經過幾次實際考察，認為訂定得太高，不可能實現，乃經雙方負責人商討，改為水地每畝收穫大秤兩千五百斤。又豆腐初規定為：每一大斗豆子出豆腐七十斤，但因用水等關係，始改為每大斗出豆腐六十斤。關於此次比賽條件中所規定的收穫量，比一般產額的標準要高，雙方任何一方，都認為此項條件是合乎實際的。又雙方比賽進行情形，均由雙方所派的聯絡員，經常檢查，並規定每三個月檢查一次。

【本報訊】中直、軍直與留直的生產比賽條件，茲摘錄如下：（甲）按照條件：一、完成雙方今年所規定的生產任務……

渝市疏散居民

【中央社重慶十三日電】渝市疏散工作，即將加緊進行，以免空襲時之損失。初步工作之疏散宣傳，定於十四日起宣傳一週，並派員挨戶勸導居民及早疏散。

突境中部戰事告終

第八軍佔領蘇棱

意維托里亞師團全部被俘

晉冀豫本年編撰大批叢書

第×戰區派聯絡參謀來延

紅軍堅守頓尼茲

哈城前綫殲敵二千

德犯沃爾霍夫區遭挫敗

晉西戲劇界研討改造民間戲劇形式

延縣舉行春耕突擊月

勞動互助組織普遍展開

一一五師直屬隊生產節約成績卓異

兩個半月超過全年計劃之半

安塞陈家洼居民自动创设纺织工厂

影响各村乡继起筹办

【本报安塞特讯】模范劳动村陈家洼，正当生产竞赛热烈进行之际，近又在支书安□[义]□[元]同志领导下，全村自动创办一小型纺织工厂。此种完全依靠群众的自觉和自己的力量，而发展起来的自给工业，在边区农村经建中实属创举，它将引起全边区农村的注意。现该厂已于群众间募集资金十二万元，及工人五名，截至十五□[日]止入股者已达十七人。从枣湾纺织厂（安塞生产合作社纺织厂）买来的两架大型纺织机，及大批棉花和洋纱，已于日前运回该村，同时□[由]县府聘请之熟练织布工人一名亦已到达。日内该厂正兴工建筑伙房、□[材]料储藏室及赶造大批纺车（其余工房宿舍等暂设于安义元家中）。稍为就绪后，即可集中全村十五架纺车与十五名纺妇，正式开工。

【本报安塞讯】陈家洼纺织工厂，由于该村人民热心筹备，及政府的积极帮助，现已安置就绪，据经理安义元同志谈，该厂创办目的并非赚□[钱]，而主要的是为了解决全村人民的□[穿]衣问题，并开展生产自给运动，以影响其他村乡，基于这样的目的，他们计划将逐渐扩大该厂。目下由于原料（棉花)、机子，及资本的限制，所有出品仍需将大部出卖于市，以求资金的周转与扩大。但出售价目必求低于一般市商，尽量地给人民以方便。现以今日之条件观之，估计该厂开工后，每日可出布三疋，计全年可出一千二百余匹，若全都供给自己穿用，则全乡三百多户绰绰有余。将来如工厂再加扩大，即可供给全区，总之，他们的计划远大，正像安义元同志所说的："我们想把这个工厂扩大和枣湾工厂一样，只要经营得好，保险办得到。枣湾工厂开办的时候还不是只有两架机子，一万多资本，五年时光发展成三十多架机子，二百多万资本。我们要走的，也就是这条路。"

【本报安塞讯】陈家洼纺织工厂成立后，对于安塞各区乡民众影响极大，从一区到七区，人们都以羡慕与兴奋的语调，传说着陈家洼建立工厂的消息。近来每逢真武洞赶集的日子，便有很多别村的农民不辞劳苦地跑到该村去参观工厂，马□[家]沟农民陈德发，在听到这个消息后，立即在本村发动了妇纺，数天内十几架纺车便在他的督促下开始转动起来。同时他还亲手做纺车两架，除叫自己的妻子纺线外，并把另一架送给本村新来的难民，他说："人家成立大工厂，咱们成立小纺线队。"同样地，在一区这样的事情也在不断地发生着，其中仅该区一乡的少数农民，就向陈家洼工厂投资六万元之多，而门圪台一唐姓人家也愿以小型手摇织布机一架作为入股股金。此外其他各地要求入股者亦日有所闻。他们均纷纷向安义元说："只要你领着干，我们都参加，现在没有钱以后也要参加，你管账项，我们放心，赚钱不赚钱只要能给众人解决穿的就行。"现该厂正广泛接受外来投资，派人四处购买棉花与洋纱，以及一切零碎用具。一个产生在群众中之农村自给的纺织厂，将会以他崭新的面貌，出现在边区经建阵营中。

解放日报
中华民国三十二年四月十六日　第六九六号　今日出版一大张
社址：延安

安塞陈家洼居民
自动创设纺织工厂
影响各村乡继起筹办

敬谢名医
治病救人

晋西北军区政治部规定
五月为拥政爱民月

突境盟军包围轴心

英第一军进逼

库班红军克敌堡垒
克拉斯诺达尔空战德受重创

敌在缅甸

本市各界筹备会
纪念五一、五四

希魔驱迫捷克工人赴盟机轰炸区工作

布拉格设祕密警察司令部

【塔斯社日内瓦十三日电】布拉格讯，希特勒当局已扩大其总动员及于十四岁至七十岁所有捷克人。被动员之大部分人，将被送往德国西部与西北部做工，而由经常遭受轰炸之地区撤退的德国工人，将被送往被保护区。根据丹吉斯之命令，保护区内之所有文化机关均须关闭，而其工作人员则做工人。

【塔斯社日内瓦十四日电】据消息灵通人士称：希姆莱已在布拉格设立特别盖斯塔波司令部，此司令部在克鲁格将军与党卫队分队长佛兰克管理之下，指挥巴尔干各国盖斯塔波支部的工作。该司令部分为两科，第一科由佛兰克负责，专管巴尔干各国的机密事宜与收集其代理人的情报，第二科由克鲁格负责，一旦巴尔干国家发生冲突或群众骚乱时，则为维持秩序想出计划与采取措施。后者亦掌管党卫队人员征募与分配。又讯，现已拨党卫队一军团由克鲁格指挥，以便防御巴尔干国家，目前此军团党卫队集中于保护国与奥地利南部。

蘇聯農政當局 決定增加農場家畜

蘇游擊隊 ……
拉脫維亞……司令部被毀

希荷潛艇擊敵

英泰晤士報 評德意會談

納粹總動員末路

意軍拒絕德寇調遣 芬人屢與警察衝突

德軍逐放四萬法人 強徵醫生藥品及壯丁

南斯拉夫游擊隊 克意軍強固陣地

希魔驅迫捷克工人 赴盟機轟炸區工作
布拉格設秘密警察司令部

新幾內亞東南 擊落寇機卅架
美空軍六襲吉斯卡

英國上議院 辯論外交政策
下院預算辯論結束

庫爾斯克的「新秩序」

绥德郝家桥成立纺织合作社

刘玉厚植树超过计划十倍

【本报绥德十一日电】分区模范党员劳动英雄刘玉厚，及生产模范村郝家桥群众之劳动热忱，正在日益高涨。他们的夏田都已耕种完毕。此次因受寒雪影响而部分冻坏，他们正准备重作。刘玉厚已栽了枣树、柳树各二十株，超过原定计划十倍。以郝家桥为核心之纺织生产合作社，已于三月三日（旧历）开幕，添置了一批新纺车，该合作社除民股六万元，政府拟入股四万元。目前先以纺线为主，由合作社发熟花一斤十两，给纺妇换一斤细线，纺线一斤，即可净赚熟花半斤（值一百三十元）。故纺妇们的纺线热忱大大提高，现已由合作社发出熟花二百斤。现劳动英雄王德祥亦已向刘玉厚提出挑战，而刘玉厚则组织了一个变工队，（他妹夫、堂弟和他三弟兄共五人）以提高农作法的细致来应战。该村支书也和两个儿童组织一个变工队（两工变一工），全村畜力亦已全部在变工中发挥力量。

各村間熱烈挑戰
安塞耕地部份下種
馬家溝一兩棉花教會三人紡紗

赤水農民簡金山
五年開荒百廿畝
在政府幫助下今年更積極

克服春耕運動中領導上的弱點

志丹朱光明全家積極勞動
開荒過比旁人早

延川運輸隊踴躍馱鹽
延長深入宣傳民衆自動入股

模範難民
李文煥受獎
荀池組織難民公約

三邊駐軍直屬隊
建立金佛坪農場
連長指導員領導於獎

綏德郝家橋
成立紡織合作社
劉玉厚植棉超過計劃十倍

定邊賀氏兄弟
領導本村同吳滿有比賽

安塞二流子改造
羅古彪夫婦發奮

米脂楊家溝
已開荒十分之六

解放日报	时间	1943-4-18	期	第698期
			版	第2版

葭县两模范工属向马杏儿挑战

冯桂英纺纱六十斤织布二十匹，张凤英纺纱八十斤织布三十疋

【本报绥德特讯】葭县模范工属妇纺劳动英雄冯桂英，早于去年十二月即在螅蜊峪发现，略情曾志本报（十二月十二日），后为搜集详细材料起见，故迄今方由葭县县务会呈请专署批准后正式公布。冯桂英业已受到螅区区政府奖给棉花五斤，县务会将奖给织布机等物，定于古历四月八日在葭县白云山大庙会上，举行隆重之授奖典礼，专署赠给锦旗一面，警区妇救会除将予以物质的奖励外，并号召全警区妇女向冯桂英学习。模范妇女马杏儿之劳动事迹传至螅区后，冯桂英即兴奋地订出从四月起一年的生产计划，并提出要向马杏儿竞赛，并请人写信挑战，她告诉马杏儿：我要决心学习你的劳动精神，虽然，我的条件不如你，我没有一垧地，另外，倒有两个孩子要我抚养，还得照料家务，可是，我一定要完成今年生产计划：（一）纺花六十斤，每两线保证长一千尺以上。（二）织土布二十匹，每匹长四丈、宽十二寸。（三）做十双鞋子，保证一家四口，不买鞋子穿。（四）学会使用平台大织机，提高劳动技术，打下明年较高的生产基础。

【本报葭县螅镇讯】本区区府助理员冯久禄同志之妻张凤英，在劳动英雄马杏儿的光荣成绩鼓舞下，已正式向马杏儿提出竞赛。她家里没有一垧地，不能像马杏儿一样上山种地，但愿以纺织生产来比赛。从今年四月起至明年四月止，一年内她的生产计划，除了引娃娃、打杂工外，并要完成（一）纺花八十斤（每两花纺线一千五百尺长）；（二）织土布一百二十丈（面宽一尺三寸，按四丈算，共三十匹）；（三）做鞋九双，供一家三口穿用。

葭縣兩模範工屬 向馬杏兒挑戰

馮桂英紡紗六十斤織布廿疋

張鳳英紡紗八十斤織布卅疋

【本報綏德訊】葭縣模範工屬紡婦勞動英雄馮桂英，早於去年十二月即在綏德給發現，將情會函本報（十二月十二日），後因為徵集材料起見，故遲今方由葭縣縣府會同區署批准後正式公佈。馮桂英業已受到縣區政府獎給棉花五斤，區婦會紡織小組亦獎勵，先於古曆四月八日在葭縣白雲山大廟會上，舉行隆重之授獎典禮，并呈贈給錦旗一面，除區婦救會除給予以物質的獎勵外，並號召全葭區婦女向馮桂英學習。現在婦女馮杏兒之勞動模範傳至縣區後，馮桂英即與當地訂出從四月起一年的生產計劃，並提出要向馮杏兒挑戰，並請人寫信挑戰，特替訴馮杏兒：我要決心學習你的勞動精神，雖然，我的條件不如你，我沒有一塊地，另外，還有兩個孩子要我撫養，還得照料家務，可是，我一定要完成今年生產計劃：（一）紡花六十斤，保證紡線一千尺以上。（二）織土布二十疋，每疋長四丈、寬十二寸。（三）做十雙鞋子，保證一家四口，不買鞋子穿。（四）學會使用平台大織機，提高勞動技術，打下明年較高的生產基礎。

【本報葭縣訊】本區區府助理員馮久緒同志之妻張鳳英，在聽到英雄馮杏兒的光榮成績被發現下，已正式向馮杏兒提出挑戰：雖家裏沒有一塊地，不能像馮杏兒一樣上山種地，但願以紡織生產來比賽。從今年四月起到明年四月止，一年內她的生產計劃，除了引娃娃、打雜工外，並要完成（一）紡花八十斤（每兩花紡線一千五百尺長）；（二）織土布一百二十丈（即寬一尺三寸，按四丈算，共卅疋）；（三）做鞋九雙，供一家三口穿用。

馮桂英 手創葭北紡織事業 教會紡婦兩百多人

英雄們的競走

林朗

延縣豐富區河莊鄉 訂村民公約

兩千戶難民移至關中 政府撥救濟糧千五百石 發農貸百八十餘萬元

鄜縣防止牛瘟

合水楊志海植棉 七分地—廿四斤

華池二流子改悔 白三已開荒一畝

安塞檢查春耕 開荒計劃超過任務 二流子已大部參加生產

延縣蟠龍區 組成十五個變工隊

后　记

从《解放日报》卷帙浩繁的版面文字中编辑整理出有关工业的新闻史料是一项非常烦琐的工作，筛选、分类、整理、审校工作量浩大。《中国共产党早期新闻史史料汇编》（第一卷、第二卷）顺利出版离不开各级领导的支持，离不开参与该项工作的老师和同学的付出，正是他们一丝不苟和任劳任怨的精神，使《中国共产党早期新闻史史料汇编》（第一卷、第二卷）的编辑整理工作得以顺利完成。在此对他们表示诚挚的谢意！

本次出版的《中国共产党早期新闻史史料汇编》（第一卷、第二卷），贾翠玲完成第一卷上册和第二卷上册的编写，刘晓华完成第一卷中、下册的编写，吴蓉完成第二卷中册的编写，师发玲完成第二卷下册的编写。

由于时间、人力等方面的原因，编辑整理中难免出现文字处理等方面的瑕疵，敬请各位专家批评指正！

贾翠玲

于二〇二二年谷雨

中国共产党早期新闻史史料汇编

第一卷

中

《中国共产党早期新闻史史料汇编》编写组　编

人民日报出版社

北　京

目录

解放日报

兴华工厂四月份生产超过计划

【本市讯】兴华工厂在迎接“五一”的四月份突击生产过程中，原计划生产任务一百五十匹宽洋布，五十二打毛巾（同样的人数，三月份只织到八十五匹布，三十打毛巾），在“五一”总结时，则完成了一百七十匹宽洋布，六十八打毛巾。计在大会上得头奖的有王明山、张云生、李柏龙，得第二奖的有唐所元、邓家福、朱级武、薛青云，另外还有四个得三奖的人。这些同志，他们不但生产任务超过了很多，并且在学习与同志互相帮助等方面亦做得很好。

中華民國三十一年五月六日 解放日報 星期三 第二版

延安各界 舉行成吉思汗公祭大典

吳玉章那素滴勒蓋親臨主祭

【本報訊】昨（五月五日）為元太祖成吉思汗春節祭祀日，延安各界特於昨日下午一時在□家溝成吉思汗紀念堂舉行公祭，儀式隆重，邊府特撥款八千元，徽為成吉思汗公祭經費，陝甘寧邊區蒙古文化促進會編印延安各界紀念成吉思汗專刊，分贈延安蒙古同胞和各個機關。光華、新中國、交通、聯合等四商店為紀念蒙古民族英雄人——特發出紀念成吉思汗商貨優待券一萬五千元，凡蒙古同胞前往購貨者，均以九折優待。

【又訊】延安各界於昨日舉行盛大之公祭典禮，會堂偉莊，莊嚴肅穆，祭堂中央供奉全羊兩隻，周圍燃點香燭，思汗石膏像，周圍貼滿蒙古人民生活風俗的速寫，用粉紅緞帶點綴的靈堂中央供奉全羊兩隻，周圍燃點香燭，開祭時，哪嘛三人誦經，百餘蒙古同胞及各機關學校代表均默立靜穆致祭。

【本報訊】吳玉章同志和邊府委員那素滴勒蓋為成吉思汗春祭的主祭人。致祭畢吳玉章同志首先講話：「成吉思汗的功績，為蒙古人所崇拜，為世界人士所稱道，他建立過強盛的一個大國家，他能團結民族來抵禦外侮，始終以不屈不撓的精神和敵人搏鬥，成吉思汗事業的成功，由於他能團結人民，甘苦與共，建立了新的社會秩序和正義。今天我們紀念成吉思汗，特別要學習他的團結民族和抵禦敵人的民族主義精神來擊毀我們的敵人。」

共次由那素滴勒蓋以蒙古語講演大意說：「在今天成吉思汗春祭大會上，我感到非常興奮，過去少數民族在中國是不能被承認是一個民族的，他沒有地位，為人所歧視，但今天在邊區就不同了，享受自由，受到尊重。我們蒙古人要以成吉思汗的精神來團結各民族，我們蒙古同胞的內部，也要以誠相見，在生產上，工作上，學習上來幫助邊區政府。只要全中國的民族團結起來，一定可以戰勝我們的共同敵人——日本強盜。」

中央黨校規定

學習整頓三風文件計劃

【本市訊】中央黨校關於學習整頓三風文件的計劃，於日前做了補充決定，由教務處通知了該校各支部同志決定原文如下：

關於整頓三風的具體學習計劃與學習廿二個文件的進度與程序茲補充規定如下：

第一步（第一週）精讀及研究中宣部「四三」決定。

第二步（第二週至第三週）正科及預科甲乙各支將廿二個文件全部瀏覽一遍，以概括了解這些文件的大意（預科丙班以下先讀五個文件）

第三步（第四週至第十一週）將所有文件分類逐件精讀，逐件作筆記，深入的研究討論，並聯系及各個人思想及與本身有關之工作等，這樣可以使我們在文件研究完畢後進行建設自我檢討與檢查工作時，有豐富的內容，並且容易作的徹底些。

第四步（第十五週至第十六週）進行檢查工作及自我檢討，並作本期學習總結。

註：在研究文件過程中，一切能記筆記的同志，必須寫筆記，各小組開會時，必須作詳細記錄，各支幹會及教務處將負責隨時檢查筆記，記錄，並且隨時作總結。

茲將學習進度列表如下：

步驟	類別（各類如何研究及其所包括之文件名稱）	件數	時間（週數）
第一步	精讀研究中央宣傳部「四三」決定	一	第一週
第二步	正科及預科甲乙兩級瀏覽所有文件，預科丙班以下讀五個文件		第二至三週
第三步	（分類逐篇精讀）		
第一類	（一）毛澤東同志二月一日在黨校的報告。（二）毛澤東同志二月八日在延安幹部會上的報告。（三）康生同志報告（四）季米特洛夫論幹部政策。	四	第四至五週
第二類	（一）毛澤東同志關於改造學習的報告。（二）中央關於調查研究的決定（三）毛澤東同志農村調查序言二（四）中央關於延安幹部學校決定。（五）中央關於在職幹部教育決定。（六）聯共黨史結束語第二條（七）四軍九次代表大會論黨內不正確傾向第五節。	九	第六至八週
第三類	（一）中央關於增強黨性決定。（二）毛澤東同志在邊區參議會的演講。（三）毛澤東同志論反對自由主義。（四）聯共黨史結束語第四、五、六條（六）陳雲同志論黨員條件一個共產黨員（七）四軍九次代表大會論黨內不正確傾向（減去第五節）。（八）列寧、斯大林等論黨的紀律與黨的民主，（九）斯大林論平均主義。	九	第九至十週
第四類	（一）毛澤東同志二月八日在延安幹部會的報告。（二）康生同志第二次報告（三）宣傳指南小冊子。	三	第十二週
第四步	再作綜合的總的研究包含（一）重讀毛澤東同志兩次報告與聯共黨史結束語（全部）及季米特洛夫論幹部政策。（二）斯大林論黨的布爾塞維克化十二條，（三）斯大林論領導與檢查。	六	第十三到十四週
第五步	再讀中央宣傳部「四三」決定：並依據廿二個文件的精神進行自我檢討與檢查工作並作黨員個人鑒定，並總結本期學習。		第十五至十六週

第三步即第四週學習計劃，定於五月六日開始，並按照各件的規定，因限於經驗只能是大體的，在將來的學習進程中，也許還要加以伸縮。

中央黨校教育處 五月一日

研究文件熱潮影響下

縣建部過去不願學習者 現亦積極參加

供給部建學習獎懲制度

華池縣 成立文化補習班

白求恩醫院 選舉模範護士

甘隴道上

隴東行之三

本報特派記者 海稜

家家戶戶種田忙

「減糧宣傳員」

麥子的折合問題

怎樣使學校和羣衆的關係密切起來

郭林

邊區總工會 召開各工廠工會幹部會議

市縣簡訊

平西敵訓練奸細 進行各種活動

冀中水利 築堤修堤積極建設

財部積極實施 煙類專賣

邊區劇協 將出版「邊區戲劇」

體育消息

興華工廠 四月份生產超過計劃

【本市訊】興華工廠在迎接「五一」的四月份興舉生產運動中，該廠計劃生產任務一百五十匹寬洋布，五十二打毛巾（同樣的人數，三月份只織八十五匹布，三十打毛巾），在「五一」節時，則完成了一百七十匹寬洋布，六十八打毛巾。計在大會上得獎勵的有毛明山、張云生、李柏祖，得獎二號的有唐阿元、郭家順、朱發武、薛寶遙，另外還有四個得獎的人。這些同志，他們不但生產任務超過了很多，並且在學習與同志互相幫助等方面亦作得很好。

（2） 490

绥德王氏姊妹纺织成绩优良　合作工业两局予以奖励

清涧模范棉农得奖

【绥德讯】本县双湖峪马姓商人的妻子王斌华姊妹三人合组小型家庭纺织工厂，因方式方法和成绩都很好，合作指导局认为在发展民间纺织业上，很值得奖励，即商得工业局同意，由两局各出奖金一百元，并由曹专员题赠彩旗一面，派员到双湖峪开群众大会，举行给奖典礼。到会附近乡民百余人，该区区长及商会会长均出席讲话鼓励。王氏三姊妹在许多妇女不绝的称羡声中，很觉光荣。王氏姊妹纺织厂自去年十一月开始，得到合作社在技术上的帮助以来，已织成土布二十八匹，现在每两天可织布一匹且质量很好。王斌华在近几年来，既爱纺纱，又爱织布，前年用二十元自做一架拉梭机，经过自力纺纱积存了些现款，又买了梭子□［铜］□［线］去，年冬和大姐斌章合作，集资在双湖峪买了棉花一包，大姐又带了媳妇参加，三妹斌文也加入合作，于是小型的家庭纺织工厂正式开始。大姐和三妹做底工，纺线子，斌华和媳妇织布，又亲自下乡买线子，在集上买棉花，接洽事情，三姊妹分工合作，惨淡经营，业务蒸蒸日上。三女过去都是依丈夫糊口或遭丈夫遗弃的，现在则能自力生活了。目前她们资金上还感到困难，合作指导局正设法给以帮助。

【绥德讯】距双湖峪二十五里的马蹄沟，乡民张文金妻纺纱优异，合作指导局给奖金一百元，以资鼓励。张妻平日除做饭和照顾孩子外，三天内纺经线一斤，在纺纱业刚开始的马蹄沟，很有模范推动作用。该地有盐炭工人六七百人，百分之八十以上妇女都不参加生产，此次张妻得奖，也刺激了她们要求纺纱。

【清涧讯】模范棉农给奖，本县已照边府规定办法奖励完毕，全县得奖的模范棉农共三十九户，计特等奖一户得锄铧各一件，甲等奖七户，各得锄一把，乙等奖八户，各得□［铧］二页，丙等奖二十三户，各得□［铧］一页。每个得奖棉农，莫不兴高采烈，他们说：收了棉花卖好价，政府还给奖，比种什么庄稼也有利呀。获得特奖的白善吉，去年种植两垧半，收棉花一百多斤，今年他更多种了几亩。

【又讯】黄县长在模范棉农发奖后，特去信勉励，请他们继续努力种棉，以推动全县的种棉运动，争取今年的模范。又：四月三十日本版载“东三县植棉激增”文内谓二十斤棉籽折合小米一斗缴公粮，应为六十斤折合一斗。

綏德王氏姊妹紡織成績優良 合作工業兩局予以獎勵

清澗模範棉農得獎

【綏德訊】本縣雙湖峪馬姓商人的妻子王氏與其姊妹三人合組小型家庭紡織工廠，因方式方法和成績都很好，合作指導局與建設廳紡織廠認為很值得獎勵，即由兩局各出獎金一百元，並由雙湖峪召開群眾大會，舉行給獎典禮。到會附近鄉民百餘人，經張區長及兩會會長均出席講話鼓勵。王氏三姊妹在許多婦女不絕的稱羨聲中，很榮光的。王氏姊妹紡織廠自去年十一月開始，得到合作社在技術上的幫助以來，已織成土布二十八丈，現在每兩天可織布一丈且質量很好。王氏等在過去年來，既愛紡紗，又會織布，前年用二十元自織一架紡線機，靠著自力紡紗積存了些現款，又買了較好的織機，去年冬和大姐就與合作，集資在雙湖峪買了棉花一包，大姐又帶了她婦多加，三妹就文也加入合作，於是小型的家庭紡織工廠正式開始。大姐和三妹做底工，紡線子，漿線和織布，又親自下機，在集上買棉花，接洽事情，三姊妹分工合作，遂漸穩，業務蒸蒸日上。三女還去鎮上，就是依靠丈夫糊口度過的，現在能自力生活了。因為她們資金上還感到困難，合作指導局正設法給以幫助。

【綏德訊】距雙湖峪二十五里的馮縣溝，農民張文金家紡紗優異，合作指導局給獎金一百元，以資鼓勵。張妻平日除讀書和照顧孩子外，三天內紡線一斤，在紡紗業剛開始的馮縣溝，很有模範推動作用。該地有職業工人六七百人，百分之八十以上婦女都不參加生產，此次張妻得獎後，也刺激了她們要求紡紗。

【清澗訊】模範棉農給獎，本縣已照邊府規定辦法獎勵完畢，全縣得獎的模範棉農共三十九戶，計特等獎一戶得鋤頭各一件，甲等獎七戶，各得鋤一把，乙等獎八戶，各得[illegible]二頁，丙等獎廿三戶，各得[illegible]一頁。每個得獎棉農，莫不興高采烈，他們說：收了棉花賣好價，政府還給獎，比種什麼莊稼也有利呀。獲得特獎的白壽吉，去年種植兩垧半，收花一百多斤，今年他更多種了幾畝。

【又訊】黃縣長在模範棉農發獎後，特去信勉勵，請他們繼續努力種棉，以推動全縣的植棉運動，爭取今年的模範。

又：四月三十日本版載「東三縣植棉激增」一文內謂廿斤棉花折合小米一斗錯公報，應為六十斤折合一斗。

二一九師舉行直屬黨代表大會

積極進行整頓三風工作

【本報延安四日電】[illegible]

市府工作人員整隊外出研究文件

【本報訊】延安市政府、市工會三機關，對於廿二個文件的學習方面，[illegible]

市青聯及所屬各團體建立體育勞動制度

▲進行文件學習▼

【本市訊】市青聯及所屬團體，中山圖書館、青年俱樂部、少年團、地方青年工作科等三十幾個單位，[illegible]

宣傳動員和挨戶訪問

—延安縣普查工作經驗之三—

蔚一平

[illegible]

靖邊籌備毛工廠

【靖邊訊】[illegible]

邊參會常駐會明日舉行

【本市訊】邊區參議會常駐會決定於八、九兩日舉行第六次常會。議事日程：第一日上午為政府工作報告，下午討論。第二日上午常駐會報告及討論，下午討論提案。

龍耳區的炭窰與炭工

梁洪

[illegible]

一得書

煥南

筆記摘錄

[illegible]

米脂抗救會建立正規工作制度

文藝運動日漸活躍

【米脂訊】[illegible]

晉西北士紳參觀團起程來延

【一二〇師社晉西北六日電】[illegible]

晉察冀邊委會規定囚犯參加生產

成績優良者將功折罪

【新華社晉察冀五日電】[illegible]

晉察冀軍區各部隊設抗屬招待所

設立抗屬醫院免費診療

【新華社晉察冀四日電】[illegible]

麻紙寫字不滲

—張介夫新改進—

【本市訊】[illegible]

甘泉推銷儲蓄獎券

公營商店首先認購

【甘泉訊】[illegible]

綏德設蠶絲實驗所

【綏德訊】[illegible]

將在作家俱樂部舉行

景康影展

【本市訊】文抗作家俱樂部，定本月九日至十日舉行景康攝影展覽會。[illegible]

邊區簡訊

[illegible]

晉西北降雨

夏收已有把握

【中央社興縣五日電】晉西北一帶，五日普降甘雨，麥苗復盛，夏收已有把握。

更正

[illegible]

解放日报	时间	1942-5-7	期	第354期
			版	第2版

靖边筹备毛工厂

【靖边讯】三边畜羊遍野，毛皮产量丰富。本县政府特筹备公私股金四万余元，开办毛工厂。该厂制毛毡、毛线、毛袋、毛布、毛毯等。现正招收工人，筹备开工。

綏德王氏姊妹紡織成績優良

合作工業兩局予以獎勵

清澗模範棉農得獎

一二九師舉行直屬黨代表大會

積極進行整頓三風工作

市府工作人員整隊外出研究文件

市直屬及所屬各團體建立體育勞動制度

▲進行文件學習▼

靖邊籌備毛工廠

龍耳區的炭窰與炭工

邊參會常會明日舉行

一得書

筆記摘錄

宣傳動員和挨戶訪問

——延安縣普查工作經驗之二——

叢一平

米脂抗救會建立正規工作制度

文藝運動日漸活躍

晉西北士紳參觀團起程來延

晉察冀邊委會規定囚犯參加生產

成績優良者將功折罪

晉察冀軍區各部隊設抗屬招待所

設立抗屬醫院免費診療

甘泉推銷儲蓄券

綏德設蠶絲實驗所

景莊影展將在作家俱樂部舉行

蘇紙寫字不滲

——介紹新改夫張——

邊區簡訊

晉西北降雨

更正

第一卷（中）

解放日报	时间	1942-5-7	期	第354期
			版	第2版

绥德设蚕丝实验所

【绥德讯】为发展警区的蚕丝业，专署经建科已将本县北门外农场，划作蚕丝实验所，植桑树五十余株，兴建房屋数间，以作养蚕贮桑之用。日来天气和暖，蚕卵已开始孵化。此项实验工作，建设厅已派专人负责研究指导。

綏德王氏姊妹紡織成績優良
合作工業兩局予以獎勵
清澗模範棉農得獎

一二九師舉行直屬黨代表大會
積極進行整頓三風工作

市府工作人員整隊外出研究文件

市青聯及所屬各團體建立體育勞動制度
▲進行文件學習▼

靖邊籌備毛工廠

龍耳區的炭窯與炭工
梁洪

邊參會常會明日舉行

【本市訊】邊區參議會常駐會決定於八、九兩日舉行第六次常會，議事日程：第一日上午聽取政府工作報告，下午討論。第二日上午常駐會報告，下午討論提案。

宣傳動員和挨戶訪問
——延安縣農會調查工作經驗之三——
叢一平

米脂抗救會建立正規工作制度
文藝運動日漸活躍

一得書
筆記摘錄
煥南

晉西北七紳參觀團起程來延

晉察冀邊委會規定囚犯參加生產
成績優良者將功折罪

甘泉推銷儲蓄獎券

晉察冀軍區各部隊設抗屬招待所
設立抗屬醫院免費診療

綏德設蠶絲實驗所

【綏德訊】綏德專署為發展警區的蠶絲業，等屬蠶絲料已將本區北門外農場，劃作蠶絲實驗所，植桑樹五十餘株，與桃樹數株，以作蠶繭蠶桑之用。日來天氣和暖，蠶卵已開始孵化。此項實驗工作，據說已派有專人負責研究指導。

景康影展將在作家俱樂部舉行

麻紙寫字不滲
——張介夫新改進——

邊區簡訊

晉西北降雨

边区简讯

庆阳县妇联关于本县妇女婚姻问题，准备调查二百至五百份有关材料，以便作出结论，作为今后解决婚姻问题之参考材料。又本县各机关女同志将一律参加妇联组织。关中分区各县土地登记，定于六月份乡参议会改选时，一并进行。镇原县今年的工业交通建设，县府决定以发展家庭手工业为中心，全县计划增加手摇纺车五百个，旧式织布机一百架；发动妇女纺纱三千斤，织布一千六百匹。在交通运输方面，试办运输合作社一个并补修交通大道。鄜县大义区驮盐队在民众积极响应之下，已组织就绪，第一批驮盐队已于四月二十日将公盐驮回，但第二批驮盐队的经费尚不能解决，政府为克服此困难，已令将第一批公盐出卖，所得之款作为下次驮盐队的用费。第二批驮盐队，不日即出发。军政考察团陇东组，于日前抵达驻军某团，现正开始考察中。赤水三月份内本县新增难民三十二户，他们大多由陕南移来，现已分住于二区七里川、四区八乡。他们的土地、农具、食粮多由区乡政府给以适当的解决，刻正进行开荒播种。

綏德王氏姊妹紡織成績優良 合作工業兩局予以獎勵

清澗模範棉農得獎

二二九師舉行直屬黨代表大會

積極進行整頓三風工作

宣傳動員和挨戶訪問

——延安縣普查工作經驗之三——

叢一平

市府工作人員整隊外出研究文件

市青聯及所屬各團體建立體育勞動制度

▲進行文件學習▼

靖邊籌備毛工廠

龍耳區的炭窰與炭工

梁洪

邊參會常會明日舉行

【本市訊】邊區參議會常駐會決定於八、九兩日舉行第六次常會，議事日程：第一日上午爲政府工作報告，下午討論。第二日上午常駐會報告及討論，下午討論提案。

一得書

煥南

筆記摘錄

米脂抗救會建立正規工作制度

文藝運動日漸活躍

晉西北士紳參觀團起程來延

晉察冀邊委會規定囚犯參加生產

成績優良者將功折罪

晉察冀軍區各部隊設抗屬招待所

設立抗屬醫院免費診療

麻紙寫字不滲

——張介夫新改進——

甘泉推銷儲獎券

公營商店首先認銷

【甘泉訊】甘泉公營商店聯合會進行推銷第二期儲蓄獎券。各公營商店首起模範作用，紛紛認購。光華商店認銷九百元，衛生材料廠認銷四百五十元，同時代售保安司令部認銷之二千五百元，縣聯社認銷二百五十元，代銷合作指導局發給之一千七百五十元。

綏德設蠶絲實驗所

景康影展將在作家俱樂部舉行

【本市訊】文抗作家俱樂部，定本月九日至十日舉行景康攝影展覽會，據云，內容包括：人像，攝影線條，第一輯分兩部，前部純係藝術作品，後部係抗戰動員新聞攝影，包括前綫，後方各種動態，於星期日下午五時，全部開放展覽云。

邊區簡訊

晉西北降雨

更正

各工厂工会干部会议讨论集体合同工资问题

【本报讯】在各工厂工会干部联席会上，边区工人参议员陈孝良，就新工资合同问题，发表意见，据他说：新□［工］资数额虽比从前增加了一倍，但在百物胜贵之下，工人方面意见仍希厂方酌予增加。至少病假一项，新合同准则三十一条中规定，“工人学徒因病医治或住医院者，厂方除发医药及伙食费外，在此时间停发工资，又病在十天以上者，由厂方酌量予以津贴”。工人对此多数主张，最好仍能按照从前合同规定，病期在一个月内则工资照发，病期两月发一半，病期三月发给津贴。此外工人提出，有工人子弟入学问题以及工人疗养所，或请求医院尽量给予工人治病的方便。至于取消例假，在此抗战期间，工人均欣然同意。

【本报讯】五日下午，大会宣读关于“修改合同与工资标准”及“陕甘宁边区战时公营工厂集体合同准则”两草案，此次新草案中增加第七章一条劳动纪律及管理规则。当主席读完两个草案后，复将大后方各地工资与边区工资做一比较。如一九四一年重庆工资虽较一九三七年增加到四倍至十倍，但同期物价则涨至二十五倍；又如成都在这期间物价高涨二十四倍，工资只增二倍到四倍。边区在工业方面虽比较落后，数年来工人始终保持吃饱、穿暖，绝无失业饥饿现象，工人政治信仰自由，有学习的机会，工人家属并享若干优待，一九四一年度工资约为五十五元，一九四二年新工资以实物米为标准（另由公家供给食宿衣服），重工业□［工］人每月米一斗至两斗（现每斗三十斤折边币一百一十余元），学徒四升至八升。轻工业工人每月八升到一斗六升，学徒四升到六升。成年工人工作每天十小时，青工八小时。

【本报讯】新工资合同五日晚在小组会上讨论后，六日上午复由各小组长提交大会讨论，兹将其初步意见归纳于下：一般意见认为：一、学徒小米四升只能买到一只皮鞋，高者一双，或仅仅只买三尺余布，因之工资仍望能酌

雨後土潤 各縣春耕廣泛開展

各地政府要抓緊農時 保證春耕計劃最後完成

【本報訊】根據各縣消息，邊區已普遍下雨了，春耕中最主要的困難已經沒有了。春耕熱潮，在雨後已擴展的在全邊區開展起來。但在耕時節約只有一個月了，時候是很促迫了。有的地方幹部以爲下了雨一比什麼春耕宣傳都更有力量」，以爲下了雨就「一切無問題了」，於是對春耕工作推動不够，甚至讓其「自流」，這樣，仍是不能保證春耕運動的勝利完成，如果不趁雨後組織農民突擊開荒，農民業已鼓的的解決困難，經常關心和檢查春耕工作，則邊府今年的「春耕計劃」已經從各縣到每一農戶訂出，仍是不能實際完成的。另外，據各縣息，關於一般不必要的動員，雖經邊府一再申令禁止，但目前在有的地方仍未停止，這些應該停止的，因動員太多，妨礙「農時」，妨礙春耕。

【本報合水訊】天久不雨，土地乾涸，此間人民對於今年春收，異常焦慮，至四月廿四日，降落大雨，天降甘露，晝夜未停，深土達六寸許，農民皆大歡喜，稱爲「喜雨」。記者此次隨赴縣城近郊訪問農民，據一區一鄉一行政村村主任實高明說：「下了這陣雨，使窯壩中的農民安心許多。現在趁雨後土潤，農民都實行搶種，先把包穀、豆子、高粱、小麻子等種下。「非雨不出三月天」，錯過這時，將來必定歉收。」接着又說：「下過這次大雨，爭取穀子可以種的問題，再想上被冷凍而乾枯的麥苗，還可挽回三分之一。」

【又訊】雨後放晴，此間四鄉農民紛紛備驢製牛上山開荒下種，據農夫莫某語記者：「現在有了雨，不愁麥苗沒有了轉機，並且春耕下種也有希望了。」

【本報合水訊】合水縣本年農業生產任務：開荒一萬畝，在原有耕地上增加細糧一萬四千三百五十五石，並試種棉花二百畝。三月下旬召開區長聯席會議，討論春耕計劃，四月初始佈置到鄉上，各區挑選了一個鄉作農戶計劃，以推動其他各鄉生產。目前春耕中的困難，除動員問題需縣更好解決解決外，缺乏耕牛農戶，縣府已呈請邊府要求撥發一部份救濟糧，並由縣府貸借一部份。土地糾紛則照中共中央頒佈的「土地政策」具體辦辦，實行「減租減息」與「交租交息」的規定，限制地主在春耕期間收回土地，以保障佃戶完成生產任務，同時，因四區已經分了荒地頗多，縣府號召缺乏土地的農戶，向該區遷移，以擴大耕地。

【華池訊】落雨之後，本縣農民生產熱忱增高，在各鄉政府推動下，近來各區莫不造成一股自然的競賽，春耕計劃可望完成。

【曲子訊】上月廿三日第一次春雨在本縣降落，此間農民得此喜雨，莫不笑逐顏開。枯萎欲死的春麥，可望救活；昨日乾硬無法播種的土地，現正不休止地被翻耕，新的緊張的春耕運動代替了過去陷於停滯中的觀望現象。

【鄜縣訊】「松花」一發實停降雨九天，集中力量翻土播種。農民在這五天中的模範作用，影響群衆個個同志對生産的積極性，使他們不懈年齡，抓緊每一分鐘來生產，五天內，他們種了四百餘畝壩的小糜和穀子。

【南泥灣訊】四月廿四日夜間泥灣第二次頓下大雨六小時，據農民說：今年春耕時期內雨量已經完全夠用。遇降兩次大雨後，該地難民開荒熱忱很高。去年移來的難戶，還已耕荒的熟地和才開的新荒，平均每個勞動力已在十埫以上，今年，新來的難民，每個勞動力平均開荒已達七八埫，谷糜大部播種，玉米、小麻等也將下種。該區共有新舊難民二百四十餘戶。現已耕之新荒及熟地達二千一百多埫，其中二分之一耕地已下種，現正組織開荒隊進行突擊中。

建廳直屬各機關 學習文件情況一瞥

【本市訊】建設廳直屬各單位繼續三風學習開始以來，皆積極踴躍，茲將各單位情形分誌如下：

農業局 第一期七個文件，中共組織人都看了二至三遍，余儀幹部都參加了學習，因農業局幹部大多數爲技術專家場技術上的領導人，在這農忙時候，每天學習四小時，比較困難。[illegible]專人負責幫助學習，先講授中共中央「四三」決定，用提問題方式，集體討論學習，[illegible]。

農校 中級組每日下午不辦公，不講課，作[illegible]學習，早晨各自在窯洞內作筆記，晚上[illegible]各行二三人的座談。低級組用上課方式，每日學習二小時，[illegible]本地幹部，參實際經驗。下午由小組長領導討論二至三小時，每期學習完畢舉行測驗一次。

林務局 [illegible]中級組已閱讀各文件，做筆記。並由樂局長負責審查筆記一次，學習時間在午睡後二小時，晚上三小時。

工業局 中級組[illegible]小考內容已定爲未來的改造學習問題，[illegible]中宣部四三決定的內容是什麼？[illegible]

交通運輸局 規定每人要作筆記三次。一、[illegible]

合作指導局 每天有二小時集體學習，低級組一、二、三、五講課，聽課困難，現在學習情緒很好。在級組內有一新從延長調回的同志，因爲工人出身，過去不熟學習，現在感到學習很重要，每天學習很積極，進步很快。

貿易局 中級組規定每星期六舉行討論會一次，每禮拜六學習會，每人學習作筆記，委員可隨時抽查學習筆記，[illegible]學習制度對各階[illegible]未學習。

[illegible]的客，如以閱讀，並規定分期分小組討論，每次討論要有紀錄的意見。並特別注意理論性的幹部學習。現成立研究學習組（在工廠工作二年以上的幹部有十餘人。），現根據文件作初步工作檢討，現在因忙於[illegible]，每天只能學習二小時。

建設廳 高中級組同志們都有筆記一冊，讀文件看過一遍的，每人都已讀了四個文件[illegible]。低級組每人自己抄文件，按字句學習，由中級組同志具體分工幫助學習。

[illegible]到五個文件的[illegible]，每日上午學習一小時，下午三小時，大家都很緊張，在三二人閱讀時，常常提出文件中[illegible]，在檢查筆記時[illegible]，以檢討過去工作[illegible]，落實提出必須照作的[illegible]。

精讀，逐字逐句，準確深思，才能發生問題，才能將正確得中央這些文件的精神。每個文件的字裏行間都是血與鬥爭的結晶，這是真正的中國馬列主義，我主張[illegible]文件討論文件，一字一句研究體會，再聯系到了作風，和個人自己的全部歷史，[illegible]告訴大家研究的方法。

延長縣參議會 補選常駐議員及政府委員

鎮原曲子縣參議會即將開幕

【延長訊】延長縣第二次參議會已於四月廿日結束，第三日舉行補選常駐議員及政府委員，結果常駐議員五人，其中一名爲共產黨員，其他四人爲黨外人士，政府委員選出十一人，其中三人爲共產黨員。在各參議員發言講話中，都充分說明了自己對實行三三制之感想，參議員對三三制很信服的態度，而現在才親身體會到共產黨實行三三制是名符其實的。

【鎮原訊】[illegible]

【華池訊】[illegible]

【曲子訊】本縣二次參議會定於本月十五日召開，一切籌備工作正在進行中。[illegible]

各工廠工會幹部會議 討論集體合同工資問題

【本報訊】在各工廠工會幹部聯席會上，邊區工人會議員與來良，就新工資合同問題，發表意見，據他說：新工資數額雖比從前增加了一倍，但在百物騰貴之下，工人方面意見仍希望廠方酌予增加。至於病假一項，新合同準則三十一條中規定，「工人學徒因病假治療准請假者，廠方除發給工資及伙食費外，在此時間停發工資，又病在十天以上者，由廠方酌予以津貼」。工人對此多數主張，最好仍能按照從前合同規定，病期在一個月內照工資照發，病期兩月發一半，病期三月發給津貼。此外工人提出者，有工人子弟入學問題以及工人[illegible]所需，或請求發給適量給予工人治病的方便。至於取消例假，在此抗戰期間，工人均欣然同意。

【本報訊】五日下午，大會宣布關於「修改合同與工資標準」及「改進邊區軍事公營工廠集體合同準則」兩草案，此次新草案中增加第七章「勞動紀律」管理規則。

當主席讀完兩個草案後，復將大後方各地工資與邊區工資作一比較。如一九四一年區邊工資較三七年增加到四倍至十倍，但同期物價漲至廿五倍；又如成都在同期間物價高漲廿四倍，工資只增二倍到四倍。

邊區在工業方面雖比較落後，數年來工人始終保持吃飽、溫暖，絕無失業飢餓現象，工人政治信仰自由，有學習的機會，工人家屬享受若干優待，一九四一年度工資約爲十五元，四二年新工作以實物來爲標準（另由公家供給食宿衣服），五工業，人每月米一斗至兩斗（現每斗三十斤折邊幣一百一十餘元），學徒四升至八升。

[illegible]工業工人每月八升到一斗六升，學徒四升到六升。成年工人工作每天十小時，青工八小時。

【本報訊】新工資合同五日晚在小組會上討論後，六日上午復由各小組長提交大會討論，茲將其初步意見歸納於下：一般意見認爲：一、學徒小米四升只能買到一雙皮鞋，高者一雙，或僅僅只買三尺白布，因之工資仍[illegible]

綏德專署政務會議 討論在職幹部教育 決以整風文件學習爲中心

【綏德訊】專署爲了切實整頓在職幹部教育，於四月三十日，召開擴大政務會，專門討論在職幹部教育工作，專署各科長及各機關負責同志均出席。決定：一、翻印整頓三風廿二個文件。八月以前學習以研究整頓三風文件爲中心內容。二、各單位負責同志，對在職幹部教育負直接責任，列爲考核成績項目之一。三、擴充學習經費用，由各單位生產自給項下解決。四、整頓文化補習班，成立中級補習班及會計補習班，教授新式簿記。五、建立學習系統，統一各單位工作學習時間。六、進行嚴格檢查，每兩個月學委會正副主任用[illegible]方式，挨戶檢查一次。七、幹部分區各單位組織幹委會，並以上述辦法作爲各單位工作參考。

建設廳討論

邊區工業局工作

組織機構應予簡縮、普遍發展家庭工業

【本市訊】邊區工業局工作問題，已於日前在建設廳召開會議，由建設廳長在建設中指出有關今後工作改進問題六點：（一）工業局組織應精兵簡政原則，使之短小精悍，適合精兵簡政原則。在工廠方面不斷講究形式，必須從事求是，在邊區現有的物力人力的條件下，依在已有的基礎上力求提高產量和質量（如雜貨工廠、農具工廠、振華紙廠等）；（二）關於各個工廠中的生產管理，合計制度、物資供給、資金調劑，工人文化政治、技術等等學習等具體問題，應在最近召開的廠長聯席會上討論解決；（三）工業局爲提高工業技術，補助邊區工業發展的試驗工作，如紡織實驗館，棉種化驗仍應按原計劃進行，預算不足，可按實際情形酌量增加；（四）關係國營事業，應發動群衆集資開辦，工業局可給予必要的幫助；（五）爲發展邊區紡織業，應積極推廣紡織工作，普遍發展家庭手工業，工業局各工廠應給予必要的幫助；（六）加強有關各局相互關系，取得彼此幫助，以謀邊區工業進一步的發展。

合水的國民教育

牛木

一向落後的合水國民教育，去年春天政府實行了「文化突擊」，在這個政策的推動下，暑假的合縣的小學教育，由過去廿六處增加到四十一處，學生由五百七十二名，增至一千零七十二名，在數字上看來，成績是可喜的。但是學生裝拉夫式抓來的，所以教員們能力的關係（有的還不會加減法），沒有適當的教材，甚至沒有課本，學校的設備、和封建家長式的打罵管理。這樣的小學教育，很快就引起了學生及家長的反對。逃課、偽學現象不斷發生，學生人數便一天天在下降着。雖然有不少幹部、積極份子反覆說服，着說服解釋，但在學期間課的時候，除個別外，實小學生人數即銳減到了六百廿名，有兩處小學因爲根本無學生到校，結果只好「關門」了。

去年十月間召開的全縣教育會，對於合水今後教育問題，開拓了一個新的發展，開會時的老先生，現在已感到「千字文」、「三字經」並不能幫助孩子們學得民主、民主等等知識，他們需要真正實際的課本，才實在感到數科書了。過去不許女兒入學的父母，他們也覺得這樣是不對的了，感到他們的事實，就是去冬女學生數目，比以前增加了六十三名。

「學生自治會」建立後，一個冷靜的學校，就變得活躍起來了。學生們不僅經常開生活檢討會、批評、講解、鬥爭，而且還利用課餘時間，集體讀報、組織晚會以及各種有益的娛樂活動。實行了學生會，在星期日、休假期組織生活討論、擬定（抽籤片段）、宣傳及繪畫、民教工作、反不衛生等工作。

第二期的小學教育是在過了數年挫折的合水國民教育，今年的肥料是繼續發展的：全縣共設學校十二處（比去年減少十九處），其中完小、實驗小學各一處，中心小學四處，普小（包括女小）十六處，各校已做到設備完善，教員一律經過考試，自由報到，對於學生的入學完全採用「少而精」的原則，在合水算是在得步的實行了。

黨的生活

學習文件中的支部工作

康鴻

學習二十二個文件的熱潮，已普遍到於延安各機關和學校，同志們都正在抓緊的細心的閱讀着每個文件，這種學習的情緒，可以說是空前的。

根據文件學習，雖然中央的指示，各機關學校大都是由行政負責同志領導的。因而有些機關學校的黨的支部，就好像卸卸了責任似的站在一邊，個別學習熱潮的外面，這種依照行政方面領導，忽視支部本身的作用的觀點，是非常錯誤的。正是由於行政負責同志的親身領導，全體同志學習情緒的高漲，以及這次學習文件的重大的歷史意義，作爲黨的基本組織的支部，不僅不能推脫責任，相反的更應加重責任。

學習文件的計劃，各機關學校都已訂出，而且已經開始進行了。因此目前黨的支部的中心任務，應該是保證學習計劃的完成，無論如何不能把這次的學習「保證」當作口頭禪，而必須把它變成實際的工作。在個別保證工作中，支部工作和學習委員會的工作，常常是分不開的，因此他們之間就必須有密切的聯系，（支部負責人參加了學習委員會的，當然更好。）並且爲了不走形式，[illegible]支部和學習委員會的許多工作，也不妨合一起來，集中力量去進行。學習委員會可以將許多工作交給支部去作，支部則應利用它的組織力量來協助學習委員會進行工作。黨的小組長必須成爲學習組長的有力的助手，和學習組長共同負責來領導全組同志的學習。在檢查學習，解決困難，搜集問題，徵求意見等方面，黨的小組長都可以和學習組長協同進行，並且在某些部門中，還要督促學習組長的工作。

在學習文件中，支部的主要工作，應是督促和檢查，督促全支部的黨員切實執行學習計劃，隨時檢查對於一計劃執行的程度並發現在執行計劃中所發生的各種偏向而加以糾正。因此檢查工作，決不是在學習結束後，作一個「基本上」，「一般的」或「差不多」如何如何的「總結」，或者空洞的激出學習中發生的許多缺點，（因爲學習進行得很好，也不過是「基本上」而已。）而是在學習的進程中，真正了解每一個黨員是否在執行計劃的，讀過了什麼文件，讀了幾遍，是否全讀懂的，讀通了，怎樣讀法，記了筆記沒有，方法如何，有什麼疑問，有什麼心得，有什麼感想等等，要隨時聚合這些材料，確定支部應進行的工作。這樣才能保證全部（而不是大部份）黨員完成學習計劃，使全部黨員對文件不僅是「讀了」，不是讀了幾遍，也不只是一些表面的理解，而是「讀通」，[illegible]求得對於情況的深入的了解。

同樣的檢查工作，以在黨的小組中進行最適宜，因此支部組織應分配到各小組中去，[illegible]

由於各個黨員的程度，理解力和鬥爭經驗的不同，在對文件的學習中，必然會發生許多不同的見解，而且必然會引起許多爭論。對於這些爭論，支部是應該提倡的，如果沒有爭論，就應設法提出問題，來引起大家的爭論。[illegible]

我的一點學習經驗

鄭毅

中宣部「四三決定」對於閱讀文件的方法，已經有了原則的指示：即「一一地文件精讀，逐件筆記，然後一作並把件合件開小組討論會，……在閱讀與討論中，每一件都深思熟慮，反省自己的工作及思想，反省自己的全部歷史……」這是正確的，但是怎樣具體實現：即怎樣精讀，怎樣作筆記，怎樣討論，怎樣深思，怎樣反省自己，應當在研究過程中，不斷的體會和研究。有些同志說：一遍粗讀，二遍精讀，三遍[illegible]情形不如此容易：因爲這些文件是世界與中國革命經驗總結的結晶。目前三風不正的現象，不是偶然發生的事，而是歷史的遺產：如果我們不能認真對待，則……[illegible]

[illegible]

（二）閱讀的方法：我已經取消了粗讀的概念，在接觸於一文件的開始，即細心精讀一二遍，爲的是了解文件的內容：提出的什麼？反對的什麼？解決的什麼？總的輪廓和概念，打下細細研究的基礎。我決定逐字、逐句、逐段的研究，由淺入深的過程，這個過程，也就是不止是一、二、三、四遍；一字、一句、一段，反覆十遍八遍都是可能的：如「關於增強黨性的決定」的前一句，「中國共產黨經過了廿年的革命鬥爭」，包括余點意義，如不細細研究尚是黨的歷史，就弄不了解這句話的內容是什麼，對……[illegible]

（三）作筆記的方法：第一，筆記的要求全部閱文件：因爲來回翻閱，找字找句的去記，還是說明自己尚未掌握文件的精神和實質，同時還可能記出毛病。因此，可接自己了解程度，心得，記自己所體驗的東西，——文件的精神和實質，及對這感想等。筆記辭句、組織系統，都要自用心製，防止任何作文式的抄錄。（引證成語不在此例）

第二，筆記內容的着重方面，是如何開始，如何分析問題，如何解決問題。如中宣部「四三決定」，教育我們要全面看問題，一要我們要從它的比較的兩方面看「歷史」。要明確指示我們要不要照「一般」觀點，[illegible]

音協

明日舉行音樂晚會

【本市訊】音協代表大會原定五月五日舉行，因雨改於五月九日（星期六）下午二時仍在青年大禮堂舉行，並於同日晚舉行音樂晚會，音協已通知各團體代表及個人會員屆時出席，檢討一年來音協的工作，計劃今後的音運方向。

日人反戰同盟紀念成立一週年

【新華社晉西北五月六日電】日人反戰同盟晉綏支部今日，在該支部成立一週年紀念之日，[illegible]軍區首長及各機關團體指導員，[illegible]當今支部創立週年紀念之際，我們[illegible]，今後當盡力[illegible]與八路軍全體同志保持親密合作，該支部與八路軍結成親密同盟，爲完成反戰反法西斯的光榮使命，奮鬥到底。

量增加，如不能把米由三十斤斗换四十五斤斗，则望能增加布六尺到一丈二。工资估价除生产热忱，技术，以及原料节省外，工作时一切用具，均应列入估价之内，病假期间照旧优待的意见占多数，同意新合同规定者仅占少数。当地工人家属无办法生活的，厂方应设法给予优待，又边府虽明文规定，工人不做义务工作，但在下面执行中，仍有叫工人担当义务工作，自后应予禁止。又如在工厂设立托儿所，大多工厂均没有，自后应规定设托儿所的标准。文教费仍应照旧百分之三征收。提出疑问的有一起，即按新合同规定，休养期间工资不发，但产妇前后超过两月假期，工资是否照发？据主持会议临时主席张平同志称：上项各组所提意见，工会均尚未做出最后结论。

雨後土潤 各縣春耕廣泛開展

各地政府要抓緊農時 保證春耕計劃最後完成

【本報訊】據各縣消息，邊區已普遍下雨了，春耕中最主要的困難造成有了。春耕熱潮，在雨後已廣泛的在全邊區開展起來。但春耕時節約只有一個月了，時候是很促迫了。有的地方幹部以為下了雨「比什麼宣傳都更有力量」，以為下了雨就「一切無問題了」，於是對春耕工作推動不够，甚至讓其「自流」。這樣，仍是不能保證春耕運動的勝利完成，如果不趁雨後組織農民突擊開荒，為民衆具體的解決困難，經常關心和檢查春耕工作，則邊區今年的「春耕計劃」已經從全縣到每一農戶訂出，仍是不能實際完成的。另外，據各縣息，關於一些不必要的動員，雖經邊府一再命令禁止，但目前在有的地方仍未停止，這些都應停止的，因動員太多，將誤「農時」，妨礙春耕。

【本報合水訊】天久不雨，土地乾渴，此間人民對於今年麥收，異常焦慮，至四月廿四日，霹靂大作，天降甘霖，徹夜未停，滋土達大寸許，農民均大歡喜，稱為「喜雨」。記者日昨赴縣城近郊訪問農民，據一區一鄉一行政村村主任賈高明說：「下了這陣雨，使焦慮中的農民安心許多。現在趁雨後土潤，農民都實行搶種，先把包穀、豆子、高粱、小麻子等種下。『准說不出三月天』，錯過這時，將來必定歉收。」據冷义說：「下過這次雨，子田麥子可以無問題，若現上被冷凍而乾枯的麥苗，還可挽回三分之一。」

【又訊】雨後放晴，此間四、農民紛紛荷鋤驅牛上山開荒下種，據農夫莫某對記者說：「現在有了雨，不愁麥苗有了指望，並且春耕下種也有希望了。」

【本報合水訊】合水縣本年農業生產任務：開荒一萬畝，在原有耕地上增加細糧一萬三千三百五十五石，並試種棉花二百畝。三月下旬召開區級聯席會議，討論春耕計劃，四月初始佈置到鄉上，各區提選了一個鄉作農戶計劃，以推動其他各鄉進行。目前春耕中的困難，除動員問題隨時解決外，缺乏耕牛的貧農戶，縣府已呈准邊府準備撥出一部份款項，並由縣府貸出一部份。土地糾紛則多照中共中央頒佈的「土地政策」具體實行「減租減息」與「交租交息」的規定，調劑地主在春耕期間收回土地，以保障佃戶完成生產任務，同時，因四區為牽子荒地頗多，縣府號召缺乏土地的農戶，向該區移，以擴大耕地。

【寺池訊】透雨之後，本縣農民生產熱情增高，在各級政府推動下，近來各區羣衆掀起一種自發的競賽，春耕計劃可望完成。

【曲子訊】上月廿三日第一次春雨，全縣降落，此間農民得此喜雨，莫不笑逐顏開。枯萎春苗的春麥，可望收穫；昨日乾硬無法耕作的土地，現正不休止地被翻耕著，新的緊張的春耕運動代替著過去暫停中的觀望現象。

【鎮原訊】「松花」一場暫停機器五天，集中力量翻土播種。營長在這五天中的模範作用，影響著全體同志對生產的積極性，他們不睡午覺，抓緊每一分鐘來生產，五天內，他們種了四百餘畝地的小麻和豆子。

【南泥灣訊】四日夜晚南泥灣第二次透下大雨六小時，據農民說：今年春耕期內雨量已完全够用。遷移來的移難民，在這雨後，該地難民開荒熱忱很高。去年移去的移難民，隨已耕種的熟地和才開的新荒，平均每個勞動力已在十晌以上，今年，新來的難民，每個勞動力平均開荒已達七八晌，各種大都播種，玉米、小麻等也將下種。該區共有新舊難民二百四十餘戶，現已耕之新荒及熟地達二千一百多晌，其中二分之一耕地已下種，現正組織開荒隊進行突擊中。

建廳直屬各機關 學習文件情況一瞥

【本市訊】建設廳直屬各單位整頓三風學習開始以來，在討論文件的方式方法上，茲將各單位情形分誌如下：

農業局　第一期七個文件，中級組每人都看了二至三遍，全體幹部都參加了學習，因為幹部大多數為技術上的指導人員，在這農忙時候，每天學習四小時，比較困難。低級組由專人幫助學習，先講授中宣部「四三」決定，用提問題方式，來啟發討論，學習情緒很高。

農校　中級組每日下午不辦公、不講課，個別學習，早晨各自在窯洞內作筆記，晚上集合二三人的討論。低級組用上課方式，每日講二小時，舉行會議，大家發表意見，並在講中聯繫組織研究材料（因低級組都是學生本地幹部，參實際經驗）。下午由小組長領導討論二至三小時，每期學習完畢舉行測驗一次。

林務局　幹部較少，中級組已閱讀文件，做讀記，並由樂局長負責每二天檢查筆記一次，學習時間在午睡後二小時，晚上三小時。

工業局　中級組每一次小考內容已定為毛澤東同志改造學習問題，主要內容是什麼？中宣部四三決定的內容是什麼？要根據文件，以個人體會作答覆。

合作指導局　每天有二小時集體學習，低級組一、三、五講課，並設困難，現在學習情緒很好。在組內有一橋從延安調來的工人很積極的同志，過去不喜歡學習，現在感到非常重要，每天學習很積極，進步很快。

貿易局　中級組規定每禮拜討論一次，每禮拜六學會開會一次，學習委員可隨時檢查學習筆記，並隨時採取個別學習制度到各商店檢查學習。

交通運輸局　規定每人每作筆記三次。一、有個[illegible]的答，加以閱述，並規定分期分小組討論，每次討論要有結論的記錄。並特別注重有系統性的幹部學習。（還成立研究學習組（各工廠工作二年以上的幹部有十餘人。）），根據文件作初步工作檢討，現在因忙於準備廠長聯席會議，每天還只能學習二小時。

建設廳　高中級組同志已有特殊一期八個文件看過一遍的，每人都已做了四文件筆記。二、[illegible]，經常檢討自己的思想工作。低級組每人自己抄文件，按字句學習，由中級組同志負責分工幫助學習。對五個文件的筆記，每日上午早晨一小時，下午二三小時，保證每日學習四小時，大家都很緊張，在三二人閒談時，亦都提出文件中問題展開討論。正在檢查時者都勸參加討論，他以檢討與領袖切實誠摯的精神，需要指出「必須逐件精讀，逐字逐句，要熟讀深思，才能發生問題，才能[illegible]中央的每個文件的字裏行間都是[illegible]鬥爭的精晶，這是真正的中國馬列主義，我主張要文件討論文件，一字一句研究體驗，再聯系到了作、和個人自己的全部歷史。這是大家研究的方法。」

延長縣參議會 補選常駐議員及政府委員

鎮原曲子縣參議會即將開幕

【延長訊】延長縣第二次參議會已於四月卅日結束，第三日進行補選常駐議員與政府委員，結果常駐議員五人，其中一名為共產黨員，其他四人為黨外人士，政府委員共選出十一人，其中三人為共產黨員。在[illegible]議員演講詞中，都充分說明了自己對實行三三制之感想，[illegible]三三制推行後的鞏固，而現在才親身體會到共產黨實行三三制是名符其實的。

【鎮原訊】[illegible]二屆二次縣參議會行將開幕之時，請一區李煥、[illegible]等六位為參議員。[illegible]

【赤水訊】[illegible]

【曲子訊】本縣二次參議會定於本月十五日召開，一切籌備工作刻正積極進行中。[illegible]

各工廠工會幹部會議 討論集體合同工資問題

【本報訊】在各工廠工會幹部聯席會上，邊區工人代表提出意見，討論新工資合同問題，發表意見，據總說：新工資數額較從前增加了一倍，但在百物騰貴之下，工人方面意見仍希望廠方酌予增加。至於例假一項，[illegible]。各會議主張，最好仍能按照從前合同規定，病期在一個月內期工資照發，病期兩月發一半，病期三月發給津貼。此外工人提出者，有工人子弟入學問題以及工人家屬在醫院就醫給予工人治病的方便。至於取消例假，在此抗戰期間，工人均默然同意。

【本報訊】五日下午，大會宣讀關於「修改合同與工資標準」及「工廠集體合同草案」，此次新草案中增加[illegible]勞動紀律、管理規則。

當主席讀完兩個合同後，復將大後方各地工資與邊區工資作一比較。如一九四一年西安工資較三七年增加到四倍至十倍，但同期物價則漲至廿五倍；又如成都在抗戰期間物價高漲廿四倍，工資只增二倍到四倍。邊區在工業方面雖比較落後，數年來工人始終保持吃穿、溫暖，絕無失業饑餓現象，工人政治信仰自由，有學習的機會，工人家屬享受若干優待。一九四一年度工資約為一千五元，四二年新工資以實物來作標準（另由公家供給食宿衣服），即工業人每月米一斗（[illegible]現每斗三十斤折邊幣一百一十餘元），學徒四升至八升。學工業工人每月八升到一斗六升，學徒四升到六升。成年工人工作每天十小時，青工八小時。

【本報訊】新工資合同五日晚在小組會上討論後，六日上午復由各小組長提交大會討論，茲將其初步意見歸納於下：一般意見認為：一、學徒小米四升只能買到一雙皮鞋，高者一雙，或僅低只買三尺麻布，因之工資仍很低的是增加，如不能把米由三十斤斗換四十五斤斗，同發餉增給布六尺到一丈二。工資估價除去生產熱忱，按衛，以及原料節省外，工作時一切用具，均應列入估價之內。病假期間照顧優待的意見佔多數，同意於新合同規定佔少數。當地工人家屬無法解決生活的，廠方應設法給予優待，又應附帶明文規定，工人不做額外工作，但在下期執行中，仍有女工人但當錢務工作，自後應予禁止。又如在工廠設立托兒所，大多工廠均沒有，自後應規定設托兒所的標準。文教費仍應照舊百分之三徵收。提出提問的有一點，即按新合同規定，休養期間工資不發，但產婦前後超過兩月假期，工資是否照發？據主持會議臨時主席張不聽志稱：上項各組所提意見，工會均尚未曾做出最後結論。

建設廳討論 邊區工業局工作

組織機構應予簡縮、普遍發展家庭工業

【本市訊】邊區工業局工作問題，已於日前在建設廳討論。霍副廳長在總結中指出有關今後工作改進問題六要點：（一）工業局組織機構應予縮簡，使之短小精悍，適合精兵簡政原則。在工廠方面不應講究形式，必須從實際出發，在邊區現有財力物力人力的條件下，應在已有的成績基礎上力求提高產量和質量（如難民工廠、農具工廠、振華紙廠等）；（二）關於各個工廠中的生產管理、會計制度、物資供銷、資金周轉，工人文化政治、技術業務學習等具體問題，應在最近召開的廠長聯席會上討論解決；（三）工業局仍應提倡工業技術，補助邊區工業發展的試驗工作，如紡織、電燈、燒鹼化驗仍應按照計劃進行，預算不足，可按實際情形酌量追加；（四）關於保護等事業，應要幫助羣衆集資開採，工業局可給予必要的幫助；（五）為發展邊區紡織業，應當積極推動紡織工作，普遍發展家庭手工業，工業局各工廠應給予必要的幫助；（六）加強有關各局相互聯系，取得彼此幫助，以保證邊區工業進一步的發展。

綏德專署政務會議 討論在職幹部教育

決以整風文件學習為中心

【綏德訊】專署為了切實學好在職幹部教育，於四月三十日，召開擴大政務會，專門討論在職幹部教育工作，專署各科及各機關首長同志均出席。決定：一、翻印整頓三風廿二個文件，八月以前學習以研究整頓三風文件為中心內容。二、各單位負責同志，對在職幹部教育負擔全責，列為考績成績項目之一。三、確定學習費用，由各單位生產自給項下解決。四、整頓文化補習班，成立中級補習班及會計補習班，教授新式簿記。五、確立標準，統一各單位工作學習時間。六、施行嚴格檢查，每兩個月學委會正副主任用抽考方式，按月檢查一次。七、指示分區各縣組織幹部學委會，並以上述辦法做為各縣工作參考。

合水的國民教育

牛木

一個落後的合水國民教育。

去年春天政府實行了「文化突擊」，在這個政策的推動下，暑假前全縣的小學數量一躍，由過去廿六處增加到四十一處，學生由五百七十二名增至一千零七十二名，在數字上看來，成績是可喜的，但是學生裝既乎拉夫式動員來的，同時，教員能力的缺乏，沒有適當的教材，甚至沒有課本（有的還不會加減法），很快就引起了學生及家長的反對。曠課、逃學現象不斷發生，學生人數便一天天在下降着。雖然有不少幹部、積極份子反復地動員勸說，但在舉辦期間建起的學校，結果只好「關門」了。附城小學因為根本無學生到校，[illegible]，有些學校甚至沒有學生。

針對着這個嚴重的教訓，縣府回過頭來，依照着「改善教學方式，提高學校質量」的指示，在各小學所屬的教員禁止「行不出書打戒尺，守不好教員」的現象。後來「打罵教育」的方式是漸漸地減少了，學生害怕學校的心情也慢慢地消除了；同時三科頒令各校一概建立「學生自治會」組織！教員只站在領導與幫助的地位，讓學生們來自己管束自己。在學生流動頻繁的學校，則利用學席會議，適當的進行解釋，各學校又都增添了一些必要的教材設備。這樣下學期學生雖減少百分之四十，但所收實效，卻比上學期要高。

去年十月間召開的教聯會議，對於合水今後教育開展，開佈了一個新的階段，會經團執澹某子弟們根深蒂固的老先生，現在已經到「千字文」、「三字經」等不能輔助孩子們學習民主、保障等新知識，他們覺得國語常識是子弟們在私塾求不到的禮物，如有不少的母親叫子弟們在私塾求學，改為教科書了。過去不許女兒入學的父母，他們已覺得這種見解是不對的了，表明的事實，就是去冬女學生數目，比以前增加了六十三名。

「學生自治會」成立後，一個冷冷的學校，充滿了活氣，學生們不僅懂得開展生活檢討會、批評、自我批評，而且會利用課餘時間，集體讀報，組織歌詠會以及各種有益的娛樂活動。實教、紡織、兒童團，幫助過了學生會，在星期日、休假期組織宣傳（抽點片煙壞）、宣傳反迷信、反纏足，及不衛生等工作。

第二學期的小學教育是顯著的進步了，但各校均向前發展，步不是齊步均衡的。這種放多仍比，也有其名的學校，仍有不少，教員的不稱職，學生對學校不滿，以及打罵現象，仍有在一些學校發生的現象。

羣衆的眼光被開展的，在每次參議員的會議中，總有不少意見關於改善小學教育的。今年二月間，各校恢復開學的時候，很多羣衆便把自己的子弟，帶到校方那裏，他們的理由很簡單：「學校教育改善了」。

經歷了數年波折的合水國民教育，今年的展開仍是曲線的：全縣共設學校廿二處（比去年減少十九處），其中完小、實驗小學各一處，中心小學四處，普小（包括女小）十六處。各校已做到認真完善，對於學生的入學完全採用自由報到，這樣教學收到的「少而精」的原則，在合水算是在慢慢的實行了。

音協 明日舉行音樂晚會

【本市訊】音協代表大會原定五月五日舉行，因雨改於五月九日（星期六）下午二時仍在青聯舉行，並於同日晚舉行音樂晚會，音協已通知各團體代表及個人會員屆時出席，檢討一年來音協的工作，計劃今後的音樂方向。

日人反戰同盟 紀念成立一週年

【新華社晉察冀六日電】日人反戰同盟晉察冀支部全體盟員，在該支部成立一週年紀念之日，除告軍區首長及全體指戰員，佈教賀意，並稱，當前反戰同盟支部創立兩年紀念之際，我們謹向首長們，今後當粉身碎骨，亦與八路軍全體同志保持親密合作。該支部願與八路軍結成聯固同盟，為完成反戰反法西斯的光輝使命，奮鬥到底。

黨的生活

學習文件中的支部工作

康鴻

學習二十二個文件的熱潮，已普及於延安各機關和學校，同志們都正在認真的細心的閱讀着每個文件，這種學習的情緒，可以說是空前的。

但大學習文件，要照中央的指示，各機關學校大都是由行政負責同志領導的。因而有些機關學校的黨的支部，就好像卸卻了責任似的站在一旁。這個學習熱潮的外面。誰都不能夠離行政方面領導，忽視支部本身的作用的觀點，是非常錯誤的。正是由於行政負責同志的親身領導，全體同志學習情緒的高漲，以及這次學習文件的重大的歷史意義，作為黨的基本組織的支部，不僅不能推說責任，相反的更應加重責任。

學習文件的計劃，各機關學校都已訂出，而且已經開始進行了。因此目前支部的中心任務，應該是保證學習計劃的完成，無論如何不能把這次的「保證」當作口頭禪，而必須把它變成實際的工作。在這個保證工作中，支部工作和學習委員會的工作，當然是分不開的，因此他們之間就必須有密切的聯系，（支部負責人參加了學習委員會的，當然更好。）並且為了不使造成形式上的單純，支部和學習委員會的許多工作，也不妨合一起來，集中力量去進行。學習委員會可以將許多工作交給支部去作，支部則應利用黨的組織力量來協助學習委員會進行工作。黨的小組長必須成為學習組長的有力的助手，和學習組長共同負責來領導全組同志的學習。在檢查學習，解決困難，搜集問題，徵求意見等方面，黨的小組長都可以和學習組長協同進行，而且在某些部門中，還須督促學習組長的工作。

在學習文件中，支部的主要工作，還是督促和檢查，督促全支部的每個黨員切實執行學習計劃，隨時檢查對於計劃執行的程度並發現在執行計劃中所發生的各種偏向而加以糾正。因此檢查工作，就不是在學習結束後，作一個「基本上」、「一般的」或「差不多」如何如何的「總結」，或者空洞的數出學習中所發生的許多缺點，（因爲同樣的過程，也不過是「形式主義」而已。）而是在學習的進程中，真正了解每一個黨員執行計劃的，讀過了什麼文件，讀了幾遍，是否還真的讀懂，怎樣讀法，寫了讀記沒有，方法如何，有什麼疑問，有什麼心得，有什麼感想等等，要適時綜合這些材料，確定支部應進行的工作。這樣才能保證全部（而不是大部份）黨員完成學習計劃，使黨員對文件不重視，不認真學習，企圖和大家混在一起敷衍了事的黨員，也不能魚目混珠，馬虎過去。同樣的檢查工作，以在黨的小組中進行爲最適宜，因此支部也就應該着重小組工作，將支部黨員分配到各小組中去，求得對於情況的深入的了解。

由於每個黨員的程度、理解力和學習經驗的不同，在對文件的學習中，必然會發生許多不同的見解，而且必然會引起許多爭論。對於這些爭論，支部是應該提倡的，如果沒有爭論時，支部還要提出問題來引起大家的爭論。並且還可以把這一小組的爭論，再拿到別的小組去爭論。在爭論發動之後，支部不能站在一旁讓其自流下去，必須搜集這些爭論，使正確的見解能夠發揚起來，並且協同學習委員會，作出正確的結論。支部要善於在這些爭論中，發現落後黨員的思想方法，要善於利用這些爭論來幫助大家對於文件的理解。過去大多數支部，對中央的決定，都漠視討論。這次再也不能採取過去的態度，而必須積極工作，務使每個黨員對二十二個文件，都能研究得深刻透澈，並且學會研究實行黨的決定的方法。

我的一點學習經驗

[illegible]毅

中宣部「四三決定」對於閱讀文件的方法，已經有了原則的指示：即「……逐件精讀，逐件筆記，然後一件或幾件合併開小組討論會，……在閱讀與討論中，每一件要深思熟慮，反省自己的工作及思想，反省自己的全部歷史……」這是正確的；但是怎樣具體實現：即怎樣精讀，怎樣筆記，怎樣討論，怎樣深思，怎樣反省自己，應當在研究過程中，不斷的體會和研究。有些同志說：一遍粗讀，二遍精讀，三遍集中實通和筆記。但我的經驗證明，事情並不如此容易：因為這些文件是世界與中國革命經驗總結的結晶。目前三風不正所反映的現象，不是新近才發生的事，而是歷史的遺毒；如果精通黨史的話，可以很快的懂得及運用；但對於一些對歷史事實一知半解，黨的歷史知道不多，又沒有學會馬列主義方法的同志（我就是其中的一個），就不容易辦到。同時研究文件的目的，是在於掌握其精神和實質，能運用於實際，——改造思想，不在於背誦條文，如此說來一二三遍是不可能解決問題的。

什麼辦法好呢？我還不能確定，但是可將自己的一點經驗寫下請大家批評和指教。

（一）閱讀的基本方針，應該是真實不訛誠；也就是常說的「少而精」的原則。不論文件多少，不管時間長短，以懂得爲標準。（[illegible]）才算真正了解文件本身的精神和實質，同時文件分量不同，有易懂不易懂之分，因而不要機械的規定閱讀遍數和時間。（是指領會文件閱讀計劃而言的）例如以「自讀不厭」的精神，和「人一己十，人十己百」的勇氣，潛心和虛心的進行研究，直到「懂得了」爲止。

（二）閱讀的方法：我已採取了粗讀的觀念，在根據第一文件的開始，即細心精讀一二遍，為的是了解文件內容：提出的什麼？反對的什麼？解決的什麼？總的輪廓和概念，打下細細咀嚼的基礎。其次要逐字、逐句、逐段的研究，摸它的實際的精神和實質的過程，也就是學會其精神和實質的過程；這個過程，不止是一、二、三、四遍，可一字、一句、一段，反復十遍八遍都是可能的：如「關於增強黨性決定」的甲項第一句，「中國共產黨經過了廿年的革命鍛鍊」，這包括全部歷史，特別是中國革命三階段的，如不細細研究這句話的內容是什麼，就不了解[illegible]，以後的文件上還有重點，為的是了解這些字、小句、片段的字句和主要的意義是什麼，在如「關於增強黨性決定」的第二句「現在已成為全國政治生活中一個決定的因素」我中「重要的」「決定的」六個字，就語意很其重要，就就是說：現在中國共產黨，不是全國政治生活中一般的因素之一，而是重要的決定的因素，再具體些，中國抗戰能否堅持和取得勝利，中國人民是否能得到解放，中國共產黨起着決定的作用，因此在「重要」和「決定」的字旁可以引密點線。最後還要把上網讀過一遍，也就是總結和反省自己的階段，至此便有真正領會實通的可能，當時主要工作，是檢查自己了解程度，提出質疑，和做作筆記的內容。

（三）作筆記的方法：第一，筆記時應完全慧閱文件：因為來回翻開，找字找句的去記，這是說明自己尚未掌握文件的精神和實質，同時還可能記出毛病。因此，可檢自己了解程度，心得，記自己所體會的東西，——文件的精神和實質，及聯想感想等。筆記解句、組織系統，都要自出心裁，防止任何條文式的抄錄。（引證成語不在此例）

第二，筆記內容的着重方面，是如何提問題，如何分析問題，如何解決問題。如中宣部「四三決定」，教導我們學會怎樣看問題，「要我們提對立的比較的兩方面看問題」，「改造我們的學習」更明確指示我們：不要割斷歷史，而要實事歷史，不要脫離現狀，而要精密調查研究現狀；不要把馬列主義束之高閣，而要學懂其實質，應用於實際等。這都是我們筆記的重要方面。最後便是根據文件的實質，來檢查自己的毛病，和記出改造的方法。

解放日报	时间	1942-5-8	期	第355期
			版	第2版

建设厅讨论边区工业局工作

组织机构应予简缩、普遍发展家庭工业

【本市讯】边区工业局工作问题，已于日前在建设厅讨论。霍副厅长在总结中指出有关今后工作改进问题六要点：（一）工业局组织机构应予缩简，使之短小精悍适合精兵简政原则。在工厂方面不应讲究形式，必须实事求是，在边区现有财力物力人力的条件下，应在已有的成绩基础上力求提高产量和质量（如难民工厂、农具工厂、振华纸厂等）；（二）关于各个工厂中的生产管理、会计制度、物产供销、资金周转，工人文化政治、技术业务学习等具体问题，应在最近召开的厂长联席会上讨论解决；（三）工业局为提高工业技术，补助边区工业发展的试验工作，如纺织实验馆，炼铁化验仍应按原计划进行，预算不足，可按实际情形酌量追加；（四）开掘煤矿等事业，应尽量发动群众集资开采，工业局可给予必要的帮助；（五）为发展边区纺织业，应积极推进妇纺工作，普遍发展家庭手工业，工业局各工厂应给予必要的帮助；（六）加强有关各局相互联系，取得彼此帮助，以谋边区工业进一步的发展。

雨後土潤 各縣春耕廣泛開展

各地政府要抓緊農時 保證春耕計劃最後完成

【本報訊】據各縣消息，邊區已普遍下雨了，春耕中最主要的困難是沒有了。春耕熱潮，在雨後已廣泛的在全邊區開展起來。但春耕時間約只有一個月了，時節是很促迫了。有的地方幹部以爲下了雨「比什麼春耕宣傳都更有力量」，以爲下了雨就「一切無問題了」，於是對春耕工作推動不够，甚至放任其「自流」，或鬆緩，仍是不能保證春耕勝利的完成，如果不趁雨後組織農民突擊開荒，爲民衆具體的解決困難，經常關心和檢查春耕工作，則儘管今年的「春耕計劃」已經從全縣到每一農戶訂出，仍是不能實際完成的。另外，據各縣息，關於一般不必要的動員，雖經邊府一再命令禁止，但目前在有的地方仍未停止，這些應該停止的，因動員太多，將誤「農時」，妨礙春耕。

【本報合水訊】天久不雨，土地乾渴，此間人民對於今年麥收，異常焦慮，至四月廿四日，霹靂大作，天降甘霖，竟夜未停，滲土達六寸許，農民皆大歡喜，稱爲「喜雨」。記者於次晨赴縣城近郊訪問農民，據一區一鄉一行政村村主任賈高明談：「下了這陣雨，使焦慮中的農民安心許多。現在趁雨後土潤，農民都實行搶種，先把包穀、豆子、高粱、小豌子等種下。『莊稼不出三月天』，錯過農時，將來必定歉收。」接着又說：「下過這次雨，麥子可以無問題，只要上被春凍而乾枯的麥苗，還可挽回三分之一。」

【又訊】雨後微晴，此間四鄉農民均紛紛備鋤驅牛上山開荒下種，據農夫莫景貴語記者：「現在有了雨，不僅麥苗有了轉機，並且春耕下種也有希望了。」

【本報合水訊】合水縣本年農業生產任務：開荒一萬畝，在原有耕地上增加細糧一萬三千三百五十五石，並試種棉花二百畝。三月下旬召開區長聯席會議，討論春耕計劃，四月初始佈置到鄉上，各區挑選了一個鄉作農戶計劃，以推動其他各鄉生產。目前春耕中的困難，除勸員開鋤時節更好辦法解決外，缺乏耕牛農戶，縣府已呈准邊府要求撥發一部份救濟糧，並由縣府備借一部份。土地糾紛則參照中共中央頒佈的「土地政策」具體實行，實行「減租減息」與「交租交息」的規定，限制地主在春耕期間收回土地，以保障佃戶完成生產任務，同時，因四區爲章子溝荒地多，縣府號召缺乏土地的農戶，向該區遷移，以調大耕地。

【靖邊訊】春雨之後，本縣農民生產熱忱增高，在各級政府推動下，近來各區羣衆紛紛組成一種自然的變工隊，春耕計劃可望完成。

【曲子訊】上月廿三日第一次春雨在本縣降落，此間農民得此喜雨，莫不笑逐顏開。枯萎待死的春麥，可望此穗；昨日乾硬無法施工的土壤，現正不休止地被翻着，新的緊張的春耕運動代替着過去略於停滯中的觀望現象。

【鄜縣訊】「鬆花」一分暫停操課九天，集中力量翻土播種。營長在這五天中的模範作用，影響着每個同志對生產的積極性，他們不惜午發，抓緊每一分鐘來生產，五天內，他們種了四百餘畝地的小麥和豆子。

【南泥灣訊】四日夜間南泥灣第二次運下大雨六小時，據農民說：今年春耕期內雨量已完全够用。遍區廣，兩次大雨後，該地難民開荒熱忱很高。去年移去的移民，每個勞動力平均開荒已在十晌以上，今年新去的難民，每個勞動力平均開荒已達七八晌，谷糜大部播種，玉米、小蘿等也將下種。該區共有新舊難民二百四十餘戶。現已耕之新荒及熟地達二千一百多晌，其中二分之一耕地已下種，現正組織開荒隊進行突擊中。

建廳直屬各機關 學習文件情況一瞥

【本市訊】建設廳直屬各單位整頓三風學習開始以來，其精神頗爲高漲，茲將各單位情形分誌如下：

農業局 第一期七個文件，中級組各人都看了二至三遍，余儀中部部都參加了學習，因農業局幹部大多都爲農業技術上的指導人，在這農忙時候，每天學習四小時，比較困難。低級組由專人幫助學習，先講中宣部「四三」決定，用提問題方式，舉實際例子說，學習情緒很高。

農校 中級組每日下午不辦公，不講課，集中學習，早晨各自在窰洞內作筆記，晚上舉行二三人的拉談。低級組用上課方式，每日兩二小時，舉行討論，大家發表意見，並作筆記（低級組還請本地幹部、參議員講演）。下午由小組長領導討論二至三小時，每晚學習研究一次。

林務局 幹部較少，中級組已閱讀了文件，做了筆記。並由整風負責每二天檢查筆記一次，學習時間在午睡後二小時，晚上三小時。

工業局 中級組第一次小考內容已定爲毛澤東同志講學習問題，主要內容改變，中宣部四三決定的內容是什麼？並根據文件具體的客，加以闡述，每次討論要有概要的記錄。並特別注意工作人員（在工廠工作二年以上的幹部有十餘人。）研究學習組，根據文件作初步工作檢討，現在因忙於準備各機關會議，每天還只能學習二小時。

合作指導局 每天有二小時集體學習，低級組一、二、三、五講課，筆記困難，現在學習情緒很好。在低級組內有一新從延長調回延安的工人張信勸同志，過去不重視學習，現在感到學習很好，學習很積極，進步很快。

貿易局 中級組規定每日學習討論一次，每禮拜六學委會召開一次學習會，學習督促，學習制度到各個支店推行學習。

交通運輸局 規定每個人每星期作筆記三次。

建設廳 高中級組同志已有計劃一部分文件看過一遍的，每人都已做了內容摘要，文件的內容、二、從文件本身寫心得。三、低級組每人自己抄文件，按字句學習，由中級組同志負責分工幫助學習。對五個文件的討論，每日上午早餐一小時，下午四小時，大家都很緊張，在三二人閒談時，常常提出文件中問題展開討論。正在檢查時發現有些同志在讀文件時過於草率，他以偷快轉給切實意識，強調讀過的，強調出「必須逐件精讀，逐字逐句，果然讀深讀透，才能發生問題」，才能懂得中央三風文件的字義行開都是每個文件的真正的中國鬥爭的精髓，我主張在檢查文件時，再聯系到工作一字一句的研究，把個人自己的全部歷史，告訴大家研究的方法。

延長縣參議會 補選常駐議員及政府委員

鎮原曲子縣參議會即將開幕

【延長訊】延長縣第二次參議會已於四月廿日結束，第三日進行補選常駐議員與政府委員，結果常駐議員五人，其中一名爲黨外人士，政府委員共選出十一人，其中三人爲共產黨員。在新委員就職講話中，都充分說明了自己對實行三三制之熱忱，參議員去對三三制精神的領會，而現在才親身體會到共產黨實行三三制是名符其實的。

【鎮原訊】鎮原縣爲籌備第二屆第二次縣參議會行將開幕之時，請一區參議、蘇氏（鄉長）、二區、三區、四區、五區參議員等到會，參加討論大會準備工作，經本縣政府及工作人員的報告，議員均就各項問題提出意見。

【赤水訊】縣參議會常駐議員會議已於日前召開，一切籌備工作均在進行中，議員補選工作亦已結束，現本縣五十六名參議員中，黨外人士估三分之一。

【曲子訊】本縣二次參議會定於本月十五日召開，一切籌備工作均正在進行中。議員補選工作已結束，已選出十一名，議政府會議員中選出二名，由赤水的縣參議員補充，其缺額由政府在羣衆中聘請有威望人士任充。

各工廠工會幹部會議 討論集體合同工資問題

【本報訊】在各工廠工會幹部聯席會上，邊區工人參議員陳榮良，提出意見，擬訂新工資合同問題，據他說：新資數額雖比從前增加了一倍，但作百物高漲之下，工人方面意見仍希資方給予增加。至於病假一項，新合同規定三十一年中規定，一般工人病假休息者，廠方除發工資及伙食費外，在十天以上者，由廠方酌情予以津貼」。工人對於此項意見，多數主張，最好仍能按照從前合同規定，病期在一個月內照工資照發，病期兩月發一半，病期三月發給津貼。此外工人提出者，有工人子弟入學問題以及工人家屬所需，或請求醫院證僅給予工人諸病的方便。至於取消例假，在此抗戰期間，工人均欣然同意。

【本報訊】五日下午，大會宣佈關於「修改合同與工資糾紛」及「怎樣加強工廠集體」附帶草案，此次新草案中增加第七章「勞動保險」……

【本報訊】新工資合同五日晚在小組會上討論後，六日上午復出各小組要求交大會討論，茲將其初步意見歸納於下：一、一般意見認爲：學徒小米四升只能買到一雙皮鞋，若要一雙，或僅能只買三尺餘布，因之工資仍……輕工業工人每月八升到一斗六升，學徒四升到六升。成年工人工作每天十小時，青工八小時。

伙食的足量增加，如不能把米由三十斤升換四十五斤，到一丈二尺的號碼增給布六尺到一丈二……工資估價除去必需性，技術，以及原料節省外，工作時一有用具，均應列入估價之內。我們最好照質能予以待遇的意見估多數，同意於新合同規定僅占少數。當地工人家屬無法解決生活的，廠方應設法給予優待，又邊府雖明文規定，工人不做義務工作，但在下種熱行中，仍有許多工人租當義務工作，自後應予禁止。又如在工廠設立托兒所，大多工廠均沒有，自後應規定設托兒所的標準。文教費仍應照舊百分之三發放。提出假期的有一起，即檢新合同規定，休養期間工資不發，但產婦前後超過兩月假期，工資是否照發？

同志們：上項各組所提意見，經主持會議臨時主席張平，工會均尚未作出結論。

建設廳討論 邊區工業局工作

組織機構應予簡縮、普遍發展家庭工業

【本市訊】邊區工業局工作問題，已於日前在建設廳召集討論。聽取廳長在總結中指出有關今後工作改進問題六要點：（一）工業局組織機構應予簡縮，使之短小精悍，適合精兵簡政原則。在工廠方面不應講究形式，必須實事求是，在邊區現有的物力人力的條件下，應在已有的成績基礎上力求提高產量和質量（如難民工廠、農具工廠、振華紙廠等）；（二）關於各個工廠中的生產管理、會計制度、物料供給、資金調轉，工人文化政治技術教育等具體問題，應在最近召開的廠長聯席會上討論解決；（三）工業局爲提高工業技術，補助邊區工業發展的試驗工作，如紡織實驗館，煉鐵化驗仍應按計劃進行，預算不足，可按實際情形酌量追加；（四）開採煤礦等事業，應盡量發動羣衆集資開採，工業局可給予必要的幫助；（五）爲發展邊區紡織業，應積極推廣紡織工作，普遍發展家庭手工業，工業局各工廠應給予必要的幫助；（六）加強有關各局相互聯系，取得彼此幫助，以謀邊區工業進一步的發展。

綏德專署政務會議 討論在職幹部教育

決以整風文件學習爲中心

【綏德訊】專署爲了切實整頓在職幹部教育，於四月三十日召開擴大政務會，專門討論在職幹部教育工作，專署各科長及各機關負責同志均出席。決定：一、翻印整頓三風廿二個文件。八月以前學習以研究整頓三風文件爲中心內容。二、各單位負責同志，對在職幹部教育負直接責任，列爲考核成績項目之一。三、確定學習費用，由各單位生產自給項下解決。四、整頓文化補習班，成立中級補習班及會計補習班。五、建立標準論統一各單位工作學習時間。六、進行嚴格檢查，每兩個月學委會正副主任用押年方式，挨戶檢查一次。七、幹部分區各縣組織幹部學委會，並以上述辦法做爲各縣工作參考。

合水的國民教育

牛木

一向落後的合水國民教育，去年春天政府實行了「文化突擊」，在這個政策的推動下，暑假前全縣的小學數從四十一處，由過去廿六處增加到四十四處，學生由五百七十二名增至一千零七十二名，在數字上看來，成績是可喜的。但是學生是近乎拉夫式動員來的，加以教員們能力的薄弱（有的還不會加減法），沒有適當的教材，甚至沒有課堂設備，和村民們家長式的打罵管理，這樣的小學教育，很快就引起了學生及家長的反對。罷課、逃學現象不斷發生，學生人數便一天天在下降着。雖然有不少幹部，積極份子費盡口舌地勸說，解釋，但在學生與家長們的掙扎中，除完小、女小保持原狀外，普小學生人數卻驟然降到了六百廿名，有兩處小學因爲根本無學生到校，被迫只好「關門」了。

既無準備又無內容的突擊計劃，只有走上破產的厄運。針對着這個痛苦的教訓，縣府回過頭來，依照着「改善教學方式，提高學校質量」的指示，在各小學中展開了的「打罵教育」的遏止，「學生不出書打板子，字寫不好罰罵員」的現象，後來「打罵教育」的方式是漸漸地減少了，學生害怕學校的心情也慢慢地消除了；同時三科號令各校一概組立「學生自治會」組織，教員只站在幫助與指導的地位，讓學生們來自己管理自己。在學生流動頻繁的學校，則利用聯席會議，適當的進行解釋，各學校又都增添了一些必需的教材設備。這樣，下學期學生雖減少百分之四十，但所教實效，卻比上學期高。

第二學期的小學教育是顯著的進步了，但各校均向前發展，並不是齊步均衡的。直到放冬假止，也有其名的學校，仍有不少，教員的不稱職，學生對學校不滿，以及打罵現象，仍殘存在一些學校當中。

羣衆的眼光總是敏銳的，在鄉民代表會的選舉中，總有不少意見是關於改善小學教育的。今年二月間，各校開學的時候，很多羣衆便把自己的子弟，帶到校方繳到，他們的理由很簡單：「學校教育改善了」。

經歷了數年波折的合水國民教育，今年的轉變是顯着的：全縣共設學校卅二處（完小、實驗小學各一處，中心小學四處，普小（包括女小）十六處），各校已做到一律選擇完善，教員一律經過考試，對於學生的入學完全採用自由報到，課程教學也提出的「少而精」的原則，在合水算是在慢慢的實行了。

「學生自治會」建立後，一般冷寂的學校，就慢慢變得活潑起來了，學生們不僅組織生活檢討會，批評、講故事、鬥爭，而且很能利用課餘時間，集體讀報，組織歌詠會，以及各種有益的娛樂活動。普校、綜合、兒童團還通過了學生會，在星期日、休假期組織環境衛生（抽鴉片煙燈）、宣傳反迷信、反不衛生等工作。

去年十月間召開的全縣聯席會，對於合水今後教育開展，開拓了一個新的階段，舍經因執着要子弟們教授老先生，現在已認識到「千字文」、「三字經」等不能幫助孩子們學得民書，僅限寫字等知識，他們願意叫孩子們在私塾裏，但是學生的讀物，卻有不少改爲教科書了。過去不許女兒入學的父母，他們已覺得這樣見解是不對的了，最明顯的事實，就是去冬女學生數目，比以前增加了六十三名。

黨的生活

學習文件中的支部工作

康鴻

學習二十二個文件的熱潮，已普遍於延安各機關和學校，同志們都正在認真的細心的閱讀着每個文件，這種學習的情緒，可以說是空前的。

此次學習文件，遵照中央的指示，各機關學校大都是由行政負責同志領導的。因而有些機關學校的黨的支部，就好像卸卻了責任似的站在這個學習熱潮的外面。這種依賴行政方面領導，忽視支部本身的作用的觀點，是非常錯誤的。正是由於行政負責同志的親身領導，全體同志學習情緒的高漲，以及這次學習文件的重大的歷史意義，作爲黨的基本組織的支部，不僅不能推脫責任，相反的更應加重責任。

學習文件的計劃，各機關學校都已訂出，而且已經開始實行了。因此目前支部的中心任務，應該是保證學習計劃的完成，無論如何不能把這次的「保證」當作口頭禪，而必須把它變成實際的工作。在這個保證工作中，支部工作和學習委員會的工作，當然是分不開的，因此他們之間就必須有密切的聯系。（支部負責人參加了學習委員會的，當然更好。）並且爲了不使許多形式與麻煩，支部和學習委員會的許多工作，也不妨合一起來，集中力量進行。學委會可以將許多工作交給支部去作，支部則應利用黨的組織力量來協助學習委員會進行工作。黨的小組長必須成爲學習組長的有力的助手，和學習組長共同負責來領導全組同志的學習。在檢查學習，解決困難，提出問題，徵求意見等方面，黨的小組長都可以和學習組長協同進行，而且在某些部門中，還要督促學習組長的工作。

在學習文件中，支部的主要工作，還是督促和檢查，督促全支部的每個黨員都執行學習計劃，隨時檢查在執行計劃中所發生的各種的現象而加以糾正。因此檢查工作，就不是在學習結束後，作一個「基本上」、「一般的」或「差不多」如何如何的「總結」，或者空洞的數出學習中所發生的許多缺點，（因爲問題實行很好，也不過是「一個好經驗」而已。）而是在學習的進程中，檢查了解每一個黨員是怎樣執行計劃的，讀了什麼文件，讀了幾遍，是否認真的讀，怎樣讀法，寫了筆記沒有，方法如何，有什麼疑問，有什麼心得，有什麼感想等等，並隨時予合理解決，確定支部應進行的工作。這樣才能保證全部（而不是大部份）黨員完成學習計劃，使每個對文件不重視，不認真學習，企圖和大家混在一起敷衍了事的黨員，也不能魚目混珠，馬虎過去。同樣的檢查工作，以在黨的小組中進行爲最適宜，因此支部也就應該着重小組工作，將支部委員分配到各小組中去，求得對於情況的深入的了解。

由於每個黨員的程度、理解力和鬥爭經驗的不同，在對文件的學習中，必然會發生許多不同的見解，而且必然會引起許多爭論。對於這些爭論，支部就應該提倡的，如果沒有爭論時，支部還要提出問題，組織爭論。並且還可以把這一小組爭論的問題，再拿到別的小組去爭論。支部不能站在一旁讓其自流下去，而應該引導這些爭論，使正確的見解發揚起來，並且協同學習委員會，作出正確的結論。支部應該善於在這些爭論中，觀察各個黨員的思想方法，善於利用這些爭論來幫助大家對於文件的理解。

過去大多數支部，對中央的決定，都沒有認真的討論。這次我們也不能採取過去的態度，而必須積極工作，務使每個黨員對二十二個文件，都能研究得深刻透徹，並且學會研究實行黨的決定的方法。

我的一點學習經驗

鼎毅

中宣部「四三決定」對於閱讀文件的方法，已經有了原則的指示：即「……逐件精讀，逐件筆記，然後一件或幾件合併開小組討論會，……在閱讀與討論中，每一件要深思熟慮，反省自己的工作及思想，反省自己的全部歷史——」這是正確的，但是怎樣具體實現：即怎樣精讀，怎樣筆記，怎樣討論，怎樣深思，怎樣反省自己，應當在研究過程中，不斷的體會和研究。有經同志說：一遍粗讀，二遍精讀，三遍融會貫通和筆記。但我的經驗證明，事情並不如此容易：因爲這些文件是世界與中國革命經驗總結的結晶。目前三風不正的現象，不是新近才發生的事，而是歷史的遺產；如果精通黨史的話，可能很快的懂得及運用；但對於一些對歷史事實一知半解，黨的歷史知道不多，又沒有學會應用馬列主義方法解決問題（我認爲我是其中的一個），就不容易辦到。同時研究文件的目的，是在於掌握其精神和實質，並能應用於實際，——改造思想，不在於背誦條文，如此說來一二三遍是不可能解決問題的。

什麼辦法好呢？我還未能確定，但是可將自己的一點經驗寫下請大家批評和指教。

（一）閱讀的基本方針，應該是貫徹「讀、就」：也就是常說的「少而精」的原則。不論文件多少，不管時間長短，以徹底弄懂爲準。（還不止徹底弄懂，因爲讀懂並不等於懂得，）才算真正了解文件本身的精神和實質。何時文件分量不同，有易懂不易懂之分，要根據情況規定閱讀的時數和時間。（是指個人閱讀計劃以內的）附帶以「五氣不要」的精神，和「人一己百，人十己千」的勇氣，潛心和虛心的逐件研究，直到「懂得了」爲止。

（二）閱讀的方法：我已經取消了粗讀的觀念，在接觸每一文件的開始，即細心精讀一二遍，爲的是了解文件的什麼內容：提出的什麼？反對的什麼？解決的什麼？總的輪廓和概念，打下細細咀嚼的基礎。其次是逐字、逐句、逐段的研究，但這並不是機械的過程，也就是要抓住其精神和實質的過程，不止是一、二、三、四遍，……；這個過程，一字、一句、一段，反覆十遍八遍都是可能的：如「關於增強黨性的決定」的甲項第一句，「中國共產黨經過了廿年的革命鍛鍊」，包括着許多意義，特別是中國黨三次時期，如果不細細研究……時要在文件上註着重點，爲的是了解此字、此句、此段的內容是什麼！如「關於增強黨性的決定」的第二句「現在已成爲全國政治生活中重要的決定的因素」，其中「重要的」「決定的」六個字，就是說：現在中國共產黨，不但是全國政治生活中一般的因素之一，而是重要的決定的因素，再具體些，中國人民是否能堅持和取得勝利，中國共產黨起着決定的作用，因此在「重要」和「決定」的字旁可以引號點綴。就是說經過細讀幾遍：也就是總結和反省自己的階段，至此便有真正領會貫通的可能，這時主要工作，是檢查自己了解程度，提出質疑，和預備作筆記的內容。

（三）作筆記的方法：

第一，筆記時應完全離開文件：因爲從前翻閱，找字找句的去記，這是說明自己尚未掌握文件的精神和實質，同時還可能記出毛病。因此，可按自己了解程度，心得，記自己所體會的東西，——文件的精神和實質，及感想等。筆記辭句，組織系統，都要自出心裁，防止任何條文式的抄錄。（引證成語不在此例）

第二，筆記內容的着重方面，是如何提出問題，如何分析問題，如何解決問題。如中宣部「四三決定」，教導我們要會看問題，「改造我們的學習」更明確指示我們：不要割斷歷史，不要只懂得希臘，不要說空話，要研究現狀，研究歷史……等等，應用馬列主義之觀點方法……總之使筆記是根據文件的實質，來檢查自己的毛病，和提出改造的方法。

日人反戰同盟 紀念成立一週年

【新華社晉西北六日電】日人反戰同盟晉綏支部全體盟員，在該支部成立一週年紀念之日，向軍區首長及全體指戰員，致敬意，並稱，當茲反戰同盟支部創立兩年紀念之際，我們將遵守誓言，今後當粉身碎骨，亦與八路軍全體同志保持親密合作。該支部願與八路軍結成緊固同盟，爲完成反戰反法西斯的光榮使命，奮鬥到底。

音協

明日舉行音樂晚會

【本市訊】音協代表大會原定五月五日舉行，因雨改於五月九日（星期六）下午二時仍在青年劇院舉行，並於同日晚舉行音樂晚會，音協已通知各團體代表及個人會員屆時出席，檢討一年來的工作，計劃今後的音樂方向。

工厂干部联席会第二日邓发同志亲临报告

【本市讯】边区总工会工厂干部联席会议，六日下午请邓发同志报告：“关于公营工厂劳动性质问题”，其报知提纲内容共分六点：（一）劳动是雇佣的但又不完全是雇佣的；（二）是带有义务性质的劳动，但又不完全是义务的；（三）为什么不完全实行义务劳动呢？（四）新民主主义政权下劳动是不是自由劳动？既说自由为什么又不能随便跳厂？（五）新民主主义政权下的劳动具有新的意义，表现在什么地方？（六）公营工厂职工会的任务。邓发同志的报告，将在会议上展开研究，深入讨论，作为工会工作思想转变之开端。

【本报讯】工厂干部联席会第七日上午小组讨论邓发同志关于“公营工厂劳动性质问题”的报告。有人提出，工程师说是拿津贴，但他们拿的钱有些比工人工资还多，这算是雇佣的抑或义务的？大家意见以为：这样并不算是雇佣，这是工程师生活上的需要，他能力技术均强，总之，不能说他们是雇佣。在讨论到提纲第四条时，一致意见指出：边区工人劳动是自由的，如政治上有参政权，对工厂有意见亦可自由提出，但不能随便跳厂，离厂，因为这会妨害生产，在抗战期间私人利益应和民族利益联系起来。关于新民主主义政权下劳动的特点：大家认识到并不像资本家开的工厂那样剥削工人，剩余价值，是用在抗战及公共事业需要上，而不是落在私人腰包，因之工人必须用新的态度去劳动。

【本报讯】下午大会由总工会文教股张力克同志报告“公营工厂工会怎样进行业余教育”。各厂教育近况如下，有些初进厂的工人，一字不识，到一年之后竟能认到八百字，能看群众报。关于缺点指出教育工作的进行有些凌乱摸索状态，教育内容，没有按工厂具体情形进行，用政治课去压倒一切，以致学非所用等。

合水縣二屆參議會 檢查議會政府工作

補選參議員符合三三制

【本報合水訊】本縣二屆縣參議會訂於四月廿八日召開，議事日程共爲五日，會議中心爲檢查五個月來政府工作，總結徵糧徵草工作檢查春耕工作，並討論如何統一與節制勞動力等問題，特別對目前影響春耕的幾個問題商議妥善辦法。據悉，常駐議會沒有經常工作，上屆參議會所通過的議提案，至今還在議板上，沒有經由送交政府。有的議員感覺得參議會沒有起着應有的作用。開議以中如楊志仲、趙國棟、徐聯奎、馬錫林等，在去年徵糧徵草中，都起積極努力，不僅在會議上代表廣大羣衆利益說話，並親自深入下層進行宣傳解釋，而且自己首先踴躍的完成徵糧任務。羣衆稱讚：「像這樣的議員才是真正羣衆的代表」。

【又訊】合水縣全縣參議員共六十一人，其中共產黨參議員佔二十二人，超過三分之一，但因工作關係……

[illegible]

保衛團舉行 第一次黨代表大會

號召部隊整肅軍風

【本市訊】保衛團於六日晨在團本部召開第一次黨代表大會，歷時兩日。這次大會目的在於檢閱整風的收穫，積極準備保衛邊區工作。大會的內容是檢查一年來黨的工作及確定今後的工作任務。第一天各代表都熱烈的發表意見……

[illegible]

開墾中的南泥窪

孫德山　許飛濤

[illegible]

工廠幹部聯席會第二日 鄧發同志親臨報告

[illegible]

反正的故事

王向立

最後勝利是誰的

[illegible]

「加强僞軍」

[illegible]

「皇軍」的奴隸

[illegible]

重回祖國的懷抱

[illegible]

對「集體」開荒意見

聲直

[illegible]

三五九旅研究文件 教導營第六期開學禮

[illegible]

護士節將屆

[illegible]

新文字叢書工作委員會成立

編輯各種小冊子 完成三十六萬字

[illegible]

敵窮途末路

寇兵厭戰切腹自殺 槍殺僞軍籠絡民心

[illegible]

國內簡訊

[illegible]

補正：[illegible]

解放日报	时间	1942-5-10	期	第357期
			版	第2版

边区工业职业学校开学

【本市讯】工职校于本月六日举行开学典礼到学生四十余人，各专任教员，工业局正副局长均参加。五月假期于六日已满，当即正式上课。该校依照开学甄别考试结果，按文化程度分为高低两班，分别开课。又为便利起见，将有一班移往工厂上课，全校同学学习情绪极高，均有决心使自己成为一个真正的工业技术人员。

邊參會常駐會決定
秋季開參議員代表會
參議會二次大會延至明年召開

謝副議長
指出過去參議會的優點和缺點

黨的生活

一、鞏固黨的方法

晉察冀鞏固黨的方法

柏銘

高等法院學委
改進文件學習辦法

邊區工業
職業學校開學
真正的工業技術人員

綏德警區特委
召開各縣組織部長會議
討論改造農村支部工作等問題

清澗男女學生增加
子長提高小學教員質量

河防戰後
沿河難民移入吳堡
邊府撥款救濟

合水靖邊
幹部教育情況改進

一期有獎儲蓄券
在綏德営業開獎

隴東救亡報
檢查工作

延安縣
姚店區檢查春耕

來函照登

李樂紹

一得書

筆記摘要

煥南

解放日报	时间	1942-5-11	期	第358期
			版	第2版

工厂工会干部会议号召加紧生产保证军需供给

【本报讯】工厂工会干部联席会议，已于九日闭幕。高主任在总结中指出：在目前时局下，我们应有很好认识和准备，各工厂工人应加紧生产，保证完成生产计划及军需供给。加强工会工作，加强技术与政治教育，团结工人，并与各分会密切联系，各分会提出的问题，答复不超过十天。工会领导应大量吸收有威信工人参加，实行“三三制”。大会所讨论各议案，俟主席团整理后，再发到各厂公布。

【本报讯】关于新工资合同，各小组及大会的意见提出后，由劳动保护部长张平，走访各公营工厂结果，认为厂方在目前情形下，主张工资仍维持新合同工资准则，唯军事工业各工厂，答应工人一年发鞋三双，每月一块肥皂。取消例假后，如能不请事假，遵守劳动纪律，每月终加给货币工资三天。女工生产前后工资照发，又生产费亦照政府规定发一百二十元。

【本报讯】各厂今后教育方针，着重于提高技术，消灭文盲，加强业务认识，提高劳动热忱，进行时事、政治教育，同时注重各种文化娱乐工作以调剂生活，提高生产热情。各厂应根据这一方针，以及各厂工人文化水平，决定分量配备。其有学习技术条件者，应学技术，适当的配合文化政治课进行。文化教育费由厂方照货币工资比例拨出百分之六，并议决优待教员。

【本报讯】大会最后讨论如何进行工会工作检查。检查提纲本着整顿三风精神，配合各厂党的支部和行政领导机关共同领导，避免分割现象，先研究文件掌握检查武器。学习文件要联系本身实际情况，全体做笔记作为以后检查工作的准备材料。边区总工会并另制一检查提纲，征求各厂工会提出意见，然后分发各厂。

工廠工會幹部會議號召
加緊生產保證軍需供給

【本報訊】工廠工會幹部聯席會議，已於九日閉幕。高丰任在總結中指出：在目前時局下，我們要有很好認識和準備，各工廠工人應加緊生產，保證完成生產計劃及軍需供給。加強工會工作，加強技術與政治教育，團結工人，並與各分會密切聯系，各分會提出的問題，答覆不超過十天。工會領導應大量吸收有威信工人參加，實行「三三制」。大會所討論各議案，俟主席團整理後，再發到各廠公佈。

【本報訊】關於新工資合同，各小組及大會的意見提出後，由勞動保護部長提出，走訪各公營工廠結果，認為廠方在目前情形下，對照工資仍維持新合同工資準則，惟軍事工業各工廠，容許工人一年發鞋三雙，每月一塊肥皂。取消例假後，如能不請事假，遵守勞動紀律，每月應加給貨幣工資三天。女工生產前後工資照發，又生產費亦照政府規定發一百廿元。

【本報訊】各廠今後教育方針，着重於提高技術，消滅文盲，加強業務常識，提高勞動熱忱，進行時事、政治教育，同時注意各種文化娛樂工作以調劑生活，提高生產熱情。各廠應根據這一方針，以及各廠工人文化水平，決定分組配備，具有專門技術條件者，應專技術，適當的配合文化政治課進行。文化教育費由廠方照貨幣工資比例發出百分之六，或選派專任教員。

【本報訊】大會最後討論如何進行工會工作檢查。檢查提綱本着整頓三風精神，配合各廠黨的支部和行政領導機關共同領導，調査分類總結，先研究文件要聯系本身實際情況，全體做準備作為以後檢查工作的準備材料。邊區總工會並另擬一檢查提綱，徵求各廠工會提出意見，然後分發各廠。

新華廠學習號資 宋老英雄為全廠模範

定邊縣參議會 改選政府委員
徹底實行「三三制」

財廳副廳長 視察關中分區

綏市通訊小組 擬定採訪方針

魯迅基金會籌會 放發文藝貸金

隴東特委宣傳部 檢查各縣幹教工作 決進行普遍測驗

鹽池第九工廠 日漸擴大

明日護士節晚會上 將宣佈防疫成績

新寧建立 學校巡視檢查制度

鎮原討論教育工作

對英美海戰勝利 重慶人士極感欣慰

富華鄉重整機家原因的檢討
黎斌

埋頭苦幹的一群
介紹中央醫院模範護士

戈奇

護士長 楊先彬

護士長 王心

南國姑娘 李樹堅

助產士 黎平

男護士 李仰惜

小兵頭 喬路

男護士 郭章

助產士 郭興英

第一卷（中）

新华厂学习竞赛宋老英雄为全厂模范

【本市讯】新华化学厂肥皂组宋金山同志，今年已五十岁，在三个月内学会制造肥皂的全套技术，他现在任担油、起锅、搅肥皂等繁重的工作。他平时学技术的机会是利用工人下工吃饭的时间，因为他认为一方面受教育，一方面更须自动在实际工作中去锻炼。他说：“要学会游泳，就要敢于下水不怕淹死，否则是不可能的”。工作时间早到迟退是宋老同志的习惯，他爱护公物，节省原料，即使地上有一点肥皂，他也都捡起来投在锅里。那样大的年纪，还能经常背五十多斤石炭去烧皂料，他在肥皂组的工人和学徒之间有着很高的威信，大家都叫他“老英雄”。宋同志是河北人，农民出身，高大个子，曾读过三年古书，当过雇工，抗战后做游击战士，在生产岗位上，他也曾被选为劳动英雄。这次五一劳动节，厂内举行了学习竞赛，宋同志在不妨碍工作的条件下努力学习，从来没有缺过课，并且还经常催促大家上课，天刚亮他就起身，拿着课本在河滩上读着，沙滩是他写字的“纸”，晚上坐在床上还学新文字。在学习竞赛总结大会上，他被大家公认为“学习模范”，他又虚心地对大家说：“天下无难事，只怕用心人。我虽年纪比你们大，可是懂的事情太少，希望大家站在同志的立场上多多帮助我。”宋老的话，打动了全体工人学徒们的心，大家准备向他看齐。

工廠工會幹部會議號召
加緊生產保證軍需供給

【本報訊】工廠工會幹部會議，已於九日閉幕。……

新華廠學習競賽
宋老英雄爲全廠模範

【本市訊】新華化學廠肥皂組宋金山同志，今年已五十歲，在三個月內學會製造肥皂的全套技術，他現在任燒油、起鍋、校肥皂等繁重的工作。他平時與技術的機會並利用工人下工吃飯的時間，因爲他認爲一方面受教育，一方面更須自己在實際工作中去鍛鍊。他說：「要學會游泳，就要敢於下水不怕淹死，否則是不可能的」。工作時間早到遲退是宋老同志的習慣，他愛護公物，節省原料，即使地上有一點肥皂，他也都拾起來放在鍋裏。那樣大的年紀，還能經常擔五十多斤石炭去燒肥皂，他在肥皂組的工人和學徒之間有着很高的威信，大家都叫他「老英雄」。宋同志是河北人，農民出身，高大個子，曾讀過三年古書，當過僱工，抗戰後做游擊戰士，在生產崗位上，他也曾被選爲勞動英雄。這次五一勞動節，廠內舉行了學習競賽，宋同志在不妨礙工作的條件下努力學習，從來沒有缺過課，並且還經常催促大家上課，天剛亮他就起身，拿着課本在河灘上誦讀，沙灘是他寫字的「紙」，晚上燈在床上還學新文字。在學習競賽總結大會上，他被大家公認爲「學習模範」，他又虛心的對大家說：「天下無難事，只怕用心人。我雖年紀比你們大，可是懂的事情太少，希望大家站在同志的立場上多多幫助我。」宋老的話，打動了全體工人學徒們的心，大家準備向他看齊。

定邊縣參議會
改選政府委員
徹底實行「三三制」

財廳副廳長
視察關中分區

魯迅基金會籌委會
放發文藝貸金

綏市通訊小組
擬定採訪方針

隴東特委宣傳部
檢查各縣幹教工作
決定進行普遍測驗

鹽池華元工廠
日漸擴大

明日護士節晚會上
將宣佈防疫成績

新寧建立
學校巡視檢查制度

鎮原討論教育工作

對英美海戰勝利
重慶人士極感欣慰

富寧鄉羣衆搬家原因的檢討

黎斌

埋頭苦幹的一群
介紹中央醫院模範護士

戈奇

富有之家的女兒沈元暉

護士長 楊光彬

護士長 王心

南國姑娘 李樹堅

紧缩工厂组织机构协助发展私人工业

边区工厂联席会上霍副厅长结论

【本市讯】边区工业局召开之各工厂联席会议，共进行四天，于五月九日上午结束，到会计有难民工厂、振华纸厂、新华化学厂等十余工厂负责人，工业局正副局长及各课课长技师等，均到会主持，建设厅高厅长、霍副厅长亦拨冗亲临指导。会中由局长对各工厂工作方向，工资问题，干部学习问题等，均有详尽说明及指示，继由各厂厂长报告各该厂生产情况，本年度生产计划，并检讨优缺点，相互交换意见，展开热烈讨论，决议要案多件。最后由霍副厅长总结指出：一、今后各工厂应集中力量放在研究技术改进上；二、团结工人巩固工厂应以提高工资与加强教育双管齐下；三、各厂组织机构应予紧缩，使符合政府精兵简政之原则，在经济上应力行简约；四、各厂提高成品质量，如纸、毛毯、布、肥皂等。五、应注意协助私人工厂之发展……等十三项。

【本市讯】边区工业局召开之厂长联席会上，提出讨论学习中央决定之二十二文件的进行方法，当即议决：各工厂应即日组织学习委员会，直接领导全厂学习以不妨害生产原则，每日学习两小时，六个月学完。研究文件要以有阅读文件能力者为限，并欢迎党外人士参加。在可能条件下，应经常出墙报，辅助学习，在这议决案后有人提议要建立严格的学习纪律，厂长起模范作用，还有人说：要注意学习文件过程中，不要忘记了每天看党报。

護士與戰士同樣重要

本市熱烈紀念護士節

各界紛贈禮物慰勞

【本報訊】昨日為護士鼻祖南丁格爾誕辰，與國際護士節，又是中華護士學會延安分會成立週年紀念。邊區各醫院及各衛生機關選出代表五百餘人，於下午一時齊集中央大禮堂舉行紀念大會……

朱總司令李富春同志

親臨講話贊揚護理工作

固臨縣參議會通過

健全工作制度等項決議

政府委員已按三三制改選

西北黨校低級班

研究文件成績尚差

留守兵團出版「學習生活」

黨的生活

民主和集中的關係

王德

軍委各機關學習概況

許曦大

一、總參廳

二、總政組織部

三、敵工部

四、後勤系統

緊縮工廠組織機構　協助發展私人工業

——邊區工廠聯席會上霍副廳長結論——

【本市訊】邊區工業局召開之各工廠聯席會議，共進行四天，於五月九日上午結束，到會計有難民工廠、振華紙廠、新華化學廠等十公營工廠負責人，工業局正副局長及各課課長技師等，均到會主持，建設廳高廳長、霍副廳長亦蒞會親臨指導。會中由局長向各工廠工作方向，工資問題，幹部學習問題等，均有詳盡說明及指示，繼由各廠廠長報告各該廠生產情況，本年度生產計劃，並檢討缺點，相互交換意見，展開熱烈討論，決議提案多件。最後由霍副廳長總結指出：一、今後各工廠應集中力量放在研究技術改進上；二、團結工人鞏固工廠應以提高工資與加強教育雙管齊下；三、各廠須緊縮機構應予緊縮，使符合政府精兵簡政之原則，在經濟上應力行節約；四、各廠提高成品質量，如紙、毛巾、布、肥皂等。五、應注意協助私人工廠之發展——等十三項。

【本市訊】邊區工業局召開之廠長聯席會上，提出討論學習中央決定之二十二文件的進行方法，當即議決：各工廠立即組織學習委員會，直接領導全廠學習以不妨害生產為原則，每日學習兩小時，六個月學完。研究文件要以有能力文件能力者為限，並歡迎黨外人士參加。在可能條件下，應經常出牆報，輔助學習，在這議決案後有人提議要建立嚴格的學習紀律，顯其紀模範作用，還有人說：要注意學習文件過程中，不要忘記了每天看黨報。

成立美術學會

保小選舉　模範事務人員

甘泉縣三科　召開擴大教育會

振華分廠　四月份產量超過計劃

某旅直屬隊　月考成績甚佳

召開座談會

李市長兼　本市自衛軍團長

大後方團體活動　局限於「研究」圈內

孔學會音樂學會成立

財部加以限制　銀行投資業務

一得書

釋八股

煥南

五月六日

重要啟事：今後關於整風學習的一切稿件，概交「學習」副刊發表，黨的生活中其他問題的稿件，則仍寄交「黨的生活」編輯室收。

編輯部

振华分厂四月份产量超过计划

【安塞讯】振华纸厂分厂以生产竞赛的实际行动来纪念“五一”，获得辉煌成绩：完成印刷厂纸一三七、四一八张，超过四月计划百分之三十七，超过突击任务百分之六，蒸煮组共蒸马兰草一万八千斤，洗浆在全组同志努力下，供给了十六个池子的浆，平均每人每日洗二百五十斤，这是分厂的最高成绩，捞纸组王开成第一，交纸一八二刀，高俊礼交纸一四五刀，高玉兰交纸一二八刀。晒纸组袁启发第一，交纸一八六刀，李光华一五四刀，谢川运一三五刀，丁志详一二二刀。竞赛期间，工友们一般的对劳动纪律的遵守都很好。厂方提出四千文作为奖励。

護士與戰士同樣重要
本市熱烈紀念護士節
各界紛贈禮物慰勞

朱總司令李富春同志
親臨講話讚揚護理工作

固臨縣參議會通過
健全工作制度等項決議
政府委員已按三三制改選

西北黨校低級班
研究文件成績尚差

留守兵團出版「學習生活」

成立美術協會

緊縮工廠組織機構
協助發展私人工業
——邊區工廠聯席會上當局總結論——

保小選舉
模範事務人員

甘泉縣三科
召開擴大教委會

黨的生活

民主和集中的關係
王德

軍委各機關學習概況
許嘯大

一、總參廳

二、總政組織部

三、敵工部

四、後勤系統

某旅直屬隊
月考成績甚佳

青記學會
召開座談會

振華分廠
四月份產量超過計劃

李市長兼
本市自衛軍團長

一得書
釋八股
煥南

五月六日

大後方團體活動
局限於「研究」圈內
孔學會音樂學會成立

財部加以限制
銀行投資業務

重要啟事：今後關於整風學習的一切稿件，概交「學習」副刊發表，黨的生活中其他問題的稿件，則仍寄交「黨的生活」編輯室收。

編輯部

解放日报	时间	1942-5-14	期	第361期
			版	第2版

边区各工厂产量增加

三个月内制铧一千余页炼铁万斤　造纸七百令肥皂七万条 织布一千匹毛毯两千床

【本报讯】昨日在严肃静穆的学习空气中，赵局长接见记者于工业局办公室中，告以边区工业局所属各主要工厂一、二、三三个月来的生产成绩如下：农具工厂对今年边区农业生产给予了有力的帮助，于三个月中制成了□［铧］一千四百余页，大小车锏二千一百余条，炉条一百多根，西安式布机十四部，大弹毛机一部，小弹毛机二部，尚在进行制造中的织布机、弹毛机等有三十部。炼铁厂炼出渣铁一万余斤，并在白家牙进行炼焦等工作。这三个月来有两个月是滴水成冰的严寒气节，在离不了水的化学作业上，虽说是受了相当的影响，但是他们的生产任务，基本上也是完成了的。振华造纸厂生产成品计有双开纸六百八十令，加上四月份的共一千零四十令。已经司以保证供给出版局（包括本报）的需要了，但在文化事业发展的边区，纸的供求尚不能完全适合理想，虽说近年来新发展的纸厂很多，但由于资金、原料、人力等方面还受着相当的限制，尤其是原料及人粮马料方面，希望财政厅给予协助，否则造纸工业将会受到严重的影响。新华化学厂本期成品：计有新华皂五万余条，黑皂九千三百余条，洗脸皂一万七千余块，精盐二千七百余磅及其他粉笔、芒硝、墨水等亦不在少数。虽则他们的生产任务，超过了原定计划数倍，但是也还不能满足市场的需求。关于矿业方面：在目前初创时期，主要的工作是调查研究，借以了解边区目前矿产及发现新的矿产，其一小部分工作，为帮助现有煤业解决部分困难问题。在去年年底，曾组织地质考察团去关中调查矿产，于一月中旬返延，对关中矿产分布已有概括了解，并拟定开发关中矿产计划，呈请建厅采纳。对东三县及延安的煤矿等，也进行了调查工作。在研究工作上，成立了矿物鉴定陈列室及分析室。本拟成立

固臨整編自衛軍
擬定計劃加緊訓練
安塞志丹子長武委會均告成立

[illegible]

子長開荒超過計劃
固臨春耕大部完成
志丹農民生產情緒激增

[illegible]

中央婦委令各級進行調查研究工作

[illegible]

税收增加
柳林鎮稅務分局

[illegible]

邊區各工廠產量增加
三個月內——製鏵一千餘頁　鍊鐵萬斤　造紙七百令　肥皂七萬條　織布一千疋　毛毯兩千床

【本報訊】日昨在嚴緊的學習空氣中，趙局長接見記者於工業局辦公室中，告以邊區工業局所屬各主要工廠一、二、三三個月來的生產成績如下：農具工廠對今年邊區農業生產給予了有力的幫助，於三個月中製成了鏵一千四百餘頁，大小車輛二千一百餘條，爐條一百多根，西安式布機十四部，大彈毛機一部，小彈毛機二部，約在進行製造中的織布機、彈毛機等有三十部。鍊鐵廠鍊出渣鐵一萬餘斤，並在白家牙進行煉焦等工作。

鹽三個月來有二個月是淌水成冰的嚴寒氣節，在離不了水的化學作業上，雖說是受了相當的影響，但是他們的生產任務，基本上也是完成了的。陶寺造紙廠生產成品計有優質紙六百八十令，加上四月份的共一千零四十令。已經可以保證供給出版局（包括本報）的需要了，但在文化事業發展的邊區，紙的供求尚不能完全適合理想，雖說近年來新發展的紙廠很多，但由於資金、原料、人力等方面還受着相當的限制，尤其是原料及人員馬料方面，希望財政廳給予幫助，否則造紙工業將會受到限度的影響。新華化學廠本期成品：計有新小皂五萬餘條，洗皂九千三百餘條，洗臉皂一萬七千餘塊，精鹽二千七百餘磅及其它藥品、芒硝、藥水等亦不在少數。雖則他們的生產任務，超過了原定計劃數倍，但是也還不能滿足市場的需求。

關於織造方面：在目前初創時期，未來的工作是調查研究，藉以瞭解邊區以前織[illegible]

山中一日
本報特派記者　海稜

一、矮拐子和老跛驢

[illegible]

二、大王廟及宣傳工作

[illegible]

三、疾病、醫藥

[illegible]

悼我們的戰友李光濱同志
振聲

[illegible]

晉西北參選活躍

[illegible]

國內簡訊

[illegible]

延大通訊小組舉行擴大會

[illegible]

劇界人士認「野玫瑰」含有毒素
函請教部撤銷嘉獎案

[illegible]

戰鬥動員
太行區各工廠增加生產

[illegible]

寧死不為敵人利用
綏佔區人民拋棄牲口避敵

[illegible]

采矿冶金训练班，后因工职学校成立，乃并入该校设“矿冶科”。又所属难民纺织工厂，在本期中克服了土纱织布困难，质量提高，数量也由每匹布五丈增至七丈，并去掉粗糙不齐毛病。毛毯织染仿榆林花毯亦已试验成功，在技术上改进了缩毯及植物染料染毛法，这些改进减低了不少成本，该厂三个月生产成品共有：粗洋布四百六十匹、土布五百四十匹、毛呢十匹、毛毯二千二百七十床、毛巾二千六百余条、纱袜二千双、条毡三百七十条，其他如土斜布、条布、裹腿、人字呢、毡鞋等，亦有少量出产。在纺织工具方面，制造有锭子、梭心、铁钉子、缩毯机、筒子、轴线葫芦、经轴、纬管、梭尖等数十种零件。

固臨整編自衛軍

擬定計劃加緊訓練

安塞志丹子長武委會均告成立

子長開荒超過計劃

固臨春耕大部完成

志丹農民生產情緒激增

中央婦委令各級

進行調查研究工作

悼我們的戰友李光漢同志

楚振聲

我們黨內有無數優秀的幹部，在抗戰的艱苦過程中英勇的犧牲了，晉西北這區域中……李光漢同志就是其中的一個。

稅收增加

柳林鎮稅務分局

邊區各工廠產量增加

三個月內

製鐸一千餘頁鍊鐵萬斤

造紙七百令肥皂七萬條

織布一千疋毛毯兩千床

……產及發現新的礦產，其一小部份工作，為幫助現有煤業解決部份困難問題。在去年年底，曾組織地質考察團，去關中隴東一帶，於一月中旬返延，對關中礦產分佈，有概括瞭解，曾擬定開發關中礦廠計劃，呈請政府採納。對東三縣及延安的煤礦等，也進行了調查工作。在研究工作上，成立了礦物鑑定，化驗室及分析室。本廠成立採礦冶金訓練班，後因工廠學校成立，乃併入該校設「礦冶科」。

又「難民紡織工廠」，在本期中克服了土紗織布困難，質量提高，產量也由每疋布五丈增至七丈，並去掉麻線不齊毛病。毛毯織染仿林花毯亦已試驗成功，在技術上改進了漂白及植物染料染毛法，這些改進減低了不少成本，該廠三個月生產成品共有：粗洋布四百六十疋、土布五百四十疋、毛巾二千六百餘條、毛毯三百七十條、毛巾二千二百七十條、紗襪二千雙、毛毯三百七十條，其他如七斜布、條布、被單、人字呢、毛毯等，亦有少量出產。在紡織工具方面，製造有錠子、梭心、鐵釘子、錠托線、筒子、軸線滑車、經軸、緯管、梭尖等數十種零件。

山中一日

本報特派記者 海稜

一、矮拐子和老跛驢

二、大土劇及宣傳工作者

三、疾病、神巫、醫藥

晉西北參選活躍

戰鬥動員

太行區各工廠增加生產

延大通訊小組

舉行擴大會

國內簡訊

劇界人士

認「野玫瑰」含有毒素

函請教部撤銷嘉獎案

寧死不為敵人利用

靖佔區人民不為敵偽抗日搜捕

第一卷（中）

解放日报	时间	1942-5-15	期	第362期
			版	第2版

延市府鼓励妇女纺纱

【本报讯】市政府为了鼓励家庭妇女参加生产，特与团结纺织厂、难民工厂取得联络，由工厂供给纺车棉花，分交群众纺纱，规定两斤棉花交纱一斤，纺两斤棉花约可赚十二两。现延市西区一、二、三乡因接近团结工厂，参加纺织者已有四十余人；东区桥儿沟两人，黄花洼，朱家洼各一人；南区四人即张亭明，施秀兰等，她们都是曾得模范纺织奖金者；北区方面亦有四人。这些妇女已知道纺纱可以赚钱，而不是政府向她们“派差”。据市府一科副科长周萍称：延安市妇联，今后拟将她们组织起来，成立生产小组。

合水參議會通過 增進軍民團結等提案

規定鄉選步驟開辦選訓班

選出新縣長王士俊同志

請參議員多多幫助政府

邊府委員楊正甲講話

馬專員說明選區環境

鄜縣已開荒萬五千畝

安塞各機關借糧予農民

合水參議會通過

增強下級政府的工作效能

陳海闊　德風

第一，化繁為簡，加強工作效率

第二，經常工作與臨時中心工作的配合

第三，上級有計劃地領導與慎重地發出政令。

邊區政府

本市總結鄉選

共產黨參議員僅佔五分之一

延市府鼓勵婦女紡紗

邊區防疫會討論工作計劃

發起捕鼠滅蚤運動

各分區縣設防疫分會

綏德分區的土地問題

記者

市縣簡訊

採訪通訊部啟事二則

（一）十七日（星期日）上午十時，本部與青記分會聯合召開新聞座談會，——詳見十三日本報，屆時請本市本報通訊員同志參加。

（二）凡有關邊區、各根據地，及國內各地稿件，均請直接寄交本報採訪通訊部，以免延誤時間。

解放日报	时间	1942-5-18	期	第365期
			版	第2版

振华延园等纸厂实行累进计件工资制

提高产量改进技术

【本市讯】边区纸厂延园，保丰、利华、新政、金盆、振华六家，日前曾在工业局讨论“如何提高产量增加劳动强度”问题，关于工资、津贴、任务、管理、教育诸问题，均有详细讨论，兹将其内容择要略志于下，以供各厂参考：（一）工资问题，依交库成品为标准，实行累进计件工资制度，提高产量，规定每刀对开纸小秤二斤十四两以下者，捞纸晒纸工人各得工资一元七角，每刀如加重二两，扣洋一毛，由工人组成检查小组，互相检查；（二）按兵工津贴制，用计件累进津贴办法，以资鼓励，每刀对开纸重在小秤二斤十四两以下者，酌奖津贴二毛至三毛，按数累进，质量不够者照减；（三）各厂完成主管机关所给生产任务而有超过时，其余额除一部分交上级外，一部分得请准由各该厂出售，解决各该厂之经济困难，使纸厂继续维持与发展；（四）技术、设备、管理、教育各方面，各厂应经常互相联系参观研究，以达到群策群力，使生产技术等更进一步。振华现试用丝罗代替竹帘，其他技术设备都有改进。最近又设立一试验室。配合厂内工作人员的业务教育，闻该厂现拟一个新的试验——用丝罗一水纸，改变晒法可提高产量十倍，俭省很多建筑。现边区工业局和振华纸厂，允供给各厂造纸工具，以保证边区纸业的发展。

【本市讯】延园、振华两纸厂，实行兵工津贴制的结果，劳动强度大为增高，一人能抵三人工作的效能，每月产量增加三倍，减少伙食衣服开支，亦达两倍之多。

【绥德讯】绥德专署纸厂今春开工以来，规模较前扩大，现有工人学徒数十人。六个池子每月生产对开纸六百余刀，而学徒技术正日益提高。近该厂正拟招收学徒扩大成八个池子。预计扩大后每月能生产九百余刀纸。

【又讯】纸厂资金原有四万余元，今春边区工业局投资二万三千元，银行贷款五万元，共有资金十一二万元，但因目前原料价高，而修理建筑等费尤巨，故深感资金不能周转，且现尚缺掌管工务之干部一人，闻该厂已将此种困难呈报上峰，请求帮助解决。

邊區武委會派遣幹部 協助各縣整理自衛軍

【本市訊】協助各縣整頓自衛軍工作，邊區人民武裝委員會，特專派徐大昌、孫生才、楊俊民、蕭復興等同志，即日分赴直屬各縣。中心任務為：（一）檢查過去自衛軍工作，並重新健全組織和領導；（二）在邊區邊境各交通要道，恢復盤查哨崗，以防奸宄；（三）對於發壯力強的青年，組織基幹自衛軍，使成為邊區人民武裝自衛的主力。各該同志現已抵達各縣正式參加工作。

本市參議會即將召開

商會會長談稱

商業稅不算重只要分配公平

貫澈三三制加緊訓練民兵

職工運動中青年和中年幹部的教育團結問題

馬克人

開荒突擊

二、解決了農民的困難

三、突擊的成果

一得書

憶叔衡同志

煥南

通訊員是報紙的基本力量

本報召開通訊員座談會

外縣優秀通訊員獲獎

甘泉檢查春耕

開荒已完成一半計劃

按戶分配數字有缺點

四、「湧現」了不少的女英雄！

關中某團熱烈學習文化

每月發六千元為文具費

團級幹部做學習的模範

拾金不昧

綏德分區一級幹部

每天三小時學習整風文件

清澗健全工作制度

縣級各部門做工作日誌

振華延園等紙廠

實行累進計件工資制

提高產量改進技術

延安煤业协会公平评定工资炭价

【本市讯】解决煤业中实际问题，代表厂工双方利益的延安煤业协会，自三月份正式成立以来，工作正日益开展中。目前在一般厂方劳方甚至连每个矿工家属之间，已普遍建立威信。该协会于四月间把所属会员划分朱家沟和白家牙两个小组，偏桥子安家沟划归朱家沟，贺家沟划归白家牙，罗家坪十里铺则由协会直接领导，两小组并分设协会委员和小组长负领导之责。此外又成立评价委员会，由协会、厂方、工会各派代表组成，每半月开会一次，具体讨论工资厂方与工人的分份及炭价之评定。根据各地具体情况，目前工资规定为白家牙把工每月三百元，朱家沟把工每月六百元（因工作较重），罗家坪十里铺把工每月三百五十元，小米一斗二升；劳资分份白家牙决定为二八分（工八厂二）或三七分（工七厂三）朱家沟为四六分（工六厂四）或三点五、六点五分，（工六点五厂三点五）罗家坪十里铺炭毛子除领米一斗二升外，也作四六分；白家牙井口卖价上炭（可打铁炼焦）每斤三角，低碳每斤二角九分，朱家沟炭每斤二角五分、罗家坪炭每斤三角二分。如今后评价有涨落时，需经厂方、工会、工人及协会共同商量才能变动。又该协会对工人流动问题，及介绍工人工作亦有具体办法。最近的五一节，在协会的领导和组织下，举行了煤炭工人向未举行过的五一纪念会，各井各厂均有劳动英雄选出，厂方并发给：每人肥皂一块、毛巾一条、水烟一包、铅笔一枝、慰劳费十元，当日并举行会餐，此外由协会邀请延安杂技团到朱家沟演技，费用概由朱家沟五家厂方供给，白家牙十里铺等地炭毛子，均带领老小前往参加劳动者自己的纪念节。

老農說今年豐收有望
延安縣上月開荒四萬畝
延川模範棉農每垧地收花百七十斤

【本市訊】[illegible]

日本工農學校週年紀念
朱總司令講話勉努力學習
大會致書毛主席和八路軍

【本市訊】十六日係日本工農學校一週年紀念，是日上午九時日本學生，及該校教職員[illegible]舉行紀念大會[illegible]朱總司令講話[illegible]大會並致書毛主席、朱總司令及八路軍全體將士（原文附後）。

敬愛的毛主席、朱總司令暨八路軍全體將士們！

[illegible]

日本工農學校全體學生

五月十六日

慶陽的「三三制」
劉複初

[illegible]

整風文件學習

自然科學院與實際聯系討論
兵站部份同志態度錯誤
邊保直屬總支提出四點 要求黨員認眞學習

【本市訊】自然科學院工作人員和大學部學生已研究完反對主觀主義等五個文件。[illegible]

【本市訊】[illegible]

問：你讀的怎麼樣？

答：我讀了四五遍了！

問：你記下了它的中心沒有？

答：中心意思我是大概的知道了。

問：你講你了解的中心是什麼？

答：[illegible]

【本市訊】邊保直屬總支為使[illegible]提出四點要求：（一）[illegible]（二）[illegible]（三）[illegible]（四）[illegible]

一隅的生活

[illegible]

軍委直屬各機關整風學習初步總結

[illegible]

軍委系統整風學習委員會關於檢討和討論二十二個文件實施規定

[illegible]

延安煤業協會
公平評定工資炭價

【本市訊】[illegible]

邊區土地問題討論

租種變為夥種
綏德縣新店區一鄉調查材料

[illegible]

星期六雨夜中
軍事學院演習緊急集合

【本市訊】[illegible]

第一卷（中）

解放日报	时间	1942-5-20	期	第367期
			版	第2版

边工局响应政府节约号召两个月节省五千余元

【本市讯】边区工业局自二月份迄今，共节省伙食费五千四百余元，此款如何处理问题，已于十三日召开俱乐部大会讨论，少数同志提议将此款之一部分购物分配，其余全数充作会餐费。但此议立即被其他同志所反对，主张以该款交还公家。该局伙食费原按工厂待遇；每人每天一斤半小米，而此次响应政府号召，实行节约，尚属初创。一般同志均有正确认识，通过将该款交归公家。

邊區一級機關 二百餘幹部赴縣區工作

實行精兵簡政 加強下層機構

【本報訊】邊區一級各機關二百餘幹部赴縣區去工作的大會，即於今日下午在參議會禮堂召開。據民政廳負責人談，這次分派下去的幹部將以百分之八十配置到區上，餘百分之二十配置於縣上各機關。這是澈底實行精兵簡政、糾正頭重腳輕的具體步驟。[illegible]

貫澈三三制執行黨的政策 加強黨務工作與支部教育

警區各縣組織部長會議結束

[illegible]

慶陽的「土地問題」

劉從初

[illegible]

市府指示各鄉政府 建立正規工作制度

[illegible]

一九四二年的五一節

「共產國際」雜誌社論

一九四二年的五一節，在最偉大的與決定命運的國際鬥爭中來臨了。今年，五一不僅是工人階級檢閱自己力量的日子，而且是在反希特勒生死鬥爭中全世界一切力量的檢閱日。[illegible]

一得書

徽兆

[illegible]

整風文件學習

邊區學習總委會決定 第一期計劃應即完成

財廳工作忙要擠時間讀文件

【本市訊】邊區學習總委員會十八日舉行會議，出席者二十人，中央任弼時同志亦參加。[illegible]

合水縣各界紀念「五月」

楊正甲委員鼓勵人民加緊生產 袁團長要求大家提高警惕性

【合水訊】五月七日，合水各界在西華池舉行了一個熱烈的紀念革命的「五月」大會。[illegible]

邊工局響應政府節約號召 兩個月節省五千餘元

【本市訊】邊區工業局自二月份迄今，共節省伙食費五千四百餘元。[illegible]

綏師自製油墨 每月省費三百元

【綏德訊】綏師[illegible]

衛委直屬隊戰士 上文化政治課

【本報訊】[illegible]

三五九旅衛生部 開辦醫訓班

【本報綏德訊】三五九旅衛生部，最近開辦一醫訓班，[illegible]

韶關水患成災

【中央社韶關十八日電】[illegible]

[illegible]

解放日报 | 时间 | 1942-5-21 | 期 | 第368期
版 | 第2版

整风文件学习　高等法院第二期计划开始　青年剧院举行首次总结会　新华厂自动提早阅读文件

【本市讯】高等法院于十五号晚进行第一期七个文件的总讨论会，讨论很热烈，中心内容为反主观主义，争论颇多。学委会并开会，检讨第一期学习情况，并决定今后的学习办法。关于第一期的学习指出，第一期学习是认真的紧张的，但还存在着如下的缺点：1.深思熟虑的不够，未能融会贯通，表现在有些同志提不出问题，对人家提出的问题又不能解答。2.分析与综合的功夫缺乏，笔记只是摘出中心，对文件总的精神加以发挥的较少。3.存在着某些咬文嚼字断章取义的情形。4.讨论前的准备不充分，致讨论不深入，质疑少，争论少，像研究会读论文一样。今后学习应该注意的是：（一）以后讨论会定在学习时间以内，如因特殊情形须移在工作时间时，各同志应将时间自行调剂伸缩，但一定以保证四小时学习五小时工作为原则。（二）第一期墙报对“四三决定”的发挥较差，今后写墙□［报］不应当作差事，应将它当作整个学习过程中的一个步骤。（三）学习是长期性的，应保持经常性，防止松懈现象。（四）第二期学习内容如下：1.党性决定、论党内不正确倾向，反自由主义、论平均主义，合并研究讨论，九天内学完。2.怎样作一个共产党员、论共产党员的修养，合并研究讨论，十天学完。3.参议会演说三天学完，最后两天复习，两天总结。4.第二期学习自五月十五日至六月十日止。5.第一期学习测验暂不举行。又讯：整风学习墙报第二期已于十七日出版，本期的“反主观主义”专号，内容较第一期切实得多，唯与实际联系而发掘问题者仍较少，文章中颇多宝贵意见，争论亦不少。在学委会号召下，大家已把墙报作为学习的重要工具了。

【本市讯】青年剧院研究整顿三风文件总类，于前日讨论完毕。昨日在该院新落成之礼堂，召开第一次总结会，先由该院整风委员会秘书室宣布讨

配合民兵整訓工作

邊青救整理各縣少先隊

健全組織確定任務教育內容

【本市訊】邊區政府加强人民武裝保衛邊區號召，邊青救於日前召開常委會，決定配合自衛軍整頓各縣少先隊組織，提高青年軍武裝的質量，其決定主要內容爲：

一、整理少先隊健全組織機構：甲、凡年齡在十九歲以上的少先隊隊員（幹部不在此限），一律有計劃的輸送到自衛軍中；乙、依據地區劃制的少先隊，凡在十五歲到十八歲間之青年，不分階層、黨派、宗教、民族、性別、職業，均應吸收到少先隊中來，各級青救幹部，一律參加少先隊中去領導一般活動與工作；丙、選擇中心地區，建立模範少先隊，即以青年人口比較集中的區鄉建立之，須依各地具體情況，並使隊員得到……

[illegible]

本市武委會召開二次會議

黨的生活

共產黨員在春耕中

——延安縣中區第四鄉支部訪問——

石鈞

鄜縣第二屆參議會

王作易

一、古廟變議堂

二、「政府應該接受人民的批評和指導」

三、「姓韓的是个不愛錢的」

四、三區、鄉幹部不詳細調查統計

五、合理的解決土地問題

六、「我要求退出政府委員會」

整風文件學習

高等法院第二期計劃開始

青年劇院舉行首次總結會

新華廠自動提早閱讀文件

【本市訊】高等法院於十五號晚進行第一期七個文件的總討論會，討論很熱烈，中心內容爲反主觀主義，爭論頗多。學委會當開會，檢討第一期學習情況，並決定今後的學習辦法。關於第一期的學習指出，第一期學習是認真的緊張的，但還存在着如下的缺點：1.深思熟慮的不够，未能融會貫通，表現在有些同志提不出問題，對人家提出的問題又不能解答。2.分析與綜合的功夫缺乏，雖能只是摘出中心，對文件總的精神加以發揮的較少。3.存在着某些咬文嚼字鑽牛角尖的情形。4.討論前的準備不充分，致討論不深入，質疑少，爭論少，像研究會談論文一樣。今後學習要注意的是：（一）以後討論會定在學習時間以內，如因特殊情形須在工作時間時，各同志應將時間自行調劑補償，但一定以保證四小時學習五小時工作爲原則。（二）第一期論據對「四三決定」的發揮較差，今後寫筆記不應當作是答案，應將它當作整個學習過程中的一個步驟。（三）學習是長期性的，應保持經常性，防止鬆懈現象。（四）第二期學習內容如下：1.黨性決定、論黨內不正確傾向、反自由主義、論平均主義，合併研究討論，九天內學完。2.怎樣作一個共產黨員、論共產黨員的修養，合併研究討論，十天學完。3.毛澤東演說三天學完，最後兩天複習，兩天總結。4.第二期學習自五月十五日至六月廿日止。5.第一期[illegible]不堪行。

又訊：整風學習編輯第二期已於十七日出版，本期的「反主觀主義」專號，內容較第一期切實得多，惟與實際聯系而發揮闡明者仍較少，文章中頗多寶貴意見，爭論亦不少。在學委會號召下，大家已把這種作爲學習的……

邊府救濟殘廢軍人災民

撥款十萬糧八百石

【本市訊】邊府爲救濟與優待殘廢軍人、老弱孤寡及遭受災害的災民，邊區政府特在第二十次政務會議上決定，撥款十萬元，撥糧八百石，交由民政廳統籌分發各縣，切實辦理救濟。

穀米長出鮮綠嫩葉

甘泉組生產互助小組

鄜市參議會駐會

晉西北士紳參觀團

由綏起程來延

论会的几点办法:（一）会前，注意质疑和全文中心问题之提出;（二）会上，抓住重心题目讨论，归纳争论焦点，启发不说话或少说话的同志;（三）会后，总结会上经验供给下次讨论参考。继请中央系统总学习委员会冯文彬同志讲话。冯同志指出了过去的偏向：□［锁］与争论问题，都应该有，但要从具体事实出发，不要在牛角尖里离开文件内容，在名词上字句上打转。只有通过自己的实践，才能真正懂得文件，求得进步。反省应以自己为中心，不是专靠领导。由该院主任塞克同志指出文件与戏剧部门的联系:（一）在党、政、军各部门中都是有铁的纪律，在戏剧工作者中也应有纪律。（二）武军是消灭敌人身体，文军是消灭敌人思想。因之衡量艺术作品要从现实性上，效果上来看。（三）在整个民族正与敌人作生死存亡的斗争时，我们要彻底整顿三风，脱胎换骨，增加抗战的力量。

【本市讯】新华化学工厂，关于二十二个文件的学习，迟至本月十五日始正式开始。因该厂上级领导机关十日始将学习文件指示发下。□［但］该厂全体工作人员及部分工人，于中宣部“四三”决定后，即整理过去文件，并有的将报上的文件特辑抄录下来，以备随时阅读。同时工余时间的谈话，也转到谈论整顿三风的问题上，有的还回想自己过去的工作及现时的处事，是否犯了主观主义的错误等，大家情绪异常高涨。每个工作人员，看见报上每天登载各机关学校学习文件的热潮，激愤了他们□［说］：为什么我们没有组织学习呢？上级对我们太不负责。自该厂领导机关（边工局）发出各工厂对文件学习的指示与计划后，即组织了五人的学委会，并按工作性质与□［程］度分组，部分工人也参加学习，其余工人则用讲课方式。学习的范围，则为学习总委会所指定给工人学习的八个文件。工厂生产忙碌，少空时间。故学习文件时期，为六个月，（五月十五日至十一月十五日）每天学习两小时，就是这样，时间还是不够，后经该厂学委会的讨论，决定采取早晨集体学习一小时半，晚上自习一小时，每周交笔记一次，开讨论会一次在开讨论会前，每人要做发言提纲，会后，要将发言提纲交学委会考核，并于每一学习阶段完毕后，测验一次，程度低的，用上课方式，并尽量争取做笔记。第一阶段从本月十五日起至六月二十五日止，学习为“四三”决定，“调查研究决定”等关于反主观主义部分的七个文件。

配合民兵整訓工作 邊青救整理各縣少先隊

健全組織確定任務教育內容

本市武委會召開二次會議

黨的生活

共產黨員在春耕中

——延安縣中區第四鄉支部訪問——

石鈞

鄜環縣第二屆參議會

王作易

一、古廟變議堂

二、「政府應該接受人民的批評和指導」

三、姑姑為什麼不臉紅了

四、區、鄉幹部不詳細調查統計

五、合理的解決土地問題

六、「出政府委員會」

整風文件學習

高等法院第二期計劃開始

青年劇院舉行首次總結會

新華廠自動提早閱讀文件

邊府救濟殘廢軍人災民

撥款十萬糧八百石

晉西北士紳參觀團由綏起程來延

穀米長出鮮綠嫩葉 甘泉組生產互助小組

解放日报	时间	1942-5-25	期	第372期
			版	第2版

科学院玻璃厂制造灯罩瓶子成功

【本市讯】自然科学院试验制造玻璃业已初步成功。目前玻璃厂试验玻璃开炉，成绩甚为圆满。灯罩、瓶子、杯子均可制造。据该厂厂长林华同志谈：烧玻璃的火灶是采用边区老□［乡］烧瓷用的窑炉，经过改良后使用的。解决了火力不均匀的毛病，所以坩锅没破裂，但若要大批制造玻璃成品，坩锅制造问题还需继续研究。

延安縣二次檢查春耕
大部份熟地播種完畢
春開荒八萬畝已完成十分之八

成己成人共同進步
黨外人士參加文件研究
吳堡縣級幹部學習熱烈

黨的生活

談談軍隊黨支部與非黨羣衆的聯繫問題（續完）
鄒瑞卿

本市防疫
國醫協助進行

邊府派遣幹部下鄉
已出發五十餘人

我們的學習討論會是怎樣開的
——何上——

整風文件學習

建設廳第一期閱讀結束
中央總衛生處檢查學習

邊保學委會規定小組長工作

赤水成立業餘劇團

留守兵團成立經濟建設部

科學院玻璃廠
製造燈罩瓶子成功

【本市訊】自然科學院試驗製造玻璃業已初步成功，目前該玻璃廠試驗玻璃開始，成績甚爲圓滿。燈罩、瓶子、盃子均可製造。據該廠負責林華同志談：燒玻璃的火灶皆採用邊區老式燒瓷用的窯爐，經過改良後使用的。解決了火力不均勻的毛病，所以增強產量，但若要大批製造玻璃成品，增購製造開設還需繼續研究云。

張村驛一商人
自動要求增加商業稅

整风文件学习　留司检讨第一期情况　白新泰领导全连积极学习　行政学院工职校学生开始阅读

【本市讯】五月十八号上午，留守兵团司令部召开第一期学习总结大会。该会指出在第一期学习中得到了很多成绩，尤其是工作与学习能够密切地配合，比如在第一期学习的开始，同志们没有因工作紧张而把学习放松。……这一期里的缺点：在五天假期里，有些同志时间抓得不紧，晚上开讨论会时不请假自由出去看戏看电影，个别小组不能按时开讨论会，有的小组四天内开六次讨论会，讨论不深刻，阅读文件只贪次数的多少而缺乏思索，因而做出的笔记绝大多数都是提纲式的，很少写读后心得和反省自己。在讨论会上，不活跃，争论很少，不能提出问题，只能泛泛地按文讨论。该会为保证三个月学习的胜利完成，克服第一期的缺点，大家热烈地通过了建立模范小组的条例：第一、按时学习，遵守学习委员会所规定的各种制度，互相帮助，互相进步；第二、每人每天都要做笔记，而且及时的改正其方式；第三、按时开讨论会，在讨论中，要能做到联系实际工作中去；第四、具体的执行学习委员会的计划，能发现问题，提出问题，解决问题，按时总结，按时填送学习状况表。

【延安县讯】金盆湾驻军某团研究整风文件工作业已开始，规定学习纪律四项：（一）要精读二十二个文件；（二）一定要做笔记；（三）遵守学习时间；（四）按时参加讨论会。并规定违犯上列纪律一次的劝告，二次的批评，三次的警告。为着互相交换学习经验，该团“战号”油印报，改为整顿三风特刊。【又讯】该团在研究二十二个文件中，某连长白新泰同志最为积极，他领导全连坚持着半日学习制。而自己有时因为整日参加生产和工作，但每晚他仍能克制着疲，倦，补起这天的学习。在每次讨论会上，白连长都有周详的准备，并且能拿着整顿三风的武器，严正地反省他自己。该连在白连长的领导与推

加强抗戰動員 打破太平觀念

市議會常會決定大會討論中心

【本報訊】市參議會常駐會第八次例會，於廿五日提前開會，因二屆市參議會開會日近，許多工作須加緊準備與處理。

整風文件學習

留司檢討第一期情况

自新泰領導全連積極學習

行政學院工職校學生開始閱讀

【本市訊】五月十八號上午，留守兵團司令部召開第一期學習總結大會。

晋西北來延士紳 參觀日程定一個半月

工業局同志 幫助友軍家屬

音樂會

花生販張福祿 得獎三千元

儲蓄獎券昨發獎

米脂中學 成立「新聞社」

迎接「七一」「七七」 八路軍印刷廠生產競賽

國際友人贊助邊區保育工作 魯藝建「洛杉磯托兒所」

禁止穿軍裝

非軍人

保護廟宇森林！

八路軍總部 邊區政府 聯合佈告

棋盤陀上的五個神兵

沈　康

第一卷（中）

动下，刻已成为全团研究文件的模范连。

【本市讯】行政学院于日前停课，进行文件学习。全校学员参加学习的，共计一百六十五名，能看懂文件者一百二十二名。共编二十个小组。现已开始学习“四三决定”“调查研究”等七文件。并决定进行办法如下：（一）因各班程度不齐，由学委分会，统一指定专人轮流报告：（二）报告方法：甲、五、十、七、九班四个班，以文件每段提中心内容，解释词句并举具体的实例；乙、八班以就文件讲文件，逐字逐段讲。用启发式，并把中心要点，写在黑板上。（三）学习办法：甲、七、五、九、十班四个班每人把文件最低看三遍。逐件逐段记笔记、记心得、反省自己、反省工作，写出改进自己工作的办法。乙、八班由报告人，逐段提出中心，指出反省的办法，并把详细反省提纲写在黑板上，由他们照抄后去反省自己。丙、各班学习小组长，随时检查笔记，监督学习。各组员并互相参看笔记，以资帮助。丁、各班主任，在每个文件学习后，亲自检查笔记。并选择较好者加以表扬。指导不会记笔记的同志。戊、开讨论会时，各人（八班例外）均要发言提纲，并联系实际问题及反省自己。己、教育处已把在校专任教员十余人，分成五个小组到五个班，参加讨论会，平时帮助他们的学习，随时收集意见，改进学习办法。

【本市讯】工职校于本月十五日起开始学习文件，成立学习分委会，由同学二人教员一人共同主持。为适合该校实际情况起见，规定两个月内学习“反对自由主义”。“干部学校教育决定”“论党的不正确倾向”“刘少奇论共产党员的修养”“中央关于调查研究的决定”五个文件，并规定每次先请人作报告，同学记笔记，再看文件，然后进行讨论。文化程度较高者，则鼓励阅读全部文件，并作笔记。二十二日下午开“反对自由主义”的讨论会，发言人占三分之二以上。其中虽也有离题较远的毛病，但大半均能在克服自由主义的办法中提出意见。如一个同学说：“过去我不敢说我的坏处，因为怕开除我，也不说别人，怕别人恨我”。现在他知道了，说出坏处是对人对己很有益处的。在这一次会议上并批评了“小广播”；开会不说，背后乱说；见到损害群众利益的事也不管等。

加強抗戰動員 打破太平觀念

市議會常會決定大會討論中心

【本報訊】市參議會常駐會第八次例會，於昨五日提前開會。因二屆市參議會會期日近，許多工作亟須迅速準備與處理。議長錢來蘇，常駐議員吳鼎、劉鴻都、王介甫以及李市長等均參加。議長交常駐議會日程後，便開始報告半年來常駐會工作，以及工作中之缺點與困難，今後工作等。在半年中，……

整風文件學習

留司檢討第一期情況

自新秦領導全速積極學習

行政學院工職校學生開始閱讀

晉西北眾紳士 參觀日程定一個半月

棋盤陀上的五個神兵

沈[illegible]

音樂會

工業局同志 幫助友軍家屬

花生販張福祿 得獎三千元

儲蓄獎券昨發獎

米脂中學 成立「新聞社」

迎接「七一」「七七」 八路軍印刷廠生產競賽

國際友人贊助邊區保育工作 魯藝捐建洛杉磯托兒所

保護廟宇森林！

八路軍總部 邊區政府 聯合佈告

非軍人 禁止穿軍裝

解放日报	时间	1942-5-26	期	第373期
			版	第2版

迎接“七一”“七七”八路军印刷厂生产竞赛

【安塞讯】八路军印刷厂为了迎接“七一”“七七”和工会三周年，特加紧生产提高工作效率。全体职工同志自动发起生产、学习、生活大竞赛，（五月十八日起六月底止）五月十六日召开全体职工大会，通过各方面的竞赛条例，并选出评判委员数人，大会情绪紧张热烈。兹将竞赛开始的三天略情报道如下：机器部全体工友牺牲午睡增加义务劳□［动］，其他部分生产情绪异常高涨，加义务工一小时以上者达半数。学习方面规定早晨两小时为整顿三风文件学习时间。

加强抗戰動員 打破太平觀念

市議會常會決定大會討論中心

整風文件學習

留司檢討第一期情况

自新泰領導全演積極學習

行政學院工職校學生開始閱讀

晉西北參延士紳 參觀日程定一個半月

棋盤陀上的五個勇士

沈　耘

音樂會

工業局同志 幫助友軍家屬

花生販張福祿 得獎三千元

儲蓄獎券昨發獎

米脂中學 成立「新聞社」

迎接「七一」「七七」 八路軍印刷廠生產競賽

國際友人贊助邊區保育工作 魯藝建「洛杉磯托兒所」

保護廟宇森林！

八路軍總部 邊區政府 聯合佈告

禁止穿軍裝

非軍人

(2)　570

第一卷（中）

解放日报	时间	1942-5-27	期	第374期
			版	第2版

边妇联派干部赴绥德　提高警区妇女纺织

【本报讯】边区妇联决定于最近派一部分干部到绥德警区，开展与提高该处妇女纺织生产，及该地学生会中之女生工作。延市妇女工作，亦以号召妇女参加生产，提高文化识字为工作中心。

綏德分區自衛軍 限六月底前整編完畢

【綏德訊】綏德分區專員兼綏德警備區司令部爲整編自衛軍決定，於本月廿日召開第三十九次政務會，專門討論自衛軍問題，通過了整編自衛軍的辦法，限於六月底以前整編完畢。【又訊】綏德分區專員公署轉發邊區第十九次政務會議關於整編自衛軍決議，並向各縣長、[illegible]主任，[illegible]：

（一）組織方面：……

（二）編制方面：……

（三）訓練方面：……

（四）紀律方面：……

[illegible]

本市西區二鄉 召開村民大會

【本報訊】延市西區二鄉，[illegible]

慶陽縣參議會明日開幕

共產黨議席不到三分之一

【本報慶陽廿六日電】慶陽縣第二次參議會定於本月廿八日召開，[illegible]

春耕在延川

本報特派記者　綠冬

在耕在延川，是已經收得很好了！「是怎樣完成的」？人們會說明，人們會於知道這件事情。

[illegible]

晉協六屆代表會結束

決定發起創作運動

開展音樂、通俗創作活動

【本市訊】邊區晉察冀……[illegible]

西北局邊府

組安定考察團

【本市訊】中共西北中央局爲了解下層情況，改造各地工作，近年來已組織工作團……[illegible]

電中央及八路軍致敬

綏德市各界紀念護士節

【本報綏德北訊】……[illegible]

防河藝　訪問返延

【本市訊】參加防河……[illegible]

各省公債

財部派員接收

【本報重慶訊】財政部公……[illegible]

邊婦聯派幹部赴綏德

提高警區婦女紡織

【本報訊】邊區婦聯決定於最近派一部份幹部到綏德警區，開展與提高該區婦女紡織生產，及該地區學生會中之女生工作，延市婦女工作，亦以號召婦女參加生產，提高文化識字爲工作中心。

一得書

認得還要解得

煥南

[illegible]

四月三十日

邊區土地問題討論

僱(工)代耕問題的商榷

水草

[illegible]

解放日报	时间	1942-6-3	期	第381期
			版	第2版

五月份产量增加

延安县纺织厂：百分之一六四 难民工厂：百分之三七 振华纸厂：百分之一八

【本市讯】延安县纺织工厂五月份竞赛，全场产量增加与上月份比较洋布由三十五丈增至一百八十六丈；袜子由三十四打增至八十二打；毛巾由二十二打增至五十四打；棉纱由七十九斤增至一百五十七斤；小条毡由六十四条增至六十七条；以上五项总平均增加（与月前比）百分之一六四即一倍半。

【本市讯】延安县纺织工厂女工贾宝珍年十七岁，在织袜股做工，平日生产积极，产品优于一般工人，并能保持经常，日织袜子一打半，在竞赛期中产量逐渐增加，直到日织两打半。根据她平日生产和竞赛成绩被全厂选为特等劳动英雄，奖金一百二十元。

【本市讯】难民厂于五月份发动生产竞赛半个月，结果毛毯原订计划七八〇床，完成一、一〇〇床，超过百分之四一，棉织品原订五〇〇匹，完成四六〇匹，由于原料影响，但与前月比较则增加百分之三三。以上两项总平均增加百分之三七。

【本市讯】在五月份二十天竞赛中，原订计划造纸二〇〇令，完成二三六令，超过百分之一八。质量亦大大改进。在竞赛期间由厂方津贴七千五百元，内四千元改善伙食，余三千五百元用作奖品。

市參議會討論政府工作
一致擁護加緊抗戰動員
黨外人士熱烈提意見

【本報訊】市參議會於二日，討論政府工作，一致擁護政府加緊抗戰動員。在討論政府工作中，本屆新聘的幾位議員，如高芹軒、劉舒成先生，天主教張安伯先生都講話。吳滿有、汪雨湘、畢光斗先生等，對政府工作更熱烈的提出了意見。

新聘市參議員介紹
自評

學得怎樣了？
延大民族學院進行檢查

公平合理減輕負擔
晉西北行署修正徵糧條例

第一期學習中的西北局
陳華

宣傳部小組

組織部第一小組

組織部第二小組

四局第一小組

四局第二小組

（未完）

祝繼舟同志五十六壽辰
朱德

慶祝王維舟同志五十六壽辰
吳玉章

清查公盤證
建廳限各縣一月內完成

重加整理
行政學院通訊小組

市府重申前令
禁老百姓穿軍衣

國內簡訊

更正

「涇川」部隊
籌備七七比賽會

五月份產量增加

延安縣紡織廠：百分之一六四
難民工廠：百分之三七
振華紙廠：百分之一八

【本市訊】延安縣紡織工廠五月份發展，全廠產量增加與上月份比較，洋布由卅五丈增至一百八十六丈；擺子由卅四打增至八十二打；毛巾卅二打增至五十四打；棉紗由七十九斤增至一百五十七斤；小條毯由六十四條增至六十七條；以上五項總平均增加（與上月前比）百分之一六四即一倍半。

【本市訊】延安縣紡織工廠女工賈寶珍年十七歲，在機擺旋作工，平日生產積極，產品優於一般工人，並能保持標準，日織擺子一打半，在發獎期中產量逐漸增加，直到日織兩打半，根據她平日生產和發獎成績，被全廠選為特等勞動英雄，獎金一百二十元。

【本市訊】難民廠於五月份發動生產競賽半個月，結果毛毯原訂計劃七八〇床，完成一、一〇〇床，超過百分之四一，絨線品原訂五〇〇斤，完成四六〇斤，由於原料影響，但與前月比較則增加百分之三三。以上兩項總平均增加百分之三七。

【本市訊】在五月份廿天競賽中，原訂計劃造紙二〇〇令，完成二三六令，超過百分之一八。質量亦大大改進。在競賽期間由廠方津貼七千五百元，內四千元改善伙食，餘三千五百元用作獎品。

解放日报	时间	1942-6-4	期	第382期
			版	第2版

新华化学厂重订工资改善工人生活

【本市讯】新华化学工厂，根据总工会公营工厂工资新标准之决定，评定该厂工人工资。此项工资评定经过各小组讨论，评价委员会之审定，厂务会议通过，然后始付诸实行，但如有不同意者，乃可提出讨论。新工资评定标准系根据下列八项，以总数一百六十分计算：一、技术六十八分，二、厂龄三十三分，三、劳动力三十分，四、创造性五分，五、忠实七分，六、劳动热忱七分，七、爱护工具五分，八、节省原料五分。这次最高者为一百四十合小米，最低者为四十五合小米，此外为酬劳担负组长责任者，另给小米三十合，副组长二十合。此项评定三个月举行一次。工人于工资宣布后均表同意。现该厂工人生活改善，每隔一天吃馍一次，每星期吃肉一次。工人生产热忱亦提高。

邊區學委小組長聯席會

高崗同志作總結報告

賀師長鼓勵努力學習

空前的學習熱潮

反省自己不夠是很大的缺點

須強領導深入學習

今後應

甘泉舉行武裝檢閱

一步槍手榴彈使用法

一鄜縣道德區民兵開始訓練

黨的生活

談談黨對於鄉村小學教員的領導

凌菱

整風學習簡訊

魯藝四個學員 實習期滿返校

市參議會閉幕

通過抗戰動員辦法

普遍宣傳，整頓自衛軍、少先隊，注意鋤奸，增加警察，協助優抗，與傷兵運輸，加緊軍需原料生產。

悼戰友李林同志

延安市政府向市參議會工作報告的要點

鍾懷瓊

徹底三三制

精兵簡政

抗戰動員與民主

下半年的工作方案

新華化學廠重訂工資改善工人生活

【本市訊】新華化學工廠，根據總工會公營工廠工資標準之決定，評定該廠工人工資。此項工資評定經過各小組討論，評價委員會之審定，廠務會議通過，然後始付諸實行，但如有不同意者，乃可提出討論。新工資評定標準係根據下列八項，以總數一百六十分計算：一、技術六十分，二、職務三十三分，三、勞動力三十分，四、創造性五分，五、忠實七分，六、努力熱忱七分，七、愛護工具五分，八、節省原料五分。……此外為酬勞擔負組長責任者，另給小米三十合，副組長二十合。此項評定三個月舉行一次。工人於工資實係多均表同意。現該廠工人生活改善，每隔一天吃饅一次，每星期吃肉一次，工人生產熱忱亦提高。

中印交換教授學生 不久將實現

東北四省在渝各救亡團體解散

渝中央日報掃蕩報改出聯合版

冀中区党委提出确定雇工工资办法

改善工人生活照顾雇主利益

【本报冀中二日电】在冀中区，由于一年来农民、小商人、手工业者、短工生活均有极大改善，农村劳动力减少，因之最近在基本区内许多地方发生高抬工价的现象，及单方强立契约等过左之行为。冀中区党委本着爱护一切抗日阶层，发展一切抗日阶层经济力量的原则，提出下列八项办法：（一）根据一个工人工资维持一个半人生活的原则，及冀中实际生活状况，确定工资最高额不得超过四十五市斗米，及四十五元边币。（二）各种不同的雇工，在此最高额的限制下，按其体力与劳动程度，根据同工同酬原则分别占［估］计其工资。（三）特殊技术工人，或兼营工业作坊之雇主，需要工人作额外劳动者，其工资应根据其具体条件与习惯酌量提高。（四）工资最高□［额］系工人自己的约束标准，但因人力减少，雇主与雇主间为雇用工人发生竞争，自愿出较高工资时，工会不得强制工人拒绝接受。（五）除尚未订约，须按以上原则执行外，在已订立契约者，如工资过高，雇主出于无法或被迫订立者，在最高不得超过四十五斗米及四十五元钱的原则下，工会应说服工人，主动的进行改约；但执行时，决不能依靠自上而下的传达甚至命令强迫工人。必须向工人具体计算工人标准工资数目，与雇主收入支出情形，来证明最高额规定之必要。（六）短工市场，一律执行自由结合原则，工会农会均不得统制工资，规定官价与强制干涉。（七）劳资仲裁委员会，由劳资双方各出一人，及政府代表二人共同组成，其他团体均不参加。仲裁之范围应根据政府法令，及双方议定之契约。如双方所争议之事，非法令所禁或契约所在者，只能劝说不能强迫，政府代表必须是公平守法，不偏向任何一方。（八）今天不仅在农业中，而且在公营企业中，工会工作还存在着严重的狭隘的经济主义的倾向，在公营企业中，仅仅强调提高待遇，而劳动纪律松懈的现象不予纠正和克服，会使根据地经济发展上遇到很多障碍。今后必须克服这些现象，使工人运动走上更健全的道路。

解放日報

中華民國三十一年六月五日　第三八二號　今日出版一大張

社址：延安解放日報社　零售每份二角　每月六元

邊區銀行
延安總行緊要啓事

茲爲整理內務起見，自本週起，今後本行凡星期六日午後對外營業辦公停止，評此議佈，敬祈各界查照！

邊行延總行
六月四日

新文字報社啓事

本社發起新文字讀物出版以來，承蒙各界…

新文字報社　五月十五日

尋人

自四山（乳名丙兒）…

浙贛線激戰
敵分路圍撲衢州
南昌敵亦出動竄犯進賢

浙贛戰局緊迫
希特勒往芬蘭

從化敵繼續北犯

社論
延安一個月學習運動的總結

一、運動的情況

二、今後的辦法

美擬大造艦計劃
十四個月內完成
千九百萬噸新艦

冀中區黨委提出
確定僱工工資辦法
改善工人生活照顧僱主利益

蘇空軍偉大戰果
上月毀德機
達千四百架

解放日报	时间	1942-6-5	期	第383期
			版	第2版

调整旧会员吸收新会员总工会派员调查

【本市讯】总工会特派工厂农村工会工作组下乡研究农村工会问题，现该组任务完毕返延。该团在延安县丰富区调查了两个乡的工会情形，发现如下问题：由于边区经济发展老会员多上升为中农，故会员成分必须调整；其次外来难民多以出卖劳动力为生，尚未入会，必须吸收，另外是工人的土地问题，老工人过去分得土地有被地主收回等情况，新工人多为外来难民无地可种；关于上述诸问题所得材料甚多，现正分别研究，以便提出解决办法。

本市各鄉自衛軍　紛紛召開全體大會　民主選舉連排長

模範草站

黨的生活

談談黨對於鄉村小學教員的領導

凌　夔

調整舊會員吸收新會員　總工會派員調查

工人遵守勞動紀律　廠方履行合同規定

中央印廠工會與廠方修訂合同

關於公營工廠　業餘教育問題

力克

晉西北士紳　參觀軍事學院

行政學院決定　培養區級以上幹部

邊區參議員啓欣山　發動婦女紡織

忻縣敵　勒索食粮

後方作家生活艱苦　要求政府迅予援助

後方零訊

30000元

某旅設　調查研究會

榮譽軍人學校　改名修養院

解放日报	时间	1942-6-5	期	第383期
			版	第2版

工人遵守劳动纪律厂方履行合同规定

中央印厂工会与厂方修订合同

【本市讯】中央印刷厂职工会与厂方修订集体合同，重新估定工资。集体合同之修订，其总则照旧（详见五一本报），修改之重要条文有：工人学徒继续工作满一月无事假，病假，旷工及破坏劳动纪律情事者给奖工一天（货币工资之三倍）货币工资以小米为标准，工人八升至一斗六升（每斗以三十斤计）。工人学徒因病医治或住院者，医药及伙食费概由医院或厂方负责，在此期间，停发工资，在十天以上者由厂方根据病轻重给以津贴。事假一律不发工资（五天以内停发工资，半月以内工资和伙食都停发，半月以上者全部扣除）。厂方和职工须履行集体合同、劳动纪律如职工学徒不遵守时，厂方按其情节轻重，予以劝告，警告记过，直至开除。如有捣毁厂方设备，侵害工厂财产法权时，厂方得将其送司法机关依法制裁。如厂方不履行合同中之规定时，工人得报告工会或上级主管机关处理，如再不能解决时，得向司法机关控告。工资估价按各人技术之高低和劳动热忱为原则，以小米计由八升至一斗六升（每升暂定十元，但依市价涨落百分之二十得更改之）。大家对工资估价，均有正确认识。学徒技术进步特别迅速者：如李健、耿健是报版间排字最快，他们平均每小时排一千字以上。李守丕、张景亮，都能独立工作。还有吴长组、任荣贤、华荣富、张公忍等共十余人。他们都是埋头苦干，追求技术的模范学徒，经各小组会热烈讨论一致通过，已提交厂方按其成绩缩短他们学徒期限，或给予物质的奖励。

本市各鄉自衛軍 紛紛召開全體大會 民主選舉連排長

工人遵守勞動紀律 廠方履行合同規定

中央印廠工會與廠方修訂合同

模範草站

富德　陳默

總工會派員調查

調整會員吸收新會員

黨的生活

談談黨對於鄉村小學教員的領導

凌蔓

關於公營工廠 業餘教育問題

力克

晉西北士紳 參觀軍事學院

行政學院決定 培養區級以上幹部

邊區參議員發動婦女紡織

忻縣敵 勒索食糧

後方零訊

某旅設 調查研究會

後方作家生活艱苦 要求政府迅予援助

榮譽軍人學校 改名修養院

晋西北工人选出参议员

【新华社晋西北五日电】晋西北行政区级以上工会及工厂工人参议员选举代表大会，于五月十六日在兴县开幕。计到会有军区修械厂，军区被服厂，吕梁印刷厂，洪涛印刷厂，行署各工厂工人代表，及行政区级以上工会代表等。大会第一日为开幕典礼，行政公署牛副主任及抗联等各界代表，均出席会议并讲话。工人代表异常兴奋，并纷纷自由讲话，他们说，得到民主自由实在痛快。这次选举，一定要好好考虑，选举能办事的当参议员。第二日各代表进行参选问题座谈。第三、四两日为竞选，各选举会场极活跃，代表中亦有自动参加竞选的。结果选出晋西北总工会秘书王永和，军区修械厂工人程述□，县中心区工会秘书王子瑜，军区被服厂工人王长发，行政公署工具厂工人胡有泉等五人，为晋西北临参会工人参议员。王仲德、张胜为候补工人参议员。第五、六两日，讨论各工厂提出的议案，计六十二件。第七日大会闭幕，由临参会筹委会代表发给参议员证明书。代表们均向自己的参议员道贺。

邊府廿二次政務會 確定二次編整方針

政務與事務分開領導 不過本身工作劃給縣市

反映民意提供政府 各縣邊區參議員成立小組

隴東本報通訊小組 重新改組

國樂社籌備成立

晉西北 工人選出參議員

謹防赤痢

邊區學委切實領導

着重研究組織巡視工作 準備設立學習展覽室

環縣幹部開始學習文件

一得錄

關於減租

煥南

麥子—早收早打藏好 夏苗—至少鋤兩次

★延長青救動員青年★

邊府同志學習文件後 願意下鄉工作

抗戰報改刊 地方消息增多

黨的生活

縣區黨領導上的幾個問題

王儒

五月八日

選舉咱們的連長

延市東區在選舉自衛軍的連長

魯迅圖書館 明天開放

來函照登

西北局機關學委會

解放日报	时间	1942-6-10	期	第388期
			版	第1版

山西工人武装自卫队

本社承蒙“边区工具实验室”赠送自制优良汽灯三脚架数打，试用之下，异常经久耐用，因此特在行急匆匆之时，除期望该室千里进步外特此在报端致以衷心的谢意。

山西工人武装自卫队工卫剧社团

解放日報

中華民國三十一年六月十日　第三八六號　今日出版一大張

社址：延安解放日報社

尋人

塞巴斯托波爾激戰
紅軍擊退德三次進攻
劍城前綫蘇予敵重大損失

滇西敵偷渡怒江不逞

平山偽人員被敵逮捕

敵機炸桂林

包頭敵南犯
衛綏西南發現敵蹤

中途島海空戰結束
美艦隊兩路追擊敵殘部
阿留申附近又展開海戰

英廣播警告
法淪陷區將成戰場
要求法人撤退並準備助戰
英機二路襲法北海岸

社論　宣傳唯物論

忻縣敵厲行「強化治安」
擴大偽軍　恣意勒索

解放日报	时间	1942-6-10	期	第388期
			版	第2版

提高技术

北岳区产业职工举行比赛

【新华社晋察冀九日电】北岳区产业职工联合会在“二七”生产运动大竞赛之后，为了更进一步的提高技术，特决定产联职工继续开展技术大比赛，巩固与发展生产事业。比赛时间为半年，五月三十日起至年终止。其内容：（一）提高现有技术，进一步的发明新的工作方法和方式。（二）改造现有工具及创造新的工具。（三）发明新的生产品和工业代用品。（四）节省原料。（五）培养学工和提拔技术工人。

晉西北開展新的民主運動 實行普遍自治

設立哨站編組巡邏隊

甘谷驛各鄉自衛軍民兵齊過上操一次

[illegible]

鎮原縣民兵會議 決開展鋤奸工作

[illegible]

同宜耀參議會

通過興修水利、經濟建設等提案

三區區長撤職查辦

【同宜耀訊】同宜耀縣參議會已於五月二十…[illegible]

晉西北各縣青年踴躍參加入伍投軍熱潮

徐扶體

一九四二年晉綏邊區…[illegible]

15000000元

延川公營代營……月內完成

[illegible]

同宜耀 優抗代耕

【同宜耀訊】[illegible]

機關學習委員會 大家努力向宅看齊

【邊區訊】五月廿九日機關…[illegible]

民政廳通令各縣 加強優抗代耕工作

務使抗屬足衣足食 友軍抗屬同等優待

【本市訊】在敵人瘋狂…[illegible]

提高技術

北嶽區產業職工舉行比賽

【新華社晉察冀九日電】北嶽區產業職工聯合會在「二七」生產運動大競賽之後，為了更進一步的提高技術，特決定舉辦職工技術大比賽，發揮與發展生產事業。比賽時間為半年，五月三十日起至年終止。其內容：（一）提高現有技術，進一步的發明新的工具。（二）改造現有工具及創造新的工具。（三）發明新的工作方法和方式。（四）節省原料。（五）…產品和工業代用品。…提拔技術工人。

甘谷驛改市

【延安訊】甘谷驛原有的…[illegible]

後方各界沉痛呼籲 抑低物價以蘇民困

【本報延安訊】…[illegible]

一得書

「珍重千萬」

煥南

[illegible]

撲滅蒼蠅！！！

本市赤痢流行

【本市訊】[illegible]

僑聯總結半年工作

華僑工廠資本已逾百萬

【本報訊】[illegible]

後方消息一束

[illegible]

解放日报	时间	1942-6-11	期	第389期
			版	第2版

农校与工校合并　定名边区职业学校

【本市讯】前直属建厅领导的农校和工职校，已于六月一日合并，定名边区职业学校。由王荫圃同志任校长。合并后重新订立教育计划，已于六月七日初步宣布：工业科共分两班，在今年六个月学习普通课，包括代数、物理、国文、英文等，政治课则读文件，每日平均读两小时，此外尚有实习，并将工业局所属之工具修理部及纺织实验馆两小型工厂，拨交职工校作为实验工厂，下周当可开始实习。农科现为第三班，本来于今年八月即应毕业，为真能学到组织农业生产和改进生产技术，特延长至十月毕业，以补偿在文件学习时期之业务课程，课程包［括］土地政策、粮食增产、组织春耕、植棉与工业原料、农村副业、农业政策法令等课，政治课以学习文件，每日至少两小时，实习则有农场，研究种植蔬菜、西红柿及其他农作物。

興堡整理自衛軍 先宣傳後組織
揭露破壞份子造謠 提高人民參軍熱忱

【興縣訊】[illegible]

延長總結春耕
春季開荒超過原定計劃 植棉只完成百分之七五

【延長訊】[illegible]

山地至少二次
川地至少三次

市府指示各鄉 加緊鋤草

【本市訊】[illegible]

劇協召開會議 商討今後工作

【本市訊】[illegible]

敵寇在淪陷區的出版發行

臧劍秋

[illegible]

邊區留守部隊學委會 總結第一個月文件學習
延長廿天深入討論七個文件 把握反主觀主義的中心思想

【本市訊】[illegible]

護士學會 加強會員教育

【本市訊】[illegible]

邊青救⇔總工會⇔婦聯 行政學院⇔西北黨校 互相觀摩學習

【本市訊】[illegible]

保安司令部學習差 責成各部處科長加強領導

【本市訊】[illegible]

美紀念抗戰 發行特種郵票

[illegible]

晉西北日寇罪行 橫征暴斂雞犬不留

【晉西北訊】[illegible]

加衛各警備旅組緊急救護隊

【中央社訊】[illegible]

新正幹部 努力學新文字

【新正訊】[illegible]

晉西北士紳 參觀印刷廠

【本市訊】[illegible]

農校與工校合併 定名邊區職業學校

【本市訊】[illegible]

解放日报	时间	1942-6-15	期	第393期
			版	第2版

兴华厂生产超过计划

月产布八十匹

【本报讯】留守兵团直属兴华织布工厂，月来超过生产计划。该厂现每月产洋布五十匹、纱布三十匹，毛巾五十打；该厂鞋工组月制军鞋百五十双。在今年五个月内，该厂已给留守兵团盈余了数万元纯利，帮助直属队解决了大部穿衣问题。

【又讯】兴华织布厂，工人技术进步迅速。该厂第一批学徒的生产指数，刻已赶上熟练工人水准，每月织布均在十匹以上，且在质的方面已达匀整细密的标准。他们年轻力壮，生活简朴，工作勤劳，对于技术的学习极感兴趣。

防疫總會指示延安各防疫分會

預防傷寒赤痢流行

四個月內以此為中心工作

改善環境衛生

擴大深入宣傳

滅蠅清潔環境

患者早送醫院

谷志大

勤懇的文件學習者

黨的生活

支部團結群眾的幾點經驗

清澗縣委加強黨員教育

按照開辦支部訓練班

綏德縣委檢查區委工作

「草葉」雜誌革新

行政學院

改進學習辦法

具體組織教職員研究文件

大後方工業情況

工作努力

經過說服教育

慶陽市游民改歸正業

行政學院通訊員

座談新聞通訊問題

王院長重視黨報通訊工作

興華廠生產超過計劃

◇月產布八十疋◇

用建设回答敌人的破坏　晋西北工业日趋发展

扩大纺织生产造纸业普遍民间

【本报晋西北讯】目前晋西北工作正在努力建设中。晋西北行署，自成立后，二年来积极注意到经济建设工作，由行署经济局主管进行各种工业的建设。一九四〇年年底第一步是创建了十二个小型工厂：纺织一厂、纺织二厂、造纸一厂、造纸二厂、毛织厂、煤炭厂（兴县）、煤炭一厂（临县）、修械厂、火柴厂、化学厂、笔墨厂、毛织二厂（静乐）。这些工厂除化学厂修械工厂外，都说不上什么机器大半收集民间旧有之手工业制造工具。资金亦极少工。厂制度亦未正规建立，工厂干部无很好配备，会计方面采用□然会计制度，在一个战争的根据地是不适合的，厂长受到会计的限制，不能应付和利用多变的环境——因此在行政会议后把工厂重新改组，以适合战时环境。一九四一年二月，行署议决采取集中领导分散经营的工业政策，但因环境所限，行署，专署以至县府皆仍有其直接领导之工厂，属于行署者有纺织一厂、二厂、化学厂、工具厂及火柴厂。造纸一厂归兴县政府，造纸二厂归四专署，煤炭一厂归兴县政府，二厂归四专署，笔墨厂与化学厂合并，静乐毛织厂归静乐县政府办理。另外在行署建设处增设工业科，各厂直接间接均受其领导和帮助。工厂组织上也有一些改变，除正副厂长外，下分总务、工务、会计、采购四科，人员则随厂之大小而时有增减。至一九四一年九月，因为日寇的封锁太严，布匹发生严重的困难，因此决定扩大纺织事业，计共设立：八分区纺织厂（旧有）三分区纺织厂（新设）五分区纺织厂（新设）二分区纺织厂（新设）行署纺织厂（旧有）兴县纺织厂（旧有）神府纺织厂（旧有）军区纺织厂（新设）这些厂的生活计划是三个月（九月至十二月）中生产小布八万五千五百匹，为了这个任务的完成，将原有之工具厂改为纺织工具制造厂，该厂原有筹备金一万元，现增加资金，使其扩大，供应各厂之纺织工具。

自衛隊員同時訓練
邊區人民武裝代表正選舉中

綏德參議員
協助整理民兵

澳舉行作戰會議
冠丁稱戰局將有嚴重變化　新幾內亞方面展開大空戰

反對黨八股
（上接第一版）
毛澤東

安塞新樂區

制定政治、經濟、軍事戰略

我阻擊從化出犯敵
鄂南湘北

用建設回答敵人的破壞
晉西北工業日趨發展
擴大紡織生產造紙業普遍民間

晉西北土產

米脂抗敵會服務科
改善教員生活扶助教育

延安詩會籌發起紀念　詩人屈原

其他工厂在本质上也有一些改变。首先都数倍地扩充了资金。化学厂主要生产为制造肥皂，笔，墨，油墨，纺织一厂生产计划今年为一万五千匹小布。纺织二厂亦计划生产一万五千匹小布。除纺织工业外，造纸业亦相当发展，因为敌寇扫荡频繁，大半分散在各县计有：兴县纸厂，原有池子二个□［，］今年增加一个，产纸四十万张。临县纸厂组织四十三家造纸户，年产八百万张纸。宁武纸厂年可产纸四十万张。文水纸厂年产纸四十万张。河东部纸厂产量不详临南离石纸厂组织五十家造纸户，可年产二百万张。河曲保德纸厂组织三十七家造纸户，可年产一四五万张。这些纸厂的特点，多半为利用民间生产力，如组织造纸户，因为工厂如果集中造纸池子及其他工具，则搬运困难。晋西北现有工厂，都在加紧自己的生产，他们有着这样的特点：他们的资金，大半由于工资原料，建筑很少，最多也不过百分之四十五，因为他们不必要而且也不可能建筑像边区的大工房，大浆池。工厂中工作人员多，有等数的工作人员在运输，采购原料和食粮，以供给工人的生产和生活。工厂中不论工人与干部对他们的业务学习是很努力的，虽然他们甚至没有一些起码的试验器具，但他们仍然在改进着技术和生产方法，这从他们的生产品中便可看出，前半年和后半年的便不同了。总之，晋西北虽然处于困难的环境，受敌人的扫荡摧残，但这些困难阻止不住它的工业建设在一天天趋于发展、坚强。

甘泉各區自衛軍
幹部隊員同時訓練
縣區人民武裝代表正選舉中

綏德參議員
協助整理民兵
綏師學生踴躍參軍

安塞新樂區
開荒超過千畝

延川禹居區
佈置公糧代金

澳舉行作戰會議
冠丁稱戰局將有嚴重變化
新幾內亞方面展開大空戰

反對黨八股
（上接第一版）

毛澤東

美主設立盟國最高作戰會議
制定政治經濟軍事戰略

我阻擊從化出犯敵
鄂南湘北分頭截擊

晉西北士紳
參觀中央醫院

延安詩會等發起紀念
「高爾基、瞿秋白、屈原」

用建設回答敵人的破壞
晉西北工業建設發展
擴大紡織生產造紙業普遍民間

這種廠的生活計劃是三個月（九月到十二月）中生產小布八萬五千五百疋，爲了這個任務的完成，特將原有之工具廠改爲紡織工具製造廠，特撥原有資金一萬元，現增加資金，使其擴大，供應各廠之紡織工具。

其他工廠在本質上也有一些改變。首先那較倍的擴充了資金。化學廠主要生產爲製造肥皂，鹽，鹼，油墨，紡織一廠生產計劃今年爲一萬五千疋小布。紡織二廠亦計劃生產一萬五千疋小布。除紡織工廠之外，造紙業亦相當發展，因爲敵寇掃蕩頻繁，大半分散在各縣計有：

興縣紙廠，原有池子二個今年增加一個，產紙四十萬張。

臨縣紙廠　組織四十三家造紙戶，年產八百萬張紙。

寧武紙廠　年可產紙四十萬張。

文水紙廠　年產紙四十萬張，

河東部紙廠　產量不詳

臨南羅石紙廠　組織五十家造紙戶，可年產二百萬張。

河曲保德紙廠　組約三十七家造紙戶，可年產一四五萬張。

這幾紙廠的特點，多半爲利用民間生產力，如組織造紙戶，因爲工廠如果集中時紙池子及其他工具，開設頗困難。

晉西北現有工廠，都在加緊擴充自己的生產，他們有充足經濟的特點：他們的資金，大半由於工貨原料，總數很少，最多也不過百分之四十五，因爲他們不必要固定資金也不可能據樂［illegible］的大工廠，大概油，工廠中工作人員多，有幾數的工作人員在運輸，採購原料和食糧，以供給工人的生產和生活。工廠中不論工人與幹部他們的業務與精神，雖然他們沒有共產一些經驗的試驗器具，但他們仍然在改進於技術和生產方法，很積極的生產品中便可看出，前半年和後半年的便不同了。

總之，晉西北限於環境，受敵人的掃蕩損壞，但這些困難阻止不住它的工業建設在一天天趨於發展、堅強。

米脂推廣教會服務部
改善教員生活扶助教育

第一卷（中）

解放日报	时间	1942-6-23	期	第401期
			版	第2版

同宜耀县参议会确定地租额改善矿工生活

国民党员被选为副议长

【关中同宜耀讯】本县二届二次参议会，已于日前结束，参议员成分，经此次会议改选后，三十一人中有国民党员四人，共产党员十人，无党无派人士十七人。大会通过提案三十三件，各议员对上次会议以来政府各项工作，提出质问甚多，均经办事处主任霍如瑺同志等一一给予答复。

【同宜耀讯】本县二届二次参议会所通过之提案三十三件中，主要者有：（一）地租问题，决定水地按正四六交租，川地塬地按对半交租，山地按倒四六（农民六地主四）交租。（二）救济粮问题。决定本县增加救济粮一百石，但粮食应如何负担，争执颇多，结果决定由群众中募集。（三）改善矿工生活案，决定增加矿区卫生设备，成立工人合作社俱乐部。（四）婚姻问题，有个别议员，认为边区婚姻纠纷，系由于妇女知识水准差，对于婚姻无正确认识所致。故提议要求边区政府取消婚姻自由原则，但讨论结果，大多数意见，以为解决边区婚姻纠纷，在于加强男女平等的教育，而边区婚姻条例中的双方自由原则，仍应坚持。其他尚有提高柳林完小、开办柳林医院，切实优待抗日军人家属等案。

【同宜耀讯】本县二届二次参议会，原有议员二十二人，其中共产党员十七人，但根据政府重新调查之人口比例，应有参议员三十一人。又为了切实执行“三三制”起见，共产党员退出七名。此次参议会补聘议员十六人。国民党员李敬熙先生，地方人士房文礼老先生等，均在被选之列。李敬熙先生并被选为副议长。

【关中赤水讯】本县二届二次参议会上，全体议员致函朱总司令、彭副总司令，向八路军全体将士致慰问之意。略谓：抗战以来，八路军转战华北，无数次的粉碎敌人的扫荡，坚持敌后抗战，牵制了敌寇对西北的进攻，为国为民，艰苦奋斗。

邊區銀行小麥貸款
甘泉志丹放出十四萬元
延川清延區開荒超過計劃

【本報延川訊】沿着延川到清澗的大車路，就可以看到兩旁的土地上，已生長出新的禾綠。清延區今年按照一九四二年的生產計劃中應當開荒九百畝，在準備春耕時，即已超過五百六十四畝。清延區今年有一、五十九畝的土地種了穀子，麥子，糜子，高粱，豆類，各種豆類及棉花、菜蔬、小麻、洋芋、苜蓿等作物。……成一半。

【本報訊】甘泉邊區銀行發放小麥青苗貸款已經結束，五萬五千五百四十元，借給了數百戶窮苦的農民。……

【本報訊】邊區銀行預備在志丹縣，發放小麥青苗貸款五萬元，因農家迫切要求，已增發八萬五千餘元。……

鋤頭子曹玉成

弗　居

反「蠶食」政策在華北

張清化

自從去年敵寇在華北實施「強化治安運動」以來，敵寇對我抗日根據地的進攻，由「速戰速決」的方針，改為長期的「蠶食政策」。……

一、敵人「蠶食」政策的三部曲

……

二、目前華北反「蠶食」鬥爭的形勢

……

農業局派員赴志丹急救羊瘟

……

同宜耀縣參議會
確定地租額改善礦工生活
國民黨員被選為副議長

【關中同宜耀訊】本縣二屆二次參議會，已於日前結束。參議員成分，經此次會議改選後，卅一人中有國民黨員四人，共產黨員十人，無黨無派人士十七人。大會通過提案三十三件，各議員對上次會議以來政府各項工作，提出質問甚多，均經縣政府主任當面一一給予答覆。

【同宜耀訊】本縣二屆二次參議會所通過之提案三十三件中，主要者有：（一）地租問題，決定水地按正四六交租，川地塬地按對半交租，山地按倒四六（農民六，地主四）交租。（二）救濟問題。決定本縣增加救濟糧一百石，但糧食應如何負擔，爭論頗多，結果決定由縣中籌集。（三）改善礦工生活案，決定增加礦區衛生設備，成立工人合作社俱樂部。（四）婚姻問題，有個別議員，認為邊區婚姻糾紛，係由於婦女知識水準差，對於婚姻條例正確認識所致，有提議要求邊區政府取消婚姻自由原則，但討論結果，大多數意見，以為解決邊區婚姻糾紛，在於加強男女平等的教育，而邊區婚姻條例中的雙方自由原則，仍應堅持。其他尚有提高鄉村研究小，開辦樹林醫院，切實優待抗日軍人家屬……等案。

【同宜耀訊】本縣二屆二次參議會，原有議員廿二人，其中共產黨員十七人，但根據政府重新調查之人口比例，應有參議員卅一人。又為了切實執行「三三制」起見，共產黨員退出七名。此次參議會補聘議員十六人。國民黨員李數嚴先生，地方人士孫文蔚老先生等，均在被選之列。李數嚴先生當選為副議長。

【關中赤水訊】本縣二屆二次參議會上，各位議員致函向八路軍全體將士致慰問之意，略謂：抗戰以來，八路軍轉戰華北，與數大的敵人的掃蕩，堅持敵後抗戰，鞏固了陝甘寧邊區，保衛了西北的邊政民，堅苦奮鬥。

隴東分區基幹自衛軍
麥收前編整完竣

……

邊區文協集會
駁斥托派王實味反動論點

……

綏米警區專署政務會
佈置縣長聯席會
研討鄉選等工作

……

各縣整風學習消息

……

一得書

煥南

拂拭與蒸煮

……

延安體育會議
各機關學校加強體育

……

國內通訊

……

解放日报	时间	1942-6-29	期	第407期
			版	第2版

晋西北保德等地工矿业飞跃发展

【新华社晋西北二十八日电】二行政区的群众工矿生产，经过一番整理□后，最近发展得非常快。该区矿□在河、保、偏三县，共有较大煤窑八十座，每天平均出煤四二七、三五〇斤。河、保两县，有瓷窑大小九座，每年出瓷器六二四〇〇〇〇件，保、偏两县有铁厂两处，□［前］者每月能出铁器六千斤，后者因规模较小，由年初至四月，出过大小锅十四口。此外尚有硫黄矿，亦已开始开采。该区轻工业，主要者有造纸、制烟、毛织榨油等业。纸业在河、保两县亦甚发达。共有纸户四九家，每半年平均产纸三六六〇刀，造烟业集中于保德城关附近者有六户，每天可产水烟一五〇包。毛衣业在河、保两县，均由毛织管理委员会负责发动民众参加，现已有男女三一四人，参加纺毛技术熟练者，每日可以纺到毛线十两。榨油业亦以神、朔等县为多，有油场五三座，其中朔县之三六座，每月可产油二七、三〇〇斤，除以上各业而外，河、保、偏等县，尚出果丹皮土产一种。其中只河曲县，每年输至大同、太原者，即达十三万元法币。为该区大宗输出品之一。

邊府命令各分區縣
愼重處理民刑案件
公鹽代金七月內完成

晉冀魯豫邊府制定
保護敵佔區人民辦法

保護敵佔區人民辦法

優待朝鮮人民規程

中共中央
招待晉西北士紳

本市定「七七」
慰勞邊區軍人抗屬

晉西北保德等地
工礦業飛躍發展

延川經費合併小學
提高教學質量

空手至滿載歸
甘泉難民多春來秋去
友區難民多已安居

慶陽市自衛軍
舉行檢閱

一得書

讀寫筆記

煥南

黨的生活

加強邊區黨的秘密工作

賈托夫

整風學習消息一束

部隊全體教員
檢討十實味反黨思想

市級學習筆記展覽
一般均差低級組織很好

川婦女工委會要求
增選女參政員一名

延川代耕隊員
積極幫助抗工屬

民族學院
加強通訊工作

米脂

學游泳

來函照登

边区工业局欢宴晋西北士绅

【本市讯】工业局于三日欢宴晋西北士绅，席间畅谈至欢。牛团长友兰先生赞边区工业发展迅速，工人工作情绪高涨，并对干部创造能力及埋头苦干的精神甚感佩服，唯交通运输不便，致使陕甘宁边区与晋西北的联系尚欠密切。士绅孙良丞谈论，他深感边区能人尽其才没有白吃饭者，这完全由于边区劳资政策正确执行的缘故。

風調雨順禾苗茁長 慶陽農民又忙鋤草

安塞湧現大批勞動英雄

優待抗屬 安塞完成代耕

記姜家抗屬

曾艾狄

本市各鄉 夏耘完成三分之二

市北區 自衛軍操演

鄜縣延長固臨 軍民合作收麥

他們"一手提槍一手拿筆"起了筆

——文化運動中的戰士學習日記——

王同立

區黨委二期學習 決定重新開始

進行黨員黨性檢查 隴東分區總支委

下鄉工作也要學習

邊區工業局 款宴晉西北士紳

【本市訊】工業局於三日歡宴晉西北士紳，席間暢談甚歡。牛團長友蘭先生發表邊區工業發展迅速，工人工作情緒高漲，並對幹部創造能力及埋頭苦幹的精神甚感佩服，唯交通運輸不便，致使陝甘寧邊區與晉西北的聯繫尚欠密切。……

邊府政務會議決議 補助……

聘請……

財務會議 田賦徵實檢討會議

邊府林李主席 派員慰問殘廢軍人

林伯渠　李鼎銘

更正

解放日报	时间	1942-7-9	期	第417期
			版	第2版

发展子长纺织业边区银行举办棉织贷款

【子长讯】本县纺织业，近年颇为发达：边区银行现为发展纺织工业，解决农民困难起见，特在此间举办棉织贷款，计贷花三千斤。该行子长办事处并拟定“子长县棉贷款暂行办法”积极推行，拟先放五个区，秋季再放六个区。现在已贷出棉花一千二百斤。农村妇女均说：“公家给婆姨添本钱，赚的钱可以解决自己穿的困难。”此项贷款对于农民之帮助颇大。

【子长讯】边区银行现拨款五万元作为本县麦子青苗贷款。六月初已在分区开始调查，现在已部分调查完毕，开始发放。其余因调查工作进行迟缓者，已停止贷款。

隴東開始鄉選貫澈三三制

鎮原縣發動黨內動員

曲子縣府發出工作計劃

時代最高的聲音

舒群

隴東、鄜縣 開設鄉級幹部訓練班

輪流受訓提高工作能力

抗戰第七週年的華中新四軍

耿方琦

邊區合作事業 研究會成立

某旅直屬隊助民 割麥兩千畝

環縣幹部整風學習 工作效能提高

◇成立調查研究會◇

七七

汀紅　葉劍英

發展子長紡織業

邊區銀行舉辦棉織貸款

【子長訊】本縣紡織業，近年頗為發達；邊區銀行現為發展紡織工業，解決農民困難起見，特在此間舉辦棉織貸款，計貸花三千斤。該行子長辦事處並擬定「子長縣棉貸款實行辦法」積極進行，擬先放五個區，秋季再放六個區。現在已貸出棉花一千二百斤。農村婦女均說：「公家給婆姨們本錢，咱的錢可以解決自己穿的困難。」此項貸花對於農民之幫助頗大。

【子長訊】邊區銀行現撥款五萬元做為本縣麥子青苗貸款。六月初已在分區開始調查，現在已部分調查完畢，開始發放。其餘因調查工作進行遲緩者，已停止貸款云。

綏市黨政軍 學習重新開始

曲子宣傳解釋工作差

「個別人員誤認整風為應付三三制」

積極協助政府工作

淳耀縣參議會 致書邊府參議會

開展部隊體育運動

直屬隊成立籌備會

延市兒童團 參觀幾師附小

解放日报	时间	1942-7-10	期	第418期
			版	第2版

阜平县民发明合纱机二种

【新华社晋察冀二日电】阜平某某近发明合纱机两种，甲种已试成功，其速度较人工快九倍，机器成本仅三十元，乙种图案模型亦已完成，闻其功效，将三倍于甲种云。

警備區各縣 普遍慰勞軍隊抗屬

優抗工作吳堡最好 代耕友軍家屬百戶

[illegible]

市府檢查各科工作

市參議會致函提供意見

[illegible]

邊行在關東關中 發放農貸

[illegible]

一球類、田徑、單、雙槓、游泳一 邊區運動大會九月舉行

籌備會已開始辦公

[illegible]

野戰醫院二週年

治癒傷病員二一〇〇人

民衆診病者一三〇〇人

[illegible]

一得書

[illegible]

關中部隊 幫助民衆鋤草

軍民歡談如家人

[illegible]

重慶短簡

[illegible]

國民兵身份證 最近在渝實施

[illegible]

阜平縣民 發明合紗機二種

[illegible]

爲了永遠地記憶 寫給 樺

志 閏

[illegible]

解放日报	时间	1942-7-11	期	第419期
			版	第2版

青苔造纸

振华厂试验成功

【安塞讯】随着边区造纸工业的发展，技术进步，产量增加，原料又感到缺乏。振华总厂王元一同志经数月之研究，于日前宣告成功，以“蛤蟆衣”三分之一加入马□［兰］浆内，出纸较纯粹马兰□质量细密，制造简便，边区任何纸厂均可采用。“蛤蟆衣”为丝绵状，带绿色物体，又名青苔，多产于河水缓流处，捞出晒干后，不经蒸煮，放平碾打一点钟成细，洗净浆即可捞纸，较马兰□［纸］节省人力、柴、炭、石灰及蒸煮等手续，并省管理费用三分之一。现该厂正以一元一斤（大秤）之高价收买。

邊府文委例會通過
優待邊區文化幹部
獎勵以工農兵為對象的藝術作品
動員藝術界紀念八一節擴大宣傳

多鋤
吳堡進行第二次鋤草

安塞六區春耕好
開荒超出計劃三千餘畝
領導有方適當調劑勞動力

安塞縣府
慰勞榮譽戰士

青苔造紙
振華廠試驗成功

敵幹校發現
流行性感冒

一九四一年八月
晉察冀反「掃蕩」戰役

教員程度低　宣傳不深入　學校設備差
安塞針對缺點改進教育

新華化學廠
募捐慰勞抗屬

鄜縣提高小學質量
鑑定師資設督學制
力求充實學校設備

安塞夏疫流行

加強整風學習
抗戰報特闢專欄
研究問題交換經驗
反映心得解答疑難

延長超額共產黨議員請辭
敦請黨外人士擔任

組織自衛軍

延安縣區鄉政府
增設文書一人

自流井河開通航
鹽運交通極為利便

國內簡訊

解放日报	时间	1942-7-11	期	第419期
			版	第2版

新华化学厂募捐慰劳抗属

【本市讯】桥儿沟新华化学工厂职工会，募集边币三百五十元、肥皂十二条，于“七七”慰劳桥儿沟阎有贵等十二家抗属，除较困苦之阎有贵家给慰问金八十元，杜子中家给七十元外，其余赵永济等四家各给慰问金五十元，其他生活较好之张玉财等六家则慰劳肥皂二条。工人们并恳切地安慰各抗属，询问各抗属有无困难等问题，各抗属对工人们的关切均表欣慰。

【本市讯】延安市政府派员慰劳中央医院伤病员，致函称：全体伤病员同志：在和敌人直接血搏死拼的战斗中，你们受了光荣的创伤，在工作中极端艰苦困难的环境里，损失了健康，你们每一滴血不是白流的，你们每一滴汗都和我们大家的日常生活，生命安危是息息相关的，值兹抗战建国五周年纪念之日，谨代表全市居民向你们致以亲切的慰问和崇高的敬意！一年打倒希特勒，二年打回日本帝国主□［义］，我们正为着这一个人类共同的目标奋斗着，全世界法西斯的命运，已临清算之日，黎明的光辉，已照耀在我们面前，同志们，请你们安心休养吧！谨祝你们为国珍重，早复健康。

邊府文委例會通過
優待邊區文化幹部
獎勵以工農兵為對象的藝術作品
動員藝術界紀念八一節擴大宣傳

【本市訊】陝甘寧邊區政府文化工作委員會，於本月九日假文化俱樂部舉行第四次例會。[illegible]

新華化學廠募捐慰勞抗屬

[illegible]

鄜縣提高小學質量
鑑定師資設督學制
力求充實學校設備

[illegible]

教員程度低　宣傳不深入　學校設講差
安塞針對缺點改進教育

[illegible]

安塞夏疫流行

[illegible]

延長[illegible]共產黨議員請辭
敦請黨外人士担任

[illegible]

組織自衛軍

[illegible]

加強整風學習
抗戰報特闢專欄
研究問題交換經驗　反映心得解答疑難

[illegible]

延安縣區鄉政府
增設文書一人

[illegible]

自流井河開通航
鹽運交通極為利便

[illegible]

國內簡訊

[illegible]

多鋤
吳堡進行第二次鋤草

[illegible]

安塞六區春耕好
開荒超出計劃三千餘畝
領導有方適當調劑勞動力

[illegible]

安塞縣府
慰勞榮譽戰士

[illegible]

青苔造紙
振華紙廠試驗成功

[illegible]

敵幹校發現
流行性感冒

[illegible]

一九四一年八月
晉察冀反「掃蕩」戰役
（續）

[illegible]

八路军印刷厂生产激增

一点钟排字一二四〇，铸字一一六六，折纸一五〇八

【安塞讯】八路军印刷厂工人劳动热忱，已渐趋高涨。如排字工人尚天善每小时从排字一千增加到一二四〇字：铸字工人任耀民每小时铸字由八〇六个增加到一一六六个，最高纪录每日八小时共铸字达一万三千个：又如装订工人王崇先由每小时折纸由一千页增加到一五〇八页。该厂于日前总结五月中旬发动的生产竞赛：全厂生产率平均已较前提高了百分之三十，竞赛期中有很多工人牺牲午睡，自动作义务工，并轮流开夜班赶印二十一［二］个整风文件。直至胜利完成任务。在竞赛期内生产劳动英雄三十多位，厂方将发奖金二千余元。该厂工人生活亦因生产竞赛而见□［活］跃紧张，并创造生活模范小组及模范工会会员。

【安塞讯】本月七日为八路军印刷厂工会成立三周年纪念日，该厂于是日举行球类比赛、美术展览、娱乐晚会及赠送会员奖品等。该厂工会在三年总结报告中说明：工会初成立时，由于一般工人对劳动认识不够，甚至个别的鼓动斗争，以后产生和行政上对立现象。工人间相互团结也很差，行会观念还浓厚存在，以致争吵打架，时常发生小集团的纠纷。这些不良倾向，都经工会从中给以纠正。去冬今春由于工人生产情绪低落而个别工会委员也因而失掉工作信心，直至今年四月改选工会后，才配合行政克服了工人不安心的现象，并相继发动生产竞赛，工会工作从此才见活跃。

紀念抗戰五週年
鄜縣延長追悼陣亡將士
踏着先烈血跡努力前進

[illegible]

留延兩月觀察完畢 晉西北士紳即行返里
欽佩邊區建設突飛猛進 希望加強對外宣傳工作

[illegible]

黨的生活

幹部對工作地位和個人進步應有的認識

健生

[illegible]

晉西北三士紳介紹

[illegible]

隴東友區發生鼠疫

[illegible]

國內簡訊

[illegible]

邊行調整組織機構 各地增設分支行

銀行貿易局商店統一領導

[illegible]

八路軍印刷廠生產激增

一點鐘→ 排字一二四〇 鑄字一一六六 摺紙一五〇八

【安塞訊】八路軍印刷廠工人勞動熱忱，已達最高潮。如排字工人[illegible]每小時從排字一千增加到一、二四〇字；鑄字工人任耀民每小時鑄字由八〇六個增加到一、一六六個，最高紀錄每日八小時共鑄字達一萬三千個；又如裝訂工人王[illegible]先由每小時摺紙由一千頁增加到一、五〇八頁。該廠於日前組織五月中旬發動的生產競賽：全廠生產水平均已較前提高了百分之三十，競賽期中有很多工人犧牲午睡，自動作義務工，並[illegible]開夜車趕印二十二個黨的文件，[illegible]勝利完成任務。在競賽期內生產勞動英雄三十多位，廠方特獎金二千餘元。該廠工人生活亦因生產競賽而[illegible]，[illegible]創造生活積氣小組及模範工會會員。

【又訊】本月七日為八路軍印刷廠工會成立三週年紀念日，該廠於是日舉行球類比賽、美術展覽、娛樂晚會及[illegible]展覽品等。該廠工會在三年總結報告中說明：工會初成立時，由於一般工人對勞動認識不夠，甚至個別的[illegible]鬥爭，以後產生和行政上對立現象。工人間相互關係也很差，自私觀念還濃厚存在，以致爭吵打架，時常發生小集團的糾紛。這種不良傾向，都經工會從中給以糾正。[illegible]多年來由於工人生產積極性[illegible]而個別工會委員也因而失掉工作信心，直至今年四月改選工會後，才配合行政克服了工人不安心的現象，並積極發動生產競賽，工會工作從此才見活躍。

更正

昨日本報「[illegible]」一文，有[illegible]同志們亦不[illegible]位」之句，其中「不[illegible]」二字，係「[illegible]」之誤。

[illegible]

第一卷（中）

解放日报	时间	1942-7-18	期	第426期
			版	第2版

月夜到处纺织声　清涧半数妇女参加生产

原料困难解决将更有发展

【清涧特讯】此间农家十四岁的女娃，以至五六十岁的老妇，都能不息的从事纺线劳动，二十岁左右的少女及少妇，大部能织布。清涧纺织在十年前，仅在东面四个区比较普遍，但在抗战以后，尤其□外来布停□以后，清涧的纺织业便向城市及西面各个区，很快地普遍地发展起来了。每当月明的夏夜，人们可以听见各个农场上传来的纺车声和织布声，纺织确是这里农村中主要的副业。在清涧四万妇女中，有一半是从事这种劳动的。纺车有一万零一百九十五架，织布机有二千七百五十四架，去年全年织布九万二千四百七十七丈，纺花十二万六千八百二十一斤。陕甘宁边区纺织工厂联合收纱股，在清涧已设立半年了，原订计划，在上半年的六个月中，要在民间搜集纺纱一万二千斤，目前仅完成五千多斤（实际上，每月完成八万斤的纺线，并无问题），主要的原因是棉花原料的接不上来。在广大的纺织妇女中，抗属占着相当的数目，这里的抗属妇女，除依靠政府的互助代耕外，成为他们主要的经济来源，维持生活的就是向公家领来棉花纺纱。没有其他琐事牵累和手段熟练的妇女每天能纺纱四两，一般的能纺一两半至二两。工资是缴一斤纱换二斤棉花。农民在收纱时，交纱最多的数量，每天达一百斤以上。在纺织成品的质量上，纺线还可以，织布就很难向外推销。织成的布面宽度不一，长度也不一定，不成一匹布，给人一个□□的印象。而新发展的地区，纺织技巧的熟练程度，更赶不上东区的老户。为帮助新地区纺织技巧的提高，在准宁湾、老君殿区，由民众合作社与农民合股，各办了一个小型的纺织作坊，在永宁区也有一个私营的小型作坊。清涧今年在警区的经济建设计划里，被指定为三个主要植棉区之一（即清涧、吴堡、绥德）。今年植棉计划已完成。为就地利用原料起见，将清涧发展为边区纺织手工业主要县

月夜到處紡織聲
清澗半數婦女參加生產
原料困難解決將更有發展

【清澗訊】外臨樓家十四歲的女娃，以至五六十歲的老婦，都離不了的從事紡織勞動，什麼左右的少女及少婦，大部能織布。清澗紡織在十年前，僅在東面四個區比較普遍，但在抗戰以後，尤其，外來布停止以後，清澗的紡織業便向城市及西面各個區，很快的普遍的發展起來了。

每當月明的夏夜，人們可以聽見各個窰場上傳來的紡車聲和織布聲，紡織已是漸漸變成中主要的副業。在清澗四萬婦女中，有一半是從事紡織勞動的。紡車有一萬零一百九十五架，織布機有二千七百五十四架，去年全年織布九萬二千四百七十七丈，紡花十二萬六千八百二十一斤。

陝甘寧邊區紡織工廠聯合收紗股，在清澗已設立半年了，規定計劃，在上半年的六個月中，要在民間買紗紡紗一萬二千斤，目前將完成五千多斤（實際上，每月完成八萬斤的紡線，並無問題），主要的原因是棉花原料的接不上來。

在廣大的紡織婦女中，抗屬佔着相當的數目，這裏的抗屬婦女，除依靠政府的互助代耕外，紡織便成為她們主要的經濟來源，維持生活的就是同公家領來棉花紡紗。沒有其他資事業來和平從生活的婦女每天能紡紗四兩，一般的能紡一兩半至二兩。工資公繳一斤紗換二斤棉花。農民在收紗時，交紗換紗的數量，每天達一百斤以上。

在紡織成品的質量上，紡線還可以，織布就很難向外推銷。織成的布面寬度不一，長度也不一定，不成一定布，給人一個「腦懶」的印象。而新發展的地區，紡線技巧的熟練程度，更趕不上東區的水平。

為幫助新地區紡織技巧的提高，在東區，老區，由民眾合作社與農民合股，各辦了一個小型的紡織作坊，在永寧區也有一個私人的小型作坊。

清澗今年在警區的經濟建設計劃中，被指定為三個主要植棉區之一（包括清澗、吳堡、綏德），今年植棉計劃已完成。

軍隊在麥地裏
「松花」部助民夏收
施

[illegible]

冀東潘家峪的大慘案
朱靖

[illegible]

安塞自衛軍
推進夏收夏耘
選舉縣區人民武裝代表

[illegible]

安塞農貸放出
邊幣信用提高

[illegible]

陸定一傳達毛主席在文藝座談會結論

[illegible]

優待傷病員

[illegible]

華池政府實行寬大政策
土匪悔悟改歸正業

[illegible]

延安新聞界
籌備追悼何雲同志

[illegible]

隴東暫停次要工作
保證經常學習

[illegible]

經濟近訊

[illegible]

英人九十名
逃出泰國輾轉抵昆

[illegible]

呼聲
為公共飲水進一言
亞非

[illegible]

份之一，是有充分顺利的条件的：有传统的和普遍的民间纺织业的存在，以及原有和新添的大量植棉。政府如能再加以纺织贷款，鼓励私营，提高及改良生产技术，就能更进一步使清涧的民间纺织业发展起来。

月夜到處紡織聲
清澗半數婦女參加生產
原料困難解決將更有發展

一、一個鐘頭

邊幣信用提高
安塞農貸放出

軍隊在麥地裏
「松花」鄒助民夏收

一、戰士的日記

安塞自衛軍
推進夏收夏耘
選舉縣區人民武裝代表

冀東潘家峪的大慘案

陸定一傳達毛主席
在文藝座談會結論

優待傷病員

華池政府實行寬大政策
土匪悔悟改歸正業

延安新開昇
籌備追悼何雲同志

洛陽雜訊

隴東暫停次要工作
保證經常學習

英人九十名
逃出泰國輾轉抵昆

經濟近訊

群眾呼聲

為公共飲水進一言

解放日报	时间	1942-7-19	期	第427期
			版	第2版

本市设抗属纺毛新村

【本市讯】华侨毛织工厂建立抗属纺毛新村，已经商得李市长同意，先介绍十五户抗属迁往新村工作。并拟呈请民政厅拨款修理抗属纺毛新村住所（华侨毛织厂已筹备十余孔窑洞），据该厂两年来经营手工纺毛的经验，初学纺毛者，一星期就可纯熟，每日工作八小时每月工作二十六天，可得实物工资四斗八升五合小米，并有规章享受优待与奖励，以改善抗属生活。

變荒野爲良田！靖邊修成水利兩千餘畝

移民增加勞動力可築一萬墒

境內物產豐饒　擬辦造紙肥皂等工廠

總結春耕工作　曲子開荒超過計劃　綏德恢復舊有水地

馬雅堂先生等由綏抵延

下鄉日記

余中

陳毅同志等晚在參議長

黨的生活

登記黨員的一些經驗

延安縣委組織部長　王國華

提高邊幣　銀行決定收縮通貨

晉察冀成立新文字協會

農林部會議

洛市擴大兵役宣傳

英大使飛昆訪晤龍雲

國內簡訊

解放日报	时间	1942-7-20	期	第428期
			版	第1版

边区职业学校

本校实习工厂包做一切木工，修理及定制捞纸帘子，修配各种机器零件。铸制铜扣铜尺，及各式洋锁，承织各种布匹及棉毛染色，如蒙惠顾，请与南门外边职校教导处接洽。

七月十五日

解放日報

中華民國三十一年七月二十日　第四二八號　今日出版一大張

社址：延安解放日報社　本期零售二角　每月六元

晉西北士紳參觀團啟事

敬啟者：敝團此次來延參觀，承各級政府各機關團體備極歡迎與優待，並殷殷指導，一切全體同人感激無似。復承黨政軍各位領袖推誠相待，獲益尤多，留延五十餘日，現已事畢，臨行特此登報以伸謝忱，並致崇高敬禮。

尋人

[illegible]

邊區職業學校

本校實習工廠包做一切木工，修理及定製捲煙機子，修配各種機器零件，織製鋼扣鋼尺，及各式證鎖，承織各種布匹及棉毛染色，如蒙惠顧，請與南門外邊區職業學校總務處接洽。

七月十五日

敵蠶食之後繼以鯨吞
冀中軍民英勇搏鬥
蘇中敵寇清鄉受挫

【新華社晉察冀十九日電】自五月一日起，敵以二萬五千餘兵力，對我冀中根據地，實行所謂「[illegible]」的殘酷掃蕩……一天內[illegible]……以五月廿七日為例，全區大戰共有五處……血戰竟日，斃敵在五百以上……茲以某某區五月份不完整的戰鬥統計為例，即可想見梗概。該區（一）戰鬥五十二次（小戰鬥尚不在內）。（二）[illegible]。（三）斃傷敵寇數百人，俘敵二人。（四）繳獲輕機槍一挺，擲彈筒兩個，步槍十五支，手槍五支，子彈二五〇〇粒，馬十匹，其他軍用品一部。（五）我傷一四一人，亡七十人。

【本報晉綏十九日電】[illegible]

【本報蘇北某地十六日電】[illegible]

浙贛我軍分路進擊
連克溫州橫峰等城

【新華社延安二十日電】[illegible]

【中央社金華十九日電】[illegible]

馬賽示威
反對納粹

【合衆社維希十九日電】[illegible]

英援華捐款

[illegible]

回到民主自由的根據地
敵佔區人民紛紛來歸

【新華社晉察冀十九日電】[illegible]

沃羅涅茲前綫
紅軍渡過頓河
米爾列羅沃區戰鬥激烈

【塔斯社莫斯科十九日電】[illegible]

半月國際述評

（一）頓河大戰

[illegible]

（二）埃及戰爭與土耳其動向

[illegible]

（三）印度問題

[illegible]

（四）英美人士援華的增長

[illegible]

各縣普降甘霖
農民進行二次鋤草
政府號召多種蕎麥多翻麥地

[illegible]

解放日报	时间	1942-7-22	期	第430期
			版	第2版

八路军印刷厂五六月竞赛产量提高

中央印厂六月份增九十万字

【安塞讯】五、六两月八路军印刷厂掀起了蓬勃的竞赛热潮。兹将全厂各部竞赛的成绩发表如下：总的生产方面：出版书籍二十五种，共计二二〇七七册；图表四十六种，共计九二一七六〇份；总共完成的字数为三六〇一四三一。如果从一至四月与五、六两月每小时生产量的比较上，更可以明确地看到它的成绩：生产单位一至四月（每小时）五、六两月（每小时）排字股九七六字一〇二五字装订股折页一〇〇〇折页一四二四铸字股铸字九五四铸字一一五二石印股八十张一〇二张机器股六八八张七五八张另外铜模股的工作，平时是很少的，但，却是一种复杂劳动和细工。竞赛中他们的工作仍然是很少，他们为了不愿使自己在竞赛中空闲起来，于是在老工人贝明福领导下，全股工人王树勋、冯尧生、杨世寿三人，便开始了熔铜工作；一月中熔铜将及四百斤。这是一种艰苦的工作；由于他们顾及公家的困难，及购买运输的困难，他们节省了木炭，而用有烟的煤炭。每当风箱开动的时候，他们三人便被浓黑的煤烟所包围，一天在煤烟中搏斗到晚，是会疲劳不堪的，而用在目前的条件下可能中炭毒，但他们却一直坚持到了最后。

【安塞讯】八路军印刷厂例行物资节约运动，半年来已获得巨大成绩。该厂工务科由于精密的施行设计结果，在本年度，前六个月内，节省各种纸张已达万张（与过去没有采用精密设计前比较）合边币一万五千元，在制版方面，没有一滴油墨被浪费；该厂在克服物质困难上，也有很多新的创建，不可或缺的德国打浆纸，刻正被该厂用土纸设法代替着，自制硬纸代替铅条，现正在该厂试用着。中央印厂学委会在本月十五日下午召开全厂大会，由学委负责同志报告二月来的学习情形，在学习计划、方法、制度及墙报各方面都逐渐地在进步之中，大部分同志在文件学习后工作都很安心，而且每天除

八路軍印刷廠
五六月競賽產量提高
中央印廠六月份增九十萬字

【安塞訊】五、六兩月八路軍印刷廠掀起了活躍的競賽熱潮，茲將全廠各部競賽的成績發表如下：總的生產方面：出版書籍二十五種，共計二三、〇七七冊；圖表四十六種，共計九二一、七六〇份；總共完成的字數係三、六〇一、四三一。如果從一至四月與五六兩月每小時生產量的比較上，更可以明確的看到它的成績：

生產單位	一至四月（每小時）	五六兩月（每小時）
排字股	九七六字	一、〇二五字
裝訂股	摺頁一、〇〇〇	摺頁一、四二四
鑄字股	鑄字九五四	鑄字一、一九二
石印股	八十張	一〇二張
機器股	六八八張	七五八張

另外銅模股的工作，平時是很少的，但，卻是一種複雜勞動和細工。競賽中他們的工作仍然是很少，他們爲了不願使自己在競賽中落後起來，於是在老工人王樹勳、馮德生、楊世澤三人，便開始了熔銅工作；一月中熔銅將及四百斤。這是一種艱苦的工作：由於他們顧及到公家的困難，及購買煤炭的困難，他們節省了木炭，而用有煙的煤炭。每當風箱開動的時候，他們三人便被濃黑的煤煙所包圍，一天在煤煙中搏鬥到晚，是會感覺不快的，而用在目前的條件下可能中毒，但他們卻一直堅持到了最後。

【安塞訊】八路軍印刷廠厲行物資節約運動，半年來已獲得很大成績。該廠工務科由於精密的施行設計結果，在本年度，前六個月內，節省各種紙張已達萬張（與過去沒有採用精密設計相比較）合邊幣一萬五千元，在製版方面，沒有一滴油墨被浪費；該廠在克服物資困難上，也有很多新的創造，不可或缺的鉛版打樣紙，經正被該廠用土紙設法代替濟，白報硬紙代替鉛條，現正在該廠試用著。

子長幹部克服學習困難
文件看不懂由小組互助
下鄉工作參加區上學習

六月
——紀念蘇德戰爭一週年——

愛倫堡作　戈寶權譯

友軍新兵一批過境
各地政府予以協助

欽讚敵後軍民英勇抗戰
痛斥日寇在平罪惡統治
——由平脫險三國際友人抵延——

子長開荒萬畝
安塞二流子一半參加了生產

台水全縣共產黨員
每人至少開荒二畝
定邊婦女多數參加耕種

「九一」運動會

學習消息一束

上海霍亂流行

參觀自然科學院
馬雅先生

晉西北音樂界
紀念聶耳

液體燃料工業

國家銀行推行專業
限制商業銀行營業範圍

後方學校零訊

國內簡訊

学习时间外，下工后都往文件里钻。工作积极性也在猛烈地提高，这由五月份排字的二百五十万和六月份的三百四十万的比较，可以得到充分的证明。不过，在反省方面做得还不够，在会议及笔记上进行反省的同志只有半数，而且都不够彻底。另外有少数同志对文件学习采取消极态度，说“学风部分与我无关”。这都是错误的认识，需要小组长及学委会的同志去帮助这些同志。

八路軍印刷廠 五六月競賽產量提高

中央印廠六月份增九十萬字

【安寨訊】五、六兩月八路軍印刷廠發起了五月的競賽熱潮。……

中央印廠學委會在本月十五日下午召開全廠大會，由學委負責同志報告二月來的學習情形，在學習計劃、方法、制度及總結各方面都逐漸的在進步之中，大部份同志在文件學習後工作都很安心，而且每天除學習時間外，下工後都往文件裏鑽。工作積極性也在這裏的提高，從由五月份排字的二百五十萬和六月份的三百四十萬的比較，可以得到充分的證明。不過，在反省方面做得不很够，在會議及作記上進行反省的同志只有半數，而且都不够徹底。另外有少數同志對文件學習採取消極態度，說「學風部份與我無關」。這都是錯誤的認識，需要小組長及學委會的同志去幫助這些同志。

子長幹部克服學習困難

文件看不懂山小組互助　下鄉工作參加區上學習

六月

——紀念蘇德戰爭一週年——

愛倫堡作　戈寶權譯

欽讚敵後軍民英勇抗戰　痛斥日寇在平罪惡統治

——由平脫險三國際友人抵延——

友軍新兵一批過境　各地政府予以協助

子長開荒萬畝

安寨、延長……參加了生產

台水全縣共產黨員 每人至少開荒二畝

定邊婦女多數參加耕

「九一」運動會

學習消息一束

上海霍亂流行

晉西北音樂界紀念聶耳

參觀自然科學院

液體燃料工業

國家銀行推行專業

限制商業銀行營業範圍

後方學校零訊

國內簡訊

（下接第三版）

解放日报	时间	1942-7-23	期	第431期
			版	第2版

发展延市手工业　手工业公会成立

【本市讯】发展本市手工业经济，团结全市手工业作坊，及改进手工业的技术，第二届市参议会将决议请市政府帮助组织延安市手工业作坊工会。经一个多月的筹备，已于本月二十日在市商会开成立典礼，到会有五金、木、裁缝、理发、鞋、染、毡等五十七家手工业作坊代表，李市长商会会长白振邦均莅会讲话。成立该会意□［义］为发展本市手工业，坚持艰苦抗战，手工业作坊公会与市工会虽有区别，但彼此有密切联系。李市长讲话："凡有为发展本市的手工业而努力者，政府均尽力贷款并帮助改良技术"。白会长说："延市的手工业与商业均日渐发展，工商业者的生活日益改善，我们工商家，应组织起来，团结起来，担负抗战的任务，手工业公会与商会本是骨肉兄弟，彼此应互相鼓励，争取抗战的最后胜利"。白会长话毕，通过组织简章，选举李安斌、田保山、杨求山、杜成明、孙见林、张保亭、崔金光为委员，互推李安斌为正会长，田保山为副会长。

合水密切黨政軍民關係

各負責人舉行座談 決定今後經常協商

整理自衛軍

延長開始普遍訓練 子長著手教育幹部

綏米清交界區設縣 邊府派幹部籌備

同意綏參議員小組建議 邊府任霍祝三爲綏德縣長

靖邊畜牧大量發展

上半年新生羊羔八萬隻

一得書

「此心光光地」

煥南

發展延市手工業 手工業公會成立

團結起來，擔負抗戰的任務，手工業公會與商會本是一體

【本市訊】發展本市手工業經濟，團結本市手工業作坊，及改進手工業的技術，第二屆市參議會決議請市政府幫助組織延安市手工業作坊工會。經一個多月的籌備，已於本月二十日在市府開成立典禮，到會有五金、木、裁縫、印刷、鞋、染、氈等五十七家手工業作坊代表，李市長暨商會會長白振邦均到會講話。

成立大會選舉……發展本市手工業，堅持艱苦抗戰，手工業作坊公會與市工會應有區別，但彼此有密切聯繫。李市長講話：『凡有技藝來延的手工業商務勞力者，政府當力資款幫助改良技術』。白會長說：『延市的手工業與商業均日趨發展，工商業者的生活日益改善，我們工商家，應組織起來，』

安塞人口增加

衛生工作急需注意

36676→40809

保護各級幹部健康

邊區保健委員會開始工作

自衛軍掛錶的選舉

本報特派記者　金

公鹽代金月底完成

子長進行催繳

國內簡訊

在英我水手 待遇改善

民廳重視優抗救濟

撥給各縣賑款賑糧

本市支出三萬餘元

當局加强物資管制

在各省分設物資管理處

扩大蚕丝业清涧增植桑树三万株

【本报清涧讯】本县每年养蚕期，是由清明节起，至端午节时止今年此地原被指定为边区四个蚕桑实验区之一。新增加桑树三万株。原有九万五千二百五十株。清涧城内有私人经营的丝作坊十一家，资本最少的在一万元以上，其中四家的资本在十万元以上。由政府和民众生产合作社合办的兴业丝织工厂，原有资本六千五百元，现在已达五万余元，去年下半年的该营厂利三万元以上，估计今年将能赚六七万元。

【本报子长讯】纺织业及蚕桑业为本县农村两大副业。本县为边区蚕桑推广试验区之一。东一、东二、瓦市，以及中区等四区为县之主要蚕桑区。由清涧至瓦窑堡之路上，可以看见很多葱绿的桑树，全县原有桑树八千五百五十七株，今年植树有一千四百多株，今年出茧与去年相同。共二万斤，去年售价十万元，今年可卖六十万元。在今年子长县蚕桑推广工作中，选定东一区吴家坪为实验的据点。经过一个半月的工作，已完成其养蚕示范之任务。

【绥德讯】分区农试场蚕桑股春季试验已告结束，据云边区现有蚕种九类：形蚕、姬蚕、黑缟蚕等，所出茧丝有金黄、白、绿、米黄、粉红等五色，桑叶在以湖桑、兔皮桑为最佳，以此饲蚕，蚕体强壮、蚕大、丝多，若以公道朴饲蚕，蚕体虽强，但茧层薄，丝量少。该股自六月下旬始制之蚕种，已有一部自行蚕化，现正食桑中，故于七月初，夏蚕试验又将开始，在边区饲养夏蚕，此次尚属创举，如果试验成功，对边区茧产量上，实有莫大裨益。

【绥德讯】今年分区蚕桑事业推广结果，以绥德白家沟、清温解家沟，吴堡千家山之蚕儿体质强健，病者仅占百分之二，所结茧大而厚，丝量丰富，化蛾后生卵多蚕桑股准备在此基础上。今后再加意培养。

延安民辦合作社成績卓著
半年擴大股金九十七萬
南區每月增加人民收入廿萬

【延安訊】延安縣聯社於日前召開各縣各合作社主任聯席會，縣政府及建設廳均派人出席，並有安塞等六縣縣聯社主任參加。半年來合作社工作大有成績：（一）所有幹部已了解到民辦政策的正確，並已切實執行。（二）合作社業務有了很大的發展，現有合作社八所，較上年增加十一所，股金一百二十九萬，較去年增加九十七萬元，……〔illegible〕

【又訊】〔illegible〕

擴大蠶絲業
清澗增植桑樹三萬株

【本報清澗訊】本縣每年養蠶期，是由清明節起，至端午節時止。今年此縣原被指定爲邊區四個蠶桑實驗區之一，新增加桑樹三萬株，原有九萬五千二百五十株。清澗城內有私人經營的綠作坊十一家，資本最少的在一萬元以上，其中四家的資本在十萬元以上。由政府和民衆生產合作社合辦的興華紡織工廠，原有資本六千五百元，現在已增至五萬餘元，去年下半年的該廠獲利三萬元以上，估計今年純利能達六七萬元。

……萬元。在今年子長縣試驗桑推廣工作中，選定東一區界宗坪爲實驗的據點。經過一個半月的工作，已完成其養蠶示範之任務。

【綏德訊】分區蠶試驗蠶桑較高率試驗已告結束，據云邊區現有蠶種九類：形黃、歐蠶、黑縞蠶……等，所出繭絲有金黃、白、綠、米黃、粉紅等五色，桑葉在以淵桑、兔皮桑爲最佳，以此飼蠶，其體強壯、繭大、絲多……

……若以公道桿飼蠶，蠶體雖強，但繭層薄，絲量少。該縣自六月下旬開始製之蠶種，已有一部自行孵化，現正與桑中，故於七月初，復區試驗又將開始。在邊區飼養試驗成功，此次尚屬創舉，如果試驗成功，對於邊區繭產量上，實有莫大補益。

【綏德訊】今年分區蠶桑事業推廣結果，以綏德白家溝、清澗樂家溝，與佳縣千家山之蠶兒體質強健，病者僅佔百分之二。所結繭大而厚，絲量豐富，化蛹後生卵多，蠶桑較增加在此基礎上，今後再加繁殖。

組織食鹽出口專賣
調劑邊區商品流通
貿易局改屬財廳領導

【本市訊】〔illegible〕

文化教育消息

【本報清澗訊】清澗今年教育工作的總方針，係鞏固小學，提高教學質量，所以調整校數，補充設備，健全教員，成爲半年來的工作中心。計數小學十二處，民教……〔illegible〕

【延安訊】〔illegible〕

【甘泉訊】〔illegible〕

【本市訊】〔illegible〕

戰爭的一年

加里寧著

本文係紀念蘇聯衛國戰爭一週年而寫，內容頗爲精闢，特譯刊於此。——編者。

一年前，希特勒背信棄義地向蘇聯進攻……〔illegible〕

（下接第三版）

民政廳督促
各團體速往登記

【本報訊】〔illegible〕

學療人命案
經高等法院宣判
對地方法院原判予以改變

【本報訊】學療人命案之……〔illegible〕

總衛生部
六個月門診兩萬人

【本市訊】總衛生部門診部，半年來共門診……〔illegible〕

子長土地糾紛
和私人侵佔公地問題

薛何爽

〔illegible〕

協助難民等三工廠生產
邊行貸款代購原料

【本市訊】自八月份起……〔illegible〕

隴東學生參觀團
起程來延

【新華社慶陽二十一日電】隴東中學學生參觀團共約四十餘人……〔illegible〕

邊區簡訊

【本報清澗訊】〔illegible〕

【隴東訊】〔illegible〕

【新寧訊】〔illegible〕

【本縣子長訊】〔illegible〕

河曲辦理
育嬰事業

【新華社晉西北廿三日電】河曲政府……〔illegible〕

今年公債發行
非絕對必要均緩辦

【本報重慶訊】據國府方面息：目前發行各項債券者極困難，故今後非絕對必要，將不輕於發行，物資公債，已決予緩辦，工業界所請求發行之工業債券，亦決定緩議。

來函照登

解放日報編輯負責同志：

貴報於二十一日所登關於回民……〔illegible〕……請你們給予更正的消息。

此致

敬禮！

回協　七月廿二日

解放日报	时间	1942-7-25	期	第433期
			版	第2版

协助难民等三工厂生产边行贷款代购原料

【本市讯】自八月份起促进难民工厂，华侨工厂及新华化学工厂之生产办法，将由边区银行采用订货方式，代理三厂购买原料并决定工厂成品的办法如下：一、难民与华侨两厂仅制毡一项，依现实产量，需要羊毛二十五万斤，自八月份起由银行与两厂各出现款一半，另由工厂指派采买人员与银行光华商店合组采买委员会，分赴志丹、靖边、三边一带先期采购。二、难民与华侨两厂生产力发挥至最高度全年可制毡五万床，共需羊毛五十万斤，双方决定由银行先出资一百二十万元定购。三、银行垫款于年内分三期拨付，并于拨款时即以当时市价九折定购两厂之毛毡，交货期限，将于合同中具体规定。四、新华化学厂每月制造新华肥皂三万条，全年约需羊油八万斤，为保证产量，须由九月起至明年二月止定购原料，所需一切周转，银行均采用与周转难民华侨两厂资金相同之办法，并先由银行出资三十万元。上项办法，系边区银行与难民等三厂负责人于日前会商后决定。闻现正积极进行新的具体计划中。

延安民辦合作社成績卓著
半年擴大股金九十七萬
南區每月增加人民收入廿萬

擴大蠶絲業 清澗增植桑樹三萬株

文化教育消息

組織食鹽出口專賣 調劑邊區商品流通 貿易局改組財廳領導

戰爭的一年

加里寧 著

民政廳督促各團體速往登記

子長土地糾紛和私人侵佔公地問題

經高等法院宣判 學療人命案 對地方法院原判予以改變

總衛生部 六個月門診兩萬人

協助難民等三工廠生產 邊行貸款代購原料

隴東學生參觀團 起程來延

邊區簡訊

河曲辦理 育嬰事業

今年公債發行 非絕對必要均緩辦

边区简讯

【本报清涧讯】全县有消费合作社七个，生产合作社两个，参加合作社的社员共有万余人，九个合作社的资本总额共八万零四百七十六元，今年原定计划扩大股金十五万元，但因民众对合作社认识不够，信仰不高，目前仅完成三分之一。合作社股金之扩大，应注意民众的情绪，及自动入股的原则。

【固临讯】固临地位张家河畔，虽出产较其他地区富庶，家庭手工业发达，人民生活也较好，然附近村落无市集，人民购物咸感不便。县府为便利人民生活及发展边区经济起见，特决定在此间开辟市集。除由县合作社及贸易支局分别负责筹设光华商店及县合作社商店外，并欢迎创办公私商店，以利民生。

【鄜县讯】大义区于十七日，突降雨雹，计二、三、四乡被打田禾一千五百余亩，田里五谷折茎碎叶，损失甚重，幸而数日后即甘霖骤降，田禾渐有转机。

【本报子长讯】本县纺织手工业，原以东一、二区最普遍，现已推广至西面几个区。去年全县植棉不过五十多垧，今年种棉则达三百八十八垧。纺织业之日渐发展，还能从一个事实看出，即瓦窑堡之弹花工人，已由二十余人，增至百余人。

【子长讯】本县县级机关人员生产种地百余垧，开始第二次锄草。

【固临讯】数日来县政府夏收生产突击已告结束，特于本月四日召开生产总结大会。四科长报告今年生产计划：县府共有工作人员二十二人，实际参加生产者十九人，其余三人因疾病和年迈未能参加；根据政府指示每人应完成一个半月的粮食生产。现麦子已收，可打五石余，足够完成任务，此外尚有秋田六十余亩，植棉二十余亩，据估计秋□庄稼□［可］得十余石粗粮，本年生产计划定可顺利完成。

【关中讯】新正二区刘家店乔新兴是一个很有认识的公民。他无论出粮出差，向来没有说过一个“不”字。这次扩大□［保］安队，在村民大会上他自动要求参加，他说：“当兵是老百姓干的，老百姓不参加，兵会从天生下来吗？”像这样的好公民，大家都该向他学习。

延安民辦合作社成績卓著
半年擴大股金九十七萬
南區每月增加人民收入廿萬

【延安縣訊】延安縣聯社於日前召開全縣各合作社主任聯席會，縣政府及建設廳均派人出席，並有安塞等六縣聯社主任參加。半年來合作社工作大有成績：（一）所有聯社已了解與民辦收獲的重要，並已切實執行。（二）合作社業務有了很大的發展，現有合作社共八所，較去年增加十二所，股金一百二十九萬，較去年增加九十七萬元，銷貨二百三十萬元，又去年全年增加九十七萬元。生產品計有毯子、布疋、毛巾、紙張、鞋襪等，總值約七十萬元，全部盈餘一百萬元，較去年全年增加七十五萬元。（三）合作社幫助社員發展副業（如南區合作社用很大力量組織婦女紡織），現在每日可紡二百斤，以二斤棉花換一斤紗，每月增加南區人民收入約二十餘萬元），便利人民交換，以及組織運輸行商，發展生產，對增進農村富力，並因適應邊區經濟環境，均起了相當作用。今後工作仍注意：貫徹民辦方針，深入與擴大民辦工作，為此決定：第一，下半年在縣聯、鎮店、川口等區，繼續成立合作分社，大量發展社員，並爭取大股金一百五十萬元；第二，加強縣聯社領導能力，改選劉建章同志（南區合作社主任）擔任主任；第三，在當前去進行集體採買必需品與推銷土產品，並為人民爭取運輸；第四，在工作的組織上與改造，切實從社員（廣大人民）出發，為社員工作，為社員利益打算，以改善人民生活，從經濟上加強政府與人民的聯系為中心。

【又訊】[illegible]

擴大蠶絲業
清澗增植桑園二萬株

【本報清澗訊】[illegible]

文化教育消息

【本報清澗訊】[illegible]

組織食鹽出口專賣
調劑邊區商品流通
貿易局改屬財廳領導

【本市訊】[illegible]

戰爭的一年

加里寧著

[illegible]

（下接第三版）

民政廳督促
各團體速往登記

[illegible]

子長土地糾紛
和私人侵佔公地問題

薛向爽

[illegible]

學務人命案
經高等法院宣判
對地方法院原判予以改變

[illegible]

總衛生部
六個月門診兩萬人

【本市訊】[illegible]

協助難民等三工廠生產
邊行貸款代購原料

【本市訊】[illegible]

河曲辦理育嬰事業

【新華社晉西北】[illegible]

隴東學生參觀團
起程來延

【新華社慶陽】[illegible]

邊區簡訊

【本報清澗訊】全縣有消費合作社七個，生產合作社的社員共有萬餘人，參加合作社的股金本縣額共八萬零四百七十六元，今年原定計劃擴大股金十五萬元，但因民衆對合作社認識不夠，信仰不高，目前僅完成三分之一。合作社股金之擴大，應注意民衆的情緒，及自動入股的原則。

【固臨訊】固臨地位接近張家河畔，離川南較近，其他地區客店，家庭手工業發達，人民生活也較好，然附近村落無市集，人民購物感覺不便。縣府爲便利人民生活及發展邊區經濟起見，特決定在此開闢固臨市集。除由縣合作社及貿易支局分別負責，並發動光華商店及縣合作社商店外，並歡迎私人開設公私商店，以利民生。

【新寧訊】大鎮區於十七日，突降雨雹，計二、三、四鄉約打田禾一千五百餘畝，損失甚重。

【本縣子長訊】本縣紡織手工業，原以東一、二區較[illegible]

[illegible]

今年公債發行
非絕對必要均緩辦

【本報桌縣訊】[illegible]

來函照登

[illegible]

此致
敬禮！

[illegible]　七月廿二日

解放日报	时间	1942-7-27	期	第435期
			版	第2版

西北印厂每月生产五十万字

【绥德讯】西北抗敌印刷厂印刷抗战报三日刊。战声报周刊及新诗歌、西北儿童等刊物，每月生产量约五十万字。目前物价高涨，而印刷费不能与物价以同等速度提高，影响生产率减低三分之一，为着分区西文化事业的发展，该厂□［同］人，希望政府当局及地方进步人士能给予帮助。

國際青年節運動大會
邊區各界熱烈籌備
留守兵團提出創造大批神槍手
全邊區劃為八區分別選拔代表

【本市訊】國際青年節運動大會……

慶陽農村調劑畜力
互借耕牛多種雜糧
利用舊法收效頗大

延安縣青化區 病牧蔓延

加強自衛軍組織及軍事政治教育
志丹人民武裝代表會決議

一個下鄉工作的女幹部
本報特派記者 林朗

清澗訓練民兵
注意紀律教育 配合生產進行

清澗公鹽代金
已收百五十萬元
尾欠四萬餘正催收中

西北印廠每月生產五十萬字

【綏德訊】西北抗敵印刷廠……

報紙刊物、書籍、每月生產量約五十萬字，……

延安子長間 政民合力建橋

綏德文訊

不要報酬割得好
「綏德」一部勸民簽收子五百畝

一羅「公家人」
慶陽貿易局助民麥收
劉曉

四川壁山一農民
申述土地陳報中弊端

電石氣代汽油

當局籌設 中央合作金庫

解放日报	时间	1942-7-29	期	第437期
			版	第1版

陶瓷试验场

接受订货

本场研究石膏模型翻制陶瓷器具，已能供用，并可制作边区各地瓷窑不能制作的医药器皿日用小瓷水管瓷砖各式瓷件兹已开始服务，再本场出品之汽灯三脚架、赠送各文化团体，如有需用，请来接洽，地址：东川十里堡通信处：鲁艺转

解放日報
中華民國三十一年七月廿九日　第四三七號　今日出版一大張
社址：延安解放日報社　本報零售二角，每月六元，半年三十元，全年六十元

本報徵求新聞學材料

本報爲開展新聞學研究，供給新聞工作有興趣的同志們的參考，現徵求各種有關新聞業務（採訪、編輯、評論、發行、國內外新聞事業通訊社和報社的現狀與歷史等）之書籍、刊物、及單篇文章等。……

邊區農貸放出二三百萬
羣衆生產熱忱激增
多開荒三萬垧增植棉五萬畝

【本報訊】今年邊區發放的農貸，……

[illegible]

一檔未發長不血刃
我軍撲入靈邱
獲牙山三勇士忠烈傳千古

[illegible]

政院會議通過
設立勞動局

[illegible]

副刊
繼續發放農貸

[illegible]

汪逆賣國大借款
一億日圓

【中央社重慶廿七日電】……

[illegible]

紅軍撤離羅斯多夫
頓河南岸激戰
齊姆蘭斯卡雅地區
爭奪渡口戰鬥日烈

【路透社莫斯科廿八日電】……

[illegible]

川旱稻收割

【中央社成都廿八日電】……

旅平外僑
住行均受留難

【新華社晉察冀廿六日電】……

[illegible]

國府公佈
第三屆參政員名單

【中央社重慶廿七日電】國府廿七日令，國民參政會第三屆參政員，業經依照修正國民參政會組織條例，分別選定，茲將其名單公佈之。

【中央社重慶廿七日電】……

[illegible]

波駐華代辦
特羅和斯基抵渝

【中央社重慶廿八日電】……

[illegible]

行唐毛织业日渐发达

【新华社晋察冀九日电】羊毛及羊绒在边区的产量，是相当可观的。如何把这部分资源，利用到抗战上，已引起一般人士极大的注意。在行唐经过一年来的经营，羊毛纺织业，已得到进一步的发展。首先在技术上，经过一番精心研究之后，我们得了一种简单完美的弹毛机即将一种弹花机稍加改造而成。羊毛，羊绒经过晒干，剪毛，和去土之后，便能在弹毛机和弹成很好的毛绒，再用本地纺车纺成毛线，将毛线经过洗染之后，就可以用手工技术，织成毛衣、毛巾及各种用品。这种生产方法能够分散在乡村施行，与家庭副业小手工业密切联系，所以十分适合边区特具的环境。目前这种毛织业的工厂中，每架弹毛机每天可以弹毛七十斤左右，毛绒弹成后，分散到各个村庄，家庭妇女可以利用农闲时，来纺织毛线。每日每人可纺二斤，能得工资二元。（这比较纺棉花要强得多）如果费了一天至两天的工夫，再结一件毛背心，又可以得工资三元。所以许多妇女，都很乐意做，现在主要的问题，就是把这种技术普遍推广起来。行唐的某个工厂，由于去年一年的努力，在附近村内，都有些基础。今年又和部队取得联系，解决了毛织品的销路问题，同时又和灾民合作，配合起来，计划在较中心地区十处，召开毛织技术训练班，发动被灾民众参加生产，并号召妇女，学习毛织。在一个月内已训练成若干名。参加这种事业的群众和领导部分，都抱有极大的热情和信心，他们将使行唐织业繁荣起来。

加强對內對外宣傳 各黨派合作推進建設

鄜縣各界討論中央「七七」宣言

吳堡黨政軍衆團體 合組鄉選巡視團

縣委決定保證鄉選完成

青聯訪問團 抵晉西北

團結向前

本報特派記者　林朗

同宜耀參議會請政府執行 嚴禁拒用邊幣

行唐毛織業 日漸發達

改造邊區群衆運動 總工會邊青救婦聯合併

信義永違法營業 市府予以停業處分

合作社有利於民 華池羣衆增股金六萬元

一得一書

感性與理性

徐南

違法者 必懲！

工程師聯合年會 最後消息

閩省貪汚舞弊案 監院戰區第一巡察團檢舉

各地紀念 首屆體育節

解放日报	时间	1942-8-15	期	第454期
			版	第2版

华侨工厂奖励纺纱

【本市讯】华侨纺织工厂最近为发动群众纺毛，特在罗家崖设纺毛办事处，定了纺毛办法，纺得十五斤头等纱，发给靓花毛毯一床，如发给实物工资，每斤头等纱，给小米二斤。以工资购买厂中日用品。得享受优待，按市价一律打八折，闻这种办法发布后，群众极为欢迎，在罗家崖一带，有六十余家农户，从事纺毛生产。又闻该厂近来工务大有改进，一月来的生产已增加百分之二十五云。

邊區上半年稅收
超過全年任務三倍
實行財政正規工作制度建立

【本報訊】[illegible]

冀中反掃蕩中
一位驍勇的日本戰友

【新華社晉察冀十三日電】[illegible]

一個日本同志
學會第一句中國話

[illegible]

令人欽佩的
八路軍頑強戰鬥精神

[illegible]

邊區中等教育管見

余森

[illegible]

（一）學制

[illegible]

（二）課程

[illegible]

（三）經費

[illegible]

（四）教員

[illegible]

（五）學生

[illegible]

（六）地方化和羣衆化問題

[illegible]

晉察冀春耕貸款
助民解決困難收效極大

【新華社晉察冀十四日電】[illegible]

延川一帶
黃河暴漲成災

[illegible]

動員夏徵
固臨召開擴大縣務會

【固臨訊】[illegible]

綏德分區各縣
提高小學教師待遇
舉辦教師暑期集訓

[illegible]

一得書
怎樣做……（四）

煥南

[illegible]

谷蘭齋資十萬元
安塞開始發放
無息貸給移難民

[illegible]

華僑工廠
獎勵紡紗

【本市訊】[illegible]

邊行實行「往來支票」
先在延市試行商人均表歡迎

【本報訊】[illegible]

國內簡訊

【中央社重慶十日電】[illegible]

戰後五年建設計劃
當局令飭有關機關草擬

【本報重慶訊】[illegible]

渝市舉辦
居民身份證登記
出入市區亦須領證

【本報重慶訊】[illegible]

解放日报	时间	1942-9-3	期	第473期
			版	第1版

陕甘宁边区盐业公司招请盐业员工及入股领本启事

敬启者，本公司因业务工作繁广，须添加营业人员，凡原来在各盐店盐栈工作人员或有经营盐业经验员工，如有愿意参加工作，及愿意入股或领本经营者，请径到银行大楼盐业公司办公处接洽，本公司无任欢迎，并保证合作条件优良，待遇丰富。

此启八月三十一日

解放日報
今日出版一大張　第四七三號　中華民國三十一年九月三日
社址：延安　半年六十三元　全年一百七十元　每月十二元　三月卅四元　本期零售五角

晉察冀我炮兵襲敵
靈壽西北轟毀敵堡壘
晉西北反「蠶食」鬥爭全綫展開

浙南我軍連克四城
金華城內大火敵已潰亂

蘇德戰局無變化
斯城形勢改善
哥薩克奇襲阻敵援軍

延安獲大運動會
昨日萬米決賽
籃排球賽各隊繼續進行

加城僑胞新聞記者
紀念記者節

社論　小學教育中的鞏固學生問題

晉西北文化界選出參議員

來歸的日本兄弟
討論中共七七宣言

對敵展開政治攻勢
華北朝鮮獨立同盟指示所屬

四川各縣大部豐收

解放日报	时间	1942-9-3	期	第473期
			版	第2版

边区简讯

【赤水讯】半年来之赤水纺织业日趋发达，据统计：在一区半年中共纺纱九千九百二十斤，织布一万二千八百丈。一般民众对于生产具有高度之热忱，对于春耕夏收锄秋等工作都全部参加了。如一乡常五山刘老婆今年开荒十亩，五乡蒙家村左某锄麦二十余亩，七乡北城堡罗积玉之母亲锄麦二十余亩。

【子长讯】八月十六日子长县府召开各区长联席会议，县府学习分委会特于二十日□举行今年以来第二次区长测验。共分七个题目，包括“施政纲领”“四三决定”“婚姻条例”等，测验结果，涧峪岔刘区长得九十二分，在十一个区长中，八十分以上者四名，七十分以上者三名，六十分以上者两名，分数最少者为五十六分。刘区长系一略识汉字之农民出身的干部，他在六七年的革命中，使自己具备了相当的文化水平。

增設縣治便政利民
吳旗縣政府正式成立
綏德西川設縣正在籌備中

【三邊訊】八月廿二日，吳旗縣舉行臨時參議會開幕及縣政府成立典禮大會，到會參議員、各界代表及群衆數百人，[illegible]

【吳旗縣訊】在臨時參議會開幕及縣政府成立大會上，[illegible]

【西川訊】[illegible]

子長駐軍紀律嚴明
◇幫助羣衆生產◇

[illegible]

南泥彎軍民希望劇團下鄉

[illegible]

林主席赴川口
搜集編整材料
指示整風學習工作

【本市訊】[illegible]

戰鬥劇社
明日公演「豐收」

【本市訊】戰鬥劇社[illegible]

綏米各界
祝安老六七壽辰

【綏德訊】八月廿日[illegible]

救濟水災災民
自然科學院生產節約
中央醫院等節食捐款

【本市訊】[illegible]

延安各區羣衆
踴躍送公糧入倉

【延安縣訊】[illegible]

【延川訊】[illegible]

吳堡鄉選中
揭露破壞份子活動
總結一區試選經驗

【吳堡訊】[illegible]

子長舉行
士紳座談會

【本報子長訊】八月廿四日縣府在縣府會議室召集士紳座談會，[illegible]

敵加緊物資配給統制
大肆搜刮糧食抓捕壯丁

【新華社晉西北二日電】[illegible]

徵納營業稅
綏德公營商店作模範

【綏德訊】本市稅務局分所，八月十五日召開商民代表大會，[illegible]

邊區簡訊

【赤水訊】[illegible]

【子長訊】八月十六日[illegible]

七名冰夫及其他

敵後通訊　羽集

七名冰夫

安新是在保定的東面，有澱淀的白洋淀，和瀦龍河、府河等九道河的下梢。人民主要靠捕魚和葦蓆（蘆蓆）為生。

交通主要是水路，冬季以冰床航行。冰床類似普通的木床，有七八寸高，下面釘有兩排鐵條，兩頭尖翹，上面可搭木板，能乘十幾個人；用一根有槍桿的木桿，就可以使冰床前進。滑起來比夏季木船要快幾十倍。

那是在去年深冬的時候。

安新城五十多個鬼子，在靠近附河的一個村子抓了七隻冰床，將冰夫痛打了一頓之後，強迫他們駛到保定去。七名年青力壯的冰夫被迫為了冰床前行了。他們當中有一個正給一家失掉了他的家園——那已變成一片焦土瓦礫[illegible]

[illegible]

四個小販和地雷

[illegible]

村長和村副

[illegible]

唐河之畔

[illegible]

解放日报	时间	1942-9-5	期	第475期
			版	第2版

新华厂纪念成立三周年产量增高三十倍

【本市讯】新华化学工厂“九一”三周年纪念，是日该厂特举行大会。到各机关首长、来宾、工业界、科学界人士五十余人，林主席、朱宝庭同志亦亲临讲话。

【本市讯】在三周年纪念大会上，新华化学工厂厂长王保华同志报告该厂三年来的生产情况，他说：“化学厂是由工人学校二个人的试验而发展到今天，人员由二人增至将近百人；肥皂工具由数十斤的容积增至数吨的容积，产品由五十条增至日出一千五百条；资金由四百元增至×百万元，产品由二种增至十六种。继又报告三年来生产总数：计肥皂六十三万条，粉笔八十一万余支；牙粉三万余包；墨水一万余瓶；其余小苏打、芒硝、土耳其红油、精盐、酒精等产品亦供给了各方的需要。

【本市讯】在新华化学工厂三周年纪念大会上，宣布了黄玉金、李复华、惠天林、韩梦学、王世明等十七人为“模范工人”，这些工友都是经过民主选出来的。董副厂长在宣布时希望全体工人向他们看齐，并给他们以物质的奖励。

【本报讯】建立在山明水秀中的利华纸厂，设备相当良好，所有工人原为某团之战士，自经一年来的锻炼，已成熟练工人。最近厂方在精兵简政与提高工作质量的号召下，实行包工制，平均每人每月八百元，（熟练与不熟练的工资不同，包括衣食一切在内。）厂方职员正副厂长、政治教员及会计员共四人，工人三十名，有七个池子，四个碾磨，一架煮草锅，原料为马兰草，每个池子每月出纸一百一十五刀，平均每天三十五刀。最近因雨多，运输困难，原料缺乏，以致不能继续提高产量。

試選結束開始普選

綏市動員大多數選民到會

吳堡派工作團赴各區協助

【綏德訊】綏市普選試辦已結束，現在已開始普選。在試辦中，最感困難的是召集選民，經過很多動員，投票的人數才到了估選民總數的百分之八十左右。

【綏德訊】在普選試辦中，南關大街九家公營商店，對此工作極爲重視。上月廿八日晚，該店自動召開座談會。經理，店員均全體出席，在熱烈交談的談話中，他們交換了各公營商店對選舉的意見：如民主的實質，今年普選的特點，與保證公營商店工作人員全體出席等。最後大家都互相勉勵道：「九家商店在綏市的經濟力量上是佔有地位的，在選舉中也一定要起一些推動作用。」此外，西北印刷廠的工人同志們，在普選開始時，也召集了座談會，並成立了選舉隊，在居民中進行宣傳和徵求意見。

【綏德訊】綏市選委會日前討論進行議會議員的選舉事宜，出席人均認爲這樣才可以把各階層，各界的人民代表選到議會中來。會末，綏市市長王鎮濱，士紳郝爵等，認爲去年所選出的政府工作人員中，頗多身兼數職的，但都因本身有其他工作，未能很好參加市府工作，使他們心中不安，而對工作亦有影響，因此選委會通過了今年市議會可產生市政府委員，但工作人員應由上級委派，只是在委派時，盡可能地用當選的市府委員。

【吳堡訊】本縣普選訓練團，及其所領導之普選訓練班學員等，在一區五個鄉的試選工作，已告結束。據該團稱：此次試選之優點有：（一）注意到了「三三制」，如四個鄉選委有七個人，共產黨員僅二人。政府委員七人，共產黨員三人。議員二十二人，共產黨員七人。（二）選舉條例熟練，各幹部對劃分居民小組步驟，與選舉步驟之進行，都運用得很恰當。（三）配合工作好，如宣傳了春耕運動，作了黃河水災調查。缺點：（一）訓練團的人員見多，當地的幹部說話少，幫助工作變成了代替工作。（二）宣傳工作做得不夠，除開大會外，還未能利用個別談話或訪問方式進行。（三）村民怕說話得罪人，對政府工作報告，沒有很好的提出意見。（四）時間略嫌長了，村民們有誤了莊稼。

該總團於一區工作總結後，九月初，即赴其他各區協助工作。

【吳堡訊】本縣選訓班工作，業經選委會總結，參加訓練者共卅二人。訓練的課程：有關選舉工作的佔八分之五，政治課佔八分之三。訓練班的優點：（一）課目不多，而且有關選舉的佔大部份，很適合農民幹部的程度，使他們便於記，便於學。（二）討論會上能提出問題，有爭論。並且把討論居民小組的最高數、最低數用口算方式教熟。（三）紀律好，不請假，不遲到，上課討論認真。缺點：（一）課程多，時間擠，大家感到太疲倦。（二）個別教員所準備的材料太多，講的快，有人聽不懂。

【清澗訊】縣選舉委員會，爲進行正式改選，於上月底作出如下決定：（一）鄉政府由五個委員組成，即：鄉長，優抗，文化，建設，鋤奸等委員。（二）區鄉政府在改選會上，要有詳細的工作報告，要組織選民熱烈的討論，並多提提案。（三）爲了把好的人材，選舉到鄉政府，所以決定先改選鄉，然後再選舉行政村和自然村負責人。（四）爲了愛惜民力，不妨害人民秋收，鄉政府改選只規定一天的時間。（五）鄉選工作，區域於九月廿一日前總結完畢，然後總結全縣普選工作。

【清澗訊】清澗西區兩個鄉區於九月一日即行正式劃給[illegible]（新縣）管轄，並另在淮寧灣以東數村，成立一新軍區，日前縣府已派人前去交代一切手續。關新軍區政權將由縣府一科副科長蘇子英同志担任。

【清澗訊】三科已通令各學校於本月廿五日開學，城關兩完小因幹部未到齊，女校因無校長，故尚在整理中。

昨日大雨中游泳決賽

各隊優勝者將進行「對抗」賽

【本報訊】運動大會第四日，下午於大雨中舉行游泳比賽。大家始終堅持到底，直至完畢時，始三三兩兩離場歸去。因下雨影響，以致水上表演節目未能舉行，使觀衆深爲遺憾。點名過後，試被上各選手即已躍躍欲試，他們身體向前傾，作入水準備，開始令下，選手們縱身一躍，各自奮力向前。呼喊加油之聲，使細雨霏霏沉寂之空間，爲之打破。因天氣冷的關係，使得水速度受到阻礙，有個別選手，亦因下雨關係[illegible]。

茲將比賽結果公佈於下：男子五十米自由式決賽：第一名，周乘（青年劇院）時間四〇．四秒；第二名，盛江（魯藝）；第三名盛賢文（軍事學院）；第四名路夫（軍事學院）。

男子五十米蛙式決賽：第一名，劉兆倫（科學院）四六秒；第二名，歐陽方（楊家嶺）；第三名，小吳（魯藝）。

男子五十米狗爬式決賽：第一名，劉波（魯藝）五一．三秒，第二名丁農（楊家嶺）；第三名，譚占文（軍事學院）。

少年組二十五米自由式決賽：第一名，史明德（青年劇院）二三秒；第二名，金[illegible]（科學院）；第三名，金燕雲（中央醫院）。

少年組二十五米蛙式決賽：第一名，楊志（科學院）二五秒；第二名，黃燕（魯藝）；第三名，李一（楊家嶺）。

女子二十五米自由式決賽：第一名，韋露（保育院）二五．二秒，第二名，瀘槐（中央醫院）；第三名，丁揚（科學院）；第四名，蘇揚（延大）。

女子二十五米蛙式決賽因下雨改期舉行。

【本報訊】昨日上午，日本工農學校在青年運動場舉行棒球比賽，因觀衆對棒球興趣不高，又多以爲聞不懂，觀衆亦不多。比賽結果：二十對十三。

青年隊獲勝。棒球對身體健康甚爲有益，希望體育會，能在最近將棒球規則公佈。

【本報訊】九一延安擴大運動會，昨日召集各機關、部隊、學校個隊會議，到一二〇師、晉西北新軍、及各機關、學校、保安隊等負責人二十餘人，共同商討如何組織比賽，舉行「對抗」賽之選手等，計共二十餘人。決議：由一二〇師，新軍，部隊，機關，學校之優勝者組成，機關、學校、部隊、機關學校之各名選手優勝者參加比賽，規定於歯列第三名，第三名未能出席時，由第四名補充之。對於個人參加一對抗一賽問題，當時曾有兩種意見：（一）除優勝者個人，不准其他個人參加。（二）個人參加，只能作表演性質。結果以這二種意見，均得通過。對抗賽項目，除原有各節目外，增加四百米接力賽，並穿插各種表演。關於裁判員問題，由大會分別聘請新軍，一二〇師等單位派人參加，以便使裁判工作做得更好。

【本報訊】新軍參觀團一行十餘人，由晉西北與臨出發已抵延多日，該團除參加此次運動會之籃球，排球等項目「對抗」賽外，並擬於延市作一月之逗留，以便參觀抗大各隊、工廠、尤其關於整風學習等。據該團領隊者長許鐵民稱：該團將日內向毛主席、朱總司令獻旗。

延川民衆紛紛送公糧

預計九月半全部入倉

【本報延川水坪訊】半月來，本區夏徵，由於縣區幹部工作組，深入農村工作的結果，已於八月卅一日總結。九月一日，縣區幹部工作組又均已分發下鄉，進行督催公糧入倉，縣府一科長並親身赴該區協助工作。此間今後幹部深信：夏糧當能於九月十五日前完全入倉。

【本報延川水坪訊】夏糧入倉，已積極進行。由永勝區至水坪道上，日來農民均紛紛踴躍運糧。在九月一日的幾日中，水坪倉庫接收永勝區運來夏糧達十九石，水坪區徵起之夏糧，則須總於縣倉。據統計，第六鄉五十二石公糧，人倉已達十二石。但縣利完成夏糧入倉，縣政府已動員民力修補公路，並把農村中之牲力，組織成運輸隊擔任運送。

【本報訊】晉華縣各區區鄉民對夏糧，已經修好倉庫夏糧一斗四升，九月一日又送二斗四升夏糧，吳淤區[illegible]在區倉庫上，因係在常峪區統屬三四萬，按邊區政府新公佈公糧徵收條例第二章徵收細則五條之規定，得「分期徵收」。

【本報延長訊】本縣夏徵公糧計劃由派出人員帶到各區後，八月十九號廿二日，各區紛紛召集鄉長聯席會，具體分配各鄉負担數字，會議上，都能順利做出決定，一致意見：認爲完成任務不成問題，因爲幹部已有去年徵糧經驗。

【本報延長訊】即將到來之糧食問題，本縣已決定各區夏徵中的方向與路入的倉庫，按戶距收糧倉庫，如在七十里以內。

【本市訊】邊府財政廳爲調劑部隊、機關、學校糧食，保證供給糧食起見，特根據各地糧食市價及供需關係，規定夏徵糧米麥支付折合率如下：一、延安、安塞、甘泉三縣夏徵麥子發出時一斗二升折合小米一斗；二、延川、延長、固林、鄜縣四縣夏徵麥子發出時一斗三升折合小米一斗。上項折合率僅限卅一年度夏徵之麥子適用，各縣五科均須轉知所屬倉庫切實進行。各個糧草單位應一律照領。

救災

林伯渠同志等節食捐款

民衆劇團公演助賑

【本市訊】風起雲湧的救災運動，在本市各機關學校繼續展開。邊府秘書處全體工作人員，本「老百姓的苦處就是我們的苦處」，「救濟災民就是幫助自己」的精神，除自動節約救災外，該處處長，秘書長各捐邊幣五百元，其餘各同志，亦踴躍捐助。爲時兩天，共收到捐款一千五百餘元，衣服[illegible]件。該處二科劉毅同志，捐出了原衣附近件。該邊府二科劉毅同志，捐出了原衣服[illegible]，把平日積蓄廿[illegible]送給供給[illegible]。邊府各同志，亦踴躍捐助。邊府[illegible]生[illegible]，邊府[illegible]部科，延市[illegible]，節約出二個月津貼，交給供給[illegible]。

[illegible]縣色市等共捐[illegible]十元件。該縣三科劉毅同志把[illegible]，勸務員[illegible]吳[illegible]，把公家今年發給他的新棉衣自願捐出。邊區幹部休養所[illegible]元，休養員[illegible]。又[illegible]三斗，衣服十件，捐款三百餘元，並寫信[illegible]。

西北局[illegible]決定[illegible]民衆劇團[illegible]公演[illegible]如下：（一）各機關[illegible]所有[illegible]十天，每日[illegible]；（二）組織救災委員會，在全機關內徵募衣物及糧食。邊區民衆劇團延安總團於五日起，在新市場舉行賑災公演晉劇三天，預計於三天內可得款項萬餘元。新華化學廠全體職工，於該廠三週年紀念前夕，發起救災運動，當場就有保工常夥自動捐出五十元，在他的影響下，其餘保工舖散才等相繼捐出，是日該廠共捐出一千四百餘元，已送交救災總會。新華校工作人員由明輝同志提議，並經大家同意：願將一個月津貼捐出，李明同志擬捐邊幣五百元，並開全校同學積山收食委員會籌款捐助糧食。

【本市訊】延安市衛生事務所，爲了今市衛生工作，第一步進行環境衛生改進，現已首先建築南市公共水井及公共廁所。

【本市訊】延安市衛生事務所，聯合延安自衛軍基幹隊，組織衛生清潔隊，連日向水災區域內被水沖毀之廁所，及被水沖的泥濘，進行疏導，並向市場內飲食店、小攤、擔挑、瓜果等進行衛生檢查，有礙衛生的，即進行取締等工作。以防傷寒赤痢病的發生。

【本市訊】中央醫院爲改善病員及工作人員生活特成立生産科並進行發展生産，因缺乏生産資金，現已由一二〇師賀師長捐款五萬元，邊府財政廳借款十萬元，以資助之。

新華廠紀念成立三週年

產量增高三十倍

【本市訊】新華化學工廠「九一」三週年紀念，是日該廠特舉行大會，到各機關首長、來賓、工業界、科學界人士五十餘人，林主席、朱寶庭同志均親臨講話。

【本市訊】在三週年紀念大會上，新華化學工廠廠長王保華同志報告該廠三年來的生産情況，他說：「化學廠是由工人學校二個人的試驗而發展到今天，人員由二人增至將近百人；肥皂工具由數十斤的容積增至數噸的容積，産品由五十餘增至日出一千五百條；資金由四百元增至×百萬元，産品由二種增至十六種。」曬父報告三年來生産總數：計肥皂六十三萬餘條，粉筆八十一萬餘支；牙粉三萬餘包；墨水一萬餘瓶；其餘小蘇打、芒硝、土耳其紅油、精鹽、酒精等産品亦供給了各方的需要。

【本市訊】在新華化學工廠三週年紀念大會上，宣佈了實玉金、李俊華、惠天林、魏夢華、王世明等十七人爲「模範工人」，這些工友都是經過民主選出來的。當副廠長在宣布時希望全體工人向他們看齊，並給他們以物質的獎勵。

【本報訊】建立在山明水秀中的利華紙廠，設備相當良好，所有工人原爲某團之戰士，自經一年來的鍛鍊，已成熟練工人。最近廠方在精兵簡政與提高工作質量的號召下，實行包工制，平均每人每月八百元，（熟練與不熟練的工資不同，包括衣食一切在內。）廠方職員正副廠長、政治教員及會計員共四人，工人三十名，有七個池子，四個碾，一架查車碾，原料爲馬蘭草，每個池子每月出紙一百一十五刀，平均每天三十五刀，最近因雨多，運輸困難，原料缺乏，以至不能繼續提高産量。

【本市訊】[illegible]二十一日假綏市[illegible]舉行[illegible]，出席會員及來賓共百餘人，主席李文采同志報告該會經過及總結經驗，次由馬小[illegible]。

倉庫主任

——獻給夏徵中的倉庫工作者——

本報特派記者　戴冬

一

綏德田莊的倉庫主任姓白，可是從來沒有人叫過他的名字，人們有事找他的時候，總是這樣叫道：

「倉庫主任，咱來了。」

或者說：

「倉庫主任，咱們討論討論吧！」

倉庫主任的臉孔雖然也當黑，但他的心呀！卻像五月的石榴花兒一般地紅，「黑心眼」的名稱可無論如何安不到他身上。

對於這些嘩嘩的來來往往的遠遠近近的人，倉庫主任總是一團和氣地招呼道：

「好同志，坐下吧，有什麼事咱們討論吧！」

對於所有的希奇古怪的問題，倉庫主任都找出原因，詳詳細細的把道理說得清清楚楚。

老鄉們說：「倉庫主任是和氣的人！」

軍隊的採辦員說：「倉庫主任是頂事的！」

縣上五科的同志說：「白主任是模範的倉庫工作者！」

二

白主任就升到縣上當五科長去了。

老鄉們快要送糧的時候，有的倉庫主任躲在炕頭上，哼哼氣說：

「管他呢！事情來了再說！」

白主任第一次「糧食差事」，只有接到委任令的第一天，他是躲在炕頭上想的：

「咱對管糧，一滿沒經驗，辦不好，不怕別人的笑話嗎？」

他去請教一個管過糧秣的人，那人懶洋洋地，半天才揩步了腰眼，把手一擺說道：

「同志，這沒有什麼操心的，事到頭，「看風使舵，見機行事」就對了」！

「游擊主義者！」白主任暗暗上唾了一口說道：「這不是辦法，但我又該怎麼辦呢？」

白主任找好了幾個沒有人住的比較平穩的窰，有四個是小學們前的窰洞，白主任領着人把他打掃得乾乾淨淨，往地裏搬了許多石板回來，平平地鋪在地上，又將石頭墊了起來，最後，他在地上鋪了一尺厚的稻草，上面蓋上一層席子。

又室內室外檢查幾遍，才這樣估計道：

「這樣子，老鼠不會打洞，糧食也不會「漏」（壞）了。」

果然，直到現在，他所管的倉庫，並如他所估計的一樣。

三

老鄉們送糧來了，

人嘈嘈，驢嘶叫，袋子裏裝得滿滿的。

中午天氣熱，白主任燒好開水要老鄉們喝，利用收糧間空忙不過來量斗的時候，他親自到每個袋子裏抓一把糧食，使勁往大擔籠下一搭，滑手的，他揮手說道：

「請吧！」

一搭就成了粉子的糧食，他就微微皺眉對老鄉說道：

「老鄉！請再晒一下，這樣的糧米，對抗戰的人，而且會壞了一倉的好米」。

不少頑皮的老鄉，被檢查出來，他一面退了回來，一面就立即寫信通知了主管的區上，從來沒有不搭挖腔的事」。

是斗的時候，他去看了半天，晚上他找幾個是斗的同志開會，他說道：

「現在，我們的工作，應該往某兩件事情：第一要和平，第二要公平收支。你要老鄉們老遠運糧送來，還要照例回去，態度不和平，他們會說咱們是「官僚」。收斗不迅速，他們會受氣的。公平收支更是要緊，現在講民主，誰也不准剝削誰，收量的時候，不要做×同志那樣把手搭起一作踐一翻，往外一按」的量法，這樣一個手法，老鄉每斗要吃虧一合，如果所有收人都是這樣，倘要知時我們又偷這手來「往外一翻」，我們不是就大發「倉庫財」了嗎？」

「我們不是發財的。」大家同意了他的意見，這一來，往後的工作，就大大地不同了。

「在收糧工作時，最容易發生的毛病是什麼？」我問過他。

「現有一樣最難於考察的。」他答覆我：「那就是用人要特別審慎，千萬不能用犯過錯誤的人來做，我會出過把老鄉的糧，收到「窩主」家裏去了，或者是收了老鄉的糧，而開了正式的收條出去。這是最難想到的一件事情。」

「那末，他用什麼辦法來交代呢？」

「多着呢！」他打一個比方說：「不少他用折斗（升、斗）和老鼠吃，是貪偷的把戲，是完全可以支書過去的。」

「這種弊病的防止，當然首先是嚴格的建立管理——登記，核算，審查，一制度。但在沒有建制以前，就是人選問題的人來了，

四

但個別的人，都不一定都會善很安然的。

倉庫主任耐煩的處理着這些問題，他的原則有兩條：第一，不能使抗戰的同志餓肚皮，第二，一定要謹慎手續。

有些倉庫主任，把糧借給朋友，或者沒有經過批准就要下「閒滿」，白主任認爲這是「不對勁」的事情。他堅決反對了一個倉庫同志的要求。

有一回，×部的同志來要糧，什麼手續也沒有帶，卻帶了三十多匹高大的騾子，一進門就大嚷着說：

「倉庫主任，咱們的糧快光了，要你借些給我們吧！」

「這是怕的，今明兩天有吃了，騎了好半天，他借了五個騾子的糧食給他，向他說道：

「沒有三十個騾子空着回去麼食有？我也能開了公[illegible]」

「沒有手續誰負責？我也是爲了公[illegible]」

第三天，×部的同志帶着手續來了。

「這一下可傳開了，

人們接到糧，就馬上接到手續，

人們都接到手續，一切的事情，不[illegible]

陵丹志 → 十月初行落成禮

【志丹訊】爲紀念革命先烈，邊府曾於去年在志丹城建築劉志丹同志之陵墓，經年餘經營，於九月完全部工程即將告竣。各界捐款及贈送紀念物品，近來正陸續送到。志丹陵建築委員會將於十月初舉行一隆重之落成典禮。

延市衛生事務所

正式成立

【本市訊】延安市衛生事務所組織完竣，業經政府批准，於昨日正式成立，該所聘請邊區醫院門診部主任王鶴年同志爲該所所長。最近該所即將[illegible]。

醫藥展覽會

邊區美協主辦

【綏德訊】綏德美術協會，於八月[illegible]

敵僞軍生活惡劣

安陽煙賭盜刼盛行

【新華社太行二日電】據來自平漢綫的某官談，敵僞軍與一般敵佔區民衆生活，普遍惡化。所謂敵佔區的「繁榮」，只能從僞新民會的「俱樂部」找到。安陽這類組織，如設妓院、煙館、賭場，不分晝夜，賭徒雲集，每日賭用款項計萬元以上。場主每日抽頭，即達兩萬多元。敵僞軍官士兵均爲常客，長川出入其所，賭徒衣服飾當，一搶搶與過當舖。有的連搶槍手槍和自行車，亦輸得精光，現在城裏盜竊之風，他陽之張獗，妓院在前街的共百多家，嫖客們因

學風嚴重，打的圓鼓鼓直進。兩個僞軍官，曾門鬧要命。敵爲建立就院的「新秩序」，特按敵僞等級設依高低，排定出入時間序列，其「繁榮」只見於此。沙河城裏敵兵，今年不但見不上綠頭，即米飯也常不夠吃。伙房裏每因饃頭吃完而已，發生激烈的毆打。新兵連吃鍋巴的權利也沒有，邢台城內敵新兵時常用敲詐來的錢買燒餅，有兩個新兵，躲在廁所裏偷吃四塊燒餅，不幸被一老兵發現，竟給揍住三塊。敵酋據聞，即陳禁這種破壞風紀現象，但卻是偽軍官，也

動令村公所送麥用斤數，計十斤麥，沙河某地，五月間被敵佔領後，一般吃慣麵條饅頭和米飯的農民，現在只能吃谷糠炒麵和麩糠菜饃，因每敵鄉須租負十八個工和一百卅七元的田賦，以致去年領有五百元的一個莊地，白送也沒人要。

黃河伏汛

江陵量超過近年記錄

各江經防護可告無險

【本報訊】據韜陽保方面消息，本年黃河伏汛，水勢特漲，據黃河水利委員會消息：本年江陵量，超過近年記錄，情勢頗爲危急。會轄委員長舍英，親往陳省利用水利委員會，當即電請防護，各江水位均已退落，各險工亦多搶護穩定。月底又據報水勢漸弱。各江經沿堤人員及民工畫夜拚力防護，現已轉危爲安。

冀中敵決堤

淹我軍民

【新華社晉察冀三日電】七月下旬北嶽區各地天陰連綿，河水大漲，各河大水直瀉入冀中平原。又值八月上旬，冀中大雨，滹沱河、唐河、潴龍河、子牙河均暴漲，白洋淀水赤與岸平。敵爲破壞我冀中軍民，竟在各敵決堤引水，向低窪區傾瀉[illegible]

兒童的藝術創作

——保小學生成績展覽——

廖冰

一個十一二歲的小同志引我進入第一展覽室；牆上掛滿了各級學生的壁報，中間陳列一張桌子的學生各科的筆記簿，這都是他們平常作業，不是爲展覽會而突擊出來的東西。這裏的另一個特點：就是它們不是優良成績的選拔，而是所有學生的全部成績的陳列。因爲這些孩子們的親手，都希望在這次展覽會上檢查他們上一學期學習的成績，

第二展覽室是水彩畫作品了四間，那面的四間蒸的八幅連環圖，以後學生的父親在某地被捕入獄的慘景。後來，張叔叔把張鐵寶救到延安保小在那裏生活的表現得很好，在他腦海中，經常想着大人們做的事，小朋友都很愛護他。但不幸得病！住院上，同學們爲他焦急的情況，忙着服侍他，最後張鐵寶死了！學校開追悼會紀念他，就在九月一日保小學生成績展覽會上，許多園藝中的一幅漫畫作品，許多觀衆被感動着。

第三室是標本和勞作，在一排排的桌子上擺滿着學生們的石工、泥土工、紙工、編織工，用石灰雕磨成的石板，石膏雕成的各種小動物，最使人喜視，還有它們是在他們自己的創造中，他們用泥土塑起他們理想中的住宅，有紙糊的窰洞、房屋、小床、茶几，他們在邊區現有的物質條件的基礎上，學習到了許多的困難，如用毛石板代替了許多紙張。

隨出展覽室，被一群小同志包圍住了，他們打開了意見簿，要我給他們提些意見，我看到上邊人們寫着：

「從這些看出兒童的創作天才！」

「豐富，充實」

「邊區兒童展覽會舉行」，今後希望多舉行」。

解放日报	时间	1942-9-8	期	第478期
			版	第2版

农具工厂号召学习模范工人赵占魁

两千度高热中长期辛勤劳作，积极领导翻砂努力改造成品

【本报讯】据农具工厂徐厂长谈，该厂翻砂股看炉工人赵占魁，在工作的积极性及对革命的忠实上皆堪为全边区工人之模范。现该厂除号召全厂职工向他学习，并注意保护其身体外，为更进一步的发扬劳动热忱及提高生产积极性，且拟呈请上级予以奖励。按赵占魁为该厂最老的工人之一，自一九三九年来厂工作，迄今三年如一日。他在炎热的太阳的炙烤下，在两千度以上的熔铁炉旁边工作竟日，不叫苦，不倦息。在每次劳动选举时，他都是甲等劳动英雄奖章的获得者。

【本报讯】赵占魁同志乃山西定襄县人，家为贫农，十七岁即学铁匠，先后在太原及同蒲路工作二十余年，曾受尽了一切剥削与痛苦。太原沦陷后，即南下到西安，听说延安是工人出头的地方，二十七年九月便由安吴青训班转道来延，入抗大职工队学习，同年十二月在该校入党。在党的教育与培植下，更加提高了他的认识与觉悟，后又转入职工学校，学习两月，即调到农具工厂工作。因工作积极负责，充任工人不久即调任翻砂股股长。他能团结本股的二十多个工人、学徒，提高了工作质量，加快了工作速度。而且在工作中他始终起着模范作用，每天打钟前即起床，收工时让别人先走，自己巡视工厂一周，安放好工具才下工，尤其在开炉时，工作继续到十二小时以后，不稍休息，亦不提出加添工资；有了小病不请假。今年四月间，他的一个手指在帮助机箍股试验弹花机时轧碎了骨头，大家都劝他休息，厂长叫他到医院去修养，但他依然用另一只手工作着。平时分配他的工作都能按期完成，而且每次分配工作时他都要求多分配他一些，他常常这样说：工厂是公家办的，我是个党员，工厂也就是我的，应该尽力爱护它。

【本报讯】据农具工厂负责同志称：三年来，翻砂股在赵占魁的领导之

農具工廠號召學習模範工人趙占魁

兩千度高熱中長期辛勤勞作 積極領導翻砂努力改造成品

【本報訊】據農具工廠徐廠長談，該廠翻砂股青年工人趙占魁，在工作的積極性及對革命的忠實上皆堪爲全廠工人之模範。現該廠除號召全廠職工向他學習，並注意保護其身體外，還更進一步的獎勵勞動熱忱及提高生產積極性，凡擬呈請上級予以獎勵。按趙占魁爲該廠最老的工人之一，自一九三九年來廠工作，迄今三年如一日。他在炎熱的太陽的炙烤下，在兩千度以上的熔鐵爐旁邊工作竟日，不叫苦，不傷惡。在每次勞動選舉時，他都是甲等勞動英雄經常的獲得者。

【本報訊】趙占魁同志乃山西定襄縣人，家貧務農，十七歲即學鐵匠，先後在太原及同蒲路工作二十餘年，曾受盡了一切剝削與痛苦。太原淪陷後，即流亡到西安，聽說延安是工人出頭的地方，二十七年九月便由安吳青訓班轉道來延，入抗大職工隊學習，同年十二月在該校入黨。在黨的教育與培植下，更加提高了他的認識與覺悟，後又轉入職工學校，學習兩月，即調到農具工廠工作。因工作積極負責，充任工人不久即調任翻砂股股長。他領導團結不脫的廿多個工人、學徒，提高了工作質量，加快了工作速度。而且在工作中他始終起着模範作用，每天打鐘前即起床，收工時讓別人先走，自己巡視工廠一週，安放好工具才下工，尤其在開爐時，工作繼續到十二小時以後，不稍休息，亦不提出加點工資；有了小病不請假。今年四月間，他的一隻手指在幫助拉風箱時軋斷了骨頭，大家都勸他休息，廠長叫他到醫院去修養，但他依然用另一隻手工作着。平時分配他的工作都能按期完成，而且每次分配工作時他都要求多分配他一些，他常常這樣說：「工廠是公家辦的，我是個黨員，工廠也就是我的，應該盡力愛護它。」

[illegible]

甘泉動員各種組織 深入宣傳鄉選

安塞選訓班學員下鄉實習

[illegible]

隴東的鄉選

陳林

[illegible]

環縣秋收可望六成

沿河區部份遭水災

[illegible]

一得書

集錦

煥南

[illegible]

金盆灣一鄉合作社 三個月增大股金四十倍

清澗合作社股金仍多攤派

[illegible]

報紙帮助政府工作極大 大家努力投稿

綏德警備區本報通訊小組

[illegible]

關中檢查各縣學習

[illegible]

延安甘谷驛 夏徵全部入倉

[illegible]

楊家嶺各機關救災 捐款五萬五千元

[illegible]

下，工作效率大大增加，技术亦有很多的改进，模型和心子的制造，铁水的熬炼，均有显著的进步，现制成品成损的比率已由八分之四进为八分之七云。

【本报讯】劳动英雄赵占魁，不仅是一个模范工人，而且也是模范的事务工作和群众工作者，在工厂里，他担任工会，合作社及伙食委员会的工作，这些都是不脱离生产的工作，必须在每天九小时的生产工作以外的时间去进行。他每天下了工就坐到合作社去料理生意，直到大家都吃完了饭他才跑回去吃饭。现在他又管伙食，他把整个的休息时间都放在工作上面了。他管的合作社没错过一条账，伙食在他的管理后不但节省了粮食，而且生活大大地改善了。现在每周可吃馍三次，肉两次。他与附近老百姓的关系都弄得很好，并且把自己的工资借给老百姓，既不生利，也不限定归还的日期，又加为人诚实，性情和善，因此在老百姓中间颇有威信。在去年第二届边参会选举时，他被四个工厂共同选为候补边区参议员。他能将参议会的各种决议，耐心地传达给一般工人，平时亦常把工人及附近民众的意见写信反映到常驻会去。

農具工廠號召學習模範工人趙占魁

兩千度高熱中長期辛勤勞作 積極領導翻砂努力改造成品

【本報訊】據農具工廠負責同志稱：三年來，翻砂股在趙占魁的領導之下，工作效率大大增加，技術亦有很多的改進，模型和心子的製造，鐵水的熬鍊，均有顯著的進步，現製成品成補的比率已由八分之四進爲八分之七云。

【本報訊】勞動英雄趙占魁，不僅是一個模範工人，而且也是模範的事務工作和群衆工作者，在工廠裏，他擔任工會，合作社及伙食委員會的工作，這些都是不脫離生產的工作，必須在每天九小時的生產工作以外的時間去進行。他每天下了工就坐到合作社去料理生意，直到大家都吃完了飯他才跑回去吃飯。現在他又管伙食，他把整個的休息時間都放在工作上面了。他管的合作社沒賠過一分錢，伙食在他的管理後不但節省了糧食，而且生活大大的改善了。現在每週可吃饅三次，肉兩次。他與附近老百姓的關係都弄得很好，並且把自己的工資借給老百姓，既不生利，也不規定歸還的日期，又加爲人誠實，性情和善，因此在老百姓中間頗有威信。在去年第二屆邊參會選舉時，他被四個工廠共同選爲候補邊區參議員。他能將參議會的各種決議，耐心地傳達給一般工人，不時亦常把工人及附近民衆的意見寫信反映到常駐會去。

甘泉動員各種組織 深入宣傳鄉選

安塞選訓班學員下鄉實習

隴東的鄉選

陳林

襄縣秋收可望六成

沿河區部份遭水災

一得書

集錦

煥南

金盆灣一鄉合作社

三個月增大股金四十倍

清澗合作社股金仍多攤派

報紙幫助政府工作極大 大家努力投稿

綏德整頓本報通訊小組

關中檢查各縣學習

延安甘谷驛 夏徵全部入倉

楊家嶺各機關救災 捐款五萬五千元

第一卷（中）

工人选手提议普遍工厂体育运动

对抗赛昨战斗队获胜

【本报讯】总工会及工业局于昨日上午十时，在文化俱乐部，招待全体工人运动员，举行茶话会。会上各工厂运动员，相继发言，认为工人代表队，第一次出现在运动场上是很光荣的，只有在抗日民主根据地的边区，才会有这样的事情，而在外面，运动会只是为少数人开的，工人没有参加的权利。另外大家一致提出，要把运动会的精神带到各工厂去，要普遍的开展体育运动，加强文化娱乐工作以提高生产情绪，并有人具体提议成立工人剧团，及音乐、评剧小组。文化俱乐部何年同志，答应把每期活页歌选寄给各工厂一份。大家也一致企望总工会能在这方面多多给予帮助。最后总工会，职工委员会代表均讲话。

【本报讯】工人代表队与三五九旅之代表队篮球对抗赛于昨日下午三时举行，球赛进行中，双方联络均较差，唯在体育道德上，双方均有优良之表现，互助精神甚好。比赛结果为四十四比七，三五九旅代表队胜。

【本报讯】运动大会闭幕后，球类对抗仍于前日下午五时照常举行，篮球对抗第一场，为男子成年机关学校组冠军边保队对部队组冠军近战队（留守兵团）。双方均为此次运动会球赛中的优胜者，自远道慕名而来之观众甚多，大看台上又恢复数日前的拥挤状态。开始后，近战传球敏捷，首进一球，纪录一开，比赛即趋激烈，天空则秋雨霏霏，唯观众仍不散，球赛亦继续进行。结果，近战遂以三十比二十一获得第一次之胜利。

【又讯】排球对抗赛第一场为延安工人代表队对战声队（三五九旅），战声队以三比一获胜。

【本报讯】球类对抗赛第二日之精彩项目为近战对战斗（一二〇师）。昨日四点半钟，文化沟人群即络绎不绝。战斗队自去年来延后，其高明之技巧

延川加強區級整風學習

保證每月集中學習七天

農村黨員以羣衆報爲中心教材

【延川訊】延川縣委宣傳部，爲加強區級整風學習與對農村黨員教育的領導，特於八月二十一日召開各區宣傳科長聯席會，作適當的研究和討論。會議內容摘錄如下：

（一）根據各區所有幹部學了「四三決定」及整風報告兩個文件，全縣八個區以爲結果較好。

（二）今後整風學習方法：一、每區以集中學習，保證每月有七個整天的集中學習。二、講授要事先收集材料，聯繫當地實際，講透文件的精神，貫徹到實際工作中去。

（三）農村黨員的教育：以羣衆報爲教育中心材料，區小學教員和政府文書把每次羣衆報的內容，講給羣衆聽，此外並決定加強國民教育工作。

【又訊】在會議上，縣委宣傳部提出三點意見：一、延川區的宣傳教育工作，因過去都是工農幹部，工作較差，現在增添了一批知識份子幹部，將來工作要有新的開展。二、各宣傳科長，應有一面當先生一面當學生的態度，各方面都關心。三、各宣傳科長，除做好宣教工作外，還要照顧全面工作，幫助大家，並且多提意見。

【延川永坪電訊】由八月下旬起，本區各小學均已開始上課，永坪一區高小及八個初小，有學生二百三十名，現已到校者達二百三十三名，其餘學生亦在陸續報到中。

又：本區所負擔之六萬四千元教育經費（全縣共四十萬元），於八月卅一日前已分配完畢，現各鄉正積極收繳。關二鄉已收齊二千餘元，其餘各鄉預計亦將能按期完成任務云。

定邊九區決定 開秋荒八千畝

回民區建伊斯蘭小學

【定邊訊】定邊九區於日前召開區級幹部會議，決議案如下：一、建關後發動羣衆開秋荒，全區共計開八千畝，區政府負責調劑土地耕作。二、結束今年春季護藏。三、整頓自衛軍。四、各鄉支部討論鄉內問題。五、向羣衆解釋中共中央「七七」宣言的重要意義。

【定邊訊】八月中旬，回民自治區政府召開第二次政務委員會，通過決議案如下：（一）規定回民自治區管轄地域和戶口成數……（四）設立伊斯蘭小學……

工人選手提議 普遍工廠體育運動

對抗賽昨戰鬥隊獲勝

【本報訊】邊區工廠工人……

敵後形勢與我軍政治工作

（上接第一版）

再，政治工作更加要緊因而部隊和加強我軍內部的團結。八路軍新四軍是堅持敵後的主力，是抗戰的中堅，我們要愛護它，要鞏固它，要保障它在激烈的鬥爭火焰中不是削弱，而是保持其有生力量。戰爭局勢一時的困難，不足以引起悲觀失望，只要我們的力量是保存了，敵人就無法奈何我們的游擊戰爭與羣衆運動。爲此目的，就要在部隊中進行有力的宣傳鼓動，要反復解釋今年打垮希特勒明年打垮日本的口號，要善於把這個口號與當前發展着的具體形勢密切聯系。由於地區縮小，給養的補充與供應的困難，已屬不易，因此，必須用全力來鞏固部隊，減少疾病逃亡，避免戰鬥中的過大犧牲與失散。盡可能關心戰士們的物質生活，致力於各種實際問題的解決，不要使政治工作僅僅局限於精神上的鼓勵，應當使精神上的鼓勵同實際問題的解決配合起來。要注意增進內部的團結，保障我軍官兵之間、上下級之間、同事之間、這一部份與那一部份之間，彼此精誠無間。這裏，要防止敵人挑撥，要反對意氣用事及在困難面前的相互推諉與相互埋怨。須知我們的團結愈緊，力量就愈大，在困難中之團結比之平常時候其意義尤爲重大，因此大家要用嚴於責己的精神與誠懇的態度，去團結別人，團結全體。必需牢記着，團結是勝利的保障，而軍隊的團結又是堅持敵後的條件。

我們要加緊對敵僞軍的宣傳和爭取，因爲爭取敵僞官兵同情我們，是決定勝利的重要條件。目前敵寇中的不穩狀態與敵兵情緒的下降，並沒有因爲敵寇的暫時勝利而引起任何的改變，相反，在新的戰爭危險的威脅前面，敵兵的苦惱及對我同情諒解的心理更加增多……

赤水設立聯合完小

提高質量爭取模範

【赤水訊】本縣聯合完小於八月十二日正式開學……

怎樣實現合作社的政策

伯森

邊行在鄜縣 將放紡織貸款

【鄜縣訊】邊行鄜縣辦事處，爲發展農村紡織……

煤汽代油燈

【中央社】……

破壞駐軍名譽 曲子一流氓

【曲子訊】……

慶陽公草管理不善

一部份腐爛受損 縣府設法補救

【慶陽訊】……

建廳改良羊種

【本市訊】……

英派駐兩廣總領事

贛州馬限山英副領館產業歸還我國

【本報桂林電】……

甘省成立地政局

【中央社蘭州電】……

私立北洋工學院 將在陪都成立

【本報重慶訊】……

國內簡訊

戰時昆明

市面繁華如昔 物價似謎 銀翼翱翔雲端 守衛滇垣

【本報昆明訊】……

來函照登

……遇文彬九月八日發

更正

昨日二版……

已为延安人士所熟悉，而近战队之年青矫健（据记者获悉，该队年龄最大者为二十四岁，中锋七十八号仅二十岁），亦为后起之秀。比赛未开始，球场四周已筑成人壁，战斗队之十二号，十五号仍为去年之号码，此两号码在去年即为观众所熟识。裁判员哨声一响，激烈之比赛开始，近战首先犯规，战斗进一球，战斗十二号之截球，十五号投篮姿势之美妙，观众赞赏不已，战斗连进二球后，近战即实行反攻，八十四号于中线远射命中一球，观众掌声如雷，上半时结束，为二十四对十五，战斗占先。下半时，战斗队气势益增，十二号来回场中，勇猛异常，近战之后卫六十号亦截得不少好球，此时，近战因体质轻差，奔跑无力，致战斗连进五六球。比赛结果为四十五比十九，战斗队又一次获胜。

延川加強區級整風學習

保證每月集中學習七天

農村黨員以羣衆報爲中心教材

【延川訊】延川縣委宣傳部，爲加強區級整風學習與對農村黨員教育的領導，特於八月二十一日召開各區宣傳科長聯席會，作過去的研究和討論，會議內容摘錄如下：

（一）與會各區報告都學了「四三決定」及整風報告兩個文件，全縣八個區以馮居區較好。

（二）今後整風學習方法：一、在區上集中學習，下鄉複查，保證每月有七個整天的集中學習。二、講授者事先收集材料，並報告生動活潑和以聯系實際爲主；三、要把文件的精神，貫徹到實際工作中去。

（三）農村黨員的教育：以羣衆報爲教育中心材料，請小學教員爲政府文書把羣衆報的內容，講給羣衆聽，此外並決定加強冬民教育工作。

【又訊】在會議上，縣委高書記提出三點意見：一、區上現有的宣傳教育工作，因過去都是工農幹部，工作較差，現在增添了一批知識份子幹部，將來工作應有新的開展。二、各宣傳科長，應有一兩個當學生的精神，各方面都虛心。三、各宣傳科長，除做好宣教工作外，還要兼顧全部工作，幫助大家，並且多提意見。

【延川永坪區訊】由八月下旬起，本區各小學均已開始上課，永坪一區高小及八個初小學有學生二百三十名，現已到校者達二百三十三名，其餘學生亦在陸續報到中。

又：本區所負擔之六萬四千元教育經費（全縣共四十萬元），於八月卅一日前已分配完畢，現各鄉正積極收繳。惟二鄉已收齊四千餘元，其餘各鄉預計亦將能按期完成任務云。

定邊九區決定 開秋荒八千畝

回民區建伊斯蘭小學

工人選手提議 普遍工廠體育運動

對抗賽昨戰鬥隊獲勝

赤水設立聯合完小

提高質量爭取模範

破壞駐軍名譽 曲子一流氓

邊行在鄜縣 將放紡織貸款

怎樣實現合作社的政策

伯森

以汽代油爐

慶陽公營管理不善

一部份腐爛受損 縣府設法補救

建廳改良羊種

英派駐兩廣總領事

福州馬限山英副領館產業歸還我國

甘省成立地局

私立北洋工學院 將在陪都成立

戰時昆明

市面繁華如昔 物價似謎

銀鷹翱翔雲端守衛滇垣

國內簡訊

來函照登

敵後形勢與我軍政治工作

（上接第一版）

更正

第一卷（中）

解放日报	时间	1942-9-11	期	第481期
			版	第1版

社论　向模范工人赵占魁学习

赵占魁和一般年老的工匠一样，在社会上曾受尽一切剥削与痛苦，过了半生困苦与屈辱的生活。抗战暴发后，他从同蒲路退下来，走到西安，听说延安是工人出头的地方，于是就由安吴青训班转道来延。到了延安，他遇到一件一生梦想不到的事，就是他居然能够进抗大与工人学校学习。这样使他清楚地认识到：自己的命运和共产党与革命，是血肉相连分不开的。假如自己不到边区来，还不是一辈子给人做牛做马，永远也不会得到今天的地位。当工校结束，他又转到生产战线上来时，他知道边区公营工厂是为抗战而生产的，而且工厂的本身就是革命的财产，工人也有份的，应当尽力爱护它。三年来他在工作上的表现，证实了他的认识和行动是一致的。他自一九三九年七月至今，一直在农具工厂担任熔炉看火的工作。这是一种最苦的工作。在二千度高热的熔炉面前，即在夏天，身上还要穿着棉衣（代石棉衣），披着皮裙，终日汗流不止，而且又是一份不出名的平凡的工作。他一时一刻毫不懈怠的工作。一般人都不愿干，但他能始终如一地坚持下去，从来没有表示过不安心工作。不但这样，他每天提早上工，预先把当天一切工作准备妥当；放工时他比别人下得迟，把工场收拾清楚后才放手。他真有“冲锋在前，退却在后”的精神。他和那些只图高额工资、要求优厚待遇而不安心工作、不努力工作的懒汉，是完全不相同的。他不仅仅认真负责始终如一地做着自己的“看火”工作，而且还为工厂与工人做着许多义务的工作。由于他爱护工厂的财产，关心群众的利益，又有任劳任怨、急公好义、认真负责、大公无私的精神，所以工厂行政上有许多事情要依托他。厂内的公益事业总要选举他。最难办好的工厂合作社与工人伙食都委托他去办。他并不辜负职工们的付托。他把这些工作办得最好最完善。他在工作上不怕艰苦繁重，始终站在最前面，而且又做得最多最好。但他从来不夸张自己、不贪功；每遇论功

解放日報

中華民國卅一年九月十一日　第四八一號　今日出版一大張

社址：延安　半年六十三元　全年百十七元　三月卅四元　每月十二元　零售每份五角

貫徹簡政政策
邊府召開動員大會
一級機關進行檢查工作

【本報訊】為徹底完成簡政工作，邊府一級機關定於十一日下午舉行大會，[illegible]

[illegible]

敵寇掠奪決堤放水
冀中西南一片汪洋
擾亂平北敵已被我擊退

[illegible]

擴大地方武裝
太行參軍運動進入高潮
平西民兵爆炸伏擊

【新華社太行七日電】太行分區地方武裝的擴軍運動，已進入高潮。[illegible]

[illegible]

蘇加協定後
大批小麥開運蘇聯

[illegible]

秋雨綿綿中
斯城西阻敵攻勢
戰鬥重心漸移西路
德六次進攻被擊退

[illegible]

社論
向模範工人趙占魁學習

趙占魁和一般年老的工匠一樣，在社會上曾受盡一切剝削與痛苦，過了半生困苦與屈辱的生活。抗戰爆發後，他從同蒲路退下來，走到西安，當說延安是工人出頭的地方，於是就由安吳青訓班轉道來延。到了延安，他遇到一件一生夢想不到的事，就是他居然能夠進抗大與工人學校學習。這樣使他清楚地認識到：自己的命運和共產黨與革命，是血肉相連分不開的。假如自己不到邊區來，還不是一輩子給人做牛做馬，永遠也不會得到今天的地位。當工校結束，他又轉入到生產戰線上來時，他知道邊區公營工廠是為抗戰而生產的，而且工廠的本身就是革命的財產，工人也有份的，應當盡力愛護它。三年來他在工作上的表現，證實了這樣的認識和行動是一致的。他自一九三九年七月到今，一直在農具工廠擔任翻砂爐火的工作。這是一樣最苦的工作。在二千度高熱的爐口，即在夏天，身上還要穿着棉衣（代石棉衣），戴着皮帽，終日汗流不止，而且又是一件不出名的平凡的工作。他一時一刻毫不懈怠的工作。一般人都不願幹，但他能始終如一的堅持下去，從來沒有表示過不安心工作。不但這樣，他每天提早上工，預先把當天一切工作準備妥當；放工時他比別人下得遲，把工場收拾清楚後才放手。他真有「衝鋒在前，退卻在後」的精神。他和那些只圖高額工資、要求優厚待遇而不安心工作、不努力工作的個別人，是完全不相同的。

他不僅僅認真負責始終如一的做着自己的「看火」工作，而且還為工廠與工人做着許多義務的工作。由於他愛護工廠的財產，關心群衆的利益，又有任勞任怨、急公好義、認真負責、大公無私的精神，所以工廠行政上有許多事情要依託他。廠內的公益事業總要選舉他。最難辦好的工廠合作社與工人伙食都委託他去辦。他並不辜負職工們的付託。他把這些工作辦得最好最完善。

他在工作上不怕艱苦繁重，始終站在最前面，而且又做得最多最好。但他從來不誇張自己、不貪功；每逢論功行賞的時候，他總是謙讓，認為那是大家努力的結果，自己並無什麼特別可言；並且他認為為革命多做些工作，正是自己應有的自我犧牲精神；為抗戰與人民的需要而多增加生產，亦為自己應盡的義務。正因為他有這樣的認識，他在工作中能發揮最高的勞動熱忱、自覺的遵守勞動紀律，願盡自己的最大努力為革命多增加生產。他從來不計較個人的待遇與得失，專心一意，克己奉公。這種態度和那些只圖眼前私利只顧個人需要；力圖增加工資，不顧工廠是否可能，甚至與工廠對立，任意浪費資材，採取怠工行為，破壞生產的人，是完全相反的。他也最痛恨那些好吃懶做的人。就在他領導下的工作部門，曾有個別懶漢，因要求過高的待遇不遂，竟企圖怠工要挾，他堅決起來和他們鬥爭，不僅沒有容忍姑息的工作，而且制止了個別怠工的行為。

他又能尊重上級的領導，嚴格執行自己的工作任務。平日極關心工廠的生產與工人的日常生活。他經常從各方面來提高生產，想出各種辦法來提高生產與改善工人的生活，提出各種改進工作與生活的意見。如果看見有些事情處置不當，他能自動去設法解釋、調處，使得事情能夠適當解決，消除無謂的誤會與成見，促進全廠的團結、友愛的精神，鞏固全廠職工的愛戴，選舉邊區參議員時，他並未起來競選，但職工們卻推選了他。

他又是一個有很好技術的老工匠，但他卻沒有一般老工匠的習氣。他不但不保守技術，能盡量傳授給學徒，而且極關心學徒的生活，經常照勉他們，照顧他們，宛如自己的子弟。

趙占魁在執行生產任務上、照顧工廠生產上、關心群衆利益上、遵守勞動紀律上、團結全廠職工上、熱心公益事業上，所有這些表現出來的精神，在在都是我們邊區公營工廠工人的模範。在他的工作作風中，所一貫表現出來的——始終如一、積極負責、老老實實、埋頭苦幹、大公無私、自我犧牲的精神，也正是我們新民主主義邊區公營工廠工人所應有的新的勞動態度。這種新的勞動態度是值得寶貴的，值得大大發揚的，值得我們來學習的。我們希望全邊區有千個萬個像趙占魁一樣的模範工人湧現出來。

行赏的时候，他总是让开，认为那是大家努力的结果，自己并无什么功绩可言；并且他认为为革命多做些工作，正是自己应有的自我牺牲精神；为抗战与人民的需要而多增加生产，亦为自己应尽的义务。正因为他有这样的认识，他在工作中能发挥最高的劳动热忱、自觉地遵守劳动纪律，愿尽自己的最大努力为革命多增加生产。他从来不计较个人的待遇与得失，专心一意，克己奉公。这种态度和那些只图眼前私利只顾个人需要，力图增加工资，不顾工厂是否可能，甚至与工厂对立，任意浪费资材，采取怠工行为，破坏生产的人，是完全相反的。他也最痛恨那些好吃懒做的人。就在他领导下的工作部门，曾有个别懒汉，因要求过高的待遇不遂，竟企图怠工要挟，他坚决起来和他们斗争，不仅没有影响熔炉的工作，而且制止了懒汉怠工的行为。他又能尊重上级的领导，严格执行自己的工作任务。平日极关心工厂的生产与工人的日常生活。他经常从各方面来照顾生产，想出各种办法来提高生产与改善工人的生活，提出各种改进工作与生活的意见。如果看见有些事情处置不当，他能自动去设法解释、调处，使得事情能得到适当解决，消除无谓的误会与成见，促进全厂的团结、友爱的精神，得到全厂职工的爱戴，选举边区参议员时，他并未起来竞选，但职工们却推选了他。他又是一个有很好技术的老工匠，但他却没有一般老工匠的习气。他不但不保守技术，能尽量传授给学徒，而且极关心学徒的生活，经常慰勉他们，照顾他们，宛如自己的子弟。赵占魁在执行生产任务上、爱护革命财产上、照顾工厂生产上、关心群众利益上、遵守劳动纪律上、团结全厂职工上、热心公益事业上，所有这些表现出来的精神，都是我们边区公营工厂工人的模范。在他的工作作风中，所一贯表现出来的——始终如一、积极负责、老老实实、埋头苦干、大公无私、自我牺牲的精神，也正是我们新民主主义地区公营工厂工人所应有的新的劳动态度。这种新的劳动态度是值得宝贵的，值得大大发扬的，值得我们来学习的。我们希望全边区有千个万个像赵占魁一样的模范工人涌现出来。

解放日報

中華民國卅一年九月十一日　第四八一號　今日出版一大張

社址：延安　全年七十元　半年三十六元　三月廿四元　每月十二元　每份零售五角　本期零售

貫徹簡政政策

邊府召開動員大會

一級機關進行檢查工作

[illegible]

敵冀西南決堤放水

冀中西南一片汪洋

擔濟平北敵已被我擊退

[illegible]

擴大地方武裝

太行參軍運動進入高潮

平西民兵鬥爭爆發伏擊

[illegible]

社論

向模範工人趙占魁學習

[illegible]

待遇不遂，覺企圖怠工要挾，他堅決起來和他們鬥爭，不僅沒有妥協姑息的工作，而且制止了怠工的行爲。

他又能尊重上級的領導，嚴格執行自己的工作任務。平日極關心工廠的生產與工人的日常生活。他經常從各方面來照顧生產，想出各種辦法來提高生產與改善工人的生活，提出各種改進工作與生活的意見。如果看見有些事情處置不當，他能自動去設法解釋、調處，使得事情能得到適當解決，消除無謂的誤會與成見，促進全廠的團結、友愛的精神，得到全廠職工的愛戴，選舉邊區參議員時，他並未起來競選，但職工們却推選了他。

他又是一個有很好技術的老工匠，但他却沒有一般老工匠的習氣。他不但不保守技術，能盡量傳授給學徒，而且極關心學徒的生活，經常勉勵他們，照顧他們，宛如自己的子弟。

趙占魁在執行生產任務上、愛護革命財產上、照顧工廠生產上、關心群衆利益上、遵守勞動紀律上、團結全廠職工上、熱心公益事業上，所有這些表現出來的精神，在在都是我們邊區公營工廠工人的模範。在他的工作作風中，所一貫表現出來的——始終如一、積極負責、老老實實、埋頭苦幹、大公無私、自我犧牲的精神，也正是我們新民主主義地區公營工廠工人所應有的新的勞動態度。這種新的勞動態度是值得寶貴的，值得大大發揚的，值得我們來學習的。我們希望全邊區有千個萬個像趙占魁一樣的模範工人湧現出來。

秋雨綿綿中

斯城西阻敵攻勢

戰事重心漸移西路

德六次進攻被擊退

[illegible]

蘇加協定簽字

大批小麥即運蘇

[illegible]

解放日报	时间	1942-9-13	期	第483期
			版	第2版

晋西北等地妇女努力纺织　生活改进

【新华社晋西北十日电】四分区各县土布纺织事业，已有极大开展。其中一县纺织工厂内所有纺织机，已全部动用，出产大批二十码白土布、洋布与条布质地优异，行销河东河西各地，备受民众欢迎。全县民间妇女，亦竞相从事纺织，每逢市集，将布出售，换回棉花，继续纺织，许多妇女，已能借此养活全家人。

【新华社太行十二日电】武安某沟妇女，半年共织棉布六万四千余丈，为全区之冠。自去年十一月，县府以一千斤棉花，贷给她们后，沟里各村妇女，多卷入纺织热潮。妇女韩步莲开始时，只借到四斤棉花，不断勤劳生产结果，除养活全家以外，并买了一头驴，剩余八百多元现款。

延長組織運輸調劑勞力 送糧種冬麥同時進行

夏徵中湧現大批模範幹部 不公平現象尚未完全肅清

【本報延長訊】本縣夏徵在緊張繁忙的時間中，已於八月三十一日將公糧分配到各鄉之後，……

[illegible]

固臨完成夏徵

發動群眾互助送糧

縣學委設整風訓練班

[illegible]

中央直屬黨委關於整風學習期中支部工作問題的通知

[illegible]

晋西北等地婦女 努力紡織生活改善

【新華社晋西北十日電】四分區各縣土布紡織事業，已有極大開展。……

[illegible]

晉察冀青記分會「九一」開紀念會

[illegible]

六十個人的生命贖了他

——記救災英雄李安榜——

[illegible]

反映部隊生活 秦旅整頓通訊工作

[illegible]

一得書

想！

煥南

[illegible]

米脂進行鄉級試選 縣參議會總結試選經驗

【米脂訊】米脂參議會試選工作已結束。……

[illegible]

子長民教館 改進工作

[illegible]

更正

[illegible]

解放日报	时间	1942-9-15	期	第485期
			版	第2版

振华分厂扩大纸产

【甘泉讯】振华造纸分厂为了完成年内产纸三〇〇〇令的任务，决从九月份起，扩大生产。建厅并拨款八万元补助该厂建筑费用，现该厂正在扩大建筑，增调熟练工人，及赶购原料物料等。

曲子回民生活日益改善

人口增加商業發展　自選區鄉長管理政權

綏德縣委指示各級組織　加強鄉選宣傳

慶陽市三鄉試選完成　淳耀青救發動會員參選

某團幹部　進行鑑定

安塞合作社　尚未徹底實行民辦　分社主任會議決定改進

甘泗淇同志

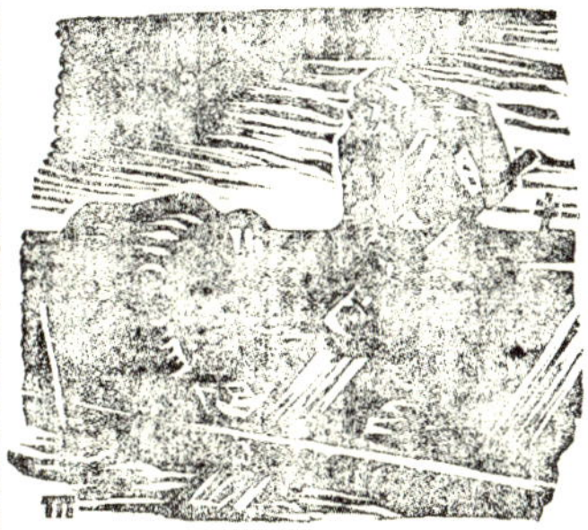

埋地雷　川

黨的生活

記子長南區二鄉黨員登記

企　貢

（續完）

一得書

哭凌波同志（續二）

塊南

發現傳染病嚴行隔離

適合工農兵觀眾　群眾劇社創作本

振華分廠　擴大紙產

【甘泉訊】振華造紙分廠為了完成年內產紙三〇〇令的任務，決從九月份起擴大生產。……

劉凱同志　發明新式壓花機

夏季雨水過多　固臨棉花收成將減少

第二次貸款在發放中

國內簡訊

九一八　陪都廣播電台　對敵宣傳

工业局一厂工友讨论劳动政策

【本市讯】工业局第一厂工友目前正热烈研究总工会所发五个文件：劳动政策讨论提纲（草案），中共中央关于“五一”节的指示、中央对晋东南抗日根据地职工运动的指示、朱总司令在今年五一节写的“克服困难向前迈进”、邓发同志写的“战斗的‘五一’纪念节”。并提出“抗日根据地中工人是否有罢工自由”等问题讨论。又该厂学习委员会总结第一期学习，除指出在学习中的一些优缺点外，并特别提出要求大家老老实实反省自己，反对一方面反省，一方面又“但是”，“然而”的找出一些小理由，来证明自己所犯是错误并不怎么严重，或根本掩饰这不是自己的错误，而是由于客观条件或其他原因。而应该有错误就改正。

黨風學習開始
軍直政治部指示各支部
發動全體黨員正確進行

【本市訊】軍直政治部日前發出「關於此次學習黨風中支部工作的指示」，大意如下：

一、發動全體黨員在思想意識上的全面的徹底的檢討，以實現「更好的聯系實際」、「深入反省」和「見諸行動」[illegible]

二、發動全體黨員進行誠懇坦白的相互批評[illegible]

三、要清楚了解每個黨員的思想、情緒與傾向[illegible]

四、[illegible]

五、[illegible]

六、要減少不必要的瑣碎的工作[illegible]

[illegible]

所發五個文件：學習政策討論綱領（草案），中共中央關於「五一」節的指示，中央對晉東南抗日根據地職工運動的指示，朱總司令在今年五一節寫的「克服困難向前邁進」，鄧發同志寫的「職門的『五一』紀念節」。並提出「抗日根據地中工人生活有沒有自由」等問題討論。[illegible]

綿綿陰雨中
延安縣羣衆送糧入倉
華池佈置徵糧工作

【延安縣河庄區訊】[illegible]

【延安縣訊】九月五日上午，[illegible]

【華池訊】[illegible]

【環川訊】[illegible]

工業局一廠工友 討論勞動政策

【本市訊】工業局第一廠工友目前正熱烈研究總工會[illegible]

加強通訊交通 有關機關進行研究

【本市訊】[illegible]

聶榮臻同志

小傢伙・屠子和婦救秘書的遭遇
（離石敵佔區故事）

法　鑑

（一）

[illegible]

（二）

[illegible]

慶陽縣府 嚴格預決算制度

【慶陽訊】[illegible]

建設吳旗縣
中共縣委公佈施政方針
貫徹三三制保障人權財權

【吳旗縣訊】[illegible]

上接第一版（代論）

日本法西斯強盜們在華北，五年來不知道殺害了我們若干千萬的同胞[illegible]

物資局抽查公司行號 發現積弊端勒令糾正

【本市訊】[illegible]

太行區工廠 日用品產量大增

【新華社太行十四日電】[illegible]

國內商訊

【中央社重慶十四日電】[illegible]

【中央社重慶十五日電】[illegible]

【中央社昆明十二日電】[illegible]

解放日报 | 时间 | 1942-9-16 | 期 | 第486期
版 | 第2版

太行区工厂日用品产量大增

【新华社太行十四日电】本区公私工厂，本年来在日用品生产的数量与质量上，均大为增加与改良。下列几种出品，不仅可以自足，并已开始输出：（一）手巾月出一四四〇〇条，本年十二月起，保证产量可望增到二七〇〇〇条。故十二月起，全区可以自给自足。根绝旧货。（二）纸烟月出三五〇〇〇包，出口数占十分之二三，故外来品现已绝迹，且年底还可能增加产量十分之四五。（三）肥皂月出二四〇〇〇条，除自给外，现已有部分出口。（四）俄国式毛毯，目下最受各地人士特别是敌占区同胞的欢迎。订单已超过生产量十倍以上，故毛织厂方面、拟加大生产量，以满足消费者之要求。

黨風學習開始

軍直政治部指示各支部

發動全體黨員正確進行

【本市訊】軍直政治部日前發出「關於學習黨風中支部工作的指示」，大意如下：

綿綿陰雨中

延安縣羣衆送糧入倉

華池佈置徵糧工作

加强通訊交通

有關機關進行研究

工業局一廠工友

討論勞動政策

聶榮臻同志

小傢伙・厨子和婦救秘書的遭遇

（離石敵佔區故事）

法璧

慶陽縣府

嚴格預决算制度

建設吳旗縣

中共縣委公佈施政方針

貫徹三三制保障人權財權

上接第一版（代論）

物資局抽查公司行號

發現種種弊端勒令糾正

太行區工廠

日用品產量大增

【新華社太行十四日電】本區公私工廠，本年來在日用品生產的數量與質量上，均大爲增加與改良。下列幾種出品，不僅可以自足，並已開始輸出：（一）手巾月出一四、四〇〇條，本年十二月起，保證產量可增到二七、〇〇〇條。故十二月

國内商訊

【中央社重慶十四日電】胡漢民夫人陳淑子女士，於香港淪陷後，間道來渝，卜居興樂山，近因患病續入市民醫院療治，於十四日晚七時逝世。

【中央社重慶十五日電】國民政府九月十五日令：戰時火柴專賣暫行條例，定自民國三十一年九月十五日起，在實施區域內施行。此令。

【中央社昆明十二日電】滇省勸募成績，約達九千萬元，較前各月約増出二、三倍，其中鉅金僑胞佔三分之二以上。

解放日报	时间	1942-9-17	期	第487期
			版	第1版

熬过难关克服困难　太行工人努力生产

自动增工超过产额甚多

【新华社太行十六日电】十八集团军某工厂工人近在中共中央“七七”两大文献鼓舞下，生产情绪加倍高涨。全体工人，自上月二届工人代表大会上通过，一律实行十小时工作制度，该工厂某某所八月份生产成绩，已超过原定计划百分之四十。某部更打破过去纪录，突破计划百分之八十以上。工友冯和智，个人生产竟超过百分之四百，尚有半成品包括在内。有的工人一个月中，有二十五天工作达十七小时。领工杜召堂，每天早上四点起来，一直工作到晚间十点才休息。上级发现，劝他休息，怕勤劳过度，要他爱护身体。杜同志说，党中央号召我们“咬紧牙关”“克服困难”，苦日子已不多久了大家还不鼓起劲来干。工友们在这种模范影响下，劳动情绪，极度高涨。工友赵思贤、柴东民、陈池祥等带病上工。王泽民、尚秀芳、李明珍（女）、马文郁等，自动加工做双工，不算工资。工友们，整天汗流满面，随着机器齿轮转动，发出欢笑的劳动歌声，每当饭后休息，他们亦不管上工时间是否到了，就接二连三自动干起来。虽然到了下工时间，还不愿停止工作。甚至有端着碗上工的。工友卢传舟，因为一件工作没有完成，学徒一再催他下工，等到饭都冷了，仍然没有停止工作，他们为着自己的军队与人民，夜以继日地劳动，终于创造了半年来生产的。

解放日报

中华民国三十一年九月十七日　第五百八十四号　今日出版一大张

社址：延安　每月十二元　三月四十元

陕甘宁边区银行总行启事

[illegible]

陕甘宁边区医业公司第二次招股启事

[illegible]

保证冬季公粮供给　夏征限期全部入仓

[illegible]

德寇增援猛犯　斯城战事激烈
西南路苏军挫敌三度进攻　前线空战日夜进行

[illegible]

蒋委员长视察西北返渝

[illegible]

太平洋作战会议　讨论印度问题

[illegible]

整风学习
晋冀豫区党委总结一月进度

[illegible]

讨论党员登记
边区各县党委组织部长会议

[illegible]

社论　建立乡村党政工作的正确关系

[illegible]

二一九师政治部召开青年工作会议

[illegible]

热烈渡过难关克服困难　太行工人努力生产
自动增工超过产额甚多

[illegible]

美建造一种运输机

[illegible]

解放日报	时间	1942-9-18	期	第488期
			版	第2版

定边成立纺织公司

已招集股金五十七万元

【定边讯】日前定边县府召集本市工商界和有关人士，商量扩大三边纺织工业问题，决定把原有的三边纺织工厂改组为股份有限公司，增添股金三十万元，共分三百股，每股一千元。并推选郭子范等五人起草简章。

【定边讯】县府于最近召集商民会议，讨论三边纺织厂组织问题，当即通过简章，选出杨彪等十一人为理事，周旭初十三人为管理委员，以周旭初为正经理，张诚一、王彩文为副经理。目前正忙于移交手续。股金已召集了二十七万元，所差之数，准备向城外坐庄客商招募。又讯：三边纺织厂最初只有二千元资金，后来发展到三十万元，最近又扩大三十万元，合计资本当在六十万元左右，将有助于三边毛织业的发展。

配合地方工作
隴東駐軍派員協助徵糧
羣衆加緊秋耕政府發放農貸
延長二區完成夏徵進行調查

邊府一級機構
將以合署辦公為核心
簡政初步研究簡政制度

定邊成立紡織公司
已招集股金五十七萬元

鎮原小學教育介紹
柳克夫

隴東鄉選準備工作
各縣多已完成

「此實人馬一體之表現！」
——為紀念九一八而作——
張諤

清澗雹災

一得書
水災善後
煥南

隴東報檢討工作

臨縣合作社業務發達

印立法會議舉行辯論
英印逮捕示威學生
魏菲爾視察東部駐軍

美·林得雷
論英印關係

西北金融網

傳奇唱會晴

馬島英軍繼續推進
法軍退出馬羅曼第亞
停戰談判繼續商討中

英國海岸水區
擄毀大批水雷

納粹特使赴日活動

補正

第一卷（中）

边区简讯

【子长县讯】本县小学教师讲习班于上月二十八日结束，黄县长曾出席会议，除勉励大家外，并希望小学教师能帮助区级干部，使其成为模范农村工作者，并能与之合作。县委宣传部刘部长号召各位兴会的小学教师，学习模范教育工作者薛秉恭同志。最后并发给学习优良同志以奖品。

【同宜耀讯】关中东区青救会，在各校秋季开学时，特派一同志专门帮助动员学生，结果成绩良好，计动员小学生十七名，致住在人口稀少之香山附近居民之儿童，亦被动员到校云。

【赤水讯】本县武装动员委员会日前开会议决，定本月二十八日举办军事短期训练班，集中全县之自卫军干部于县上受训一周。

【陇东讯】陇东学生参观团已于八月二十八日由延返庆阳，闻该团学生将分布至各乡，担任文化教育工作。

【合水讯】合水县第二届乡选实习团，在实习中证明选举方式以投豆为最受群众欢迎。全县共有五个实习团，均贯彻了三三制政策，现已开始普选，在九月中可全部结。

【安塞讯】难民工厂近成立职工子弟学校，专门培养职工孩童。消息公布后，该厂工人家属均表欣慰，并声称：只要孩子能离身，我们就可以有更多的时间参加生产了。

邊府討論縣級簡政

各專員縣長提出改進方案

【本報訊】[illegible]

安塞民衆送糧踴躍

互打互送公糧大部入倉

公私困難兼籌並顧

【本市訊】據邊府糧食局接到安塞縣政府的報告，該縣夏徵公糧集中情形，極爲良好。本月五日總檢查，六、七兩區夏徵麥子都已全部入倉。三區徵額二七五石，已入倉二百六十九石七斗六升。[illegible]

本月五日安塞各區入倉公糧的統計

區別	入倉	未入倉
一區	八四・〇〇	一六・〇〇
二區	五七・〇〇	四三・〇〇
三區	九八・〇〇	二・〇〇
四區	八五・〇〇	一五・〇〇
五區	八五・〇〇	一五・〇〇
六區	一〇〇・〇〇	—
七區	一〇〇・〇〇	—
城區	不詳	—

【本市訊】[illegible]

【又訊】安塞入倉較遲的幾個區，有個別農戶在打麥[illegible]

邊區兩次簡政的經過

實　艾

第二屆參議會後，陝甘寧邊區政府，中心工作之一，即爲厲行「精兵簡政」。到了現在爲時已滿十月，計共簡整兩次。邊府一級機關最近實行工作大檢查，對於各專員公署、縣、區、鄉級政府亦已開始重新研究其編制，提精與簡，一精兵簡政」[illegible]

[illegible]

環縣麥收不佳

公糧公草秋後開徵

【環縣訊】[illegible]

延安縣小學開學

學生正動員中

【延安縣訊】[illegible]

靖邊新正等縣

成立民族事務科

【本市訊】[illegible]

環縣選舉大會

黨政機關進行普遍宣傳

【環縣訊】八月廿三日環縣選舉大會[illegible]

邊行關中分行

將放冬麥貸款

【關中訊】[illegible]

綏德鄉選普遍開始

鄉選中經驗頗多

團結黨外活動份子協助宣傳

【綏德訊】[illegible]

邊區開學

【本市訊】[illegible]

文化俱樂部

成立口琴班

【本市訊】[illegible]

志丹夏耘結束

農民積極準備秋收

利用農閒割貯畜草

【本報志丹特訊】[illegible]

延長雹災

政府將予救濟

【本報延長訊】[illegible]

米中增加教職員

政府招聘各種教員

【本報訊】[illegible]

「九一八」十一週年紀念

我駐英使館招待報界

【路透社倫敦十八日電】[illegible]

延安各界

紀念「九一八」

【本市訊】[illegible]

邊區簡訊

【子長訊】[illegible]

【固臨訊】[illegible]

【赤水訊】[illegible]

【隴東訊】[illegible]

【合水訊】[illegible]

【安塞訊】[illegible]

第一卷（中）

中央印刷厂成立文艺、美术小组

【本市讯】中央印刷厂于日前在本厂俱乐部召开文艺小组、美术小组成立大会，该小组之成立，主要为活跃工友们的文化生活和长期的从工人中培养出文艺写作者。该会参加者三十余人，对今后工作发表意见：（一）文艺小组每周上一次课，由舒群、陈□［全］□等同志负责，其内容主要为写作方法简□。（二）每个□［组］员每月须写一篇文章。由小组或请人加以修改。美术小组除自修外。并规定每星期须抽出一个下午（工余）的时间，由□□、杨廷宾两同志指导集体学习，闻该两小组工作，现已开始进行。

慶陽縣委 檢查徵糧鄉選工作

農村支部應徹底保證實行三三制

華池某鄉選舉結果良好

棉花青貸 延長發放十六萬元

獎勵農村紡織

發民工款與農村紡戶聯歡

美術家走向街頭

街頭畫報一檢村第一期內容

米脂成立美協

北嶽區群眾團體 建立各種工作制度

志丹農民播種冬麥

晉西北敵軍 內部矛盾日深

一得書

讀宣傳小冊和反黨八股隨記

煥南

憂鬱

本報特派記者 林朗

一、最躊躇的公民

二、最短的會議

中央印刷廠 成立文藝美術小組

軍民合作

一、駐軍幫助農民秋收，在休息中向農民講十七宣言。　夏風

川閩徵實分別開始

粵民廳長談收情

身在敵佔區 心在根據地

忻縣選出參議員

解放日报	时间	1942-9-25	期	第495期
			版	第1版

提高生产奖励创造北岳区职工会提出工资评价

【新华社晋察冀二十一日电】北岳区产业职工联合会，最近提出工资评价办法，这对进一步增加生产，启发工人的积极性与创造性，以及照顾工人生活上，都有很大的意义。其原则是：按（一）劳动时间的遵守；（二）生产品质与量的提高；（三）技术的改进与新的创造发明；（四）对厂方之贡献；（五）原料的节省；（六）对工具的爱护；（七）对学徒技术方面的教育；（八）政治的进步。对于特别有成绩者，给以特别奖励，对技术人员，则依边区政府颁布之优待技术工作人员暂行条例评议。工资评价委员会，是由厂方职工会及临时由工人民主选出之代表三者组成，人数按工厂大小而定，一般为行政职工会各出二人，工人临时选出之代表三人，由他们互推正副主任各一人，主持会场，整理报告。评价委员会与上下级领导的关系，其所选之代表，应为最熟悉生产过程各种情形及办事大公无私的人。工资评议的材料，是依据平日工作的考核，小组的反映，与评价委员会的了解生产过程中的各种情形。评议的手续，是先将工资，分成等级，由工人自己提出应得多少工资，经小组评议，再由工资评价委员会详细考察其工作成绩，并依小组评□［议］结果，做总结评议。这一评议，按工厂具体情形，召开大会或经小组传达，再经小组评议，向评委会提议，进行补删，做最后决定。这个决定再向大会报告，并提交厂方批准执行。现边区印刷局、双十工厂、××煤窑等各公营工厂，已开始实行。各厂工人，无不兴奋积极，努力提高生产，改造技术。对职工会的认识，也更清楚知道，职工会是真正关心工人生活的组织。

解放日報

中華民國卅一年九月廿五日　第五九四號　今日出版一大張

社址：延安　　本期零售五角　每月十二元　三月卅四元　半年六十三元　全年一百廿七元

緊急聲明

徵求

招領

更正

斯城市郊激戰　紅軍繼續反攻

諾港東南區　紅軍逼敵後退　克勒特河南納粹被阻

斯城巍然矗立　人民積極參加防衛戰　西北反攻威脅敵側翼

英勞工協會

社論　是開闢第二戰場的時候了！

斯大林接見威爾基　會談逾兩小時之久

提高生產獎勵創造　北嶽區職工會提出工資評價

敵又使用毒彈　殘殺我靈邱村民

武裝保衛秋收　北嶽區軍民緊張動員

豫中數十縣旱災

遞敵加緊防空　懼盟機轟炸

邊縣商聯會

解放日报	时间	1942-9-27	期	第497期
			版	第2版

临县区纺织运动

（转载晋西北"行政导报"第八期）

（一）临离纺织概观。临县临南离石等县群众纺织旧有基础，抗战以后渐趋衰落，去年积极提倡以来，已恢复战前状态，日有新的进展，特以临南一带，简直有机杼之声遍地皆是的景象，造成了热烈的群众运动。从纺织情绪方面看——由于政策的正确执行，去年春，临南临县交界之安业岐道关王庙大峪沟尧家山各村一带，三分之一的纺织机在停顿着，去冬以来，不但原有纺织机全部开工，而新增加织机改良机在百架以上。在纺织区域的扩大上除了向无基础的偏僻山庄普遍发展，并在临县开□［辟］了三个新的纺织区（一、四、五区），由于纺织事业的发展，在岐道及县城私人开办了纺织工具制造厂，制造了大批的各种纺织工具，同时在今年原料不给的情况下，常有许多妇女特别是贫苦无力买花的（如临县青堂一带），向政府或妇救会要求发花的现象，在离石妇女要求妇女工作同志帮助她们成立纺织合作社，纺织情绪非常高涨。从纺织妇女的增加及纺织合作社发展方面看——临县一、四、五区的妇女一向是不会纺织的，但因为纺织热潮的高涨大都有了学习纺织的要求，政府与妇救会为了适应这一要求，首先在他峁试办训练班（去冬）参加者即有三十余人，训练不久便由妇女自动集资组织纺织合作社，并由于试训的成功，便在一区正式设训练班参加者竟达八十六人，学习热忱很高，总计半年在临县训练了二百五十九人（妇女），临县临南增加的改良织机在五百架以上（纺车不计），同时大多妇女都参加了纺织，并在临县临南离石创办了二十七个纺织合作社（临县四个，临南五个，离石十八个）从市场和销路方面看——临县市上每集平均（二日）不下八百匹土布在临南招贤集上逢集即有大批妇女拥挤人丛中进行以布换花等工作，并有临县街上及白文镇上发现了一种新的商品——纺车和线锭，这是从来未有的现象。只临县同济号转运栈半年出售的土布（土机及改机布）在二万四千匹以上，而裕华前线等大商店尚未统计，同时因为土布的发展，今年市上外布大减，临县区军政民大都用了土布，除供给本区使用外，一部推销兴县、河曲、保德、岢岚、静乐各地，并且陕西葭县、神木、府谷各地向临县购出之布为数甚多，去年根据地布匹大部仰给敌占区，而今年临离土布有输入敌占区者，据贸易局同济号恒信昌出境精确的统计在十万匹以上。（二）几个问题甲、土布质量降低、市场缩小，价格相对跌落——目前纺织的基本问题是原料不给，因之对于土布质量的提高，尚未为一般人所注视。临县区自去冬以来，由于冬衣需布甚多，土布销路突然扩大。一方面刺激了纺织的飞跃□□发展，但另一方面使土布质量大为降低，特别在近几个月的过程中，临南土布质量大不如前，一部分土布每匹之经线即较前减少了五十条左右（原六百条经线减至五百五十条左右），同时又因群众纺织之季节的关系，主要纺织时期为二、三、四、七、十、十一、十二等月，而于此期间，又要随时纺织随时售卖，所以今春以来土布销路顿遭滞塞，土布价格跌落（当然是相对的跌价），使纺织遭受到严重打击，如不提高与恢复原来水准，则将有临县均不服用当地土产布之趋向，而必一蹶不振为外布所压倒，因之提高临县区土布质量扩大其市场是为保持纺织正常发展的□［关］□［键］问题，同时在目前原料（花）不足的情况下，亦只有提高质与增高其价格，才能发动群众自动向外购买原料，才能保证一九四二年全区土布计划（三十五万匹）之完成。如何提高土布质量呢？（一）在保证纺织方面，首先应尽可能地减低以至免除土布出口的税率，同时适当的提高外布的入境税，给土布以销路上的保护。（二）奖励精纺精织，一方面要改进纺织技术，不只求产量之加大，应该从质上去提高，特别一点一滴虽然是□［纺］织技术之极细微之改进发明或仿造，均可予以适当奖励，另一方面凡军政民机关特别可以较高价格收用品质优良之土布（或纱），特别是土经土纬之改机布，同时对于品质粗劣之土布（或纱）可贬价收买或尽量不用，以提高土产之信用与质量。（三）确定标准布（每匹长五丈宽一尺一寸五分重二斤经线六百条——专署原定）深入的宣传使群众了解精纺精织抵制外货的意义，公营商店应特别收买此种标准布以走向统一土布匹幅俾便与外货作竞争。（四）严重的注意不以自愿交易之□［废］原料收成品及公粮收布等有害于纺织技术的办法促使纺□［织］质量减低，这是不适合根据地贸易原则与发展纺织建设的方针，必然会限制了纺织的进展，不论有无纺织基础的地区，于必要时应以低利或无利贷借原料（花）为原则。乙、工具与技术不平衡的发展造成了纺织过程中的不调协现象，工具技术为工业生产之基本要素，离石临南纺织旧有基础，旧式纺织工具（土纺车及土织机）在生产技术上供应自如（即由花至布之生产过程中供应一致），唯临县因向无基础仅有新发展之一部土纱□［机］，但由于年来纺织工业之进步，改良织机大量推行，临南临县普遍使用，生产技术较前增进，超过原来土机（土机每日普通平均一丈三尺改机十丈）以上，因此在临南常发生土纱供不应求现象，而临县此种现象更为严重，当然在改机经纱大都仰给洋纱，向解决经纱的方向努力是极迫切的，但今天土纱的不能供应自给，是成为纺织过程中不调协的主要原因，这是临县区群众纺织工具与技术上的一个重要问题。如何解决这一问题？首先对工具与技术的推广，必须在现有的基础上，加以改进与巩固，如在临县于经纱问题未能解决前，不□［但］纺纱车需要大量的推广，而土纱机亦有推广之必要，切忌技术上的好高骛远妄想超阶段的发展。其次在临县区纺织县份，宜设公营纺织工厂，并且主要任务为示范性质，以便研究与改进技术，推广技术（如临县曾以线绘代钢绘应用土纱作经纱（改良机）均应进一步研究），再次应按工具的需要（如临南）设纺织工具制造厂。但亦应以研究试验推广工具为主要任务，特别较新式纺织工具。丙、纺织领导中几种办法与方式之商榷，临县区在纺织业务领导方面综有采取下列三种办法：第一是发花收布或纱的办法，这一办法表现有两种形式：（一）先将原料（花）发给纺织妇女，而在收布或纱时付以一定之工资。（二）在发原料时，即将一部分（定量或不定量——如五斤花交一匹土布及做一匹土布给原料工资二斤）原料作为酬偿，这一办法在初步开展纺织中曾发生了很大的作用，是不能否认，但此种办法本身带有雇佣的性质，因此在群众中造成了两种偏向：A.由于发花收布或纱付以相当或较高的工资，纺织情绪固然提高，但群众仍不肯大量投资，如离石十八个纺织合作社现集股资非常之少（一千五百余元，三月份），个别地区造成了群众依赖政府的心理。B.由于工资较低或很低，形成了一种变形负担，个别地方减低了纺织情绪。以上偏向直接使纺织的质量减低，而且这一办法手续麻烦并常发生脱称等现象。其次为公粮变布问题，为从销路方面刺激纺织的发展，采取了此种方式，但在征收的过程，未能很好地掌握市价的变化，如在临南一部公粮变布原布置时每八匹土布（小布）一小石细粮，今春因布价跌落，每石相差一匹左右（本年二月份），而特别严重的是造成了一批所谓“公粮布”（品质粗劣），于是虽经严格的查收，但未在提高土产质量起了多大的作用，这是有着严重经验。第三是借贷原料的办法，先将原料低利或无利借贷给妇女，由其自己进行活动（生产再生产），如在离石的纺织合作社即采取这种办法，因妇女经济困难（不独立），由政府及贸易局借花，使其自行活动，约定三月后每人可向合作社入股二十元（法币），在合作社成立后银行再予贷款。这一办法当然是合乎法令的是正确的，在临县区已将普遍实行，但还未能为一般作这工作的同志所注视，而这里便联系着生产建设的方针问题，必须注意：（一）由下而上的将纺织小组逐渐走向合作社，□［必］须将群众从经济上组织起来（虽完全亦不可能，但可作为骨干），并尽量吸收游资是为生产建设工作目前的急迫问题，政府只能在某种程度上予以低利或无利借贷，注意群众依赖政府的心理。（二）严格的执行纺织轻征或免征法令（今年开始临县区纺织三年免征公粮——行署决定），反对群众纺织忽视不执行政府法令反而加重负担的错误倾向（去年临南有此现象）。最后纺织工作是生产建设突击方向，也是我们的政治任务，但这是一种新的工作，只有在努力研究与工作中，才能保证一九四二年全区三十五万匹土布计划的完成，这里提及的，只能作引玉之砖。

新正開始夏徵

縣參議會召開大會

確定各區分配數字

【新正訊】本月四日，本縣參議會召開議員大會，討論夏徵工作。縣級幹部和各區級幹部各級縣長，均列席參加。大會討論共三天。第一天郝縣長作夏徵工作報告，特別指出夏徵工作要做到真正公平合理，有賴議員們的協助和詳細的調查登記。政府一科提出關於調整修改徵糧工作和及徵工作同時進行，以便發揚民主。第二天進行小組討論，配合郝縣長的報告與縣政府頒佈之「徵糧條例」和「徵糧細則」。下午開始進行大會討論。每個參議員都積極發言，特別是對公糧公草數目的分配提出了許多意見。國民黨參議員賈子昆說：「本區有兩個鄉，地方不大平坦，人民生活不安定，此次徵糧，務要徵到負擔公平合理。」在這次會上，不但對夏徵工作作熱烈的討論，並檢查了縣政府對上屆議會決議案的執行情形。第三天大會討論完畢，縣長報告決定今年夏徵工作計劃三個月完成，並對各參議員和幹部所提的問題，均作了解答。最後大會通過縣府提交本會議之各區公糧公草分配的數字。

「練習」

——敵人暴行斷片——

一血

文化整風體育三項運動 曲子駐軍舉行競賽

清澗店子溝區 羊瘟嚴重

政座談會結束

有關各級簡政問題均經討論 現分組評研實施方案

決定經常寫稿

楊參議員正中 熱心興學

羣衆報 選出模範通訊員

延川小學開學 動員女生較困難

甘省綏遠

慶陽市鄉選 擴大宣傳

晉察冀軍區直成立 整風學習檢委會

邊區醫藥學校 前日開學

晉西北新軍參觀團 慰問續總指揮

公務人員經營商業 國防最高委員會嚴令禁止

桂越邊私運風熾 財部嚴令查禁

立法院通過 省參議會兩條例

中央信託局一職員 貪污受懲

臨縣區紡織運動

（轉載晉西北「行政導報」第八期）

（一）臨縣紡織概觀

（二）幾個問題

农具工厂奖励模范工人赵占魁

各机关与群众纷送礼品

【本报讯】农具工厂为奖励模范工人赵占魁同志，并借以教育全边区工人，造成更热烈的生产运动起见，特于本月二十六日邀请职工会诸同志及各工厂代表来宾，举行扩大庆祝给奖大会。到会者从二十五日晚至二十六日午间始终络绎不绝。中央职工委员会朱宝庭、王景云、王庆远诸同志，亦于是日不辞劳苦远路赶到。大会会场设于厂前土坪上，布置极其朴素，各机关学校工厂赠送有二十余幅锦旗及其他赠品。下午二时许，鸣砲开会，主席贾亚夫同志首先致辞略谓：今天庆祝赵占魁同志的霍奖，也就是号召全边区将近一万的产业工友，向他的新的劳动态度学习。继由汤副厂长报告赵占魁同志的生平及现在工作中的模范表现□工人老前辈朱宝庭同志做了一次极其兴奋的演讲，大意谓："苏联有个斯塔哈诺夫，我们今天就有个赵占魁，苏联有斯塔哈诺夫运动，我们也要来个赵占魁运动。"又称：我做了一辈子工，可从未看见工人会被选举成模范还发奖，还开会庆祝，还要给他演戏，这都是几十年工人流血斗争的结果。今天在边区在共产党的领导下，工人们真已得到解放了。表扬赵占魁就是一个很好的证明。最后在谈到边区工人的出路时，他慈祥地指着自己安慰大家说：谁要说工人没出路，谁就看看我。演说至此，工人们哄然大笑，笑声一直继续了很久，全场均为兴奋愉快的情绪所鼓舞。来宾讲话结束后□工人赵占魁被拥上台，群众立刻报以热烈的掌声，这时他□［显］得十分兴奋，说话的声音，也变得颤抖起来，他说：我是一个工人，我今天高兴得厉害。我只知道做工，我的任务，没有啥好处让大家拥护，大家对我的爱护，我很感到惭愧……底下他再也讲不出什么了，最后只说了几个"谢谢"，连忙下台。继即举行给奖典礼；由朱老等代表中央职工委、工业局、留守兵团、边区政府等机关授以"工人模范"的锦旗，农具工厂为庆祝赵占魁同志，除以全厂职工名义赠一锦旗外，并奖励衣料一套、银盾一个，每月津贴白面十五斤。

【本报讯】民众剧团为庆祝赵占魁同志给奖大会，特于二十六日赶至温家沟农具工厂，公演“十二把镰刀”等剧。据该团副团长马链铃同志谈，此次该团在新市场长期演出后，团员实甚疲乏，但不辞劳苦远路赶来的原因，实为赵占魁这一光辉的名字吸引所致，赵占魁模范精神的表现，已使该团全体团员深为感动。因此当晚的演出亦精彩。边区文协美术工作委员会，携带大批画报及街头连环图画，是日亦闻讯赶到，当即假会场周围举行展览，一时观众极为拥挤，由于图画内容的明显及文字的通俗，颇得一般工友好评，甚至在暮色昏暗中，仍有不少观众恋恋不舍地徘徊于画前，不忍离去。

【本报讯】延安县河庄区一乡全体民众，为表示对赵占魁同志的庆祝，自愿出钱出东西，邀请民众剧团于二十七日上午继续公演一天。其中温家沟（农具工厂住村），居民更赠送赵占魁同志锦旗二面。上写“劳动模范”四字，以表爱戴及尊重之意。在开会时全体出席者均高呼口号：向模范工人赵占魁学习，当时，对此二事，一般人极为兴奋，均谓，赵占魁同志在群众中威信有如此之高，实为难得，而群众对他及工厂又如此爱戴，大家都很感动。

【又讯】关于技术工作者业务学习的方针，九月二十一日农具工厂技术室召开了一个讨论会，专门研究这个问题，六个技术工作者都参加了讨论，确定今后的方针应该是：提高理论基础，各人应掌握一种外国语，关于理论与实际的联系，各人应更注意抽出时间到工场中去，了解实际情形，向有经验的工人学习，并充实实验室，加强实验室的工作。最后并着重指出，不但技术工作自己应注意技术学习，并应组织全厂工友的技术学习。

鹽池駐軍第三團協助民衆秋收

邊區關查延安縣水旱災

農具工廠獎勵模範工人趙占魁

各機關盛意紛送禮品

恭賀趙占魁同志

穆青

工廠工人們的領袖和光榮……向趙占魁學習！我們要求一個新的趙占魁運動！

本市將開座談會

第五屆戲劇節

延大一位非黨員同學整風後對黨的認識

懂得了「組織就是力量」

市級各機關合併辦公

施行分區合併工作

鄜縣大義區夏收一半入倉

熱心鄉選

米脂全縣鄉選

一個奇特的旅行

井陘師範校長之遊記

重慶簡訊

川康糧食部專員

每月收入平均一千萬元

糧價上漲決予嚴密管制

鄂省建設展覽

解放日报	时间	1942-9-30	期	第500期
			版	第4版

科学园地　第十九期：自然界　水造成的石头及矿产

地面时时刻刻地被破坏着，好像被削薄了似的，被削去的物质是不是消灭了呢？不是的，不过只改变了它原来的地位及形状吧了。山上□［的］石子被冲到□［河］谷，陆上的尘土被飓到海洋，大石头变成小碎块，或是固体溶解到水中去了。黄土高原是怎样堆成的？在陕北，只要是你一出门，总会碰到黄土累累的山丘，如果你有兴趣的话，爬到山顶，便可以看到差不多一样高的丘陵伸延到无垠的远方，这样广布的黄土——说起来真是令人难以置信！——是从辽远的西北乘风飞舞而来，经过长久的岁月逐渐沉积而成。携带着黄沙的风，就是它的建造者，直到现在还在不断地建造中。这阵风由西北飓到陕南的秦岭，被高山挡住了，不再前进，所以四川就看不到这样的黄土地层了。被风辛辛苦苦建设起来的黄土，又为雨水无情的破坏着，平地给冲成沟豁，沟豁中的水聚集多了扩大而成溪流；很多溪流汇聚在一起，造成了江河。江河溪流中带有泥沙，一旦水势减弱，泥沙沉积在河谷之中，这样原来高原上的□土，就会搬运到平原或低洼的区域。这种黄土因为是经水第二次沉积的，所以叫作次生黄土，延河河床中的黄土就是次生黄土。海水也被染黄了河水流到海里去，黄土也被带到海里去了，河水一入海，水流速度马上减低，泥沙不能再被携带，沉积在海边的浅水中。黄河这个名字就表示着它带着大量的黄土，它把出口处的海水也染成黄色，因而称为黄海，黄海边上的黄土一天天的沉积下来，加上大陆的上升，海岸乃向外扩张，海水向后撤退。这个海与陆的战争，经过了不知多少万年的时光，陆地的战果日益□［扩］大，造成了广大的华北平原，黄河在建筑着它自己的流域。同样的或类似的情形，在其他的河流也会见到，长江三角洲，珠江三角洲及世界著名的尼罗河三角洲都是河流冲积而成的。河流不仅只能够携带黄土，同样的也可以携带泥沙砾石，甚至几吨重的巨石。这些携带物都在河岸，湖沼或

科學園地

第十九期

延安區域時與地方時

江天成

在延安我們感覺到時間的混亂，往往相差一、二小時，以致開會或約會…… [illegible]

一　太陽的視運動

[illegible]

二　視太陽時與平太陽時

[illegible]

三　延安地方時與區域時

[illegible]

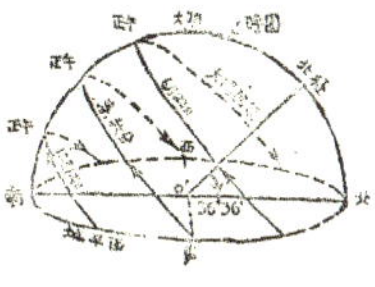

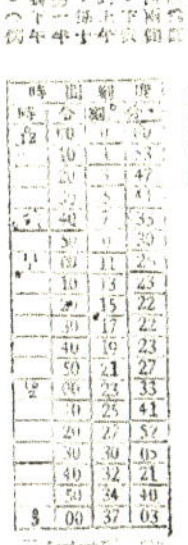

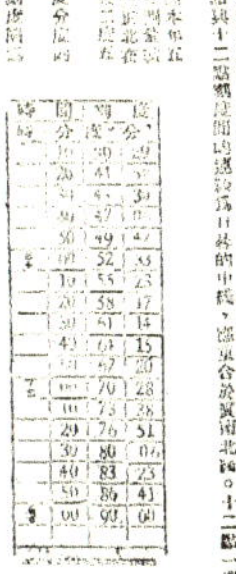

[illegible]

利用日影的時鐘

孫□

從太陽投出日影的位置來計算時刻，這是一般人所熟知的事。在沒有鐘錶的時候，……影所在的地方來判定時刻……

[illegible]

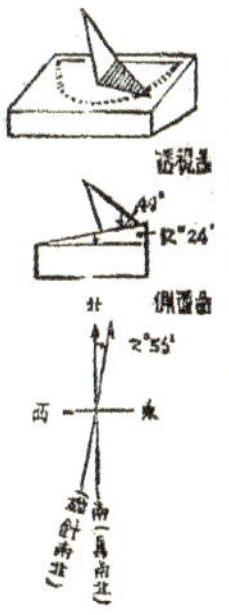

自然常識

水造成的石頭

黃土高原是怎樣構成的？

在陝北，只要是你一出門，總會碰到黃土築成的山丘，如果你有興趣的話，爬到山頂，使可以看到那不少一樣高的花崗……就是黃土——就要來……

[illegible]

近代工業的骨幹

[illegible]

海滨停滞下来。清水中分出来的岩石水，特别是溶解有二氧化碳等气体的水，把一部分岩石溶解了，这些溶解在水中的石灰质或矽质，当水分一旦减少或条件改变之后，就必然地要沉积出来。碳酸钙沉淀出来变成方解石，硫酸镁沉淀出来变成石膏，二氧化矽沉淀出来变成石燧或玛瑙等，最重要的是在湖沼或海洋中大量碳酸钙的沉淀，造成深厚的石灰岩层，这就是我们用作建筑，制造水泥的原料，普通叫作灰石或青石。石灰石因为有易溶于水及不是被风化的性质，所以在石灰石的山上，每每有突兀的峰岳和幽深的石洞。从石洞上部，水滴下来溶解在水中的石灰质开始部分沉淀了，因而造成上面像檐下的冰柱似的石钟乳和地面嶙峋的石笋，如果两头接起来了，就造成乳白色的雕有美丽奇异花纹的石柱，所以凡是石灰岩所造成的山岭，大都有很优美的风景，那里不知兴起过多少文人雅士的吟咏和吸引着多少青年男女的足迹呢！被溶解在水中的物质，如沉淀在砾石、泥沙之间，它就能把那些散乱独立的个体胶结在一起，如果再有适当的压力，例如深埋在地下的话，这个胶结的作用就更大了，水成岩石就是这样成的。边区各地□沟的岩石都属于这种，有砂岩、页岩、砾岩、黏土等。陕北，从前是一个内陆盆地，盆地是四面高中间洼的意思，在盆地中经过长久的沉积，形成了今天的地层，这种水成岩，因为是在大陆中形成的，所以又叫作陆相水成岩。当然你还可以想到河流湖沼沉积所成的岩石也都是属于陆相的。风成黄土也是陆相沉积，那就更不用说了。与陆相相对的是海相，海相就是在海里沉积的。战争的动力资源是从这里生成的。水不单只造成许多用处很少的石头，也能造成不少宝贵的矿藏。前面所说的石灰石、玛瑙、石膏等，当然都是很有用处的。石灰石可以盖房子，可以□石灰，可以造水泥，可以用作炼铁的原料等，玛瑙是贵重的装饰品。石膏在雕塑上、医药上，都是很重要的原料。然而这些，并不是水对于人类（就只以人为主体□［来］说吧，虽然自然界并不是为人才存在的）最大的贡献，最大的和最重要的贡献乃是煤、油、和铁。煤、油、铁是工业的最基本原料和动力，也是目前战争的主要资源和争夺的目标的。现在让我们回到古代去参观吧，我们这里所说的古代是远在人类存在以前的时候，更谈不上有什么历史记载了。然而地层是我们最好的手册，它告诉我们：在古代，不止一次地中国有很多地方气候温和，雨泽润湿，到处长着繁茂的森林，也好像现在的东北、西南的森林一样。不过目前有人类去经营开发，在古代永远无人问津，任其自生自灭，只有鸟兽出没其间，而最早的森林，连鸟兽也没有呢！那就更觉寂寞了。这些森林年复一年的生长死亡，越堆越多，堆到可怕的厚度。如果这时候洪水暴发，或是陆地下沉，或是在这树林上沉积了新的土砂及石砾，空气被隔绝了，阻止其进行氧化作用，而不被腐败，压力大了温度就增高，植物中的水分逐渐被排出去，只剩下炭及其他杂质，好像烧木炭似的把木材慢慢地在大地的洪炉中焙烘着。这座木炭的烘炉，火力小，作用慢，然而时间是那样的长。只要不断地努力，有志者终会成功的，终于烘成了炭。延安、瓦窑堡、关中、绥德、三边的煤都是这样成的，不过有品质的优劣吧了。为什么煤又有品质的不同呢？时间的长短，压力的大小及温度的高低，都是决定煤的品质的重要因素，木炭没烧透，就会出烟，或者由于时间短了，或□［是］火力不够，煤的情形也差不多是这样，不过更复杂悠久些罢了。最好的煤是无烟煤，其次的有烟煤，再次的就是褐煤及泥煤，边区所产的都是有烟煤，只有三边产很少的泥煤。石油及其争夺战。植物中有油脂，动物也有脂肪，森林中与湖沼中与海湾中的动植物，如果也遇到上述类似的情况，在长时期内温度与压力的增大，脂肪被分解而成石油。因为动物所含脂肪较多，所以重要的油矿，多半是由于在海湾或湖沼中的动物遗骇分解而成的。石油是一种液体在地下存在着，它是流动的。如果是地层的情况适于它的存在，可以聚集在一起，有时还可以自动地流出来。利用流□的性质，在油田区域，选择适当的地点钻一井眼，就可以把油吸上来。石油不是从地下吸出来就能用的，须要用分馏法提炼出来各种不同的油，最初分出的是挥发油、汽油，这是工业及战争的主要动力资源，其次才是我们日常点灯用的煤油，再次是白蜡油、沥青等，同时还可以取出石蜡、凡士林和许多颜料和药品。□［延］长是中国著名的油田，边区的其他地方，如延安、延川、甘泉，关中的赤水，同宜耀等县都有油苗发现，可惜因为经济及技术条件的限制，不能及早有计划的钻探及开采。苏联和美国都是石油藏量丰富及石油工业发达的国家，现在苏德战争最剧烈的斯城前线就是苏联重要油田高加索的门户，德国法西斯想来夺取这个重要的战争资源，补偿它战争中巨大的消耗，英勇的红军正进行着神圣的保卫战，这一天然资源是不会被纳粹匪徒所利用的。日本强盗在太平洋的战争，除去击退英美的势力，还是为了争夺南洋群岛的油田，以图挽救其即将死亡的命运！近代工业的骨骼。我们再谈谈铁。石头或者是土，为什么会发红呢？主要的是其中含有铁的缘故。一般地说岩石多少带有铁的成分，铁的化合物经水溶解了，带到一个地方再沉淀下来。如果条件好的话，聚得多了，就是铁矿，铁矿多半是氧化铁或碳酸铁，有时硫化铁矿经风化以后，也可以成为氧化矿，这种情况在边区的地层中几乎随处可见，砂石中每每含着红红的像拳头似的屹嶝，含铁成分很高，但是因为过于分散，没有开采的价值。边区现在已经发现的有铁矿的地区有蟠龙、甘泉、鄜县及关中分区，尤以关中分区的铁矿成分□［高］，藏量也多，如果能好好地开采，对于边区经济建设必有很大的裨益！铁矿从地下挖出来后，还要炼，炼铁时要用焦炭，所以煤铁往往是被人相提并论，缺一不可的。如果同一地方出煤又产铁，那就再理想也没有了，我们的关中分区就备有这样优越的条件。食盐的来源边区还有一样顶重要的矿产，就是盐。盐是内陆海或盐湖经地层升起或干枯后遗留下来的。盐可以成为固体，形成地层的一层，就是岩盐或石岩，像开煤□□［油矿］似的从地下开掘出来，就可供食用，也可渗透在泥土砂石中，经过地下水的溶解由池或井汲取上来，晒干或煎干了结晶出来，就成食盐。三边及绥德的食盐，就是属于后一种的，每年的产量很大，除去供给边区的食用，还可大量出口，供销友区。中国西北及西南各省都出产食盐，其中尤以四川、云南的井盐，陕西、甘肃、青海、内蒙古的池盐，最为著名。水成岩中的矿产，□［还］有很多，以后我们再谈吧！

科學園地

第十九期

延[illegible]

江[illegible]威

一　太陽的視運動

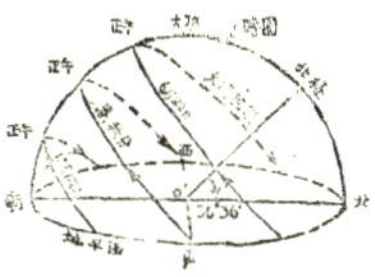

二　眞太陽時與平太陽時

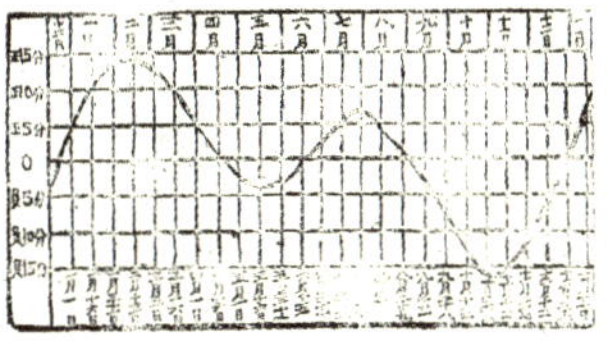

三　延安地方時

時	間	度	分
時	分	度	分
12	00	[illegible]	[illegible]
	10	1	[illegible]
	20	[illegible]	47
	30	[illegible]	41
	40	7	35
	50	9	30
1	00	11	25
	10	13	23
	20	15	22
	30	17	22
	40	19	23
	50	21	27
2	00	23	33
	10	25	41
	20	27	52
	30	30	05
	40	32	21
	50	34	40
3	00	37	03

時	間	度	分
時	分	度	分
	10	39	29
	20	41	[illegible]
	30	44	31
	40	47	[illegible]
	50	49	47
4	00	52	35
	10	55	23
	20	58	17
	30	61	14
	40	64	15
	50	67	20
5	00	70	28
	10	73	38
	20	76	51
	30	80	06
	40	83	23
	50	86	41
6	00	90	00

利用日影的時鐘

孫[illegible]

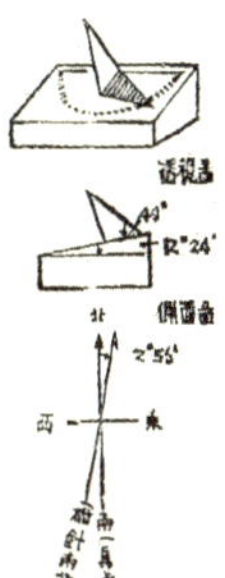

水道底的石頭及鐘乳

近代工業的骨骼

解放日报	时间	1942-10-7	期	第507期
			版	第2版

定延路北段秋后动工修筑

【本报志丹讯】定（边）延（安）路延（安）志（丹）段一百八十里，经年来加宽补修，较原先更为坚实，路面均宽达五公尺，所经沟壕皆筑起石桥或木桥。路基沿小平川向北延伸，横穿梁山山脊，直抵周河大川。两年前有名的二百里峡谷峻道，业被数万个劳动力铺成了平路，旅客们可以很安全地通过杨家砭四十里险峻地带了，小心翼翼地农民正在放胆地驱牛驮盐，沿途客店在增添着。沿路两侧十里内的自卫军，组成了的义务养路队。慎重机敏地保护着这条“西北活血管”。安（塞）志（丹）甘（泉）边界，葱荫的大白杨，已被开始畅运，三边丰富的皮毛药材正无阻地与“下川”的棉布与食粮进行交换。

【本报志丹讯】完工四分之三的定延路北段（定边至吴旗），与正在积极测量中的中段（吴旗至志丹），今秋当可全部完工。据定延路管理局负责同志称：该路中段一百八十里连同北段寺台至吴仓四十里，需土工三万八千，石工两万。两段全程三百六十里，须横穿高山四条，修筑颇为艰难。土工全部动员自卫军兴修，参加县份：定边、吴旗、志丹、华池四县；计划定边动员一万工，吴旗一万二千、志丹一万、华池六千；石工则须全部雇佣。兴修时间于秋后开始，预计十月底全部完成。路面均宽五公尺，桥梁当力求坚固。现该路管理局正与各方接洽兴修事宜。

【本报志丹讯】随着定延路的兴修，自三边驮盐而下，由延市贩布而上的牲口，往来频繁。该路管理局设法克服畜草困难。已协同所经各县试□［种］苜蓿；同时该局并运用各种新旧方法在志丹独播八垧，俾能将得出结果，提供沿途农民参考。该局在志丹市等重要站口，正积极筹设兽医院。并拟成立运输队，着重研究商民运输困难问题，及了解沿途各站客店情况。

延安區長聯席會 討論明年經建計劃
植棉五千畝移民一萬人

鄜縣牛武區幹部 學文件改進工作

清澗縣級進行學風複習

黨的生活

知識份子幹部在鄜縣

鄜縣縣委組織部長 劉稼東

埋頭苦幹 不分日和夜

宣傳教育 活躍在農村

風俗不懂 生活不習慣

忍苦耐勞 克服困難

定延路北段 秋後動工修築

部藝學行 思想方法鑒定會

行政學院討論「為何不願作教員」?

懷念楊光同志

崔田夫 郭洪濤

志丹三區消滅 野豬、狼、羊瘟

種冬麥

招待外籍記者席上 傅秉常談話

渝十八團體 招待威爾基

提高寫作能力

國內簡訊

解放日报	时间	1942-10-12	期	第512期
			版	第2版

总工会号召开展赵占魁运动

加强教育提高生产

【本市讯】农具工厂奖励模范工人赵占魁，已致本报。现边区总工会发出通知，号召全边区工厂工人学习赵占魁之勤苦劳作始终如一的精神，及其新的劳动态度，以掀起一个广泛的运动，正当目前为克服困难渡过难关之时，这一运动更有严重的政治意义，通知中并着重指出如下各点：（一）认识这一运动不同过去各次普遍的生产竞赛，而是一个深入的思想教育工作，借以克服少数工人中经济主义、平均主义、不安心工作等现象，以达到提高工人政治觉悟，稳定生产情绪，激发劳动热忱，增加生产质量，改造工会工作的目的。（二）这是工厂整风学习中具体的材料，因此应配合整风学习作为目前的中心工作，把九月十一日解放日报社论"向模范工人赵占魁学习"，作为学习文件之一，收集有关材料与本厂实际问题，组织传达讨论，在工人中造成一个热潮。（三）为达到上述目的，应根据各厂现实情况找出模范例子来。因此必须事先进行调查研究，了解工友们的生产情绪，和工厂中存在的问题，经过酝酿准备，然后有条件地有目标地发动。（四）在这一运动中必然会涌现出大批像赵占魁一样的模范工人，各厂应详细定出评判标准和奖励办法，发扬好的批评坏的，以建立严格的奖惩制度。（五）必须协同党政共同研究讨论，防止及纠正轻视或过急等偏向，并希党政工作同志踊跃参加推动这一工作，使赵占魁运动在各工厂热烈地开展起来。

山東戰工會決議
各級簡政實施辦法
分由各專員區試辦推行

【新華社魯中七日電】山東省戰工會，日前在第四次常委會上，通過各級政府精兵簡政新決議一件，並決定先交給各專員區試辦。此項決議的基本精神，在於提高主任公署、縣及區、村各級的行政效率，加強行政村的作用。決議可分為：第一、各級政權組織，以下列原則：（一）取消同一地區類似性質的重複機關。（二）加強村，縣及行署三級的機構，縣以下之區村兩級，則着重政令之推行。（三）幹部配備，以精簡原則及工作繁簡而定，不當過減數。第二、行署主任常駐專區，不設專署，由行署直接領導縣；如行署需時移動，則由行署主任或其他適當人員率領一部份工作人員，領導地區督察工作。第三、一般的專署（即非獨立戰略區）須設一個縣。區內，依照地區各地環境，專員區所屬各縣分為一、二、三等縣，並分普通與特種縣兩種，根據地區之縣與敵我力量之對比而定。縣以下之區，分為一、二兩等，重要地區可設特種區，一般的縣區，為區長、副區長、助理員各一人。區政府的財糧總工作，集中於縣府徵收處及縣總工作隊，區的文教助理員，改為中心小學校長。據戰工會某負責人語記者：此項決議，不但能提高行政效率，使幹部不必過於人員，並可使主任公署、專署，在其策劃之內，創造經驗，實地推行，而不致陷於主觀主義的領導方式。

【新華社魯中九日電】中共山東分局高級黨校第三期，已於日前在某地正式舉行開學典禮。會中先由黎玉同志作關於目前山東形勢和緊急任務的決定，強調指出山東今後鬥爭的重要關鍵，應與山東目前鬥爭情況密切聯繫，以求理論與實際的一致。次由黨校校長朱瑞同志講話，指出黨校的學習方針，應為掌握馬列主義的立場與方法。在學習過程中，同時應顧到周圍環境與實際鬥爭，以打破主觀主義、教條主義，而求創造新的經驗。同時並說明在教育方針上，應加強實際工作：三、每一個從地委來的同志，即於代分區領導該地工作的調研與參謀。最後朱瑞同志勉勵全體同志好好的創造敵後教育與學習的經驗。在今後教學方式上，將採取座談、研究、實驗的方式，廢除強迫主觀注入的方式。關於考查成績的審核，主要在於能掌握理論的精神去實踐，必須從說明問題與解決問題。

總工會號召
開展趙占魁運動
加強教育提高生產

【本市訊】農具工廠勞動英雄工人趙占魁，已誌本報。現邊區總工會發出通知，號召全邊區工廠工人學習趙占魁之勤苦勞作始終如一的精神，及其新的勞動態度，以發起一個廣泛的運動，正當目前為克服困難渡過難關之時，這一運動更有嚴重的政治意義。通知中着重指出如下各點：（一）要認識這一運動不同過去各次普通的生產競賽，而是一個深入的思想教育工作，藉以克服少數工人中雇傭主義、不負責任、不安心工作等現象，以達到提高工人政治覺悟，穩定生產情緒，激發勞動熱忱，增加生產質量，改造工會工作的目的。（二）這是工廠整風學習中具體的材料，因此應配合整風學習作為目前的中心工作，把九月十一日解放日報社論「向模範工人趙占魁學習」，作為學習文件之一，收集有關材料與本廠實際問題，組織深透討論，在工人中造成一個熱潮。（三）為達到上述目的，應根據各廠現實情況找出模範例子來。因此必須事先進行調查研究，了解工友們的生產情緒，和工廠中存在的問題，經過縝密準備，然後有條件的有目標的發動。（四）在這一運動中必然會湧現出大批像趙占魁一樣的模範工人，各廠應詳細訂出評判標準和獎勵辦法，發揚好的批評壞的，以建立嚴格的獎懲制度。（五）必須協同黨委共同研究討論，防止及糾正機械或過急等偏向，並希黨政工作同志踴躍參加推動這一工作，使趙占魁運動在各工廠熱烈地開展起來。

紅軍偉大的勝利

（上接第一版）

打退。斯大林格勒，迫使希特勒頓兵於高山與堅城之下，欲進不能，欲退不得，損失甚大，陷於僵局。現在已是十月，冬季就要到來，戰爭的第三階段快要結束，第四階段快要開始了，希特勒的戰略目的仍然一個也沒有達到。在此期間，希特勒鑒於去夏分兵的失敗，集中他的兵力向着南線，然而他尚欲東斷伏爾加，南取高加索，一舉達成兩個目的，仍然分散了他的兵力，他尚未計算到他的實力與他的企圖之間的不相稱，以致「扁担沒扎，兩頭打塌」，陷入目前的絕路。他只有今年這一個時間（第二條戰綫尚未開闢），過此再也沒有時間了。在相反方面，蘇聯及英美的戰略目的則已經接近。消耗希特勒，開闢第二條戰綫，東西夾擊而殲滅之，這就是蘇聯及同盟國在歐洲的戰略目的。在此期間，紅軍的戰鬥不但消耗了希特勒，而且為開闢第二條戰綫爭取了時間。沒有這種德軍的消耗與時間的爭取，戰勝法西斯將是不可能的。在此期間，紅軍戰術的熟練，已使自己的損失大大減少，五個月中，戈培爾那樣的牛皮家，也沒有吹出什麼對紅軍的重大殲滅來，就是證明。今年冬季開始的第四個階段，將是希特勒走向死亡的階段。

拿希特勒在第一階段上的情況與第三階段作比較，就可知希特勒是處在最後失敗的門口了。從去年六月二十二日希特勒開始進攻起，至十一月三十日紅軍收復羅斯多夫止，總共五個月零八天，德軍雖沒有達成他的戰略目的，但是作了那樣全面性的進攻，佔了那樣寬廣的土地。而從去年十一月至今天，十個多月，德軍只作了南綫一隅的進攻，所得土地只有卡爾科夫、高加索北麓、斯大林格勒城郊這個三角形內的一片，而反吃了第一個冬季的敗仗，吐出了被紅軍奪回的中綫一片土地。目前紅軍在斯大林格勒與高加索兩方面，實際上均已停止了德軍的進攻，希特勒的進攻已經失敗。他在去年所儲備的一點兵力，已經耗竭了。在蘇德戰綫，他須趕快轉入防禦，整個頓河的以西以南是他的最危險的地帶，他須轉入反攻。今年冬季，希特勒因被死亡所驅迫，他將再一次整備他的一點殘餘力量裝備出幾個新的師團，他或者還可能搜索他的三國向他們勒索一些炮灰，以應付東西兩綫的危局。但是，他在東綫須應付冬季戰爭的極大消耗，他在西綫須準備對付第二條戰綫，而這羅甸等國則將在希特勒大勢已去的這種悲觀情緒中，一天一天變成離心離德。總之，十月九日以後的希特勒，將只有死路一條好走了。

四十八天中，紅軍的保衛斯大林城，正和去年保衛莫斯科有某種相同。這就是說，它使得希特勒今年的計劃也像他的去年計劃一樣，同歸於失敗。其不同點，則在莫斯科保衛戰之後，雖然接着來行了冬季反攻，可是不可避免的還要遭到今年德軍的一個夏季進攻，這是因為一則德國及其歐洲夥伴尚有餘勇可賈，二則英美尚延遲開闢第二條戰綫的原故。而在斯大林格勒保衛戰之後，則形勢將與去年完全兩樣。一方面是將繼紅軍第二次冬季反攻，英美對第二條戰綫的開闢已無可拖延（雖然目前時間仍不確計算），還有德國及歐洲人民等待着的暴動響應。另一方面，德國及其歐洲夥伴也無力舉行大規模的攻勢了，希特勒只好把整個方針轉入戰略防禦，因為法西斯的命運就算完結了。因為法西斯從它出生的一天起，就是建立在進攻上面的，法西斯只要迫使希特勒轉入了戰略防禦，法西斯的政治生命與軍事生命也就完結了。如果斯大林格勒一戰停止了法西斯的進攻，那末這一戰就是整個世界戰爭的決定性的。這樣決定性，是關於整個世界大多數人：蘇聯、英美與老百姓。以後，希特勒面前遇着的將是三個強大敵人：蘇聯，英美與被壓迫的紅軍反攻。在東綫，他須遭遇一個比去年更嚴重的紅軍反攻；在西綫，英美將怎樣採取着觀望與拖延的政策，但等到有死老虎可打的時候，就是英美要建立的。在英國，有三百五十萬陸軍及其強大海空軍；在美國，今冬可武裝陸軍四百五十萬，明年可產飛機六萬架，明年可達十二萬五千架；這些力量還沒有使用。在德國、法國及歐洲其他部份正在醞釀着一個偉大的人民暴動，只待蘇聯舉行全面反攻與第二條戰綫夾擊希特勒，就將是斯大林格勒戰役以後的大歷史過程。

拿破崙的政治生命，終結於滑鐵盧，而其決定點，則在莫斯科失敗。希特勒今天正走的拿破崙道路，斯大林格勒一役，是其決定點。這一形勢，將直接影響到遠東，明年也將不是日本法西斯的吉利年，它將一天一天感到頭痛，直至向它的墳門跨進。一切對世界形勢作悲觀觀察的人們，應該將自己的觀點改變過來。

邊區簡訊

【綏德訊】綏師全體同學於上月廿一日改選學生總會，出席者九人為總會幹事，改選前上有各年級的候選人登台作競選演說，並提出綏師各級分會聯繫，組織劇團赴縣境各地宣傳，加強總會與各級分會的系統……經常向抗戰報、解放日報寫稿等。

【靖邊訊】本縣上月中旬成立衛生委員會，廿五日縣府召集各機關學校及群眾代表參加，檢查成績，以電報局、郵政局、公安局、男校等衛生為最好，保安隊、女校打掃最不清潔，居民以衛生觀念極差，保健社等稍佳為好。經過此次檢查後，已引起一般人對環境衛生的注意。

【本報綏德訊】綏德各界紀念會，為籌備紀念大會及紀念節事宜，往往召開籌備會及臨時組織，故在此次雙十節紀念會上提出討論，認為有統一成立宣傳工作機構之必要，請邊府參議會設立邊區紀念會，各機關群體一律參加紀念會，並由紀念會負責各節紀念……（基金投入……）……門內生利……

紀念節前，可由紀念會籌備會討論決定，紀念節經費，亦可由基金保管會之生產投資內支付。上項意見已得大家同意，開將提交專署或參議會討論決定。

【延綏訊】本縣駐軍已於上月廿四日在某地動工建築……二百五十個營房，以便……

好幹部群眾擁護

清澗裴區五鄉長吳守貴連選連任

【清澗訊】本縣裴家灣區選舉工作已於上月中旬在各鄉分別進行，現將個別鄉村在選舉中所說的事情……

吳守貴是共產黨員，在五年前就擔任了裴家灣鄉主席，在土地革命時代就擔任了群眾工作，一直到現在。本村有些人對他不滿意是事實，因為他工作積極認真，對上級給予的任務，他都照辦了，所以人家說吳守貴是好人，所以人民又把他選上了。

……

【清澗訊】本縣寬洲區於上月中旬舉行的參議會上……

秋收——學習
「劉堡」團配合進行

【延安訊】「劉堡」團九月廿八日正式開始秋收，該團團長賀希明親自下地領導收割，各科幹部戰士生產情緒，特別緊張。某連副連長孟兩成同志，收包谷，一個下午挑連續三次，每次都在四五十斤以上，從十五里遠的地方擔回來，又該連王官同志正患瘧疾，但工作情緒從不落後，在幹部的努力生產下，山藥蛋已大部入窖，包谷也都收割完畢，現正集中力量於割糜子，總計今年山藥蛋約收萬斤以上，包谷三萬斤以上。各部在一週多的努力生產下……各部乃積極準備及時收獲，免受秋雨之害……

慶陽市二鄉選舉
提候選人不慎重
宣傳工作不深入

【慶陽市訊】本市二鄉選舉，市委提出二十位候選人，其中包括各階層的進步人士，共產黨員佔一名。但結果只有六人當選。總評：選舉會上……

葭縣工作改進
軍政互相協助

【本報訊】葭縣之政務委員會成立以來已屆二月，現各項工作，均以新的姿態向前邁進。……

延長縣一區一鄉夏徵事件（續完）

王治邦

（五）幹部的偏袒是一種和氣，私人情分紛過幾個工作立場與工作原則，忽視政策與幹部的研究，因此犯了互相包庇，害怕揭發自己的缺點……

三、去年徵收公糧的舊賬

去年的徵糧也不公，據三政村人民說：一政村共收糧三七二·四二石，二政村共收糧四〇〇·七三石，三政村共收糧三四八·七二石，在地委議會上實佈以糧抽糧，只說三個行政村數字差不多，一樣分配，因此在公糧數目字分配時：

一行政村	一九·七石	徵收量佔	百分之十七點二	
二行政村	一六·六石	徵收量佔	百分之十七點九	
三行政村	一四·三石	徵收量佔	百分之十八	

全鄉徵收量比為百分之十七點八

四、合理解決

我們根據第三次的調查統計，把數目字重行分配了。分配是根據糧食數、收穫量為多少，是每戶的負擔，作出百分數。分配的數目如下：

首先說明縣委區長二次解決後的分配數目及開始佈置第一次的分配：

一行政村	一九·七石	
二行政村	二二·九石	
三行政村	二七·四石	
共七十石		

第二次人民發生了問題，張區長的分配：

一行政村	一九·二石
二行政村	二二·〇石
三行政村	二八·八石
共七十石	

第三次與縣上一科長共同調查後的分配：

一行政村	一九·七石	徵收比例佔	百分之十七·二
二行政村	二五·六石	徵收比例佔	百分之十九·八
三行政村	二四·七石	徵收比例佔	百分之十八·二

全行政徵收比例佔百分之十七·八

五、經驗教訓

（一）要一切工作做得好，不僅決定於領導，而且決定於我們農村幹部的執行與實際工作方式與方法；針對着客觀環境，才能使工作達到應有的效能。

（二）要一切工作做得好，不僅決定於人幹部的努力，而且要求幹部接受工作經驗，研究新問題，站穩立場，一貫發揮，才不致於使工作的分析問題。

（三）要建立人民負擔合理，不僅決定於廣泛的正確的數字，而且決定於鄉村幹部的工作，在主觀上沒有私情，忠實公道。假使幹部憑感情，農村中的某些偏差，主觀上存在私情，要使負擔達到真正的公平合理，是不容易的。

（四）啓發人民團結的運用民主。只有發揚民主，運用民主，把握正確的民主政權才能更加鞏固。任何工作必須通過人民的民主討論，工作才能得到更大的效果。

（五）首先要熟悉某一地區的情況，才能使決議合乎某一地區，才能使決議行得通。假使不依當時當地的具體情況，而只根據自己的想像，主觀的來看問題，處理問題，便會使決定失去應有的效果。

（六）召開農村居民大會，準提高人民說話的熱情，要使人民有話必說，另方面要深入人民中間的鬥爭，深在人民的鬥爭中歸納人民意見，搜集具體材料，歸納到工作的原則上去。

解放日报	时间	1942-10-13	期	第513期
			版	第2版

科学会绥德分会筹办小型工厂

【本报绥德讯】自然科学研究会绥德分会今后工作方针，将与实际密切联系。据马宪武先生谈：将以研究所得，立即为解决目前边区缺乏之必需品而服务。故今后研究与生产俱属重要，除教育群众提高对自然科学之认识外，并将计划成立一小型工厂，及发动民间手工业者参加。照目前边区之物质条件，如化学工业中之牙粉、肥皂、墨水、油墨、代乳粉、火药等；医药工业中之梅毒丸、退热散，咳嗽丸、补血丸等；及部分日用品、纺织品、儿童玩具等，均可制造。至于创办资金及成品销售问题，开始时因一切设备等需资较巨，故马先生之意见，□［先］由公家投资创立基础（小型工厂及门市部），待有成绩后，可发动群众参加，成为一民办生产合作社之形式。马先生拟订意见书及计划提交该会干事会，并已呈请自然科学研究会总会及边府建设厅批准，现已购买原料计划着手进行工作。

【本报绥□［德］讯】自然科学研究会绥德分会近编辑“科学小报”（周刊）一种，创刊号已于三日出版，该刊主要目的为灌输及教育群众一般自然科学知识。本期内容计有染布法、如何研究自然科□［学］、养兔研究及自然科学问答栏等，文字通俗，并插有图画，简明易懂，颇为本市一般群众所欢迎。闻该会今后研究工作方针，亦将与群众所需要之实际问题密切联系。

精兵簡政

「黃河」縣進行整編

鄜縣政府訓練鄉長

政府倡導人民自願入股

固臨民辦合作社

生產設備逐漸擴大

戰時的生活

記縣委會宣傳部的學習工作

延安縣委組織部長 王國華 李興旺

甘谷驛醫院人員 自動解決困難

延市小學教育

他們想到延安學習

—記三個日本弟兄—

袁石 錄

移民報治病 防疫第二隊

科學會縫紉分會 籌辦小型工廠

今年內大學招考

延安縣民族團體合併後 召開第一次幹部會

慶陽市鄉選完成

甘泉一區四鄉改選

解放日报	时间	1942-10-15	期	第515期
			版	第2版

振华分厂改善工人生活

【甘泉讯】振华分厂为了提高生产，改善工人生活，自九月起增加货币工资，其标准如下：（一）计件工资，捞或晒一刀，重量不超过二斤十三两者，按一点八〇元计发，如数量能超出一二〇刀以上而每刀又能保持上述重量者，其所超出者，每刀按三点六〇元增发。（二）计时工资，工人最高工资为小米一斗六升，最低八升，学徒最高六升，最低四升，依小米市价折发货币。另外，厂方又保证了工人生活上所必需的物质待遇。又整月不请假者，按所得工资发月终奖金百分之十，以资鼓励。现工人生活日见改善，生产热忱日渐提高。九月份共产纸一六二点三四四令，打破了历来产纸纪录。晒纸工人袁其法交纸一九六点六八刀，得工资四九二点一〇元，捞纸学徒冯向夫交纸一四三点三九刀，得工资三〇〇点二六元，打浆工人李巨夫得工资三四九点六九元。

綏德專署令各縣
認眞實行減租交租
特委指示所屬協助

【本報綏德訊】綏德分區自實施減租交租條例以來，在某些地方，曾收到相當成果。但有許多地方，尚未認眞執行。此間專署公署及中共特委，爲此曾將會議，加以詳細討論，並對所屬各級發出命令與指示，嚴令認眞執行。這一減租交租政策的具體實行，是當今各階層群衆的抗戰利益的。

【本報綏德訊】減租交租政策過去在綏德分區未能徹底執行的原因是：某些地主及個別農民對於減租交租政策尚未了解，或者是已經了解，但爲了個人利益，竟敢故違法令。而各級幹部亦未嚴格地認眞實行，徒以「地少人多，無法解決」爲藉口。因此發生某些地主用假典假賣等方法，收回租地或典地；有的故意把租典地收回自種，把另一塊自種地租給別人。有收規租者，有明減暗不減者，有在規定租額以外，額外地租者（如瓜果、菜蔬、柴炭、人工、雞鴨蛋、芝麻等等……）并強迫有非法要挾，要農民多交租子及故意用高價款贖租典戶，再用低價賣給第三人者。去年實有公開在契約上寫着「與政府法令無關」之違法行爲者。農民因爲地少人多，害怕失掉土地而不要求減租，或互相爭租土地，不守法令。有明明吃虧而不向政府報告者，亦有個別地區之個別農民，拖欠租者。總之，由於地少人多的特點，以致影響減租交租之執行。只有黨政當局，督促下級認眞執行減租交租的正確政策，才能在地主與農民間實事正確實現。

【本報綏德訊】專員公署頃對各縣、區、鄉長，發出關於徹底執行減租交租條例指示，要點如下：一、徹底執行減租減息條例，本爲行政主要經常工作之一，而各級幹部中多未能自動嚴格檢查執行。今年各級政府，應徹底改變此種態度，必須對負責自動去檢查和實行，如某縣某區鄉執行得不好，則由該縣長、該區區長是問。二、收到條例與補充辦法後，各級行政幹部與各級參議會，即行詳細討論研究，再事擴大宣傳。三、在檢查執行中，注意糾正「左」右傾的偏向，各區可成立臨時減租減息委員會，專門研究處理此項工作。在秋收前後，須有工作檢查，並將結果向上級報告。四、處理糾紛由縣上執行，如縣上來不及時，可命令由區上之檢查會執行之。

吳堡綏德米脂等縣
鄉選部份完成
相繼召開參議會

鄭馬片斷

黨的生活

一個支部領導方式的改造

朝鮮義勇隊
金白淵先生等抵延

隴東農民加緊秋收
駐軍給予幫助

振華分廠
改善工人生活

敵寇貪租徐山的新花樣

金盆區三鄉李鄉長
夏收中積勞病逝
邊府特令舉行追悼

悼李在義鄉長

基督教青年會
工作狀況

鄜縣合作社
年內擴大股金八十萬
確定民辦方針

英援華醫療隊
抵湘服務

解放日报	时间	1942-10-15	期	第515期
			版	第2版

鄜县合作社年内扩大股金八十万确定民办方针

【本市讯】据鄜县息，县政府四科会同县联社，于日前召开各区合作社主任等联席会议，总结本年九个月来的合作社工作，并讨论今后策进事宜。会议进行四天，计有如下的收获：（一）会议本身转变了过去照例开会，照例总结，照例问题没有具体解决的作风，曾根据各社不同的具体情形认真地总结了过去的工作，并商定以后的民办方式、扩大计划及业务方针、为人民解决困难的具体办法等，提高了每个人对合作社民办的信心。（二）彻底清算了过去包办的缺点，如摊派股金，有一个区曾将摊派起来的股金，不办合作社，挪作自给生产的资金，引起人民不满，已由县政府严格追究，并绝对禁止以后摊派股金。以后实行“民办官助”，由人民自由组织与经营，政府则加以提倡、奖励、协助与保护，并着重指出民办绝不是听其自流，而应由政府积极推动。（三）讨论了合作社民办原则及方法以后，各社自动提出在自愿的原则下，用储蓄入股（自由地随时加入或退出），保证分红（合作社代缴负担），提前分红（二成现款一成公债入股）的三种办法，在本年内全县扩大股金八十万元（数目字不得分配各区乡，以免摊派缺点的重复发生）。（四）生产合作社实行精干政策，目前只开织布机五台，主任由城关区消费合作社主任兼任，生产社供销伙食等事务由消费社代办，这样可以减少脱离生产的干部及杂务人员六名，此外决定提高工人待遇，实行按件累进工资制（每丈布由三元四元五元六元递进，只供伙食不供衣服做工给线否则停止一切供给）用以上两种具体办法，求达到减低生产成本，提高生产品的质与量，用以巩固现有基础，逐渐加以扩大，并让出一部分工具与员工，帮助道德区消费社建立生产部门，借以促进该区的民间纺织业。

綏德專署令各縣
認眞實行減租交租
特委指示所屬協助

【本報綏德訊】綏德分區自實施減租交租條例以來，在若干地方，曾收到相當效果。但有許多地方，尚未認眞執行。此間專員公署及中共特委，爲此召集會議，加以詳細討論，並對所屬發出命令與指示，要求認眞執行。這一減租交租政策的具體實行，是完全符合於各階層群衆的利益和要求的。

【本報綏德訊】減租交租政策過去在綏德分區未能徹底執行的原因是：某些地主及個別農民，對於減租交租政策尚未了解，或雖是已經了解，但爲了個人利益，竟敢違背法令。而各級幹部亦未認眞檢查，故有些地主用假典假賣等方法，收回出地或典地；有的故意把租典「地少人多，無法解決」爲藉口。因此發生某些地主用假典假賣等方法，收回自種，將另一塊田種地租給別人。有收現租者，有明減暗不減者，有在規定地租以外，強迫租戶交納外地租者（如瓜果、柴炭、人工、雞鴨蛋、芝蔴等等……）甚至還有非法恐嚇農民多交租子及放高利貸者……只有嚴政當局，督促下級認眞執行減租交租的正確政策，才能在地主與農民間眞正實現。

【本報綏德訊】專員公署已對各縣、區、鄉長，發出關於減租交租條例指示，要點如下：一、徹底執行減租減息條例，爲行政主要經常工作之一……二、秋收前後，各級行政幹部與各該參議會，即行詳細討論研究……三、各檢查執行中，注意糾正「左」右傾的偏向……四、最好由上而下執行，如縣上來不及時，可命令區上之檢查執行之。

吳堡綏德米脂等縣
鄉選部份完成
相繼召開參議會

黨的生活

一個支部領導方式的改造

鄭馬片斷

晉察冀抗日根據地 騎兵的英雄

朝鮮義勇隊
金白淵先生等犧牲

隴東農民加緊秋收

駐軍給予幫助

鄜縣合作社
年內擴大股金八十萬
確定民辦方針

【本市訊】據鄜縣訊息，鄜縣政府與聯合會同鄜縣聯社，於日前召開各區合作社主任等聯席會議，總結本年九個月來的合作社工作，並討論今後業務進行事宜。會議進行四天，計有如下的收穫：（一）會議本身轉變了過去照例開會，照例總結，照例開罷沒有具體解決的作風，會議據各社不同的具體情形認眞的總結了過去的工作，並確定以後的民辦方式、擴大計劃及業務方針、爲人民辦事解決困難的具體辦法等，提高了每個人對合作社民辦的信心。（二）徹底清算了過去包辦的缺點……（三）討論了合作社入股原則及方法以後……在本年內全縣擴大股金八十萬元……

金盆區三鄉李鄉長
夏徵中積勞病逝
邊府特令舉行追悼

基督教青年會
工作狀況

悼李不義鄉長

英援華醫療隊
抵湘服務

更正

解放日报	时间	1942-10-16	期	第516期
			版	第2版

边区简讯

【关中讯】东行政区边区参议员刘忠孝老先生，年来热心教育，不遗余力。近在其家一区四乡捐资三百元，以购置该乡小学校具。

【关中讯】马栏各界集款拟建筑大礼堂和文化俱乐部，现已开工，预计本年内当可完成，明年元旦举行落成典礼。

【关中讯】八一剧团从今春专事学习以来，已逾半载，成绩正在总结中。该团为迎击十月革命节，本月起正排演著名历史剧“石达开”。闻该团新近购买之旧剧服装已全部运回云。

【盐池讯】元华毛织厂出品有毛毯、毛毡、口袋、毛线帽、毛线、毛衣等，质量极佳。大批畅销于宁夏及陇东。现该厂为增加生产，提高品质，特吸收大批妇女纺织毛线，以成绩好坏予以酬谢。

【志丹讯】志丹冬学今年决定力求少而精，只办十处，每处学生二十人至二十五人，共计划招收学生二百一十七人，其中有新文字冬学四处（如还能找到教新文字的教员，拟多办一二处），刻县府已发出指示，令各区早日聘定教员，动员学生，布置校址，准备用具，免得像过去一样临时忙乱。

隴東各界紀念雙十節
王旅長號召踴躍納公糧參選

【本報隴東十日訊】雙十節國慶卅一週年紀念日，隴東分區各界在縣城舉行紀念大會，熱烈慶祝。會上有國民黨員吳先生致詞云：今國各黨派像陝甘寧邊區一樣的認真實行三民主義，才能民族平等，民權自由，民生幸福。會上王旅長號召全分區黨政軍民更加親密團結一致，以便打倒日本法西斯，建立各黨各派合作的新中國。並號召：目前全分區人民應努力完成兩大任務：踴躍繳納公糧，熱烈參加選舉。

【本報隴東十日訊】隴東特委日前召開擴大黨委會，討論群眾團體提倡的[illegible]和工作的改造問題。一致認為：要使群眾團體真正成為政府的有力助手，群眾的代言人，必須實行精兵簡政，在組織上工作佈置上，徹底轉變。工青婦各團體負責人均提出了自己的意見。經過討論後決定：[illegible]（一）[illegible]（二）[illegible]（三）[illegible]

【本報隴東十日訊】[illegible]

【本報隴東十日訊】中共隴東地委[illegible]

[illegible]

興縣舉行參選大會
選出參議員四人

【本報興縣訊】晉西北興縣參選大會，於九月十七日下午一時舉行。[illegible]

[illegible]

邊區簡訊

【關中訊】東行政區邊區參議員劉恩孝老先生，年來熱心教育，不遺餘力，近在共家一區四鄉捐資三百元，以開辦該鄉小學校具。

【關中訊】馬欄各界集款擬建築大禮堂和文化俱樂部，現已開工，預計本年內當可完成，明年元旦舉行落成典禮。

【關中訊】八一劇團從今春專事學習以來，已逾半載，成績正在總結中。該團為迎接十月革命節，本月起正排演著名歷史劇「石達開」。聞該團新近購買之舊劇服裝已全部運到云。

【環池訊】元華毛紡廠出品有毛毯、毛毯、口袋、毛線帽、毛線、毛衣等，質量極佳，大批暢銷於寧夏及隴東。現該廠為增加生產，提高品質，特吸收大批婦女紡毛線，以成績好壞予以酬謝云。

【志丹訊】志丹多學今年[illegible]

山東怎樣實行精兵簡政
誕登

山東抗日根據地在今年一月間，即有計劃的經過各系統傳達了黨中央關於精兵簡政的指示，和佈置了這一工作。於今半年有餘，已得到了不少成果。[illegible]

改進機構提高效率

[illegible]

培養民力

[illegible]

克服缺點擴大成果

[illegible]

醫大同學互助
解決過多困難

【本市訊】醫大[illegible]

決定力求少而精，只辦十處，每處學生二十人至二十五人，共計劃招收學生二百一十七人，其中有新文字多學四處（如設新教新文字的教員，擬多辦一二處），[illegible]縣府已發出指示，令各區早日調定教員，動員學生，佈置校址，準備用具，免得像過去一樣臨時忙亂。

西北考察團
抵西安

【中央社西安十三日電】陝省府[illegible]

太行工業學校
改進教育方法

【新華社太行十三日電】太行工業學校，在整風學習中，特別強調學校教育內容與教育方式的改進。該校過去是注入式的教育方法，現在已採用辯論與實驗等方式，[illegible]

「劉堡」部助民收割
隴東駐軍生產自給

【延安縣訊】「劉堡」部於十月十日開始幫助群眾秋收，[illegible]

【本報隴東十日訊】隴東駐軍某旅供給部發起擴大生產運動大會，[illegible]

【本報隴東十日電】隴東駐軍正忙於過冬的準備，[illegible]

【安塞訊】[illegible]

【文訊】[illegible]

「徐堡」團加強士兵寫稿
「徐堡」團改進通訊工作

【關中訊】[illegible]

紀念魯迅
後天在中央大禮堂

【本市訊】十月十八日（星期日）下午三時在楊家嶺中央大禮堂，舉行魯迅先生逝世六週年紀念大會，[illegible]

【本市訊】[illegible]

多反映黨的生活
徐老勉科學院通訊員

【本市訊】自然科學研究院通訊小組，[illegible]

教育近訊

縮短師範修業年限
審定下年進修教授
銓任大學畢業生

【本報重慶訊】教育界息：[illegible]

桂省革新政風
逐步推進中

【本報桂林訊】桂省革新政風運動，在逐步推進中，[illegible]

目前整軍急務
軍令部次長劉為章論

【本報重慶訊】軍委會軍令部次長劉為章氏，[illegible]

解放日报	时间	1942-10-16	期	第516期
			版	第2版

太行工业学校改进教育方法

【新华社太行十三日电】太行工业学校，在整风学习中，特别强调学校教育内容与教育方式的改进。该校过去是注入式的教育方法，现在已采用启发与实验等方式，成立了小的实验厂，从实验中研究学习，并分配学员到各工厂中去充当实习生，以使学与用完全一致。在学生中发扬了民主精神，提高了学生的自动性、积极性和创造性，掀起浓厚的研究与创造空气。学校当局为了使教员在教学上更能具体生动，和收集丰富材料，成立了各种工业科学的研究组，互相讨论研究。

隴東各界紀念雙十節

王旅長號召踴躍納公糧參選

【本報隴東十日訊】雙十節國慶卅一週年紀念日，隴東分區各界在細雨濛濛中舉行慶祝大會，熱烈慶祝。會上有國民黨負責人先生致詞云：今國家須像辛亥革命一樣的認真實行三民主義，才能民族平等，民權自由，民生幸福。會上王旅長號召全分區黨政軍民更加親密團結一致，以堅持打倒日本法西斯，建立各黨各派合作的新中國。並號召：目前全分區人民應努力完成兩大任務：踴躍繳納公糧，熱烈參加選舉。

興縣舉行參選大會

選出參議員四人

山東怎樣實行精兵簡政

誕登

改進機構提高效率

培養民力

邊區簡訊

醫大同學互助

解決過多困難

西北考察團

抵西安

「劉堡」部助民收割

隴東駐軍生產自給

太行工業學校

改進教育方法

多反映黨的生活

徐老勉科學院通訊員

關中駐軍努力寫稿

「徐堡」關改進通訊工作

紀念魯迅

後天在中央大禮堂

克服缺點擴大成果

目前整風運動

軍令部次長劉為章論

教育消息

綏屬師範修業年限

審定下年進修教材

銓任大學畢業生

桂省革新政風

逐步推進中

解放日报	时间	1942-10-18	期	第518期
			版	第2版

建厅三科奖励纺织

【绥德义合区讯】边妇联建厅第三科四位同志，以两个多月的时间，教会了两个妇女用大机子纺线。她们现在可以用二十个头纺，每日可纺一斤线。九月二十三日举行发奖式，召开群众大会，到会的男女老幼共一百余人，其中妇女占了绝大多数。

西川駐軍出發幫助 綏德分區秋收緊張

年成較差「四六交租」

吳堡縣府 徹底實行簡政

軍政民關係甚為融洽

米中學生 達三百餘人

建廳三科 獎勵紡織

王文秀

——記磨家灣的勞動英雄——

竹艾荻

追悼鑑戰 修永定橋

汪逆的「新國民運動」

——敵後消息——

清澗教師學習

黨的生活

記赤水縣一個鄉村支部

楊志忠

環縣自衛軍 除匪安民

晉綏各地 本年各省收穫成數

桂省召開地方行政會議

渝市點滴

解放日报 | 时间 | 1942-10-20 | 期 | 第520期 | 版 | 第2版

提高生产热忱　工资不应平均

工业设计委员会讨论

【本报讯】本月十八日，边区工业设计委员会，继续讨论工资问题，闻已获得一致的结论，即属于计时工资者，不论其重工业与轻工业均酌予增加，杂务人员亦改良待遇。具体增加数目，日后再行公布。会议开始后，建设厅赵一峰同志，宣读上次讨论经过情形。朱总司令因事未出席。特以书面提出意见大意谓：在工资里面不能讲平均主义。计件工资着重质量，不怕工资大，只怕做不出东西来，如做得很坏，又做得很少，使成品不能销售，工厂则只能关门。个人生产效率高，工资高过重工业部门，也是应该的，不能全讲平均，妨碍轻工业的发展。××工业生产多而质量又好的人，工资可特别提高。一般的，则不应提高。总之，在边区的工业，总以公家不亏本，工人生活能维持下去为原则。总工会高主任提出：（一）我们工厂，应增加生产，减少成本与照顾全局。（二）产品要提高质量。（三）计时工资应酌量增加，被服厂工人工资亦不应再减低。（四）管理方面，应强调教育的重要。（五）统一调剂工人与干部。（六）工厂内杂务人员，应改良待遇。工业局李强同志，复说明工资增加之标准根据，并主张应增加××工业熟练工人最高工资。所有一切工厂能计件者，亦尽量采取计件办法，计件应该注意到质，工作时间也应有一定规定，不应该让工人因有钱可赚随意延长，他并建议，由总工会张平、建厅赵一峯、工局刘咸一同志等，分别研究订出工资标准。至于工资的形式，仍应采用三种制度，即给予货币、实物、衣服。王思华同志，对在新民主主义政权下，我们对工人应有新的观念等，从理论方面，颇多阐述。午饭后，变更讨论方式，由主席提出下列问题，分别讨论：（一）对我们工厂工人的看法。（二）计件与计时工资。（三）一般工业应如何配合等。（四）工人学校应否成立？工会高主任、张平、工业局李强、建设厅高厅长，均相继发言，一致着重说：边区工人有义务性和雇佣性，至于其义务性和雇佣性的大小，在不同的工厂下，互有区别。高厅长为说明工人的义务性时，特别强调谓：我们对工人义务性的看法，应从这些工人的来源，就是说：这些工人大都是动员来的；其次，这些工人也不能随便自由出厂，政府对他们也有安置一定生活之义务，至于工人领取工资问题，则应视为改善生活性质。至于计时与计件工资问题，大家认为计时酌增，计件不予变更。一般工业应如何配合，着由工业设计委员会，分别召集各同业，组成各同业联合会，订出各同业间一定之标准。工人学校，因人力财力关系，不成立。

【本报讯】工人家属如何安置问题，为工人同志所密切关心。工业设计委员会，讨论结果，原则上仍维持总工会颁布合同第二十五条规定：（一）在工作过程中生育之子女；（二）根据劳动合同，厂方允许工人带妻子者；（三）主管机关准带之家属。凡合乎上述情形者，厂方负责津贴。唯家属待遇不能与职工相比，规定为：伙食每天小米一斤三两，菜钱与职工同，单衣每年一套，棉衣两年一套（学徒家属不予优待），参加工作，按职工待遇。另外，如有三个小孩者，仍按家属待遇。

【本报讯】边区银行朱行长，在工业设计委员会上，对工厂管理等问题，发表意见甚多，兹摘要于下，以供研究。朱行长谓：我们对工厂讨论的出发点，应着重于如何提高生产，怎样减低成本，工厂怎样才能不致亏本。边区现有一百余工厂，工人×千人，因大多数工厂，均系供给性质，工人劳动力尚未能做到全部发挥，特别是许多工厂因原料困难停工，以致工人闲着，损失劳动力颇大。工人多来自动员性质，遂致工作效能极低，工作不安心，有些则在训练好后逃掉，使厂长大部时间花在人事上面（如光华印刷厂，动员五人入厂工作，结果前后跑掉，公家共损失达二万余元）。另外，这些人也不安心好好学技术，进步甚慢，他们个别的人对工具也不很好爱护。又劳动力最多也只发挥三分之一，估计每个工人，每月最低花六百元，事实上公家得不偿失。只有打破工资的平均主义，才能使生产提高。总之我们应从总的方面去打算。在工业组织管理方面，必须改进：（一）改为企业工厂，实行订货制，这样可使工厂自主，订货多可多用工人。（二）或在两种工厂制度中选择一种，即某旅兵工办法；或则工资制，工资制的工厂，工资平均是不可能的，本人以为：工资距离尤应拉长一些，这样才有□□［鼓励］和竞争，工资提高，老百姓自己便会来工厂，工人家属生活也可自己解决，这种薪水制，亦能配合我们精简政策云。

西川實行減租交租
向群衆深入宣傳
警區集訓自衛軍幹部
分區一級開始整風學習

【本報西川訊】……

【本報綏德訊】警區民兵營級幹部訓練班，已於昨日結束，在兩個多月中，他們受完了中共七七宣言、告八路軍新四軍抗日將士書、施政綱領、自衛軍的組織與任務及軍事課程，計政治課九十至一百分者有廿四名，軍事課九十至一百分者十名。

提高生產熱忱
工資不應平均
工業設計委員會討論

【本報訊】本月十八日邊區工業設計委員會，開會討論工資問題，……

誰好誰壞
西川群衆重視鄉選
各區總結試選工作

綏德整風學習中的一些問題

劉稚農

在綏德過去的學習中，是存在著兩大問題需加注意的：一個是領導問題（組織領導與思想領導），另一個便是個人學習方法的問題。……

綏德市參議會開會
改選市長通過提案

今年新文字冬學
以延安縣爲中心
教廳表揚私人辦學

武裝宣傳記

敵後通訊劉集

活躍在「治安區」

我們五個人，經過葭城，武裝掩護着我們，向敵人的所謂「治安區」前進。……

宣傳出發

敵工戰綫

某石油礦

關成新井

魯藝俱樂部

出版街頭報

边工设计委员会讨论问题结束

计时工资酌量增加

【本报讯】边区工业设计委员会，讨论工资及工厂等问题，已经结束。此次除原则上规定计时工资酌增外，对各厂之实际材料，亦收集至多，特别是自计件工资在工厂实行后，各厂提高生产情形均有报告。

【本报讯】边区建设厅一科长赵一峯同志，于工业设计委员会上，报告今年五月份新工资标准颁布后，政府系统工厂中之执行情形，并提出若干建议，他说：政府系统工厂对新工资执行是这样的：难民工厂织布部铁机以月产布十五匹为最高标准，给予工资一百六十元，月产布十五匹以上复给予累进工资；第十六匹，以十五元计；第十七十八匹，各以二十五元计；第十九、二十匹，各以三十五元计；第二十一到二十二匹，各以四十元计：第二十三至二十六匹，由四十五元到五十元，故最高有每月取薪水五百元以上者，在这种新工资制刺激下，产量亦有增多，五月前全厂织布工人六六人，络纱工人九五人：九月间减至四十八人，络纱部七十五人，产布量在五月间，包括全部织布过程在内，即浆纱、络纱、整经，穿梭、织布，每月每人约三点三匹；八月间五点一二匹，九月间虽在原料最缺情形下，亦达四点七匹。工资支出量虽然是增加了（如六月份全厂为一三〇〇〇元，九月份为一五九〇〇元），但在节省伙食方面，每月却省了一万多元。华侨纺织厂，在工资增加下（最高三一一元）产量亦有增加。化学厂因系计时工资，其工资原则亦适于新工资合同标准。振华纸厂在五月前，最高产额每日每人四令，实行新工资制后到九月，每天每人六令多。但纸厂实行新工资制后，计时与计件有着很大矛盾，如同一造纸工厂，晒纸，造纸，捞纸，洗浆（洗浆未能计件）竟有一六〇元与五百元之差，又如此新工资实行后，轻工业与重工业的技术工人所得工资，有很大差额，致使某些机器部门工人受到影响。赵科长说：个人意见，计件工资，不应往上涨，同性工厂，以及同工作时间，同量质产品，原则上应取得同酬，计时工资应酌增加，同时更应注意和照顾到军事工业部门的工资。

慶陽市各鄉開租佃會議
解釋土地徵糧政策
厲行減租保證交租

【本報慶陽十九日電】慶陽市各鄉……召開佃農及地主會議，詳細解釋土地、徵糧等政策。……會議之後，會較……的收獲。有的人請客……調查減租……

……「我們一定交租交息」。

【本報慶陽十九日電】慶陽市在減租調查中創造了新的方式方法。各鄉設立研究辦公處，……

……

國民教育改進
各小學互相觀摩並將測驗
教員努力工作學生入學多

……

山東敵寇暴行種種
徐儒

【新華社魯東十五日電】本社特約記者……

……

新寧參議會討論徵糧
發揚民主公平合理
本年任務定可完成

……

村長田二鴉
曾艾狄

……

延川夏徵
彭協中

……

怎樣佈置

……

怎樣宣傳

……

螞蟻鎮婦女縫棉衣
戰士不愁冬衣單

……

綏德專署指示各縣
加緊秋收翻秋地
努力組織變工隊

……

延安縣籌備冬學

……

西北局關於黨報決定
隴東特委擴大討論
訂執行辦法並普遍徵求意見

【本報隴東十五日電】中共隴東特委，於十四日召開擴大委員會，討論西北局「關於……的決定」……

……

綏民眾劇社
下鄉宣傳

【米脂訊】綏德警區民眾劇社，於九月十日離綏城下鄉工作……

……

邊工設計委員會
討論問題結束
計時工資酌量增加

【本報訊】邊區工業設計委員會，討論工資及工廠奨懲問題，已經結束。此次除原則上規定計時工資酌增外，對各廠之實際材料，亦收集甚多，特別是自計件工資在工廠實行後，各廠提高生產情形均有報告。

【本報訊】邊區建設廳一科長趙一峰同志，於工業設計委員會上，報告今年五月份新工資標準頒佈後，政府系統工廠中之執行情形，並提出若干缺點，他說：政府系統工廠對新工資執行是這樣的：難民工廠織布部織機以月產布十五疋為最高標準，給與工資一百六十元，月產布十五疋以上，給予獎進工資：第十六疋，以十五元計；第十七、十八疋，各以廿五元計；第十九、廿疋，各以卅五元計；第廿一到二十二疋，各以四十元計；第二十三至廿六疋，由四十五元到五十元，故最高有每月收薪水五百元以上者，在這種新工資制刺激下，產量亦有增多，五月份全廠織布工人六六人，絡紗工人九五人，紡紗七十五人，產布量在五月間，包括全部織布過程在內，即槳紗、絡紗、整經、穿綜、織布，每月每人約三·三疋；八月間五·一二疋，九月間在原料缺乏情形下，亦達四·七疋。工資支出量總是增加了（如六月份全廠為一三、〇〇〇元，九月份為一五、九〇〇元），但在節省伙食方面，每月即省了一萬多元。難民紡織廠，在工資增加下（最高三一一元）產量亦有增加。化學廠因係計時工資，其工資原則亦適於新工資合同標準。……據製紙廠在五月前，最高每日每人四令，實行新工資制後到九月，每天每人六令多。但紙廠實行新工資制後，計時與計件有矛盾，如同一造紙工廠，搗紙、造紙、撈紙、洗漿（洗漿未能計件）竟有一六〇元與五百元之差，又如此新工資實行後，紙工與其他工業的技術工人所得工資，有很大差額，致使某些機器部門工人受到影響。趙科長說：個人意見，計件工資，不應往上漲，同性工廠，以及同工作時間，同量質產品，應取得同酬，計時工資，原則上應有增加，同時更應注意和照顧到軍事工業部門的工資。

机器一厂整风中工友思想意识进步

【本市讯】整顿三风的浪潮也涌到机器一厂来了。为了改造思想，为了使工作做得更好，他们停止了一部分的课程，来进行整风学习，每星期除上三次的整风课外，还有三次集体自习一次讨论。有些部门因工作较少则半天学习半天工作。全体职工都参加了整风课学习为期虽短，但已收到相当效果，先前有些“不安心工作”的同志，现在反省，且认识到这是“落后意识”的表现，有个别工友，对革命财产没有很好的认识，还像在外边工厂一样“走私货”“乱拿东西”，在整风中自动把“私货”拿出来，并且责备自己说：“浪费革命的财产是不应该的呀！”锄工王振玉以前总以为跟厂里的上级接近，就等于外面工厂的“溜勾子”，现在他认识过来了，工厂到底是自己的。管理工厂的厂长，工程师，职员都是为革命服务的，是一家人，大家应该亲密团结，才能把工厂办得更好。赵魁元已是年上五十多岁的老工人，他还下了决心认字，他说：“每天非认识三个字不可，一个人不认识字是吃不开的”！现在要是谁走进他的房里，就可以看到四周的墙上都写满了字，这种老当益壮的学习精神是值得我们学习的。又如郝建国，王河海两工友，工作积极，学习认真，他们进步很快，在两年之内便成了熟练工人（本来要当三年学徒的）。又青年工人戴瑜和阿保，学习很好。自己学三角，并在文化班教算术。王希哲同志自己学习三角、物理，又给人教引擎和自然常识。在整风中他们都是积极活动的份子，推动着整风的热潮向上高涨。在俱乐部的门前，按期出版壁报“工人先锋”。壁报以前编得不大好，有八股味道，不生动活泼，有些文章板起脸孔来说话的，关心工人的问题也不多。自从解放日报指出“怎样改造我们的报纸”发表后，便稍为改变了，谈到实际的问题增多了，但还感不够生动；八月十三日改组，规定各部门要经常写稿，因此内容较前丰富多了，有消息，有批评，有争论，有漫画，而且大部是反映工作、学习、生活的文章，短小精干，生动活泼。每逢新的壁报一出版，职工们便围拢来看了。壁报上的漫画，是由美术小组供给的，他们每半月供给“工人先锋”一幅漫画，计划两月到三月出一期画报。这里还有一个音乐小组，每隔一天的清晨，一群歌手便高唱着自己爱好的歌曲，这是今年二月鲁艺实习团在这里组织起来的。此外一批爱好戏剧的职工们还准备在双十节演出一个评剧和一个话剧。晚饭后，夕阳还在西山上，一群生龙活虎的健儿在篮球场上奔跑着，另外有一小群一小群的人们，愉快地玩着“一百份”，一天的辛劳，就这样随着黄昏消逝了。在马达的怒吼声中，有一个小瘦的个儿，埋头在车床旁边细心地工作着，这是来做学徒的王金栋同志，他是大学生，厂里的文化教员，他因为感觉技术工作的重要，放下知识分子的架子来当学徒了，他在日常工作中尽着当学徒应做的义务。因为文化程度高，所以学起来进步很快，在三个月内已能初步地使用三种机器了。他还很虚心，他不摆臭架子，能眼睛向下，工友们都喜欢和他接近，这也正是王同志技术进步很快的一个原因。此外，还有一位工匠值得表扬的，便是王希哲同志，他在今年没有请过事假，病假，也没有旷工旷课，平日他还经常做义务工。

子長縣群眾助民收割八百餘畝

甘谷驛男女合力秋收

割得快，揹得多，不掉穗！

農貸會議決定 明年發放千萬元

辦理農貸力求普遍

婦女生活

婦女幹部的意見

大後方的勞工

——重慶通訊——

機器一廠整風中 工友思想顯著進步

今年生產計劃 完成80%

各地零訊

全國徵購情形

解放日报	时间	1942-10-23	期	第523期
			版	第2版

响应赵占魁运动！

振华纸厂发起竞赛

【甘泉讯】振华纸厂工会，为了响应赵占魁运动，特发动生产竞赛。竞赛时间为本月十九日至三十一日。目标为制造一一五〇刀纸张。十七日开生产小组会，讨论竞赛事宜。全厂职工一致响应，并提出：蒸煮组、碾浆组、洗浆组均保证十八个池子浆的供给。捞纸组、晒纸组保证完成一一五〇刀并超过之。厂方工会并商定奖励办法，在各组一致通过。其办法有二：每人超过任务百分之十，无病假，不犯劳动纪律者得特别奖励；完成任务，工作十日以上，不犯劳动纪律者得普通奖励。普通奖励又分两种：完成一一五〇刀时，全体会餐一次，超过一二五〇刀时，会餐两次，并每人发棉鞋一双。现竞赛正进行中。并应将提高生产热忱，变为一场经常的教育运动。

響應趙占魁運動！

振華紙廠發起競賽

【甘泉訊】振華紙廠工會，為了響應趙占魁運動，特發動生產競賽。競賽時間從本月十九日至卅一日。日標保證一一、一五〇刀紙張。十七日開生產小組會，討論競賽事宜。全廠職工一致響應，並提出：孫貴組、劉漿組、洗漿組均保證十八個池子漿的供給，撈紙組、曬紙組保證完成一一、一五〇刀，超過之。廠方工會並商定獎勵辦法，在各組一致通過。其辦法有二：每人超過任務百分之十，無病假，不犯勞動紀律者得特別獎勵；完成任務，工作十日以上，不犯勞動紀律者得普通獎勵。普通獎勵又分兩種：完成一一、一五〇刀時，全體會餐一次；超過一一、二五〇刀時，會餐兩次，並每人發棉鞋一雙。現競賽正進行中。並應將提高生產熱忱，變為一經常的教育運動。

新中國廠製棉衣兩千五百套

團結工廠總產量擴大一倍

自然科學院

繼續討論教學方針

重新閱讀四三決定等文件

詩歌面向工農兵

邊區文協等聯合座談

蔣委員長致詞全文（上接第一版）

盟機轟炸冀東

平津敵偽手忙腳亂

【新華社晉察冀廿二日電】據晉方訊：昨日（廿一日）下午五時半，盟國飛機突然出現冀東上空，對某某等地敵軍設施予以轟炸，投彈約數十枚。平津等地敵偽驚恐，秩序大亂，極為狼狽。據悉：此次轟炸冀東之盟機，係三架美製之B24型飛機，投彈十五分鐘後向南方飛去。

田賦徵實 財部限期徵齊

推行田賦工作競賽

第二防疫隊回延

茶坊工廠募捐助賑

汾陽敵強索新麥

新華化學廠

[illegible]學風

第一卷（中）

新中国厂制棉衣两千五百套
团结工厂筹划扩大生产一倍

【本市讯】新中国被服厂，月前接到上级指示一月内（九月十五日至十月十五日）生产两千五百套棉衣的任务后，即时召开干部会议讨论厂里的生产力、劳动组织，及具体分工问题，继又召开动员大会，宣布生产计划，并对怎样按期完成任务问题展开讨论。党、政、工会领导方面对按期完成生产任务号召，均提出保障。工友们则提出“保障按期完成棉衣”的口号，作为对自己的督促。在赶制棉衣过程中，工人无迟到早退的现象，也没有病号或因事请假的，结果二十四天完成了一个月的任务，并节省布四千余尺，棉花一千九百二十余两。据厂方称，全厂在这个时期内的生产力，较前提高三分之一，生产热忱则为前所少有。又闻该厂工友、职员等在突击生产时，学习热忱亦甚高云。

【本市讯】延安团结工厂，原属中央管理局工厂之一，在此次精简中，中管局除将全部流动资金一百八十余万另有用途抽回外，下余固定资产五十余万元，均移交边府财政厅管理，全体职工仍留厂工作，财厅为解决明年被服计，决将该厂扩大一倍，由每月生产六百余匹土洋布、二千余条手巾，增加到每月生产一千二至一千四百匹土布，手巾在外，现已着手建筑工房及其他灶房等三十余间，在十一月底竣工，土纱棉花已派人至各处收买，所增之工人也在招请中。并决定将该厂改为陕甘宁边府纺织第二厂。团结厂系由制革生产社、毛织社演化而来。制革社在民国二十七年九月成立，社址设延市南□［关］，资本五百元，员工七人，以硝羊皮为业务，但由于生产品之恶劣，销路停滞，民国二十八年六月暂告结束，遂于本年改为团结毛织工业社，由工合贷资二千元，并直属工合领导。当时河防吃紧曾一度移至安塞，由于供销运输不便，在民国二十九年四月又移延市西区磨家湾，时资金五千元，员工二十四人，先有五架手纺机试纺，后自制“七七”式毛纺机二架，日产毛线二十余两□后复又制手拉机一架，由于人多生产品少，发生亏本现象。三十年马列学院投资数千并派员四五人帮助该厂工作，不久扩大布机三四台，“七七”式纺机十数台，每月出土布十六匹，土纱每月百余斤。但因资金太少，难于继续维持。本年八月中央集中工业管理，旋与新中国工厂合并，直属中管局领导，力量大为增加。每月出三四百匹布，百余斤土纱。由于纺纱不合算又一步步改为完全织布，在这短短的一年多时间当中，由于全体职工及各方面之帮助，现在资本已由不到一万元，扩大到二百数十万元的资本云。

解放日报	时间	1942-10-23	期	第523期
			版	第2版

茶坊工厂募捐助赈

【本市讯】茶坊工厂公会，日来特发动救济边区灾难民募捐运动，全体职工人员得知后，莫不慷慨捐助，生产排长王希哲同志，除捐出现款一百元外，尚捐棉衣皮背心各一件，约值边币三四百元。据工会主持人谈，截至十六日止，仅总厂一个单位，已收到捐款二千一百三十元，其他分厂之捐款，尚未统计在内，现工会正派专人将募得物资送延安负责机关。又讯：该厂继续募捐运动之后，又发起在星期日节食三次中餐运动，现已举行过两次，此项节省下之米粮，亦将按市价折为现金，工会作为救济灾难民之用。

響應競賽運動！振華紙廠發起競賽

【甘泉訊】振華紙廠工會，爲了響應邊區競賽運動，特於本月十九日至廿一日，召開全體職工大會，討論競賽事宜。[illegible]

新中國廠製棉衣兩千五百套
團結工廠擴大生產一倍

【本市訊】新中國被服廠，月前接到上級指示，一月內（九月十五日至十月十五日）生產兩千五百套棉衣的任務後，即時召開全廠職工會議討論，並對全廠按期完成任務問題展開討論。[illegible] 號召「保障按期完成棉衣」的口號，作爲對自己的督促。[illegible] 結果二十四天完成了一個月的任務，[illegible] 時間內的生產力，較前提高三分之一，[illegible]

【本市訊】延市團結工廠，係延市中央管理局工廠之一。[illegible]

自然科學院
繼續討論教學方針
重新閱讀四三決定等文件

【本市訊】自然科學院根據教育問題討論會議 [illegible]

蔣委員長致詞全文（上接第一版）

[illegible]

詩歌面向工農兵
邊區文協等聯合座談

【本市訊】邊區文協、[illegible]

（上接左上角）

[illegible]

盟機轟炸冀東
平津敵僞手忙脚亂

【新華社晉察冀廿二日電】[illegible]

田賦徵實
財部限期徵齊
推行田賦工作競賽

【本報重慶訊】[illegible]

茶坊工廠
募捐助賑

【本市訊】茶坊工廠公會，月來特發動救濟邊區災難民衆捐獻運動，全體職工人員得知後，莫不慷慨捐助，生產科科長王希行同志，除捐出現款一百元外，尚捐棉衣皮背心各一件，約值邊幣三四百元。據工會主持人談：截至十六日止，僅總廠一個單位，已收到捐款二千一百三十元，其他分廠之捐款，尚未統計在內，現工會正派專人將募得物資送延安負責機關。

又訊：該廠現組織捐獻運動之後，又發起在月期中節食 [illegible]

新華化學廠
[illegible]

[illegible]

汾陽敵
强索新麥

【新華社晉西北二十日電】[illegible]

第二防疫隊回延

【本市訊】邊區防疫會第二防疫隊 [illegible]

三次中發捐款，現已舉行過兩次，此項節省下之米糧，亦將按市價折爲現金，工會作爲救濟災難民之用。

解放日报	时间	1942-10-23	期	第523期
			版	第2版

新华化学厂总结学风

【本市讯】新华化学厂整风学习学风部分，已告结束，并作总结，有一位非党同志在反省笔记上说他过去对马列主义理论学习不感兴趣，但整风开始，阅读文件，感到内容具体，易学，易领会，与过去读联共党史感到不同，对于革命理论的态度，开始了新的转变云。

振華紙廠發起競賽

新中國廠製棉衣兩千五百套 團結工程擴大一倍

自然科學院繼續討論教學方針 重新閱讀四三決定等文件

詩歌面向工農兵 邊區文協等聯合座談

盟機轟炸冀東 平津敵偽手忙腳亂

蔣委員長致詞全文（上接第一版）

田賦徵實 財部限期徵齊 推行田賦工作嚴密

茶坊工廠募捐助賑

汾陽敵強索小麥

新華化學廠總結學風

解放日报	时间	1942-10-26	期	第526期
			版	第2版

西川纺织业发展

群众望政府贷款

【本报西川讯】苗镇区、周复区、双湖峪三区的民间纺织业很发达。周复区现有织布机八十余架，经常开工的五十余架，每天产布百匹以上；双湖峪现有织布机约二十架，曾受建设厅奖励及帮助的王氏姊妹纺织合作社，即在此间，一般民众对纺织生产的情绪很高，纺纱者每家都有，有资金者正添置织布机。唯一般民间呼声，均希望政府给予资金上的帮助。据调查几家织布厂的情形，大都是由数人合作经营，因资金薄弱周转不灵，以致产量不多；或有织布技能之工人，而无力购买机子。据织户谈：目前布价每匹七百五十元，除去原料、工人、伙食费，每匹可赚七十元。成品销路：苗镇区及双湖峪均在本区，惟周复区之成品有运销出口。

【本报西川讯】此间于今年秋后发生三灾：水灾、旱灾、匪灾，以致人民损失颇巨。兹将遭灾损失统计如下；马蹄沟遭大水填塞盐井四十六口、冲去盐土二千八百石、盐二百八十五石及甕锅等家具；杜家岔、烟洞沟被冲没炭窑二处，石炭六百五十驮：遭灾工人达一百四十四名。盐炭损失约二百万元以上。又所属各区田禾等物遭受水旱灾而损失的：受灾土地面积三千四百余垧。又谈此次遭土匪抢劫之公私损失，约计五十万元。上项损失中以盐炭为最大。

財政廳南廳長談話

說明徵糧工作方針

顧及貧民生計　提高起徵點

重視調查工作　發揚民主作風

優待抗屬難民　照顧富戶利益

建立手續制度　一定要收好穀

【本報訊】秋徵開始，記者特訪財政廳南廳長，叩詢今年徵收公糧工作要點。據南廳長談：今年徵糧任務，仍為保證供給……[illegible]

（一）……[illegible]

（二）……[illegible]

（三）……[illegible]

（四）……[illegible]

（五）……[illegible]

（六）……[illegible]

（七）關於徵糧中的手續制度……[illegible]

（八）最後，今年徵糧中應特別注意的，就是各部份地區遭受水災雹災，頗有損失，各縣政府應……[illegible]

黨的生活

今年秋徵中黨的工作

延安縣委會記　王丕年

一年一度的秋徵工作，……[illegible]

厲行精簡！

後勤與管理局合併　減少人員兩千

【本報訊】……[illegible]

邊區簡訊

【定邊訊】……[illegible]

【富縣訊】……[illegible]

【固臨訊】本月十四日……[illegible]

西川紡織業發展

羣衆望政府貸款

【本報西川訊】……[illegible]

【本報西川訊】……[illegible]

國參會上

翁文灝氏報告經濟

……[illegible]

三邊秋收

男女老少努力收割

……[illegible]

【本報訊】……[illegible]

保證馬料供給

糧食局規定雜糧折合率

【本報訊】……[illegible]

[illegible]	[illegible]	[illegible]	[illegible]	[illegible]	[illegible]	[illegible]	[illegible]	[illegible]

謹防回歸熱

【本市訊】……[illegible]

黔桂鐵路　正趕修中

【本報訊】……[illegible]

更正

昨日第二版「綏川……」……[illegible]

桂省計劃糧食增產

川省貸款推進水利工程

【本報訊】……[illegible]

【本報訊】川省……[illegible]

边区纺织厂设同业组织

【本报讯】陕甘宁边区纺织一厂、二厂，以及难民工厂等纺织业同业，于昨日讨论组织纺织业联合会问题。当经全体通过命名为陕甘宁边区纺织同业组，于昨日正式成立，并选出建设厅霍然同志为组长。闻此纺织同业组，纯为关系纺织方面的一种建议机关，而将研究所得，向边区工业设计委员会建议，由设计委员会分别研究后再以设计委员会名义通知各厂直属行政系统执行，目前纺织组研究建议范围，将先集中于工厂管理和设计方面。

【本报讯】昨日陕甘宁边区纺织同业组会议上，对目前纺织业工资标准，如何取得一致，曾加以讨论。因各厂设备不一，致影响产品，故一时暂不采取一致工资标准，会上决定：暂时仍依过去标准，由纺织组派专人详细研究后，再作统一规定。因各厂所出布匹其质甚差，目下计件工资应特别着重产品的质，将来布匹，应规定经纬一定之密度。轻工业计时工资规定每月两斗米，重工业最高不能超过三斗，工人之衣服等，今后各厂应尽量求得一致布料。各工厂应每月向同业组报告一月来工厂状况。又印刷同业、被服同业，亦将于最近集会成立同业组。

綏德縣各區 設減租減息檢查會

徵糧中注意按實際收入徵收

【本報綏德訊】白專員公署因佈置民執行減租交租條例命令及補充辦法後，綏德縣府特於前日下令各區，其中要點有：（一）各鄉召集會議，必須詳細討論減租減息條例，並負責向群民小組傳達解釋。（二）各區、鄉幹部，必須負責制止違反條例的事情，若幹部不負責任，一經查出，即受縣上給以適當處罰。（三）各區組織減租減息檢查會，九人中務必保證有公正人士三人，與有威信的農民二人參加，由組織股主任、試署各一。（四）所有糾紛，必先經過該委員會，不服者可按級控告。（五）規定該條例爲區鄉幹部必得的文件。

【本報綏德訊】綏德縣委特於日前召開各區區委書記聯席會，專門討論與收集各地減租具體材料，認爲減租問題，在未退還土地前，各區檢查的困難，尤其是對店及當舖等區，地主利用其歷史上與經濟上的優勢，強迫農民十成交租，農民因怕失去土地，不敢檢舉，尤其是去年，幹部不知內情，在徵收公糧時，按四六減租的收入來計算負擔多寡，結果使佃農負擔多出，地主少出，影響農民生產的積極性。在今年徵糧時，政府已決定採取雙方的實際收入爲標準。

【本報綏德訊】[illegible]

晉察冀邊區 工業日臻發達

各廠製品能供實用

【新華社晉察冀廿五日電】邊區工礦管理局，自成立以來，對於邊區工業建設，貢獻頗多。在其直接領導下，[illegible]

西川苗鎮駐軍 助民秋收

【西川苗家坪訊】[illegible]

減租中的佃權問題

柴述凡

（一）

爲什麼陝甘寧邊區某些地區的減租還不能令人滿意？[illegible]

（二）

所謂佃權[illegible]

（三）

現在根據[illegible]

連選連任的好保長

工農通訊

李長雄

編者按：李長雄是農民出身的同志，[illegible]

綏學生工作人員 助修永定橋

【本報綏德訊】[illegible]

爲反映徵糧徵草運動 給各地通訊員的信

通訊員同志們：[illegible]

邊區紡織廠 設同業組織

【本報訊】陝甘寧邊區紡織一廠、二廠，以及難民工廠等紡織業同業，[illegible]

河東敵大肆屠殺 難胞逃亡到綏德

地方政府民衆合力救濟

【綏德訊】近來河東敵人在中陽、離石一帶大肆清鄉屠殺，[illegible]

吳旗縣府調查情況 擬定明年經建計劃

【本市訊】據悉：吳旗縣政府於八月廿二日正式成立後，即進行各方面的了解工作，[illegible]

燕大在蓉 正式開課

【本報成都訊】[illegible]

吳堡整頓小學教育

【吳堡訊】[illegible]

第一卷（中）

解放日报	时间	1942-10-30	期	第530期
			版	第2版

开展赵占魁运动

新华厂工友加紧生产，机器一厂定奖励办法

【本市讯】边区总工会号召开展赵占魁运动后，新华化学工厂工会教育委员会，即召开教育会议，商讨响应办法，当即决议：（一）举行赵占魁运动月；（二）以赵占魁模范工作的例子作教材给工人上课，并以"学习导报"上所载雇佣劳动态度七条及该厂实际生活为补充教材；（三）上项讲课每周二次，小组讨论一次，以讲课内容为标准，联系工人实际行动——工作、学习、生活等方面的表现；（四）根据讨论会所检举出的好与坏的表现，随时在生活小报上刊出，并由赵占魁运动委员会给以鼓励或警告。该运动已展开一周，工人的生产、学习、生活均极紧张，闻该运动将在该厂工会三周年纪念会（十一月二十一日）上总结。

【本市讯】十月革命节将届，机器一厂特定于该日奖励模范劳动者，以响应总工会开展赵占魁运动之号召，厂方已于本月十三日颁布奖励办法，该办法考绩范围自一九四二年一月一日起，至本年十月底止。其主要的内容为：（一）安心工作，服从分配。（二）负责职守，互相帮助。（三）努力学习有显著之成绩者（尤其是业务学习）。（四）艰苦耐劳，自行设法□改进工作机能。（五）对工作有意见，都能经过组织做出切实之建议者□。其奖励条例内分工人学徒、行政工作人员、事务工作人员三方面，至于奖励等级分甲、乙、丙、丁四种，其奖金甲等为一百六十元，乙等为八十元，丙等为四十元，丁等为二十元。至于奖励评定办法则由行政、工会、支部分厂各派一人组成评定委员会，并由该委员会负责领导进行各项考绩事宜，考绩之办法，先由生产班或党的小组开会讨论，分别提出各人的优缺点后，将此种讨论之结果，提交评定委员会评定等级，然后再将详定之结果，呈交厂务会议通过，即可在十月革命节扩大纪念会上，当众发奖。现在各项考绩工作正在进行中，又根据行政负责人说："此种奖励将于今后每年照例举行两次，一为'五一'劳动纪念节，一为'十月革命'纪念节。"

綏德等地佈置秋徵

專署令各縣同志負責辦理

宗旨清楚者公廳給欠

[illegible]

延市參議會

討論秋徵等工作

[illegible]

葭縣鄉選熱烈開展

議員要求保送意見

選舉好人

[illegible]

從民主選舉中看到什麼？

——清澗鄉選概況

洪彥霖

[illegible]

實行精兵簡政

六十八位老英雄

昨日捐稿今日生產

都是爲的打日本！

【本報訊】××村的自衛隊……他們在精兵簡政的號召下……[illegible]

嬰孩的人

——綏德辛店居民生活的一面——

林朗

[illegible]

開展趙占魁運動

新華廠工友加緊生產

機器一廠定獎勵辦法

【本市訊】邊區總工會號召開展趙占魁運動後，新華化學工廠工會教育委員會，即召開教育會議，商討響應辦法，當即決議：（一）舉行趙占魁運動月；（二）以教材給工人上課，並以「學習模範」上所載優秀勞動態度七條及該廠實際生活情形補充教材；（三）上項講課每週二次，小組討論一次，以講課內容為標準，聯系工人實際行動——工作、學習、生活等方面的表現；（四）根據討論會所檢舉出的好與壞的表現，臨時在生活小報上列出，並由趙占魁運動委員會給以獎勵或警告。該運動已展開一週，工人的生產、學習、生活均極緊張，開展競賽勁將在該廠工會三週年紀念會（十一月廿一日）上總結。

【本市訊】十月革命節將屆，機器一廠特定於該日號召模範勞動者，以響應總工會開展趙占魁運動之號召。該廠方已於本月十三日頒佈獎勵辦法，該辦法時期自一九四二年一月一日起，至本年十月底止。其主要的內容為：（一）安心工作，服從分配。（二）負責勝分，互相幫助。（三）努力學習有顯著之成績者（尤其是學習技術）。（四）[illegible]……自行設法改進工作。（五）對工作有意見，都能經過組織作出切實之建議者。其獎勵條例內分工人、學徒、行政工作人員三方面，至於獎勵等級分甲、乙、丙、丁四級，其獎金中幣為一百六十元，乙等爲八十元，丙等爲四十元，丁等爲二十元。該委員會負責領導進行各項考核事宜，先由生產班或職務小組開會討論，分別提出各人的優缺點，經交評定委員會詳細討論之結果，然後再將評定之結果交廠務會議通過，即可在十月革命節擴大紀念會上，當眾發獎。現在各項準備工作正在進行中。又根據行政負責人談：「此種獎勵將於今後每年照例舉行兩次，一爲「五一」勞動紀念節，一爲「十月」革命」紀念節。

教育落後學

分區視察

[illegible]

「劉堡」團

發揚互助精神

【延安縣訊】「劉堡」團的[illegible]……

推廣合作社業務

[illegible]

強迫種煙的林立

陝北……

[illegible]

解放日报	时间	1942-10-31	期	第531期
			版	第2版

难民工厂厉行节约

每月将省三万元

【安塞讯】难民工厂自十月中旬决定进行节约，减低产品成本以来。在此期间节约运动已普遍展开。现办公文具纸张迄至十二月底一概不发，并重新修改奖惩条例，严格执行奖罚制度，清理全厂财产与紧缩人员，利用废物，不再制造工具用具（例如桌椅），建立预算批审制度等。又该厂工务科十月二十一日召开扩大会议，二十二日进行讨论节约办法，二十三日发动各工人小组进行讨论，结果收效极佳，具体节约办法正在整理中。闻上述办法实行后，估计每月可经常节省三万元以上云。十月二十四日召开全厂职工大会，会议上有任厂长报告节约运动意义与具体实施办法。认为主要节省在工务科，在每个工友身上。如纱的浪费太大，废纱过多。不爱惜工具等现象。如经注意避免发生，产品成本就会减低。我们不仅要在原料上节省，总工会同志说：不仅在原料上同时还要在人力上节省，反对懒漠，反对说漂亮话不做实际事的人，最后号召大家拿出新的态度来对待新的劳动，向全边区工人的模范赵占魁同志学习。

【安塞讯】难民工厂为普遍农村民妇纺纱，近于安塞二区各乡设立弹毛站，闻六乡西河口于十月初正式设立。高桥二区已派人筹设。

綏德西川等縣幹部　討論減租交租政策

認眞執行違法者懲罰

【綏行訊】綏府小齡於廿三日晚，討論減租減息條例及今年減租實施辦法。大家對實行辦法第七條關於禁止押租之規定討論甚久（按原文係：「將承出租土地按收穫量分配之，除特殊外，地主得四成，佃戶得六成，如科種子耕畜由地主供給者，則地主得四成五，佃戶得五成五。因該條只能適用於人稀地廣地區，如果地主按地分佃，不出牛、工、種子、肥料，則應將租額照地勞動人負擔，必影響生產，如牛、工、肥料，則應將租額分給佃戶，只能收廿分之一，地主將土地分出，租減到與租額同一……」）……

軍民之間

——秋收速寫　法鑑

吳堡競選中

黨保證好人當選

【吳堡訊】吳堡縣選運動中，貫徹「三三制」政策，有了很大的成就。據統計各鄉八一〇個議員當中，共產黨員只佔百分之二十六。黨員將共產黨支部，不但提出了「好人當選」的口號，各……

半月軍事動態（上接第一版）

難民工廠

厲行節約

每月將省三萬元

【安塞訊】難民工廠自十月中旬決定進行節約，減低產品成本以來，在此期間節約運動已普遍展開。現辦公文具紙張改至十二月底一張不發，並重新修改獎懲條例，嚴格執行獎罰制度，清理全廠財產與原料入山，利用廢物，不再製造工具用品（例如桑皮），建立預算批准制度等。又該廠工務科十月廿一日召開擴大會議，廿二日進行討論節約辦法，廿三日發動各工人小組進行討論，結果收效極佳，具體節約辦法正在登行中。聞上述辦法實行後，估計每月可經常節省三萬元以上云。

十月二十四日召開全廠職工大會，會議上有任廠長報告節約運動意義及具體實施辦法。現係主要節省在工務料，在每個工友身上。如紗的浪費太大，廢紗過多，不愛惜工具等現象，如繼續發生，產品成本就會減低。我們不僅要在原料上節省，總工會同志說：不僅在原料上同時還要在人力上節省，反對偷懶，反對說謊話不誠實的人，最後號召大家拿出新的態度來對待新的勞動，向全邊區工人的模範看齊，團結同志學習。

【安塞訊】難民工廠為幫助農村婦女紡紗，近於安塞三區各鄉設立彈毛站，臨六鄉四村口於十月初正式設立，高橋三區已派人籌設中。

清澗今年植棉

可收淨花六萬斤

貫徹擁政愛民方針

消費、生產、運輸

邊區合作社業務討論

專員縣長參加座談

集中延縣推行新文字

新文字協會商討工作

豫北敵佔區大旱災

民衆不堪敵寇壓迫

紛逃我太岳區

國內簡訊

國參會八九兩次大會

討論各小組提案

護理病人也是革命工作

中央醫院護士思想進步

邊區簡訊

解放日报	时间	1942-10-31	期	第531期
			版	第2版

边区简讯

【固临讯】驻军某团正加紧过冬准备工作，用自己生产所得全团补充棉被一千床。各单位亦已派人赴森林烧木炭，以备冬天全团能在严寒中集中整训。

【本市讯】延安中国护士学会东区支会定于十一月一日在柳树店和平医院举行学术座谈会和野餐，餐后举行游艺晚会。

【清涧讯】警区驻清医院，放假一星期，进行秋收工作，院部负责同志均亲自领导，情绪极高，于第一日，即收山药蛋三千余斤，同时把六亩地内的食粮都打完入窑。

【米脂讯】米脂城工人，有一部分过于贫苦，生活不能维持，市工会特向县务委员会，请求救济，当即拨给黑豆二石二斗。

綏德西川等縣幹部討論減租交租政策
認眞執行違法者懲罰

[illegible]

吳堡競選中黨保證好人當選

[illegible]

半月軍事動態（上接第一版）

[illegible]

軍民之間
——秋收速寫

法鑑

[illegible]

貫徹民辦方針
消費、生產、運輸　邊區合作社業務會議

[illegible]

清澗今年植棉　可收淨花六萬斤

[illegible]

難民工廠厲行節約　每月將省二萬元

[illegible]

幫助邊區老鄉　集中延縣推行新文字
新文字協會商討工作

[illegible]

豫北敵佔區大旱災
民衆不堪敵寇壓迫　紛逃我太岳區

[illegible]

國內簡訊

[illegible]

國參會八九兩次大會　討論各小組提案

[illegible]

護理病人也是革命工作
中央醫院護士思想進步

[illegible]

邊區簡訊

【關中訊】駐關中某團正加緊進行多種準備工作，用自己生產所得全部補充棉被一千床。各單位亦已派人赴淳耀採木炭，以備冬天全團能在嚴寒中做中學習。

【本市訊】延安中國醫士學會東區支會定於十一月一日在錦繡店和平醫院舉行學術座談會和聚餐，餐後舉行遊藝晚會。

【清澗訊】警區經濟醫院工作，放假一星期，進行秋收工作，院長負責同志均親自領導，情緒很高，於第一日，即收山藥蛋三千餘斤，同時把六垧地內的食糧都打好入窖。

【米脂訊】米脂城工人，有一部份過於貧苦，生活不能維持，市工會特向縣務委員會，請求救濟，當即撥給黑豆二石二斗。

解放日报	时间	1942-11-3	期	第534期
			版	第1版

中央管理局　边区财政厅联合启事

磨家湾团结纺织厂及该厂附设之源昌商店由中央管理局征得各股东同意于九月三十日移交边区财政厅管理现改名“边区纺织第二厂”一切手续已交接清楚凡该厂原有之债权债务及往来关系继续由边区纺织第二厂厂长顾光旭同志负责收付和接洽此启。

中華民國三十一年十一月三日　GIEFANG RHBAO　星期二　第一版

解放日報

中華民國卅一年十一月三日　第五三四號　今日出版一大張

社址：延安　全年百七十元　半年六十三元　三月卅四元　每月十二元　零售每期五角

南犯敵受創敗退
濱海我軍首挫敵鋒
收復安東衛等四據點

【新華社魯中一日電】濱海區訊，日照諸城等地之敵，自十月十六日分路窺犯，侵入我安東衛、潘家店、朱家官莊、嵐山頭等地後，即積極修築工事，企圖打通海（州）青（口）公路，全部封鎖我東部沿海口，……濱海邊區，並進一步向我中心地區蠶食……此外另一部敵並乘隙一度襲佔石臼所海口（濱海），……民財物三百餘萬元。……廿日夜，我軍分區主力一部，在濱海軍民配合下，分途向各據點突然猛襲。經過一晝夜之激戰，……於廿一日下午，我乃將安東衛、嵐山頭、潘家店、朱家官莊等四據點全部攻克。敵數百除一部逃向日照濱海外，其餘大部就殲。我並生俘偽人槍五十餘，肥豬數百口，及其他軍用品一部。敵日下午，濱海敵百餘用汽船增援，亦被我全部擊潰。濱海區百萬軍民聞捷訊後莫不歡喜若狂，連日紛紛慰勞我軍者不絕於途云。

【新華社魯中卅一日電】頃息，濱海區週圍敵偽，仍在繼續擴展中。（一）鄒城偽「剿共」大隊，已移駐臨沂城海設防，臨沂偽「剿共」大隊，將向東移動，接替封向東海「掃蕩」。十四日，敵軍官一名，殺搶臨沂，聞係接替上月被我擊斃之敵小林大隊長職務。十七日，臨沂城再增敵二千人，連前共有敵四千餘，偽軍八個大隊，共千餘人，有東犯模樣。（二）東海遊擊（日照縣）敵三百餘人，十六日進佔安東衛，圖謀作點。嵐山頭仍集敵五百餘，積極修築碉堡。（三）東南兩縣偽軍李羅高部，連日在青口召開會議，策劃打通海青公路之金圖。同時沿海路北牛山東站及贛榆敵人，在趕修牛山至石橋橋公路。（四）西部在預修趕修台灘至……等據點，準備「掃蕩」之用。總結以上情況，敵對我濱海地區「掃蕩」已極明顯，「掃蕩」前所發出之各種謠言，與「掃蕩」一樣係「掃蕩」的手段，使我在倉卒之中，遭受損失，但我全區軍民，以鄭廠海戰軍民之警惕性，……已有充分準備，正嚴陣以待。

晉西北臨參會貫徹三三制
黨內外人士真誠合作
敵佔區議員冒險趕來參加

【新華社晉西北二日電】為徹底實行三三制，務使黨與非黨人士真誠合作，中共中央晉綏分局翻譯記林楓同志……

……

棒棒隊無惡不作
敵寇的鷹犬

【本報晉東南通訊】敵對我根據地進一步「蠶食」……「棒棒隊」……

……

斯城敵繼續敗退
高加索區空戰活躍
中路紅軍準備反攻

【新華社延安二日電】……

……

路透社記者稱
斯城屹立不動
德軍損失廿五萬

【路透社莫斯科卅一日電】……

……

我機夜襲漢口
美空軍轟炸九龍

【中央社某地一日電】……

……

社論
送徵糧工作團

邊區財政廳糧食局組織的徵糧工作團，已於日前陸續分赴各縣，協助各地方政府推進秋徵工作。我們願在此提出一些意見，藉供工作團同志參考。這一任務是光榮的，也是艱巨的，因為秋徵工作的勝利完成，對於明年全邊區抗戰的按期的完成任務，另一方面還要執行政策，做到公平合理，使各階層的人民都感到滿意。

……

中央直屬機關同志
黨風學習熱潮高漲
定出具體目的坦誠反省

【本報訊】中央直屬各機關之黨風文件學習，已進入一新的緊張熱烈的高潮中，……

……

石渡抵寧

【新華社延安二日電】……

解放日报	时间	1942-11-6	期	第537期
			版	第2版

总工会常委白文生同志逝世

【本市讯】边区总工会常务委员白文生同志今春曾患结核性腹膜炎（噎食症），经医治无效，于本月二日下午一时逝世。白同志系横山县人，现年三十四岁，炭工出身，于一九三五年参加革命，当年加入共产党，一九三六年任米西县主席。一九三七年起从事工会工作，历任边区总工会巡视团主任，三边分区工会主任，边区总工会常务委员等职。延市工人及白同志历年工作同志友好闻讯，莫不悲痛悼惜，纷赴总工会吊唁。白同志父母均在世，其妻及二幼女原在边区第一被服厂做工。白同志遗骸日内即将运回原籍安葬。

綏德縣府決定
徵糧減租配合進行
環縣徵糧條例研究不夠

【本報綏德訊】綏德縣府於日前召開第十次政務會議，討論徵糧工作，準備徵糧時間爲三個月，分宣傳、調查、徵收、入倉等階段，成立縣徵糧委員會，由該縣長兼主任，區上成立徵糧隊，鄉上成立徵糧組；各區先集中一個鄉試辦，以行政村爲單位，村上成立評議委員會，由當地政府與公正人士共同組織。並配合徵糧工作，輔助減租減息在各村中的徹底執行。

晉西北牛副主任報告
各項建設俱有進展
民兵參戰極爲英勇

晉西北臨時參議會上
林楓同志開幕詞全文

【新華社晉西北三日電】晉西北臨參會大會主席團主席林楓同志致開幕詞略謂：晉西北臨時參議會，經過一年多的籌備，在今天開幕了。晉西北臨參會，是在戰爭中籌備，同樣是在戰爭中開幕的。中國堅持了五年多的抗戰，晉西北堅持了五年多的抗戰，今天我們才能有這個會的召集，這是全國人民、晉西北三百萬人民流血犧牲艱苦奮鬥所得到的。……

總工會常委
白文生同志逝世

【本市訊】邊區總工會常務委員白文生同志今春曾患嚴重性腹膜炎（喉食症），經醫治無效，於本月二日下午一時溘世。白同志係山西人，現年三十四歲，……出身，於一九三五年參加革命，當年加入共產黨，……

市政府派員
了解各鄉情況
南關姜鄉長工作最積極

因臨佈置秋徵
縣委號召……
各級組織協助政府完成任務

全國運輸統制概況

協助河防維護治安
綏德整訓自衛軍
隴東檢查民兵工作

實行精簡
制革延國兩紙廠合併

重光葵返日

敵又濫發新幣

生產救僑
閩省府舉行會議

西川籌辦冬學
吳堡冬學教員經過考試

國內簡訊

实行精简利华延园两纸厂合并

【本市讯】原属工业局领导之利华第一纸厂，在此次“精简”中，奉命改归中央教导大队管理。并与该队原来管辖之延园纸厂合并。两厂工人待遇不同；利华厂是工资制，延园厂为津贴制，这次改编后，利华厂全体工友因顾及整个经济困难，完全放弃工资制，改领津贴，并服从工业局决定两厂合并后，改为军事管理。利华一厂于十月三十日迁入延园纸厂时，延园厂全体工友，特整队前往欢迎，厂方并组织联欢晚会云。

綏德縣府決定 徵糧減租配合進行

環縣徵糧條例研究不夠

【本報綏德訊】綏德縣府於日前召開第十次政務會議，討論徵糧工作，準備徵糧時間爲二個月，分宣傳、調查、徵收、入倉等階段，成立縣徵糧委員會，由蔡縣長兼主任，區上成立徵糧隊，鄉上成立徵糧組；各區先集中一個鄉試辦，以行政村爲單位，村上成立評議委員會，由當地政府與公正人士共同組織。並配合徵糧工作，幫助減租減息在鄉村中的徹底執行。

【本報慶陽訊】……

晉西北牛副主任報告

各項建設俱有進展 民兵參戰極爲英勇

【新華社晉西北四日電】……

晉西北臨時參議會上 林楓同志開幕詞全文

【新華社晉西北三日電】晉西北臨時參議會大會主席團主席林楓同志致開幕詞略謂：……

固臨佈置秋徵

縣委號召……

各級組織協助政府完成任務

全國運輸統制概況

市政府派員 了解各鄉情況

南關姜鄉長工作最積極

白文生同志……

總工會常委……

協助河防維護治安

綏德警訓自衛軍

隴東檢查民兵工作

西川籌辦冬學

吳堡冬學教員經過考試

實行精簡 利華延園兩紙廠合併

【本市訊】原屬工業局領導之利華第一紙廠，在此次「精簡」中，奉命改歸中央秘書處大隊管理，並與該隊原來管轄之延園紙廠合併。兩廠工人待遇不同；利華廠是工資制，延園廠爲津貼制，這次爲了……

國內簡訊

重光葵返日

【新華社延安五日電】……

敵又濫發新幣

生產救僑

閩省府舉行會議

第一卷（中）

各工厂庆祝十月革命节奖励模范劳动者

【本报讯】十月革命节，各工厂均放假，纷纷举行盛大纪念仪式，并给优秀之劳动工作者发奖与表彰其成绩。在广阔之工厂区域中，充满紧张的劳动空气，优秀的工人阶级弟兄及劳动英雄们，正以埋头苦干的精神，响应赵占魁运动，并发动新的提高质量的竞赛，为增加边区生产而继续努力。许多安心工作实事求是的工厂管理者、工程师、技术专家、工人和学徒们，均以毅力与决心向前迈进；那些经过严格考验被选拔出来的模范工作者、获得了光荣的称号，而备受尊敬，他们的队伍雄壮的展开在会场上，在唱歌、演说、球赛及有趣味的戏剧中，正表示了他们的力量和快乐的生活。

【本报讯】机器第一厂为提高劳动效率并使其经常化，嗣后每年于五一劳动节及十月革命节。将举行两次劳动优秀者的颁奖大会。此次十月革命节的隆重给奖会，即为总结过去半年内的劳动成绩，并表彰一整批的模范者。该厂在竞赛过程中，反对风头思想与锦标主义，认为赵占魁运动是一个长期的带教育性的劳动运动，不是一两个月的突击所能成就的。劳动英雄赵占魁的特点，是对工作始终如一的精神，是公而忘私的高尚人格，是埋头苦干的模范态度。所以竞赛的目的，不仅是提高劳动效率，而且要永久巩固已得的成绩。

【本报讯】机器一厂在十月革命节纪念会中，特举行发奖典礼，一百多位模范工作者，享受着光荣的崇敬。计此次受奖者，在工人及学徒中，甲等为王希哲、梁富民二名，乙等九名，丙等三十八名，丁等三十六名，在工作人员中，甲等为陈光斗、赵春学二名，乙等四名，丙等九名，丁等三名；在□□工作人员中，甲等杨德光、田月桥、孙振旺、马世良四名。

【本报讯】机器一厂之机械总工程师及化学总工程师某两同志，为非党布尔塞维克，其工作精神与工作态度，堪称模范。机械总工程师，原在某大都市开设工厂，于一九三八年自带机器与工人八名来边区工作，每天劳动十二小时（工厂分两班，每班六小时，他两班都做），四年如一日，奋斗不倦，对工作严肃，管理很紧，立场坚稳，爱护工厂尤甚于自己生命，对偷懒者毫不留情地说服教育。化学总工程师原为某大学教授，其工作的原则性与无限的热情，获得工人们最高的景仰。他们两人同样具有理论修养与实际工作经验，平日真正埋头苦干，脚踏实地，反对吹牛、出风头；不愿在报纸上露出自己的名字，在生活上拒绝任何优待，与全体工人同艰苦。他们认为在工厂里会做工的能做工的就是好工人，应该强调技术，但政治和技术不应该对立，经济主义和行会主义的观点应该纠正，技术是服务于政治的，政治是保证和丰富技术的。

【本报讯】皮革厂于十月革命节亦举行给奖典礼，并演出戏剧，工业局派员并携带奖品前往参加。奖励模范工人。

【本报讯】农具工厂在赵占魁运动的鼓舞中，十月革命节仍照常做工，派出部分同志往其他工厂及某某等局参加庆祝。

各工廠慶祝十月革命節 獎勵模範勞動者

【本報訊】十月革命節，各工廠均放假，紛紛舉行盛大紀念儀式，並給優秀之勞動工作者發獎與表彰其成績。在陝甘寧之工廠區域中，充滿緊張的勞動空氣，使秀的工人階級弟兄及勞動英雄們，正以艱苦奮鬥的精神，發揚了趙占魁運動，發揮新的提高質量的經驗，為增加邊區生產開展新的努力。許多安心工作實事求是的工廠管理者、工程師、技術專家、工人和學徒們，均以毅力與決心向前邁進；那些經過嚴格考驗被選拔出來的模範工作者，獲得了光榮的稱號，而備受尊敬，他們的隊伍雄壯的排列在會場上，在唱歌、演說、跳舞及有趣味的戲劇中，正表示了他們的力量和快樂的生活。

【本報訊】機器廠為提高勞動效率並使其經常化，規定每年於五一勞動節及十月革命節，將舉行兩次勞動優秀者的給獎大會。此次十月革命節的隆重給獎會，即為總結過去半年內的勞動成績，當表彰一些批的模範者，確認在這期程中，反對風頭思想與錦標主義，認為趙占魁運動是一個長期的帶教育性的勞動競賽，不是兩個月的突擊所能成功的。勞動英雄趙占魁的特點，是對工作始終如一的精神，忠公而忘私的高尚人格，是把頑強的負責態度。所以給獎的目的，不僅是提高勞動效率，而且要永久保持已得的成績。

【本報訊】機器廠一廠在十月革命節紀念會中，將舉行發獎典禮，一百多位模範工作者，享受着光榮的獎賞。計此次受獎者，在工人及學徒中，甲等為王希哲、梁富民二名，乙等九名，丙等三十八名，丁等三十六名，在[illegible]工作人員中，甲等楊積光、田月橋、張振祖、馬世良等四名。

【本報訊】機器一廠之模範總工程師及化學總工程師某兩同志，為非黨布爾塞維克，其工作精神與工作態度，堪稱模範。機械總工程師，原在某大都市開設工廠，於一九三八年自帶機器與工人八名來邊區工作，每天勞動十二小時（工廠分兩班，每班六小時，他兩班都做），四年如一日，奮鬥不倦，對工作負責，管理嚴格，立場堅穩，愛護工廠尤甚於自己生命，對偷懶者毫不留情的說服教育。化學總工程師原為某大學教授，其工作的原則性與熱烈的熱情，獲得工人們最高的景仰。他們兩人同樣具有理論修養與實際工作經驗，平日真正埋頭苦幹，與愛惜公物，反對吹牛，出風頭，不願在報紙上登出自己的名字，在生活上拒絕任何優待，與全體工人同甘苦。他們認為在工廠裏做工的就是好工人，應該強調技術，但政治和技術不應該對立，經濟主義行會主義的觀點應該糾正，技術是服務於政治的，政治是保證和提高技術的。

【本報訊】皮革廠於十月革命節亦舉行給獎典禮，並演出戲劇，工業局委員並攜帶獎品前往參加。獎勵模範工人。

【本報訊】振華工廠在趙占魁運動的鼓舞中，十月革命節仍照常做工，派出部份同志往其他工廠及某某廠局參加慶祝。

開展趙占魁運動 兩印廠工友競賽 電務廠加緊生產

[illegible]

慶陽徵糧調查 大有成績 各區多查出土地數萬畝

[illegible]

晉西北施政綱領通過後 參議員極表擁護

[illegible]

兄弟們我們一定要勝利！

工人高誠信於十月革命節 同慰他在前線的戰友

[illegible]

綏德李店區 農民出租較重

[illegible]

恐怖演習 滬認眞舉行

[illegible]

徐柏園違法失職 監察院提付懲戒

[illegible]

甘主席談河西視察

[illegible]

渝金融市場緊急 江慶錢莊倒閉 金融界建議政府協助

[illegible]

征糧研究

對於秋徵的宣傳意見

劉文怡

徵糧是財政工作中的主要部份，也是關係抗戰軍需財政的一件大事。過去公糧公草的徵收工作與糧食行政工作均為各系統合不好，所以每年參加徵糧工作的人員不能了解糧政工作中的許多決定和制度，以致在徵糧中的宣傳，就多偏重一般政治性的宣傳，對於糧政工作與徵糧條例中，許多與群眾有密切關係的決定和制度的宣傳，注意得很少。茲特提出下列意見，供給各縣同志作參考，並盼得到大家的指正。

[illegible]

开展赵占魁运动

两印厂工友竞赛，电器厂加强生产

【本报讯】劳动英雄赵占魁给予八路军印刷厂工友以学习的榜样和情绪的鼓舞。该厂工人同志为有力地纪念双重纪念节日起见（十月革命与该厂成立四周年）特向其兄弟工厂——中央印刷厂提出“提高质量比赛”。据厂长陈钧同志谈：这次比赛是经常性的而不是突击的，是在相当高的数量上更进一步地提高质量。闻其竞赛条件为：排字工人每小时保证一千字以上，在一千字中保证错字最多不得超过十个至十五个，排字房自己担任初校；机器房保证墨色调匀，页码不乱，印坏十张以上即酌量赔偿，印的数目要正确，装订股保证切纸整齐，每本书都要切过，按规矩不装错，一小时一千页；石印股保□墨色均匀，照规矩正确；铜模股保证按规矩不出线；刻字工人保证架子正确，刻得好；铸字股保证字面都光，铸字不错误；打纸版工人保证纸版不坏；校队保证二样不透样，清样保证没有一个错字。

【本市讯】十月革命节，电器厂为响应赵占魁运动加紧生产，特举行赵占魁运动大会。九时许，全厂职工数百人，齐集工场院内，赵占魁同志、农具工厂汤厂长、总工会代表李才同志，先后在掌声中入场，全场情绪至为热烈，会场四周遍贴关于赵占魁各种优良作风的彩色标语，异常醒目。许多人都注视着赵占魁。赵氏衣黑色旧棉衣，脸上浮露淳朴可亲的笑容。会议首由工会主任王铁民同志致欢迎词后，赵占魁同志即在不停地鼓掌声中起立讲话，他恳切地鼓励工友们努力工作的热情后，由汤厂长介绍赵氏工作历史，工作优点。嗣由李才同志讲述赵占魁运动的意义，最后由电器厂张协理员就该厂具体情形提出意见数项，略谓：“我们看到了赵占魁以后，对新旧英雄的看法应该有些不同了，旧的英雄是建筑在别人的头上的，压倒别人抬高自己，而新的英雄则是在群众中长大，关心群众，帮助群众，用自己的工作热情和模范作用来教育群众的，我们都应该向这样的英雄赵占魁看齐！”会议在热烈的口号中散会。又讯：电器厂为了开展赵占魁运动，除召开大会动员外，特请总工会派代表来厂讲赵占魁运动的意义，并分组讨论，反省个人，配合党风学习，以加紧生产，保证本年度生产计划的完成。

各工廠慶祝十月革命節 獎勵模範勞動者

【本報訊】十月革命節，各工廠均放假，紛紛舉行偉大紀念儀式，並給優秀之勞動英雄……在邊區之工廠區域中，充滿崇敬的勞動熱氣，優秀的工人階級兄弟及勞動英雄，發揚了趙占魁的精神，並發動新的提高質量的競賽，為增加邊區生產而繼續努力。工廠管理者、工程師、技術專家、工人和學徒們，均以毅力與決心向前邁進；那些經過嚴格考驗被選拔出來的模範工作者，獲得了光榮的稱號，……在會場上，在唱歌、演說、球賽及有趣味的戲劇中，並表示了他們的力量和快樂的生活。

【本報訊】機器廠為提高勞動效率並使其經常化，規定每年於五一勞動節及十月革命節，特舉行兩次勞動模範者的給獎大會。此次十月革命節的隆重給獎會，更為總結過去半年內的勞動成績，並獎勵一些批的模範者，……在競賽過程中，反對孤立思想與個人英雄……認為趙占魁運動是一個長期的教育性的勞動運動，不是一兩個月的突擊所能成就的。勞動英雄趙占魁的特點，是對工作始終如一的精神，是公而忘私的高尚人格，是艱難奮鬥的態度。所以競賽的目的，不僅是提高勞動效率，而且要永久鞏固已得的成績。

【本報訊】機器一廠在十月革命節紀念會中，特舉行盛大典禮，一百多位模範工作者，榮受獎勵。計此次受獎者，在工人及學徒中，甲等為王希賢、栗富民二名，乙等九名，丙等三十八名，丁等二十六名，在工作人員中，甲等為陳光斗、趙來分二名，乙等四名，丙等九名，丁等三名，在勤務人員中，甲等為楊德光、田月楠、孫登明、楊世良等四名。

【本報訊】機器一廠之機械總工程師及化學總工程師某兩同志，……一九三八年自動棄職來邊區工作，其工作精神與工作態度……每天勞動十二小時（工廠分兩班，每班六小時，他兩班都做），四年如一日，從不休息，對工作謙虛，……

【本報訊】……工廠……十月革命節仍照常做工，……

開展趙占魁運動
兩印廠工友競賽
電器廠加強生產

【本報訊】勞動英雄趙占魁，給予八路軍印刷廠工友以學習的榜樣和情緒的鼓舞。該廠工人同志為有力的紀念雙重紀念節日起見（十月革命與該廠成立四週年）特向其兄弟工廠：中央印刷廠提出「提高質量比賽」。……

【本市訊】十月革命節，電器廠為響應趙占魁運動加緊生產，特舉行趙占魁運動大會。……

「人人提高自己，用新的英雄主義在事業中長大，關心群眾，幫助群眾，用自己的工作熱情和模範作用來教育群眾的，我們都應該向這樣的英雄趙占魁看齊！」會議在熱烈的口號中散會。

又訊：電器廠為了開展趙占魁運動，除召開大會動員外，特請總工會派代表來廠協助……本年度生產計劃的完成。

徵糧研究
對於秋徵的宣傳意見

劉文怡

徵糧是邊區工作中的主要部份，也是關係抗戰軍需財政的一件大事。過去公糧公草的徵收工作與糧食行政工作的關係配合不好，所以每年參加徵糧工作的人員不能了解糧政工作中的許多決定和制度，以致在徵糧中的宣傳，對於糧政工作與徵糧條例中，許多與群眾有密切關係的決定和制度的宣傳，注意得很少。……

慶陽徵糧調查
大有成績
各區多查出土地數萬畝

晉西北施政綱領通過後
參議員們……

綏德李店區
農民們租較重

兄弟們！我們一定要勝利！
工人高誠信於十月革命節
回憶他在蘇聯的戰友

恐怖演習

徐柏園違法人獄
監察院提付懲戒

甘主席談河西觀感

渝金融市場窘急
江度錢莊倒閉
金融界建議政府協助

魏道明演說

解放日报	时间	1942-11-13	期	第544期
			版	第2版

兴华制革厂奖励模范工人

【安塞讯】兴华制革厂于十月革命节奖励模范职工，推行赵占魁运动。选出甲等四名，乙丙等共八十名，多数工人得奖。又在给奖大会上开展赵占魁运动，制定了具体办法和标准，工业局、总工会均有代表出席讲话，最后在音乐声中举行颁奖，将旗中有“向赵占魁看齐”等字样。制革厂厂长在给奖大会中谈到此次四个甲等奖的获得者，皆有赵占魁精神，并各具专长和特有贡献，如：工人张西成是一个残废，而生产成绩超过任何人；王少卿为一老机器工人，对工厂设备装置出力不少；贾若茂烟熏牛皮不辞辛劳哑了喉咙而无怨言，职员张更生，一贯积极，忠于职守，从未离开工房。以上四位同志，堪称全厂模范。

固臨延安等地駐軍 結束秋收開始整訓

生產成績甚好學習熱潮高漲

【固臨訊】一旅騎一團秋收工作，已於日前勝利結束，今年農業生產以蔬菜為主，各種瓜菜，合計達五十餘萬斤，根據亦收穫二百餘石，各單位菜蔬均能供給到明年春天。

【固臨訊】「旅僱」團各連整訓已正式開始。每日上午為軍事訓練時間，下午為政治文化課時間。軍事方面，除各種戰鬥教練外，要求全體戰士達到：（一）手榴彈擲到卅米以外。（二）射擊不脫靶。（三）刺槍要更加熟練。政治文化方面：幹部於十一月底結束整風學習，戰士上整風課本及文化課。

【固臨訊】「旅頭」團自日前開始整訓以來，各團已掀起了學習熱潮。戰士們互相競賽之聲，到處可聞；有的說：「我一定要把手榴彈打到四十米以外。」有的說：「我一定要在元旦以前認會三百個新字。」幹部們亦已集中力量研究文件，籌備給全體戰士作反省及自我鑒定未做完的，一律於十一月中補齊。

【延安訊】駐軍「鬪變」部，今年生產成績甚佳，各單位菜蔬，堆積如山。為了堅硬，冬季又將到來，為使其學員能安心學習，不致發生菜食困難，特發起了勞動鍛鍊的運動，現各單位正在熱烈響應，已做菜蔬二萬一千斤。另給幹部建一萬斤。又「鬪變」團休養連，因大部為休養員，勞動力少，今年菜蔬生產量亦少，「西山」[illegible]該團白菜四千斤。

【本報隴東十日電】[illegible]學員隊，受學習，故調回整訓，在慶祝[illegible]紛紛送羊菜以示慰勞，並於一日下午召開軍民聯歡晚會，會上該部首長講話：「我們是邊區的守衛者，要服從政府法令，加緊政治軍事文化的學習，來回答大家對我們的關懷。」曾經[illegible]保衛[illegible]劇團演劇助興。這次整訓，除戰士們有除識字課外，尚有地理、歷史、衛生等文化課，幹部則着重於整風文件學習，藉經常進行時事報告。

【本報隴東十日電】據這團報告：本縣某某區從前有一片荒蕪的荒地，現已被保安縣戰士們手胝腳開成熟地，今年種植了千畝，收穫粗糧五十餘石，洋芋百餘斤，現該部生活大為改善。

【本報隴東九日電】曲子駐軍「金沙」部隊進行越冬準備，前已派出數十人到山裏去燒炭。其餘同志亦在加緊進行打柴收菜等工作。全體戰士每日在愉快的歌聲裏工作着。十五天內已燒好十五萬斤木炭，打了夠燒四個月的柴，七天內收完了所有的菜。

隴東分區一級 黨風學習完畢

關中加強學習紀律

【本報隴東十日電】隴東分區總學委會最近召開各分學委及直屬小組長擴大會，總結分區一級幹部整風學習，及討論十一月份學習計劃。會中指出：此次整風學習的收穫較多，一般幹部作了較深刻的反省，部份幹部已在行動上有某些進步，如：有幾位同志已能系統的將缺點聯系起來，從階級出身及思想根源上去分析並找出克服辦法。但也有個別同志對思想革命的意義認識還不夠，甚至有的同志學習「依然故我」，如銀行一同志對學習未能深刻反省及個人與黨的關係等沒有認清。總的偏向還在於只着重反省而忽視了文件本身的研究，與學風學習時的偏向相反。在於十一月份則以論少奇同志「論黨內鬥爭」和中央的「九一決定」為中心，兼注意加強思想領導和組織領導，強調思想革命的實際行動，部份的檢查工作。

【本報隴東九日電】慶陽縣級幹部整風學習，搞得較好的是縣府、市和驛馬關。在徵糧未開始前，他們都保持了經常的學習，能寫的寫了學習日記，進行了反省。有的幹部在整風後開始有了進步，如克服了不安心工作和脫離羣衆等毛病。並據一般反映，認為收效最大的是能在徵糧中實際運用調查研究，對於了解[illegible]掌握政策比過去要好得多。但共同缺點為：除了學習不夠經常外，主要的是受文化程度低的限制。故縣委特別強調學習文化的重要，不識字的必須學習識字，從提高文化着手。

【本報關中九日電】分區學委會最近於日前總結最近學習情況，指示各分會支會，對於學習時間的遵守均不夠，臨時所記文件時「忽」的精神也差，根據文件思想問題反省亦欠深入，在學習中甲組未能很好幫助乙組。為使今後學習恢復一月前的緊張狀態，除各將會提出以下辦法：責成各分支會認真進行：組織領導學習的組織，各分支總迅速加強重新改選恢復健全學習領導的負責人，學習的時間與紀律必須堅決遵守，各支會鑑督都得按期列出，內容着重於批評別人與自我檢討反省，並由學習組長督促，該同志互相傳閱筆記，臨時舉行整風漫談會，組織爭論問題，有系統的解答疑問，初步的、部份的檢查工作。關於經濟部門及生產幹部的學習，要在不正規的工作生活條件之下，爭取時間學習。至於各機關學習情形，學習通訊員必須隨時給關中學習導報寫稿，以便互相參考。

光華農場 試種各類作物

【本市訊】光華農場試收已全部結束，並分別收藏入窖。現該場工作已轉入多翻地和各種試驗材料之整理中。該場為藥方面本以試驗外來品種和推廣優良品種為目的，據今年試驗結果，比較成熟的，有[illegible]西瓜，成熟期早（只三十多天），果果雖不及本地種大，但滋味清甜可口，甘露西瓜的成熟期約四十餘日，單果較大，可長久存放，吃起來比倉瓜還好。以上二種，均適於本地種植，並可推廣。此外尚有栽南瓜、洋瓜、洋芋等，均試植良好，可繼續推廣。農藝方面，去育成之穀風穀，不怕風蝕，倒伏極少，產量比普通穀子的穀子多一成，[illegible]多三成。今年在延安柳林區三鄉和[illegible]合區推廣種植，深為各農家歡迎。另外該場仍繼續進行了三百二十多種的品種試驗。[illegible]的品種，約一百六十多種，在十九個品種比較試驗中，以牛卵麥最好，產量較良，除一般特點外，每畝產量在大石一石二斗左右（普通粟每畝大石一石）。洋芋的品種比較試驗在較好的十一種，當中以美國白皮的「加拿大」最好，它的優點：成熟期早，芽眼少而淺，皮細，產量高——川地一畝比本地紫皮多收約大秤一百斤。此外，如蘿蔔、甜菜等，據試種結果，均有大批栽培之價值。

晉西北 成立魯藝分院

【新華社晉西北九日電】為了培養根據地的文藝幹部，展開根據地的文化運動，和提高根據地的文化水平，魯藝晉西北分院，已於晉綏抗戰紀念日（十月十九日）正式成立。並由行署聘定[illegible]、聶聞、呂薇、亞馬、林杉、甘泗淇、塞克、孫謙等，以及其他同志分別為董事。盧夢為院長。並於日前召開董事會討論，通過簡章，教育方針及實施方案等各項事宜，現正積極籌備，不日即將開始招生，並定於明年正式開學。

【新華社晉西北九日電】為了團結更多的文化工作者，活躍根據地寫文章的空氣，以加強對敵鬥爭，展開晉西北文化運動，最近由周文、亞馬、杜心源、陳林、常芝青、馬烽等二十餘同志，發起組織一「根據地文化社」，目前已普遍發出徵文，廣泛徵求社員，凡從事文藝、社會科學、自然科學、以及一切能寫文章的同志，均歡迎踴躍參加。據悉該社日收到響應的信件很多，並有許多同志，自動要求參加，聞不久即可召開成立大會。

興華製革廠 獎勵模範工人

【安塞訊】興華製革廠於十月革命節獎勵模範職工，推行趙占魁運動。選出甲等四名，乙丙等共八十名，參觀工人得獎。又在給獎大會上開展趙占魁運動，製訂了具體辦法和標準，工業局、總工會均有代表出席講話，給獎在音樂聲中舉行，給獎旗中有「向趙占魁看齊」等字樣。該廠廠長在給獎大會中談到此次四個甲等獎的獲得者，都是有趙占魁精神，並各具專長和特有供獻，如：工人張西成是一個積極，而生產成績無過任何人；王少輝為一老模範工人，對工廠設備製器出力不少；賈若茂領導牛皮不辭辛勞，[illegible]負責，職員張更生，一直積極，忠於職守，從未離開工坊。以上四同志，堪稱全廠模範。

已逾四十 登記民衆團體

【本市訊】自市府決定凡屬本市的團體、機關、學校或研究會等組織必須登記手續以來，現已有警衛社、商業會、自然科學研究會等四十餘個團體前往登記。各機關團體已開始向當地政府轉請登記中。聞民政廳對審核建都後，即頒發登記證云。

銀城市參議會 討論減租問題

【本報綏德訊】西川周復區在此次鄉選運動中，分採取了各方面溝通的調查方式：正面、側面、開幹部、開民衆大會，收效頗大。開會時間規定在早上，以免妨礙秋收，結果到會選民超過百分之七十五。討論何人有選舉權的問題時，某些認為「破壞一人格低劣無賴參選的幹部在選舉權」，而主持選舉的幹部在這點上，「他沒有很好的向老百姓解釋，」竟馬虎過去了，這是工作中的一個缺點。

【又訊】銀城市市參議會討論減租問題時，某參議員提出：「政府法令規定地主於典賣地前兩個月，應向佃戶通知，此種規定有點不妥。」他認為，地主有時出於意外，有急需典賣地，故不能拘於兩月前通知佃戶，因此建議改在前兩月前[illegible]。當即被大會其他議員所反對，一致認為：政府定的法令，是應該的，一定要執行。身為參議員更應作模範。

【米脂訊】米脂各[illegible]選舉工作已先後結束，銀城市第二屆參議會於上月卅一日開幕。

邊區簡訊

明後兩天 南市開露天晚會

【本市訊】大衆俱樂部籌備會，因與城門劇社約定本月十四十五兩日，組織露天晚會，演出話劇、秧歌劇、雜技、活報等新節目，地址在南區新開之小市場，一概免費入場。

又訊 該會新成立之運動場及籌辦之茶社（經常表演雜技），現正加工趕造，期於本月底完成，聞此次晚會主持之群衆說會上，將招待本市各文娛機關團體，轉資座談云。

【本市訊】[illegible]坪中央門診部[illegible]，[illegible]月餘之籌備，現已佈置就緒，於十一月九日開始工作。

【本市訊】延安[illegible]動員委會本月八日召開第三屆常委會，檢討過去四個月工作，具體決定今後兩月工作中心為加強組織，了解下面情形，加強會友間的聯系等。

【綏德訊】難民工廠廠長吳生秀，於十月廿六日，由定邊來本縣參觀毛織工廠，吳廠長認為，綏德毛織工廠比之其他各處有較優越之地點條件：因接近羣地，原料易於收買；再則本地布料缺乏，製成品易於銷售。只要努力經營，實有遠大的發展前途。今後宜注意的是：（一）少出雜製品，多出毛製品。因雜貨品質過優，成本太大，不易銷售。而毛製品正適合羣衆之要求；（二）以較高的工資，刺激羣衆的紡毛熱忱，藉以增加生產，以供地方之需要；（三）對出品紅料，不可看得太高，多存原料少存成品，使資本迅速流轉。

【鄜池訊】在秋收戰鬥中，各鄉紙廠二流子參加生產。作十月中旬，全縣秋收都順利的完成了。

【綏德訊】市政府於十月三十一日召開抗屬座談會，正副市長解釋本年抗屬工作辦法後，並鼓勵抗屬幫助政府，加緊生產。該市受優待抗屬七十餘戶，分為三等優待。

曲子駐軍 協助政府徵糧

【固臨訊】駐軍政治處於[illegible]

【本報隴東十一日電】曲子徵糧工作開始後，駐軍某部派出有經驗的幹部十五人，幫助政府徵糧工作。現各部幹部均在參加工作，深得一般群衆同志的歡迎，另外各連隊抽出五人至八人幫助群衆秋收，數使秋收工作能及時順利結束。

【本報隴東十日電】慶陽市府最近檢查各鄉徵糧工作，發現地主富戶的負担較去年減輕多了，但一般佃戶的呼聲，則認為自己負担重了些。這一方面是去年某些地主未報實租，或「明減暗不減」，佃戶多在按額徵收，另方面則是今年某些地主按原租交納。但徵糧時，則按二五減租扣除了租額計算。結果佃戶吃虧很大；因租佃關係，發現租額，就是一個嚴重問題。該市府決定再召開佃戶會議，說明此中利弊，使其大家與地租和地主所得租額對照，求得公平合理，按條例計算徵糧。

【延安縣訊】市府於七日召開各支部書記會議，討論在徵糧中黨員的任務，市委書記特號召全體黨員以身作則，做羣衆的模範，此外應向區報公報之，求羣衆進行門爭，以完成秋徵工作。又，本市黨員登記現將配合秋徵進行。

延長籌備冬學

【延長訊】縣府與三科擬定以下各項辦法：（一）三科會合各級教育部門，立即籌備各學校工作，並規定學員學完能寫應字八百字始可畢業。（二）青救會在冬學中鑑選一定名額之會員入學。

綏德分區 各縣籌辦冬學

【本報綏德訊】專署於日前下令各縣，籌辦今年冬學。略謂今年冬學各縣完全自主辦理，冬學教員、經費、教員均由各縣自行籌劃。並照邊府教育廳的指示：綏德、吳堡、清澗可開辦新文字冬學，綜合各縣報告通訊員報導：四川、綏德等縣，均已計劃開辦冬學。該縣決定以少而精為原則，從十元起到卅處者，均可入學。教員可由當地公民間推選。學校經費預計每個冬學三百元，暫由區府墊出。四川區縣府請，均設冬學委員會，由當地公正人士組織之。該縣預設立冬學六十五處，在區鎮、店鋪、鄉鎮、都衛各設中心冬學一所，並聘教員，其本人之負擔，並決定提高教員的待遇，教員之路費，亦由公家負責，並增加津貼一百元，五十五歲以上之教員，在冬季增發石炭五十斤。

【本報綏德訊】本縣三科，在就次三科佈置冬學時，曾檢討了全縣各小學的工作，認為除縣小與義合小學較好外，其他小學均差，尤其是學校制度不正規，有的只教國文、常識，不教算術。如何提高教員的質量，是三科目前的中心工作。據息：三科準備抽調一部份小學教師，開辦訓練班，時間至少四個月，以提高教員的文化水平。其他不能參加訓練工作者，準備多檢查，多指示，並介紹書報，幫助他們加強業務學習。

【清澗訊】本月四日縣三科邀請縣委、縣府、抗會、參議會、民教館等負責人，成立冬學委員會，由三科長擬定之冬學計劃，經大家討論後決定：一、全縣共辦冬學十四處（漢字十一處，新文字三處），以在沒有小學的村莊設立為原則，其他有初小的，附設冬學班，並發動人民成立夜校、識字組。二、加強[illegible]，[illegible]。三、[illegible]。四、[illegible]，冬學班報收十人。五、提高[illegible]質量，舉辦有高小程度和教師經驗的人擔任教員，經費：教員[illegible]日的訓練。經費：教員每人每月米四斗，公費一百元（兩月），菜油由學生負擔。四、進行良好的佈置，應於上十五日召集區長、區委會，進行佈置討論。

上月二十五日，邀請區鎮各機關及文化團體，舉行村間報座談會。由於過去壁報沒有很好的反映民衆的生活和要求，同時對黨的政策和政府法令的宣傳亦不夠，故決定：（一）成立街道讀報小組委會；（二）成立[illegible]人小組；（三）每月出刊三期；（四）內容以二分之一反映民衆生活，並調「天下大事」、「大衆知識」、讀者[illegible]等欄。

【四川訊】「上關」組、綫運隊文藝工作組，於十月旬到達「洞關」鎮。此行[illegible]：（一）[illegible]、秧歌、劇劇、美術工作。（二）舉行流動展覽。（三）隨時向外寄發新聞通訊，反映[illegible]，該工作組擬於十二月初返延。

精兵簡政在一二五師教二旅

在深遠的敵後，由於敎二旅全體指戰員的艱苦奮鬥，不但在鬪爭的前面上——縱橫四五百里的地面上站立與堅持了抗日根據地，並且在敵人不斷的掃蕩與實行分割封鎖之下，保持與擴護了我軍的交通與聯絡，不管鬪爭多麼殘酷與頻繁，可是對上級所付予的任務是沒有不完成的。

同樣的貫徹的精兵簡政這個極其重要的政策與搭到敵後各抗日根據地以後，敎二旅就首先認識了這個政策的重要性，並且很快的執行了這個政策，在執行這政策中現在已經收到了相當的成績。

在精兵簡政這個政策執行以後，首先改變了教二旅的同志對抗日根據地的觀念。在這之前，他們中若干同志是多少存在着單純的狹隘的軍事觀點的，他們認為根據地的建設與軍隊似乎沒有多大關係，根據地好像只是地方上的任務，因此對根據地的愛護與參加根據地的建設上是表現有些不好的認識的：自從精兵簡政執行以來，這種不正確的觀點便首先被克服與轉變了，他們在思想上已經樹立了鞏固與建設根據地的觀點。

因為在敎二旅樹立了鞏固與建設根據地這個觀點，所以他們就非常的愛護根據地的民力與節省民力了，因此在部隊中規定了自己精兵簡政的辦法，從今年四月和六月的統計（缺×團），他們就節省了民力有六千一百二十九人，如果按照每人每天工資三元計算，就節省了一萬八千三百八十七元，此外自己節省糧三十七萬三千一百一十九斤，按照每一百斤工資六元計算，就節省了二萬二千三百八十七元，這樣不但節省了部隊的開支，而且也節省了民力。

爲了參加根據地的建設，他們參加開闢荒地運動，到現在共開荒八百餘畝，自己的菜地有一百五十四畝，植棉十二畝，種樹二千二百九十二株；此外部隊從[illegible]起來，去幫助羣衆進行生產，在今年幫助羣衆營耕五百六十七畝，鋤獲九百三十二畝；在麥收的時候，幫着群衆收麥二萬七千四百九十八畝，挑麥九千零九十四石。爲了愛護與節約根據地的物力，在部隊中普遍的進行了節約與生產運動，從去年七月到今年六月，全旅一共節約了六百一十五萬五千八百八十九元，由於節省了這樣一筆巨款，因此就解決了一些物質困難，並且把部隊的生活也改善了。

在同樣的時間裏——去年七月到今年六月，他們在生產方面也得到了很大的成績，如在軍需生產方面，計生產鞋子一萬五千八百二十雙，水壺二千六百九十一把，被子六千三百九十八床，紗布九十八匹，帆布一百六十八匹；在畜業生產方面，計喂豬一百零六頭，雞二千一百八十一隻，羊四十八頭，牧菜六萬四千〇三十三斤；此外他們還收集了破銅爛鐵九萬餘斤。

由於敎二旅的同志都了解到自己同根據地的血肉關係，因此在部隊中就有了遵守與執行抗日政權法令的觀念；而且在部隊的領導關中也注意了黨的社會政策的執行，因此在今年的春天曾召集了敵佔區與根據地的士紳二百餘人舉行了一次士紳座談會，經過這次座談會以後，吸引了地方上有許多的士紳參加了抗戰工作，而且有好多過去的地主也回來了，只東海一個地方回到根據地的地主就有三十多家。

在敵佔區，由於執行了黨的對敵鬥爭的正確政策，由於注意保護了敵佔區群衆的利益——不因款不攤款，不徵糧不徵草，這樣不但爭取了大批敵佔區的青年知識份子，而且把八路軍的威信在敵佔區大大提高了。

總而言之，由於敎二旅正確的執行了黨的各種政策，這就擴大了黨的影響，使利了根據地的建設與鞏固。

說到部隊本身，在精兵簡政執行以後，龐大的機關縮小了。這樣一方面使機關精幹，增加了同敵人鬥爭的堅強性，另一方面經過下來的人員補充到連隊中去，連隊更加健全，軍隊的戰鬥力就更提高了。全旅精簡的結果有×百×十×名，僅將健強的工作人員補充到連隊去了，有×百×十×名轉入了生產部門，有馬騾五十四匹也投入了生產，此外抽出幹部六百五十名送入了學校深造，及參加了地方武裝工作，這樣在部隊小身驛比前精幹多了，同時地方武裝也更健壯了。

由於部隊注意了地方武裝力量的加強，所以在最近特別組織了×百餘人的游擊隊，這支力量經常同民兵配合作戰，一方面提高了民兵的戰鬥情緒，一方面減輕了主力兵團的負擔。

部隊精簡的結果，就使部隊的開支減少了，在精簡以後，計減少辦公費六百一十元，教育費二千零四十元，津貼費四千零八十元，醫藥費一千六百三十二元，鞋襪費八千六百零二元，伙食費八千零二元，被服費二萬零四百元，糧秣費九十八萬三千零七十八元，這樣開支的減少，就使得部隊經費的調轉上比較順利了。

在執行精兵簡政的政策過程中，爲了貫徹這個政策，因此召開了全旅黨代表大會，在這次大會上，很嚴格的檢查了鬥爭，堅決的反對了幹部的地位觀念，嚴重的批評了幹部中少數的不可救藥的落後份子，給予了撤職和處分。

在這次代表大會以後，幹部的積極性提高了，各級幹部之間的團結加強了，部隊幹部與地方幹部之間的關係也密調了。

此外在精兵簡政的執行過程中，還大膽的提拔了二百九十二名新幹部，這樣就使得部隊增加了新的血液，部隊就顯得更有朝氣了。

精兵簡政以後，連隊中支部的戰鬥與核心作用是大大的加強了，支部的工作特別注意了與非黨員的團結問題，因此支部就時常與非黨員進行談話，召開非黨員座談會，幫助非黨員明白的去解決困難，這樣把非黨員很好的團結到黨的周圍，而且還可以不斷的發現積極份子，把他們及時的吸收到黨內，因此黨員在部隊中的數量，經常保持着百分之四十五到百分之四十的比例。

由於支部在連隊中的威信與作用的加強，因此他就能夠保證連隊獨立行動中任務的完成，在戰鬥中黨員不但起着模範作用，而且還可以協助指揮員掌握部隊，例如×團三營在鄰烏鎮戰鬥中，雖然部隊被敵人團團包圍了，然而由於黨員的堅定與英勇，使得指揮員更容易的收容了部隊。再如在最近一次的反掃蕩中，我們有十八名男士被五百多敵人包圍了，由於黨員的英勇，提出了「投降不交槍」的口號，這樣全體戰士就光榮的犧牲了。

這樣的支部，在精兵簡政以後，是在逐漸的生長着。

從敎二旅執行精兵簡政中證明了：提出的這個政策是完全必要而且是非常的，在目前艱苦的敵後鬥爭中，在復興的前夕的困難下，這個政策的執行是有極大的意義的。

河南災情

——洛陽通訊——

今年本省各災縣情況慘重。近者洛陽以東，洛陽以北之鄭州、汜水、榮陽、以北之廣武等縣，最近一個統計，受災人民約千萬餘人，與區內自三四月起即未落雨，五六月間大旱，麥苗大半焦枯，即所種秋禾，收穫量最多亦不過二三成而已。今年收成既無希望，故去年糧食又復用罄，因之糧價飛漲，每斗自七八十元漲至六七百元，糧價及其他物品亦隨之暴漲不已，較西安、昆明、重慶之上。一般貧民只能以樹皮、草根、[illegible]土摻和[illegible]。

[illegible]食，[illegible]。此外，[illegible]，因此流向[illegible]。人民因不願投奔，因此流向省外[illegible]，沿途死亡頗多，[illegible]。洛陽、新安一帶，糧價頗高（八月間，麥每小斗約一百卅餘元，約[illegible]），[illegible]，救災工作尚未落實。自七八月起，洛陽火車站附近災民擁擠，[illegible]。洛陽災民之災[illegible]。

目前，但弊趨價低賤之九，絡求工作，免受飢餓而已。因之洛陽各路、鄭州、新鄭、潼關、寶雞、西安、蘭州各地之乞丐、苦力、小本經營者之流，都是我們河南的災民。目前已經多得不可勝數。[illegible]，無法耕種，[illegible]，若待明年，[illegible]。

第二因[illegible]；第三人民負担[illegible]，民間家無[illegible]。政府各縣[illegible]，災區人口約十萬餘人[illegible]。[illegible]。

边区简讯

【本市讯】蓝家坪中央门诊部增设牙科，经月余之筹备，现已布置就绪，于十一月九日开始工作。

【本市讯】延安华侨救国会本月八日召开第三届常委会，检讨过去四个月工作，具体决定今后两月工作中心为加强组织，了解下面情形，加强会友间的联系等。

【靖边讯】难民工厂厂长吴生秀，于十月二十六日，由定边来本县参观毛织工厂。吴厂长认为，靖边毛织工厂比之其他各处有较优越之地理条件：因接近蒙地，原料易于收买；再则本地布料缺乏，制成品易于销售。只要努力经营，定有远大的发展前途。今后宜注意的是：（一）少出绒制品，多出毛制品。因绒货品质过优，成本太大，不易销售。而毛制品正适合群众之要求；（二）以较高的工资，刺激群众的纺毛热忱，借以增加生产，以供地方之需要；（三）对出品红利，不可看得太高。多存原料少存成品，使资本迅速流转。

【盐池讯】在秋收期间，各区组织二流子参加生产。在十月中旬，全县秋收都顺利地完成了。

【绥德讯】市政府于十月三十一日召开抗属座谈会，正副市长解释本年抗属工作办法后，并鼓励抗属帮助政府，加紧生产。该市受优待抗属七十余户，分为三等优待。

【固临讯】驻军政治处于上月二十五日，邀请临镇各机关及文化团体，举行街头报座谈会。由于过去街头报没有很好地反映民众的生活和要求，同时对党的政策和政府法令的宣传亦不够，故决定：（一）成立街头报编委会；（二）成立通讯小组——并在市镇另成立一商人小组；（三）每月出刊三期；（四）内容以二分之一反映民众生活，并辟“天下大事”，“大众知识”数栏。

【西川讯】“上关”旅组织连队文艺工作组，于十月旬到达“南关”团。此行要任务是（一）开展通讯、读报、音乐、戏剧、美术工作。（二）携带图画照片多幅、举行流动展览。（三）随时向外寄发新闻通讯，反映□队动态，该工作组拟于十二月初返旅。

固臨延安等地駐軍結束秋收開始整訓

生產成績甚好學習熱潮高漲

【固臨訊】「徐營」「固林」秋收工作，已於日前勝利結束，今年蔬菜生產以蔬菜為主，各種瓜菜，合計達五十餘萬斤，糧食亦收穫二百餘石，各單位蔬菜均能供給到明年春天。

【固臨訊】「徐營」「劉營」各學習小組已在試開始。每日上午為軍事課時間，下午為政治文化課時間。軍事方面，除各種戰鬥教練外，要求全體戰士達到：（一）手榴彈投到卅米以外。（二）射擊不脫靶。（三）刺槍要更加熟練。政治文化方面：幹部於十一月底結束整風學習，戰士上整風課本及文化課。

【固臨訊】「徐營」自開始整訓以來，全團已掀起了學習熱潮。戰士們互相鼓勵之聲，到處可聞；有的說：「我一定要把手榴彈投到四十米以外。」有的說：「我一定要在元旦以前學會三百個新字。」幹部們亦已集中力量學習文件，筆記及自我鑑定未做完的，一律於十一月中旬做好。

【延安縣訊】駐軍「劉營」團，今年生產成績甚佳，各單位蔬菜，堆積纍纍。該團因鑒於該地發生產沒有基礎，多年又特對采，為使其學員的安心學習，不致發生菜食困難，特發起了歡迎的運動，現各單位正在熱烈勞動，已送菜蔬二萬一千斤。另送給幹部班一萬斤。又「劉營」團休養連，因大部為休養員，勞動力少，今年菜蔬生產量亦少，「四山」營特以勞動所得白菜四千斤。

【本報隴東十日電】曲子縣訊：本縣某部本年秋收，各機關部隊進行秋收，並於一日下午召開軍民聯歡晚會，會上該部首長講話：「我們是駐軍，要遵守群眾紀律，服從政府法令，加緊政治軍事文化的學習。」來團的大家對我們的誠意。劇團演劇助興。

【本報隴東十日電】環縣訊：某部隊從前有一片荒地，現已被保安縣戰士新手墾闢成熟地，經常進行時事教育。

【本報隴東十日電】慶陽某部，全體戰士在整訓中，除識字外，尚有地理、歷史、算術等文化課，幹部則著重於整風文件學習。

【本報隴東九日電】曲子駐軍「金沙」部為進行過冬準備，業已派出數十人到山裏去燒炭。其餘同志亦在抓緊進行打柴收菜等工作。全團戰士每日在愉快的緊張工作着，十五天內已燒好十五萬斤木炭，打了夠燒四個月的柴，七天內收完了所有的菜。

隴東分區一級

黨風學習完畢

關中加强學習紀律

【本報隴東十日電】隴東分區總學委會最近召開各分區總學委及直屬小組長擴大會，總結分區一級幹部黨風學習，及討論十一月份學習計劃。會中指出：此次黨風學習的收穫較學風為多，一般幹部作了較深刻的反省，部份幹部已在行動上有某些進步，如：有幾位同志已能系統的將缺點聯系起來，從階級出身及思想根源上去分析並找出克服辦法。但也有個別同志對思想革命的意義認識還不够，甚至有的同志學習「依然故我」，如銀行一同志對平均主義的認識及個人與黨的關係等沒有認清。組織的偏向還在於只注意反省，忽視了文件本身的研究，與整風學習時的偏向相反。至於十一月份則以調少奇同志「論黨內鬥爭」和中央的一九一決定為中心，並注意加强思想領導和組織領導，要讀思想革命的實際行動，部份的檢查工作。

長督促該個同志互相傳閱筆記，臨時舉行整風漫談會，組織爭論問題，實行個別談話，有系統的解答疑難問題。初步的、部份的檢查工作。關於經濟部門及生產幹部的學習，應在不正規的工作生活條件之下，爭取時間學習。至於各機關學習情形，學習通訊員必須隨時給關中學習導報寫稿，以便互相參考。

要好得多。但共同缺點為：除了學習不正常外，主要的是受文化程度低的限制。故縣委特別强調學習文化的重要，不識字的必須學習識字，從提高文化着手。

【本報關中九日電】分區學委總結最近學習情況，指示各分會支會，對於學習時間的遵守均不够，並特別號召文件時「整風」的精神，根據文件思想考問。

題反省亦欠深入，在學習中和組未能很好幫助乙組。為使今後學習恢復一月前的緊張狀態，總學委會提出以下辦法，責成各分支會認真執行：關於健全學習的組織，各分支應迅速加強並重新改選學委會，健全領導讀的負責人，學習的時間與紀律必須堅決遵守，各支會應檢查學習情形並列出，內容着重於批評個人與自我檢討反省，並由學習組織。

光華農場

試種各類作物

【本市訊】光華農場秋收已全部結束並分別收藏入窖。現該場工作已轉入冬季翻地和各種試驗材料之整理中。關於園藝方面本以試種外來品種和推廣優良品種為目的，據今年試種結果，比較重要的，有倉籽西瓜，成熟期早（只三十多天），單果雖不及本地種大，但甜味清甜可口，甘露西瓜的成熟期約四十餘日，果實較大，可以久存放，吃起來比台灣瓜還好。以上二種，均適於本地種植，並可推廣。此外尚有北瓜、南瓜、洋瓜、絲瓜、苦瓜等，均試種良好，可進行推廣。發芽方面，最先育成之黃瓜等，不怕蟲害，飼伏極少，產量比普通種子的顆子多一成，草多三成。今年在延安柳林區三鄉和發將宋家灣合區推廣植種，各農家歡迎。另外該場仍繼續進行了穀子的三百二十多種的品種試驗。穀子的品種，約一百六十多種，在十九個品種中比較試驗中，以作卵發種穗和梁籽白硬穀較良，除一般特點外，每畝產量在大石一石二斗左右（普通穀每畝大石一石）。麥子的品種比較試驗在較好的十一種，當中以美國白皮的「加拿大」種最好，它的優點：成熟期早，身低少倒伏，質細，產量高——川地一畝比本地麥皮多收約大秤一百斤。此外，如甜菜、甜高粱等，據試種結果，均有大批

栽培之價值。

【本市訊】自然科學院舖習班同學，今年開荒時所組織的「青年農場」，現已秋收完畢。特於日前開一總結大會，對於農場之紀律，收穫及生產，組織等加以檢討。農場生產，不但沒有妨害學習，反而活躍了集體生活，在集體實踐的鍛鍊上有着很大的成就。

興華製革廠

獎勵模範工人

【安塞訊】興華製革廠於十月本合作社獎勵模範職工，選出甲等四名，乙等共八十名，多數工人得獎。又在給獎大會上開展趙占魁運動，推行趙占魁運動的辦法和標準，工務局、總工會均有代表出席講話，給獎後在會場中舉行給獎，獎旗中有「同趙占魁看齊」等字樣。

【又訊】總廠長在給獎大會中談到此次四個甲等獎的獲得者，皆有趙占魁精神，並各具專長和特有供獻，如：工人張西成是一個鞣皮，副生產成績超過任何人；工人郭富一老鞣皮工人，對工廠設備裝置出力不少；賀若珍同志學習努力，冬季度不辭辛勞嚐了嫩皮而鬧疾病，職員張更生，一向積極，忠於職守，從未離開工廠。以上四同志，堪稱為廠模範。

登記民衆團體

已逾四十

【本市訊】自邊府決定凡民衆團體須到民政廳登記手續以來，現已有邊區青救、世界語協會、晶報協會、自然科學研究會等四十餘團體前往登記。各縣民衆團體已開始向當地政府辦理登記中。聞民政廳審核竣事後，即頒發登記證云。

晉西北

成立魯藝分院

【新華社晉西北九日電】為了培養根據地的文藝幹部，展開根據地的文化運動，和提高根據地的文化水平，魯藝晉西北分院，已於魯迅逝世紀念日（十月十九日）正式成立。由行署文化處長甘灘泉、羅貴波、成文、杜心源、亞馬等同志為籌備委員。並於日前召開籌備會議，討論、通過籌章，該院教育方針及實施方案等各項事宜，現正積極籌備，不日即將開始招生，決定於明年正式開學。

【新華社晉西北九日電】為了團結更多的文化工作者，活躍根據地寫文章的空氣，以加強對敵鬥爭，更深入開展晉西北文化運動，最近由周文、亞馬、杜心源、柴林、衛國等二十餘同志，發起組織一「根據地文化社」，目前已普遍發出徵文，廣泛徵求社員，凡從事文藝、社會科學、自然科學、以及一切能寫文章的同志，均歡迎踴躍參加。現該社日收到廳部的信件很多，並有許多同志，自動要求參加，聞不久即可召開成立大會。

銀城市參議會

討論減租問題

【本報綏德訊】四川周復區在此次縣選舉中，分採取了各方面陶冶的調查方式；正面、側面，問幹部、問本人，收效頗大。開會時間規定在早上，以免妨礙秋收。

【又訊】銀城市市參議會討論減租問題時，某參議員提出：「政府法令規定地主的與實地前兩個月，應通知佃戶通知，此種規定有點不妥。」他認為，地主有時出於意外，有急需典賣地，故不能於兩月前通知佃戶，因此建議政府前為與地期。此可以由大會其他議員所反對，一致認為：政府定的辦法，是應該的，一定要執行，身為參議員更應作模範。

【米脂訊】米脂各選舉工作已先後結束，銀城市第二屆參議會於上月卅一日開幕。

延長籌備冬學

【延長訊】為加強冬學工作，青救會與三科商定以下各項辦法：（一）由三科會各級文化教育部門，立即籌備冬學工作，並規定學員學完，且能寫廣字八百字始可畢業。（二）青救會在各鄉保證動一定名額之會員入學。

曲子駐軍

協助政府徵糧

【本報隴東十一日電】曲子徵糧工作開始後，駐軍某部派出有經驗的幹部十五人，幫助政府徵糧工作。現各幹部均到鄉工作，深得一般群眾工作同志的歡迎，另外各連隊抽出五人至八人幫助群眾秋收，最使該地工作能及時順利結束。

【本報隴東十日電】慶陽市府最近檢查各鄉徵糧工作，發現地主富戶的負擔較去年減輕多了，但一般佃戶的呼聲，則認為自己負擔重了些。這一方面是去年某些地方未能真正按條例徵收，另方面則是今年某些地主未認真減租，或「明減暗不減」，佃戶多依然按原租交納。但徵糧時，則按二五減租扣除了租額計算。結果佃戶吃虧很大；因租佃關係問題，這是一個嚴重問題。該市府決定再召開佃戶會議，說明此中利弊，使其大膽地與地主所報租額相互對證，使得公平合理，按條例計算徵糧，由市府保證實行二五減租。

【延安縣訊】甘谷驛市黨部於七日召開各支部幹事會議，討論在徵糧中黨員的任務。市委書記特號召全體黨員應起模範作用，做群眾的模範，此外應向區報公糧之群衆進行門爭，以完成秋徵工作。又，本市黨員登記現時配合秋徵進行。

河南災情

——洛陽通訊——

今年本省各災縣災區縣份，汜水路以西、洛陽以東，南至以北之鄭卅四五縣，殘遭乾旱，而災情估計者當三分之一，受災人民約千萬餘人。災區內自三四月起即未得雨，五六月間大旱，禾苗大半焦枯，即所種秋雜區，收穫量最多亦不過二三成而已。今年收成既無希望，去年糧食又食用將盡，因之糧價飛漲，每斗自七八十元漲至六七百元，雜糧及其他物品亦隨之高漲不已，及襲西安、昆明、重慶之上。一般貧民只能用草根樹皮充饑，青黃不接，而鄰近黃河之縣份聞各縣災民災狀尤慘……

【本市訊】延安市中央門診部增設牙科，經月餘之籌備，現已佈置就緒，於十一月九日開始工作。

【本市訊】延安市第三屆常委會於本月八日召開，檢討過去四個月工作，具體決定今後兩月工作中心為加強組織，了解下面情形，加緊會友間的聯繫等。

【鄜縣訊】縣民工廠廠長吳生秀，於十月廿六日，由定邊來本縣參觀毛織工廠，吳廠長認為，該邊毛織工廠比之其他各處有較優越之地理條件：因接近羣地，原料易於收買；再則本地布料缺之，製成品易於銷售。只要努力經營，將有遠大的發展前途。今後宜注意的是：（一）少出毯製品，多出毛製品。因毯貨品質過優，成本太大，不易銷售。而毛製品正適合群衆之需要。（二）以較高的工資，刺激群衆的紡毛熱忱，藉以增加生產，以供地方之需要。（三）對出品紅料，不可看得太高，多存原料，少存成品，使資本迅速流轉。

【靖邊訊】在秋收期間，各區組織二流子參加生產，在十月中旬，全縣秋收都順利的完成了。

【綏德訊】市政府於十月三十一日召開抗屬座談會，正副市長解釋本年抗屬工作辦法後，並放給抗屬優待抗屬七十餘戶，分為三等優待。

【固臨訊】駐軍政治處於上月二十五日，邀請臨鎮各機關及文化團體，舉行街頭報座談會。由於過去街頭報沒有很好的反映民衆的生活和要求，同時對黨的政策和政府法令的宣傳亦不够，故決定：（一）成立街頭報通訊小組委會；（二）成立通訊小組——並在市鎮另成立一個人小組；（三）每月出刊三期；（四）內容以二分之一反映民衆生活，並闢「天下大事」、「大衆知識」諸欄。

【四川訊】「上游」旅組織連隊文藝工作組，於十月旬到達「固臨」劇。此行除比賽（一）開展通訊工作、讀報、音樂、歌劇、獎品外，（二）攜帶照片展覽，（三）隨時向外寄發新聞通訊，反映旅隊動態，該工作組擬於十二月初返旅。

明後兩天

南市開露天晚會

【本市訊】大衆俱樂部籌委會，已與該鬥劇團約定本月十四十五兩日，組織露天晚會，演出話劇、歌劇、舞蹈、活報等新鮮節目，地址在南區新闢之小市場，一概免費入場。

【又訊】該會新成立之運動場及籌辦之茶社（經常表演雜技），現正加工趕造，期於本月底完成。聞此次該會主持之露天晚會上，將招待本市各機關文娛團體，藉資聯歡云。

綏德分區

各縣籌辦冬學

【本報綏德訊】專署於日前下令各縣，籌備今年冬學。令各縣完全自主辦理，多學數目、經費、教員均由各縣自行籌劃。遵照邊府教育廳的指示：綏德、吳堡、清澗可附辦新文字冬學。綜合各縣呈報籌辦員報導：四川、綏德等縣，均已計劃開辦冬學。吳堡計劃以少而精為原則。各縣不超過卅處，每處學生約卅人，從十五歲起到卅歲者，均可入學。教員可由當地參照政府規定標準，請求邊區政府發給。西川區籌劃設立冬學六十五處，在馬鋪、店鋪、馬鋪、遠縣各設中心冬學一所，縣聘教員其本人之負擔，並決定提高教員的待遇，教師六鎮公家負責，每月發給小米二斗四升，學校經費二百元，參加冬學者，可免除石炭五十斤。

【本報綏德訊】本縣三科，在試辦三科籌備冬學時，曾檢討了各區各小學的工作，認為除完小與混合小學較好外，其他小學均差，尤其是學校制度不正規，有的只教國文、常識，不教算術。如何提高教員的質量，是三科目前的中心工作。據悉：三科準備抽調一部份小學教師，開辦訓練班，時間至少四個月，以提高教員的文化水平。其他不能脫離工作者，準備多檢查，多指示，並介紹書報，幫助他們加強業務學習。

【清澗訊】本月四日縣三科邀請縣委、抗會、參議會，民教館等負責人，成立冬學委員會，由王科長報告三科所擬之冬學計劃，經大家討論後決定：一、全縣共辦冬學十四處，以在沒有小學的村設立為原則，其他有初小的，在小學內附設冬學班。並發動人民成立私塾，二、加強動員學生，立冬學。除按成分需要指導外，依照當地情形決定入學年齡由十五歲到卅二歲，學生入學時除抗屬優待外，在幾日中遇有過分窮困的，給予必要的幫助，保證每個冬學校招收廿五個學生，冬學班招收十人。三、提高冬學教員的質量，吸收擁有高小程度和社會經驗，在教育界的人擔任教員，並選行二三日的訓練。經費：教員每人米四斗，公費一百元（兩月），燈油由學生負擔。四、進行很好的佈置，縣上十五日召集區長、區委書記，進行傳達討論。

精兵簡政在一二五師教二旅

在深遠的敵後，由於敵二旅全體指戰員的艱苦奮鬥，不但在鬥爭的前面上——縱橫四五百里的地面上建立與鞏固了抗日根據地，並且在敵人不斷的擴蕩與實行分割之下，保持與掩護了政軍的交通與聯絡。不管戰鬥多麼頻繁與劇烈，可是對上級所付予的任務是沒有不完成的。

同樣的當執行精兵簡政這個極其重要的政策以後，敵二旅在各個抗日根據地以後，敵二旅就首先認識了這個政策的重要性，並且很快的執行了這個政策，在執行這個政策中現在已經收到了相當的成績。

在精兵簡政這個政策執行以後，首先就改變了敵二旅的同志對抗日根據地的觀念。在這之前，他們中若干同志多少存在着單純的狹隘的軍事觀點的，他們認為根據地的建設與軍隊似乎沒有多大關係，根據地好像只是地方上的任務，因此對根據地的建設與參加根據地的建設上是淡漠的，自從精兵簡政執行以來，這種不正確的觀點便首先被克服與轉變了，他們在思想上已經樹立了鞏固與建設根據地的觀點。

因為在敵二旅樹立了鞏固與建設根據地的觀點，所以他們就非常的愛護根據地的民力與節省民力了，因此在部隊中規定了自己精簡糧的辦法，僅今年四月和六月的統計（缺×團），他們就節省了民力有六千一百二十九人，如果按照每人每年天工資三元計算，就節省了一萬八千三百八十七元，此外自己節省糧三十七萬三千一百一十九斤，按照每一百斤工資六元計算，那麼共節省了二萬二千三百八十七元，這樣不但節省了部隊的開支，而且也節省了民力。

為了參加根據地的建設，他們展開開荒運動，到現在共開荒八百餘畝，自己的菜地有一百五十四畝，植棉十二畝，植樹二千二百九十二株；此外部隊經常的動員起來，去幫助群衆進行生產，在今年幫助群衆鋤耕五百六十七畝，運糞五百三十二擔；在麥收的時候，幫助群衆收麥二萬七千四百五十八畝，挑麥九千零九十四擔。

為了發展與節約根據地的物力，在部隊中普遍的實行了節約與生產運動，從去年七月到今年六月，全旅一共節約了六百一十五萬五千八百八十九元，由於節省了這樣一筆巨款，因此就解決了一些物質困難，並且把部隊的生活也改善了。

在同樣的時間裏——去年七月到今年六月，他們在生產方面也得到了很大的成就，如在軍需生產方面，計生產料子一萬五千八百二十雙，水壺二千六百九十一把，被子六千三百九十八床，紗布九十八匹，軍帽一百六十八匹；在農業生產方面，計收糧一百零六擔，雞二千一百八十一隻，羊四十八頭，收菜六萬四千〇三十三斤；此外他們還收集了破銅爛鐵九萬餘斤。

由於敵二旅的同志都了解到自己同根據地的血肉關係，因此在部隊中就有了遵守與執行抗日政權法令的觀念；而且在部隊的領導機關中也注意了黨的社會政策的執行，因此在今年的春天曾召集了敵佔區與根據地的士紳二百餘人舉行了一次士紳座談會，經過這次座談會以後，吸引了地方上有好的士紳參加了抗戰工作，而且有好多逃到敵佔區的地主也回來了，只東海一個地方就有三十多家。

在政治方面，由於執行了黨的對敵鬥爭的正確政策，由於注意保護了敵佔區羣衆的利益——不因款不派款，不徵糧不徵草，這樣不但爭取了大批敵佔區的青年知識份子，而且把八路軍的威信在敵佔區大大提高了。

總而言之，由於敵二旅正確的執行了黨的各種政策，這樣就擴大了黨的影響，便利了根據地的建設與鞏固。

說到部隊本身，在精兵簡政執行以後，龐大的機關縮小了。這樣一方面使機關精幹，增加了同敵人鬥爭的力量，另一方面縮減下來的人員補充到連隊中去，連隊更加健全，軍隊的戰鬥力就更提高了。全旅精簡的結果有×百×十×名，價格精簡的工作人員都充到連隊去了，有×百×十×名轉入了生產部門，有馬騾五十四匹也投入了生產，此外抽出幹部六百五十名送入了學校深造，及參加了地方武裝工作，這樣在部隊本身就比前精幹多了，同時地方武裝也更健全了。

由於部隊注意了地方武裝力量的加強，所以在最近時期組織了×百餘人的游擊隊，這支力量經常同民兵配合作戰，一方面減輕了主力兵團的負擔，一方面提高了民兵的戰鬥情緒。

部隊精簡的結果，就使部隊的開支減少了，在精簡以後，計減少辦公費六百一十元，教育費二千零四十元，津貼費四千零八十元，醫藥費一千六百三十二元，鞋襪費八千六百零二元，伙食費八千零二元，被服費二萬零四百元，粗線費九十八萬三千零七十八元，這樣開支的減少，就使得部隊經費的週轉上比較寬裕了。

在執行精兵簡政的政策過程中，為了好的貫徹這個政策，因此召開了全旅黨代表大會，在大會上，很嚴格的與更嚴格整頓了門爭，堅決的反對了幹部的地位觀念，這種觀念，把個別少數的不可救藥的落後份子，給予了撤換職務的處分。

在黨代表大會以後，幹部的積極性提高了，黨隊幹部之間的團結加強了，軍隊幹部與地方幹部之間的關係也協調了。

此外在精兵簡政的執行過程中，還大膽的提拔了二百九十二名新幹部，這樣就使得部隊增加了新的血液，部隊就顯得更有朝氣了。

精兵簡政以後，連隊中支部的領導與核心作用是大大的提高了，支部的工作特別注意了與非黨員的團結問題，因此支部就時常派支部委員與非黨員談話，召開非黨員座談會，幫助非黨員提出的困難解決困難，這樣把非黨員很好的團結到黨的週圍，而且還可以不斷的發現積極份子，把他們及時的吸收到黨內，因此黨員在部隊中的數量，經常保持着百分之四十五到百分之四十的比例。

由於支部在連隊中的威信與作用的加強，因此他就能够保證連隊獨立行動中任務的完成，在戰鬥中黨員不但起着模範作用，而且還可以幫助指揮員掌握部隊，例如×團三營在鄭馬戰鬥中，雖然部隊被絕對優勢的敵人衝散了，然而由於黨員的堅定，這樣就停止了部隊的混亂，使得指揮員更容易的收容了部隊。再如在最近一次的齊口戰鬥中，我們有十八名勇士被五百多敵人包圍了，由於黨員的英勇，提出了不投降不交槍的口號，這樣全體戰士就光榮的犧牲了。

這樣的支部，在精兵簡政以後，是在逐漸的生長着。

從敵二旅執行精兵簡政中證明了：黨提出的這個政策是完全必要而且是非常正確的，在日益殘酷的敵後鬥爭中，在渡過黎明前的黑暗的困難下，這個政策的執行是有極大的意義的。

解放日报	时间	1942-11-16	期	第547期
			版	第2版

绥德民办合作社发展迅速

【本报绥德讯】延家川区牛家沟生产合作社，在十月初由牛生春、牛桂银等发起筹备，不到二十天，已收集股金二万三千元，社员二十一人，该社已有一架布机开始织布，并将弹好的棉花发给老百姓纺纱，此种办法准备扩大到全乡，增设染坊与附带卖些群众的日常必需品。建设厅三科，已出资四千元，作为补充股金，以资提倡。

【绥德讯】义合区阎家沟合作社，是去年年底由阎公选等创办的，开始只有股金三千元，社员三十余人，业务为供给本村妇女纺纱的棉花，及日常必需品的油盐之类。现在全村农民已在该合作社购买棉花一千二百余斤，比直接到市上去买要便宜四千余元。连同其他买卖，该社一年中已盈余四万三千余元，群众对合作社印象很好，全村居民大部分都加入了股份，现有股金两万一千余元，八十六个社员，连盈余在内共六万余元资金，刻正准备向全乡扩大。

延安東一區群衆 提前送糧入倉

【延安東一區訊】本區特派召集群衆於秋徵時，得前送糧入倉（如未徵收前，先給合屬經辦一部份），此項意見已得到群衆的深刻了解。一般農民認爲：□度正早晚都得送糧，只要公平合理，提早送一部份入倉，免得以後來不及。本月十二日即有本區一鄉白樹灣賀之明、安滿門韓尚萬二人共試送小豆肉外六升，小米二升，送交倉庫。

子長吳堡研究徵糧條例

【子長訊】本縣徵糧委員會爲幫助各級下級幹部研究徵糧條例及進行講明起見，特於十一月五、六、七三天召集縣上各部進行討論，會前首由縣委會委員鄭延立同志報告今年徵糧應有的認識及應注意的事項，和調查的方式方法等，各同志即按條例逐一提出問題。例如「窯地、關人」在本縣是否合適？怎樣執行才妥當？……其他如減租減息交租交息、起徵點、優待抗屬及移難民，模範優待等均有討論和研究。

【子長訊】……特於六日下午舉行測驗……怎樣折合？怎樣按累進率去算？怎樣算負擔和徵收比例等。測驗結果，大部份同志都答對了。

【子長訊】本縣今年公糧公草數字之分配方法，……由下而上的提出意見，再由上而下的民主討論決定……

人人作「賞龍投彈手」
劉堡二團開始冬季整訓

【綏德訊】「劉堡」二團於本月二日開始冬季整訓。戰士們正爲了使自己成爲投擲四十八米以上的「賞龍投彈手」而努力；並向着百發百中的「賞龍神槍手」的目標而練習。

綏德民辦合作社 發展迅速

晉西北臨參會上的「賞罰問題」

宗谷

【新華社晉西北九日電】……

鎮原的冬學

楊洛夫

注意兩點準備

管理、校長和認真教學

民主勸學

延縣冬校明日開學
輔導團擬定工作計劃

不能多辦 最好少辦

一個困難

固臨駐軍工農同志 開始熱心寫作

慶陽軍民大破擊

赤水完成選舉

新□國民鄉政選

全國美展 定下月舉行

保護森林
綏德禁止燒山

更正

解放日报	时间	1942-11-17	期	第548期
			版	第1版

启事

本厂收买大批兔皮、野猫皮、黄鼠狼皮等；各界人等如有欲卖者请来延安老城内本厂接洽，欢迎之至。

利华毛笔厂谨启

解放日報

社址：延安

啓事

鹽阜區臨參會 收穫圓滿勝利結束

規定參議員權利義務 選出議長與政府委員

冀魯豫我軍反擊 沂蒙匪大部被殲

離石敵寇 爭閱我宣傳品

中國國民黨十中全會 檢討政院設施 聽取國際情勢報告

盟軍進入突尼西亞 比塞大附近展開激戰

北非戰局發展 土西重視

斯城續戰挫敵 高加索紅軍有進展 蘇游擊隊活躍敵後

給黨報的記者和通訊員

解放日报 | 时间 | 1942-11-17 | 期 | 第548期 | 版 | 第2版

新中国厂赶制棉鞋

【子长讯】此间新中国鞋工厂，为完成七千双棉鞋任务，工会特于本月四日召开全体工人大会，号召工人们为完成生产任务而突击。现每日出棉鞋一七〇双，预料今冬棉鞋当可提早完成。

晉西北目前主要工作

擴大民兵組織對敵鬥爭 貫徹精簡完成今年公糧

【新華社晉西北十九日電】林楓同志在臨參會開幕式上，指出當前晉西北的幾個主要工作：（一）對敵鬥爭。晉西北三百萬人民參加對敵鬥爭，擴大健全民兵組織，爲發有效的辦法。並應提高鬥揭抗戰勝利信心，發揚民族氣節。（二）如何保證今年公糧完成，與提高公糧。（三）貫徹精兵簡政。關於對大會決定如何貫徹，林楓同志提出要徹研、具體、正確了解，一切綱領法令，應負責研究，使原則之決定，能正確實行於各不同地區，並應認真執行。總之，一切爲着戰爭之勝利，是晉西北政府軍隊人民共同努力的方針。

[illegible]

鄜縣佈置秋徵

延長組織試徵工作組

[illegible]

政府極力扶助下 河溪完成秋收秋耕

晉察冀龍華縣災荒渡過

[illegible]

晉西北臨參會閉幕宣言

[illegible]

給黨報的記者和通訊員

（上接第一版）

[illegible]

關中衣食村炭礦工 舉行代表大會

提高生產改善待遇

[illegible]

安塞開辦冬學

[illegible]

綏德一定納稅 綏稅局登記存貨

米脂各方協助緝私

[illegible]

新中國廠 趕製棉鞋

[illegible]

文化界集會

[illegible]

奸商透過河道資敵 綏德專署下令嚴禁

[illegible]

中蘇文協歡迎邵力子

邵氏謂：蘇聯力量足以擊毀納粹之侵略，同時亦有打擊一切侵略力量之準備

[illegible]

渝市破獲大囤積案

[illegible]

解放日报	时间	1942-11-17	期	第548期
			版	第2版

关中衣食村炭矿工举行代表大会

提高生产量改善待遇

【本报关中东区十五日电】衣食村第一次碳矿工代表大会开了三天，出席代表二十五人，代表全村三百二十名碳矿工人。东区工会办事处主任白兴武在其总结报告中指出：在衣食村炭矿联合工会成立以来之全年炭矿开采量，已得到猛烈的发展。过去仅有炭窑十八座，后增加至四十座。继因水火关系复减至二十一座。二十五名矿工代表，即系自此二十一座炭窑而来。大会之主要议题是缩短矿工工作时间，提高生产量及劳资间团结问题。最后并进行工会改选，通过提案十四件。东区工会办事处副主任霍善银同志当选为本届联合工会主任。该联合工会领导几十个分会，三十一个小组，它自身直接为东区工会办事处所领导。

【本报关中东区十五日电】矿工每日在十数丈深之窑底度过漫漫长夜，矿工工作时间常在十六小时以上，炭矿联合工会屡次提出缩短工作时间，提高工作效率之建议，直至此次代表大会方得圆满解决，工作时间决改为每日十二小时。过去矿工伤亡无一定之抚恤费，联合工会成立后，即将给予保证，死亡及重伤残废等抚恤费概由炭窑负担。并决定建立矿工住房、澡堂、俱乐部，将使矿工生活得到改善。席间来宾驻军代表提议军队与工人合建俱乐部，得到大家热烈赞成。炭矿联合工会成立后，炭工每天生产量由过去之四百斤提高为五百四十余斤，目前矿工中外来工人约有二百四十人，外来工人极富季节之流动性，为保护窑户利益，大会号召矿工遵守劳动纪律，并赞成劳资自愿订立季节合同，外来工人今年自同官县韩谷庄来边区之矿工即达六十四人。本地矿工与外来矿工生活上有某些隔阂，经联合工会及东区工会办事处进行教育，他们渐趋融洽。代表大会上，特别强调工人团结，分区抗救会孟主任在其讲词中更强调指出大会主旨系照顾矿工及窑户双方利益，并提高石炭生产量以改善劳资生活。

晋西北目前主要工作

擴大民兵組織對敵鬥爭　貫徹精簡完成今年公糧

【新華社晋西北十九日電】林楓同志在臨參會閉幕式上，指出當前晋西北的幾個主要工作：（一）對敵鬥爭，晋西北三百萬人民參加對敵鬥爭，擴大健全民兵組織，創設有效的辦法。（二）如何保證今年公糧完成，與提高警惕。（三）貫徹精兵簡政。關於對大會決定如何實徹，林楓同志提出四點：切實、具體、正確了解，一切網領條例法令，應負責研究，使原則之決定，能正確實行於各不同環境。總之，一切為着戰爭之勝利，是晋西北政府軍隊人民共同努力的方針。

【新華社晋西北十五日電】抗日陣亡將士暨死難烈士紀念碑落成典禮，於十二日上午在興縣舉行。全體參議員及來賓列隊於紀念碑前，降旗致以虔誠的哀悼。

鄜縣佈置秋徵

延長組織試徵工作組

【鄜縣訊】本縣正佈置秋徵工作。縣府曾於本月六日召開，……

【甘泉訊】……

【延長訊】本縣徵糧委員會成立，……

政府盡力援助下

沙灘完成秋收秋耕

晉察冀龍華縣災荒渡過

【晉察冀社晉中十五日電】……

晋西北臨參會閉幕宣言

【新華社晋西北十四日電】「晋西北臨時參議會閉幕宣言」全文如下：

全國同胞們，全晋西北父老兄弟姊妹們：我們晋西北臨時參議會的召開，正是世界民主陣線反對法西斯侵略的戰爭，有決定意義的時候。中蘇英美廿六個民主國家的團結更強大了。蘇聯英勇紅軍單獨抵抗希特勒及其歐洲軍隊，並粉碎了希特勒的第二個夏季攻勢。以後就是世界反法西斯陣線的進攻，最後的打敗希特勒。在我們中國內部也更加團結了。日本自從發動太平洋戰爭以來，它的戰線就延長了，兵力分散了。打敗了希特勒之後，世界民主國家就會配合中國，合力打倒日本法西斯帝國主義。……

……

第二個偉大的成就，就是大會討論和通過了晋西北行政公署兩年半以來的工作報告……

綏税局登記存貨

營商一定納税　來函各方協助緝私

【本報綏德訊】綏税局……

安塞開辦冬學

【安塞訊】……

新中國廠趕製棉鞋

【子長訊】……

關中衣食村炭礦工舉行代表大會

提高生產量改善待遇

【本報關中東區十五日電】衣食村炭礦工代表大會開了三天，出席代表二十五人，代表全村三百二十名炭礦工人。東區工會劉專員主任白興武在其總結報告中指出：在衣食村炭礦聯合工會成立以來之全年炭礦開採量，已得到猛烈的發展。過去僅有炭窯十八座，後增加至四十座。後因水火關係復減至廿一座。廿五名礦工代表，即係自此廿一座炭窯而來。大會之主要議題是縮短礦工工作時間，提高生產量及勞資關係等問題。並發動並實行工會改選，通過提案十四件。東區工會辦事處副主任高齊興同志當選為本屆聯合工會主任。該聯合工會領導幾十個分會，卅一個小組，它自身直接為東區工會辦事處所領導。

【本報關中東區十五日電】礦工每日在十數丈深之窯底度過漫漫長夜，礦工工作時間常在十六小時以上，炭礦聯合工會屢次提出縮短工作時間，提高工作效率之建議，直至此次代表大會方得圓滿解決，工作時間決改為每日十二小時。過去礦工傷亡無一定之撫恤，聯合工會成立後，即時給予保證，死亡及重傷殘廢等撫卹費概由炭窯負擔。並決定建立礦工住房、澡堂、俱樂部，務使礦工生活得到改善。據聞東區炭礦聯合工會成立後，使礦工每人生產量由過去之四百斤提高為五百四十餘斤。目前礦工中外來工人約有二百四十人，外來工人較富於勞動性，為保護業戶利益，大會號召礦工遵守勞動紀律，實現勞資自願訂立契約合同，外來工人今年自河南靈寶谷縣來，該區之礦工即達六十四人。本地礦工與外來礦工生活上有些隔閡，經聯合工會及東區工會辦事處進行教育，他們漸趨融洽。代表大會上，特別強調工人團結，分區抗敵會宣主任在其總結中也強調指出大會主旨係照顧礦工及業戶雙方利益，並求提高石炭之產量以改善勞資生活。

給黨報的記者和通訊員

（上接第一版）

為什麼說這就是主觀主義的作風呢？試問，不問事實，這不是所謂「道聽途說，東拉西扯」麼？寫了就寄，不問調查事情的人，不是自以為是」麼？看看接到這種通訊或文章，隨便登出，或者不問情由，隨便修改，豈不也是「自以為是」麼？這不是主觀主義的作風是什麼呢？

再比如說，我們的論文，體制與黨的政策不符，編排時輕重倒置，選擇不當，改寫時曲解事實鬧出笑話，這豈不是因為不管黨的路綫和政策，也不管事實真相，自以為是自作主張的緣故麼？這豈不是主觀主義的作風麼？

這種主觀主義作風的後果，一定是非常之壞的。

如果我們記者寫的稿子，常常不符事實，常常需要更正，那末，這樣記者，別人就會望而生畏，不敢同你談話，生怕一說話又「出了亂子」，一生了隔閡。採訪記者和通訊員，一定要深入社會才行，但是主觀主義的作風，會使他遠離社會，會把他人拒千里之外。

如果我們的編者，坐在房子裏，拿着一枝筆，接到人家寄來的稿件，拍案叫絕，粗心大意，把句子也改錯了，把文義也弄錯了；自己根本不知道是怎樣一回事，卻貪圖省事，圖便宜，不肯調查問人，也不想想黨的政策，隨便刪改，隨便添加，自作主張，就去付印，那末，這樣的編者，就只有歸於失敗，由於黨的主張，把讀者的校信。稿子經過這個編者之手，變了出來，讀者看到了，如果知道這是錯的，決不會說它是編者不好，而會說黨的是，如果不知道這是錯的，豈會上當，還會照着錯的去辦事，還會以訛傳訛，弄出大錯。

所以主觀主義的作風，是使黨報喪失威信的有效辦法，是使黨報對人民脫離的辦法，是使黨的工作受損失的辦法，是流毒無窮害人匪淺的辦法，也是斷送我們記者、通訊員和編者自身的有效辦法。黨報的影響越是大，它越有權威，就越不能犯錯誤，犯了錯誤來就越是害事。

對於這種有害黨報有害革命事業的主觀主義作風，我們黨報的全體記者和通訊員，應該要有義憤，應該加以深痛疾惡，應該去之惟恐不速，不能對它抱自由主義的放任態度。對於這種主觀主義作風和自由主義的態度，不同它堅決奮鬥，那是只有害處沒有好處。每一個黨報工作者，如果自己身上有這種主觀主義作風或其殘餘，就要自我批評，徹底改正，沒有這種自我批評、勇於改過的精神，就不會有很好的前途的。

當我們進行自我批評的時候，如果把這種作風看作技術問題，或者把它推在別人身上，也是無法改正錯誤的。須知道：不去問人，自以為是，隨隨便便，任意做事，那是黨性的問題，那是思想方法的問題，那是立場觀點的問題，那是自己品質的問題，都是要這樣深深的反省，認真的反省。只有當我們黨報的每個記者每個通訊員，都着清了主觀主義，我們的黨報才能蒸蒸日上，具備完全的黨性，而把它全部環節，都肅清了主觀主義，認真地切實地敏銳地發掘每一個主觀主義的表現而把它清除掉，才能肅清主觀主義。

黨報的改進，乃是全黨的工作。全黨的組織，有責任來積極指導和幫助黨報的改進。我們要求全黨的組織和全黨的同志，對我們提出意見，提出批評，並在各方面幫助我們的記者和通訊員。這是我們懇切希望的。

文化界集會

【本報訊】邊區文委及文化俱樂部前日在青年中央大禮堂招待文化界，舉行盛大之晚會，到文化界同志近千人。晚會節目分戲劇及音樂兩項……

綏德專署下令嚴禁奸商盜運河資敵

【綏德訊】……

中蘇文協歡迎邵力子

邵氏謂：蘇聯力量足以摧毀納粹之侵略，同時亦有打擊一切侵略力量之準備

【中央社重慶十五日電】中蘇文化協會十五日午後二時，舉行歡迎駐蘇大使邵力子大會。由該會會長孫科主席。邵氏即席發表演說……

渝市破獲大囤積案

【中央社重慶十六日電】……

延川合作社一本二利

【延川讯】本县城市区、永远区，及中区三个区合办之人民合作社于日前召开社员大会总结工作。该社原有股金五万九千八百八十八元，从五月份至十月份止，人民自愿投资六万四千八百元。仅门市部营业即盈利二十八万五千八百六十六元。每一元股金即可分得二元五角红利。全体社员均表示满意，咸谓："参加合作社既能买得便宜货物，又可分得红利。"皆愿以分得红利转为股金，以扩大合作社业务。

晉察冀各界紀念軍區成立五週年

【新華社晉察冀十七日電】十一月七日晉察冀軍區成立五週年紀念日，又適值蘇聯十月革命廿五週年，邊區各界舉行隆重紀念大會，……

西川鄉選完畢　不稱職鄉長均落選

關中衣食區秋徵代金已收三分之二

米脂自衛軍擊退土匪

延川合作社一本二利

邊府通令各級政府協助稅收

面向士兵到部隊去！　部藝改爲工作團

新戰士劇社精減效能提高

衣食村的煤礦

陝北文化協會關於衣食村的採礦

煤炭運銷

勞資關係

礦工生活

改進意見

各省市自治捐　財委通令停徵　直接稅收下年提高

六條舉辦參議

一得書

纏訟

煥南

滑稽離婚案

超過預定數額

關中×團文化學習競賽　某營獲得優勝

戰時農地使用管理　政院通過實施辦法

工礦調整

經濟部分區設辦事處

木炭汽車競賽

教部優待邊疆學生

解放日报 | 时间 | 1942-11-20 | 期 | 第551期 | 版 | 第1版

鲁手工纺织业发达

滨海区贷款二百万元

【新华社鲁中十七日电】新棉上市后，山东各地纺织事业，益趋活跃。泰山区专署目前召开全区纺织会议，决在各县划定实验区，由北海银行泰山办事处贷款五万元，帮助群众购买棉花，组织纺织小组。并以推动纺织为中心，开始整理各地合作社。据目前统计，莱芜县已整理区合作社五处，村合作社三十二处，计有会员一万二千余人，共有资金三万五千元。新莱□县，整理区联合社一处，村合作社十五处，会员一千四百人。资金一万二千余元。又据滨海讯，北海银行，今年在滨海各地之纺织贷款已达二百万元。该区莒南县，自获得纺织贷款十二万元及棉花贷款一万五千元后，市场颇趋活跃。如延赓集上，已经常有洋机十余架上市。据老年人谈，这是近年来未曾有过的繁荣现象。又因敌寇近日故意抬高洋纱价格至六百元一捆，该县纺织业联合会，乃号召全县动员，用棉线代替洋纱。据各个区实验之结果，如此每匹布仅需成本四百元左右。较洋布市价低约三分之一。据该县纺织工会某负责人语记者，现在该会正在组织妇女大量纺棉，以土纱抵制洋纱。

解放日報
今日出版一大張 第五九二號 中華民國卅一年十一月二十日
社址：延安 價目：每月十二元 三月卅四元 半年六十三元 全年一百七十元 本期零售五角

斯城紅軍攻勢日強

蘇克復若干堅固據點

德寇將被迫退守頓河

【新華社延安十九日電】斯城[illegible]戰鬥中，雙方[illegible]攻，[illegible]已還不如前，[illegible]納粹所[illegible]進攻企圖，[illegible]以內德軍之攻勢活動，[illegible]紅軍力量日增，[illegible]中立外交人士談稱：「[illegible]以避免在斯城地位之嚴重形勢。」（[illegible]）

【[illegible]】蘇聯情報局十一月十八日晚[illegible]：十一月十八日，在斯大林格勒[illegible]

[illegible]

突尼斯區

盟軍三路挺進

比塞大突尼斯激戰

[illegible]

太平洋作戰會議

討論北非局勢

[illegible]

平漢路西我軍活躍

冀中文安敵出擾受挫

【本報[illegible]十七日電】上月十八日[illegible]

[illegible]

土耳其信賴盟國

弗朗哥拒以海空基地供德

[illegible]

蔣委員長

關懷豫省災情

【中央社洛陽十九日電】[illegible]

魯手工紡織業發達

濱海區貸款二百萬元

【新華社魯中十七日電】[illegible]

一、[illegible]紡織工會[illegible]

社論

南斯拉夫游擊隊的勝利

最近一星期來，南斯拉夫游擊隊捷報頻傳，[illegible]

[illegible]

五寨敵殘害俘虜

濟城偽人員時遭屠殺

【新華社晉西北十八日電】五寨[illegible]

[illegible]

減租交租深入鄉村

慶陽西川莨縣等地人民熱烈協助政府

【隴東十七日電】[illegible]

[illegible]

中國國民黨五屆中監委

舉行十次全體大會

【中央社重慶十九日電】[illegible]

全美學生舉行世界學生日

[illegible]

解放日报 | 时间 | 1942-11-20 | 期 | 第551期 | 版 | 第2版

新华厂推行赵占魁运动　注意劳动教育

【本报讯】赵占魁运动在新华化学工厂热烈展开。上月二十一日开始，化学厂全体工人即进入学习赵占魁的热潮中，他们把本报关于赵占魁的社论、通讯、新闻作为教材，由王厂长配合该厂的实际情形讲授，并进行讨论。运动分三方面进行：工作、学习、生活。每项均有竞赛条例，上星期三竞赛已经终结，现正举行学习赵占魁的测验。测验题有五：（一）边区工厂财产属于谁，用什么态度工作才正确？（二）什么是自由？（三）“平等”和“平均”有什么分别？（四）你对工厂有过什么不正确的态度？（五）自高自大表现是什么？这个测验在全体工人进行自我反省上起了很大的影响，尤其在第四项：你对工厂有什么不正确的态度，不少工人同志均以坦白赤诚之话语；在浪费公物浪费原料上，在不安心工作上，在经济手续上都作了深刻的检讨。从这个反省后，工人们立刻把反省的收获表现到行动上，桂肇基、师振千等四同志每人自动增加义务工两小时（按照规定，加工两小时，要照平常四小时工作时间计算工资）。该厂职工会成立三周年纪念即将到来，配合赵占魁运动，该厂将选举模范工人。由各小组提出候选人，经评判委员评判，由工人大会讨论，最后在职工会三周年纪念大会上通过。

安塞縣直鄉 黨政軍合佈置徵糧 人民擁護早日繳納

[illegible]

綏德兩鄉長貪污 人民揭發 縣府予以撤職 正以懲處

[illegible]

晉西北行署決定 公粮公草開支辦法

[illegible]

建設新西川的兩個半月

馬義

[illegible]

延市災民上書 感謝邊府賑濟

[illegible]

雙十國慶 敵佔區武裝宣傳記

[illegible]

邊區簡訊

[illegible]

葭縣北部完成鄉選 幹部廣泛徵求民意

[illegible]

神府羣衆團體合併後 重新登記會員加强工作

[illegible]

後方出版界

[illegible]

注意勞動教育

新華廠推行趙占魁運動

[illegible]

推行公債 各省成立籌募委員會

[illegible]

閩省治河

[illegible]

茶糖運銷新疆 財部令有關機關辦理

[illegible]

晉西北文藝界成立文社

[illegible]

國內簡訊

[illegible]

解放日报	时间	1942-11-21	期	第552期
			版	第2版

某旅各工厂提早完成生产任务

【本报绥德特讯】模范兵工、模范党员运动，于不声不响的埋头劳动中，在某旅的大光纺织厂，修理所，被服厂，肥皂厂等十三单位的支部中开展起来。本月初，由某旅供给部总支委召开全体党员大会宣布结果：模范小组为供给部伙夫小组，而模范兵工模范党员——赵良玉、朱鸿霞、曹端茂、姜清波、阎和、季廷顺、杜来英、王二套、高彦先、裴英发、宋玉拴、贾和民、刘端、方友民、郭喜春、梁顺生、李德纯十七位同志，当场获得光荣的奖励。

【本报绥德特讯】某旅供给部为加强党内生活及提高生产效能，迅速赶制冬衣，曾于今年七月二十七日召开总支委会，决定八月至十月为创造模范党员运动期，所属十三单位支部，全体参加，随即提出模范支部、小组、党员之标准，发出指示，并组织检查委员会，在各支部、小组、党员之间，展开热烈讨论。上述之模范小组及模范党员，即是这一运动的结果。在党员给奖大会上，总支书商俊若同志报告了三月来这一运动的情形：大光纺织厂提前一个半月，完成六千匹宽布，质量俱优，而且争取了四名模范党员；被服所将过去要六个月才能完成的冬衣，三月即全部制竣，产生了改良式样，改良裁剪法，提倡计件工资的特等模范党员赵良玉同志，及三名模范党员，节省宽布二十余匹；修理所制选出缝衣机上的花篮，代替舶来品，改进了缝衣机；供给部除产生了五名模范党员外，伙房小组更荣获二十八小组中之模范。其他各支，亦均有创造和改进。王副政委并谓："此次运动，不光是提早完成任务，而更主要的，是在于发扬了模范兵工的劳动热忱，确定了大家对于劳动的认识，发扬了兵工党员，在劳动中创造精神。"

选出模范兵工

赵良玉荣获特等奖

【本报绥德特讯】某旅供给部各工厂选出的十七位模范兵工，模范党员中，得到特等模范奖的赵良玉同志，系山西崞县人，祖传六代皆为缝工。一九三七年八路军入山西抗日即携全家及学徒四人，机子二架，随八路军充当雇工，所缝衣物毫不较工资高低。一九三八年入党，在党的教育之下更加努力工作。一九三九年始正式参加我军某旅，入被服厂工作，旋即调任该所副所长。团结群众，深入下层，均为全所模范。精兵简政开始，调任该所第三组组长，赵同志在整风中，深知为党工作不应计较地位之高低；虽曾受不良分子煽动逃跑，而意志坚忍不拔。因工作积极，学习虚心努力，对人和蔼，无个人突出夸大等表现，遂能团结全所工人学徒，颇受爱戴，每天除缝纫工作外，又担任副支书、青年委员，行政上担任组长及文化教员、青年队长等。工作虽然烦冗，但总是有计划地耐心工作。模范党员运动开始，更领导全所工人的响应号召。艰难工作，皆亲自担任，为节省材料，提高工作效率，特向上级建议，实行“计件工资制”；自己复于苦心钻研中，创造出“八块裁衣”法，使六个月方能完成之冬衣，三个月即完成；并节省出二十余匹宽布。对工具非常爱护，每日将所有机器亲自检查修理，并告诉别人应细心爱护，他说：“党是自己的家，工具是党的，我们是党员，工具也是我们自己的。”他还是一个很优秀的宣传组织者，对群众讲解我党七七宣言，将党的决议口号，深入于群众之中。他劝告全所同志保护群众利益，关心群众生活，帮助群众推磨锄草。附近群众都很喜欢他。得到一等奖的宋鸿霞同志，河北蠡县人，十四岁即入天津蚨丰提花工厂，工作七年余。天津沦陷后，回家参加游击队，一九三九年正式参加八路军，不久即调某旅大光纺织厂工作，旋任该厂第一排第一组组长。一九四〇年八月入党，工作一贯积极负责，能节省原料，爱护工具。每日开工前，必先到机房，详细检查机子，然后开始工作。收工时，则将本组所有工具收拾妥善，然后出房，对于帮助他人，更为恳切周到，常说："大家都为党工作，帮助人家，就是给自己做工作。"有困难工作，皆自动负担。工作十分耐烦细心，不能织的坏纱，亦能好好地清理，不使浪费。每有纷争，则挺身解决，能使人欢悦佩服，由此，行政上减少许多纠纷，全厂工友更加团结，工作效率大大增加。为了大家不致闲荡街市乱花钱，他在工厂中发动集体创办合作社，贩卖日常必需品。每日于工作暇时管理合作社，数月来的账目，皆甚清楚，毫无含糊苟且之处。合作社所获盈利，用以改善工人生活，每礼拜可以吃肉两次，每月每人并可分得一些红利。他自己学习认真，并随时帮助别人学习，由于他关心群众利益，也很为附近老乡所信仰。供给部伙房小组共计十一人，于模范党员运动中，工作异常积极，从未煮一次生饭，且能经常保持清洁。学习上能虚心好问；每见来往同志，必询问字义，按时上课讨论，从未间断。各种会议亦经常进行。某次晚会，适逢党日，全供给部人员，有的竟进城看戏，他们这一组却仍在家进行党的小组会议，检讨日常工作及相互批评。此外如经常汇报，节省粮食，爱惜公物，积极生产，团结友爱，遵守纪律法令等，皆为他组之模范。故总支及检委会，在严格审核之下，一致认为符合标准，遂荣获模范小组称号。

某旅各工廠 提早完成生產任務

【本報綏德特訊】模範兵工、模範黨員運動，於不斷不懈的增殖勞動中，在某旅的大光紡織廠，修械所，被服廠、肥皂廠等十三單位的支部中開展起來。本月初，由某旅供給部總支委召開全體黨員大會宣佈結果：模範小組為供給部伙夫小組，而模範兵工模範黨員——趙良玉、宋鴻嶺、曹錦茂、姜清波、閻和、李廷順、杜乘英、王二喜、高茂先、樊英發、宋玉稔、賈和民、劉福、方友良、郝喜亭、梁園生、李恆純等十七位同志，當場獲得光榮的獎勵。

【本報綏德特訊】某旅供給部為加強黨內生活及提高生產效能，迅速趕製冬衣，曾於今年七月二十七日召開總支委會，決定八月至十月為創造模範黨員運動期，所屬十三單位支部，全體參加，隨即提出模範支部、小組、黨員之標準，發出指示，並組織檢查委員會，在各支部、小組、黨員之間，展開熱烈討論。上述之模範小組及模範黨員，即是這一運動的結果。在黨員給獎大會上，總支書尚俊吉同志報告了三月來這一運動的情形：大光紡織廠提前一個半月，完成六千疋寬布，質量俱優，而且爭取了四名模範黨員；被服所將過去要六個月才能完成的冬衣，三月即全部製發，產生了改良式樣，改良製衣方法，提倡計件工資的特等模範黨員趙良玉同志，及三名模範黨員，節省寬布廿餘疋；修械所製造出縫衣機上的花蘭，代替舶來品，改進了縫衣機：供給部除產生了五名模範黨員外，伙房小組更榮膺廿八小組中之模範。其他各支，亦均有創造和改進。王副政委當場：「此次運動，不光是提早完成任務，而更重要的，是在於發揚了模範兵工的勞動熱忱，確定了大家對於勞動的認識，發揚了兵工黨員，在勞動中創造精神。」

選出模範兵工 趙良玉榮獲特等獎

【本報綏德特訊】某旅供給部各工廠選出的十七位模範兵工，模範黨員中，得到特等模範獎的趙良玉同志，保山西崞縣人，祖傳六代皆為織工。一九三七年八路軍入山西抗日即積極參加及學徒四人，機子二張，隨八路軍充當織工，所織衣物毫不較工資高低。一九三八年入黨，在黨的教育之下更加努力工作。一九三九年始正式參加我軍某旅，入被服廠工作，後即調任該所副所長。團結緊密，深入下層，均為全所模範。精兵簡政開始，調任該所第三組組長，趙同志在整風中，深知黨員工作不應計較地位之高低；雖曾受不良份子煽動逃跑，而意志堅強不被。因工作積極，學習虛心努力，對人和氣，無個人英雄主義表現，遂能團結全所工人學徒，頗得愛戴，每天除縫紉工作外，又擔任副支書、青年委員，行政上擔任組長及文化教員、青年隊長等。工作雖然繁忙，但總是有計劃地耐心工作。模範黨員運動開始，更領導全所工人的學習熱忱，積極工作，並親自擔任，為節省材料，提高工作效率，特向上級建議，實行「計件工資制」；自己復於苦心鑽研中，創造出「八塊裁衣」法，使六個月方能完成之冬衣，三個月即完成；並節省出二十餘匹寬布。對工具非常愛護，每日將所有機器親自檢查修理，並告訴別人要細心愛護，他說：「黨是自己的家，工具是黨的，我們是黨員，工具也是我們自己的。」他便是一個很優秀的宣傳組織者，對羣眾講解我黨七七宣言，將黨的決議口號，深入於羣眾之中。他勸告全所同志保護羣眾利益，關心羣眾生活，幫助羣眾推廣鼓舞。附近羣眾都很喜歡他。

得到一等獎的宋鴻嶺同志，河北蠡縣人，十四歲即入天津鉄豐提花工廠，工作七年餘。天津淪陷後，回家參加游擊隊，一九三九年正式參加八路軍，不久即調某旅大光紡織廠工作，旋任該廠第一排第一組組長。一九四〇年八月入黨，工作一貫積極負責，能節省原料，愛護工具。每日開工前，必先到機房，詳細檢查機子，然後開始工作。收工時，則將本組所有工具，收拾妥當，然後出房，對於幫助他人，更為懇切週到，常說：「大家都是為黨工作，幫助人家，就是給自己做工作。」有困難工作，皆自動負担。工作十分耐煩細心，不能織的爛紗，亦能好好的清理，不使浪費。每有紛爭，即挺身解決，總使人歡悅佩服，由此，行政上減少許多糾紛，全廠工友更加團結，工作效率大大增加。為了大家不致閒蕩消耗花錢，他在工廠中發動羣眾創辦合作社，販賣日常必需品。每日於工作暇時管理合作社，數月來的賬目，皆甚清楚，毫無含糊苟且之處。合作社所獲盈利，用以改善工人生活，每禮拜可以吃肉兩次，每月每人並可分得一些紅利。他自己學習認真，並隨時幫助別人學習，由於他關心羣眾利益，也很為附近老鄉所信仰。

供給部伙房小組共計十一人，於模範黨員運動中，工作異常積極，從未壞一次生飯，且能認真保持清潔。學習上能虛心好問，每見來往同志，必詢問字義，按時上課討論，從未間斷。各種會議亦經常進行。某夫晚會，適逢黨日，為供給部人員，有的覺悟被實數，他們這一組却仍在家裡進行黨的小組會議，檢討日常工作及開展批評。此外如經常審報，節省糧食，愛惜公物，積極生產，團結友愛，遵守紀律法令等，皆為他組之模範。故總支及檢查委員會，在數將審核之下，一致認為符合標準，遂榮獲模範小組稱號。

十里鹽灘

陳　星

（一）概況

由綏德順着小理河往西走八十多里，川面逐漸開闊，河北山脚下稠密的擠着幾個舖子，在廣闊的灰白色的河灘上，棋布着饅頭形的大土堆，夾雜着點點的窰房，煙囪吐散出濃濃的煤煙瀰漫在河畔空中。工人們辛勤的勞動着，遠遠望去，給你一個新奇的印象，一片自然而熱鬧的「工業區」呵！

這裏便是西川著名的「十里鹽灘」，綏德分區小鹽的產地。附近散居着千餘戶人家，工人佔了大半，三眼泉、馬蹄溝、姜家窰三個舖子，就在灘裏（附近還有大供炭井）和糧食、布匹的交換中生長繁榮起來。

依着河曲，形成三四塊半圓形的河灘，很早就開闢了鹽井（據說最早在清同治時代，）現在西川有鹽井一一六口，其中公鹽九口，在質量上分：特好井五口、上井八口、中井二四口、下井七九口。鹽灘共約三百畝，鹽業勞動者六百多人，每年產鹽在一萬石以上。以四二年八月每斗一百一十元計算，價洋一千六百五十餘萬元。（註一）

（二）生產方式

鹽的生產方式還是手工業式的：用轆轤汲取井水，澆水於耙開的碎土層上，經過太陽的蒸發，把飽含鹽分的土歸在泥台形的「令」上——「令」是土製的濾鹽器，周圍三十餘步，圓形，高四、五尺，底斜鋪石板，按次往上舖以卵石、碎石、細沙，下開一道，道口下留一槽——再用井水澆注，濾過的水含有濃厚的鹽分，叫「鹽水」，然後放在鍋內熬煎成鹽，色白而質細。

另外一種是三川口附近：每月河畔積起一層鹽土，叫「白斗灘」，是鹽分隨水沖出，經日自然結晶而成，但成色不如人工鹽土。

澆潑鹽土（厚一寸左右，耙成長方形的土層），夏季七、八天，冬天半月或一月可成（時間愈長則成色愈好），然後耙攏堆積於「令台」旁，每「令」用鹽土九抓，再鋪洋三、四担井水，十二小時後濾出鹽水一担半，經八小時熬煎，能出鹽三四升。一個勞動力每年能熬鹽二十石左右，看井水質量和勞動強度而定。

井是鹽產的源泉。打井在民國初年一口需資本三四千元（現在約需十餘萬元）。打井過程：先挖去土層兩丈多，其下是四丈左右的黑石層，然後注水，吸出後用黏泥（黏土）塡封四壁，再下是「縫石頭」（熟塊的石頭，就是鹽礦了），鑿開四丈多深，四壁[illegible]的發酵，苦鹹的水由石縫滲透出來，便成鹽井。

打井大都由幾家合資，有時地主出地，另家出資本，打成後兩家共同佔有鹽灘，招募生產，一切生產用具資料由掌櫃供給，鍋子分採一塊灘地（一般每人可種半畝），三個「令」），每天可担十至廿餘次水（較大的井可供廿餘人每日十五、六次水），即可供水四百餘担，也有水少人多，不夠作的）。

（三）勞資關係

在生產過程中，掌櫃不從事勞動，負責設置傢俱用具（鍋耙、鍋、鑊……），購買燃料，工人終年勞動，吃自己的，熬出的鹽過去按對半分，近改為工人六份，掌櫃四份，以每個工人每年收鹽廿石計，可分得十二石鹽，按現價值一萬三千二百元，還須付出看鍋費六十元（熬鹽時，工人掌櫃合資雇人看鍋，熬出鹽一斗出看鍋費五角至一元，以掌櫃出四份，工人出六份計算。看鍋者多為老弱婦女，每人可照顧十至廿五面鍋，好的每天可賺十元左右，日夜不離鹽鍋，冬夏如常）（註二），全家衣食完全取給於此：掌櫃可分得八石鹽，值八千八百元，支付柴錢八百四十九（熬鹽一斗用炭一斤，鹽灘緊靠炭井，炭價低廉，每馱價廿多元），看鍋費四十元及一部分修理工具費，在每個鍋子身上可取得剩餘價值七、八千元，處業大的鍋子多，利潤也更大。

例如掌櫃要某有六個河灘（約地三四畝），一個中等井，十二口鍋，雇鍋子六人，年收鹽以一百二十石計算，可分鹽四十八石，值五萬二千八百元，支付炭費四百款即八千元，看鍋錢二百四十元，及工具修理費三百多元，可得純利四萬四千二百六十元，家有勞動二人，須經營兩[illegible]助收益，這是一個中等的例子。

鹽業勞動者中，有一無所有的鍋子、工人，有租個鹽灘的貧民（租一井平常出鹽卅多石，租一份則按份數算：如一井週圍應個河灘，每個河灘出租多少），也有掌櫃自己勞動，同時分出剩餘河灘招鍋子的。

（四）鹽工生活

鹽工大都無地（西川地少人多），也有個別有點田地，附帶種些莊稼。他們終年勞動，經常處境最不實惠持四五口的家庭生活。春夏（三、四、五月）最忙，因為氣候晴和，生產便利；六、七月多陰雨天，時常山洪暴發淹沒鹽灘，有時淤泥塞井，沖走鹽土，辛苦得到的成果，立刻白白丟掉了；冬天鹽土較慢，並受到風雪侵襲。因為終年鹽水的浸蝕，西北風起，手腳皮膚裂破，非常疼痛，要用麻油塗抹火上烘烤，才能勞動；有的工人十來歲勞動直到四、五十歲，腰直腿硬，「老來大便蹲不下」[illegible]。[illegible]

[illegible]

（五）在今天

一九四〇年春，開始組織工會，根據政府的勞動政策，經過勞資雙方數度商洽，去年六月改對分為四六分，工人生活改善了，每天三頓（[illegible]），還可以吃肉；工人都參加了組織，經常開會，有問題便找工會，同時積極參加民主運動，縣參議會內便有兩個鹽工議員；勞動地位有了保障，每年[illegible]。

[illegible]實行，今年一般保障了工人有工作，掌櫃隨意解雇的事情已經沒有了。四六分決定後，勞資雙方存在不滿情緒，需要我們以後加強教育說服，他們要求工人好好勞動，愛護傢具，還是正當的，積極生產和克服浪費，才能更向前發展經濟建設。

今年鹽灘遭山洪沖洗兩次，損耗計約在一二百萬元以上（塞井沖土，沖毀家具），因災即時斷炊的工人有一百廿九家，這是一個巨大的損失，政府已着手救濟。

十里鹽灘，現在呈現着一種新氣象，工人們在新民主主義政權下積極生產着，在綠綠的[illegible]上，工人們有古銅色的泰膊，強健有力的臂膀，用木瓢向空中撒洒閃閃耀的水珠，在陽光下閃爍，非常壯觀！如何使勞資關係更合理，如何改進技術增加產量，正是今後迫切的問題。

註一：本文是按今年八月底市價計算，目前每斗鹽值二三〇元——二四〇元。

註二：這裏按每斗鹽九毛計算。

鹽池開秋荒千垧

定邊鹽戶捐款助賑水災

【鹽池訊】今年本縣各區大部豐收。縣府特根據群衆生產熱情，在一般秋收任務大致完成時，即提出號召群衆抓緊時機進行秋季開荒，並動員各機關部隊完成開秋荒三千畝地之計劃。目前各區鄉民均積極進行開秋荒工作。同時，縣府並號召羣衆利用閒暇時間收割野草，以備牲畜準備足夠渡到來年收割時的草料。現一區四鄉民衆已收割野草三萬斤。

【定邊訊】新池各鹽戶捐款救濟延安水災災民，共捐得四千二百九十元。

葭縣黨內外人士 合作努力建設

鄉選定本月內完成

【本報葭縣訊】縣參議會成立已達三月餘，全縣各項建議正積極開展中，並獲得廣大人民的擁護。本縣共有十個聯保（區）——車會、螅石、吉木、通鎮、神泉（北部）、[illegible]、貨甘、店鎮、烏鎮、城關（南部）——人口九萬餘。南部各聯保距吳堡、綏德近，部份地區曾經過土地革命，人民政治覺悟較高，人口比較集中，尤以[illegible]聯保人口最多，達一萬人以上，該聯且為黃河渡口，工商業亦甚發達。本縣各級行政機關「三三制」均能實施實現，共產黨員和黨外人士正相互密切合作，為建設新葭縣而共同努力。全縣已經有中心小學九所，保學四十三所，共有學生二、三八〇人。教員一一一人。

【本報葭縣訊】本縣鄉選運動，於部因不夠完備，所以首先集中力量在北部五個聯保舉辦，該五個聯保的選舉工作已於上月中旬先後完成。南部五個聯保開始較晚，為顧及秋收農忙，在此期間，僅進行宣傳與登記，而會議均利用晚間召開。現秋收已畢，縣府特召集會發出指示，着令即召開保參議會及改選保政府委員，以便在本月內全部結束選舉工作，目前各級幹部正配合減租交租工作，深入鄉村推行選舉運動。

西川提倡節省

【西川訊】全西川之鄉級幹部大會上，曾由[illegible]特別號召。

關中專署發展煤業

礦窰水巷將完工

避免水淹節省打水人工

【本報關中東區十八日電】關中專署在衣食村開發炭窰，為準備工作將要完成，其第一步工程為開鑿長四十餘丈之水巷，其中一半是石巷，需工程甚大。今年春天即已興工，因資金及原料關係間歇停工，現在仍在進行中，尚未全部完工。水巷打成，可將窰底之積水導出，解除水淹的危險，並可節省將來打水的人工，以增加炭量生產。此水巷之完成不僅可引炭窰之淹水，且能引導附近炭窰之積水，得到同等便利。多年來當地窰工窰戶認為不能解決之水利問題，即將解決。

【本報關中東區十八日電】衣食區有「滿山炭」之稱，過去十六個月中，十八個炭窰生產之炭數，共為八萬五千六百六十五馱，折合為二千一百十四萬九千六百斤。衣食村出產之炭，大部運銷友區，今年五六月間鐵路通車後，近來則稍覺停滯狀態。窰工按每日生產之數除分給其份子，每日得六七十元至四十元不等，窰主收入亦由分份子而得，過去十六個月共入洋二百廿餘萬元，除各種負担外平均每人每日分洋二十六元八角四，窰主除大有額外利益之收入，即決。窰工須為窰戶挖三馱至五馱炭，須替窰主及客主，將自己的石炭運去出賣費洞。為優待抗日軍人家屬每馱均減價五元出售。

徵粮模範

郭平義先後彙報 協助政府調查 胡長山等踴躍出粮

【本報隴中十九日電】新正縣四區[illegible]郭平義，是北文區中特出色的幹部之一。[illegible]他便模範去年徵粮時中調查一些「頑戶」的隱瞞情形，當人們說他說到今年收成不好交粮困難時，他就去告訴他們說：八路軍一面打仗一面生產，還不是為了咱們老百姓少出些粮嗎。在二〇[illegible]開始後，[illegible]互相批評。一些落後羣衆在這[illegible]有了覺悟。[illegible]發現。[illegible]

[illegible]

【延安縣[illegible]訊】[illegible]

財經技術部門同志

學習黨風認識進步

安心工作改進業務

【本報訊】延安財政經濟[illegible]各部門，[illegible]在整風學習中，[illegible]工作，[illegible]也有了新的認識，[illegible]技術工作，財政經濟工作，[illegible]是真正從思想上認識了[illegible]。

【本報訊】邊區銀行在整風學習以前，有少數同志不十分安心工作，原因有三：一，要求到學校學習，認為長期的在銀行工作，會妨害了自己的提高，會耽誤了自己的前途。二，希望能調到別的機關工作，認為財政經濟工作，不適合他的個性，[illegible]。三，要求從銀行的一部門到那一部門工作，比如，出納科的同志，認為出納科的工作只是數鈔票，沒有前途；而要求到會計科工作。比如，一般業務工作部門的同志，要求到銀行的[illegible]有[illegible]部是一樣的高的」。在黨風學習以後，這個觀點有了基本上的轉變，認識了以上的這些原因，都是從個人利益出發，而不是從黨的革命的利益出發。因此，目前銀行除「不安心工作」的現象已完全消除，做實際工作的同志，也不想到被看不起和黨的工作的同志，要求到實際的業務工作中去，這是相反的現象。因為工作的安心，一般同志也真正能做到腳踏實地，了解情況，注意研究。

【本報訊】中央管理局在與後勤部合併過程中，配合黨風學習，無討價還價之事。沒有一個人推託自己的興趣，當在分配工作時，如有一個同志，過去是青幹學校的學生，分配他到大車隊工作，他很不愉快，認為是大材小用，從黨風學習中，他反省了自己，改變了過去的觀點，而且決定了今後的工作方向，把運輸生產工作，當作自己的事業的發展和黨所給他的光榮任務。

【本報訊】中央印刷廠職工，最近正熱烈進行黨風學習，討論個人與黨的關係，付召集全廠職工的大會談會八次，學習和工作亦是會議的中心問題之一。因為在少數職工份裏不安心工作，不十分安心工作。在這個會上展開了熱烈的爭論，大部同志都認識到：因為黨的工作不作中所得，要宗派黨的利益給我們的作時，不能只顧個人的利益。在這個會上很多從來沒有發言的同志都講話了，在思想與工作上得到進一步的認識。會議尚未結束，現在[illegible]繼續舉行。

【本報訊】中央醫院不但全體護理員，在學習黨風文件以後，對工作態度有了很大的轉變，而且醫生和一般工作人員，對工作也有了更進一步的認識。如該院醫生同志，對醫務工作有這樣一點，他們說改變了，他們對技術的觀點：技術要服從政治，要用科學的觀點方法去觀察問題，實事求是的去發展的，才能發展技術。如該院一般工作人員——黨的和行政的，過去對工作有時亦有看不起之處，認為一個搞技術的，而是自己不懂這項技術，因此工作起來就沒有興趣，而現在這個觀點上有了新的課題：黨和行政工作，在醫院，還具體技術部門中應當怎樣做了在這個新的認識下，他們都齊研究，深入下層，現在工作人員的工作熱忱改善了，在和行政的工作同志，也針對病人實際的需要學習，在這上開始了。

我抗建影片 在全美各地放映

【中央社重慶廿日電】據一般政治部消息：國際人士介紹我國抗戰情況，前特派該部中國電影製片廠所製之抗戰影片，由我駐美總領代表陳[illegible]總經理購得，及由美國聯合之新聞影片貿易公司等[illegible]片場所美國境內，交由美國駐美各方接洽放映，並利用該項影片貿易，向各方接洽放映。及美國影片製片，計：（一）由中國電影製片廠寄往「[illegible]」等片，經交美國製片公司，在美國各大都市放映。（二）由於[illegible]有「四億」一片，該片除在美一處六千九百五十一家戲院放映外，並在美國好萊塢製片公司等放映。（三）由美國製片之新聞影片，在英各學校、教堂及俱樂部放映。（四）由美國國務院中國部聯合製片廠[illegible]另有「熱血忠魂」一片，最近亦將出現於美國人士之前。又加拿大政府亦已經對此事表示樂意，陸選影片寄交該部放映，現正存美待運中。

陝省水利

歷年興修獲有成績

【本報西安訊】陝省水利建設歷十年來全省水利建設情形。據陝西省水利局自民國廿一年以來，在此十年中，其間因環境演變為空襲而已時興時輟。然自「七七」抗戰以後，全省水利建設，國際抗戰之需求，努力策進，經有成績，舉其榮榮大者，並已成工程方面，計有涇惠渠、灌地七十餘萬畝；洛惠渠，灌地十二萬畝；梅惠渠，灌地十四萬畝；渭惠渠，灌地十一萬畝；黑惠渠，灌地十四萬畝，目前正在積極興修中者，則有涇惠渠，引洛河之水，漢惠渠、大荔、朝邑、平民等縣農田，漢惠渠，引漢水灌溉城固、洋縣農田，定惠渠，引漢水灌溉[illegible]農田。又計劃中之渠灌工程，則有泔惠渠，渠北等處，灌溉面積約一百八十六萬畝。此項工程，將於不斷進行中，並已在興工中。另西安工程建設之中。已完成之各處共計十四萬九千畝。此外對於小型水利之興修，如漢江（南鄭段）航道工程之整理，亦以在進行，並已引用水力發電等，預計有一百十五處，如果假以時日，全省水利工程，當可陸續完成。

韓國臨時議政院

在渝召開第卅四屆議會

【中央社重慶廿日電】韓國臨時議政院於上月廿五日在戰時首都召開第卅四屆議會，出席議員共四十六人，包括現任臨時政府主席，國務委員，光復軍總司令及各黨派領導人，公推現任臨時政府顧問洪震為議長。各黨派人士均能謹誠合作，開誠佈公，檢討過去，策劃將來。所有議案均順利通過。其主要決議如下：（一）修正臨時約憲，大會選出金九等為國務委員。（二）選舉金奎植、趙素昂、柳東說、崔東旿等九人為國務委員，公推金九連任國務主席。（三）增選金若山等四人為國務委員。（四）請求盟國各國早日正式承認韓國臨時政府。（五）改善行政，積極擴大光復軍，積極展開對日武裝鬥爭。

解放日报	时间	1942-11-22	期	第553期
			版	第2版

纺织二厂三月中产布千四百匹

扩大生产保证供给

【本市讯】边区纺织第二厂，本月十四日在该厂召开八、九、十三个月生产总结大会，先由顾厂长报告“三个月的生产和今后工作”略谓：“大家的辛苦和努力，换来了什么？换来了一三二四匹土洋布，三〇〇五条蜂巢式毛巾。”对以后工作他说：“按现有生产能力，我们计划在本年内织土布八〇〇匹，毛巾在外。我们工厂新添造三十大间工场，十五面土窑，这些东西是专为了一部分转入生产战线的同志所准备的”在“欢迎新同志参加生产！克服困难！大家努力！”的兴奋声浪中结束了报告。最后，中央职工委员会朱宝庭同志讲话，他号召“工厂的共产党员上工要先进工场，做起工来比别人快！比别人好！工人们为了打倒法西斯要多织布。”

關中學委分會 開始黨風檢查

支會進行動員確定檢查要點

西川會水等地 積極推行減租交租

鎮原縣委號召黨員起模範

延市南區 積極進行徵糧

難民新村

——延市西區五里廟溝——

曾艾荻

新正秋徵大部完成

合水西華池區調查完畢 綏德分區將陸續起徵點

新文字報 改版

延川城市區 鄉選結束

敵對晉察冀「小邊區」的掃蕩

配合進行徵糧 加強支部工作

靖邊縣委商討決定辦法

河西墾務

香港混亂

居民紛紛離去

桂林推行飲食節約

郝魯脫險抵延

紡織二廠三月中 產布千四百足

擴大生產保證供給

黨的生活

精兵簡政中關於處理幹部的兩個問題

延安縣委組織部長 王國華

新华厂成立三周年生产提高八十四倍

赵占魁运动获初步成绩

【本报讯】新华化学工厂，于昨日下午在该厂俱乐部，举行职工会成立三周年纪念大会及初步总结赵占魁运动在该厂所得的收获。到有该厂全体职工及来宾朱□庭老同志等百余人。首由王厂长把赵占魁运动开展经过及成绩作一报告，他讲到这次运动在全体工人同志的思想上及实际行动的表现上时说："现在，同志们偷懒怕麻烦的事没有了，认识了公营工厂就是革命的财产，做工就是替革命服务，认识了我们工厂的工人都不是为了想赚□［钱］而来的。现在，我们的原料和燃料都节省得多了，大部分工人都要求增加义务工，都愿意把休息的时间减少些，这都是赵占魁运动开展后新的表现和进步。"工会主任苏林同志报告工会一年来的工作，中间他提道："今年十个月我们一共生产了二十五万条肥皂，等于工厂三年来的生产量的百分之三五，粉笔、精盐、牙粉在数量上都增加了。现在每月能生产肥皂二万五千条，但在工厂开办时，我们每月只能出产三百多条，现在增加了八十四倍。在质量上也提高了，在今年一月黑肥皂（肥皂中质量最差的一种）占总生产量百分之二八，到了七月就只有百分之十二，这是在生产质量上的进步……"朱老同志、建厅赵科长相继讲话毕，而公布此次在赵占魁运动中，大家一致公选的在工作、学习生活上都值得别人学习的模范工人，在竞赛中受奖者的名单。模范工人三名：黄玉金、桂肇基、韩梦学；受奖者五名：乔公孝、刘金堂、张登如、张友全、惠天灵。在朱老给奖及模范工人代表桂肇基讲话后，大会即在不断的掌声中闭幕。

【本市讯】被服三厂工会正在领导全体工人展开学习赵占魁之运动。特提出下列各点，以资竞赛：（一）提高生产力，多出生产品。（二）提高技术，保障优良质量。合体、坚固、舒适、美观为标准。（三）节省原料，遵守劳动纪律。工友并以赵占魁为镜子来检查自己，现工会委员已首先开始自我检讨。

綏德強調防止尾欠

子長派員下鄉檢查工作

甘泉柏林鄉的試選

北原

劉堡團幹部研究時事

一得書

詩

悼白文生同志

高長久

新華廠成立三週年

生產提高八十四倍

趙占魁運動獲初步成績

【本報訊】新華化學工廠，於昨日下午在該廠俱樂部，舉行職工會成立三週年紀念大會及初步總結趙占魁運動以來所得的收穫。到有該廠全體職工及來賓朱寶庭老同志等百餘人。首由王廠長把趙占魁運動開展經過及成績作一報告，他講到在全廠工人同志的思想上及在行動的表現上時說：『現在，同志們個個怕麻煩的表現沒有了，認識了公營工廠就是革命的財產，做工就是替革命服務，認識了「我們工廠的工人都不是為了想發洋財而來的」。現在，我們的原料和燃料都節省得多了，大部份工人都要求增加義務工，都願意把休息的時間減少些，這都是趙占魁運動開展後新的表現和進步。』工會主任蘇林同志報告工會一年來的工作，中間他提到：『今年十個月我們一共生產了二十九萬條肥皂，等於工廠三年來的生產量的百分之三五，硫酸、硝鹼、牙粉在數量上都增加了。現在每月能生產肥皂二萬五千條，但在工廠開辦時，我們每月只能出產三百多條，現在增加了八十四倍。在質量上也提高了，在今年一月時黑肥皂（肥皂中質量最壞的一種）佔總生產量百分之二八，到了七月就只有百分之十二，這是在生產質量上的進步……。』

朱老同志、趙占魁同志相繼講話畢，即公佈此次在趙占魁運動中，大家一致公選的在工作、學習生活上都值得別人學習的模範工人，在競賽中受獎者的名單。模範工人五名：黃玉堂、桂廣義、樊孝華；受獎者五名：喬公孝、劉金堂、張登如、張友奎、高天賜。在朱老給獎及模範工人代表徐廣義講話後，大會即在不斷的掌聲中閉幕。

【本市訊】被服三廠工會正在領導全體工人展開學習趙占魁之運動。特提出下列各點，以資號召：（一）提高生產力，多出生產品。（二）提高技術，保障優良質量。合領、堅固、舒適、美觀為標準。（三）節省原料，遵守勞動紀律。工友們以趙占魁為鏡子來檢查自己，現工會委員已首先開始自我檢討。

吳堡四科同志努力

經建工作成績優良

隴省發放

麥種貸款五百萬

慶陽——延安郵運

下月起改爲夜班

關中專署

發展分區經濟建設

開荒計劃已大半完成

國內簡訊

馬步芳談

青海近情

解放日报	时间	1942-11-23	期	第554期
			版	第2版

关中专署发展分区经济建设

开荒计划已大半完成

【本报关中讯】关中分区人民经济生活已大加改善，经济建设事业正在发展中。虽然面积不大，但荒地颇多。今年专署四科计划开春、秋荒一万六千亩，据各县春耕总结报告，已完成一万亩，其余六千亩，因近来涌来难民甚多，完成颇有把握，且能超过。分区人少地多，故可容纳大量之难民，以补足农村劳动力的缺乏。该区系边区主要产麦区之一，农民垦殖之全部耕地中，夏田占去十分之六，秋田仅占十分之四。关中分区位于泾渭盆地边缘之山地，境内即有八九个小塬，均背靠山地，吃的问题能自足自给，关于穿的问题，则需仰赖他处供给。过去本区人民以多余之粮食输出交换布匹、棉花，现在政府曾尽极大力量提倡植棉，及发展纺织，植棉因气候不适，虽经多次试种，终未成功。因缺乏棉花原料，故民间现有之纺织工具尚不能开工。专署四科，及赤水，新正，新宁等县府四科，为提倡推动纺织业之发展，各惨淡经营小型工场一家，淳耀因受到原料限制，已经陷入停顿状态。关中分区又系边区一丰富之矿藏区。去年冬延安地质考察团来分区考察，认为矿藏除煤铁为主要者外，尚有石油、油岩、石灰石、石英、煤气、白垩土、铜、银等。东行政区则又是最丰富的矿藏区，该地煤炭埋藏量约三千万吨，衣食村之煤层，厚达十二三公尺。铁矿总储藏量，在百万吨左右。专署四科以大量发展东区矿产（煤铁）为今年经建计划之一，惜因资本困难，未能如愿。森林及药料，亦为关中分区有经济价值之资源。药材有党参、甘草等千余种，由民间自由采摘，林种亦有松、柏、杜梨、漆树等八九类，由□□［鄜县］之羊马驿起身，作经马栏迄赤水石门关南北百五十余里之旅行，步行山林中，盛夏则满山葱绿，现则大部黄叶飘零，此为桥山森林区。森林之利用已开办小型锯板等，并可发展制革、染料等副业。桥山森林区，过去数十年盗匪经常出没其间，自八路军来后，昔日之荒山野地，今则布满小村落，炊烟缥袅可见。交通运输，政府计划修筑马栏至分区各县所在地之大车路共长四百七十五里，奈因人力，以及各种限制，在重重困难下，去冬尚只修筑一百十里。关中分区专署，虽然财政困难，但一年中投入经建事业的资金已达五十万元，边区银行关中分行为发展分区农业生产，最近已在新正马栏区首次试放十万元农贷，将来则更拟大量发放。

警区各县布置征粮

绥德强调防止尾欠

子长派员下乡检查工作

【本报绥德十八日电】警备区各县均已开始对征粮布置，强调今年如要求得公平合理，必须着重调查研究。……

【子长讯】本县各级组织已分赴各区深入调查各区征粮情形……

甘泉柏林乡的试选

北墀

新华厂成立三周年

生产提高八十四倍

赵占魁运动获初步成绩

【本报讯】新华化学工厂，于昨日下午在该厂俱乐部，举行纪念大会庆祝成立三周年……

吴堡四科同志努力

经建工作成绩优良

豫省发放

麦种贷款五百万

庆阳——延安邮运

下月起改驿夜班

悼白文生同志

高长久

一得书

焕南

诗

刘堡“团”干部研究时事

关中专署

发展分区经济建设

开荒计划已大半完成

【本报关中讯】关中分区经济建设事业正在发展中……

马步芳谈青海近情

【中央社西宁廿日电】马步芳谈：……

国内简讯

边区铁厂试验炼铁

【关中讯】边区建设厅与关中专署在某处合办之边区炼铁厂，于本月二十日正式试验炼铁。该铁厂筹备三月，过去曾试验坩锅化铁三次，已得出生铁渣。据当地居民早年试炼经验，每百斤矿石能出铁四十斤，又据化学分析，矿石含铁百分之四十至六十，证明质量均佳。该厂三月来已取矿石十余万斤，炼铁之南方高炉及吹风之圆木大风箱已制就，待木炭问题解决即能开工。熔铁炉高一丈二尺，每天能溶矿石五千斤，约可出纯铁一吨。据该厂负责人温良贤同志谈，南方高炉好处有三：炉子高大，矿石有还原的机会；风力压力大，能吹动矿石溶解，使铁与杂质分开；木炭质量不包含硫化铜等有害物。为解决燃料问题，该厂复试验炼焦两次，因该处石炭油性少，不易结聚，故未成功。但若将此炭照炼焦法焙烧一次，将黑烟、硫化铜等杂质除掉，即可充木炭之用。现试验两次之结果，已得出干炭一万斤，较之木炭万斤能节省一万二千元，现正继续赶烧黑炭。

各分區縣實行減租交租

綏米各地成立檢查委員會

開明地主自動減租

同宜耀黨委決定照顧主佃雙方利益

晉察冀邊府規定典地回贖辦法

隴東二五減租開始佈置工作

邊區鐵廠試驗煉鐵

新選的鄉議員

周嵩

隴東徵糧入倉

環縣按條例完成任務

群眾要求提早送糧

金沙江工程

本年各地徵購人民輸納踴躍

寧夏省已徵報足額

有利明春生產關中進行秋翻地

川銀行界投資西北發展業務

中国共产党早期新闻史史料汇编

西川盐炭业工人生活改善

【本报西川马蹄沟讯】本区为绥德分区出产盐炭中心地，盐炭工人共达千余名，县工会即设此间。县工会于本区分设炭工分会四个，会员四百余名，盐工分会六个，会员五百五十名；县工会之前身，为一九三九年下半年成立之盐碳总工会。该会设立以前，当地盐工工资，是将熬成之盐与资方对半；炭工工资亦将挖出之炭与资方对半分（资方抽出一份作为绞把工人之工资）。工会成立后，劳资双方议定：盐工与资方四六分（工六资四）；炭工生产则分□［成］十一份，炭工得七、资方得三、绞把工得一。过去盐炭工人生活散漫，资方趁此挑□［拨］工人关系，常常发生械流斗血事件。□工会成立后，逐步进行了组织和教育工作，情况已□□［改］变。今年本地水灾，遭灾□工人都受到工会的救济。现在，工人们的生产力大大地提高了，资方也因此而满意，过去曾经强烈反对提高工人工资的大盐主，现在也改变了他的态度，经常□［停］工，修理工具，照顾工人生活，分摊时也比较公平合理。

西北興縣一期徵糧結束

人民負担較過去減輕　包[illegible]不民主現象克服

臨縣召開區鄉長聯會

分配公粮數目　研究徵收辦法

志丹選出縣鄉參議員

同宜耀徵糧中配合鄉選

新選的議員（續完）

周富

安塞群衆團體合併　工作人員減少

晉西北臨參會　林議長閉幕詞（上接第一版）

第二、這次大會的成績

第三、幾點希望

第四、當前的幾個主要工作

西川鹽炭業　工人生活改善

子洲[illegible]舉行運動大會

實彈射擊：二十九環

擲手榴彈：五一·四五米

臨縣[illegible]獎勵去年徵糧模範

號召向他們學習

市府与工会规定流动工人工资标准

【本市讯】本市近因建筑日增，工人不够，致使流动工人工资逐日上涨（每天工资达四十元至六十元），包工头亦乘机取利；以致影响工厂工人和作坊店员的生活。市政府和市工会有鉴于此，特联合提出流动工人工资的标准如下：（一）木工每天最高工资不能超过四升米（小斗）。（二）石匠、泥水匠的日工不能超过三升半米，而技术低者，也不得少于二升半米。（三）土工、小工，按劳动力的强弱，高至三升米，少至二升米。管饭工每日八合米。（四）如有优良技术和劳动模范者，其工资不受限制；一人能胜任二人之工作者，可得二人之工资。（五）包工则按各项工人最高额工资承包，工头对工人则以劳动力强弱技术优劣来分等，不得故意提高或降低。

中央研究院
整風學習完畢
邊府進行思想檢查

【本報訊】整風學習運動在中央研究院已告一段落，學風黨風文風各部文件均已學習完畢，現正進入個人總結全部文件學習的階段中。該院文風學習係根據各個同志過去所寫的文章、發言（如思想自傳，以及小組會座談會上的發言）進行檢討，尚着重其黨八股；該項檢討已於日前進行完畢，現正在舉行個人全部文件學習的總結，俾總結自己檢定性質，自的糾正以來的思想、作風的進步，及現存的基本缺點作一個總結，以鞏固已得的成績和指明今後努力的方向。該總結分兩部份：一、思想作風有那些進步？表現在那些問題上？二、現存的缺點。總結預定在七天中一定完成，以後即開始工作檢查，最後由該院學委會作總結。

【本市訊】爲配合黨務工作，檢查整風學習之效果起見，邊府黨委最近召開一次思想大檢查。首先由每個人寫思想自傳，內容爲整風前與整風後思想之轉變過程，對於此次「糾正偏向」之認識，及如何改進自己的思想意識等。然後由各委員從自傳中抽出典型例子，在小組會上進行討論。使檢查更深刻和全面化。鄉委們特別指出，官思想自傳時要對照文件，深思熟慮，參加人討論研究。並提倡「治病救人」的互助作風，對於坦白揭露自己缺點和錯誤的老實態度，應加以讚揚。規定此項自傳在月內完成云。

【綏德訊】「綏德」團整風學習將結束，月前曾進行了幹部對「自我鑑定書」。最近分區總支委員會召集幹部在整風學習中的進步情形，文教訓練處以上幹部的幹部鑑定。鑑定的方式是各單位召開幹部會，逐個進行鑑定，由上級黨派人參加。首先由本人對自己反省檢查結果做詳細的報告，然後大家展開討論，最後由上級黨的代表做初步結論，並將本人同意，即將此結論填寫在自己履歷表上作爲自己在整風學習中的一個鑑定。鑑定的內容是支規定：一、你在整風學習中有什麼進步？（包括思想意識和工作作風方面）二、在整風學習中你是否做到了實行一致？三、今後你的努力方向是什麼？

【臨中廿三日訊】該二師臨中學習整風以來，收穫成效頗大。過去該校有的同志不安心工作的現象，已在學習文件中自行消除，過去存在全校不負責任氣氛的「小廣播」現在已很難聽到。大家對於民主與集中有了進一步的認識。在最近的兩次討論會中，每個同學都坦白對自己和旁人提出來批評。結果消除了同志間某些不必要的猜隔，對於工作的開展幫助頗大。

綏德減租交租深入鄉村
羣衆紛紛集會
保證農民有地種地主有租收

記綏德辛店區的減租運動

林冬

晉西北各界
熱烈討論施政綱領

裴莊渠

曾艾狄

同宜耀參議員郝生雲等
徵糧作模範

政府與民衆熱烈慰勞
綏德駐軍劇防

神府小學教師
檢討國民教育工作

協助河防
葭縣自衛軍訓練

延市徵糧
提前入倉六百石
市府令各鄉立即進行

綏縣冬學委會
編印自修課本

檢討「輕騎隊」開天後的過去偏向

市府與工會規定
流動工人工資標準

隴東駐軍
捐款助賑延安災民

本年全國節

革命文献与民国时期文献
保护计划

成果

中国共产党早期新闻史史料汇编

第一卷

上

《中国共产党早期新闻史史料汇编》编写组　编

人民日报出版社
北　京

图书在版编目（CIP）数据

中国共产党早期新闻史史料汇编. 第一卷 /《中国共产党早期新闻史史料汇编》编写组编. —北京：人民日报出版社，2023.4

ISBN 978-7-5115-5797-1

Ⅰ. ①中… Ⅱ. ①中… Ⅲ. ①中国共产党—新闻事业史—史料 Ⅳ. ①G219.29

中国版本图书馆CIP数据核字（2019）第005156号

书　　名： 中国共产党早期新闻史史料汇编. 第一卷
ZHONGGUO GONGCHANDANG ZAOQI XINWENSHI SHILIAO HUIBIAN DI YI JUAN
作　　者：《中国共产党早期新闻史史料汇编》编写组

出 版 人： 刘华新
策 划 人： 欧阳辉
责任编辑： 袁兆英　刘晴晴
封面设计： 观止堂_未　氓

出版发行： 人民日报出版社
社　　址： 北京金台西路2号
邮政编码： 100733
发行热线：（010）65369527　65369846　65369509　65369512
邮购热线：（010）65369530
编辑热线：（010）65363105
网　　址： www.peopledailypress.com
经　　销： 新华书店
印　　刷： 北京博海升彩色印刷有限公司
法律顾问： 北京科宇律师事务所010-83632312

开　　本： 889mm × 1194mm　1/16
字　　数： 850千字
印　　张： 50.75
版次印次： 2023年4月第1版　2023年4月第1次印刷

书　　号： ISBN 978-7-5115-5797-1

定　　价： 1680元（全三册）

革命文献与民国时期文献整理出版
工作委员会

革命文献与民国时期文献整理出版
学术顾问

（按姓氏笔画排序）

马大正　马振犊　王奇生　王晓秋
尹　力　曲爱国　刘家真　杨天石
汪朝光　宋志勇　张宪文　陈　力
罗志田　罗　敏　金以林　周和平
夏燕月　桑　兵　黄小同　黄长著
黄兴涛　黄修荣　韩永进　臧运祜

本书编委会

主　　编　贾翠玲

副 主 编　刘晓华　吴　蓉　师发玲

序

《红色中华》《新中华报》《解放日报》是延安时期中共中央的机关报。《解放日报》的前身是《红色中华》《新中华报》。1941年5月16日,《新中华报》与《今日新闻》合并，改名为《解放日报》，毛泽东亲自为《解放日报》题写报头和发刊词。

本次出版的《中国共产党早期新闻史史料汇编》（第一卷、第二卷）辑录了《解放日报》（1941.5—1943.12）中有关陕甘宁边区和其他抗日根据地工业的新闻、言论及其他文章，还辑录了当时国统区和世界各国的相关工业报道。真实地反映了边区在1941年至1943年间的工业生产、工业科技、工人运动、工人生活状况与工会组织，以及中国共产党直接领导或间接影响下的工业发展、工业政策、工业创新、工人劳动观念等情形，为我们展现了一幅陕甘宁边区、抗日根据地和国统区工业发展及工人状况的对比图，具有重要的历史意义与价值。

本《汇编》（第一卷、第二卷）将进一步推进中国共产党早期工业研究。在搜集资料的过程中，我们注意到不同的研究视角。例如，当时已经开始总结和探讨工业精神，以1941年6月1日出版的《解放日报》第17期为例，其第二版报道“新华化学厂试制小苏打成功”中提出创新、埋头苦干、克服困难的观点，而在1942年5月1日出版的《解放日报》第349期第四版纪念五一国际劳动节特刊，朱德发表的《克服困难向前迈进》中谈到了新劳动精神、自我牺牲精神等。1943年6月15日《解放日报》第755期第四版中默涵发表的《发挥工人阶级的创造才能》一文中对创新及创造精神进行了总结。又如，重视工人文化教育，在1941年10月8日出版的《解放日报》第四版刊登的《中国工人第二期：满意的笑》一文以及后期多次提出工人文化教育的形式、效果等。1942年2月13日、14日、24日的《解放日报》第三版对陕西工业的发展情况，特别是重工业、轻工业及投资情况进行了详细的说明。除此之外，该报对工人劳动态度、劳动纪律、工人生产积极性、提高生产的质量、工业产品广告等也有较多的报道。对陕甘宁边区工业研究学者前期多聚焦于石油、化工、纺织等具体行业，且时间多为抗日战争时期，而本书的史料对陕甘宁边区诞生直至整个延安时期的工业发展情况有较为翔实、全面的呈现，为今后的陕甘宁边区和其他抗日根据地工业研究开辟了新的路径和视域。

《中国共产党早期新闻史史料汇编》（第一卷、第二卷）是国家图书馆“革命文献与民国时期文献整理项目”立项资助项目，特此致谢。

编者于二〇二二年谷雨

编辑说明

本次出版的《中国共产党早期新闻史史料汇编》（第一卷、第二卷）辑录了《解放日报》（1941.5—1943.12）中有关陕甘宁边区和其他抗日根据地工业的新闻、言论及其他文章，还辑录了当时国统区和世界各国的相关工业报道。

一、编辑出版形式

《中国共产党早期新闻史史料汇编》（第一卷、第二卷）采用图文对照式，为读者提供了经过考校的文字整理版，方便读者阅读。

二、目录索引

《中国共产党早期新闻史史料汇编》（第一卷、第二卷）按照报纸出版的时间顺序编制目录索引，以方便读者按照年代顺序查询资料。

三、文字处理规则

《解放日报》出版发行于新民主主义革命时期，由于受当时经济、战争等局限，报纸印刷字迹模糊漫漶，且繁、简体字交叉使用，异形词的使用，外加手工误植等，导致误字、误词时见，因此在编辑过程中，采取了以下规则。

原文繁体字、简体字、异体字交叉使用，本丛书统一采用简体全文录入，文字转换依照2013年公布的《通用规范汉字表》中附表《规范字与繁体字、异体字对照表》。此外，原文献中一些词汇的文字表述与现今有所不同，部分为异形词，如“部份”“份子”“搜括”等，因不涉及语义误导，在整理文稿中予以保留，以体现文献原貌。

原文献中模糊不清、无法确认的文字，用“口”替代。报纸原文中错字，将正确的字用[ ]放在其后。

原文明显缺字处，酌情增补阙文以通顺文意。增补内容加<>以示区别。原文献中所有直角引号在录入文稿中均用现行对应标点（即“”或‘’或《》）替代。

原稿繁简混排，尽管编者做了仔细编校，也难免挂一漏万，敬请大家谅解。

《中国共产党早期新闻史史料汇编》（第一卷、第二卷）是历史文献的整理出版，为有利于学术研究的深入，对于历史材料，采用尊重原貌的处理方式。对本书所收录的报纸版面，基于“唯实求真”的原则，均维持其历史原貌而未进行修图，以便更好地推进学术研究的繁荣发展。请读者对于阅读的材料，采取历史唯物主义观点进行辩证分析。

目 录

解放日报

兴华制革厂产量增加

【新华社讯】□□一条河的悠悠流水，记者行进在绿杨道上，六日的午刻，便到兴华制革厂了，首先会到的是高个子的副厂长张博同志，其次是工务科长冯愚同志。他两位都是河北老乡，而且是天□工学院的同班同学，抗战的风暴，把他俩异时异地地卷进了斗争之流，而现在，□着建设自己的皮革厂业，“老朋友又搞在一起了！”张副厂长以谦逊的态度回答了记者的慰语，而后对我谈敍该厂的历史：“一九三八年秋，这一工厂，如开始筹备了，资本仅有三千元，而工作人员只有惠彦祥、张秀珍等三人。当时仅作白、黑羊硝皮，“三个臭牛匠，当个诸葛亮”，凭着这样的信念，而将志丹硝皮工厂建立起来……“以后建设厅将其改为制革厂，资金略有增加，一直到一九四〇年的一月至四月，才逐渐走上分科与建立制度的轨道，而四月以后，才在沟槽渠确定建厂，工作才算正式干开了……”关于产量的比较，冯工务科长给我的统计是：一九四〇年一月至九月，铭制□皮三八〇二张，（冬冰无生产）。一九四一年一月份即产一二六五张，二三月份共产二四五〇张，副产品毛包四五〇对等……“质量上，一般地说是提高了，比如柔度与去脂，较前略好，而工人技术，较前亦有进步，仅以此次竞赛而论，则过去片里为每人每日七〇张弱，而现在九〇张强，过去推毛六〇张，现在九〇张，过去钉皮四〇张，现在六〇张，这都是两年前是农民而今天是工人的同志们所做出来的事情。……”在一个四合院的工房之中，张副厂长引导□记者逐步参观浸水，片里，清灰，铲里，铭制，染色，钉皮，鞣纹，制光及成件部门，工人们均以高度的积极精神工作着，歌声不时飘荡在院落内外，而成品一件件地制造出来，在圆木马上片里，创造收高纪录的是郭少奇同志，董斌同志，一天染色二百张，而鞣纹工人张兴林同志，日鞣六十张。一种生产热忱的内在鼓舞，使他们把皮硝胶灰的渗漏和臭味，忘记得干干净净了。（燕）

德法繼續談判
合作問題初步解決

羅斯福談德法協定

英機飛襲敘利亞
近東戰事將擴大

蘇泰貿易通暢

日新聞界稱
勿盲目援德

「另一個法國」（二）

愛倫堡作　戈寶權譯

敵機大批襲渝

加強修築西南新通路

傳重慶將實行特許購米制

各國工運

美加等地
罷工浪潮繼續高漲

美國

加拿大

馬來亞

英勞工月刊威望日增

華盛頓艦下水

美擴充海軍

國際簡訊

興華製革廠增加產量

選舉簡訊

（馬欄訊）新正縣工作團一行廿八人，於本月六日到達馬欄，八日下鄉進行宣傳，調查，統計工作。（良）

市府公佈衛生規則

衛生展覽會開幕

合水票選中發現缺點
工作團決定補救辦法

安塞教育經費募足兩萬元

延安華僑救國會設俱樂部

自然科学院机械实习工厂启事

本厂于五月一号正式成立，附设自然科学院内，业已开工，修理机器零件，接焊器具及制造武汉织布机，西安纺纱机，各种样式，和制造大车等，如蒙赐□，请到本□接洽即可。附告：白家坪油灯厂已并入本厂。地址：延安南门外杜甫川马家湾。

德法繼續談判
合作問題初步解決

【海通社維希十四日電】官方星期三發表公報稱：內閣於星期二晨召開，由貝當主席，聽取達爾朗關於德法談判之報告。該報告被一致通過，談判結果即將見諸實行。此外據半官方消息稱：達爾朗返此，對於與希特勒談話極滿意。

【合衆社維希十四日電】法內閣今晨協理達爾朗海軍上將以與德國繼續談判之權，維希政府對達爾朗與希特勒之間所獲協定之成就，表示滿意。

又據合衆社自消息靈通方面稱：德法進行中之談判，其最先之結果，週內即可揭曉：（一）採取一切必要措置，以復興法國經濟。（二）立即減低法方負担之軍費四分之一，法方並希望德國將再減四分之一。（三）重劃分界，巴黎及奧阿河與六×兩德間之德國佔領地，但作非佔領區。

【倫敦十五日電】據意大利官通訊社維希訊：德外長里賓特洛甫，因欲發表法德宣言事，不久將赴巴黎一行，法德宣言內，包含法國參加「新歐洲」。據此間獲悉，關於法德合作之聲明，或將於今日在柏林發表，其具體內容尚不悉。但衆認德國所要求者與較其所準備給予者爲多，又據維希其他方面息：德國或將巴黎之統治，交還法國，法國俘虜廿五萬人亦將釋放。

【海通社維希十六日電】貝當元帥於星期四夜向全國廣播達爾朗與希特勒之會晤，元帥之聲明極簡短，略謂：達爾朗上將與希特勒最近之會晤，在原則上余極贊同。此談話將助吾人更前進一途，並得與德政府繼續商談。

【同盟社柏林十五日電】德外交部負責人士聲明希特勒與達爾朗會談後，德法關係已恢復至令人滿意之程度。今後法國完全將協助德國建設歐洲新秩序。其聲明內容如下：「該會晤的談之結果，由於希特勒與達爾朗一致承認了，由佔領區及非佔領區少新聞一致支持維希對德合作之方針，即可知道今後德法合作向何方面進行。此次會談後，法國與歐洲共生死，法國已經決心不讓其他歐洲之利益所左右。所謂歐洲當然也包括非洲，無論美國駐法大使如何活動，今後法國本部將與殖民地共同協助德國建設歐洲新秩序。由於巴爾幹作戰驅逐英國勢力出歐洲大陸之德國，對於了美國乘法國糧食恐慌而極力在法之活動之機會。並進行極力之外交活動排除英美勢力。因此德國在地中海西部之戰略地位已加強，最近或將給之攻取直布羅陀的戰爭，其形勢對德國有利。關於調整德西關係，德國於巴爾幹作戰結束時，立即開始外交活動，與地中海西部之作戰相關聯，西班牙之動向殊堪注目。德當局否認莫斯科廣播之關於德西兩國成立了德軍通過西班牙之諒解的消息。

【倫敦十五日路透電】關於德法成立協定事，據倫敦觀察家所示：法國民衆對於法國對德所示讓步如此，從五月廿中，可希方面軍事首腦承認法國自德國方面，可獲最大限度之利益，其顯著者乃放還大批法國俘虜，重劃非佔領區與佔領區之邊界，將巴黎劃入非佔領區。德國控制下之巴黎電台認爲德法談判爲……之政策，法國將自願加入新秩序，認非洲在建設新秩序之工作中亦佔一重要地位云。

羅斯福談德法協定

【華盛頓十六日國際電】羅斯福總統聲稱：所謂法國人民將接受維希政府之獨斷，與德締結公開或秘密同盟，實屬「不可思議」之事。在總統發言之同時，美國已採取斷然之行動，預防發生此類合作後之影響，美國已下令將美港口內之法商輪……一艘加以拿捕監視，其中包括紐約港內之法輪「諾曼第」號，此次海防隊所用之方法，於前次拿捕意輪及德輪二艘相同，先行登輪然後實行「保護監視」。……

【海通社維希十六日電】……美駐維希大使……海軍上將，亦被……完成被委任之任務——……

英機飛襲叙利亞
近東戰事將擴大

【倫敦十五日國際電】據悉：今日英國轟炸機猛襲叙利亞之德方空軍根據地，英方已發動在叙利亞之進攻，英國軍事當局……

【海通社……十六日電】……

日新聞界稱
勿盲目援德

【合衆社東京十四日電】日新聞界今日警告政府，勿僅因日本係軸心國之一，而盲目的援助德國。……

蘇泰貿易運通

【……】……

「另一個法國」（二）

愛倫堡作　戈寶權譯

……

各國工運

美加等地
罷工浪潮繼續高漲

美國

【合衆社……十五日電】……

加拿大

【……約十五日電】……

馬來亞

【海通社曼谷十六日電】……

傳重慶將實行
特許購米制

【重慶十六日電】……

加強修築
西南新通路

【塔斯社上海十六日電】……

敵機三批
襲渝

【重慶十六日中央社電】敵機三批六十三架，十六日晨襲渝，我空軍及高射部隊當予以猛擊，敵機在高空投彈後逸去。

英勞工月刊
威望日增

【……倫敦訊】……

華盛頓艦下水

【塔斯社紐約十六日電】聯合社發城訊，新戰艦華盛頓號，排水量三萬五千噸，長二百二十五尺，速度二十七浬，於昨日行下水禮。該艦裝設十六英吋口徑炮九座，其建造較原定計劃早六個月完成，同型之戰艦「北卡羅林納號」係四月下水。

美擴充海軍

【同盟社華盛頓十五日電】……

國際簡訊

△羅馬尼亞商輪四艘將開往蘇聯奧得薩。
△保加利亞陸軍部長達卡夫於星期五由索非亞飛德，有若干保當官同行。
△羅斯福贊成徵收各商家利得稅，上次大戰中所徵之取高率達百分之八十，目前可略低，但每年稅收假可因此增加近十億美金。
△布勞斯特將實行計口授糧制。
△土將不派代表赴希流亡政府。
△……
△……

興華製革廠
產量增加

【新華社……訊】……

選舉簡訊

（馬欄訊）新正選舉工作團一行……，於本月六日到達馬欄，八日下……傳，調查，統計工作。（良）

（定邊訊）三邊分區選委會現……緒進行工作，同時在市區召集文化宣傳座談會，決定以下工作：一……舉揭曉報，二、排演選舉劇，三……傳，四、大量出壁報，五、編製……、出版選舉叢書。（張興）

（環縣訊）選委會以第一完校……生，組織了三個宣傳隊，已由縣……教員領導，分頭下鄉宣傳。（理……）

（瓦市訊）本市已於本月十日全……提候選人工作，各鄉以行政村或自……單位開村民大會，並由鄉長報告工……佈施政綱領云。（肯虽）

（清澗訊）城關市參議員已於廿……出，每個選民大會都保證了百分之……的選民參加，縣長亦參加指導，委……出議員三十二名，其中有十個女參……（明）

市府公佈
衛生規則

延安市政府爲加强本市衛生建設，保護人民健康，特製定衛生管理暫行規則，經邊府批准，與十四日公佈，內對環境衛生，飲食業方面之衛生，均有詳細規定。並宣布衛生紀律，凡違犯者即予處罰。

衛生展覽會
開幕

【本報訊】延安醫藥界及市商聯，聯合主辦之醫藥衛生展覽會，已於十五日在文化俱樂部開幕，展覽品共分三類……

合水票選中發現缺點
工作團決定補救辦法

【合水訊】在選舉運動中……

安塞教育經費
募足兩萬元

【安塞訊】……

延安華僑救國會
設俱樂部

【本市訊】延安華僑救國聯合會於文化溝設一延安華僑俱樂部，十一日舉行落成禮，並歡迎新來邊區的華僑，到會百餘人。（白光）

安定经济建设计划

【新华社讯】兹探得安定一九四一年经济建设计划如次：第一，群众生产方面：农业：（一）扩大耕地面积开荒一〇〇〇〇亩，保证熟地不荒芜一亩，（二）提高食粮产量，（三）增加工业原料生产，（四）修水利植树林，恢复原有水利工程，发动群众植桑柳四千株。第二，工业：（一）发展集体与个人的手工业，（二）提倡纺织，一九四一年完成一万五千匹。第三，发展畜牧，原有数目以外，发展两千牛，两万羊，二千三百驴，三千框□，八千窠蜂。第四，发展合作事业：今年增加一倍股金。新区各增一千元。第五，交通运输；动员群众修路，今年二月底完成，并组织义务护路队，组织群众成立运输队与运输站。（罗夫）

晉南激戰棗陽克復
閩浙沿海亦有戰鬥

南發生激烈戰鬥，中條山連日炮聲異常激烈，臨汾南北之同蒲路最近被我破壞多處

【新華社十八日華北某地專電】晉南戰局已激烈展開，十六十七日在陽城南發生激烈戰鬥，雙方均有傷亡；中條山連日炮聲異常激烈，敵企圖包圍掃蕩我軍，我軍正力圖沖破敵之包圍，遂成外線戰情勢。臨汾南北之同蒲路最近被我破壞多處，敵交通發生重大阻礙。

【重慶十七日中央社電】軍息：（一）我軍對竄入棗陽城之殘敵猛烈圍攻，至十六日夜半當將棗陽城攻克，殘敵潰圍，向沙河左岸潰竄，復被我軍分頭在烏金店熊家集等地附近夾擊，事後清點遺屍計九千七百餘具之多，俘獲品尚在清查中。（二）宜昌附近敵於十六日晨分由關莊楊家嘴向我進犯，經我迎擊，斃傷敵二百餘，殘敵潰退。（三）由彭澤南馬路口竄犯石門街之敵，經我軍堅強阻擊，激戰至十六日晚，敵不支向北潰退，我當將石門街克復，並乘勝追擊。（四）諸暨南犯敵經我軍在蘇溪鎮以北區嶺英勇阻擊至十六日上午十時，當將敵陣突破，斃敵甚衆，殘敵潰退，我正跟蹤追擊中。（五）十六日由垣曲進犯我侯家山（垣曲西北）陣地之敵，經我堅強阻擊，斃傷敵甚衆，卒將其擊退。

【重慶十八日中央社電】軍息：（一）由諸暨南犯蘇溪及東陽以北地區之敵，經我連日分途猛烈阻擊，敵至十八日晨，敵負重創，紛紛向北潰退，我當將蘇溪市蘇溪等地克復，繼續向黃宅市傅宅市尾敵追擊中。（二）由諸暨南犯蘇溪以北地區之敵，經我軍擊退後，旋增援反撲，於十七日晨在原地激戰，另敵一股企圖向東陽以北地區進犯，被我阻止。（三）連江自被我軍攻克後，十六日午[illegible]六時，敵分由馬尾增援千餘，向我反撲，刻正戰於近郊，戰況慘烈。（四）我挺進中條山部隊，至發電時止，仍在山中與敵血戰中，我縱橫敵後部隊，到處襲擊，敵頻感首尾不能兼顧之苦。

【洛陽十八日海通電】河南西部有歷史性之古城洛陽，星期五被狂炸。由晨六時至晚五時，被重炸彈轟炸，約五百餘枚爆炸彈及燒夷彈落於城中，日機約三十架。

【東京十八日路透電】日本空軍猛炸西安，損失甚重。

閩北江岸我克連江 博羅惠陽淪陷敵手

【重慶十八日中央社電】軍息：閩江北岸我軍向連江敵猛烈攻擊，於十六日晨三時攻佔上山下山（均連江西北）續向城垣進擊，於午後三時攻入城內，殲敵六百餘，殘敵潰退。我當將連江城完全克復。

【香港十八日電】[illegible]軍訊，廣東敵軍於五月十一日已佔領博羅與惠陽。

傳中蘇將擴大貨物交換

【路透社重慶十八日電】據中國官方機關紙中央日報稱：中國和蘇聯當局已在原則上同意再進一步擴大中蘇貨物貿易。據[illegible]此項協定，中國供給蘇聯以鑛產及其他原料，以換取蘇聯之軍火。

各國工運

美罷工潮繼續擴延

【海通社紐約十八日電】據[illegible]工人十萬人，將於星期一繼續罷工，[illegible]夕爾凡厄廠工廠工人與廠主間談判無結果，星期六美[illegible]鋼工聯合決議繼續罷工。

【[illegible]】馬來聯邦[illegible]之橡皮工業工人十六日突然發動大罷工，且與當地軍隊發生衝突，十七日英當局並宣佈戒嚴命令，增加援軍，不論英當局如何努力鎮壓此罷工，但罷工浪潮有日益擴大之勢，該項罷工，對英國軍需品之供給，有極大影響，故英國當局極爲焦急云。

【合衆社火奴魯魯十八日電】珍珠港海軍根據地之建設工作由於一百餘[illegible]工人罷工而延緩。此罷工尚將擴大，將成二千五百人之大罷工。工人要求五日一星期，工作四十小時，增加工資爲每小時一元二角五到每小時一元五角。罷工會領袖說，彼等將等待華盛頓之答覆。

【同盟社新加坡十七日電】[illegible]

美國人民援華運動

【華盛頓十八日中央社電】全美國同時舉行之中國週已於今日正式開幕，有州長十四人及大城市市長一百人發表宣言，呼籲美人協力完成美國聯合救濟中國難民協會五百萬美元救濟中國難民之運動，並力言立即以具體援助給予中國之重要，謂該項援助不但用以執行抗戰，且須用於救濟及建設。此爲美國第一次具有全國性援華運動，其目的不僅在於募集救濟資金，亦在於使美國更深切認識中國四年來之偉大抗戰及給國之艱巨工作。中國週之運動活動多集中於紐約，該城將募款一百七十萬元。一週內之活動籌集中於文化界、婦女界、商界及兒童，參加之名人有歌星麗蓮及林語堂辛博森夫人珍珠女士等多人，本週極熱烈時將有男女童子軍猶太民族福利委員會救世軍會員及唐人街華僑等多人在紐約市重要街道遊行，表示中美之密切合作。並定禮拜日（廿五）爲中國陣亡將士紀念日云。

日英關係

【倫敦十六日中央社電】英外相艾登日前在下院發表強硬聲明謂：日本倘不能尊重在華英國利益，則日本勿希望英國緩和其經濟限制之政策。倫敦晚報今日特爲文評論此事，題爲「有稜角之聲明」。內稱：外相之強硬聲明，即使以較爲相對之言詞出之，吾國人民亦無不愉快之表示，吾人已不願向再接濟吾人仇敵者作遷就之表示。再日方研究英國過去數年來之外交政策後，復認爲吾人今日仍將向其表示軟弱，並以開啟大門之鑰匙交日人云。

蘇聯 禁外僑赴油田區

【莫斯科十七日塔斯電】蘇聯當局，頃突然通知新疆使館，聲明外僑不得前往黑海及裏海附近之油田區域，及中亞細亞各共和國以及遠東與北方邊境，外僑非經特准不得自由行動，凡欲請領特別許可證者，須先將前往地點及行程報告外交委員會，此舉各駐蘇使館及各外僑多引以爲異，認爲或係某種重要步驟之先聲云。

僑胞航空捐款踴躍

【香港十六日中央社電】華僑航空救濟會會員林福元陳振華，去春赴美勸募航空救國券捐運動成績極佳，兩氏已返國抵港，據稱：旅美僑胞愛國熱情奮發，慷慨捐輸，共達美金五百餘萬元，現款在七月以前可以收齊，由華僑團儲存三藩市兩東銀行，專作購機之用。

後方人民加緊生產 幫助抗戰

【重慶十八日中央社電】抗戰以來，後方十五省小麥大麥等耕地面積年有所增加，三十年尤見激增之勢，實爲抗戰時期良好現象，據農林部中央農業實驗所農情報告之統計，本年度後方十五省小麥面積達一萬萬二千萬市畝，比二十九年度增加九十二萬市畝；大麥面積達五千二百萬市畝，馬鈴薯一百七十萬市畝，豆類作物亦增加二百萬市畝，總計增加一千三百萬市畝，其中四川省計小麥面積增加二百六十萬市畝，大麥增加六十萬市畝，共計三百餘萬市畝。入春以來，四川境內氣候溫和，除豐收佳訊頻傳外，其他各省收穫亦佳。估計各省可增收食糧一千五百萬市擔，僅四川一省增收已達五百萬市擔。據稱：冬麥面積之增加，由於農民因糧價高漲，自動增產，有重大關係。

【成都十七日中央社電】川捐獻軍糧委員會，據各市縣獻糧會呈報，至目前止總共計收到獻糧四萬八千九百二十四石，獻穀代金八十[illegible]萬零九角六分。

前方日本弟兄 電賀日本工農學校開學

【本報延安十八日專電】延安日本工農學校開學之消息傳來，在八路軍各前線之日本弟兄，莫不興奮喜躍，日本弟兄所組織之覺醒同盟特發賀電謂：日本工農學校開學的電訊傳來，使我們無限歡喜，這是從未有的創舉，是東方人民解放史上新的一頁，而又是中日人民在反對共同敵人日本帝國主義的鬥爭中最可寶貴的標幟。在三年多的抗戰中，由於中共之正確政策及其切實執行，業已引導幾百個日本被壓迫工農士兵走上革命的道路。今天，日本工農學校的創立，培養一批日本幹部爲日本革命運動更大發展奠一堅固的基礎，國際主義精神的對他國勞苦大衆解放事業之兄弟般的關懷，不禁令人流下感激之淚。日本工農學校創立，給了我們絕大的鼓舞。它將是吸引前線穿着軍服的日本工農走向革命道路的核心，敝聯會於該數十會員來該校學習，今後當以更大的努力，號召更多的日本士兵前來，謹祝日本工農學校。

覺醒聯盟負責人　坂田太郎　晚本一夫　松井光夫　高木敏雄　同叩

五月十一日

一二九師宣傳隊 舉行競賽

【新華社[illegible]十八日電】爲紀念革命的五月，開展部隊文藝運動與宣傳隊之工作學習，一二九師特於五月一日至十八日舉行全師模範宣傳競賽，參加者計有先鋒劇團、[illegible]德劇團、前哨劇團、戰旗劇團、野火劇團、黃河劇團等，競賽政治工作、宣傳、演出與數學三大項目，五一開幕後，各劇團競賽情緒熱烈，成績優良，閉幕時的演出「雷雨」「岳飛傳」等大劇，此次競賽，對今後部隊文藝運動，一定貢獻很大云。

高斯抵港

【海通社上海十八日電】新任美國駐華大使高斯已於星期六乘「塔虎脫總統」號輪到達香港。高斯將逗留香港數日，與前任駐華大使[illegible]

馬列主義和文藝創作

——文藝思想性和形象性漫談之一——

歐陽山

有一個愛好文藝的青年，當他回答我底「最近寫作很好嗎」？這問話的時候，這樣說：

「……最近整個腦子都裝滿了革命理論，一首小詩也寫不出來了。」

由於他底直接並且沒有經過思索的答話，使我立刻想起文藝月報第四期上當加同志那篇文章。他記載着，延安文化協會底文藝小組在這回座談會上提出過如下的問題：

——學習馬列主義之後，爲什麼反而寫不出文藝作品？

但是，問題果然是這樣的麼？假如說不是那寫不出作品來的人底一個託辭，就是馬列主義妨礙了文藝創作；馬列主義不該把一個創作家底腦袋裝得那麼滿，以致連容納一點東西的空隙都沒有；他不該像攔路虎似地擋住了創作，或竟綑綁，使他底創作變化到那麼可怕的地步；或者甚至使一個創作家通於瞎……這關鍵……，使他反覆及不斷學的時候都不能寫；他不該使他在夢中看出這世界底方向，以致反不及他在糊塗中寫得好的時候那樣寫。

我不知道在這種座談會上，這問題是怎樣解決了的。但我記得我當時曾向那座談會的朋友提出下面的三點疑問：第一，他在學習馬列主義之前，是否寫了並且在寫著很多很多的作品？第二，他底學習馬列主義是否達到了「精通」，或至少「熟懂」的地步？第三，他是否在學習了馬列主義之後，隨手摘下其中的一二條教條，硬想把牠們化成他所需要的「事實」，化成單純的題材的，現實生活還可能產生的「事實」？

因爲他這一說，使我想起從前「左聯」時代，文學運動向黑暗勢力進攻時，曾向「左聯」要求自由，並曾攻擊過馬列主義使他不能創作的杜衡先生來了。其實杜衡先生自始至終就不能創作，寫不出什麼文藝作品來的，裝做受了思想上的羈絆，用意不過掩飾自己的才短。現在的事實更加證明，他忽而受雇於日本人辦的通訊社和書店，忽而加入吳鐵城在香港辦的國民日報做「文藝反共」的健將，向「左聯」要求自由云云，都只不過是「左聯」所進攻的黑暗勢力底話，他本人不過是一個「第三種人」之一罷了。

我再聲明這僅僅是一個例外的聯想。對於那愛好文藝的青年朋友，我不會將他和杜衡那樣的人去相比的。不過我覺得我也有權利向他發問。如果他本來就寫不出什麼作品，他就不該說學習了馬列主義之後「反倒」寫不出東西；他對於馬列主義還沒有學懂——還有最初步的瞭解，那麼在加緊學習，專心研究的當中，自然抽不出時間來寫作，這原故就不在學習馬列主義之「後」而在學習馬列主義的「中間」。

照普通的情形說，越熟悉馬列主義越了解現實，越了解現實越能創作。但要了解現實並不能單純靠着學習馬列主義，必須以學習的心情，對現實細心觀察，對每一個生活現象研究又研究；要能創作，必須在學習馬列主義，觀察研究現實之外，把創作技術，——創造形象的藝術手腕，練習得非常純熟才行的。不懂馬列主義的作家對現實的認識往往受着「直覺」的局限和狹隘，不能從最積極的地方去瞭解人物和生活。不是作家的馬列主義者也不必練習那特殊的創作技術。可見一個馬列主義的文藝創作者必須像普通的馬列主義者一樣精通馬列主義，深入的瞭解現實，此外他還得具備創造形象的藝術手腕，越純熟越好。

假如這個愛好文藝的青年的確犯了我第三點疑問所說的那個錯誤，那麼問題底關鍵就在這兒了。假如他不是沒有把現實瞭解得（觀察和研究得）很透澈，就一定是沒有把創作技術練習得很純熟。他只是在學習了馬列主義之後，順手摘下其中的一二教條，硬想把牠們化成「事實」，——把牠們化成他所需要的，用做題材的，企圖使人相信爲現實生活裏面可能發生的「事實」，那自然要「反倒寫不出文藝作品」了。

一九四一，五月十三，在楊家嶺。

林主席報告新施政綱領

【本報特訊】邊區政府委員會第六十一次會議，於日前開會，討論中共邊區中央局五一發佈的新施政綱領。參加者除各廳處長外尚有各處科長以上工作人員及邊府秘書處[illegible]學員共六十餘人。林主席報告大意略謂：目前我國的抗戰，正處在艱苦的相持階段，而世界帝國主義戰爭，亦正在持久擴大，迫令全人類的大多數，陷入戰爭的慘禍，被着血與火的激烈鬥爭。這是人類同時也是中華民族歷史上一最重要的年代。在這劇年代中，我們最重要的任務，是將全國廣大人民團結起來，堅持抗戰進步方針，反對分裂倒退行動。如何完成這個任務，這是一件大事。邊區中央局在五一發佈的施政綱領，便是爲完成這一任務而提出的。這是一個具有歷史意義的偉大文件，在它的條文中貫徹着[illegible]與新民主主義的精神。[illegible]年來，國內一般頑固份子，實行[illegible]戰與反共的兩面政策，遂糊塗攻擊，倒行逆施，使進步文化，遭遇無理摧殘，抗戰事業，蒙受空前危機，這是使我們痛惜的事。我們處此嚴重關頭，不能不爲全國人民揭示鮮明的政治方向，指出光明的前進途徑，使大家團結一致，爲堅持抗戰爭取最後勝利而奮鬥。我們相信，國民黨中的進步人士，各黨各派，無黨無派的人們，和全國廣大的人民，都會無限同情我們這一堅持團結[illegible]的施政綱領，並爲這一綱領的實現，以各種各樣的方式去英勇的鬥爭的。

林主席在[illegible]綱領條文時，着重指出，[illegible]的特務作風，迫使[illegible]命份子，喪失氣節，墮落人格，我們必須採取寬大的政策，發揚人類崇高的品質，引導他們向上發展。大後方的全體青年，[illegible]操縱壟斷，使經濟恐慌益[illegible]，人民生活困苦，我們必須實行貿易自由，改善人民生活，鞏固國民經濟走上繁榮。頑固派施行文化統治政策，獎勵復古，我們則必須獎勵自由研究，推行新文字，掃除文盲，使人民皆得享受進步文化上的果實。

最後，林主席向大家提出要求說：現在，我們邊區每一個政權工作者，必須根據新的施政綱領，檢查我們已往的工作，糾正工作中的缺點與偏向；並必須根據新的施政綱領，進行今後的工作，保證全部綱領正確而圓滿的實現。（啟然）

安定經濟建設計劃

【新華社訊】茲探得安定一九四一年經濟建設計劃如次：第一，農業生產方面：（一）擴大新地面積開荒一〇〇〇〇畝，保證熟地不荒蕪一畝，（二）提高食糧產量，（三）增加工業原料生產，（四）修水利植棉林，恢復原有水利工程，發動羣衆植桑柳四千株。第二，工業：（一）發展集體與個人的手工業，（二）提倡紡織，一九四一年完成一萬五千疋。第[illegible]，發展畜牧，原有數目以外，發展兩千牛，兩萬羊，二千三百驢，三千樹苗，八千窠蜂。第四，發展合作事業：今年增加一倍股金，新區各增一千元。第五：交通運輸：動員羣衆修路，今年二月底完成，並組織[illegible]護路隊，組織羣衆成立運輸隊與運輸站。（孫夫）

延川清澗 建立紡織社

【本市訊】延川紡織生產合作社，於六月底開工，並計劃在年底前增加產量，工人與徒增至七十人以上。（黎明）

【又訊】清澗的經濟建設委員會，決定立即籌備紡織生產合作社，計劃本年內籌足資金二萬元，購置織機十架，九月全部動工。該縣淮寧灣、老君殿兩[illegible]，亦準備成立紡織生產社。（黎明）

隴東安塞 加強衛生工作

【隴東訊】隴東青救會決定暫作助手，環縣、[illegible]池、合水等縣立醫藥供銷處，四月至八月並在隴東各縣訓練一百廿名青年衛生員。（馬萬里）

【安塞訊】安塞縣政府及衛生促進會，商討改進民衆衛生辦法，決定建立實驗區，並以[illegible]爲單位，成立十三個分會，每一行政村成立一支會，每一農村成立一衛生小組。（江萍）

鄜縣發展農業 興修葫蘆河水利

【本報鄜縣訊】今日的鄜縣，即漢之高奴地，唐之洛交郡，歷代以來是一個邊塞重鎮，屯軍駐守。至明清改鄜州，領洛川、中部、宜君三縣。故現之鄜縣境頗廣，從鄜[illegible]往西經葫蘆河沿岸至太白鎮（陝甘交界處），這一條路，自古即爲通商大道，由定邊下來大宗皮毛、藥材等，多經此出口，故沿途驛舖皆有過繁盛的歷史，如自鄜縣西行一百四十里的王家角（此地曾設縣治，民十九始取消），當時有三千餘家商舖，每天要想一個「騾駄子」（即每天向「朝廷」進貢一駄銀子），其地方殷人富足，商業盛況，由此可以想見。但自[illegible]同治年間蔓延西北的回變以後，這些地方都遭到很大的破壞，人民死亡流離，十室九空，王家角至今一片瓦礫堆，全鎮人口不過二三十家而已。但葫蘆河沿岸仍爲富庶之區，故幾十年來，外省人很多移居於此，其中包括了十幾個省，而以四川、湖北、山東等省人爲多，據統計所謂「客戶」（即外來移民）要佔現全縣人口之十分之九。他們移此多者不過三輩人光景，近者更於民國移來，故其生活習慣語言風俗，仍多守舊，各不相同，這複雜的人口，也就影響到地方情形的複雜。

也正因爲這一帶大多係外來移民，就使葫蘆河流域發展了稻田，外鄉人在此開墾荒地，引用河水，耕作水稻，經過二三十年的經營，倒也成爲陝北難得可觀的產稻區域。據稱，在豐收年成，可打到一兩萬石稻米。一直到民國元年時，居民尚皆以白米爲食。但，民國二十一年的大水，洗刷了葫蘆河兩岸的一切，農業遭受到慘重的損失，此後，人民即無力來恢復舊觀了。近年來，又總是河水闖問題，未得好收成。據統計現在水田約八百餘畝，直羅區約一千五百餘畝，今昔相比，相差懸殊。

關於水冲稻田，其實是因爲沒有好好修水利，這裏水田，多係就河濾壩水而修，雖然便於引水，但地勢低下，河水稍漲，即遭淹沒，除二十一年大水外，稻田多是這樣遭到損失的。雖然農民也曉得每一畝水田値得上種三畝旱地，但因爲上述水田常易遭損失，又加之修水田很費工，勞動力缺少，所以人們寧可多種秋莊稼了。

其實，葫蘆河上流多森林，平時不易發什麼大水，沿河看來，綠波蕩漾，清澈見底，水流平緩，而勢不穩，河床亦較固定，如果築渠灌田，引導得宜，農業將大受其利。且兩岸川地廣闊平坦，實可大量開荒。不過沿河流域現有人口稀少，缺乏大量的勞動力，譬如倘大批移民，方能適應於有利的自然條件之發展。今年鄜縣縣政府除計劃修復去年被水冲毀的稻田外，並準備新修五百畝，同時組織水利委員會專門領導民衆進行修水利的工作，在其向邊區政府陳述的意見書中，曾提出移民一萬五千[illegible]，發展全部水地一萬五千畝，現邊區政府建設廳已撥款開始興修該河水利。而該河水利的興修，不僅是鄜縣之利，並且是邊區經濟建設中發展水利事業的一個重要部門。（潤）

國際簡訊

△英國已允以鐵及其他原料品供與土耳其。

△美國防生產管理局局長公布新設美加混合委員會，以交換美加兩國戰略原料資源之重要情報。

△澳國會於本月二十八日召開。

△美海軍便衣乘[illegible]機於十六日抵[illegible]，繼續前往倫敦。

△保加利亞在薩洛尼卡設立領事館，第一屆領事即將到任。

△羅馬尼亞總統稱從前收各商家過分利得稅，上次世界大戰中所徵之最高率達百分之八十，目前可略低，但每年稅收似可因此增加將近十萬萬美金。

△羅馬尼亞之商船四艘，將經常開往烏得薩，在該地裝運蘇聯貨物回羅馬尼亞。

蘇聯紅軍小故事（一）

山屋譯

一　關於伏羅希洛夫的傳說

我們從村莊被押到草原。兵站總監伏羅希洛夫和騎兵來到了那裏，隨屬地問道：「一個個有[illegible]到那兒去啦？」

方纔農人們的話，丟了兩掛車，這兩掛車裝着四十個農婦和孩子，還有很多的負傷兵。這真是一個嚴重的損失。現在怎麼辦呢？不能讓人家村子裏去找，又應不了它們，於是，伏羅希洛夫召集了幾個婦女和許多個被俘的孩子同他們一塊兒到村子裏去了。

是一個黑夜。狗在叫着，四處有不斷的槍聲。

在一個園場裏他們找到那車了。他們用自己底手推到伏爾加那邊，那裏[illegible]那樣遠。

伏羅希洛夫偶爾兩二聲，他看見一個婦人正在他身邊用力。她推着車輪，喘得很厲害。她是懷孕的。

伏羅希洛夫對她生氣了，因爲他召集的只是強壯的和有力的。特別和糧食搬開，他們就把孕婦放在車上，送向營壘去。

黎明的時候那人養了一個女孩。那孩子生得很茁壯，活蹦亂跳的，叫喚着。

激烈的戰爭向着鏡立親縣吼着。伏羅希洛夫未曾闔過眼睡一[illegible]。他總是健壯的，鬍子刮得乾乾淨淨，很快樂。有時他還召集一個口，報告得那樣清楚，他所說的一切話我們到現在還都記得。你會更加敢地作戰，因要你知道你底血在草原上是爲什麼流的。

有一次，在一個戰鬥中，克里姆．伏羅希洛夫騎馬跑來了。聽了進攻的消息，他問道：「帶小孩的那家人到那兒去啦？」

「一個炮彈打死了馬，炸碎了車，那父親和母親也被炸了。」別人告訴他說。

「小孩呢？」兵站總監問。

「小孩還留在車下邊」。

他停一下他突然順着了田地就一直向着敵人跑去了，兩個威干斯克人跟着他。白軍看見了一個騎馬的人照直向他們衝來，他們就停止了射擊。伏羅希洛夫跑到炸毀的車那裏就勒住了馬，他把韁繩丟給一個威干斯克同志，轉[illegible]的工夫他已抓起了那個孩子像鳥一樣飛回「[illegible]」。被跟的白軍開始射擊，但是已經太晚了。

在營壘裏他把小孩交給婦女們。「照看她」，他說。「養着她」。

「我們給她什麼吃呢？」她們問。

「想法找一隻山羊」，兵站總監回答着騎馬走了。

婦女們圍着那個孤女，逗她玩樂。

「好人啊，她叫什麼名字呢？」有一個問。

「我聽見他叫她「哥兒——哥兒」」，一個威干斯克人回答。

她們笑着就叫那女孩「哥兒——哥兒」。

在哥薩克人[illegible]裏她們找到了一隻山羊。她們就用牠底奶餵她。她們保護那隻山羊怕牠中了子彈，總是把牠藏在戰壕裏。她隨着營壘長大到那立親。而那女孩就在營壘長大起來。

延川清涧建立纺织社

【本市讯】延川纺织生产合作社□于六月底开工，并计划在年底前增加产量，工人与徒增至七十人以上。（黎明）

【又讯】清涧的经济建设委员会，决定立即筹备纺织生产合作社，计划本年内筹足资金二万元，购置织机十架，九月全部动工。该县淮宁湾、老君殿两联保，亦准备成立纺织生产社。（黎明）

晉南激戰襄陽克復
閩浙沿海亦有戰鬥

【新華社十八日華北某地專電】晉南戰局已激烈展開，十六十七日在陽城南發生激烈戰鬥，雙方均有傷亡；中條山連日炮聲異常激烈，敵企圖包圍掃蕩我軍，我軍正力圖沖破敵之包圍，造成外線戰鬥情勢。臨汾南北之同蒲路最近被我破壞多處，敵交通發生重大阻礙。

【重慶十七日中央社電】軍息：（一）我軍對竄入襄陽城之敵猛烈圍攻，至十六日午當將襄陽城攻克，殘敵竄南，向沙河左岸潰竄，復被我軍分頭在烏金店龍家集等地附近夾擊，事後清點遺屍計九千七百餘具之多，俘獲品尚在清查中。（二）宜昌附近敵於十六日晨分由關莊廟宋家咀向我進犯，經我迎擊，斃傷敵二百餘，殘敵潰退。（三）由彭澤南馬路口竄犯石門街之敵，經我軍堅強阻擊，激戰至十六日晚，敵不支向北潰退，我當將石門街克復，並乘勝追擊。（四）竄贛南犯敵經我軍在蘇溪嶺以北[illegible]區堅勇阻擊至十六日上午十時，當將敵陣突破，斃敵甚衆，殘敵潰退，我正跟蹤追擊中。（五）十六日由垣曲進犯我侯家山（垣曲西北）陣地之敵，經我堅強阻擊，斃傷敵甚衆，卒將其擊退。

【重慶十八日中央社電】軍息：（一）由諸暨南犯蘇溪及東[illegible]以北地區之敵，經我連日分途猛烈阻擊，截至十八日晨，敵負重創，紛紛向北潰退，我當將蘇溪市蘇溪等地克復，繼續向黃宅市傅宅市尾敵追擊中。（二）由諸暨南犯蘇溪[illegible]北地區之敵，經我軍擊退後，旋增援反撲，於十七日晨在原地激戰，另敵一股企圖向東陽以北地區竄犯，被我阻止。（三）連江自被我軍攻克後，十六日午[illegible]，敵[illegible]由馬尾增援千餘，向我反撲，刻正戰於近郊，戰況慘烈。（四）我挺進中條山部隊，於發動攻勢時止，仍在山中與敵血戰中，我繞向敵後部隊，到處襲擊，敵頗感首尾不能兼顧之苦。

【洛陽十八日海通電】河南西部有歷史性之古城洛陽，星期五被狂炸。由晨六時至晚五時，被重炸彈轟炸，約五百餘枚爆炸彈及燒夷彈落於城中，日機約三十架。

【東京十八日路透電】日本空軍猛炸西安，損失甚重。

閩北江岸我克連江
博羅惠陽淪陷敵手

【重慶十八日中央社電】軍息：閩江北岸我軍向連江敵猛烈攻擊，於十六日晨三時攻佔上山下山（均連江西北），續向敵猛進擊，於午後三時攻入城內，殲敵六百餘，殘敵潰退。我當將連江城完全克復。

【香港十八日電】[illegible]軍訊，廣東敵軍於五月十一日已佔領博羅與惠陽。

傳中蘇將擴大貨物交換

【路透社重慶十八日電】據中國官方報紙中央日報稱：中國和蘇聯當局已在原則上同意再進一步擴大中蘇貨物貿易。[illegible]據此項協定，中國供給蘇聯以鎢[illegible]及其他原料，以換取蘇聯之軍火。

蘇聯禁外僑赴油田區

【莫斯科十七日國際電】蘇聯[illegible]局，頃[illegible]發通知，禁止外僑不得前往黑海及裏海附近之油田區域，及中亞細亞各共和國以及遠東與北方邊境，外僑非經特准不得自由行動，凡欲請領特別許可證者，須先將其住地點及行程報告外交委員會，此舉係駐蘇使館及外僑，引以為異，認為或係某種重要步驟之先聲云。

僑胞航空捐款踴躍

【香港十六日中央社電】華僑航空救濟會會長林[illegible]元、陳嘉庚，去春赴[illegible]發動航空救國獻捐運動成績極佳，兩氏已返國抵港，據稱：該[illegible]僑胞熱情奮發，慷慨捐輸，共建美金五百餘萬元，現款在七月以前可以收齊，由華僑團體存三藩市[illegible]東銀行，專作購機之用。

各國工運

美罷工潮繼續擴延

【海通社紐約十八日電】煤礦工人十萬人，將於星期一繼續罷工，[illegible]工礦工人與[illegible]無結果，星期六美[illegible]礦工聯合決議罷工。

【合衆社火奴魯魯十八日電】珍珠港海軍船塢之建設工作由於一百餘四[illegible]人罷工而停頓。此罷工尚將擴大到二千五百人之大罷工。工人要求五日一星期，工作四十小時，增加工資為每小時一元二角五分到每小時一元五角。並要求工會領袖權，彼等將等待[illegible]之答復。

【同盟社新加坡十七日電】馬來聯邦[illegible]之橡皮工業工人十六日突然舉行大罷工，且與當地軍隊發生衝突，十七日英當局並宣佈戒嚴命令，增加援軍，不論英當局如何努力鎮壓此罷工，但罷工浪潮有日益擴大之勢。該項罷工，對英國軍需品之供給，有極大影響，故英國當局極為焦急云。

美國人民援華運動

【華盛頓十八日中央社電】全美國時舉行之中國週已於今日正式開幕，有州長十四人及大城市市長二百人發表宣言，呼籲美人協力完成美國聯合救濟中國難民協會五百萬美元救濟中國難民之[illegible]強勁，[illegible]力實立即以具體援助給予中國之重要，認該項援助不但用以執行抗戰，且須[illegible]於救濟及建設。此為美國第一次具有全國性援華運動，其目的不僅在於募捐救濟金，亦在於使美國更深切認識中國四年來之偉大抗戰及參國之艱苦工作。中國週之重要活動多集中於紐約，該城將募款一百七十萬元。一週內之活動將以中於文化界、婦女界、[illegible]界及兒童，參加之名人有歌星[illegible]、林語堂[illegible]珍珠女士等多人，本週將熱烈時將有男女童[illegible]猶太民族聯合委員會救世軍會員及唐人街華僑等多人在紐約市重要街道遊行，表示中美之密切合作。並定禮拜日（廿九）為中國陣亡將士祈禱云。

日英關係

【倫敦十六日中央社電】英外相艾登日前在下院發表強硬聲明稱：日本倘不能尊重在華英國利益，則日本勿希望英國緩和其經濟限制之政策。倫敦晚報今日特為文評論此事，題為「有禮貌之發斥」。內稱：外相之強硬聲明，即使以敵為相對之言詞出之，吾國人民亦無不愉快之表示，吾人已不願向再繼續吾人權益者作道歉之表示。再日方研究英國過去數年來之外交政策後，復認為吾人今日仍將向其表示歉意，並以開啓大門之鑰匙交日人云。

後方人民加緊生產
幫助抗戰

【重慶十八日中央社電】抗戰以來，後方十五省小麥大麥等耕地面積年有所增加，三十年尤呈激增之勢，誠為抗戰時期良好現象，據農林部中央農業實驗所農情報告之統計，本年度後方十五省小麥面積達一萬萬二千萬市畝，比二十九年度增加九十二萬市畝；大麥面積達五千二百萬畝，馬鈴薯一百七十萬市畝，[illegible]類作物亦增加二百萬市畝，總計增加一千三百萬市畝，其中四川省計小麥面積增加二百六十萬市畝，大麥增加六十萬市畝，共計三百餘萬市畝。入春以來，四川境內氣候溫和，除雪收佳飄頗傳外，其他各省收穫亦佳。估計各省可增收食糧一千五百萬市擔，僅四川一省增收已達五百萬市擔。據稱：多麥面積之增加，由於農民因糧價高漲，自動增產，有甚大關係。

【成都十七日中央社電】川捐獻運動委員會，據各市縣獻糧會呈報，至目前止，共計收到獻糧四萬八千九百一十四石，獻穀代金八十[illegible]九角六分。

前方日本弟兄
電賀日本工農學校開學

【本報專訊】前方十八日專電：延安日本工農學校開學之消息傳來，在八路軍各前線之日本弟兄，莫不興奮鼓舞。日本弟兄所組織之覺醒聯盟特電祝賀稱：日本工農學校開學日電訊傳來，使我們興奮，這是從未有的創舉，也是東方人民解放史上新的一頁，而又是中日人民在反對共同敵人日本帝國主義的鬥爭中攜手並進的標幟。在三年多的抗戰中，由於中共之正確政策及其切實執行，業已引導幾百個日本被俘兵士走上革命的道路。今天，日本工農學校的創立，將養一批日本幹部為日本革命運動更大發展之基礎，國際主義精神的對他國勞苦大衆解放事業之兄弟般的關懷，不禁令人流下感激之淚。日本工農學校創立，給了我們[illegible]的鼓舞。它將是吸引前線[illegible]軍隊的日本工農走向革命道路的核心，敝聯盟會派數十會員來校學習，今後當以更大的努力，號召更多的日本士兵前來，謹祝日本工農學校。

覺醒聯盟負責人　晚本一夫　坂田太郎　高木敏雄　松井[illegible]　同啓

五月十一日

馬列主義和文藝創作
——文藝思想性和形象性漫談之一——

歐陽山

有一個愛好文藝的青年，當他回答我底「最近寫作很多嗎」？這問話的時候，這樣說：——最近幾個月子都裝滿了革命理論，一首小詩也寫不出來了。

由於他底直接並且沒有經過思索的答話，使我立刻想起文藝月報第四期上常加同志那篇文章。他記載着，延安文化協會談文藝小組曾在選週座談會上提出過如下的問題：——學習馬列主義之後，為什麼反而寫不出文藝作品？

但是，問題果然是這樣的麼？假如說不是那寫不出作品來的人底一種托辭，就是說：第一，他在學習馬列主義之前，是否寫了並且在寫着很多很多的作品？第二，他底學習馬列主義，是否達到了「精通」，或者至少「懂」的地步？第三，他是否在學習了馬列主義之後，還想手攜下其中的一二敎條，硬想把牠們化成他所需要的「事實」，化成用做題材的現實生活裏面可能發生的「事實」？

因為他就這麼一說，使我想起從前「左聯」領導着中國的文學運動向黑暗勢力進攻時，一分向「左聯」要求自由，並會攻擊馬列主義使他不能創作的杜衡先生來了。其實杜衡先生：自始至終就不能創作，寫不出什麼文藝作品來的，較微受了思想上的那點，用意不過掩飾自己的才短。現在的事實更證明，他忽而受雇於日本人辦的通訊社和書店，忽而加入吳鐵城在香港辦的國民日報做「文藝反共」的健將，向「左聯」要求自由云云，都是廢話，他本人不過是「左聯」所推攻的黑暗勢力底便衣隊之一罷了。

我得聲明這僅僅是一個題外的聯想。對於那愛好文藝的青年朋友，我不至於拿杜衡那樣的人去和他相比的。不過我覺得我也有權利向他發問。如果他本來就寫不出什麼作品，他就不該說學習了馬列主義之後「反倒」寫不出東西；他對於馬列主義還沒有學懂——沒有初步的瞭解，那麼在[illegible]

[illegible]

假如這個愛好文藝的青年的確被我索三思開所點倒了，那麼問題底關鍵就在這兒：瞭解得（觀察和研究得）很透澈，就一定是沒有把創作技術鍊習得很純熟。他只是在學習馬列主義之後，順手摘下其中的一二敎條，硬想把牠們化成「事實」，——他所需要的，用做題材的，企圖使人相信為現實生活裏面可能發生的「事實」，那自然要「反倒寫不出文藝作品」了。

一九四一，五月十三，在楊家嶺。

一二九師宣傳隊
舉行競賽

【新華社晉察冀十八日電】為紀念革命的五月，開展部隊文藝運動與宣傳隊之工作與學習，一二九師特於五月一日至十八日舉行全師模範宣傳競賽，參加者計有先鋒劇團、抗敵劇團、前哨劇團、戰旗劇團、野火劇團、黃河劇團等，競賽政治工作、宣傳、演出與教學三大項目，五一開幕後，各劇團競賽情緒熱烈，成績優良，閉幕時的演出「雷雨」「岳飛傳」等大劇，此次競賽，對今後部隊文藝運動，一定貢獻很大云。

高斯抵港

【海通社上海十八日電】新任美國駐華大使高斯已於星期六乘「塔虎脫總統」號輪到達香港。高斯將逗留香港數日，與前任駐華大使詹森會談。高斯定於五月廿二日乘飛機前往重慶。

【[illegible]通社馬尼剌十八日電】據香港消息稱：美國駐菲律賓高級專員[illegible]克拉將於星期日午乘專機經香港飛渝。

【曲江十八日中央社電】香港政府頒佈移民規律，限制國人入境，粵省方面迭向港府交涉改善，粵省府因接外來電訊云：香港政府已公佈，凡有我方[illegible]之護照，即可赴港，無[illegible]領事館證件，現正協商在港添設發給護照機關，以便利往來港[illegible]人士云。

林主席報告
新施政綱領

【本報時訊】邊區政府委員會第六十一次會議，於日前開會，討論中共邊區中央局五一發佈的新施政綱領。參加者除各廳處長外，尚有各機關科長以上工作人員及邊府[illegible]等共六十餘人。林主席報告大意略謂：目前我國的抗戰，正處在艱苦的相持階段，而世界帝國主義戰爭，亦正在持久擴大，迫令全人類的大多數，捲入戰爭的漩渦，與流血與火的激烈鬥爭。這是人類同時也是中華民族歷史上一個最重要的年代。在這個年代中，我們邊區要的任務，是將全國廣大人民團結起來，堅持抗戰進步方針，反對分裂倒退行動。如何完成這個任務，這是一件大事。邊區中央局在「五一」發佈的施政綱領，便是為完成這一任務而提出的。這是一個具有歷史意義的偉大文件，在它的條文中貫澈着統一戰線的與新民主主義的精神。年來，國內一般頑固份子，實行分裂與反共的兩面政策，進行[illegible]與倒行逆施，使進步文化，遭遇無理摧殘，抗戰事業，蒙受空前危機，這是最值得我們痛惜的事。我們應此重要關頭，不能不為全國人民揭示鮮明的政治方向，指出光明的前進途徑，使大家團結一致，爲堅持抗戰爭取最後勝利而奮鬥。我們相信，國民黨中的進步人士，各黨各派，無黨無派的人們，都會和全國廣大的人民，都會無限同情我們這一堅持團結[illegible]的施政綱領，並為這一綱領的實現，以各種各樣的方式去做英勇的鬥爭的。

林主席在[illegible]綱領條文時，着重指出，[illegible]的特務作風，迫使[illegible]份子，喪失氣節，墮落人格，我們必須採取寬大的政策，發揚人類崇高的品質，引導民族向上發展。大後方的金融紊亂，經濟恐慌素亂，使人民生活困苦，我們必須實行貿易自由，改善人民生活，扶植國民經濟走上繁榮。頑固派施行文化統治政策，獎勵復古，我們則必須獎勵自由研究，推行新文字，掃除文盲，使人民普遍享受進步文化上的果實。

最後，林主席向大家提出要求說：現在，我們邊區每一個政權工作者，必須根據新的施政綱領，檢查我們已往的工作，糾正工作中的缺點與偏向；並必須根據新的施政綱領，進行今後的工作，保證全部綱領正確而圓滿的實現。（啟然）

蘇聯紅軍小故事（一）

山屋譯

一　關於伏羅希洛夫的傳說

我們從村莊裏到草原。兵站總監伏羅希洛夫出到輜重車那裏，蹲屬地問道：「一個包袱到那兒去啦？」的確，丟了兩掛車。每掛車裝着四十方黑麥麵包，還有很多糧食。這真是一個長遠的損失。現在怎麼辦呢？不能派人回村子裏去找，又離不了它們。於是，伏羅希洛夫就召集了幾個婦女和幾個較俗的孩子同他們一塊兒到村子裏去了。

是一個黑夜。狗叫得很，四處有不斷的槍聲。

在一個閑場裏他們找到那車了。他們用自己底手推到森林裏，兩車都來建[illegible]催得很厲害。她是懷孕的。伏羅希洛夫對她生氣了，因為他召集的只是強壯的和有力的。特別和糧食攔阻，他們就把孕婦放在車上，直向森林去。

黎明的時候那人養了一個女孩。那孩子生得很胖壯，活蹦亂跳的，叫喚着。

激烈的戰爭向着擴立觀察吼着。伏羅希洛夫未曾閉過眼睛一下。他總是健壯的，鬍子刮得乾乾淨淨，很整齊。有時他要召集一個日，報告得那樣清楚，他所說的一切話我今到現在還都記得。你會更切取地作戰，因要你知道你底[illegible]

他說：「我們給她什麼吃呢？」「一套着她」。

他問道：「帶小孩的那[illegible]到那兒去啦？」

「被炮彈打死了馬，炸碎了車，她父親和她親也被殺了。」別人告訴他說。

「想法找一隻山羊？」，兵站總監問她們。

「好人啊，她叫什麼名字呢？」有一個女人問。

婦女們圍着那個孤女，逗她玩笑，騎着馬走了。

「小孩呢？」兵站總監問。

「小孩還留在車下邊」。

他俯一下他底臉，他們沿了田地就一直向着敵人跑去了，兩個廬干斯克人跟着他。白軍看見了個騎馬的人點直向他們衝來，他們就停止了射擊。代替伏羅希洛夫抹隨到炸毀的車子那裏就勒住了馬。他把騎組丟給一個廬干斯克同志，轉身到工，大他已抓起了那個孩子像鳥一樣飛開了。被拋的白軍開始射擊，但是已經太晚。

「我聽見他叫她『哥兒——哥兒』」，一個廬干斯克人回答。

她們笑着就叫那女孩「哥兒——哥兒」。

在哥薩克[illegible]裏她們找到了一隻山羊。她們就用牠底奶餵她。她們保護那隻山羊怕牠中了子彈，在門中把牠藏在戰壕裏。牠隨着營隊前進到擴立觀。而那女孩就在前線長大起來。

安定經濟建設計劃

【新華社訊】茲探得安定一九四一年經濟建設計劃如次：

第一　發展生產方面：一、農業：（一）擴大耕地面積開荒一〇〇〇〇畝，保證熟地不荒蕪一畝，（二）提高食糧產量，（三）增加工業原料生產，（四）修水利植樹林，恢復原有水利工程，發動群衆植桑柳四千株。第二，工業：（一）發展集體與個人的手工業，（二）提倡紡織，一九四一年完成一萬五千疋。第三，發展畜牧，原有數目以外，發展兩千牛，兩萬羊，二千三百驢，三千[illegible]，八千窠蜂。第四，發展合作事業：今年增加一倍股金，新區各增一千元。第五：交通運輸：動員[illegible]

[illegible]東[illegible]路，今年二月底完成，並組織保護路隊，組織群衆成立運輸隊與運輸站。（孫夫）

延川清澗
建立紡織社

【本市訊】延川紡織生產合作社，於六月底開工，並計劃在年底前增加產量，工人徒增至七十人以上。（黎明）

【又訊】清澗的經濟建設委員會，決定立即籌辦紡織生產合作社，計劃本年內籌足資金二萬元，購置織機十架，九月全部動工。該縣淮寧灣、老君殿兩[illegible]聯係，亦準備成立紡織生產社。（黎明）

隴東安塞
加強衛生工作

【隴東訊】隴東青救會決定暫作的子，環縣、[illegible]池、合水等縣立醫藥供銷處，四月至八月並在隴東各縣練一百廿名青年衛生員。（馬萬里）

【安塞訊】安塞縣政府及民鄉政府於日前成立衛生促進會，商討改進民衆衛生辦法，決定組立實驗區，並以鄉為單位，成立十三個分會，每一行政村成立一支會，每一農村成立一衛生小組。（江萍）

鄜縣發展農業
興修葫蘆河水利

【本報鄜縣訊】今日的鄜縣，即漢之高奴地，唐之洛交郡，歷代以來是一個邊塞重鎮，設軍防守。至明清改鄜州，領洛川、中部、宜君三縣。故現之鄜縣境頗廣。從鄜縣往西經葫蘆河沿岸至太白鎮（陝甘交界處），這一條路，自古即為通商大道，由定邊下來大宗皮毛、藥材等，多經此出口，故沿途驛站皆有過繁盛的歷史，如自鄜縣西行一百四十里的王家角（此地曾設縣治，民十九始取消），當時有三千餘家商號，每天要起一個「驢騾子」（即每天向「朝庭」進貢一馱銀子），其地方收入富足，商業盛況，由此可以想見。但自經清同治年華延西北的回變以後，這些地方都遭到很大的破壞，人民死亡流離，十室九空，王家角至今一片瓦礫堆，全鎮人口不過二三十家而已。但葫蘆河沿岸仍為富庶之區，故幾十年來，外省人很多移居於此，其中包括了十幾個省，而以四川、湖北、山東等省人最多，據統計所謂「客戶」（即外來移民）要佔現全縣人口之十分之九。他們移此多者不過三輩人光景，近者更於民國移來，故其生活習慣語言風俗，仍多守舊，各不相同，這複雜的人口，也就影響到地方情形的複雜。

也正因為這一帶大多係外來移民，就使葫蘆河流域發展了稻田，外鄉人在此開墾荒地，引用河水，耕種水稻，經過二三十年的經營，個個也成為陝北居然可觀的產稻區域。據稱，在豐收年成，可打到一四萬石稻米。一直到民國廿四年時，居民尚皆以白米為食。但，民國二十一年的大水，洗劇了葫蘆河兩岸的一切，農業遭受到慘重的損失，此後，人民即無力來恢復舊觀了。近年來，又陸續重修得一點水田，但總是河水問題，未得好收成。據統計張村驛現有水田約八百餘畝，直羅區約一千五百餘畝，今昔相比，相差懸殊。

關於水沖稻田，其實是因為沒有好好修水利，這裏水田，多係就河築壩截水而修，雖然便於引水，但地勢低下，河水稍漲，即遭淹沒，除二十一年大水外，稻田多是這樣遭到損失的。雖然農民也曉得抽一畝水田能得上種三畝旱地，但因為上邊水田常易遭損失，又加之修水田很費工，勞動力缺少，所以人們為了救濟時保險，就不如多種秋莊稼了。

其實，葫蘆河上流多森林，河看來，綠波蕩漾，清澈見底，水流運而勢平穩，河床亦較固定，如果築渠灌田，引導得宜，農業將大受其利。且兩岸川地廣闊平坦，實可大量開荒。不過沿河流域現有人口稀少，缺乏大量的勞動力，將如何大批移民，方能適應於有利的自然條件之發展。今年鄜縣縣政府除計劃修復去年被水沖毀的稻田外，並準備新修五百畝，同時組織水利委員會專門領導民衆進行修水利的工作，在其向邊區政府陳述的意見書中，曾提出移民一萬五千，發展全部水地一萬五千畝，現邊區政府建設廳已撥款開始興修該河水利。而河水利的興修，不僅是鄜縣之利，並且是邊區經濟建設中發展水利事業的一個重要部門。（瀾）

國際簡訊

△[illegible]國已允以鐵及其他原料品供與土國。

△美國防生產管理局局長公布新設美加混合委員會，以交換美加兩國戰略原料資源之重要情報。

△美國會於本月二十八日召開。

△美海軍使團乘坐機於十六日抵[illegible]，繼續前往[illegible]。

△保加利亞在[illegible]設立領事館，第一屆領事即將到任。

△羅馬尼亞總統[illegible]，收各商家過分利得稅，上次世界大戰中所徵之最高率達百分之八十，目前可略低，但得全部收，似可因此增加將近十萬萬美金。

△羅馬尼亞之商船四艘，將經常開往[illegible]，在該地裝運蘇聯貨物回羅馬尼亞。

延安星期音樂學校啓事

一、定五月廿五日下午一時在本校舉行開學典禮及音樂演奏會，二、增開視唱班，三、報名截止期延至本月廿五日正午，四、未考測驗的須於本月廿五日上午來校測驗，校址文化俱樂部。

尋人啓事

孫泉胞姊：兩年多不通信，甚念。速覆寄家一信，並賜我一信，由四川廣元中正路二十七號孫作舟兄轉，又如有知者煩告知，道謝是荷。弟孫瑞

光华制药厂、边区卫生材料厂合并启事

为完成自给自足任务，集中人力物力，两厂奉令合并，自五月一日起，原称光华制药厂者，为光华制药总厂，原称边区卫生材料厂者，为光华制药分厂。今后两厂业务往来，统由总厂统一对外，凡过去及今后与分厂往来者，盼直接与延安总厂接洽是荷，特此通告。

解放日報

中華民國三十年五月二十一日　第六號　今日出版一張

社址：延安解放日報社　每月三元　半年十六元　全年三十元　每份零售一角

本報緊要啓事

本報因各種條件限制，每日出報時間，暫時只能在下午四時，此後凡本市各單位之報導稿件須在每日下午七時左右，至遲須在每日下午□□時前將稿件送達，本報編輯部，以便一一作覆，並希各單位通知所屬，以免延誤時間，致誤日報之時效，特此申明。此啓。

本報發行科啓事

本報定於五月十六日發刊，惟因創刊伊始，籌備倉促，對發行事宜，尚未齊備，暫委托新華書店辦理，若要址售，來信請寄「延安新華書店轉解放日報發行科」字樣，以便與該店業務混淆，訂閱者可逕向該店直接辦理手續，一律須現款交易，概不賒欠，但機關學校各單位如覓具決定本外埠各機關三天，各批價目在此期內辦理訂購，不勝感盼，逾期即行停止，茲將定價列後：零售：每份一毛；訂閱：一月三元；三月八元五毛；半年十六元；全年三十元。郵費在內，如需掛號者，掛號費由讀者負担；國外郵費照加，批發另有價目，函索即寄。

光華製藥廠 邊區衛生材料廠 合併啓事

爲完成自給自足任務，集中人力物力，兩廠奉令合併，自五月一日起，原稱光華製藥廠，邊區衛生材料廠者，爲光華製藥總廠，原稱邊區衛生材料廠者，爲光華製藥廠分廠，今後兩廠業務往來，統由總廠統一對外，凡過去及今後與分廠往來者，特請逕與延安總廠接洽爲荷，特此通告。

光華製藥廠啓事

本廠所有出品，自五月十六日起，一切營業往來，均按八折批發，凡訂貨在百元以上者，如有特殊情形，亦當優待，凡訂有六折合同之各合作社、商店，已滿期限者，亦概改八折批發，特此通告。

光華藥單價表

保嬰散每包四角、行軍散每包四角、止咳丸每包四角、神效膏每包二角、健身丸每包五角、健胃丸每包五角、瘧疾丸每包五角、腸胃丸每包五角、風濕丸每包五角、保嬰丹每包五角、痧藥每包二元、壯力丸每包二元、樟腦油每包二元、百粒每包二元、補腎丸每百粒三元五角、戒煙丸每包二元、濃縮藥每包二元

英伊戰爭激烈
伊軍攻入克拉克
倫敦統治階級呈不安狀態

【日豪時十九日合電】巴格達廣播：伊軍一隊已攻入克拉克。

【同盟社巴格達十九日電】伊軍統帥部發表戰報如下：（一）西部戰綫：伊前衛部隊反攻英偵察隊予以嚴重之損失。（二）南部戰綫：巴斯拉附近之伊拉克軍隊與英軍交戰於馬喀爾及雀埃達，敵受重創。在其他地點，伊拉克偵察隊猛攻英機械化部隊，並將其擊退。（三）空軍之活動：（甲）伊拉克空軍反覆轟炸英軍陣地數處，及新埃爾巴尼飛機場。（乙）英機在巴格達郊外投彈，伊方並無若何損失。

【塔斯社拔約廿日電】聯合社塔處特訪員報告：伊拉克統帥部之公報稱：西戰綫（巴格達區），英軍數度進攻均被伊拉克軍隊擊退，英軍損失極重。南戰綫（巴斯拉區），伊軍於五月十七日獲勝利的襲擊敵人綫陣，敵人受重大損失，被伊者頗多。敵炮艦二艘爲伊炮兵擊退，一炮艦受創。伊空軍襲擊有掩護之敵軍行列，擊毀裝甲車二十輛，餘被擊散。英空軍在巴格達出現，轟炸拉希德兵營損失很微，在沙漠地帶作戰之伊軍以大炮擊潰出現於發拉第河西部之敵機。

【海通社巴格達廿日電】伊拉克攝政所有領袖組織行動之承認，表示忠誠於伊拉克國王及總理哈拉尼。

【合衆社倫敦十九日電】官方云：英國正密切注視由敘利亞運往伊拉克之德國軍火所可能經過之路程。

【海通社埠威特廿日電】星期一伊米爾阿布都拉抵達耶路撒冷與英高級專員會談關於外約但情形。伊米爾謂外約但勢漸嚴重，必須增防守衛軍隊。伊米爾阿布都拉定於星期一午後返安曼。

【海通社斯托哥爾姆廿日電】據倫敦訪員消息稱：倫敦對伊拉克情形頗感不安，軍事上至今雖無甚進展，而英感到將來之發展可能嚴重。關於此點，此項感觸乃集中於土國態度及相當長時間之伊拉克戰爭。如德伊機援延，顯可能發生驟變之機會，但倫敦並不以此爲可靠。據瑞典訪員消息稱：根據此一理由，如敘利亞最後捲入戰爭，敘急事件將陷於不幸之境況。該訪員指出倫敦對伊拉克問題如此注意，以致敘利亞事件陷已忘記。

【同盟社東京十九日電】據此間觀測，近東方面之情勢，由於目前形勢之演變，土耳其與阿剌伯各國之地位日益重要。此等國家捲入戰爭之可能性，次第增大。即（一）敘利亞方面，英機轟炸巴爾米拉飛機場，但被法方防空炮火擊退。（二）土耳其表示始終堅持中立之態度，但四周形勢之變化似乎使土耳其逐漸傾向於軸心國。據倫敦之消息：英駐土大使許閣森已通告土政府，英國政府改訂德國及外約但之處境。此次通告帶有警告之性質。（四）伊門王國及赫提阿剌伯國各自表示求其援救慎重態度。

【海通社巴格達廿日電】伊拉克政府投擲外交代表給出抗議後，伊拉克紅十字會亦向日內瓦國際紅十字會抗議。國對於伊拉克醫院，救治站及醫藥供給機關之一再轟炸，所有上述各種組織均標有顯明之紅十字標誌。

【海通社巴格達廿日電】伊拉克之學校工作按期進行。又有後備役兩班被招入伍，已入伍之兩班正集中於軍隊教練營中。

【東京廿日合電】伊拉克政府已決定派遣公使駐蘇聯與德國，人選尚未決定。

【海通社巴格達廿日電】伊拉克情報宣稱，伊拉克政府決派外交代表赴德，現正考慮派遣伊朗及敘利亞之日僑。

【海通社巴格達廿日電】當戰爭爆發時，伊拉克青年即自願服役，以維持內市鎮及村之秩序，代任警察之職。

外消息又訊：有兩級青年已被召入伍，另兩級較年青之青年，已入軍事訓練營。

美製蓄水飛機　援助近東英軍

【華盛頓廿日合電】美國所製造之蓄水飛機，現有一部改發「飛行蓄水池」，以便英方可用以運輸蓄水至近東與英軍。美機出口銀行當事長瓊斯，近向飛機廠家買各種軍機機件計架至三十架。

非洲戰況

【開羅十九日合電】英方公報稱：敵軍兩隊，曾在索落。惟英軍已佔優勢，敵軍全數被俘。

德降落傘部隊
降襲克里特島

【倫敦廿日合電】邱吉爾首相今在日下院發表報告稱：今晨有德軍一千五百人，利用降落傘、滑翔機、及運輸機在克里特島降落。惟英軍已佔優勢，敵軍多數被俘，已告失敗。

又電：克里特島之爭奪戰，業已開始。今晨有大批德容克五十二型飛機，由希臘飛越克里特島上空，擲下降落傘部隊多人。此降落傘隊之眞正測驗，同時亦爲英軍對付降落傘部隊能力之測驗。德軍降落之總數不明，但其爲德降落傘部隊參戰人數最多之一次。專家稱：克里特島防守極爲險要，無隙可乘。微憶邱吉爾首相最近曾在下院稱：英軍必須守衛克里特島，故英軍當決心抗戰至最後一人，必不致再度撤退。此次克里特之役，將爲德軍大舉侵英之預演。按自戰事波及小亞細亞以來，克里特島之地位，已與轉重要，英軍必須堅守該島，以掩護保衛巴力斯坦、蘇彝士運河，及預防敵人由實伏抄襲。

【倫敦廿日路電】據兩方面消息：在克里特島降落之德跳傘部隊一部份，業被捕獲，英軍在克里特島究有多少，尚不明瞭。該軍乃根據德軍東進之主力。克里特島防區軍司令希臘米地耶遂將軍在該島之馬蘭馬及赫拉克林兩駐軍，兩島在軍事上實爲重要據點。希軍亦有兩師在該島之「傳撿」，克里特島防區軍司令希臘米地將軍已被波蘭少將，乃前希臘西部遠征軍總司令。空軍中德機多架被擊毀。

德土關係　傳土默認德要求

【東京十九日路電】據日日新聞伊斯丹堡訊：土耳其業已默認德國要求，但不允許德軍經過土境開往伊拉克界內。據稱：德輪三艘，滿載軍火，已自羅馬尼亞之康斯坦薩港，再由該地轉運伊拉克其黑海岸上之藏德拉港，開赴土耳其，又稱：德軍高人羣可能擴展戰爭，對英希兩方不利，而對土國本身之自衛力則反而將減少，巴爾幹戰爭之迅速結束，證明土耳其之判斷是正確的。巴爾幹戰爭中，德國之唯一目的，在驅逐英國，由於直接予英國以打擊之不易，德乃發覺其他數點予以打擊，再土耳其之可能遭受轟之進攻，亦應自此點觀之，自德方觀之，唯有征服土耳其才能通過土境而征服伊拉克，德國對土之自衛力有正確的理解，當知若採此行動，必將耗相當代價。

【海通社伊斯丹堡十九日電】關於德土目前關係，國際外交界人士謂：土耳其外交所考慮者，當巴爾幹戰事爆發時，土耳其將設法使自己不被捲入戰爭，並採取保衛自己之預防措施。

又訊：伊拉克將其黑海港口開給德國使用。

【海通社伊斯丹堡十九日電】根據其外交界所考慮，土耳其對於德伊兩國之關係，又稱土耳其仍然保持中立。

【倫敦十九日合電】官方公佈：德方所傳東佔領希臘一說不確，該部隊仍在英軍手中。

【柏林廿日海通電】據德方有資格人士稱：自倫敦自本月十六日以來，即在德軍強烈攻勢之下，該地英方機械化部隊，已大部被消滅。

【倫敦十九日合電】官方公佈：英方所傳該埠被德軍攻佔一節，實屬不確。英軍攻佔一部，已經佔領該地。

【開羅廿日電】據報：北非英軍大利敘馬統帥部星期二發表戰報如下：北非英軍，敵潰退入亞細亞境，我軍進敵，敵仍在英軍手中，英軍曾在五月十七、十八兩日佔領恰滑，敵損失奇重。

埃及陸軍司令 前任總理 又相繼失踪

【海通社埠威特廿日電】前任埃及參謀總長瑪斯利（前期本報曾刊爲阿西斯——編者）之逃亡，引起埃及極大反響，英當局立即發動逮捕埃及若干政界重要人士。據最近所接開羅報紙之消息謂：埃及陸軍總司令及前任總理阿利，亦於星期日失踪，彼等之失踪，今尚無知彼等沙漠及前任總理阿利，亦於星期日失踪。彼等之失踪，今尚無知彼等是被英當局所逮捕，抑或自動躲避，以免遭英暴手。據德軍所知，上述三人爲反對英在埃及戰爭行動之軍官集團之首領。曾被禁止之「綠衫黨」又恢復其行動，和號召援助伊拉克，在開羅散佈若干宣傳品，反對英駐軍，和號召埃及人民起來加入英方戰爭。

【海通社安哥拉廿日電】埃及人民之反對現政府運動，由於不同意宣佈驅逐英方的統治階級，日益高漲。埃及方面希望瑪斯利能勝利逃脫。按瑪斯利於一九一二年在的黎波里之意土戰爭中，彼爲恩凡將軍之參謀長。在第一次世界大戰中，彼參與阿拉伯人之反土耳其暴動，世界大戰後，被英驅出埃及境。一九三一年由於弗德王帝之干涉，又得被容許返國，乃任目前國王費拉克之軍事顧問。一九三三年彼又同時任駐土軍事參謀長，由於彼抗議英供以劣等軍備起見，在英壓力下不久即去職。前之反英親阿拉伯傾向，爲衆所週知，彼爲目前埃及皇后之叔祖父。

【伊斯丹堡十九日國際電】傳德方正大舉增援愛琴海希臘米地那及開俄斯兩島之駐軍，兩島在軍事上實爲重要據點。

【安哥拉十七日哈電】外交部長薩拉茄格魯，本日接見英國大使許閣森，進行長時間之談話。

又訊：維持和平爲兩國之利益。不致有所進攻，兩國皆認識其之非交戰國際，使德國公報，而乃來自外國。土耳其通過土境開往埃及，非德方短期內由衛協定代替之，新約中將規定兩國商務協定內德國之貨款，土耳其將獲得德國之鋼鐵、藥品及機器，而將棉花皮革內類及鴉片供給德國云。

【伊斯丹堡十九日電】伊斯丹堡廿日海通電：伊斯丹堡大使阿克素，定本週內返伊斯丹堡出席國會，將將土駐希大使沙賴，繼續執行其職務。同時，討論土耳其經濟會議之問題。

【海通社安哥拉廿日電】土政府於期二向國會小組將於星期二在國會舉行，以便舉行國會秘密會議，以聽取關於外交政治形勢之報告。

各國工運

馬來亞　橡皮園工人罷工

【同盟社新加坡十八日電】據吉隆坡消息：英軍警與農業團員發生衝突，馬來亞北部雪蘭峨發生之橡皮園工人罷工事件，日益擴大化，十六日英軍特派軍隊，與農業團員發生衝突，英軍事警員死三名，傷七人，警方當局有數人受傷，約一百名被捕，被捕者都即發了「非法」文件，滿佈各地，演成抗爭，並有一部份工人復業之際，至今猶未解決，英方已作好準備，正在實施嚴厲鎮壓。現在已經逮捕的工人之五十一名，此後馬來亞工人已被英軍綁去，現在已被英方押送到新加坡集中營中去。

【海通社馬來亞十九日電】據新加坡消息：馬來亞罷工，英警察企圖逮捕罷工工人，工人發起抗議，英方實際上究竟採取什麼措施，現已毫無消息。

〔1〕 11

社論
施政綱領——到羣衆中去！

五月一日陝甘寧邊區中央局發佈了邊區施政綱領，這是一個有重大歷史意義的文件。這是我黨抗日民族統一戰綫政綱（十大綱領）之進一步的發展和具體化，是我黨二十年來——特別抗戰四年來無限豐富的鬥爭經驗之總結和結晶。它雖是我黨在陝甘寧邊區這一地區內提出的實踐的施政綱領，可是它的意義，卻遠遠超出於這一點上，它真正是全國人民在今天偉大的抗戰和革命時期中的戰鬥和建設的綱領，它是引導我們偉大的民族走向戰勝日本帝國主義和建立獨立的中國的戰鬥的大纛。

放在這個綱領的基礎上的是：對於現階段的中國革命的性質是新民主主義的革命的認識，而貫徹於全部綱領中的基本方針乃是團結抗戰；其所有要達成之目的乃是一個強盛獨立的自由中國。這個綱領之特點在於它是依據今天中國的半殖民地半封建的，而又處於抗日戰爭的具體環境中的客觀現實，而規定出了在一切領域和部門中的具體的政策。

如果把這個綱領和今天中國的某些地區大資產階級大地主的統治階層所實行的政策，一加比較，則可以看到一幅動人的對比：

那裏是：一黨專政，把持包辦，強迫入黨，排斥異己。

這裏是：「（五）本黨願與各黨各派及一切羣衆團體進行選舉聯盟，並在候選名單中確定共產黨員只佔三分之一，以便各黨各派及無黨無派人士均能參加邊區民意機關之活動與邊區行政之管理，在共產黨員被選爲某一行政機關之主管人員時，應保證該機關之職員有三分之二爲黨外人士充任，共產黨員應與這些黨外人士實行民主合作，不得一意孤行，把持包辦。」

那裏是國家政權操之少數豪貴之手，人民權利與自由，毫無保障。

這裏是：「（六）保證一切抗日人民（地主、資本家、農民、工人等）的人權、政權、財權及言論、出版、集會、結社、信仰、居住、遷徙之自由權。除司法系統及公安機關依法執行其職務外，任何機關部隊團體不得對任何人加以逮捕審問或處罰，而人民則有用無論何種方式控告任何公務人員非法行爲之權利。」

那裏是：特務橫行，生殺任意，嚴刑拷打，強迫自首。

這裏是：「（七）改進司法制度，堅決廢止肉刑，重證據不重口供。對於漢奸份子，除絕對堅決不願改悔者外，不問其過去行爲如何，一律施行寬大政策，爭取感化轉變，給以政治上與生活上之出路，不得加以殺害、侮辱、強迫自首或強迫其寫悔過書。對於一切陰謀破壞邊區的份子，例如叛徒份子反共份子等，其處置辦法做此。」

那裏是：貪污成風，豪奢淫逸，假公濟私，官官相衛。

這裏是：「（八）厲行廉潔政治，嚴懲公務人員之貪污行爲，禁止任何公務人員假公濟私之行爲，共產黨員有犯法者從重治罪。同時實行保障廉潔，保障一切公務人員及其家屬必須的物質生活及充分的文化娛樂生活。」

那裏是：主張壟斷專賣，反對貿易自由，主張加重剝削，反對改善人民生活。

這裏是：「（九）發展農業生產，實行春耕秋收的羣衆動員，解決貧苦農民耕牛農具肥料種子的困難，今年開荒六十萬畝，增加糧食產量四十萬担，獎勵外來移民。」

「（十）在土地已經分配區域，保證一切取得土地的農民之私有土地制。在土地未經分配區域（例如綏德、鄜縣、慶陽），保證地主的土地所有權及債主的債權，惟須減低佃農租額及債務利息，佃農則向地主繳納一定的租額，債務人須向債主繳納一定的利息，政府對東佃關係與債務關係加以合理的調整。」

「（十一）發展工業生產與商業流通，獎勵私人企業，保護私有財產，歡迎外地投資，實行自由貿易，反對壟斷統制，同時發展人民的合作事業，扶助手工業的發展。」

「（十二）調節勞資關係，實行十小時工作制，增強勞動生產率，適當的改善工人生活。」

那裏是：苛捐雜稅，層出不窮，全部負担放在勞苦人民身上。

這裏是：「（十三）實行合理的稅收制度，居民中除極貧者應予免稅外，均須按照財產等第或所得多寡，實施程度不同的累進稅制，使大多數人民均能負担抗日經費。同時健全財政機構，調整金融關係，維護法幣，鞏固邊幣，以利經濟之發展與財政之充裕。」

那裏是：思想統制，書報檢查，文化衰落，藝術凋零。

這裏是：「（十四）繼續推行消滅文盲政策，推廣新文字教育，健全正規學制，普及國民教育，改善小學教員生活，實施成年補習教育，加強幹部教育，推廣通俗書報，獎勵自由研究，尊重知識份子，提倡科學知識與文藝運動，歡迎科學藝術人材，保護流亡學生與失學青年，允許在學學生以民主自治權利，實施公務人員的兩小時學習制。」

諸如此類，不勝列舉。就從這樣一個簡單的對比，就足以了解這個綱領之重要，足以了解爲什麼這個綱領，而且只有這樣一個綱領才能使中國人民眞正獲得解放，才能使中國走上眞獨立、自由、強大的三民主義中國的大道。

正因爲如此，所以綱領的發佈不僅爲全邊區的人民所讚許，而且引起全中國及國際上的深切注意。今天放在全邊區及全黨面前的任務，是將這個綱領普遍地深入地傳佈到每個鄉村、學校、工廠、商店中去，向全邊區的人民解釋這個綱領，在這個綱領的旗幟下，組織今年的競選運動！在這個綱領下忠實地工作，爲全部實現這個綱領而鬥爭，把陝甘寧邊區更進一步地鞏固起來，並把它變成先進的抗日民主的模範地區！

光华制药厂启事

本厂所有出品，自五月十六日起，一切营业往来，均按八折批发，□关部队□［学］校及民众团体或私人购用在百元□上者，按批发价八折优待，百元以□［下］如有特殊情形，亦当斟酌优待，凡订有六五折合同之各合作社、商店，已满期限者，亦概改八折批发，特此通告。

解放日報

中華民國三十年五月二十一日　第六號　今日出版一張

社址：延安解放日報社　每月三元　每期零售一角　半年十六元　全年三十元

本報緊要啓事

本報發行科啓事

光華製藥廠啓事

光華製藥廠合併啓事

光華藥單價表

英伊戰爭激烈

伊軍攻入克拉克

倫敦統治階級呈不安狀態

【路透社十九日合電】巴格達廣播：伊軍一隊已攻入克拉克。

【同盟社巴格達十九日電】伊軍統帥部發表戰報如下：（一）西部戰綫：伊前衛部隊反攻英偵察隊予以嚴重之損失。（二）南部戰綫：巴斯拉附近之伊拉克軍隊與英軍交戰於馬喀爾及雀埃達，敵受重創。在其他地點，伊拉克偵察隊猛攻英機械化部隊，並將其擊退。（三）空軍之活動：（甲）伊拉克空軍反覆轟炸英軍陣地數處，及新埃羅巴尼飛機場。（乙）英機在巴格達郊外投彈，伊方並無若何損失。

倫敦對伊拉克情形頗感不安

美製蓄水飛機援助近東英軍

非洲戰況

德降落傘部隊降襲克里特島

德土關係

傳土默認德要求

埃及陸軍司令又前任總理相繼失蹤

各國工運

馬來亞橡皮園工人罷工

社論

施政綱領——到羣衆中去！

五月一日陝甘寧邊區中央局發佈了邊區施政綱領，這是一個有重大歷史意義的文件。

光华药单价表

退热散每包四角、行军散每包四角、止咳散每包四角、平胃散每包四角、胜利茶每包四角、补脑丸每包五角调经丸每包五角、健身丸每包五角、□导丸每包五角截□［瘫］丸每包五角、风痛丸每包五角、痢疾丸每包五角痧症丸每包五角、淋浊丸每包五角、保婴丹每包五角杀淋吞每包百粒二元、壮力神每包百粒二元、杂多补每包百粒二元妇月□百粒二元、戒的宝每包百粒三元五角。

解放日報
中華民國三十年五月二十一日　第六號　今日出版一張
社址：延安解放日報社
零售每份一角　每月三元　半年十六元　全年三十元

本報緊要啟事

本報因各種條件限制，每日出報時間，暫時只能在下午四時，……特此申明，……此啟。

本報發行科啟事

本報定於五月十六日發刊，惟因創刊伊始，籌備倉促，對發行事宜，尚未齊備，暫委託新華書店辦理，若蒙批售，來信請寫「延安新華書店轉解放日報發行科」字樣，……茲將定價列後：零售：每份一毛；訂閱：一月三元；三月八元五毛；半年十六元；全年三十元。郵費在內，如需掛號者，掛號費由讀者負擔；國外郵費照加，批發另有價章，函索即寄。

光華製藥廠 邊區衛生材料廠 合併啟事

爲完成自給自足任務，集中人力物力，兩廠奉令合併，自五月一日起，原衛生材料廠名稱，即行取消，……今後與兩廠有往來者，……特此通告。

光華製藥廠啟事

本廠所有出品，自五月十六日起，一切營業往來，均按八折批發，……特此通告。

英伊戰爭激烈
伊軍攻入克拉克
倫敦統治階級呈不安狀態

【同盟社巴格達十九日電】巴格達廣播：伊軍統帥部發表戰報如下：（一）西部戰綫：伊軍一隊已攻入克拉克。伊前衛部隊反攻英英偵察隊，予以嚴重之損失。（二）南部戰綫：巴斯拉附近之伊拉克軍隊與英軍交戰於馬喀爾及雀埃達，敵受重創。在其他地點，伊拉克偵察隊猛攻英機械化部隊，並將其擊退。（三）空軍之活動：（甲）伊拉克空軍反覆轟炸英軍陣地數處，及哈巴尼亞飛機場。（乙）英機在巴格達郊外投彈，伊方並無若何損失。

倫敦對伊拉克情形頗感不安

美製蓄水飛機 援助近東英軍

菲洲戰況

德降落傘部隊
降襲克里特島

【倫敦廿日路電】據官方消息：在克里特島降落之德國降落傘部隊一部份，業被捕獲……

德土關係
傳土默認德要求

【東京十九日路電】據日日新聞伊斯丹堡訊：土耳其已默認德國要求，……

社論
施政綱領——到羣衆中去！

五月一日陝甘寧邊區中央局發佈了邊區施政綱領，這是一個有重大歷史意義的文件。這是我黨抗日民族統一戰綫政綱（十大綱領）之進一步的發展和具體化，是我黨二十年來——特別抗戰四年來無限豐富的鬥爭經驗之總結和結晶。它雖是我黨在陝甘寧邊區這一地區內提出的實踐的施政綱領，可是它的意義，卻遠遠超出於這一點上，它與正是全國人民在今天，在偉大的抗戰和革命時期中的戰鬥和建設的綱領，它是引導我們偉大的民族走向戰勝日本帝國主義和建立獨立的中國的戰鬥的大纛。

放在這個綱領的基礎上的是：對於現階段的中國革命的性質是新民主主義的革命的認識，而貫澈於全部綱領中的基本方針乃是團結抗戰；其所有要達成之目的乃是一個強盛獨立的自由中國。這個綱領之特點在於它是依據今天中國的半殖民地半封建的，而又處於抗日戰爭的具體環境中的客觀現實，而規定出了在一切領域和部門中的具體的政策。

如果把這個綱領和今天中國的某些地區大資產階級大地主的統治階層所實行的政策，一加比較，則可以看到一幅動人的對比：

那裏是：一黨專政，把持包辦，強迫入黨，排斥異己。

這裏是：「（五）本黨願與各黨各派及一切羣衆團體進行選舉聯盟，並在候選名單中確定共產黨員只佔三分之一，以便各黨各派及無黨無派人士均能參加邊區民意機關之活動與邊區行政之管理，在共產黨員被選爲某一行政機關之主管人員時，應保證該機關之職員有三分之二爲黨外人士充任，共產黨員應與這些黨外人士實行民主合作，不得一意孤行，把持包辦。」

那裏是國家政權操之少數豪貴之手，人民權利與自由，毫無保障。

這裏是：「（六）保證一切抗日人民（地主、資本家、農民、工人等）的人權、政權、財權及言論、出版、集會、結社、信仰、居住、遷徙之自由權。除司法系統及公安機關依法執行其職務外，任何機關部隊團體不得對任何人加以逮捕審問或處罰，而人民則有用無論何種方式控告任何公務人員非法行爲之權利。」

那裏是：特務橫行，生殺任意，嚴刑拷打，強迫自首。

這裏是：「（七）改進司法制度，堅決廢止肉刑，重證據不重口供。對於漢奸份子，除絕對堅決不願改悔者外，不問其過去行爲如何，一律施行寬大政策，爭取感化轉變，給以政治上與生活上之出路，不得加以殺害、侮辱、強迫自首或強迫其寫悔過書。對於一切陰謀破壞邊區的份子，例如叛徒份子反共份子等，其處置辦法倣此。」

那裏是：貪污成風，驕奢淫逸，假公濟私，官官相護。

這裏是：「（八）厲行廉潔政治，嚴懲公務人員之貪污行爲，禁止任何公務人員假公濟私之行爲，共產黨員有犯法者從重治罪。同時實行俸以養廉原則，保障一切公務人員及其家屬必須的物質生活及充分的文化娛樂生活。」

那裏是：主張壟斷專賣，反對貿易自由，主張加重剝削，反對改善人民生活。

這裏是：「（九）發展農業生產，實行春耕秋收的羣衆動員，解決貧苦農民耕牛農具肥料種子的困難，今年開荒六十萬畝，增加糧食產量四十萬担，獎勵外來移民。」

「（十）在土地已經分配區域，保證一切取得土地的農民之私有土地制。在土地未經分配區域（例如綏德、鄜縣、慶陽），保證地主的土地所有權及債主的債權，惟須減低佃農租額及債務利息，佃農則向地主繳納一定的租額，債務人須向債主繳納一定的利息，政府對東佃關係與債務關係加以合理的調整。」

「（十一）發展工業生產與商業流通，獎勵私人企業，保護私有財產，歡迎外地投資，實行自由貿易，反對壟斷統制，同時發展人民的合作事業，扶助手工業的發展。」

「（十二）調節勞資關係，實行十小時工作制，增加勞動生產率，適當的改善工人生活。」

那裏是：苛捐雜稅，層出不窮，全部負擔放在勞苦人民身上。

這裏是：「（十三）實行合理的稅收制度，居民中除極貧者應予免稅外，均須按照財產等第或所得多寡，實施累進稅制，使大多數人民均能負擔抗日經費。同時健全財政機構，調整金融關係，維護法幣，鞏固邊幣，以利經濟之發展與財政之充裕。」

那裏是：思想統制，書報檢查，文化衰落，藝術凋零。

這裏是：「（十四）繼續推行消滅文盲政策，推行新文字教育，健全正規學制，普及國民教育，改善小學教員生活，加強幹部教育，推廣通俗書報，獎勵自由研究，尊重知識份子，提倡科學知識與文藝運動，歡迎科學藝術人材，保護流亡學生，允許在學學生以民主自治權利，實施公[illegible]」

諸如此類，不勝列舉。就從這樣一個簡單的對比，而且只有這樣一個對比之重要，足以了解爲什麼這個綱領，才能使中國走上真正獨立、自由、民主的大道。

正因爲如此，所以綱領的發佈不僅爲全邊區的人民，而且引起全中國及國際上的深切注意。今天放在全邊區及全國……個綱領普遍地深入地傳佈到每個農村、學校、工廠……的人民解釋這個綱領，在這個綱領的旗幟下，組織……個綱領下忠實地工作，爲全部實現這個綱領而鬥爭，……步地團結起來，並把它變成先進的抗日民主的模範……

埃及陸軍司令及前任總理又相繼失踪

各國工運
馬來亞 橡皮園工人罷工
英軍警與農業園員發生沖突

华池设纺毛厂

【华池讯】政府最近筹款一千五百余元成立纺毛工厂，五月间开工。

（伊民）

中華民國三十一年五月二十三日 解放日報 星期五 第二版

蘭州上空展開空戰
敵機六十餘架分批襲川

各綫戰況

高斯抵渝

赫爾對美日妥協說
不加否認但拒絕發表意見

周逆作民到港活動

傳中英商訂信用借款協定

大後方嚴重的緩流

專論 近東的棋局 笑雨

蘇聯消息綜論 紅軍砲兵威力

紅軍之訓練

紅星雜論

塔斯社闢謠

諾克斯

美拒絕愛爾蘭定購軍火

日荷談判

四個月移民一千餘戶

華池設紡毛廠

反對消極 也反對拚命

戰鬥開始

邊區工人戰鬥的一月
——記「五一」大競賽——
郁文

敗勿餒 勝勿驕

◇豐收◇

每個工人的生產率提高了

各機關學校工廠部隊討論施政綱領
保安部隊據此檢查工作

第二師範學生幫助選舉工作

昨天勝利 今天更要勝利

〔1〕 16

解放日报	时间	1941-05-23	期	第8期
			版	第2版

边区工人战斗的一月

记“五一”大竞赛

郁文

战斗开始 【本报特写】从三月二十五日至四月二十五日，分布在延安附近的几十个公营工厂，终日劳作在其间的几千位工友，以战斗的姿态，热烈地开展了为迎接“五一”而举行的生产大竞赛。总工会生产竞赛的号召，像是大战将临的一纸动员令，活跃在生产战线上的工友们，立时紧急地动员起来，大家分头集会，热烈讨论，工会小组，党的支部，工厂工人大会……生产计划，完成计划的具体办法，领导竞赛的首脑组织……一切由工会小组讨论提出，一切经过全厂工人大会作了最后决定。各工厂的生产快报，生产壁报，连期出□［成］了，每个人的生产记录，各部门的生产情况，每天都向全厂工人做详尽地报道。每人的生产成绩，像突发的□［号］外一样，从这厂飞传到他厂，工人们被激动得更紧张的劳作起来。**反对消极也反对拼命** “你这家伙，难道让我们的竞赛就此糟糕了吗？”个别消极分子，在受着大家激愤的批评中，得到了及时的克服。有的在竞赛中发生了拼命的现象，下工铃声响了，工人们仍不走出机器房。工会及时地提出了适当的口号，机器房中增加了新的标语：“反对拼命主义!”“列宁说：谁不会休息，就不会工作”。竞赛期间，工人生活大大改善了。大家经常地举行会餐，生产的组织，工厂的管理被改进了，保证了原料的供给，生产工具的及时修理，文化娱乐工作也被大大地发扬起来，唱歌，打球，工友们劳动之余，借以消除疲劳。

败勿馁胜勿骄 竞赛中途，有个别工厂听到其他工厂已创造下惊人的生产记录，表示恐慌灰心，情绪低落了，也有已创造了惊人成绩的工厂，则认为自己已操有了胜利的左券，而比较松懈了。于是，在总工会出版的工人动向“五一生产大竞赛特辑”中，又及时地提出了更有坚韧性与警惕性的口号。四月二十五、二十六号，各工厂召开了竞赛总结大会。工人们由小组而大会慎重地推选劳动英雄，总结着生产竞赛的成绩。在延安“五一”生产竞赛总结大会上，宣布了各工厂辉耀的成绩。**丰收** 农具工厂超过了百分之六十，难民纺织厂超过了百分之八三.〇五，八路军印刷厂超过了百分之五十九，新华化学厂超过了百分之七十五，八路军制药厂厂超过了百分之一二〇，八路军被服厂超过百分之三八.七，以上是这次生产竞赛中的优胜者。各厂总平均生产数量，超过了原定竞赛计划百分之四三.六。各厂出品的质量，在这次竞赛中，也被大大提高了，如新华化学厂出产的肥皂与墨水，又如难民纺织厂出产的布匹。据华纸厂在竞赛期间发明了蒸煮纸浆的新方法，改良了生产技术与生产工具。新华化学厂在竞赛期间完成了“小苏打”的新法制作，并试制蜡烛成功了。在边区困难的物质条件下，在这次生产竞赛的浪潮中，他们利用了边区的土产，进行了许多新的技术改进。**每个工人的生产率提高了** 此外，各业工人个人技术的熟练进度，也被大大提高了。难民纺织工友高德山，过去每天九小时工作，铁机织布十八丈七，竞赛期间达到了二十丈八尺；女工友余清英，过去每天九小时纺担毛纱二斤半，竞赛期间已达八斤十两，崔锡忠同志织毛毯，每天三十五尺提高到八十尺，八路军印刷厂排字工友冯启昌，每天工作九小时排字由一万二千提高到一万五千，振华纸厂工友□［冯］德旺减轻纸重每刀由五斤至三斤。……在各个工厂中，都有人创造了惊人的成绩。**昨天胜利，今天更要胜利** “五一”纪念大会上，生产竞赛中的优胜者。受到了当局热烈的□□［表扬］，二百七十四个劳动英雄，（其中有四十六位技术改进者），受到了众人无限的尊崇与爱戴。“为保持与继续扩大竞赛成绩而奋斗！”，“为完成一九四一年自给自足的经济计划而奋斗！”。边区总工会在生产终结后，向边区广大工友们，发出了这一新的战斗口号。

蘭州上空展開空戰
敵機六十餘架分批襲川

各綫戰況

高斯抵渝

赫爾對美日妥協說
不加否認但拒絕發表意見

周游侔民到港活動

傳中英商訂 信用借款協定

大後方嚴重的糧荒

蘇聯消息綜論
紅軍炮兵威力

塔斯社闢謠

諾克斯

日荷談判

四個月移民一千餘戶

紅星雜論
紅軍之訓練

美拒絕受僞蘭定購軍火

專論
近東的棋局
笑雨

邊區工人戰鬥的一月
——記「五一」大競賽——
郁文

戰鬥開始

反對消極 也反對拚命

敗勿餒 勝勿驕

◇豐收◇

每個工人的生產率提高了

昨天勝利 今天更要勝利

各機關學校工廠部隊討論施政綱領
保安部隊檢查工作

第二師範學生幫助選舉工作

解放日报	时间	1941-05-27	期	第12期
			版	第2版

八路军印刷厂执行施政纲领劳动政策，定六月一日起做工十小时

【本市讯】安塞八路军印刷厂工友，于本月二十三日晚讨论边区施政纲领，为响应边府之号召，及切实执行纲领之规定，特提出十小时工作制，后经全厂工友一致通过并将向全边区工友发□［出］宣言，号召全边区工友实行十小时工作制。该厂厂方经过慎重考虑后，决定自六月一日起开始实行十小时工作制。（普金）边区妇联讨论施政纲□［领］，并规定全体人员熟读及深刻研究该纲领。（丁）留守兵团直属各机关学校部队，进行深入地讨论施政纲领，并提出执行之办法。（两航）医大于本月二十二日讨论施政纲领，并作三月研究计划。（任放）

八路軍酣戰華北各地

奮勇血戰痛殲頑敵

冀魯豫

山東

敵機襲川

國內簡訊

敵在豫淪陷區推行毒化政策

印人民反英浪潮高漲

雙方冲突事件層出不窮　英警開槍射擊屠殺印人

晉察冀邊區青年　關懷大後方學生生活

大江南北新四軍連戰連捷

各綫戰況

在教堂歌唱的人（續）

荒煤

八路軍印刷廠執行施政綱領勞動政策　定六月一日起做工十小時

【本市訊】安塞八路軍印刷廠工友，於本月二十三日晚討論邊區施政綱領，為響應邊府之號召，及切實執行綱領之規定，特提出十小時工作制，後經全廠工友一致通過並轉向各邊區工友發出宣言，號召全邊區工友實行十小時工作制。該廠經方經過慎重考慮後，決定自六月一日起開始實行十小時工作制。（費金）

△邊區銀行討論施政綱領，並規定全體人員討論及探討研究該綱領。（丁航）

△留守兵團直屬各機關學校部隊，進行深入的討論施政綱領，並提出執行之辦法。（任放）

△醫大於本月廿二日討論施政綱領，並作三月研究計劃。

壯大中的難民紡織廠

海燕

試織地毯成功

經濟建設簡訊

邊府工作人員熱烈購買救國公債

貧農張寬財也買五元

第一卷（上）

解放日报	时间	1941-05-27	期	第12期
			版	第2版

壮大中的难民纺织厂

【本报专访】到达某地，走过了□形屋顶的一排工房之后，在堡垒兵舰式的窟洞中，记者便会见难民纺织厂厂长吴生秀同志了！面前是这么一个黄牙粗眉而说一口道地陕北话的所谓“土包子”。仅仅读过小学而就卷进了风暴的人，对于工业机器，工厂管理，劳动组织，是一向“满解不下”的，因为土生土长在这荒凉的塞上，新的知识已往对他是非常吝啬的，而现在，他建□［设］着这个几百个人的巨型的手工业工厂，在世界不能说是绝无，而在中国，则完全可以说是仅有呵！当一九三八年秋，这一工厂出现的时候，资金仅有九千元左右。职工是寥寥可数的几个人。在西安购买纺织机器，吴生秀同志便闹了许多笑话，这里看看机器，那里问问名称，随身带上一个书记，把别人的谈话记录下来，晚上以几□材料比较，然后才照着名称相同者去买，有时同一机械而被人说成两样名称者，则又再度打听，直至清楚后才敢□置，而机械好坏与零件是否齐全？则是没有办法解决的事情。吴厂长回忆起当年的啼笑皆非的情形时，摇头皱眉地说了：“真丢人，土包子出洋相。但有什么办法呢？为了生存咱们得干呀！”“干！”凭着这一信念与精神的鼓舞，而在困难面前“硬干”起来了，难民纺织厂的成长是这样的，边区工业的发展是这样的，“在布尔什维克的面前，困难是不能存在的！”这亦应该成为我们经济建设的最大特点，只有从这一角度来看，才能真正把握边区工业发展的规律与成绩的创造。不然，读者会以资本主义的工业状况来鄙视我们工业的“落后”“可怜”，而抹杀了迎接困难克服困难的伟大精神！在川口，在永宁寨，虽然曾因厂址建设的不合理，毛棉生产问题的争执，管理经验的缺乏，而增加了许许多多的困难，但三年建设的结果，难民纺织厂已经壮大成为边区巨型工厂之一了！（未完）

八路軍酣戰華北各地

奮勇血戰痛殲頑敵

冀魯豫

晉察冀

山東

敵機襲川

大江南北新四軍連戰連捷

各綫戰況

國內簡訊

津浦敵東犯滕縣以下

地方政務回鄉

敵在淪陷區推行毒化政策

晉察冀邊區青年關懷大後方學生生活

印人民反英浪潮高漲

雙方衝突事件層出不窮 英警開槍射擊屠殺印人

在敵堂歌唱的人（續）

荒煤

八路軍印刷廠執行施政綱領勞動政策

定六月一日起做工十小時

壯大中的難民紡織廠

海燕

試織地毯成功

經濟建設簡訊

邊府工作人員熱烈購買救國公債

貧農張寬財也買五元

解放日报	时间	1941-05-28	期	第13期
			版	第2版

新华化学厂试验各种化学用品，已有数种试验成功

【本报讯】新华化学工厂产品，如肥皂、墨水、牙粉、粉笔等，近来在质的方面大大提高，此外该厂附设之化学研究室，近更制出结晶苛性纳、碳酸钠、酒精、土耳其红油、芒硝、小苏打等化学医药用品。为了解决边区日用品的困难，该厂并试制蜡烛成功，一俟夏季过后，气候转凉，便将大批制造，以供各方需要，此外如洗面用的香皂、甘油等亦正在研究试制中，想不久当可成功。

克里特英軍危急 德軍突破英陣線

雙方軍隊正在猛烈戰鬥中

德希流亡政府將在倫敦成立

美國 對李德談話 赫爾大肆抨擊

美反戰運動高漲

愛國婦女會將請願示威 各界紛紛評斥羅斯福

在歌唱的人(續) 荒煤

美記者稱 日尚未準備與英美開戰 蘇聯不改變援華政策

愛爾蘭 凡勒拉堅持中立 反對英國在愛徵兵

諾克斯請求 予海軍司令作戰權

美又徵用商輪廿餘艘

滬美軍續撤

國際簡訊

英海空軍環攻下 德艦俾斯麥號沉沒

新華化學廠 試驗各種化學用品 已有數種試驗成功

生物採集團 已獲標本二百餘種

壯大中的難民紡織廠(續) 海燕

稅務總局 防止漏洞 獎勵告密

均已成立

施政綱領 軍政學院爭論激烈

新正馬蘭區 選舉完成

邊府撥糧賑濟 華池縣災民

壮大中的难民纺织厂（续一）

海燕

三年来，纺织厂的光荣字幕，是由下面的辉煌成绩所绣织出来的。一九三八年冬，仅十二月单单生产棉布即有一四〇匹。在农工展览会上，首先表示了纺织工业的雏形，而坚定了边区工业建设的信心。一九三九年中，曾因迁移厂址而停止两月与建筑新厂的关系，相当影响生产。但单产棉布即有三〇〇匹。一九四〇年又因搬建厂址而影响生产，但亦有棉布二、一〇〇匹，毛呢二百余匹，毛毯四百多床等成绩。随着一九四一年的扩大生产计划，而产量更激增了，计棉布一月份三一〇匹，二月份四一〇匹，三月份五一〇匹，共一、二三〇匹，估值二四六、〇〇〇元。毛毯一月份一九六床，二月份三三五床，三月份五四九床，共一,〇七七床，估值三三六,四四二元。这样的日增日涨的数字，在竞赛中更创造了空前的纪录，不但产量上，如纺织工人袁光华同志以前每月织布二十匹，现织四十疋，织毯以前日出五十床，现出一百二十床。而主要是质量的提高，劳动生活纪律的遵守，学习与组织生活的加强，节省原料减少浪费等，这对于今后工厂的发展上，将是一□奠定胜利的基石。三年来，在工人技术上，是相当提高了，单以织毛毯而论，去年一人日产半床至一床，现在最高者如崔锡忠日产八床多，平均一人日产四床多，提高五倍以上，预订二期扩大生产计划，平均能出八床，三期平均十床，以日计总平均生产能力来说，亦提高了：以一九四〇年一月棉纱日计五三、二尺，今年一月日计九四、五尺，毛纱去年一月日计〇、九四斤，今年一月日计五、一斤来作比较，就足够证明了。在质量上，亦有改进，如毛毯开始甚松而现在较密，已往每床有二斤多至三斤的不匀现象，而现在每床均约四斤左右了。当然这是非常不够的。特别在棉织方面，注意的很差，这实有待于纺织厂全体职工同志们的高度注意，要把提高质量与减低成本，同时作为重要问题处理，不然产量虽多，而不经用，在某种意义上说是一种浪

克里特英軍危急
德軍突破英陣綫
雙方軍隊正在猛烈戰鬥中

以西英國防綫，使局勢愈緊張，因其危及蘇達灣根據地。

……克里特島……戰事已至最後階段，該島命運短期內或可判斷……

美艦護送問題

傳希流亡政府將在倫敦成立

美國
對李德談話　赫爾大肆抨擊

美反戰運動高漲
愛國婦女會將請願示威
各界紛紛抨擊羅斯福

美記者稱
日尚未準備與英美戰
蘇聯不改變援華政策

愛爾蘭
凡勒拉堅持中立
反對英國在愛徵兵

澳美軍續撤

諾克斯請求
予海軍司令作戰權

在救濟堂歌唱的人（續）
荒煤

國際簡訊

英海空軍環攻下
德艦俾斯麥號沉沒

新華化學廠
試驗各種化學用品
已有數種試驗成功

生物採集團
已搜標本二百餘種

清澗城關各保參議會
均已成立

稅務總局
防止漏稅　獎勵告密

壯大中的難民紡織廠（續二）
海燕

施政綱領
軍政學院爭論激烈

新正馬蘭區
選舉完成

邊府人員節食一頓
購公債三百餘元

邊府撥糧賑濟
華池縣災民

第一卷（上）

费，因此不允许我们单纯地追求数字。边区政府副主席高自立同志，在春季工厂总结会上指出：“各工厂都要建立一定的品质标本室，日新月异地把质量提到“标本”水平”！这在手工业工厂的技术没有一定的情形下，是完全必要的。在生产工具与劳动组织方面，难民纺织厂因为干部的经验不够，所以管理得还不甚合理，然而也有许多值得介绍的地方：在没有新式机器的边区，唯一的是简单的甚至落后的生产工具。这不光靠我们要善于运用，而且要求我们善于去改良。才能节省许多人力物力的浪费，而增加手工业生产的效率，难民纺织厂一方面将原有工具加以改良，如西安纺毛机，以前重点在两旁，用力在中，费力甚多，转动不易，现在改为力在两旁，重点在中，省力一倍，而运动距离增加一倍，生产效率增加数倍。其他织布机等，均有部分改良，使更合理。另方面制造木质工具，由于铜铁的缺乏，而又要扩大生产的关系，于是不能不自己制造木质工具，抒机、整经机、打纬机、弹毛机、旋床、钻孔机、梭、抒等等工具，均经设计制造出来，成为纺织业的主要工具。而如打纬机的发明，现在一人可作以前手纺三人之工，而纬管之纱非常匀整，织时无绞现象，在节省原料与增加织工工作速度上，是有很大作用的，特别是依靠外来之梭抒，能够自足自给，从此打破了封锁的威胁。

克里特英軍危急

德軍突破英陣線

雙方軍隊正在猛烈戰鬥中

以西英國防綫，使局勢愈緊張

內戰可判

美國　對令德談話　赫爾大肆抨擊

傳希流亡政府　將在倫敦成立

美反戰運動高漲　愛國婦女會將請願示威　各界紛紛評擊羅斯福

美記者稱　日備太平洋與英美戰　蘇聯不改變援華政策

愛爾蘭　反對英國在愛徵兵　凡勒拉堅持中立

諾克斯請求　予海軍司令作戰權　美又借商輪廿餘艘

滬美軍繳撤

國際簡訊

英海空軍環攻下　德艦俾斯麥號沉沒

[illegible]堂歌唱的人（續）　荒煤

新華化學廠　試驗各種化學用品　已有數種試驗成功

生物採集團

稅務總局　防止漏稅　獎勵告密

均已成立

壯大中的難民紡織廠（續一）　海燕

軍政學院爭論激烈

新正馬蘭區　選舉完成

邊府撥糧賑濟　華池縣災民

第一卷（上）

解放日报	时间	1941-05-29	期	第14期
			版	第2版

壮大中的难民纺织厂（续完）

海燕

打破纺织的第二困难是颜料问题，舶出品既已绝迹，而我们便不能不从边区自身去想办法。于是小灌木的黑格蓝根，被发现出来。代替外洋染色颜料，同时价钱便宜，如毛毯一床，用洋颜料现需一二十元，而用黑格兰根则价一元五角左右，而色泽并不比洋颜料差些。据说黑格兰树，陕北遍地皆有。对于边区染色事业，可以大量供给。关于技术人员专工化的问题，对手工业工厂的技术改进上，是有很大关系的。在边区各厂中，改进与创作最多而收效最大的是纺织厂，而朱技师，是有相当功劳的。这里的经验是：技师一定要专门研究和实验，不能担任行政工作。已往朱技师因为担任了工务工作，以致不能在技术上有多大改进，自专任技术以来，上叙机器之改进，太［大］半出自伊手。在工厂管理与劳动组织方面，这个手工业工厂，虽有若干不合理的地方，但亦正在改进中。比如以前的打纬与织布工人，相距颇远，每个熟练织工，于织完一盘纬管之后，各人亲自大取纬管，这样每天来回跑一、二十次，浪费人□［力］甚多，影响产量甚大，现在改为一个老汉专送纬管，织工可以不下织机，而每人每日增加产量百分之十至二十左右。此外如给机器上油亦改为一人专上，较前更合理些。再如随着计件工资制的实行，登记制度也建立起来了，不但要登记工人生产成绩，而且实行登记损坏物件，作为竞赛时之评判根据，于是损坏工的数字，大大地较前减少了！在工资上，它是一个实行“计件工资制”的试验工厂，计件工资对于边区工人是一个□的刺激，这刺激飞跃地增加了生产，这是一种很好的办法。边区政府建设厅指出：纺织厂应少作多样生产，专做手棉纺织，注意产量质量的提高。并要求纺织厂今年在毛毯一项上，由一万床增至五万床。这是一个严重的任务，只要能增加相当的工人和干部，完成这一任务是不成问题的。

德宣佈佔領克里特首府

希王喬治呼籲繼續抗戰

東地中海英艦屢遭重創

方實力之均衡

自由光榮而戰

巴力斯坦

不顧自傷手足

夏克利率部反英

阿人群起襲英軍焚燬油庫

法英關係

英宣布敍爲敵佔區

英機炸敍境

鎮首都武器

真理報痛斥

◇芬報無稽謠言◇

蘇不會出租烏克蘭予德

在愛爾蘭人民反對下

英將放棄在愛徵兵

日法相稱

冀南我軍殲敵遼鄉

軍民配合大舉破路

伊拉克戰況

敵增發公債

蘇聯

青年積極從軍

全蘇農展開幕

西南船情況

美離間德意

活在記憶裏的

邢立斌

晉察冀邊區

春耕運動展開

婦女兒童積極參加生產

高斯謁蔣

程子長同志犧牲

國內簡訊

邊區政府爲選舉工作

再次發佈指示信

選舉應爲一切工作的中心

防空規則

防空司令部頒佈

平抑物價高漲

本市成立委員會

選舉簡訊

文化拾零

壯大中的難民紡織廠

（續完）海燕

第一卷（上）

解放日报	时间	1941-11-30	期	第199期
			版	第4版

后勤年建十三工厂，炭厂月产四十万斤

二十五天制军衣三千余套

【本报讯】八路军后勤经建部自去年十月经朱总司令号召：利用边区土产，开设工厂，以完成军委机关自给自足的任务。该部即制订计划努力进行。为时不过一年，仅该部企业处已共开办工厂十三个，内煤炭厂三，纸厂二、铁厂、硝厂、（现已与纸厂合并）、磁厂、油厂、木工厂、纺织厂、被服厂、石灰厂各一。交通纺织厂资金较大，流动资金约十五万元，主要生产土布，销路甚佳。各厂中成绩卓著者首推第一、第二煤炭厂，第一厂十一月份可出煤二十九万斤，第二厂可出十二万斤，主要解决了军委机关的燃料。其次为裴庄纸厂，生产量增长情形：九月份出纸一〇、八五四张，十月份出二六、七二九张，十一月份上半月即达一八、〇〇〇张，质量亦不断提高，九月份每刀纸重四斤半至五斤，十月份开始每刀重一斤十二两至二斤四两，纤维更加细密均匀。所有成品主要供给八路军印刷厂印刷书报。再次为被服厂，本年军事机关冬衣原料运到过迟（十月份才运到），而规定该厂于十月内须完成三五〇〇套棉衣，该厂遂紧急动员，采取突击方式，结果，二十五天即完成任务，该厂仅有工人二十四人，在突击期间，厂长葛接贡老同志亲自领导参加，昼夜赶工，起了很大的推动作用，军事机关工作人员能够及时有冬衣穿，该厂有相当功劳。除原有各厂外，现又筹备再开办一瓷厂，建设费在外，以二万元作流动资金，并聘请技术优良工人，烧制各种质地与色泽较佳之瓷器，预计明年春初正式开工。据刘副处长谈：一年来企业处领导下的各工厂，有的虽已获得很大的发展和成绩，但同时也有缺点存在，如厂多开支消耗多，资金不足而又分散，生产缺乏缓急需要的计划性，检查督促不够，个别干部故步自封，并发生贪污腐化，影响业务……今后必须健全组织，调整集中，适当的分配资金，有计划地进行生产，管理科学化，以免浪费时间、人力、物力。现正商讨改进计划与办法。

後勤年建十三工廠

紙廠月產四十萬斤

廿五天製軍衣三千餘套

【本報訊】八路軍後勤部總部自去年十月經朱總司令號召：利用邊區土產，開設工廠，以完成軍委總關自給自足的任務。該部即積極計劃努力進行。經時不過一年，後該部企業已共開辦工廠十三個，內煤炭窯三，紙廠二、鐵廠、硝廠、（現已與紙廠合併）、磁廠、油廠、木工廠、紡織廠、被服廠、石灰廠各一。交通紡織廠資金較大，流動資金約十五萬元，主要生產土布，銷路甚旺。各廠中成績最著者首推第一、第二煤炭廠，第一廠十一月份可出煤二十九萬斤，第二廠可出十二萬斤，主要解決了軍委機關的燃料。其次為製造紙廠，生產量增長情形：九月份出紙一〇、八五四張，十月份出二六、七二九張，十一月份上半月即達一八、〇〇〇張，質量亦不斷提高，九月份每刀紙重四斤半至五斤，十月份開始每刀重一斤十二兩至二斤四兩，纖維更加細密均勻。所有成品主要供給八路軍印刷廠印刷書報。再次為被服廠，本年軍委機關多衣服原料運到過遲（十月份才運到），而規定該廠於十月內須完成三五〇〇套棉衣，該廠遂緊急動員，採取突擊方式，結果，二十五天即完成任務，該廠僅有工人二十四人，在突擊期間，廠長甚接管責問衣服的工作……

一年來企業總結下的各工廠，有的雖已獲得很大的發展和成績，但同時也有缺點存在，如廠多而支消耗多，資金不足而又分散，生產缺乏統籌兼顧的計劃性，檢查督促不夠，個別幹部閑步自封，致發生貪污腐化，影響業務……今後必須健全組織，調整集中，適當的分配資金，有計劃的進行生產，管理科學化，以免浪費時間、人力、物力。現正商討改進計劃與辦法。

中國青年反法西大會籌備會

發表致世界青年團體書

全世界青年親密團結起來　把橫暴的法西斯深深埋葬

【本市訊】中國青年反法西斯大會籌備會，以大會不日即將舉行，特致電全世界青年團體，希望給予指示，……

家長會議

海稜

——龍兒灣徵糧剪影——

由窯的油燈還沒有點亮，除了襲刮着冷颼颼的北風，先到的人都擠進窯洞裏去閑侃。不多大一會，全自然村的家長都到齊了，二十六個人擠在一個窯洞裏……

「昨天開村民大會，……大家都聽到了嗎？響下沒有？」……

「聽下了！」……「公平合理，今年的調查辦法真好！」……

……

「區長，我說我只能出二升。」

米脂縣龍鎮的青年主任是怎樣工作的？

——青委考察團之二——

米脂的農村中間，青年工作是怎樣做的？下面是一個青年幹部的談話的記錄，很可以反映一些那裏的實際情況。——作者

我的名字叫申××廿一歲；今年四月到鄉上當青年主任，（甚石鎮鄉青救主任俱青年主任）已做了五個多月。

一到鄉上就找青年主任交代工作，交下各保青年組織名冊（保裏都有的）和俱樂部的照像等東西，又召集各保青年主任開一個會，介紹了一下；我對他們講：「兒童要入學，少先隊要出操，放哨，俱樂部要進行識字，娛樂；咱們青年組織要健全。」大家提出：「組織可以健全，（意即造報名冊）俱樂部識字，老人困難，識的無「心提」，」（意說今年變革太重要，幫着救濟生活的佔百分之三十），我給大家說：還是的做！

不幾天縣上派人下來督糧和勸募公債，鄉上開了一個會，佈置下去，我到第五保負責。下去後和保長，分會主任共同召集出糧、出款的人開會，宣傳為什麼要寬糧，然後宣佈攤派數目，沒有說無幾重的。（徵募一般都仍然採用攤派的方式）。徵糧了，催糧，催款，一共住了二十幾天照計劃完成了。回鄉保上總結過一次，這時到五保各村的青年都由我和保青年主任召集開過會，每村找過十個八個，等一年多些，我給他們說：「青年要健全組織，提高文化，放哨出操等，」其他有保上我給過保上下去的說都說了，他們照「不該管」！（註一）

兩大動員結束後，我就專做青年工作。先二保，和保青年主任一起，一村一村的開會，大村子都走過，共四處；青年來開會可是困難，一來了就想走；淨說不中聽的話。他們都知道有小二長，村主任，去年都有過識字班，但說：現在都不管着了。討論以後，兩個村子人民比較富足；還可以進行；兩個村子說太困難，沒辦法！我向上級報告，他們答覆說：「看情形做！」保青年主任也沒工，他很積極，對村裏就帶着存些人。可是事情難作！（陳宇）

延安貿易分局

實行進貨貸款工作

【本報訊】邊區商人……

徵糧幹部會

關中延長召開

【關中訊】自十二月分區……

小言論

簡政不是「減政」

「精兵簡政」，是鏟改多餘浪費的有名提案。把廢繁的事滅去，把不能用的人裁去，……

……

「簡政」有很多的道理，不要認為只是「減政」——當然，停止某些不急做的事與去多餘的人（冗員），也包括在內。

青年之頁

第六期

……

一個村的青年

——青委考察團報告——

牛山

……

解放日报	时间	1941-12-10	期	第209期
			版	第3版

晋西北本年产布十七万匹

【新华社晋西北四日电】晋西北根据地纺织业已获有显著之发展，在公营纺织业方面，根据五个工厂之统计，全年产布量为二八三〇〇匹。在群众纺织业方面，据临县等四县统计，共有纺织机三四七六台，每年可产布约十四万疋。本年公私纺织业共计可产布十六万八千三百匹。又晋西北一年来造纸业已获有惊人成绩，据行署建设处统计，临县等七县，每日共产纸二百三十一万五千张云。

【新华社晋西北四日电】近来与县商业，虽已渐呈活跃状态，惟市面中仍有暗流银洋现象，致使物价涨落不定，影响正常交易。该县商联会有鉴于此，特于上月二十三日召开各商会议，贸易总局，西北农民银行等亦派有代表出席会议，对平抑物价查禁白洋等问题，均有详细规定。又与县商联会于二十四日，召开城关全体商民大会，行署牛副主任，贸易总局汤局长等，均亲临指导，会间汤局长及西北农民银行狄协理，对稳定金融，查禁白洋，及管理对外贸易等问题，分别解释甚详。

敵佔領廣州英租界

漢口英美僑民被敵嚴格管理

滬寇兵駐守英美銀行電台

香港上空寇機肆虐 九龍英日兩軍接觸

香港釋放我留港孤軍

抗戰中的工業合作運動（續完）

田家英

羣犬吠聲 偽滿對英美宣戰

蔣委員長會晤卡爾與馬格魯德

重慶各報評論一般

我駐尼埠領事 呼籲僑胞助美抗日

內政會議第五日 蔣委員長致訓詞

敵機炸常德 居民死傷十餘人

晉察冀敵 劫殺回胞教長

航建協會獻機運動 預計可達五六千萬元 各地僑胞獻金極為踴躍

晉西北 本年產布十七萬疋

發展川省水利灌溉 四行決投資八千萬元

膠東八路軍 生擒偽警備隊百餘 棲萊伏擊敵汽車六輛被毀

考試院暨直屬部會長官題名

監察院暨直屬部長官題名

簡訊

建设厅定明年修筑四大公路

【本报讯】关于边区公路的建设与改进问题，建设厅已拟就计划，明年中心系培修定庆、定延、清靖、鄜米四大干线。注意多修桥涵，加宽路面，修截水沟等。石工由政府出钱，土工仍动员群众，待二月解冻以后，即可开工。过去修路领导上抓得不紧，时间人力浪费不少，同时，各县政府对于路政管理太差，养路工作不够，已修成者，毁坏颇多，今后除克服此种缺点外，并将根据人力物力财力之所及，提高公路标准，使路基宽大而巩固，便于大队车马通行。

綏德徵糧開始入倉
志丹一區一鄉順利完成
三五九旅敎導營助番徵糧草

【綏德訊】……

【志丹訊】……

算細賬

國建

我們在討論一個旅當中……

綏德冬學成立七十處
卅處由文字冬學進行順利

延川南鄉冬學辦的好

紀念中國青年反法西大會
留延各校同學會集會
關中分區組織代表團

【本市訊】……

鄜縣增稅三倍

【鄜縣訊】……

卅一年元旦……

劇協工委會將出版劇運特集

【本市訊】……

固林參議會常委會
請政府審查各鄉幹部

【固林訊】……

建設廳定明年修築四大公路

【本報訊】……

隴東等地籌設平糶處

【本報訊】……

中國工人　第七期

難民紡織工廠的女工
——工廠調查——

文生

……

「教會徒弟餓死師傅」
——工會小組會速記——

處丹

……

日本紗廠工人生活剪影
——敵後通訊——

張治

……

第一卷（上）

绥德等县士绅参观团连日参观延安各工厂学校，今乘车赴安塞参观

【本报讯】警区士绅参观团抵延后，连日受各方热烈招待，并先后赴兵站纺纱厂、制盐厂、光华农场、自然科学研究院、铁工厂、日本工农学校、边师、女大、光华制药厂等工厂学校参观。五月三十一日下午七时，并赴延安各界召开之欢迎晚会。二日□晨即搭车转赴安塞参观难民、农具等工厂，约作三日逗留，再行返延。

美對華發出空頭支票 願將來放棄在華治外法權

美公佈郭泰祺赫爾交換函件

【華盛頓三十一日中央社電】我新任外長郭泰祺與美國國務卿交換之函件全文如下：郭外長致赫爾函：（上略）日前過美訪晤，承以美國對於有關全世界之經濟政治問題所持之態度與意見告，對於有關我兩國政治經濟問題所採態度與政策亦曾懇切表示。際此舉世騷動、強力橫行水深火熱之時，聆悉宏論，欽佩無極。閣下前於一九三七年七月十六日公開發表聲明，縷陳美國政府一般之政策，該項聲明內容為本人所熟悉，是以閣下於前次談話中，說明貴國如何重視世界法律秩序之原則，國際間待遇之平等，並認為國際間應實現自由之貿易，文化上應實行更大規模之交流各節，本人自當充分瞭解其重要性。……

延安評論家之評論

【本報延安特訊】延安評論家評論赫爾郭泰祺關於日和平恢復後，美國願意放棄在華治外法權之交換函件稱：此為在遠東截然陰謀醞釀中之一件插曲，其目的在以遼遠的空頭支票來模糊中國人民對當前被出賣的現實之危險認識與警覺。……他們與其你將這類遼遠期空頭支票，勿寧立即停止以石油鋼鐵及其他武器輸日，不作日寇屠殺中國人之幫兇為愈。

美工人日報 痛斥世界電聞報造謠

遂縣商協會舉行 抵制仇貨座談會

並決定實行抵制辦法多項

國內簡訊

敵機空襲各地

魯南敵軍蠢動我敵激戰 冀中安國博野敵受重創

冀南戰事頻繁 各綫連日斬獲甚多

五台進犯敵 被我擊潰

蘇北新四軍 進擊興化如皋

敵偽被我消滅俘擄甚多

略論文學的「雅」

雪葦

「今天這會開美了」

——綏德分區選舉速寫——

蕭誠

光華農場組考察團

延市點滴

◁時屆夏令，天氣大熱，延河上行人已極稀少，學生、工作人員多爭集延河沿邊洗冷水澡，唯不善泅游泳者仍非少數，殊屬不健之看。

◁延安地質學會，曾於上週去安塞縣找煤礦，結果在安塞北三里處發現煤層頗厚一個，現正趕緊努力開採。

◁邊區礦冶學會現特於中山圖書館附近開陳列室兩座，陳列邊區地質、礦物、標本、圖表，不日即將開放。

◁青年俱樂部於星期日上午，設英語補習班，現已有學生二十餘人，由留美先生同志擔任講授。

◁延安體育會組織延安籃球代表隊去綏德、榆林遠征，現正整裝待發。

◁青年俱樂部正擴大會址。

◁延安少年團交換生活、作品等，發給本市即將成立之少年圖書館，少年俱樂部。

◁延安少年團即將出版定期刊物，定名為新少年或小朋友。

◁西北青年救國聯合會，將於本週召開五四紀念大會，頒發獎品獎勵五四青年節的積極工作者。

◁每日傍晚，桃林游客甚多，茶水攤每日平均售三四十元左右，賣汽水的小孩出沒於游客之間，高呼：「賣報，賣解放日報！」為桃林增色不少。

綏德等縣士紳參觀團 連日參觀延安各工廠學校 今乘車赴安塞參觀

【本報訊】綏德等縣士紳參觀團抵延後，連日受各方熱烈招待，並先後赴兵站紡織廠、難民工廠、光華農場、自然科學研究院、日本工農學校、邊區醫院、女大、光華製藥等工廠學校參觀。五月三十一日下午七時，……

廣告

歌舞班招生

解放日报	时间	1942-1-1	期	第231期
			版	第4版

振华纸厂改进生产

工人减少三分之二，产量增加近两倍

【安塞讯】振华纸厂顷于日前总结七月至十月之生产成绩；在此四月中，工人减少三分之二，而产量却增加百分之一百九十五。从七月到十月，共产纸四三八、三五〇张，用人工五八、五三八工，马工一、三五二工，开池子八八八个，计在七月，一五五个工人，产纸一一五、三五〇张，平均每人产纸七四四张。八月份九八个工人，产纸九〇、〇〇〇张，平均每人九一八张。九月份一个工人，产纸一一五、〇〇〇张，平均每人一、二六三张。十月份，工人减至八一人，产纸达一一八、〇〇〇张，平均每人产纸一、四五六张。如以七月生产为□［一］百，则八月为一二三，九月为一六九，十月增加□［为］一九五了。同时质量也日益提高：七、八两月，每刀纸（一〇〇张）重量在三斤以上，九月平均每刀只二斤半重，工人范正海，张福存，魏修书，耿德的产品，竟达到二斤六两的最高成绩；十月平均每刀纸重二斤七两，工人魏修书，□［黄］怀义二人竟突破二斤五两的空前纪录。所以获得这些成绩：第一、采用了计件工资制，刺激起工人的生产热情；第二、厂方对生产设备的积极改良：如改良泡料池就节省了三分之二的人力；又如主要部门的打浆设备，最先是用牲口拉的旱碾，每十二点钟才出一碾，十月里添设了水碾，不但节省牲口，并且减少时间，六点钟就能出一碾，到十二月五日试验水磨成功后，只三个钟头就能完成同样的任务；第三、工人对工厂的关心，如学徒刘宝财□［给］议改良洗浆包，经采用后，从前两人洗浆供两个池子用，现在两人可供给五个池子。工人李国青随时向厂方提议；打浆组每日三班改为两班，最近更改成一班，工人们对生产组织上的建树，为工厂节省了三分之二的技术人才。一年来他们又不断地给各纸厂训练了五十八个学徒，并供给各厂制造捞纸帘子、帘架、晒纸刷等工具。

邊區政府公佈
保障人權財權條例

【本市訊】邊區第二屆參議會通過之「保障人權財權條例」，現由邊區政府明令公佈，茲將該條例原文刊載於下：

第一條　本條例以保障邊區人民之人權財權，不受非法之侵害為目的。

第二條　邊區一切抗日人民不分民族、階級、黨派、性別、職業與宗教，都有言論、出版、集會、結社、居住、遷徙及思想信仰之自由，並享有平等之民主權利。

第三條　保障邊區一切抗日人民的私有財產權及依法之使用及收益自由權。（包括土地房屋債權及一切資財）

第四條　在土地已經分配區域，保證一切取得土地的農民之私有土地權。在土地未經分配之區域，保證地主的土地所有權及債主的債權。

第五條　租佃及借債雙方，須遵照政府法令實行減租減息交租交息，一切租約債約的締結，須依雙方自願。

第六條　邊區人民之財產、住宅，除因公益有特別法令規定外，任何機關部隊團體不得非法侵入、查封或沒收。

第七條　除司法機關及公安機關依法執行其職務外，任何機關部隊團體不得對任何人加以逮捕審問處罰，但現行犯不在此例。人民利益如受損害時，有用任何方式控告任何公務人員非法行為之權。

第八條　司法機關或公安機關，逮捕人犯應有充分證據，依法定手續執行。

第九條　非司法或公安機關之機關、部隊、團體或個人，拘捕現行犯時，須在廿四小時內連同證據送交有檢察職權或公安機關依法辦理，接收犯人之司法或公安機關須於廿四小時內偵訊。

第十條　逮捕人犯不准施以侮辱……

金盆灣半年

高等法院犯人生產
——成績優良生活改善——

振華紙廠改進生產
工人減少三分之二　產量增加近兩倍

隴鎮駐軍　深入民間宣傳

晉冀魯豫
日本士兵覺醒聯盟
積極準備參加今晉反戰大會

國立北平大學
留延校友會成立

迎新年

文藝
第六十期

我的希望
艾青

也算試筆
蕭軍

「職業的文人」和「業餘的文人」
蕭三

感觸
鄭白羽

第一卷（上）

解放日报 | 时间 | 1942-1-6 | 期 | 第234期 | 版 | 第4版

难民纺织厂举行三周年纪念

产布万余疋毛毯八千条

【本报安塞讯】难民纺织厂三周年纪念大会，经半月之筹备，已于十二月三十一日起揭幕。到有边府建设厅高厅长，工业局赵局长，各工会□［主］住［任］，本报记者暨各界来宾及附近群众数千人。并有抗战剧团，杂技团等，前往表演，广场中陈该厂出品，毛织、棉织、针织、纺纱、自造纺机机械四五百□，图表三四十种，五光十色，琳琅满目。第二日在工人俱乐部举行庆祝大会。首由该厂厂长吴生秀同志，总结三年工作，该厂在国际友人兰道尔，赈委会及边区各界帮助之下，克服一切困难，逐渐壮大。棉布计产一万余匹，毛毯八千余床，其他产品不计。资金由三千元增至二百余万元，工友由十余人增至四五百人，成为边区首屈一指之纺织工厂。次指出在管理机构，劳动组织，资金使用，已在逐渐进步之中，同时亦有不少的严重缺点存在。最后指出今后工作方针，停止量的发展，强化质的提高，不做多样生产，专做棉布毛毯以解决一部边区军民被服问题等。高□厅长在热烈掌声中登台讲话，除指出难民工厂已在边区纺织业中起了倡导作用外，特别要求全厂职工，今后注意提高质量，制出标准产品，并要求工人在全世界反法西斯的伟大斗争中，来表现工人热情，像苏联、美、英工人那样提高劳动强度，增加战时产量等，参与大会的全厂职工及振华纸厂、兴华革厂两厂职工均报以热烈鼓掌表示响应。第三日，为使参观者能有实际考察机会，全厂各股开工四小时，由厂方同志分组领导来宾参观，工人表现特别积极，并作详细解释，颇予来宾以良好印象。第四日，全厂放假，全日由抗战剧团演剧备，得三厂职工及附近群众之热烈欢迎。

中青反法西大會開幕

到會前後方各地代表二百餘人

朱總司令指示青年當前三項工作

通過致重慶中國反侵略運動週賀電

難民紡織廠舉行三週年紀念

產布萬餘疋毛毯八千條

回族小英雄金方昌

默　作

綏德公糧徵收完畢

鹽池入倉五百餘石

張村驛糧草已入倉入站

慶陽冬學缺點尚多

冬委會重新佈置

去年治愈五九二人

中國婦女　第八期

女子應受什麼教育

軼　歐

女高部

——國立第×中學的一部份——

培　思

渝成兩地中等以上女學校校長題名

偽兵家屬被強姦：希特勒匪徒為了解決國內人力恐慌，增加侵略的小炮灰，竟傷心病狂的鼓勵人民，強姦前線士兵妻子。

半年，掃除了四分之一文盲！

一九四一年上半年晉冀豫區婦女識字成績

類別	遼縣八個村	黎城四個村
十五歲以上婦女文盲的總數	一五六八	一一六九
六個月識字教育後識五〇——二〇〇字的婦女數量	三八九	二三三
百分比	二四%	二〇%

解放日报	时间	1942-1-7	期	第235期
			版	第4版

边府六次政务会议决定成立文化工委会扶助华侨实业公司

靖边县县长王治邦撤职查办

【本报讯】边府第六次政务会议，因李副主席日内出发视察绥米，改于五日上午召开。除讨论例常政务外，并检查月半来的各项决议执行情形及宣布李副主席出发后，林主席未回前，政务由周秘书长代拆代行。是日讨论通过案件，计有（一）追认任命唐世澄同志为民政厅副厅长。（二）修改通过秘书处起草的“陕甘宁边区政务会议暂行规程”、“陕甘宁边区政府合署办公暂行办法”、“陕甘宁边区政府秘书处处务规程”、“陕甘宁边区新公文程式”、“各县政府拟办公文应行注意事项”等五项草案。（三）秘书处文书科，因文件□多，刻□版人员缺少，工作堆积，每日忙累异常，以后印发文件须经一定之主管人的批准，尽量减少；人员酌增，并在待遇上酌量予以提高。（四）各厅、处、院经此次□编后，机构、人事上均有变动，各厅、处、院务规程决定重新□订。（五）由民政厅起草人民团体及文化团体登记及补助办法，并决定成立文化工作委员会，□一文化团体的管理。（六）修正通过禁烟督察处纠查没收□物暂行办法及查禁纸烟入口暂行办法。（七）华侨救国会呈请成立华侨实业公司，决定照准，并予以帮助。（八）绥德分区土地纠纷时有发生，为谋彻底解决计，除由民、财、建三厅协同法□室草拟土地登记□法外，并饬令该分区专署搜集各种纠纷的具体实例，以凭研究，设法适当解决。最后民政［厅］临时［决］议“靖边县县长王治邦贪污□职，请予［停职］查办”，由刘厅长说明，该县长虽则参加革命多年，工作很久，但是政治上没有进步，领导无方，县内曾有两个区长贪污潜逃，该县长竟事先不查，事后不追；［扩］兵工作中竟公开允许人民以马匹及钱代替服役：并曾与县府□书科长等私卖公盐，分□粮价，向财政厅多领制服几人分穿，以此情形，实不许再事□□，当经讨论决定：予以［停］职查办，并指示该县参议会改选县长，在新县长选出前由边府委人替代，并决定委托现在靖边之参议员张邦英同志协助该县参议会□［彻］查此事。

邊區第六次政務會議決定 成立文化工委會 扶助華僑實業公司

靖邊縣長王治邦撤職查辦

三年來的難民紡織廠

——爲難民紡織廠三週年紀念而作——

林堅

大風川

中青反法西大會第二日 各代表發言報告

甘泉冬學生 ……大部入冬學

文藝

第六十一期

略談「反侵略畫展」

力羣

讀「浮士德」後記

岳瑟

介紹「上海屋簷下」

克明

解放日报	时间	1942-1-9	期	第237期
			版	第4版

光华药厂去年产值十万余元

【本市讯】光华药厂今年产品，计有西用药品八八七磅；丸散三八三、四四九包、药膏二、二五〇盒；金额共值一一四、五四〇・四〇元，已销售出去的成品为七〇、四七五・七五元；原料（包括一部分边区药材）为三九、五三八・五三元；卫生材料为一五、七八二・二五元；零售汤药为二、七五八・六二元；合计金额为一二八、五五五・一五元。工友王芸生，余敏大夫等，均有一些改进和创造。

縣級實行精兵簡政第一聲

清澗縣府整編完成
提出加強民兵訓練問題

【清澗訊】本縣為實現邊府精兵簡政之決議，並提高行政工作效率，於十一月廿五日開縣府政務會，當討論決定：一、二、三、四科及據查處各設一人，[illegible]……

【又訊】[illegible]……

延安詩會開理事會

發出反法西宣言

本月二日延安詩會召開理事會，[illegible]……

光華藥廠

去年產值十萬餘元

【本市訊】光華藥廠今年產品，計有西用藥品八八七種、丸散三八三、四四九包、錠二、二五〇盒；全額共值一一四、五四〇、四〇元，已銷售出去的成品為七〇、四七五、七五元；原料（包括一部分邊區藥材）為三九、五三八、五三元；傭工材料為一五、七八二、二五元；零件消耗為二、七五八、六二元；合計金額二八、五五五、一五元。友王蓉生，俞徹夫等，均有一些改進和創造。

深入農村考察
林主席去甘泉赴鄜

【甘泉訊】林主席伯渠同志視察甘泉之農村工作，[illegible]……

早發高家屯
蓬閣

騎馬堅冰踏洛河。紛紛瑞雪舞婆娑。戰途公草毛驢臥。覓食野禽噪畝多。天意雖知厄重耳。法輪撫語笑荊軻。章由竹冷心猶熱。反看蕭蕭發當歌。

赤水各區冒雪送糧
甘泉糧草集中尚待努力

【赤水訊】[illegible]……

延川辦冬學四十一處
冬學與徵糧配合適當

【延川訊】本縣今年共辦了冬學四十一處，學生八九七名，[illegible]……

邊區土木工程學會成立
建廳將開合作聯合會

【本市訊】[illegible]……

邊區、縣參議會
常駐議員會的工作
謝覺哉

[illegible]……（未完）

漫談現代戰爭中的坦克戰
雷英夫

坦克是現代戰爭中的主要武器之一，它雖出現於第一次世界大戰，[illegible]……

第一種是雙方坦克直接在一定距離上進行火力戰，以摧毀對方。

第二種是雙方坦克用種種不同隊形進行衝鋒，以撞毀對方。

[illegible]……

第五種方法是先讓敵人衝鋒之坦克衝過自己的陣地，然後用自己的坦克切斷敵之去路，包圍殲滅之。

第六種方法是蘇聯的坦克在擊退德國坦克衝鋒之後，將自己的坦克下部，埋於土中，像造成堅固的掩蔽部，以與敵坦克相戰抗，等待援軍。

[illegible]……

軍事
半月軍事動態
第六期

這半月來，國內的軍事情況，值得注意的有下列幾個問題：

第一、我軍已開入緬甸：

[illegible]……

第二、敵寇攻入長沙：

[illegible]……

第四、這半月來敵後戰線比較平靜，但不是完全沉寂無事，我八路軍新四軍各部正以其積極行動爭取新的勝利，這路分述如下：

[illegible]……

戰略退卻
若[illegible]

退卻，一般說來是防禦的繼續，與追擊是進攻的繼續一樣。自然，進攻失利不能就想轉入防禦時，或與敵軍未進行決戰已形勢不利或敵我力量相差太遠而欲自救撤退時，亦有行退卻者。

依我們計劃而行的局部的退卻是戰術上的退卻；依整個計劃而行的較大的退卻是戰役退卻；依戰略計劃而行的全線的退卻是戰略退卻。

退卻因交戰情況而分被迫的退卻與主動的退卻。敗戰後的退卻是被迫的退卻，但亦視其失敗的程度而有「潰退」與較有秩序的退卻之分別。

此次德國法西斯軍從東線上的撤退是戰略上被迫的（非主動的）退卻，但尚未至「一敗塗地」的潰退。

退卻的決心是根據下的，因為在進攻失利後的退卻（一）使進攻的目的放棄，計劃不能實現，使「勝利不歸我們」；（二）已佔的地區特別是戰略要點，不得不放棄；（三）使國內民心動搖，軍中士氣動搖；國際上爭取與國動搖；（四）進攻中的損失無從收償。……因此希特勒在對蘇俄的最大攻勢（十月攻勢）後，並不願撤退而繼續進行了第三四次的進攻，結果徒使德軍的力量受到更大的損失。

退卻的方式有：（一）向心退卻——由數路向一處行集中的退卻，結可以使退卻者便於轉入進攻，（「誘敵深入」的退卻，多採取此種方式）（二）離心退卻——由一地點向數地點行分散的退卻，這可以迷惑敵人，以後亦可對追敵轉為外線（包圍）（三）平行退卻——分數路平行地由前線向後方或直角式斜交地撤退。

退卻的終止線，在退卻者方面，是以地形條件情況、自己兵力與目的而定；但如遇追敵之壓迫，則我落陣點將由戰鬥的勝敗來決定，因此德軍於當如何止於何處，並視紅軍反攻之勝利大小而定。此次德軍之退卻是戰略上進攻失敗後的被迫的退卻，雖然它的退卻還有戰術上的計劃與步驟，但必不能避免如下的困難：（一）國內不安會長，（二）士氣低落，（三）物資器材的損棄（在強大紅軍猛烈的攻擊之下，其戰場上的物資器材必不能全部撤去），（四）運輸補給工作必將因過去為了進攻的，前進的道路與現在為了後退的要求而受到影響，（五）退卻的部署與執行無論如何必不如進攻時之緊湊，掩護隊的士氣在退卻中與進攻中是大不相同的，人馬的行進不能不把背對着敵人，就是希特勒的槍兵也不得不把槍口向着自己行進……所有這些，將給追擊者以打擊的有利條件。

一九四二年的希特勒，雖然不同於一八一二年的拿破崙，但其「集中兵力前進」的情況，也不過「以五十步笑百步」而已。

勇士
蘇聯前線插曲
田·高爾布特夫　野譯

[illegible]……

他的使命

[illegible]……

解放日报	时间	1942-1-13	期	第241期
			版	第1版

玻璃厂招请　玻璃成型技术员工启事

本厂试验制造玻璃，已告成功唯成型技术员工（即吹玻璃的）甚感缺乏。各机关部队同志如有此项技术而愿意参加工作者，本厂愿出重酬聘请。如因工作关系不能脱离者，亦望函示本厂，以便派员前来就教。尚希各机关部队诸同志广为介绍。

此致敬礼。

一月六日

自然科学院玻璃厂启

通讯处延安南门外自然科学院玻璃厂

解放日報

中華民國三十一年一月十三日 星期二 今日出版一大張

社址：延安解放日報社 每月六元 本期零售二角

紅軍逼近布列安斯克

收復蒂科諾瓦——普斯丁

克島紅軍攻克巴拉克拉瓦

中國兩路大舉反攻 北路總攻情勢極佳

——英緒播評論——

克里米亞半島形勢圖

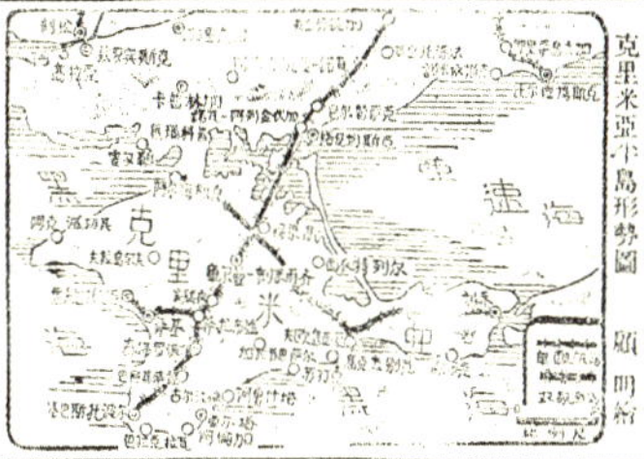

捷克猶太人 被禁止看報

中、智、阿、委、秘、墨、哥、古

智外長稱 智阿擬建共同防綫

秘政府宣佈緊急狀態

美海長發表演說

聯盟國首應擊敗希特勒

美洲大陸安全極爲鞏固

荷蘭情況惡劣 納粹帶來饑寒

反侵略各國

將開聯合參謀會

羅斯福與蘇大使會談

自由法軍增援北非

地中海敵輪中雷沉沒

德軍飢饉

士兵生活慘苦 不滿情緒日高

駐波德軍 大量逃跑

法埃斷絕邦交

兵源枯竭 強徵老弱病員

建川昨赴外次

在納粹鐵蹄下

社論 教育上的革命

八路軍總衛生部啓事

玻璃廠招請 玻璃成型技術工啓事

自然科學院玻璃廠啓

啓事

解放日报	时间	1942-1-13	期	第241期
			版	第4版

二千一百六十令纸振华总厂有把握完成

【安塞讯】五日晚，振华总厂召开职工大会，迎接一九四二年的新任务。首由工务科胡同志报告一月份生产计划：“边府给我们总厂每月平均一百八十令纸的任务，总结一九四一年的生产，月产量在去年最高为百二十令，这证明今天我们应更艰苦和更努力工作。一月份的生产计划：（一）争取完成一百八十令，因正值严冬，困难较多，但至低限度应不少于一百五十令。（二）捞纸组每天应捞出七千到八千张，保证每天二十个池子生产，每池每日平均三百五十张到四百张。（三）晒纸组保证晒完捞出之纸，并注意减少二等纸（明经、破纸等），每人的损失不得超过百分之十，每天应有六百五到七百刀成品入库。（四）洗浆组每天洗够二十个池子的浆，保证干净不浪费。（五）打浆组按日供给一千六百斤浆，马兰破纸各一半。（六）帘子组本月生产十张标准帘子。为了保证生产任务之完成，小组长每日向工务科汇报，和严格执行按月惩奖的制度……”继由教育科刘同志讲：“根据三年来的生产数字：三九年一百六十五令，四〇年六百六十四令，四一年连证券纸九百九十七令。我们对新任务、二千一百六十令纸的完成，是有胜利的信心的。”工友们都异常兴奋地倾听着。十点钟后，在秦腔小调的欢笑声中结束。

保育院加强工作 舉行家長會議

缺少雜務保姆需要大家幫忙

【本市訊】保育院最近召開保育院家長會議，在延家長到會者廿餘人。首由該院院長[illegible]同志報告一九四一年保育工作概況，繼由家長們發表意見，[illegible]院務大有進步，工作中有許多進步。大家同意該院長的報告，[illegible]保育院存在着的困難，保姆雜務人員缺乏，物質供給的困難，工作人員[illegible]

[illegible]

進攻大頭子，失敗了

石平

[illegible]

二千一百六十令紙 振華總廠有把握完成

【安塞訊】五日晚，振華總廠召開職工大會，總結一九四二年的新任務。首由工務科胡同志報告一月份生產計劃：「邊府給我們總廠每月平均一百八十令紙的任務，總結四一年的生產，月產量在去年最高為百二十令，這證明今天我們應更提高和更努力工作。一月份的生產計劃：（一）爭取完成一百八十令，因正值冬季，困難較多，但爭取最低限度不少於一百五十令。（二）撈紙組每天應撈出七千到八千張，保證每天二十個池子生產，每池每日平均三百五十張到四百張。（三）晒紙組保證晒完撈出之紙，並注意減少二等紙（明經、破紙等），每人的損失不得超過百分之十，每天應有六百五到七百刀成品入庫。（四）推紙組每天洗淨二十個池子的漿，保證乾淨不損壞。（五）打漿組按日供給一千六百斤漿，駕鍋碾紙各一半。（六）攤子組本月生產十號標準攤子。為了保證生產任務之完成，小組長每日向工務科報緣，和廠務會按月總結的制度……」繼由[illegible]同志講：「撥轉三年來的生產：三九年一百六十五令，四〇年六百六十四令，四一年撥轉撈紙九百九十七令。我們對新任務，二千一百六十令紙的完成，是有勝利的信心的。」工友們都異常興奮的鼓掌。十點鐘後，在愉快小調的歡笑聲中結束。

吳堡人民熱烈勞軍

【吳堡訊】新年之際，吳縣人民熱烈勞軍，由於駐守河防的八路軍去年又一度[illegible]

延安川口區四鄉 趙家窰農村調查記

[illegible]

固林多學重新佈置後 全縣展開學習競賽熱潮

【固林訊】本縣各學[illegible]

「攻大頭」

[illegible]

文藝

第六九期

兵油子

平若

[illegible]

我坐着而我凝望着

W·惠特曼

我坐着而凝望着世上一切的[illegible]

[illegible]

解放日报	时间	1942-1-14	期	第242期
			版	第4版

陇东工会裁减多余干部

【陇东讯】分区工会经边区总工会的指示，为了响应边区第二届参议会“精兵简政”的决议案，将商讨决定通过凡陇东分区所有之区工会主任可取消，又在原有六十余人脱离生产的干部中，减去四十人。这些干部的处理，有的送入学校学习，有的转入生产部门，加强技术训练，真正做到“做什么、学什么”的号召。

舊曆年前 運輸公鹽五萬馱

延安縣清化區完成百餘馱

看到了革命的果實

溫南

邊府七次政務會議

討論自衛軍工作

禁止各機關直接向人民動員

決定編寫施政綱領通俗小冊

重大貪污嫌疑犯 劉合明決送法院究辦

隴東工會 裁減多餘幹部

浪費粮食是犯罪行為

綏華紡毛廠 舉行週年紀念

劇作獎金 將揭曉

市縣簡訊

文藝

第七〇期

談「帶槍的人」在延安的演出

蕭三

兵油子（續完）

平若

纬华纺毛厂举行周年纪念

【本市讯】纬华纺毛厂于十日举行成立周年纪念。由厂长李正光同志报告一年来工厂概况，初创时，工人只二人，现在则达数十人，本年纺毛线一万八千斤，弹毛二万五千斤，并出产有色精制毛线、毛毯、毛呢、毛布等；初创时只有两架坏弹毛机，现在有纺毛机拾余架、弹毛机织布机各数架。并建立了染房、门市部。

舊曆年前 運輸公鹽五萬馱
延安縣消化區完成百餘馱

看到了革命的果實

邊府七次政務會議 討論自衛軍工作
禁止各機關直接向人民動員 決定編寫施政綱領通俗小冊

重大貪污嫌疑犯 劉合明決送法院究辦

浪費糧食是犯罪行為

隴東工會 裁減多餘幹部

緯華紡毛廠 舉行週年紀念

劇作獎金 將揭曉

本市簡訊

文藝
第二〇七期

談「帶槍的人」在延安的演出
蕭三

兵油子（續完）
平若

中国工人　第八期：新华化学工业合作社

新华化学工业合作社的调查报告，原文甚长，本刊篇幅有限，只能抽出其中的主要部分，作为对该厂一般情况（去年十二月底前）的介绍——编者。新华化学工业合作社，是由两个工人学校的学生创办起来的。一九三九年四月，工人学校把各种有熟练技术的学生，编成一个建设队，以发展边区的工业生产来迎接当时的生产大运动。建设队中有两个曾在化学工厂做工的学生——王保华、吉合群，他们当时的任务：以四百元资本，成立一个化学部，试造肥皂和墨水。首批产品——“平凡肥皂”，曾在“五一”第一届工业展览会陈列，引起了观众很大的注意。七月，工校与联大合并，建设队解散，一切资材由建设厅接受。建设厅见所造肥皂的品质很好，而边区又正需要肥皂的供给，遂就原址将化学部扩充为肥皂厂，资本一千五百元，由工校派王保华、师光生、李景昭、林长发等六人，参加建厂工作。九月，得中国工业合作协会投资三万元，大加扩充，更名为新华化学工业合作社。经两年余来的努力经营，发展很快，现在资金已扩大到十六万元。除本厂出产肥皂、墨水、粉笔、牙粉等外，并于一九四一年五月间，先后成立大车、酿造、磁窑三个分厂，从事大车、酒精、瓷器的制造。但由于工厂扩大数倍，干部缺乏，资金流转困难，原料供给不足（油），销路停滞（肥皂）等原因，致成立未久的大车、酿造两部陷于停顿。现将大车厂缩小为修理组，修理铁木家具与改良生产工具。酿造厂在十二月后才复工。磁窑主要制造装置化学出品（甘油、精盐、酒精、小苏打）的瓶罐，尚在试办之中。此外，该厂在金盆湾还有一个小牧场，养羊一百余头，牛六头。最近又新建榨油部，接受金盆湾造纸厂。现全厂有职工七十七人——职员二十四人（内女五人），杂务人员十四人。工人十一人，学徒二十八人（内女一人）。职员中有工人干部七人，知识分子九人，多来自河北、山西等省。工徒三分之二以上是由陕北农村来的。职工们都是年青活泼，三十岁以上的只有十人，二十五岁以下的占百分之七十二。职员中的文化程度相当高，未入学校的半文盲只有二人，小学程度九人，初中五人，高中六人，大学一人；而且有半数以上曾在延安各校学习过。工徒中有文盲十五人，半文盲九人，小学程度十一人。由于厂内负责主要工作的多是工人出身的干部，对于工厂管理比较有经验，对工人生活要求的体验，对工人教育重要性的认识都比较深刻，所以对工人教育能特别抓得紧，因此，工人发生的问题也较少。多数又是青年干部，富有朝气，有苦干精神，能与工人在生活上打成一片，所以上下团结较好，工作进展极速。当工厂增建三个分厂时，上级并未增派干部，于是加重了原有干部的工作，有的一人兼任数职，如王保华副厂长，百忙中赴三边考察原料的来源；吉合群工务科长，代副厂长又兼工会主任与支部书记，师光生总务科长兼大车厂长。由于操劳过度，主要负责干部多已病倒，现在脱离工作休养的有正厂长（崔）、工务科长（吉）、总务科长（李）、研究员（程）、保管（冯），而副厂长（王）于十一月中检查结果，医生已决定必须立即休养三个月。因此，对于各方面工作都受到不小的影响。最初工人干部与知识分子技术干部之间是有隔阂的，其后知识分子技术干部（董文礼）在技术研究与产品改进上有不少的贡献，才转变了轻视知识分子的态度，彼此接近起来。最近由于主要干部病倒，工业局派了一批新干部到厂工作，新老之间的工作作风还有相当的距离，所以彼此尚在互相了解与调整的过程中。此外，外来干部与本地干部之间，一般还好，只个别之间，不能十分融洽。该厂的行政组织，在正副厂长下，设有工务、营业、保管、会计、总务五科，一室（化验室），两部（酿造、磁窑），一秘书。设有厂务会议，代替“三人区”，由正副厂长、各科科长、化验室主任、工会主任、支部书记等组织之。讨论一切有关厂务的问题。该厂的各种制度也相当完备，如会计、保管、营业、会议、生产与生活管理、奖惩等制度，均已建立起来。因此，全厂不过七十七人，而职员和事务工作人员几占全厂人数二分之一，科长以上的干部就达十人之多。现该厂的生产部门，分为肥皂、制硷、干燥、包装、废水（利用制肥皂的废水提炼甘油）、粉笔、精盐、酒精、修理等九组。出产品有白肥皂、黑肥皂、卫生皂、洗脸皂、墨水、牙粉、精盐、石膏粉、白酒、酒精、蒸馏水、小苏打、芒硝、甘油、土耳其红油等十余种。肥皂是主要的生产。二年余来。肥皂由每天生产五十条（一九三九）发展到每天生产六百条（一九四一）。肥皂的质量经数度改良，已大大提高。此外，小苏打纯度达百分之九十七，能与德国产品相比，业经边区各医院所采用，精盐的纯度亦可作医院之注射剂。化学墨水可供高级自来水笔之用。该厂设有化验室，专门研究改良产品的质量，改进各种制造工具，二年来该室对产品质量的改进与技术的提高，确起了巨大的作用。最初的几个工人，现在都成为领导工厂的主要干部。如王保华已升为副厂长，吉合群为工务科长，李景昭为总务科长、师光生为营业科长，林长发本是一个学徒，现升为工务科员。现在的工人全部是本厂培养出来的，技术水平较低，只能做某一部门的工作，但他们对劳动都有相当的认识，能遵守劳动纪律，劳动热忱很高，今年曾举行两次生产竞赛——二月到三月响应振华纸厂的加工竞赛、与五一生产竞赛——都超过了任务，又在本年十个月内加工四四八小时，这些都可以证明他们的劳动积极性。又他们对于技术的研究很感兴趣，这也是该厂技术与生产效率能不断提高与改进的主要原因。不安心于工作的只表现于个别被动员来的工人中。在今年五一竞赛中选出劳动英雄王全德、桂兆吉、李宋之、李怀德、李天合、史海法、王丙生、王保华、林长发、李景昭等十名。选出模范工作者有呼福胜、冯仲伦、程叔仁、李光腾、董文礼、吉合群、寇振扬等七名。

一九四〇年一月，全体职工与工厂订立了集体合同，一般皆按照合同执行。十月起采用新工资制，除衣食住由厂方供给外，发给最低十五元至最高四十元的货币工资（皆按月工计）。职工对于工资都相当满意，只有少数被动员来的工人，虽不计较工资，但要求优待其家属或要求代耕。厂方为鼓励工人生产，每年提出七、八百元，奖励工作努力，能遵守劳动纪律、节省原料、完成工作计划或超过者，以及在技术上有所发明与改良者。今年在技术上得到奖励者，有董文礼（一五〇元），程叔仁（六〇元）、李大章、李林（各四十五元）：在工作上得奖者，有师光生、寇竹起等十六人，每人奖给五元至二十元。此外，厂方每月发给职工肥皂一块、牙粉一包。每月又由厂方费五〇元雇理发员为全厂职工理发。工人一般都住在宽敞明洁的石窑（原为天主堂建筑之一部），伙食方面，每日能吃馍一次，每周吃肉一次。工人患病概由鲁艺医务科代诊，工人住医院时，费用由厂负担，如在厂休养，每日特别供给挂面等食品。干部在厂休养，亦特辟窑洞居住，饮食另予优厚的补助。有一年轻的工人，于十月病死，该厂为置棺木、衣饰、墓碑，竟费六百余元之巨。总之，该厂职工的生活待遇已相当的改善了。有不少由陕北来的青年工人，就感觉在厂要比在家里好。该厂的陕北工人占了大半，家属常有来探视其子弟者，工厂对工人家属招待亦颇周到，曾予家属很好的印象。一九四一年六月一日起实行十小时工作制，但实行结果，在生产上无多大的效果，且增加工人的疲劳，现实行工作九小时，不过每日增加一小时的学习时间。因烧碱未达到火候就不能停止工作，照例要加工继续熬炼，而工人见工作未完成，亦往往自动要求加工。加工七小时即作一工计，晚间加工超过九点钟，厂方还另供晚餐（面食）。职工们在开厂不久，就成立了自己的职工会，现有会员四十八人（未入会的二十九人——职员十一人，杂务人员十人、工人二人、学徒六人）。工会与厂方从来在工作上就很合作，大部分的工人对工会的信仰也还好。曾经有过一个相当长的时期，工会中的职员，都是由工厂的干部兼任，例如副厂长、工务科长、总务科长都曾当选为工会主任，在不久之前，工会主任本身是工务科长、代理副厂长、又是支部书记、党政工会集中于一人身上。最近把他改选了，但当选的还是各科的职员。职工会主要的活动是教育，该厂有一批有技术有知识的职员，所以教员多而且好，他们又很热心。年青工人的学习情绪很高，七月到九月，曾举行了一次学习竞赛。教授方法尚能与工作及实际问题联系，颇有效果。有不少的人已能向来宾讲解自己担任部门的工作，如烧碱、肥皂的工作过程。过去的墙报是职员们包办的，现在已有不少的工人投稿了，能看群众报和新文字报的人也日见增加了。课程的分量似乎重了些，除技术课（上的是化学）之外，还有政治、算术、常识、新文字、时事、实际问题（厂内最近发生的问题）等九门，工友们已感到“吃不消”，没有时间复习，学了多忘了。至于干部学习，在前一时期按程度分为三组——党建、中国问题、马列主义，在鲁艺上大课，并由鲁艺派人指导。最近研究施政纲领、边区政府工作报告及化学。他们对学习都很紧张。该厂俱乐部的设备相当完备，但乒乓球没有几人会打，军旗“汉字”太多，“解不下”，象棋玩得也少，排篮球本是最受欢迎的，因日子短了，下工后天已黑，影响了文化娱乐生活的活跃。不过唱歌和玩麻将牌还是很踊跃。该厂所处的环境也很好，就是与鲁艺为邻，所以他们的音乐和新文字的教员，都是从鲁艺聘请的；又当鲁艺举行音乐、戏剧晚会时，他们都得机会去欣赏。俱乐部内附设了一个图书室，陈列的书籍杂志凡一七六册，几乎都是一般工人看不懂的政治、哲学、经济一类的书，所以进去看书的人很少，只有几本画报和大众读物曾有工人借来看。有一位工友说："我们看不懂的书倒多得很，我们看懂的书，就买也买不到。"这确是实在的情形，工人们所需要的精神食粮太少了。职工们对抗战的热情也很高，最近政府发行公债、提倡储蓄，得到职工们热烈的响应，购买公债本来规定三百元，结果买了六百元。有奖储蓄券也买了三七八元。职工们自己组织了一个"互助基金社"，目的在团结互助，提倡节约、解决困难。开始向厂方借了一百五十元作基金，其后按工资抽百分之五作基金，并欢迎存款。当肥皂将涨价时，互助社买了一批肥皂，后来卖出，将所得赢利亦拨作基金，现在有基金和存款九〇三元，借出达八〇一元。互助社的业务一天比一天发达，这不仅减少了工厂的许多麻烦（预借工资），而实际也解决了职工们的某些困难。化学厂当前遇到的苦恼问题，就是资金不足，原料困难，主要干部病了，因而影响了生产的下降（九月至十一月的情形）。新华化学工合社如与外面的化学工厂比较起来，当然还是规模很小的手工业作坊，但在边区今天说来，它却是唯一的化学工业。二年余来的努力经营，已奠下了发展的基础。化学厂所用的原料，如羊油、老麻油、土硷、石灰、食盐等，都是边区的出产；所用的器材，如铁锅、瓷缸、木器等，边区都能制造；所出产的肥□［皂］，为边区人民的日用必需品，现已供不应求；墨水、粉笔、牙粉都为机关、学校所必需；酒精、小苏打、精盐、蒸馏水等，又为医院的日常用品；此外，如甘油、芒硝、又是医药、印刷、军火的不可缺少的原料，所有这些造成了化学厂发展的有利条件。所以，今后该厂只要充实资金、解决原料来源的困难，更进一步提高产品的质量，健全本身的管理制度，加强党政工会的亲密联系与教育工作，是有远大发展前途的。

一九四一年十二月

在华日人反战同盟华北代表大会四月在延召开

各反战团体纷纷派出代表　筹委会通过同盟纲领草案

【本市讯】在华日人反战同盟华北代表大会将于本年四月在延安召开，闻前线各反战团体，已纷纷派遣代表来延，同时印发大批「招待状」及「通行证」，分发于日本军队及敌占区，邀请日本士兵及日人出席参加，共襄盛举。在延安之筹委会亦于十四日召开第三次会议……[illegible]

一、为反对日本帝国主义之侵略战争，促使日本军部立即自中国撤兵而斗争。

二、为打倒日本军部法西斯，打倒战争的政府，建立和平与自由的人民政府而斗争。

三、为团结中日人民，对日本帝国主义……[illegible]而斗争。

四、为拥护援助中国军……的抗日战争，唤醒日本士兵之政治觉悟而斗争。

安定提高冬学质量　延市进行学习竞赛

[illegible]

边区常驻参议会讨论三三制问题

[illegible]

陕甘宁边区新公文程式草稿（续完）

周文

[illegible]

地质考察团考察陇东地区

[illegible]

绥德陇东等地成立货币交换所

蟠镇米脂成立贸易支局

[illegible]

边区森林区分布概况

[illegible]

新华化学工业合作社

中国工合　第八期

[illegible]

战时苏联工人生活拾零

全苏联的劳动人民，在今天没有一项不是工作得很有组织，很紧张而紧密的。在各工厂，各集体农场，各矿山，各交通运输线中，每一个人都以英勇之劳动，支援红军之作战，创造胜利，使希特勒匪徒被击败。他们不……[illegible]

×　×　×　×　×

在这伟大的卫国战争的有历史意义的日子里，更多的生产，是苏联劳动人民对侵略者的唯一答复。工作从来没有像今天这样进行得有力，每一时间都有成千个「斯大哈诺夫运动者」的出现。

×　×　×　×　×

战时「斯大哈诺夫运动者」的特点是：百分之二百，即是说他的生产额是标准生产额的百分之二百。完成百分之二百的运动，是全苏联的浪潮，它不仅推动了青年工人，老年工人也不甘落后，他们很快的达到百分之二〇五到二五〇的产额。

×　×　×　×　×

一切苏联劳动人民，均被爱国热情所鼓舞着：无论老的工人，或是刚由工业学校出来的青年，无论在工厂里的，在……的，在……的，在铁路上的，在船舶上的，没有一个人会甘心落后的。

×　×　×　×　×

妇人们把家庭式的……带到工厂里来了。她们不浪费一块原料，一小滴油，一丝钢铁。

「……」她们说：「任何一点原料都是宝贵的！」

×　×　×　×　×

在紧张的工作之后，工人们还在人民自卫军的支队里，……军事训练，那里，新的战士学习着军事科学。……

妇女们也不甘落后，在紧张的工作之外，大批的参加……

×　×　×　×　×

九月七日，是二十七届国际青年节，这一天，有二十万人，其中四分之三是青年，不要报酬的工作着，……

×　×　×　×　×

所有苏联的劳动人民，都被一个思想所贯注着：给国家更多的生产品，要以紧张的工作来保证红军，以及使人类从法西斯的……

（塔斯社九月十九日莫斯科电——石山）

第一卷（上）

解放日报	时间	1942-1-19	期	第247期
			版	第4版

化学制药厂两年来产量增加四倍

提高技术增制药品

【安塞讯】根据自给自足的原则，中华化学制药厂在一年的工作中，克服了资金、运输、原料、燃料等各方面的困难。在生产盈余上完成了五十二万元的任务，产药质量较过去两年中大有改进，现金厂成品注射剂、丸片剂、膏散剂等化学药品及卫生材料共计九十余种，统计注射剂成品万余合（每合十支），其他各种成品计四万余磅，数量上较前二年增加了四倍多。另外采掘中药三千余斤。在教育方面：开办了制药训练班，培养了许多新的技术干部，和大批制药熟练工人，分赴晋东南、晋西北等敌后抗日根据地设立药厂。厂内工人八小时工作外每日进行文化、政治的学习，技术教育两小时，一年中消灭了五分之四的文盲。大部分工农干部知识分子化。因教员缺乏，故采用小先生制，干部则设学习小组，学习技术与政治。根据客观的需要，明年计划药厂出四万磅成品。关于该厂今后方向：（一）尽量利用边区土产原料，如石油测产物，硝盐等。（二）提制国药，减少服量，增加药力。（三）设法□煤炭干馏，采取煤□，制造化学药品。（四）在技术上更加科学化，和机械化，一定要研究出新的办法与新的化学成品，使质的改良精益求精。（五）不仅制造医用药品，而且制造工业药品，以及卫生日用品。并决定在各适当地区建立制药所或创办分厂。

關中冬學初步總結

赤水淳耀成績較好

確定加強領導辦法

同時縣亦進行檢查

化學製藥廠

兩年來產量增加四倍

決提高技術增製藥品

林主席在鄜縣

召集縣政座談會

指示當前工作

邊府命令

直屬七縣冬學概況

延市常駐會

通過本年預算

愛惜紙張

衛生

中央衛生處通訊　本刊編委會

吸煙是否妨礙健康

怎樣預防斑疹傷寒

砂眼的預防與治療

戀愛與衛生

養成兒童應有的衛生習慣

第一卷（上）

解放日报	时间	1942-1-20	期	第248期
			版	第4版

难民工厂研究室改进纺织机器漂染技术

（安塞讯）难民纺织工厂研究室，自去年八月正式成立至今半年工作，在推动边区纺织事业，提高本厂纺织漂染各方面之技术水准，改进与创造新的技术方法，以及新的工厂管理等各方面工作，都有了相当大的贡献。首先以比较科学的染法，漂染了四十磅毛线。从原毛线经过精炼、染色、合股，整理……得到了染料染助剂的确实用量，染出毛线的成功，刺激了边区毛线工业的进步。在植物染料试验上，十三种植物，其间成功的有十种、计有；黑格蓝根皮，及黑格篮根籽（可染黄色、草录、褐色、绿灰色、豆沙色，浅水红色等），萝蓬蓬（染黑灰色），黄白刺根（染黄色、草绿色），驼耗树叶（染黑色），槐米（染黄色，草绿色），水红花（灰色），杏树皮（浅红色，黑灰色），这些色试验成果，已大量应用。并根据实际运用之经验，写出《植物染料染毛法》一书。在机械改造方面，根据外面络纱机加以制造，改成了打桶机，可拉六根线头，据最近试验，已比手工快一倍。打纬机，打棉纱纬，毛纱纬均在试验中。合股机亦已试验成功，过去手工每天只能合五斤，现在已能合二十余斤，此外关于折毛毯，利用废纱、春毛纺纱、玉米粉浆纱等试验工作，均已得到成功，根据半年来的工作成绩经验，大家感到今后研究室组织，应予扩大，采委员制，内分机械，纺织、漂染三组，由各委员专责领导进行研究并建立审查制，纠正过去缺点，俾对边区纺织、机械、漂染工业技术上，进一步改进。

綏德各界熱烈歡迎高議長李副主席

貫澈參議會決議建設民主政治

賀霍兩處長即將來延赴任

延安縣準備運糧公草 志丹五區糧草完成任務

民廳令清澗縣府 撫恤王振德烈士家屬

四科長聯席會上 建廳各局提出工作辦法

涇川獎勵 模範指戰員

一九四一年 陝甘寧邊區的經濟建設概況

朱鳳興

難民工廠研究室 改進紡織機器漂染技術

（安塞訊）難民紡織工廠研究室，自去年八月正式成立至今半年工作，在推動邊區紡織事業，提高本廠紡織漂染各方面之技術水準，改進與創造新的技術方法，以及新的工廠管理等各方面工作，已有了相當大的貢獻。首先以比較科學的方法，漂染了四十磅毛線，從原毛揀選，精練，染色，合股，整理——得到了染料染助劑的確實用量，染出毛線的成功，對於了邊區毛織工業的進步。在植物染料試驗上，十三種植物，其間成功的有十種，計有：黑格蘭樹皮，及黑格蘭樹籽（可染黃色，草綠，褐色，綠灰色，豆沙色，淺水紅色等，）蘆葦草（染黑灰色，）黃白刺根（染黃色，草綠色，）除秣樹葉（染黑色，）槐米（染黃色，草綠色，）水紅花（灰色，）杏樹皮（淺紅色，黑灰色，）試驗色試驗成果，已大量應用。並根據實際漂川之經驗，寫出『植物染料染毛法』一書。在機械改造方面，模擬外國精紡機加以改造，改成了打棉機，可拉六根棉線，漸擴展試驗，已比手工快一倍。打彈機，打棉紗撚，毛紗撚均在試驗中。合股機亦已試驗成功，過去手工每天只能合五斤，現在已能合二十餘斤，此外關於拆毛機，利用廢紗，彈毛紡紗，玉米粉漿紗等試驗工作，均已得到成功，根據半年來的工作成績經驗，大家感到今後研究室組織，應予擴大，擬委員制，內分機械，紡織，漂染三組，由各該負責同志領導，進行研究並建立審查制，糾正過去缺點，使對邊區紡織，機械，漂染工業技術上，進一步改進。

文藝

第七十二期

不幸的遭遇

蕭瀟

托爾斯泰關於文學與音樂底手記

后勤经建部总结工作

开办十三工厂运送军需品四百万余斤，本年计划产布四千疋　纸二百余万张

【本市讯】后勤经建部于昨十九日召开干部会议，到各处处长、科长、工厂厂长、兵站站长、各运输队队长，及在延政治工作人员五十余人。会期预定三日，第一日由该部首长报告全年工作略谓："去年共开办纺纱、织布、织绸、织毡、造纸、煤炭、机器面粉、炼铁、被服、木工、榨油、烧磁、石灰等十三厂，投资三十余万元。商业方面全年盈利百五十莫元；商业网延及西北至定边，东北至晋文水交城，南至鄜县等地。在交通运输方面，建设了十六所盐店，十八所骡马店，运送前方军需品四百五十万斤，及后方工业器材、粮料给养等为□［数］颇巨。但缺点尚多，如：计划未能全部实现，各种制度不健全，检查不及时不深入，政策命令执行不严格等。随即阐明今年计划，提出：一、扩大现有工厂，改进质量。今年产布四千疋，纸二百三十万张，煤炭七百二十万斤，以及扩大面粉制造业。二、提高农业发展牧畜，多种菜蔬、麻、豆等农作物，改善农场建设，养鸡千只，羊五百只，猪一百个，牛二百头。三、扩大商业区域，向上级缴纳盈利二百五十万至三百万元。加强商业情报工作，遵守政策及政府法令。四、加强运输力量，加强兵站业务。五、建立与政府、学校、机关、群众团体等有关方面的连［联］系。六、统一领导，实行精干政策，健全制度，劝行节约，发扬苦干实干精神。七、加强经济建设的业务教育，提高干部工作能力，培养技术干部。第二日请朱总司令叶参谋长总政胡部长后勤叶部长指示工作，三天讨论，总结后散会。

四科長會議閉幕

決令一月內還清去年公鹽尾數

縣府四科人員組織重新確定

【本報訊】邊區四科長聯席會議，歷開六日來的檢查、討論，並聽取六縣長報告及其他首長的指示，已於昨日正式閉幕。……[illegible]

[illegible]

邊府七次政務會議

討論延安市工作

划延市為實驗區提高市府職權

各機關均須一律遵守市府法令

[illegible]

後勤經建部總結工作

開辦十三工廠運送軍需品四百萬餘斤

本年計劃産布四千疋紙二百餘萬張

【本市訊】後勤經建部於昨十九日召開幹部會議，到各處處長、科長、工廠廠長、兵站站長、各處檢查隊長、及在延政治工作人員五十餘人。會期預定五日。第一日由該部首長報告全年工作總結：「去年共開辦紡紗、織布、鐵工、被服、製鞋、造紙、肥皂、化學、鞣皮、木工、榨油、燒磚、石灰等十三廠，投資三十餘萬元。……[illegible]

[illegible]

延大組織中國語文研究會

【本市訊】吳玉章同志目前在延大組織一中國語文研究會，……[illegible]

新體育學會即將成立

【本市訊】在延體育界人士……[illegible]

隴東進行冰上運鹽

【隴東訊】……[illegible]

志丹公糧大部入倉

公鹽年底完成

【志丹訊】……[illegible]

加速入倉工作

[illegible]

邊區主要報紙調查

名稱	性質	創刊年月	刊期	印刷	主辦機關
解放日報	中共中央機關報	卅年五月	日刊	鉛印	解放日報社
抗戰報	綏德分區黨政軍機關報	二八年八月	三日刊	鉛印	抗戰報社
救亡報	中共隴東特委機關報	二七年春	四日刊	石印	救亡報社
關中報	中共關中分委機關報	二八年春	五日刊	油印	關中報社
[illegible]	三邊黨政機關報	卅年十二月復刊	五日刊	油印	三邊[illegible]
[illegible]	三五九旅機關報	二七年五月	週刊	鉛印	三五九旅政治部
[illegible]	三八五旅機關報	二九年四月	五日刊	油印	三八五旅政治部
[illegible]	[illegible]	二九年一月	五日刊	石印	[illegible]
群眾報	[illegible]	二九年三月	週刊	鉛印	大眾讀物社
新文字報	群眾新文字讀物	二九年十二月	週刊	鉛印	新文字報社
[illegible]	部隊的戰士讀物	二九年八月	旬刊	鉛印	[illegible]

文藝

第七四期

托爾斯泰底烏托邦

N. Rostov

[illegible]

不幸的遭遇（續完）

[illegible]

（完）

解放日报	时间	1942-1-23	期	第251期
			版	第4版

后勤经建部干部会上朱总司令亲临指示

加强运输发展工农副业，胡叶二部长勉力求进步

【本市讯】后勤经建部干部大会第二日，首由总政胡部长指示，为完成三十一年生产建设任务，应规定如下的斗争纲领：一、安心积极工作；二、服从上级领导；三、遵守政府法令；四、实行奖惩制度；五、提倡竞赛互助；六、力求自己进步。午间，朱总司令莅会。指示各商店要很好地团结联系，互相帮助。加强骡马大店，使成为实际的庄□［口］，鼓励运盐，并强调运输与商业的关系，扩大运输力实行科学管理，依靠我们的运输力与交通工具是发展商业的有力保证。工业方面特别要加强纺毛，不要贪图便利，依靠外来洋纱。且应重视农业生产，经营副业，南泥湾农场是很有希望的，但是直到今天还有许多人忽视了它。此外对经济建设各项工作指示甚详。入晚，后勤部叶部长指示谓："我们总的一个原则是一切为着部队供给，"并解释"提倡业务研究与健全制度"的必要等问题，讲毕，已是掌灯时分，即告休会。

邊參會常駐會

討論「三三制理論與實際」

建議政府按期檢查鄉市議會工作

【本市訊】邊區參議會常駐會於二十日上午九時開第三次例會，……[illegible]……即討論該議會所列「三三制政權的理論與實際」一文，……[illegible]……最後臨時動議，決定建議政府通令各縣按期召集鄉參議會，檢查鄉市參議會工作，並請政府於常駐會第五次常會時，即三月二十日，報告政府工作，午後二時許散會。

同宜耀糧草勝利完成

鹽池大部入倉入站

[illegible]

加強「三三制」教育

[illegible]

塞邊鐵騎

黃　文

——記保安騎兵隊×連

[illegible]

學療發生人命案

總務科長等違法押入　劉世有半夜氣絕身死

[illegible]

後勤經建部幹部會上

朱總司令親臨指示

加強運輸發展工農副業

胡葉二部長勉力求進步

[illegible]

怎樣解決肥皂牙刷的困難

易種才

[illegible]

軍事

第七期

半月軍事動態

近半月來國內的軍事情況分述如下：

第一、敵寇第三次由長沙敗退：

……[illegible]……自十二月二十三日發動攻勢以來，直至本月十五日撤退新牆河北岸，前後的作戰過程僅三星期，敵人的傷亡是很重大的。……[illegible]……

敵人在湘北又一次的失敗，是由於我軍在有利的地形條件之下，有了……[illegible]……

第二、[illegible]：

在日寇戰爭以來，僅就不完全的統計，僞軍反正的事件計有二十六次，……[illegible]……

第三、八路軍……[illegible]……：

A、晉察冀我軍近來……[illegible]……

B、太行區我軍近來……[illegible]……

C、冀南我軍……[illegible]……

D、山東我軍各部於上月二十三日粉碎了敵人的大掃蕩後，……[illegible]……

坦克的性能及其使用

沈毅毅

坦克可以分成一般的與特殊的兩大類：

一般的坦克又可分為輕、中、重三種：

（一）輕坦克：重量在一……[illegible]……

（二）中坦克：……[illegible]……

（三）重坦克：……[illegible]……

[illegible]

滑雪隊簡單介紹

何作楨

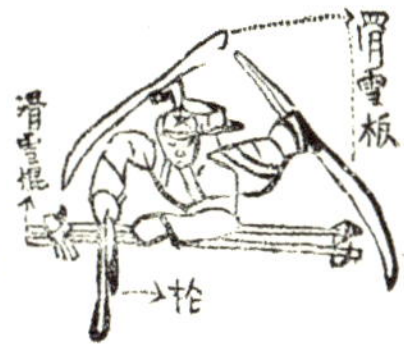

如果我們翻開蘇聯紅軍的[illegible]令，戰鬥條令和野戰條令來看，上面對於冬季作戰以及滑雪隊的[illegible]，都有詳細條文的規定，這就是說，蘇聯紅軍由於自己……[illegible]……在它一貫的訓練中，是很注意冬季作戰和滑雪隊訓練的。

蘇聯人民在寒冷的氣候下生活慣了，每當冬季到來的時候，無數的青年男女參加滑雪……[illegible]……

在紅軍部隊中及軍事學校中，每當冬季的時候，滑雪便成為[illegible]中的重要組成部份。……[illegible]……這是一貫的長期訓練的結果，而不是「臨時抱佛脚」所能[illegible]的。

另一方面，如果你翻開德國的軍隊操典（戰鬥條令）來看，你可以看到特種地形的[illegible]戰鬥、村落戰鬥、森林戰鬥、河川戰鬥、山地戰鬥以及[illegible]戰鬥等，但[illegible]看不到冬季戰鬥和滑雪隊戰鬥，這說明德軍是缺乏冬季作戰訓練及滑雪戰鬥訓練的。

希特勒自從[illegible]以來，[illegible]……但是蘇聯的冬天隨着[illegible]希特勒，……[illegible]……

[illegible]

小言（二）　今天中國戰場上的敵僞軍

[illegible]

解放日报	时间	1942-1-24	期	第252期
			版	第4版

延安窑店煤矿工人获利甚多

【本市讯】延安县窑店子附近旧有煤矿一所，去年八月由边区农校从新开工，近增加建设厅与边区银行之领导与管理。工人每天工作十至十二小时，挖出之煤，公家抽四分之一，余四分之三。如一般辛勤的工人，每天可挖煤四百斤，约可卖三十二元，工人即获净利二十四元，公家所得八元中，并要付“绞把”工人的工资与工具设备等开支。

建廳撥款七十五萬元
興修靖鄜等三大水利

【本市訊】邊府建設廳決定撥款七十五萬元，興修下列三大水利：一、靖邊楊家畔。二、鄜縣開渠河。三、安定楊家灣子。具體辦法已交建設局與各該縣負責籌劃進行。預估計劃畢該三處水利修築完成，可灌溉萬餘畝。張家畔水地，經驗可灌小麥百餘；開渠河兩岸將增產大批糧米；安定水利可幫助推廣植棉。這對於今年邊區農產品的增加，將有很大貢獻。

林務局決整建新舊苗圃

【又訊】林務局根據本年林務計劃，根本局各縣調查科長聯席會議所搜集之材料，已與綏德、安定、志丹等縣商定，整理和擴大舊有苗圃；並在延安、甘泉、鄜縣、安塞等縣建立新苗圃。林務局已決定，不但在經濟方面給各縣以相當的補助，並在工作計劃與管理技術方面，給以經常的指導。

軍人俱樂部 舉行照片展覽

【本報訊】軍人俱樂部，自本月二十四日起，舉行百團大戰與照片展覽一週，內容包括晉東南、晉西北、晉察冀、……抗日根據地的戰爭情形，共百餘幅。

同宜耀礦工生活

楚漢

延安窯店煤礦 工人獲利甚多

【本市訊】延安縣窯店子附近舊有煤礦一所，去年八月由邊區農校建新開工，近增加邊設廳與邊區銀行之領導與管理。工人每天工作十至十二小時，挖出之煤，公家抽四分之一，餘四分之三，如一般掙錢的工人，每天可挖煤四百斤，約可賣三十二元，工人即除淨有二十四元，公家所得八元中，並要付「較把」工人的工資與工具設備等開支。

軍事系統各機關 去年墾地八萬餘畝 邊保農場生產成績優良

安定關中冬學舉行測驗 鎮原決定提高冬學質量

軍郵辦事處 在延成立

鹽池成立 元華紡織廠

靖邊人民踴躍幫助緝私 代黃口稅務所長被撤消職務

警八團戰士 拾物不昧歸還原主

文藝

第七五期

大角色

舒群

在這一九四二年的元旦日，我們想要開……

解放日报	时间	1942-1-24	期	第252期
			版	第4版

盐池成立元华纺织厂

【盐池讯】山勒体元、杨华亭、刘养民、刘占金等先生发起之“元华纺织厂”。业已开工，公私投资约为九万元，现正在技师张元贵同志指导下，开始工作，今后将利用本县特产之羊毛大量发展毛织事业。

建廳撥款七十五萬元
興修靖鄉等三大水利
林務局決整建新舊苗圃

【本市訊】邊府建設廳決定撥款七十五萬元，興修下列三大水利：一、靖邊楊家畔。二、靖縣南灘利。三、安定楊家灣子。具體辦法已交農業局與各該縣負責幹部進行。據估計如果該三處水利修建完成，可灌溉萬餘畝。張家畔水地，舒款可灌小麥有餘；潮溝河兩岸將增產大批糧米；安定水利可幫助擴戶植棉。這對於今年邊區農產品的增加，將有很大的貢獻。

【又訊】林務局根據本年林務計劃，與本局各縣調林技術幹部會議所提出之材料，已與綏德、安塞、志丹等縣商定，整理和擴大舊有苗圃；並在延安、甘泉、鄜縣、安塞等縣設立新苗圃。林務局已決定，不但在經濟方面給各縣以相當的補助，並在工作計劃與管理技術方面，給以經常的指導。

同宜耀礦工生活

楚漢

延安窰店煤礦 工人獲利甚多

軍事系統各機關 去年墾地八萬餘畝
邊保農場生產成績優良

贊八路戰士 拾物不昧歸還原主

靖邊人民踴躍幫助緝私 代黃口稅務所長被撤消職務

軍人俱樂部 舉行照片展覽

安定關中冬學舉行測驗 鎮原決定提高冬學質量

軍郵辦事處在延成立

鹽池成立元華紡織廠

文藝

第七五期

大角色

舒羣

解放日报	时间	1942-2-2	期	第261期
			版	第4版

一、二月份公盐运完后修建四大交通干路

边府指示各县动员办法

【本市讯】"延志、定庆、□米三路，今年春季进行改善，提高标准，以利车运发展，志定及清靖两路，本年内必须修通，使运盐任务得以完成。"边区政府于一月二十九日发出训令给交通运输局，及延安、盐池等十三县县长，决定修建上述四（延志、志定、为延定路之分段）大交通干线，并指示动员民众修路之办法如下：（一）此次修路决定在一、二月份所规定各县公盐全数运回后，义务动员各县民夫修筑之，必须自带工具和粮食。（二）各县应召集助理员及自卫军营长会议，各区应召集自卫军连长会议，讨论布置动员办法。（三）修路民夫应按自卫军系统组织之，凡十六岁以上五十岁以下者，均得动员参加修路，自卫军营连排班长，均应亲自到工领导，不得任意规避或委人代理。（四）动员以乡为单位，待集中后，即进行检查其所带粮食工具等是否足用，再由连排班长按期亲自带到指定地点，不要把地点时间弄错，或无组织地零零碎碎跑来，形成零乱现象，以致拖延日期，浪费民工。（五）自卫军来时应取得区乡介绍信，信内应开列领队（如连长等）姓名、人数，并附自卫队名单，由领队人带来报到，没有区乡介绍或到工人数和信内人数不合时，路局亦得拒绝其修路。（六）修路日期每人修五天至十四天，由各路局根据当地情形决定之。（七）所有工程均按上方多少，及各县区乡应负担的工数划分为段，采取包工办法，先完成者先回，后完成者后回。（八）各区乡自卫军修路完工后，须经路局监工员检验无误给予正式证明介绍信，信内开列到工人数，工数，由领队带回交区乡政府后，才算正式完成任务。若未经检验，工不完成即私自逃跑，除责成区乡政府负责补足外，必要时并将由县政府予以适当处罚。

二月份公鹽運完後 修建四大交通幹路
邊府指示各縣動員辦法

【本市訊】「延志、定邊、綏米三路，今年春季進行改善，提高標準，以利車輛發展，志定及清綏兩路，本年內必須修通，使運輸任務得以完成。」邊區政府於一月廿九日發出訓令給交通運輸局，及延安、綏德等十五縣縣長，決定修建上述四（延志、志定、綏延定路之分段）大交通幹綫，並指示動員民衆修路之辦法如下：

（一）此次修路決定在一二兩月份所規定各縣公糧登數繳納後，從務動員各縣民伕修築之，必須自帶工具和糧食。

（二）各縣縣召集助理員及自衛軍營長會議，各區應召集自衛軍連長會議，討論佈置動員辦法。

（三）修路民伕應按自衛軍系統組織之，凡十六歲以上五十歲以下者，均得動員參加修路，自衛軍營連排班長，均應親自到工領導，不得任意規避或委人代理。

（四）動員民衆修路單位，待集中後，即進行檢查其所帶糧食工具等是否足用，再由連排班長按期規定帶到指定地點，不要把地點時間弄錯，或無組織的零零碎碎跑來，形成零亂現象，以致拖延日期，浪費民工。

（五）自衛軍來時應取得區鄉介紹信，信內應開列該隊（如連長等）姓名、人數，並附自衛隊名單，由領隊人帶來報到，沒有區鄉介紹或到工人數和信內人數不合時，路局亦得拒絕其修路。

（六）修路日期每人作五天至十四天，由各路局根據當地情形決定之。

（七）所有工程均按土方多少，及各縣區鄉應負担的工數劃分為段，採取包工辦法，先完成者先回，後完成者後回。

（八）各區鄉自衛軍修路完工後，須經路局監工員檢驗轉給與正式證明介紹信，信內開列到工人數，工數，由領隊帶回交區鄉政府後，才算正式完成任務。若未經檢驗，工不完成即私自逃回，除責成區鄉政府負責補足外，必要時當將由縣政府予以適當處罰。

延安等九縣 七萬婦女參加紡織組
自己解決穿的問題

[illegible]

紀念邊區創造者 建革命先烈碑

[illegible]

赤水工代會決議解決辦法 雇農生了病扣工資嗎？

[illegible]

上演「帶槍的人」曾試用 邊區自造汽燈三腳架
工具試驗室出品頗多

[illegible]

邊區政府命令

[illegible]

市地方法院通知 解送被告人應證據完備

[illegible]

銀行貿易局集體辦公

[illegible]

地質考察團 留延考察煤礦

[illegible]

平劇院將成立

[illegible]

醫大學生赴前方 衛生部設護士學校

[illegible]

固林冬學學生會 負責推進學習生活

[illegible]

綏德分區確立稅務工作制度 稅收超過原額兩倍

[illegible]

禁止售賣病猪肉

[illegible]

「志榮」模校

高云程

[illegible]

文藝

第九七期

樹林裏

（「陝磨的兵團是怎樣作戰的」之一）

黃鋼

我們在樹林裏宿營了。……

[illegible]

狼叫

[illegible]

母親（續）

[illegible]

解放日报	时间	1942-2-3	期	第262期
			版	第4版

发展边区运输各地设交通分局

制定各种管理法规

【本市讯】交通运输管理局于关中、陇东、三边、绥德设立分局，于定庆、定延、清靖三条运盐干线上设立各路管理局，负责各该路之修建养护，及全线上食盐之运输。为使今年之运盐工作更趋便利、交通更加发达，并于各路之重要据点及站口分设转运栈与运输栈，负责转运公私货物，平衡各地之草料价格，吸收外来脚户等。此外为改善鄜米公路之坡度、湾度与路面，及发展绥德分区之水利，又设立鄜米路甘鄜段，鄜米路延川段，绥惠渠等工程处，负责各项工程任务。现闻该机关为切实走向正规起见，除拟就总局、分局、路局、工程处、转运站之组织规程外，并拟制各种交通运输之单行法规，如陕甘宁边区交通运输管理暂行规则，转运站办事细则，食盐转运办法等数种云。

中共中央出版局計劃 今年出版四千萬字

以教科書及時事讀物為主

印廠紙廠工友工作積極緊張

[illegible]

衝破重重困難 鎮原公糧源源入倉

安塞定舊曆年前完成任務　延安市化區實行公糧督運

[illegible]

保障人權財權

[illegible]

發展邊區運輸 各地設交通分局

製定各種管理法規

[illegible]

柳縣長安塞歸來

保小教員奇缺

[illegible]

全縣 軍民合作互助

[illegible]

反對亂收糧草

[illegible]

董老於今年元旦 仍步柳亞子懷人詩原韻口占一首

[illegible]

文藝

第八〇期

兩個老兵的葬歌

美・惠特曼作

一

最後的陽光
在向晚的安息日輕輕地落在
這邊的鋪道上——而在那邊，它正望着，
下面一座新築的雙墳。

二

看哪！月亮上升了！
從東方升起來，那銀色的圓月喲；
美麗地照耀在屋頂，蒼白的幽幻的月；
無限的沉寂的月喲。

三

我看見那哀傷的行伍，
我聽見走近來的深沉的號聲；
所有這城市的街衢蓄積着它們都來湧流，
像聽到了眼淚和哭聲。

四

我聽見大鼓沉重地敲，
小鼓不斷地咚咚地響；
而每一聲沉重的大鼓，
都把我深深地打動。

五

因爲兒子和父親被一塊帶來：
他們是在猛烈的攻擊的最前線陣亡的；
兩個老兵，兒子和父親，一塊兒倒下了，
而兩座墳等着他們。

六

現在號角吹得更近了，
而鼓敲得更加響亮；
鋪道上的日光已經完全消逝，
而那悲壯的輓歌把我包圍了。

七

在東方的天空上浮起了，
莊嚴地前進的幽靈在發着光亮移動；
（那好像母親底透明的大臉，
在天上顯得更亮了。）

八

呵，強壯的喪樂啊，你滿足我！
呵，無限的月影，用你銀色的面孔安慰我！
呵，我底一對老兵啊！我底一對老兵啊，經過火燒般的！
我也把我所有的給你們吧。

九

月兒給你們光，
號角和鼓給你們音樂，
而我底心，呵，我底兵們，我底老兵們，
我底心給你們愛。

（吳伯蕭譯自「綠葉集」）

樹林裏（續完）

黃鋼

[illegible]

「雞犬昇天」

羊耳

[illegible]

（四二年一月十日寫）

解放日报	时间	1942-2-6	期	第265期
			版	第4版

边区各工厂

纺织：难民纺织工厂　交通纺织工厂　团结纺织工厂　纬华纺织工厂　公益纺织工厂　新兴纺毛厂　陕公纺织厂　胜利纺织厂　大光第一纺织厂　新华纺织厂　绥德特委纺织厂　公安局纺织厂　边保纺织厂　军人纺织厂　一二〇师纺织厂　葭县毛织场三边纺织厂　救亡纺织厂　三八五旅纺织厂　神府纺织厂　延安纺织厂　延川纺织厂　白家坪纺织厂　延长纺织厂　甘泉纺织厂　安定纺织厂　鄜县纺织厂　安塞纺织厂　固林纺织厂　三三纺织厂　义合纺织厂　双潮□纺织厂　华池纺织厂　吴堡纺织厂　新宁纺织厂　赤水纺织厂　新正纺织厂　合水纺织厂　志丹纺织厂　淳□纺织厂　环县纺织厂　警一团纺织厂　绥德南关纺织厂　大光第二纺织厂　利民纺织厂　清涧纺织厂

造纸：绥德纸厂　留守兵团纸厂　新中国纸厂　政治部纸厂　抗大纸厂　法院纸厂　利华纸厂　后勤纸厂　教导队纸厂　振华纸厂　振华分厂　神府纸厂　民生纸厂　金盆湾纸厂

被服：后勤被服厂　一二〇师被服厂　西北被服厂　政府被服厂　新华被服厂

化学：中华制药厂　肥皂厂　酒精厂　兴华制革厂　新华化学厂　光华制药厂

印刷：中央印刷厂　洪淳印刷厂　美术工厂　吕梁印刷厂　抗敌印刷厂　光华印刷厂　八路军印刷厂

鞋袜：绥德军鞋厂　八月鞋工厂　后勤鞋工厂　工合鞋工厂

文協籌備召開三次大會

選柯仲平高長虹等爲籌備委員

邊區文化團體將統一編整領導

【本報訊】邊區文協於二十九日下午一時假文協召開，討論關於籌備三次代表大會事宜……

邊區產業工人劇增

工會系統全部整完成

暴世經·樊富貴

莫艾

慶祝徐老六六壽辰

「我才三十八歲」

【本市訊】徐老六六壽辰慶祝大會，於二日上午十時在自然科學院內熱烈舉行，到該院教職員及學生等。先由院副院長報告徐老生平史略：包括少年求學時代的刻苦精神；服務湖南教育界的成績；以及徐老投身革命後對革命的貢獻，尤對徐老的教學方法，待人接物等特點作精確的介紹。相繼由同學們獻旗獻花和頌祝詞，各位來賓和教授先後講話慶祝。徐老自己即作簡短之答詞：略謂外國人說革命從他服務社會算起，所以自己今年才只有三十八歲，最後又談到他的學習經驗以及其他饒有教育意義的生平事蹟，大家在慶祝的情緒中散會。

邊區各工廠

紡織：難民紡織工廠　交通紡織工廠　團結紡織工廠　紡華紡織工廠　公益紡織工廠　新興紡毛廠　陝公紡織廠　聯和紡織廠　大光第一紡織廠　新華竹織廠　投資紡委紡織廠　公安局紡織廠　邊保紡織廠　軍人紡織廠　一二〇師紡織廠　政衛毛織廠　五邊紡織廠　救亡紡織廠　三八五旅紡織廠　紡府紡織廠　延安紡織廠　延川紡織廠　白家坪紡織廠　財經紡織廠　甘泉紡織廠　安定紡織廠　安塞紡織廠　園林紡織廠　三三紡織廠　農合紡織廠　健康紡織廠　華盛紡織廠　吳起紡織廠　新寧紡織廠　赤水紡織廠　新正紡織廠　合水紡織廠　志丹紡織廠　淳耀紡織廠　環縣紡織廠　曲一第紡織廠　綏德紡織廠　大光第二紡織廠　清澗紡織廠

造紙：振華紙廠　留守兵團紙廠　新中華紙廠　政府紙廠　抗大紙廠　保安紙廠　利華紙廠　勝利紙廠　振華分廠　神府紙廠　民生紙廠　金盆灣紙廠

被服：振華被服廠　一二〇師被服廠　西北被服廠　政府被服廠　新華被服廠

化學：中華製藥廠　利民廠　光華製藥廠　新華化學廠

印刷：中央印刷廠　洪濤印刷廠　美術工廠　西北印刷廠　抗敵印刷廠　光華印刷廠　八路軍印刷廠

鞋襪：軍需鞋襪廠　八月鞋工廠　振華鞋工廠　工合鞋工廠

合作社的作用和特點

延安南區合作社是模範

高廳長報告

（合作社主任會議第二日）

無定河畔·一冬學

華楠

西北局黨委警告劉春景

◇貪污瀆職生活腐化◇

臨林冬學測驗

僅半數及格

新幹預備班畢業

軍事

半月軍事動態

第八期

如何識別飛行中的軍用機

常乾坤

在空中飛的軍用機，其種類雖然於沒有上人們識別，但在一般人看來殊不易區別，然而負對空監視責任的人員，爲了傳遞比較準確的情報，使得國防空機關能以預先準備兵器方法對付來襲之空中敵人，避免遭受巨大的損失，明瞭下邊幾種識別飛機種類的幾個辦法，則非常重要：

一、依照飛機的外貌識別飛機的種類。

A、偵察機的外貌：偵察機多係雙座（雙座與三座），有單翼式的也有雙翼式的，機身細而長，略短於其翼展（兩翼的長度），爲了便於觀察地面，觀察員座位多半設在機翼的後方。

B、驅逐機的外貌：驅逐機有單座複座之別，身粗而短小，翼寬而長，多係單翼式，起落架（即兩個輪子）收在機腹或機翼底的下邊；

C、攻擊機的外貌：攻擊機多係雙座機，機身略小於偵察機，略大於驅逐機，機翼略大於機身，有單翼式與雙翼式兩種，起落架也不一定都收在機腹或機翼底下邊。

D、轟炸機的外貌：轟炸機機身很大，多係兩台發動機以上的複座式單翼機，尾翼很大，起落架也是收在機腹或機翼底下邊。

依照飛機外貌識別各種飛機時須注意下邊兩點：

A近來各國多向雙發動機與複座式驅逐機方向發展，故複座驅逐機之外貌同轟炸機的頗相似，要識別這種飛機時不可不特加注意。

B、偵察機同攻擊機只有大同小異之處，也極容易混亂。

二、依照編隊及飛行性質識別飛機種類。

A、若在混合編隊群中有複台發動機大型飛機隊，又有單座驅逐飛機混雜於其中，便可大概斷定：大型的機是係轟炸機隊或運輸隊的隊機機群，中間雙座飛機隊係保護大型飛機隊的驅逐機，這也就是入侵機群大規模的特徵之一。

B在編隊群中有大型飛機隊，又有小型單座飛機緊跟隨於其後，或間隔於兩側時，大型飛機隊無疑是轟炸機隊，而小型單座飛機隊則是驅逐機隊，這樣編隊群通常飛不甚遠，因爲單座驅逐機所攜帶的燃料往往只夠一小時半至兩小時半之用，不過現代驅逐機在續航力方面已進步了，除固定油箱外還攜帶一兩個油箱以便增大其航行半徑，日本在我國戰場上常採用此法。此外還應當明瞭驅逐機，是在轟炸機的翼城上擔負保護轟炸機的任務。通過危險區後，它便要離開轟炸機飛回原地。

C若發現中型單台發動機，單翼式或雙翼式的機隊，這不是偵察機就是近程轟炸機。若飛機編隊很大則係近程轟炸機；若只有三五架飛機單行大半是偵察機，若各個小隊在各個不同的高度上飛行，並且飛行高度很低，一定就是敵人派來的攻擊機。

D、假定我軍前線或近後方，忽然發現小型單翼飛機隊，其速度異常快捷，這便是高速驅逐機。如果所發現的係道小的雙翼機隊，飛行速度也略微小些，這應當是驅逐偵察機。若這兩種機隊之中任何一種飛機隊在低空上接近轟炸機隊時，這證明它企圖利用小型炸彈或機關槍火力襲擊我臨近的部隊。

三、依照飛機聲音的大概識別飛機種類法。

A、偵察機不常作激烈飛行姿勢，其聲音平穩而柔軟。

B、驅逐機在飛行姿勢變化無常，且極急劇，其聲響不但很強，聽起來忽高忽低。有時像若甚高，有時宛若無聲。

C、轟炸機的聲響如載重汽車載重過度或是爬山坡時所發出的嗡嗡之聲，但較平穩而和諧。

D、攻擊機的聲響介乎偵察與驅逐機之間，類似平穩但不平衡；類似偵察機的聲音又像驅逐機的聲音。

「抗日溝」——新的長城

田涯

在遼闊的冀中平原上，四年來從炮火中鍛鍊出來的八路軍和抗日人民，爲了保衛他們的家園田園，與敵寇頑強奮鬥，創造了許多奇蹟，這裏所說的一個例子，就是用千萬人的手，而改造了冀中平原的地形！啊，冀中三十八縣六千數里的平村大道，如今全都變成了縱橫錯綜的溝壕！它被當地的人們稱之爲「抗日溝」，它的長度，比那個歷史上稱爲奇蹟的「萬里長城」，還長三十倍。

溝的深度是三尺（連翻溝土總約五六尺），寬度是六尺，挖土疊爲胸牆，背後可以行人馬自行車，溝內能夠容大車，汽車在裏面不能行動。這道溝線，把農村與村連接，縱橫網滿，交通四達，好像一個巨大的羅網。我們的抗日軍隊和人民，便在這羅網上自由地穿來穿去。

溝是新長城，它保障着廣大的冀中人民之生命和財產！它掩護着部隊安全地轉移活動襲擊敵人。當敵人侵村時，它又掩護着人們安全地逃脫敵人，使敵寇撲了空。這是一方面。另一方面，對於敵人的活動，卻因這溝的攔擊，而受到了莫大的阻礙，使敵人的汽車機械化快速部隊，變成很慢的「蝸牛部隊」，每小時只能走動八里至十二里的步兵的速度，有時在村口要停留三個鐘頭的時間才能進入村子，消耗了汽油，鬆弛了士氣，而給我軍以轉移部署的從容時間。「冀中的地形改變了」，關係要必須存在着這樣一個觀念，才能正確地估計冀中平原上的游擊戰爭。

自從去秋開始，這種用人力改變地形的偉大運動，又在冀中大平原上展開。他們的口號是「一切爲着戰爭，一切爲着勝利，不惜任何一定的人力！」他們的辦法是「挖溝」，……由分區到縣，由縣到村，在統一的領導下，××萬軍民以排山倒海之勢，一齊投入這一挖溝的浪潮。……

「冀中的地形改變了！」這在中國抗戰史上，是一個打破中外古今先例的偉大創舉，在抗戰史上是一個奇蹟，且看這一奇蹟——抗日溝——怎樣把敵人埋葬吧！

小言論：海洋鎖鑰的爭奪

蕭湘蒼

解放日报	时间	1942-2-7	期	第266期
			版	第1版

社论　“二七”对于中国职工运动的经验教训

十九年前京汉铁路工人“二七”反抗帝国主义走狗北洋军阀的流血罢工斗争，为中国职工运动开辟了新的阶段，使中国工人从改良生活的经济斗争，转变到争取自由的政治斗争。它的伟大政治意义与影响，早已获得了我党及全国人士对它的评价，毋庸赘述。在今天，我国抗日战争与世界反法西斯战争打成一片，我国工人阶级的责任更加重大的时候，纪念“二七”是有重大意义的。中国工人阶级在二七为人权而战为自由而战的英勇斗争，不仅给中国人民以深刻的印象，而且给工人阶级斗争策略与斗争方式以宝贵的经验教训。当时，中国劳动组合书记部在共产党领导之下，选择了北洋军阀的神经命脉——京汉铁路作为斗争对象，威胁吴佩孚南北势力联系的军事交通，使他在很短时期内，不得不揭开了他的假面具，而露出狰狞凶恶的面貌。从这里告诉我们，无产阶级的战斗堡垒，应当放在重要的中心产业部门。在发动斗争时，党即根据铁路工人一致的要求，提出正确的口号：为成立京汉铁路罢工会而战，为自由而战，为人权而战。虽然当时党的组织并不很大，但由于与群众取得密切联系而□星星之火，成为燎原，卒能使斗争怒潮迅速高涨，总工会罢工的命令宣布之后，全路不到三小时，即一致行动，而且在短短的几天中，道清、正太、津浦、粤汉等路，即举行同盟罢工响应京汉路的斗争。从这里告诉我们，这是由于当时党抓住了广大群众自觉的斗争热情，提出了正确的口号，而这种正确口号马上即变为群众行动的口号。“二七”斗争，是一个有组织有准备的群众行动，而不是脱离群众的盲动，虽然在京汉路的党员数量不多，但全路工会分会（叫俱乐部）已普遍于全路，长辛店、琉璃河、高牌店、保定、正定、顺德、彰德、新乡、黄河、郑州、郾城、驻马店、信阳州、广水、江岸等处，同时在“二七”斗争以前，对吴佩孚在工人中散播的幻想，进行了彻底的揭露，向路局进行过部分改善生活的斗争，而且获得

解放日報

今日出版一大張　第六六二號　中華民國三十二年二月七日
社址：延安解放日報社　每月六元　半年價三十元 全年六十元　零售每期二角

延市貨幣交換所公告

邊區醫藥學校招生簡章

大雪紛飛中

紅軍向斯摩林斯克突進

卡爾科夫德軍防綫被突破

邱吉爾在下院表示

自治領可入戰時內閣

加拿大軍火運往英蘇

蘇加簽約互換領事

咸爾斯稱

蘇自美獲得應有物資

對美軍抵愛

布利南向美抗議

埃議會解散

新閣施行英埃條約

美駐西大使

返國述職

泛美大會

影響西班牙外交

員埋報

評泛美會議成功

陶美利在上院稱

希望印度內部團結

保證戰後予以自由

加泰隆尼人民

仇恨佛郎克黨

社論

「二七」對於中國職工運動的經驗教訓

英伊交換電文

深信英蘇條約

戈林返德

阿擬派兵助英作戰

北非英德雙方加緊巡邏

維希船隻供德運送軍需

發貝爾稱

美將隨時進攻歐陸

巴西供美使用

馬塞約根據地

□□［次］的胜利，这是“二七”斗争的准备和尝试。所以同盟罢工命令；而全路一致响应，这绝不是偶然的。由于吴佩孚的残暴、工人阶级觉悟和义愤、共产党及劳动组合书记部的动员、各铁路当时发动同盟罢工的行动以作声援，给了二七斗争以全国性重大意义。因为这个斗争启示了中国工人阶级的团结性和纪律性，并给予中国工人斗争与革命运动，以莫大的推动，使中国工人阶级公开走上了历史的政治舞台。“二七”罢工斗争所产生之阶级英雄，如林祥谦、施洋等，“头可断工不可复”的伟大义勇行为，至死不屈的英雄气概，不仅在中国职工运动启蒙时代，起着教育与锻炼工人的作用，而且鼓励了中国工人阶级在革命斗争中勇往直前。林祥谦、施洋同志的英雄行动已成为我们每个共产党人奋斗到底的模范，每个共产党人应当学习的。在残酷斗争中牺牲是不可免的，但当形势不利，为避免过大牺牲而实行退却是必要的。因此当时京汉、正太、津浦以及武汉等工会改变策略，下令复工，保持工人元气，这种具有远大眼光的处置，这种灵活运用策略的教训，是值得我们学习的。“二七”斗争牢牢地把握自己的阶级立场，这是正确的。但在团结全路职工问题上仍有不少的缺点，例如当时对同样被压迫剥削的下级职员司机，另眼相看，严格限制其加入工会，在罢工时不与薪水低微之路局电报电话司机取得联络共同行动，因此在团结全路职工的问题上，是做得非常不够的。这是值得我们当作为严重教训的。总之，虽然由于敌人力量的强大与本身策略某些的弱点，“二七”斗争是暂时失败了，但是京汉铁路工人的血是不会白流的，它的宝贵经验教训了中国工人阶级，鼓舞了中国工人阶级在十九年来继承了“二七”斗争的精神，为全民族和工人阶级的解放自由而奋斗，并锻炼了无数忠实于国家民族，忠实于阶级的战士和党的骨干，成为“二七”烈士的继承者。总之纪念二七我们必须接受和学习二七的宝贵教训，继续和发挥二七为自由为人权而战的奋斗精神，组织中国工人阶级一致起来，反对侵略中国的法西斯强盗日本帝国主义。

解放日報
中華民國三十二年二月七日　第六六二號　今日出版一大張
社址：延安解放日報社　每月六元　每份二角　零售期本

延市貨幣交換所公告

邊區醫藥學校招生簡章

大雪紛飛中 紅軍向斯摩林斯克突進

卡爾科夫德軍防綫被突破

邱吉爾在下院表示 自治領可入戰時內閣

加拿大軍火運往英蘇

蘇加簽約互換領事

威爾斯稱 蘇自美獲得應有物資

對美軍抵愛 布利南向美抗議

埃議會解散 新閣施行英埃條約

泛美大會 影響西班牙外交

眞理報 評泛美會議成功

仇恨佛郎克 加泰隆尼人民

陶美利在上院稱 希望印度內部團結 保證戰後予以自由

美駐西大使 返國述職

潑貝爾稱 美將隨時進攻歐陸

巴西供美使用 馬塞約根據地

阿擬派兵助英作戰

北非英德雙方加緊巡邏

維希船隻供德運送軍需

英伊交換電文 深信英蘇條約

戈林返德

社論 「二七」對於中國職工運動的經驗教訓

第一卷（上）

解放日报	时间	1942-2-8	期	第267期
			版	第1版

陕甘宁边区工业局启事

本局为适应扩大与发展边区工业建设，内部改组完竣，因旧址峡窄，故于上月二十九日迁至供给学校旧址，现已照常办公，请至该处接洽。是盼此启边区工业局启

二月八日

解放日報

中華民國三十一年二月八日　中華郵政第二六七號　第一大張　今日出版一張

社址：延安解放日報社　每月六元　零售二角　星期六

延市貨幣交換所公告

陝甘寧邊區工業局啓事

徵求文獻啓事

尋人

尋馬啓事

蘇聯紅軍繼續前進

爾熱夫德寇四面受圍

中路猛攻斯摩林斯克

南路威脅馬里烏波爾

法西斯匪徒們——最後日子急急的逼近了！

紅星報

歐陸反德運動

挪各工廠發生大火

波鐵路工人毀德軍需品

比利時人民散反德傳單

社論

英美貸款啓示了什麼

莫斯科以西收復兩鎮

希特勒納粹經濟破產

比資產生產幾全部送德

納粹經濟魔爪伸入瑞士國家

戈林到意大利乃係討論軍事經濟問題

合衆社稱

丹吉爾碼頭發生爆炸案

土擬發行新公債

英美兩國國防將設立組織

澳洲緊急動員

英機轟炸德據點

軸心空襲馬爾他

北非軸心主力尚未接觸

德寇將對英海陸作戰

傳英政府將討論進攻歐陸

風聲鶴唳

解放日报 | 时间 | 1942-2-8 | 期 第267期 | 版 第4版

林主席、高、霍厅长嘉奖振华纸厂职工

生产量突破空前纪录

【安塞讯】振华纸厂职工会收到林主席给他们的一封信，里面这样写着："……我们听见了你们生产□的空前纪录，都感到无限兴奋，谨代表边区政府向你们致最亲切的慰问！"同时他们又收到建设厅高、霍两厅长给全厂职工的奖金一千元，附函鼓励他们继续发挥生产热忱，迅速完成三千令纸的任务。该厂职工得到政府这样的慰问和鼓励，无不以努力生产自勉。该厂在严寒的一月份中和精兵简政的人员条件下，生产量达到二百三十令纸的空前纪录。

農貸委員會撥款

植棉貸款一百萬元

延臨分令固臨等十一縣

植棉一一六、七〇〇畝

[illegible]

延市冬學舉行畢業禮

學生能讀新文字報

[illegible]

懸岡河防將士

[illegible]

林主席、高、羅總長

嘉獎振華紙廠職工

生產量突破空前紀錄

【安塞訊】振華紙廠職工會收到林主席給他們的一封信，裏面這樣寫着：「……我們聽見了你們生產率的空前記錄，都感到無限興奮，謹代表邊區政府向你們致最親切的慰問！」同時並附給他們一千元的奬金，同時，高、羅總長亦給他們致賀並給全廠職工的獎金一千元，附函鼓勵他們繼續發揮生產熱忱，迅速完成三千令紙的任務。該廠職工得到政府這樣的獎勵和鼓勵，無不以努力生產自勉。該廠在嚴寒的一月份中和積極熱情的人員條件下，生產量達到二百三十令紙的空前紀錄。

延長參議會常駐會

提出本年生產意見

◇延市舉行四次例會◇

[illegible]

新華化學分廠

去年產值千五百萬元

本年將擴大產量三倍

[illegible]

徵糧中的二三事

李煥時

[illegible]

稅務局、貿易局

進行商業登記

[illegible]

延長決定

紀念三八辦法

[illegible]

更正

[illegible]

自強不息

莫文

每一個人，莫不有一個忠實的伴侶者，緊緊地跟在後面。

[illegible]

「紅旗歌」

項魂

[illegible]

一月五日

第十一期

離婚與結婚

青年之家編輯

[illegible]

以錢代替開除

義人字

[illegible]

雜訊

[illegible]

第一卷（上）

解放日报	时间	1942-2-9	期	第268期
			版	第3版

中国工业与中国资产阶级（续完）

其次，我们说银行业。中国银行业的发展，并不是工业生产发展的结果。相反，中国银行业的盛大发展，恰是由于帝国主义在华贸易的发展，政府财政的需要，以及内地财富集中日岸之结果。第一次欧战后，随着帝国主义对华贸易的猛进，中国工业发生了危机，许多官僚们鉴于投资工业的困难，发现了投机事业更是发财的捷径，银行业就从此蒸蒸日上了。这恰是说明了中国银行业买办寄生性质。由于政府财政上的需要（这需要特别是内战所促进的），一方面促成了银行对公债的投机，另一方面又促成了政府与银行的狼狈相依。这种情形，在北伐前的北洋政府时代业已开始形成，而在后来反革命时代的国民政府更特别深刻地表现了银行与政府的公开结合，政府的统治变成银行的统治。融行的发达及其集中，与银行在政治上的统治之发展，成为正比例。大银行家利用其金融的力量，经过官场的统制，和那富有垄断性质的官营企业相结合，使官营企业变成大银行的企业，并操纵工业品的市场，同时又利用金融的压力去屈服各种“商办”的企业，或者如前面所叙述的，直接吞并它们，使它们集中在自己垄断的公司之中，或者是给予某些借贷，使得工业的大部分利润变成银行的利息。情形是这样矛盾：一方面，银行的放款主要在商业、公债和地产的投机，视工业投资为长途，时常坐视华商企业受外资的压力或负债沉重而归于破产，不加以救济；但另一方面，银行在工业上却又成为压倒一切的债权人。银行的工业放款，本来主要在纱厂，其次面粉厂，再其次为染织厂、丝厂、绸厂、榨油厂、蛋厂、纸烟厂、饮食业厂、日用品厂等（参考“申报”月刊三卷七号，王宗培：“中国金融业之新动态及其批评”）。平常做工业放款的，中国及上海数额较多，其他则如交通、盐业、金城、大陆、中南等。放款普通均在八厘以至一分五六厘的高利，而且条件是极苛刻的，大都以机器厂房为抵押；同时，“查明已无继续能力者，不得请求放款”（参考“申报月刊”四卷五号，王宗培：“中国金融业之今后动向”）。民国二十四年中央研究院出版的“七省华商纱厂调查报告”（商务版）所写：二十支纱的毛利十八元八角九分七，根据十个工厂总平均的结果，支付的利息竟达十三元一角一分一（该书二一七页）。又据另一种材料，天津华兴纱厂的一个“生产费”的统计，利息一项竟占百分之一八点四三（参考“申报月刊”三卷九号三九页）。可见华府纱厂所受银行高利贷的重压，这真成为工厂亏□或关门的重要原因之一。经过□□，银行和一些中小工业发生了一定的利益关系。同时，又因放款的高利贷性质及其坐视工业的灾难，就形成了银行业与中小工业之间的很大的矛盾。这种状况，与其说是银行帮助工业的发展，毋宁说是银行反转成为真正民族工业发展的一种桎梏。大银行在经济上与经过政治对于中小工业的各种压迫，指出了一个事实，就是：一方面加深了中小工业的颠沛；另一方面又促成了外资在华工业和外货的活跃。同时，如上面所叙述的，大银行家所设立的企业公司对于中小工业的吞并，并不是表现中国工业在经济上的正常发展，而是妨碍民族工业的自由发展，且又是为外资开方便的门路。这样，与官僚合成一体的大银行与“商办”工业的矛盾及其斗争，特别是其与中小工业的矛盾及其斗争，就是获得统治地位的买办高利贷金融家与民族工业资产阶级的矛盾及其斗争。和生产脱节而又高压在□□生产的头上，这就是中国银行资本的特点。

九 就整个中国资产阶级范畴来说，是由三个部分组成的：（一）大资产阶级；（二）中等资产阶级；（三）城市小资产阶级（大部分农民也属于小资产阶级范畴，留在旁地方再说）。第一，大资产阶级是买办金融家和买办性的大产业家，这两部分人是相接近的，有的大资产家同时又兼是银行家（如卢作孚、刘鸿生、郭乐），他们时常千丝万缕和一定的外国帝国主义发生了一定的关系。大银行家们无谕矣，就使一些大产业家虽则一方面和帝国主义有矛盾，另一方面又在公开或祕密的形式上与一定的帝国主义发生来往，例如荣宗敬及某些人物就曾是和日帝国主义有关系的。一些大产业家也是和大银行有矛盾的，可是又时常愿意在大银行的系统中攀得一些位置。第二，中等资产阶级，在基本上属于真实的民族工业资产阶级，他们和各帝国主义及封建军阀官僚有很大的矛盾。他们希望银行财政的接济，这是表示在经济上对于大银行家的依赖，有的还成了某大银行的助手；但他们同时又怨恨大银行的压迫及其趁火打劫，巧取豪夺。史量才、穆窃初就是接近于这部分的代表。第三，小的企业主，手工作坊的老板，以及店主之类，属于小资产阶级的上层；独立手工业者、师父以及小商人，属于小资产阶级的中层，一般城市贫民，属于小资产阶级的下层。这个阶级受帝国主义、城市大地主、银行钱庄、大商业家的压迫是很厉害的，特别是中下层的小资产阶级。而一般贫民的经济地位则是和无产阶级相接近的。以上这些，乃是一般的划分。但在中国这半殖民地半封建的国度，各种复杂交错的矛盾和斗争，特别是残酷的抗日战争，竟可以把各种不互相接近的阶层和人物，在各种不同的程度上，或一定的时间上，接近起来，而且可以把各种本来互相接近的阶层和人物，在各种不同的程度上或一定的时间上分开来。对于大资产阶级、中等资产阶级或小资产阶级，都不要看成天衣无缝的整个东西。比如：大资产阶级中，不但有大银行家与大产业家的矛盾，而且在大资产阶级的银行寡头中，还有亲英派、亲美派、亲日派的矛盾。大资产阶级中若干银行家或若干大企业家，在抗日战争中，甚至可与无产阶级发生一定的合作关系（农村的地主富豪，甚至许多的大将军大官吏，由于利益的关系，也能够这样）。这种事实指出了：中国各阶级之间的空隙实在是很多的，而帝国主义间矛盾所给的影响，那更是很明显。由朋友变成仇敌，由仇敌变成朋友，又由朋友变成仇敌；或者：是朋友同时又是仇敌，是仇敌同时又是朋友；这类复杂的变化，交错在近代中国历史的篇幅，特别是在十几年来革命与反革命之残酷斗争的篇幅。

十　从经济来看政治：第一，大资产阶级的对外政策，根据其对外的经济依赖性，基本上是依赖一定的帝国主义和以夷制夷的政策。也正由于帝国主义间的矛盾，一定的大资产阶级成分，能依靠某帝国主义来反对某帝国主义。在一定条件下，他们可以参加或进行一定的反帝运动以至抗日战争。但是，因为大资产阶级的统治成分——金融寡头——在基本上与生产脱节的买办性和高利贷性（即在经济上带流动性）及其对民众的深恶，就表现其为两面性的阶级：在一个时期参加反帝革命，到另一时期就转入反革命，而对第三时期又参加革命；例如一九二四年后的他们某些政治人物就是如此；又例如他们可以抗日，但又不坚决反汪反汉奸，并时与日本的和平使者暗地里勾勾搭搭，并且亦有可能在日帝国主义的威胁利诱下，实行投降，改换自己的主人，这是它对外政策的两面性。为了抗日，不得不与人民群众停止内战并结成统一战线，这是一方面，但同时，他们的对内政策，根本上又是顽固党，是反动的，是反对民众、反对革命、反对民主的。其有时发表一些什么“民主”“宪政”“改良民生”的话，则完全是骗局，这又是一方面。大资产阶级这种两面政策是一定要失败的，因为他们要在两条战线上作战，而这种两面作战是要脱离民众的。在这种两面性上来说，半殖民地的大资产阶级亦表现其为动摇的并不坚定的阶级。第二，民族工业资产阶级也即中间资产阶级的对外政策，一般是主张或倾向民族独立：比如，对日抗战是比较坚决的。至于其对内政策，则主要是主张立宪，主张改良的，对自下而上的民众政治行动则仍然畏惧。他们是“自由主义者”，但却不喜欢民众有武装和组织民主政权的“自由”。他们对无产阶级的“宽宏大度”，只限于共产主义思想可以“自由”存在，但不赞成见之行动。他们一方面不赞成大资产阶级和大地主的专政，另一方面却很珍重大资产阶级统治下的武装。他们有的可以在言论上同情民众，但是他们只想用温情的办法来解决问题。因此，民族资产阶级也是两面性的动摇的阶级，但这种动摇和大资产阶级有区别，因为他们与帝国主义联系较少，他们又从来没有得到过政权，他们的革命可能性要更多些。他们和大资产阶级有区别，同时也和小资产阶级的急进派有区别，他们是一个中间派。他们与无产阶级政党的关系比较大资产阶级对无产阶级政党的关系要好些。第三，城市小资产阶级的对外对内政策，基本上都是革命的，是可以和无产阶级及绝大部分农民永久在一起的。再把上述的观点总括一下：在资产阶级范畴的三个组成部分，大资产阶级的对外政策是以夷制夷，对内政策是反对民主，这是政治上的顽固派。民族工业资产阶级的对外政策是主张或倾向民族独立自主，对内政策是主张立宪的“民主”，这是政治上的改良派。小资产阶级的对外政策一般是坚决的民族独立自主，对内政策一般是革命的民主，这是政治上的革命派。由于资产阶级各阶层对内对外政策有很复杂与变动性甚大的分歧，所以，无产阶级需要在一定时间、一定条件、一定问题上，随机应变采取各种灵活的政策，或者在某一点上联合，而在另一点上分歧，或者在一定时候由联合到分歧，而在另一时候由分歧到联合。事情就是要在一定时候把革命在一定方面推进一步。因此，无产阶级的各种策略，随时随地的可能变动□甚大，套公式是不能应付事变的。

十一　中国是殖民地半殖民地半封建的落后国度。第一，这个国度还是小生产占优势，小企业众多，各种经济有许许多多的过渡性质。第二，这个国度是民族多难，经济时常受极大震荡，尤以“七七事变”以来为甚。这两点造成各阶级间经济地位的极大动摇和流动性，这样，也就造成极大量的同时也是不甚固定的社会中间阶级、中间阶层，在政治上就是中间派或中间势力，使得革命可以有很广大地争取自己各种同盟者的机会。中国社会，是一个两头小中间大的社会。同时，中国社会的政治却又是两头大中间小的政治。一方面是大资产阶级，另方面是无产阶级，中间是广大小资产阶级、民族工业资产阶级，以及在震荡中的各种社会分子；而大资产阶级（虽然他们是两面性的）和无产阶级都有坚决明确的政治路线，而中间派则缺乏这种坚决性与明确性，因此大资产阶级与无产阶级对于“中间”的争夺，构成了现实政治斗争之一种极重大的内容。这是现代中国社会的特点，这是中国革命的特点。善于在各种具体问题上、具体斗争上，处理这一切中坚分子，随时照顾各种中坚分子，给他们以应有的地位与出路，是争取抗日战争和革命胜利的必要条件。

一九四一年三月二十五日

敵「掃蕩」淮河流域

三路出動竄擾蒙城城郊

魯南敵向臨沂山地進犯

[illegible]

美陸軍部宣稱

中國代表將參加參謀總長聯席會議

【中央社華盛頓七日電】[illegible]

美陸軍部

贈我內河砲艇三艘

【路透社倫敦八日電】[illegible]

潮州敵偽署遷永安辦公

【中央社潮州七日電】[illegible]

魯敵强徵「富戶捐」

【新華社山東七日電】[illegible]

倫敦報界稱讚星洲僑胞

【中央社倫敦八日電】[illegible]

滬市巨商囤積萬金油

縣垣米價又漲

【本報訊】[illegible]

港僑紛紛離港後逃回內地工作

全國慰勞團昨赴滇邊

【中央社】[illegible]

內江製糖業請銀行貸款

【中央社】[illegible]

中國工業與中國資產階級（續完）

陳伯達

其次，我們說銀行業。中國銀行業的發展，並不是工業生產發展的結果。相反，中國銀行業的擴大和發展，恰是由於帝國主義在華貿易的爭奪，政府財政的需要，以及內地財富流入中心城市之結果。[illegible]

九

[illegible]

十

[illegible]

十一

[illegible]

一九四一年三月二十五日

西北概況（西北資料之一）

省別	陝西	甘肅	寧夏	青海	綏遠	總計
省會	西安	蘭州	寧夏	西寧	歸綏	
面積（方里）	五八七、六〇〇	九六四、〇七〇	六二八、二〇〇	二、九四〇、〇〇〇	九二〇、〇〇〇	六、〇五九、八七〇
人口　男	五、四九一、八九三	三、六三一、一一八			一、二九三、〇〇〇	
人口　女	四、五四二、一八二	三、〇四一、八六三			八三〇、〇〇〇	
人口　共計	一〇、〇三四、〇七五	六、六七二、九八一	五〇〇、〇〇〇	一、四九五、〇〇〇	二、一二三、〇〇〇	二〇、八二五、〇五六
種族	[illegible]	[illegible]	[illegible]	[illegible]	[illegible]	
山脈	秦嶺、終南山、太白山、華山	祁連山、六盤山	賀蘭山	[illegible]	陰山	
河流	[illegible]	黃河、[illegible]	黃河、[illegible]	長江、黃河、大通河	黃河、大黑河	
交通	[illegible]	[illegible]	[illegible]	[illegible]	[illegible]	
物產	[illegible]	[illegible]	[illegible]	[illegible]	[illegible]	

（西北研究社製）

東 南 西 北

[illegible]

第一卷（上）

解放日报	时间	1942-2-9	期	第268期
			版	第4版

“二七”十九周年延安工人集会纪念

增加生产适应抗战需要，奖励启发工人创造天才

【本报讯】“二七”十九周年，边区工人，纷纷开会纪念。延安附近十余工厂工人千余名，于下午五时齐集八路军大礼堂，大家一致喊出：“努力增加生产，是坚持抗战反法西斯和改善人民生活最实际的光荣任务”，“纪念‘二七’为自由而战，为人权而战的精神，打倒法西斯帝国保卫民主自由。”热心边区经济建设，奔走不懈的朱总司令早已莅场，职工运动的领袖康生、邓发、朱宝庭等同志亦均在座。大会开幕朱总司令号召边区工人，学习苏联工人热爱祖国的精神，自动的积极增加生产，以适应抗战的需要。老工人领袖朱宝庭同志挥动着残缺的拳指，申述边区工人已获得了民主自由，在边区二届参议会中二十一个工人代表已参与了政权的管理。最后康生同志讲话：“‘二七’大会上我们应该检阅过去的成绩，确定今后的方针。”他力称应反对过去职工运动中的主观主义、教条主义、宗派关门主义及党八股的作风。要实事求是，加紧边区生产，加强党与非党同志间的联系及与广大群众间的团结；要奖励启发工程师工人之创造天才，不打破党八股不会有创造……他深刻的阐述，通俗的例解，有力地击动着听众兴奋的心扉。继则通过致全国工人；各民主国家工人；及南洋华侨工人的通电三束，后公演“它的城”，“辕门斩子”，“贩马计”等戏剧节目。

「二七」十九週年 延安工人集會紀念

增加生產適應抗戰需要 獎勵啓發工人創造天才

「三三制」政府實行有何職位即有何職權

李副主席演米講話

△米脂各界開會熱烈歡迎▽

延市將舉行選舉

以新市場爲試驗鄉

合作社工作會議閉幕 高廳長指示今後方針

發揚合作精神 擴大合作力量

李副主席長公子 李振三抵延

連日參觀各工廠

邊保司令部收糧人員 濫用大斗收糧

並非法綑綁羣衆

延安民意一束

鍾俠瓊

邊區醫專 預科開學

文藝

第八三期

檸檬

蘇聯普克海爾·普里什芬作

千　　　譯

瑣碎的

醫張錄

三

第一卷（上）

解放日报	时间	1942-2-11	期	第270期
			版	第4版

地质考察团返延

采得各种标本甚多

地质考察团在鄜县工作完毕后，于七日返抵延安。此行共计七十日，行经路程达两千里，工作地方共有七县。在工作中所得材料及岩石矿物标本甚多，除在赤水边境所掘之古动物化石尚未运抵延安外，其他均已运回。现正加急整理，定本月十二日在工业局做工作报告，包括经济地质及开发意见，并邀请有关生产建设机关出席参加。

邊區銀行將發行二期獎券一百萬元

五月十二日開獎　頭獎獨得三萬元

【本報訊】邊區銀行定於本月十五日起，繼續發行第二期有獎儲蓄券……

甘泉農貸全部放出

吸收游資八萬元以上　全部購買耕牛和農具

【本報訊】甘泉縣農貸……

地質考察團返延

採得各種標本甚多

八路軍總衛生部召開衛生所工作會議

今後加強技術研究

【本市訊】八路軍總衛生部，日前召開直屬衛生所幹部工作會議……

延市圖書館協會召開二屆會員大會

【本報訊】延市圖書館協會於八日在中山圖書館召開第二屆會員大會……

鐵糧小故事

一、許議員……

二、新大……

葭縣糧草已全部入倉

綏德公糧尚差五百石

慶陽只有部份入倉

延安體育會響應「十分鐘運動」

【本報訊】自本報提出「十分鐘運動」後……

貨幣交換所成立十九處

【本市訊】……

青年俱樂部將舉行聯歡年會

【本市訊】……

寶雞片、竊公款　宋桂年處徒刑七月

李文源貪污送縣究辦

文藝

第八五期

創作上的一種傾向

江華

也許有些讀者是喜歡一些「傳奇」的故事的，但寫小說和……

船底城

美·惠特曼作

船底城！

（呵，黑色的船！呵，可怕的船！

呵，美麗的，狹弓的汽船和帆船！）

世界底城喲！（因為各種種族這裏都有；

世上各地都給這裏出貢納貨；）

海底城喲！慌忙的，閃爍的潮水底城喲！

它散漫的潮水不斷地旋轉，跌落，

上下翻騰，激盪漩渦和泡沫的城喲！

碼頭和堆棧底城喲！高大的大理石的和鐵的建築底城喲！

驕傲的，多情的城喲！血性的，瘋狂的，放浪的城喲！

起來，呵，城喲！不只靠得和平，而亦自己要戰的是戰爭！

不要怕！除了你自己不要向任何樣的模擬，呵，城喲！

看我！化身我，像我化身了你一樣！

你給我的我什麼都沒拒絕——你所用的，我已用了；

好與壞，我從不問你——我愛一切——我不非難任何東西；

我歌頌，讚美你底一切——但不再歌和平了；

和平時我歌頌和平，但現在戰鼓是我底：

戰，血戰，是穿過你底街道的我底戰歌，呵，城喲！

（吳伯簫譯自「鼓聲集」）

解放日报	时间	1942-2-12	期	第271期
			版	第3版

资料　抗战中陕西工业发展比较表（西北资料之四）

注：以1937年为100

注：银行业铁道业资本未算在内注：交通工人未算在内

晉東南武鄉遼縣 敵寇猛犯黃烟洞

桐峪敵六百餘全部潰退

敵兵力不足捉襟見肘 我軍反攻克復蒙城

英紅十字會 派醫藥隊來華

財部貿委會呈准 桐油茶葉豬鬃 出口統制內銷放鬆

拉鐵摩爾稱 必須供給中國武器

師範學院門庭冷落 中學教師待遇太低 師範學生感覺前途暗淡

急救港澳歸國僑生 預計可達一萬五千人

我們怎樣學習

徐特立

所謂我們的學習，就是以我們爲對象來研究學習，非泛言學習。

學習的態度：打破關門主義，提倡自由……

（轉載學習月報第一期）

晉冀豫勵行節約 晉察冀財政統一收支

冀中區 工廠激增

名詞淺釋 毛淡棉

簡訊

資料

抗戰中陝西工業發展比較表

（西北資料之四）

註：以1937年爲100

年份	工廠數 數目	工廠數 發展指數	工人數 數目	工人數 發展指數	資本數（元） 數目	資本數（元） 發展指數
1937	106	100	12,324	100	9,335,000	100
1938	156	143	27,533	223	18,441,000	197
1939	223	210	57,303	417	22,601,000	242
1940	316	293	79,412	644	30,838,000	333
1941	438	413	89,216	779	39,943,000	42

註：一銀行業設立之資本未算在內

註：交通工人未算在內

陝西機器工業現狀

（西北資料之五）

註：一九四一年五月調查

類別	工廠數	工人數	資本（元）	附註
機器製造業	21	6898	3,968,000	隴海路西北公路之機器工人均算在內
[illegible]工業	7	840	820,000	
[illegible]工業	3	300	2,500,000	
[illegible]工業	12	900	2,650,000	
打包業	5	4000	1,500,000	
化學工業	10	1480	3,915,000	
紡織工業	22	8830	13,570,000	
麵粉工業	12	615	2,010,000	
造紙工業	3	145	64,000	
洋灰業	5	420	952,000	
火柴工業	5	690	250,000	
捲菸工業	5	511	501,000	
製革工業	7	295	81,000	
印刷工業	10	320	150,000	工人、資本僅係西安數
礦業工業	4	580	320,000	
總計	130	26794	33,251,000	

西北研究社製

资料　抗战中陕西手工业发展表（下）

年份工厂数　工人数　资本数（元）1937692，079484，00019389118，274682，000193912327，□49□，503，000194019□52，6923，822，000194130662，4226，832，000

蔣委員長即日返國

中印通商問題

一九四一年全年 一一五師戰鬥統計

我軍克復渦陽

包頭敵搶犯瓦窯

敵陸軍中佐 反戰賦詩

日寇在華北最近的動態

黃劍拓

敵人在華北的搶糧

吉光

日人反戰同盟當前任務

滬敵

巧取豪奪大批封閉工廠 工人失業紛紛回鄉

劫後餘生的背風

郁文

滑翔機運動積極推進

資料

抗戰中陝西機器工業發展表

（西北資料之六上）

年份	工廠數	工人數	資本數（元）
1937	37	10,245	8,551,000
1938	65	19,259	17,762,000
1939	100	24,974	21,098,000
1940	120	25,940	28,016,000
1941	132	26,794	33,111,000

抗戰中陝西手工業發展表（下）

年份	工廠數	工人數	資本數（元）
1937	69	2,079	484,000
1938	91	18,274	682,000
1939	123	27,149	1,503,000
1940	197	52,992	3,822,000
1941	306	62,422	6,832,000

抗戰中陝西重工業發展表

（西北資料之七上）

年份	工廠數	工人數	資本數（元）
1937	41	6,939	3,389,000
1938	52	16,878	6,246,000
1939	75	19,539	7,045,000
1940	95	23,439	11,523,000
1941	100	26,473	13,408,000

抗戰中陝西輕工業發展表（下）

年份	工廠數	工人數	資本數（元）
1937	65	5,385	5,946,000
1938	104	20,655	12,195,000
1939	148	32,764	15,556,000
1940	222	[illegible]	19,315,[illegible]
1941	338	[illegible]	[illegible]

西北[illegible]

资料　抗战中陕西轻工业发展表（下）

年份工厂数　工人数　资本数（元）1937655，8855，946，000193810420，65512，195，000193914832，76415，556，000194022255，97319，315，000194133862，□4326，535，000西北研究社□□

中印會談結束

蔣委員長即日返國

中印通路問題

一九四一年全年 一二五師戰鬥統計

我軍克復濁陽

包頭敵搶犯瓦窯

敵陸軍中佐 反戰賦詩

日寇在華北最近的動態

黃劍拓

敵人在華北的搶糧運動

日人反戰同盟當前任務

滬敵陰謀失敗後

巧取豪奪大批封閉工廠

工人失業紛紛回鄉參戰

劫後餘生的背嵐

滑翔機運動 積極推進

簡訊

資料

抗戰中陝西機器工業發展表

（西北資料之六上）

年份	工廠數	工人數	資本數（元）
1937	57	10,245	8,351,000
1938	65	19,259	17,762,000
1939	100	24,974	21,098,000
1940	120	25,940	28,010,000
1941	132	26,794	33,111,000

抗戰中陝西手工業發展表（下）

年份	工廠數	工人數	資本數（元）
1937	69	2,079	484,000
1938	91	18,274	682,000
1939	123	27,[illegible]49	[illegible]573,000
1940	19[illegible]	52,902	3,622,000
1941	306	62,422	6,832,000

抗戰中陝西重工業發展表

（西北資料之七上）

年份	工廠數	工人數	資本數（元）
1937	41	6,939	3,389,000
1938	52	16,878	6,246,000
1939	75	19,539	7,045,000
1940	95	23,439	11,523,000
1941	100	26,473	13,408,000

抗戰中陝西輕工業發展表（下）

年份	工廠數	工人數	資本數（元）
1937	65	5,885	5,946,000
1938	104	20,655	12,195,000
1939	148	32,764	15,556,000
1940	222	55,073	19,315,0[illegible]
1941	338	6[illegible]	[illegible]

西北研究社

解放日报 | 时间 | 1942-2-13 | 期 | 第272期 | 版 | 第4版

警区的家庭纺织业

警区纺织业在整个边区纺织生产中是占有相当比重的。但这并不是单靠警区几个公、私营的工厂，主要的倒是散布在广大农村中的家庭纺织业。家庭纺织业在警区建立较早，这在民国元年的时候，绥德侯某购买了十几架手拉机，开始了绥德纺织业的新纪元。以后，公家也办了一两个纺织厂，有八九架机子，但不久就停办了，机子留在农村，家庭纺织业也就从此开始。后来逐渐发展，自民国三十年以来，在绥德城关附近的农村中，几乎“家家都有纺车声”了。清涧、吴堡也很普遍，而且从事纺织的，差不多都是农村妇女，据最近调查，绥德十三个联保的纺车、织机、会纺织的妇女以及年产的布匹有如下的数目字：手摇纺车三八〇五架、脚踏纺车一五架、抛梭纺机二〇九四架、手拉纺机三〇四架、会纺织妇女二二、一八二人、会织布妇女三、七〇五人、年产土布一四四、〇〇〇 匹（这是不包括工厂的机子和工人的）警区家庭纺织业，为什么能有这样的发展呢？主要是因为警区地少人多，而且大多数区域内的土地没有重新分配过，百分之九十的人，单靠“种地”是吃不饱饭的，因此，从事副业生产，就成为大家急迫的需要了。其次，警区纺织事业传入较早，在工具和技术上有些基础，而且有原料（有植棉区棉花入境），有市场（布匹能在榆林、神府、蒙古等地销售），这些，都是促使警区家庭纺织业发展的有利条件。民国二十九年何绍南走后，人民免除了苛捐杂税的负担，边区银行在警区放了一部分贷款，又加之敌寇封锁，洋布来源断绝，所以使得警区的纺织业更形发展，家庭纺织业也随之蓬勃生长。年产十四万四千疋土布，这对于边区“穿衣”问题的解决，给予了很大的贡献，而两万多平日没有生产能力的农村妇女（警区因地少人多，妇女并不参加农业生产）。被吸收到纺织事业中来，不仅她们的生活问题得到解决，而且社会地位也因此提高了。春暖风和，你可以看到往来在永定桥上的一些妇女，衣

運輸公鹽十二萬馱
邊府製定實施辦法
本年十月底前完成任務

留守兵團
響應春耕號召
部份戰士參加生產

邊區參議會駐會
將開四次例會

延川延安冬學結束
關中決定延長一月

邊府決定春節放假辦法

公糧賣不得

環縣殺夫案判決
畢道氏處死刑
姦夫徒刑四年

注意防空

邊府製定
檢查行旅辦法

教建兩廳
籌辦職業學校

警區的家庭紡織業

中國工人
第一〇期

延安市的木匠
蕭世文

抗戰前情形

戰後概況

木舖主

包工頭

改行了的木匠

兵工制與廠工會
金文

平抑工資與平抑物價
戈白

聽來大後方——重慶、西安、蘭州等地，當局厲行「平抑工價」。他們的藉口：說是「工價影響物價」，要平抑物價，必先平抑工資。這種論調顯然是有曲解的。在一般的事實早就告訴了我們：大後方工人工資的增加遠落後於物價上漲的速度，他們所得的工資，甚說小家庭的最低生活難以維持，就是自身的生活也難以維持。

請看一九三九年一月到一九四一年六月，這兩年半中，重慶、成都兩地的工資與物價是作了一個何等不自量力的賽跑！

重慶物價上漲的速度

物品	單位	三九年一月	四一年六月	高漲	附註
米	斗	三・五〇	一〇二・〇〇	卅四倍	每斗二十七斤
豬肉	斤	・二三	四・〇〇	十七倍	每斤十四兩
清油	斤	・二五	三・〇〇	十二倍	同
煤	擔	二・〇〇	三〇・〇〇	十五倍	每擔一百斤
鹽	斤	・一四	二・四〇	十七倍	每斤十四兩
白布	尺	・三五	二・四〇	七倍	新市尺

重慶工人工資增加的速度

各業工人	單位	三九年一月	四一年六月	增加	附註
機器工人	月工	三〇・〇〇	二四〇・〇〇	八倍	自供伙食
紡織工人	同	一八・〇〇	六〇・〇〇	三倍強	三九年自供伙食 四一年加十二元
印刷工人	同	三〇・〇〇	二〇〇・〇〇	六倍半	自供伙食
縫染工人	同	一五・〇〇	一五〇・〇〇	十倍	廠上供食

成都物價上漲的速度

物品	單位	三九年一月	四一年六月	高漲	附註
米	斗	二・〇〇	七〇・〇〇	卅五倍	每斗三十二斤
柴	擔	・五〇	三・六〇	七倍	每擔六十斤
豬肉	斤	・二〇	三・〇〇	十五倍	每斤十四兩
清油	斤	・二〇	二・四〇	十二倍	同
鹽	斤	・二〇	二・二〇	十一倍	同
白布	尺	・四〇	三・二〇	八倍	新市尺

成都工人工資增加的速度

各業工人	單位	三九年一月	四一年六月	增加	附註
印刷工人	月工	一二・〇〇	二四・〇〇	二倍	廠方供食
機器工人	同	三〇・〇〇	一二〇・〇〇	四倍	自供伙食
紡織工人	同	七・〇〇	二一・〇〇	三倍	廠方供食
棉織工人	同	六・〇〇	一八・〇〇	三倍	同

從上列的材料看來：一九三九年一月到四一年六月的兩年半中，重慶物價的上漲，由七倍到三十四倍，特別是一日三餐活命所必需的糧食漲得最高。平均一般生活程度高漲了二十五倍，例如：一九三九年一月的普通伙食每月五元，四一年六月的普通伙食，起碼要一百三十元。而工人工資，在這期間僅僅增加了三倍到十倍。成都的物價也漲了七倍到三十五倍，一般生活程度提高了二十四倍，例如：一九三九年一月的普通伙食每月四元，四一年六月的普通伙食則要一百元，而工人工資的增加不過二倍到四倍。這還是指技術工人而言，至於粗工、小工的工資上漲更少。所以他們生活的痛苦是不難想像的。

自從太平洋戰爭爆發以後，香港失守，物資來源更感困難，囤積居奇之風，較前尤猖獗，引起物價狂漲。而工人在資方與政府壓制之下，要求增加工資，使能維持最低生活，往往未達目的。所以改善工人生活，早就成為大後方工人一致的呼聲、迫切的要求。

現在竟有人把目前的工人工資，要與一般物價相提並論來平抑，豈不要把工人生活引到更加悲慘的境地嗎？

他們以為平抑工資就可以平抑物價，這完全是顛倒是非，大後方工人生活之所以日益惡化與痛苦，正是受了「囤積居奇高抬物價」的直接影響。如果舍本逐末來解決問題，不僅不能「增加生產」，「維持社會安寧」，而且要反食其果的。

至於主張『依據生活指數致力於工資力發（苦力工人工資）之平抑』（社會部長在九中全會的報告），這也是不對的，事實告訴我們，大後方生活指數是遠高於工資力發增加的指數，因此，不但不是「工資力發之平抑」，而是適當的增加工資力發。

只有「適當的改善工人生活」，才能「增加勞動生產率」（五一施政綱領）。這一真理在陝甘寧邊區已被行動所證實了，而且也為二百萬邊區人民所擁護。

我們希望社會部長在國民黨九中全會所宣稱的：『依據生活資指數致力於適當的改善工人生活，工人福利與社會工作同時發展，俾生活指數與工資得到平衡。』能夠真正見諸實際。這不僅改善工人生活，增加抗戰生產；而堅持抗戰，戰勝敵人，亦利賴之。

鞋整洁，谈笑自如，这便是在经济上能够自给的“织娘”们。警区家庭纺织业，在农民经济生活中，显然是起着很大的作用，需要不断发展它。但是在它面前，却又横亘着很多困难，其中最严重的有两件事：一是原料涨价，成本提高，而成品价格的增长不及原料快（现在纺织的棉花，棉纱多依靠外来货，去年十月西安一捆棉纱值一百七十元，经过运费和反边区分子故意提高税收，运到边区要运费二百五十元）；二是最近榆林等市场，外来三八布充斥，土布价高质粗，竞争不过。排除这些困难的办法，最好能做到下面几点：（一）原料自给，减低成本。今年西北局在春耕运动的号召中，计划植棉十五万亩，警区人民，因为本地的特殊需要，是应该踊跃响应的。（二）改良技术，尽可能用脚踏机，手拉机，只有在成本减低，技术改良后，土布才能与外货——三八布竞争。（三）扩大纺织合作社，帮助人民购买原料、机子、运输和推销成品，将每个零散的小生产者都组织到合作社里面来。“发展绥德分区的家庭手工业”，也是这次西北局春耕运动号召中的一条，警区的家庭纺织业的发展，一定能够获得各方面的注意和帮助。（一民、王军、更新）

運輸公鹽十二萬馱 邊府製定實施辦法

本年十月底前完成任務

【本市訊】[illegible]

留守兵團 響應春耕號召 部份戰士參加生產

【本報訊】[illegible]

邊區參駐會 將開四次例會

【本報訊】[illegible]

延川延安冬學結束 關中決定延長一月

【延川訊】[illegible]

注意防空

【本市訊】[illegible]

邊府決定春節放假辦法

【本市訊】[illegible]

公糧賣不得

收繳公糧機收以後，各單位都是數來辦食的，堆積着一年半載的食糧。

今年財廳把公糧改換成交各單位保管的辦法很好，既可以解除民衆轉送公糧的負担，又可以省掉各單位倒糧的許多麻煩。可是，不幸的很，近來却有些單位發生了隨便賣糧的事，不論賣糧的動機是由於單位交開經濟沒是別有用途，但是這種現象總是不好的。因爲政府發給的糧食，是要保證吃到一定的時間；若果隨便變賣，就有一天餓以爲糧，而政府又決定今年再不貸糧、不借糧，那時沒得糧吃，又向誰去要?!

因此，大家要注意糧食的保存，認真實行財廳關於保管糧食的規定。公糧賣不得！希望只顧眼前不顧將來的隨意變賣，應該馬上停止。

環縣殺夫案判決 畢趙氏處死刑 姦夫徒刑四年

【環縣訊】[illegible]

魯藝新年 諷刺畫展

【本報訊】[illegible]

教建兩廳 籌辦職業學校

【本報訊】[illegible]

邊府規定 檢查行旅辦法

【本報訊】[illegible]

警區的家庭紡織業

[illegible]

延安市的木匠

蕭世文

抗戰前情形

[illegible]

戰後情形

[illegible]

本舖主

[illegible]

改行了的木匠

[illegible]

包工頭

[illegible]

兵工制與職工會

[illegible]

平抑物價與平抑工資

戈白

國統區大後方——重慶、西安、蘭州等地，實施「平抑工價」。他們的論調：是說「工價影響物價」，要平抑物價，必先平抑工資。這種論調顯然是違背事實的。這一項的事實早經告訴了我們：大後方工人工資的增加遠落後於物價上漲的速度，職工們的工資，甚說小家庭的最低生活難以維持，就是自身的生活也難以維持。

請看一九三九年一月到一九四一年六月，這兩年半中，重慶、成都兩地的工資與物價是作了一個何等不相稱的比照！

重慶物價上漲的速度

物品	單位	三九年一月	四一年六月	高漲	附註
米	斗	三·五〇	一〇二·〇〇	卅四倍	每斗二十七斤
豬肉	斤	·二三	四·〇〇	十七倍	每斤十四兩
菜油	斤	·二五	三·〇〇	十二倍	同
煤	担	二·〇〇	三〇·〇〇	十五倍	每担一百斤
鹽	斤	·一四	二·四〇	十七倍	每斤十四兩
白布	尺	·三五	二·四〇	七倍	新市尺

重慶工人工資增加的速度

各業工人	單位	三九年一月	四一年六月	增加	附註
機器工人	月工	三〇·〇〇	二四〇·〇〇	八倍	自供伙食
紡織工人	同	一八·〇〇	六〇·〇〇	三倍強	三九年自供伙食 四一年加十二元
印刷工人	同	三〇·〇〇	二〇〇·〇〇	六倍半	自供伙食
織染工人	同	一五·〇〇	一五〇·〇〇	十倍	廠主供食

成都物價上漲的速度

物品	單位	三九年一月	四一年六月	高漲	附註
米	斗	二·〇〇	七〇·〇〇	卅五倍	每斗三十二斤
柴	担	·五〇	三·六〇	七倍	每担二十斤
豬肉	斤	·二〇	三·〇〇	十五倍	每斤十四兩
菜油	斤	·二〇	二·四〇	十二倍	同
鹽	斤	·二〇	二·二〇	十一倍	同
白布	尺	·四〇	三·二〇	八倍	新市尺

成都工人工資增加的速度

各業工人	單位	三九年一月	四一年六月	增加	附註
印刷工人	月工	一二·〇〇	二四·〇〇	二倍	廠方供食
機器工人	同	三〇·〇〇	一二〇·〇〇	四倍	自供伙食
紡織工人	同	七·〇〇	二一·〇〇	三倍	廠方供食
棉織工人	同	六·〇〇	一八·〇〇	三倍	同

從上列的材料看來：一九三九年一月到四一年六月的兩年半中，重慶物價的上漲，由七倍到三十四倍，特別是一日三餐所必需的糧食漲得最高。平均一般生活程度高漲了二十五倍，例如：一九三九年一月的普通伙食每月五元，四一年六月的普通伙食，起碼要一百三十元。而工人工資，在這期間僅僅增加了三倍到十倍。成都的物價也漲了七倍到三十五倍，一般生活程度漲了二十四倍，例如：一九三九年一月的普通伙食每月四元，四一年六月的普通伙食則要一百元，而工人工資的增加不過二倍到四倍，就是說指技術工人而言，至於粗工、小工的工資上漲尤少。所以他們生活的痛苦是不難想像的。

自從太平洋戰爭爆發以後，香港失守，物資來源更感困難，國統區奸商之風，較前尤爲加劇，引起物價狂漲。而工人在資方與政府壓迫之下，要求增加工資，使能維持最低生活，往往未遂所願。所以改善工人生活，早就成爲大後方工人一致的呼聲、迫切的要求。

現在竟有人把目前的工人工資，要與一般物價相提並論來平抑，豈不要把工人生活引到更加悲慘的境地嗎？

他們以爲平抑工資就可以平抑物價，這完全是顛倒是非，大後方工人生活之所以日益艱苦與痛苦，正是受了「囤積居奇高抬物價」的直接影響，如果舍本逐末來解決問題，不但不能「增加生產」、「維持社會安寧」，而且要反食其果的。

而社會部長谷正綱主張「依據生活指數致力於工資力資（苦力工人工資）之平抑」（社會部長在九中全會的報告），這也是不對的，事實告訴我們，大後方生活指數是遠高於工資力資的增加的指數，因此，不但不是「工資力資之平抑」，而是適當的增加工資力資。

只有「適當的改善工人生活」，才能「增加勞動生產率」（五一施政綱領）。這一試理在陝甘寧邊區已被行動所證實了，而且也爲二百萬邊區人民所擁護。

我們希望社會部長在國民黨九中全會所通過的：「依據生活費指數致力於適當的改善工人生活，工人福利與社會工價同時兼顧，使生活指數與工資得到平衡。」能夠誠正實踐，這不單改善工人生活，增加抗戰生產；而對於抗戰，對於敵人，亦利賴之。

解放日报	时间	1942-2-13	期	第272期
			版	第4版

教建两厅筹办职业学校

【本报讯】教建两厅根据边区二周参议会开办职业学校培养边区技术人才的决议，决定即着手开办职业学校，由边区工业局筹办，先设机械，纺织业班。机械实习利用农具工厂机械设备，纺织实习设有纺织染色实验馆。并请边区经建机关科学团体及各工厂协助。闻即将开始招生。

運輸公鹽十二萬馱 邊府製定實施辦法

本年十月底前完成任務

[illegible]

邊府決定春節放假辦法

[illegible]

留守兵團響應春耕號召 部份戰士參加生產

[illegible]

邊區參駐會將開四次例會

[illegible]

延川延安冬學結束 關中決定延長一月

[illegible]

注意防空

[illegible]

慶賀新年 軍人俱樂部諷刺畫展

[illegible]

環縣殺夫案判決 畢趙氏處死刑 姦夫徒刑四年

[illegible]

建設兩廳籌辦職業學校

[illegible]

邊府製定檢查行旅辦法

[illegible]

警區的家庭紡織業

[illegible]

小言　公糧賣不得

政府公糧徵收以後，各單位都是領米來食的，維持這一年半載的食糧。

今年財經部把公糧直接發交各單位保管的辦法很好，既可以解除民眾轉送公糧的負擔，又可以省掉各單位領糧的許多麻煩。可是，不幸的很，近來卻有些單位發生了賣便宜糧的事，不論賣糧的動機是由於開支困難或是別有用處，但是這種現象是很不好的。因為政府發給的糧食，是要保證吃到一定的時間；若果隨意變賣，就有一天會以為難，而政府又決定今年再不賣糧、不借糧，那時沒得糧吃，又向誰去要？！

因此，大家要注意糧食的保存，認真實行財經部關於保管糧食的規定。公糧賣不得！希望只顧眼前不顧將來的賣糧變賣，應該馬上停止。

延安市的木匠

蕭世文

抗戰前情形

[illegible]

戰後概況

[illegible]

本艦土

[illegible]

包工頭

[illegible]

改行了的木匠

[illegible]

（未完）

兵工制與職工會

余文

[illegible]

平抑物價與平抑工資

白戈

遠東大後方——重慶、西安、蘭州等地，實施厲行「平抑工資」。他們的論調：認為「工價影響物價」，要平抑物價，必先平抑工資。這種論調顯然是很荒謬的。鐵一般的事實早就告訴了我們：大後方工人工資的增加遠落後於物價上漲的速度，他們所得的工資，連最小家庭的最低生活都難以維持，就是自身的生活也難以維持。

請看一九三九年一月到一九四一年六月，這兩年半中，重慶、成都兩地的工資與物價是作了一個何等不自量力的競賽！

重慶物價上漲的速度

物品	單位	三九年一月	四一年六月	高漲	附註
米	斗	三・五〇	一〇二・〇〇	卅四倍	每斗二十七斤
豬肉	斤	・二三	四・〇〇	十七倍	每斤十四兩
清油	斤	・二五	三・〇〇	十二倍	同
煤	挑	二・〇〇	三〇・〇〇	十五倍	每挑一百斤
鹽	斤	・一四	二・四〇	十七倍	每斤十四兩
白布	尺	・三五	二・四〇	七倍	新市尺

重慶工人工資增加的速度

各業工人	單位	三九年一月	四一年六月	增加	附註
機器工人	月工	三〇・〇〇	二四〇・〇〇	八倍	自供伙食
紡織工人	同	一八・〇〇	六〇・〇〇	三倍餘	三九年自供伙食 四一年加十二元
印刷工人	同	三〇・〇〇	二〇〇・〇〇	六倍半	自供伙食
碾米工人	同	一五・〇〇	一五〇・〇〇	十倍	廠主供食

成都物價上漲的速度

物品	單位	三九年一月	四一年六月	高漲	附註
米	斗	二・〇〇	七〇・〇〇	卅五倍	每斗三十二斤
煤	擔	・五〇	三・六〇	七倍	每擔一十斤
豬肉	斤	・二〇	三・〇〇	十五倍	每斤十四兩
清油	斤	・二〇	二・四〇	十二倍	同
鹽	斤	・二〇	二・二〇	十一倍	同
白布	尺	・四〇	三・二〇	八倍	新市尺

成都工人工資增加的速度

各業工人	單位	三九年一月	四一年六月	增加	附註
印刷工人	月工	一二・〇〇	二四・〇〇	二倍	廠方供食
機器工人	同	三〇・〇〇	一二〇・〇〇	四倍	自供伙食
紡織工人	同	七・〇〇	二一・〇〇	三倍	廠方供食
碾米工人	同	六・〇〇	一八・〇〇	三倍	同

從上列的材料看來：一九三九年一月到四一年六月的兩年半中，重慶物價的上漲，由七倍到三十四倍，特別是一日三餐活命所必需的糧食漲得最高。平均一般生活程度高漲了二十五倍，例如：一九三九年一月的普通伙食每月五元，四一年六月的普通伙食，起碼要一百二十元。而工人工資，在這期間僅僅增加了三倍到十倍。成都的物價也漲了七倍到三十五倍，一般生活程度提高了二十四倍。例如：一九三九年一月的普通伙食每月四元，四一年六月的普通伙食則要一百元，而工人工資的增加不過二倍到四倍。假使這指技術工人而言，至於雜工、小工的工資上漲更少。所以他們生活的痛苦是不難想像的。

自從太平洋戰爭爆發以後，香港失守，物資來源更感困難，囤積居奇之風，較前尤為加厲，引起物價狂漲。而工人在資方與政府壓制之下，要求增加工資，改善部分最低生活，往往未遂所願。所以改善工人生活，是現在大後方工人一致的呼聲、迫切的要求。

現在竟有人把日益低的工人工資，拿與一般物價相提並論來平抑，豈不要把工人生活引到更加悲慘的境地嗎？

他們以為平抑工資就可以平抑物價，這完全是錯誤的。大後方工人生活之所以日益惡化與痛苦，正是受了「囤積居奇高抬物價」的直接影響。如果捨本逐末來解決問題，不僅不能「增加生產」，「維持社會安寧」，而且要放棄其職的。

至於主張「依據生活指數致力於工資力資（苦力工人工資）之平抑」（社會部長在九中全會的報告），這也是不對的。事實告訴我們，大後方生活指數是遠高於工資力資增加的指數，因此，不但不是「工資力資之平抑」，而是適當的增加工資力資。

只有「適當的改善工人生活」，才能「增加勞動生產率」（五一施政綱領）。這一真理在陝甘寧邊區已被在實際證實了，而且也為二百萬邊區人民所擁護。

我們希望社會部長在國民黨九中全會所宣稱的：「依據生活費指數致力於適當的改善工人生活，工人福利與社會工價同時兼顧，俾生活指數與工資得到平衡。」能夠認真切實實現，這不僅改善工人生活，增加抗戰生產；而堅持抗戰，戰勝敵人，亦利賴之。

第一卷（上）

解放日报	时间	1942-2-18	期	第277期
			版	第4版

华侨实业公司开幕　毛织工厂出品优良

【本市讯】华侨救国联合会发起组织的西北华侨实业公司，经年余之筹备，已于二月十五日在延正式开幕。按该公司原定资本国币五百万元，因交通不便，国际国内时局的变化，致资金一时不能集中，故采取逐渐发展之步骤。前已开办之华侨毛织工厂，已能出产各色上等毛线、精制毛毯、毛呢、布匹等，品质甚佳。闻现已有××某商号与该□预定毛线万斤，毛毯数千条。现正计划筹备其他工厂。

中央印刷廠舉行獎勵工人大會 得獎品者八十餘人

革命的家庭
邊區模範抗屬訪問記
海棱

適應清明時節 每人植樹一株
林務局擬定實行辦法

文化俱樂部：「學習毛澤東」

舊曆新年

青年俱樂部：招待抗工屬

「展覽區」將分區展覽

談「募捐」

延安市李市長談：貸款六萬元解決春耕困難 改良農作法實行土地登記

隴東劇團 巡迴公演

文藝

第八九期

沙漠的呼籲
長風

院子里（短篇）
張潮

解放日报	时间	1942-2-24	期	第283期
			版	第1版

边区工业局　招考化学工业练习生启事

本局为培养化学工业人才，招收男女练习生二十至三十人，年龄三十岁以下，十八岁以上，分别学习造纸、肥皂、陶瓷、制碱、精盐、酿造等专门技术，学习期间暂定一年，除实习外，并讲授基本化学知识及工厂管理等课。凡有志学习化学工业者请到延安南门外本局报名并测验。

边区工业局启二月二十四日

解放日報

今日出版一大張 第二八三號 中華民國三十三年二月廿四日

社址：延安解放日報社 本期零售二角 每月六元 半年卅三元 全年六十元

英內閣續有更動

克里格斯任陸軍部大臣

馬克遜摩恩等五人去職

甘地夫人逝世 印國大黨門精神

倫敦政界人士預測 英對印政策將改進

新加坡淪陷後的國內形勢

蘇聯紅軍八師團

紅軍進逼立陶宛邊境

大西洋上

德國潛艇擴大海上攻勢

烏總統下令

國務院代替政會

北非英軍有進展

盟空軍猛炸馬爾他

英機炸德西北部港口

斯洛伐克游擊隊

建立游兵士隊

里約熱內盧公約聯繫

維希逃避國際責任

法南航空部長之解釋

美油船被擊慘狀

蘇與南非簽訂交換領事協定

第一卷（上）

解放日报	时间	1942-2-24	期	第283期
			版	第4版

边区总工会号召农村工人积极参加春耕

【本市讯】边区总工会为响应春耕运动，于日前发出通知，号召农村工人积极参加，努力生产；并指示各级工会，春耕为目前中心工作，要派得力干部下乡进行具体调查，特别注意有劳动力而无工具、种子的工人和移民，提出调剂意见，交政府帮助解决；同时指出往年的缺点，不是照样指示一套，就算了事，而要具体工作，到下种以后才算完结。

中共安塞縣委 舉行縣區級幹部會 佈置春耕總結徵糧

縣委書記號召全體幹部，在工作上、領導上澈底轉變作風。

綏德縣總結去年工作

今年要加强幹部法令教育，健全工作制度。

邊府撥鹽二百馱 救濟友區蒙胞

邊區總工會

號召農村工人 積極參加春耕

世界語協會 發展甚速

在民政視察團協助下 關東分區編整完竣

延市試驗鄉 籌辦鄉選

悼任作民同志

林伯渠

春耕運動應注意之點

高自立

新正工人代表會 通過工人服役意見

邊聯股份公司 籌建旅館澡堂

科學園地

炮打原子

懸賞揭曉

（一）

142，857×7＝999，999

問答欄

九、木炭燃燒的煤氣，也會使吃用了會怎麼樣？

十、……

十一、……

解放日报	时间	1942-2-24	期	第283期
			版	第4版

新正工人代表会通过工人服役意见

【新正讯】本县第二次工人代表大会于上月底召开，到会代表二十三人，议程三天，大会有杨主任，三年来的工作总结报告，在进行讨论时各代表热烈的发言，结果，通过决议多种，关于公家动员手艺工人做义务工，通过以下的决定：（一）动员手工业工人给公家做工，一方面应是尽义务，另一方面则是雇佣劳动。（二）对手工业工人在农村中的杂务动员应予以必要减少，但给公家做工之工人工资亦须比给群众做工少三分之一。（三）给公家做工之木匠铁匠等各业工人今后应做到同工同酬。（四）各业工人不论其是否参加工会均有受动员给公家做工之义务。最后大会全体代表一致民主投票选举杨茂胜等七同志为职工会的执行委员。

中共安塞縣委

舉行縣區級幹部會佈置春耕總結徵糧

縣委書記號召全體幹部，在工作上、領導上澈底轉變作風。

【安塞訊】中共安塞縣委於二月十日至十五日，舉行縣級幹部及各區區委書記區長會議……

綏德縣總結去年工作

今年要加强幹部法令教育，健全工作制度。

邊府撥鹽二百馱救濟友區蒙胞

世界語協會發展甚速

悼任裕民同志

林伯渠

在民政廳交通協助下隴東分區組織完竣

延市試驗鄉籌辦夠進

春耕運動應注意之點

高自立

邊區總工會號召農村工人積極參加春耕

邊縣機關合作社籌建醫藥館

新正工人代表會通過工人服役意見

【新正訊】本縣第二次工人代表大會於上月底召開，到會代表二十三人，歷經三天，大會有楊主任，三年來的工作總結報告，在進行討論時各代表熱烈的發言，結果，通過決議多種，關於公家雇用手藝工人做移轉工，通過以下的決定：（一）通過手藝工人給公家做工，一方面掙錢養家，一方面是爲用勞動。（二）對手藝工人在農村中的雜務差役予以必要減少，但給公家做工之工人，工資亦須比私家做工少三分之一。（三）給公家做工之木匠鐵匠等各工人，仍照做工，同時……（四）各縣工人不論在公家或……通過……

科學園地

第十一期

炮打原子

懸賞揭曉

問答欄

解放日报	时间	1942-2-25	期	第284期
			版	第4版

公私合股的小例子　记建新大车厂

为提高和改进边区的运输力量，建设厅交通运输局与延安等五县，在民间投资成立了八个木工厂，专门制造大车鞍架。建新大车厂就是其中最大的一个。厂址在旧城内南街的一所破院里，由高老板和几个工人经营着。该厂是去年五月间才正式营业，那时的资本只有三千元。九月间，建厅又投资二万七千元。旧历年到了，他们结了一次账，十个月来得到这样的成绩：新造大车三十辆；修理大车三十五辆；鞍架三十八付；木桶十三只；窗子三个；水镳两个；其他零件器具二十余件。现在还有五辆大车的材料和铁串毛铁，石炭等存货价值十二万余元，除工资和一切消耗外，得净利三万二千余元。该厂不但在价格方面低于一般市价，（如现在大车市价为三千六百元，他们只卖三千四百元）而且直接帮助了交通运输事业的发展。他们送给建设厅轿车一辆，作为延安市的公共马车；又贷给南区合作社一辆大车和一对车轮。除完成了预定的任务外，还负担了救国公粮两石，救国公草一万斤，捐给参议会大礼堂三十元，捐给工人礼堂二十元，购买救国公债一百二十元。该厂所以能得到这样成绩：就是根据政府发展私人经济的原则，提高工人的生产热忱，政府只投了三万元的资本，没有派一个厂长，会计或其他职员，完全交给工人去经营，也不分一文的红利。这样，工人认识了这个事业是他生命的一部分，竭力求其发展，所以才获得今天这样的成绩。（□堂）

邊府政務會議通過 高等法院今年計劃

提高法治精神，切實執行法令，使人民真正獲得法律保障，建立適合邊區需要的工作制度，謝副議長請應提高現有幹部，培養司法工作人員。

【本報訊】二月二十三日，邊府政務會議討論邊區高等法院三十一年度工作計劃，[illegible]

農業累進稅 已擬成初稿

交邊各界座談討論

【本報訊】[illegible]

棉貨團抵延川 棉貸二十萬元

縣府將組織貸委會

【延川訊】[illegible]

靖邊青聯教聯 訂立工作協定

【靖邊訊】[illegible]

要有了解邊區情況的司法幹部

[illegible]

綏德春節

平劇·秧歌·話劇

木刻展覽

[illegible]

曲子縣 優抗成績

【曲子訊】[illegible]

滑稽份子「弓長發」

★★★ 陳海儒 ★★★

[illegible]

公私合股的小例子

記新大車廠

爲提高和改進邊區的運輸力量，打破交通運輸不便與難安等五廠，在民間投資成立了八個木工廠，專門製造大車輪架。新大車廠就是其中最大的一個。廠址在舊城內店街的一所破窯洞，由高莊田和幾個工人經營着。

該廠是去年五月裏才正式營業，那時的資本只有三千元。九月間，總資又增至二萬七千元。

開辦年餘了，他們結了一次賬，十個月來得到很好的成績：製造大車三十輛，修理大車三十五輛；輪架二十八付，木樣十三套，箱子三個，水罐兩個，其他零件器具計若干件。

現在該廠有五輛大車的材料和做車毛料。石炭等存貨價值十二萬餘元，除工資和一切消費外，得淨利三萬二千餘元。

該廠不但在價格方面低於一般市價，（一輛現在大車市價爲三千六百元，他們只賣二千四百元）而且直接幫助了交通運輸事業的發展。他們參加建設邊區大車一輛，作爲延安市的公共馬車；又貸給附近合作社一輛大車和一對車輪。

除完成了規定的任務外，還負擔了救國公糧和石，家庭公草一萬斤，捐給參議會大禮堂用元，捐給工人俱樂部廿元，購買救國公債一百二十元。

該廠所以能得到這樣成績：就是根據政府獎勵私人資本的原則，提高工人的生産熱忱。政府只投了若干元的資本，沒有派一個廠長，會計或其他職員，完全交給工人去經營，也不分一文的紅利。這樣，工人們認識了這個事業是他生命的一部份，竭力來共發展，所以才獲得今天這樣的成就。（凌常）

文藝

第九二期

諷刺要擊中要害

默涵

[illegible]

李[illegible]

軍右

[illegible]

（未完）

祖國底淚（註）

貝爾福作　黃既譯

一

啊德國！說，你們將德國造成了什麼?!
一個自由而健壯的德國呢?!一個富有聲望的德國嗎?!
一個德國，人民們增進了他們底財富嗎，
[illegible]

二

[illegible]

（註）J．R．Becher 是德國詩人，[illegible]

解放日报	时间	1942-2-26	期	第285期
			版	第4版

关中各纺织厂生产竞赛总结

【关中讯】分区各纺织工厂，于去年十一月初，发起“十月生产大竞赛”，分区工会于上月三十日，召开各工厂工会主任联席会，总结竞赛，除各工厂均超过预定生产计划外，经评判结果：赤水纺织工厂第一，新正纺织工厂第二，各得奖旗一面。个人成绩优良者，甲等计有关警司令部纺织工厂王生理等二人，赤水纺织工厂吴好学等四人，新正纺织工厂胡水泉等三人，每人各得白漂布奖状一张，毛巾、肥皂各一。

任作民同志舉行葬儀

三千餘人參與公祭典禮

謝覺哉同志報告任同志生平

悼唁

[illegible]

公祭

[illegible]

殯儀

[illegible]

延市政務會議

佈置本年經建工作

改良農作法組織運輸合作

植樹一千五百株移非十口

[illegible]

怎樣開鄉市參議會

陳　東

一、什麼時候開會

[illegible]

模範醫師

蔣×同志力疾從公

備受駐軍愛戴

[illegible]

關中各紡織廠

生產競賽總結

【關中訊】分區各紡織工廠，於去年十一月初，發起「十月生產大競賽」。分區工會於上月三十日，召開各工廠工會主任聯席會，總結競賽，除各工廠均超過預定生產計劃外，經評判結果：赤水紡織工廠第一，[illegible]

注意秦腔劇的教育作用

[illegible]

文藝　第九三期

國際家書

文　然

[illegible]

李炳龍（續）

軍　右

[illegible]

第一卷（上）

解放日报 | 时间 | 1942-2-27 | 期 | 第286期 | 版 | 第4版

中国工人　第一一期：抗战后矿工生活的变化

晋东南襄垣县的情况

这里所介绍的是襄垣县桑树沟煤矿的情形，为使易于看出战后变化的程度，现将战前与战后的该处矿工生活做了一个对照。桑树沟有煤窑两口，原为私人集股开办，过去经常发生劳资争执停工，致使工人生活极不安定；窑主又勾结当地政府、教堂、流氓，欺压工人、鱼肉乡民；抗战爆发后，停办，窑也坏了。当地职工会为了救济失业矿工，发展边区生产建设，取得了当地抗日政府的同意，召集窑主、工人商议，决定由地方工会、矿工、窑主三方出资合办，将窑重新修理，恢复生产，战前有工人四十人，战后增至五十余人。战前工人没有组织，而且互相对立、排挤；战后成立了职工会，于是工人内部达到了统一团结。战前每日工作十二小时，战后改为每日工作八小时。战前老师傅工资每日二毛，拖工每日二毛五分，较把每日二毛；战后老师傅每日工资一元六毛，拖工和较把每日一元八毛。在冬季三个月，每日另给三毛“冻冷费”。战前是强迫劳动，每天十二小时出煤四十筐，窑主要工人加工，工人不敢提意见，并且经常要受窑主打骂；战后，工人可以入股，劳动积极性自发地提高了，每天工作八小时，可出煤三十筐，生活自由，没有压迫的现象。从前所有矿工都不识字，不知道什么是国家大事；现在每天要上课半小时，识字的人——二、三百个字——渐渐加多了，且喜欢谈论打日本，注意时事，并组织了武装，有时为了配合战争往往到三十五里外打游击、捉汉奸。战前窑主替工人代办日用品，从中剥削；战后工人自己办了一个合作社，可以买到便宜货。煤窑开办后第一年就赚了九千余元，不仅救济了失业矿工，而且改善了工人的生活；至于窑主，既省了一切麻烦，仍然可以赚钱。（化）

保證完成春耕任務

確定春耕爲鄉參會的中心工作

大家努力快幹，實幹，硬幹！

合作社事業中的新軍

貨物供銷機關開幕

一個天子遊牛一

陳海關

怎樣開鄉市參議會（下） 陳夷

延安縣四個區

普遍調查竣事

結總行舉團查普府邊

【本市訊】邊府所派普查團所組織之延安縣普查團，就……四個區的農民經濟……普遍調查……歷時三月……現該團幹事會……三月初在延安大學召開全體團員大會作最後總結。……

又，邊府爲……特於總結大會之後，召集該團全體團員舉行政府工作座談。

邊參常駐會四次會議

討論縣議會開會問題

殺人者死

薛興堂伏法

上海新華藝專

留延同學會成立

工人

第一一一期

延安市的木匠

齊雷 文

公營木廠

工人與學徒

工時與工資

對木匠的態度

木匠分工會

在日寇統治下的太原工人

——敵後通訊—— 子華

虞正

抗戰後礦工生活的變化

——晉東南襄垣縣的情況——

這裏所介紹的是襄垣縣桑樹溝煤窰的情形，爲使易於看出戰後變化的程度，現將戰前與戰後的該窰礦工生活作了一個對照。

桑樹溝有煤窰兩口，原爲私人集股開辦，過去經常發生勞資爭執停工，致使工人生活極不安定；窰主又勾結當地政府、軍警、流氓，壓迫工人、魚肉鄉民；抗戰發生後，停辦，窰也塌了。當地礦工會爲了救濟失業礦工，恢復根據地生產煤炭，取得了當地抗日政府的同意，召集窰主、工人商議，決定由地方工會、礦工、窰主三方出資合辦，將窰重新修理，恢復生產，戰前有工人四十人，戰後增至五十餘人。

戰前工人沒有組織，而且互相對立、傾軋；戰後成立了礦工會，於是工人內部達到了統一團結。

戰前每日工作十二小時，戰後改爲每日工作八小時。戰前老師傅工資每日二毛，推工每日二毛五分，綑把每日二毛；戰後老師傅每日工資一元六毛，推工和綑把每日一元八毛。在冬季三個月，每日另給三毛「烤冷錢」。

戰前是強迫勞動，每天十二小時出煤四十筐，窰主要工人加工，工人不敢提意見，並且還常受窰主打罵；戰後，工人可以入股，勞動熱忱自動的提高了，每天工作八小時，可出煤三十筐，生活自由，沒有壓迫的現象。

從前所有礦工都不識字，不知道什麼是國家大事；現在每天必上課半小時，識字的人——二、三百個字——漸漸加多了，且喜歡談論打日本，注意時事，並組織了武裝，有時爲了配合戰爭往往與三十五里外打游擊、捉漢奸。

戰前窰主替工人代辦日用品，從中剝削；戰後工人自己辦了一個合作社，可以買到便宜貨。

該窰開辦後第一年就賺了九千餘元，不僅救濟了失業礦工，而且改善了工人的生活；至於窰主，既除了一切開銷，仍然可以賺錢。 （化）

解放日报	时间	1942-3-2	期	第289期
			版	第1版

陕甘宁边区工业职业学校招生启事

兹为培养工业技术人才设立工业职业学校、暂设机械、纺织两科，每科招收高小程度或有同等学力之学员三十人，机械科设于农具工厂，三年毕业，学习机械制造及有关课程。纺织科设于延安纺织染实验馆，二年毕业，学习棉毛纺织，染毛及有关课程，学员年龄十六岁至二十五岁，男女兼收，由学校供给食宿及文具。毕业后，自谋职业或由学校介绍工作。凡合于上述资格有志学习技术者，即到延安南门外，边区工业局报名并考试，于即日起至三月十五日截止。

边区教育厅厅长柳湜　副厅长贺连城

边区建设厅厅长高自立　副厅长霍子乐

解放日報

今日出版一大張　第三百二十八號　中華民國三十一年三月二日

社址：延安解放日報社　本期零售二角　每月六元

第二期有獎儲蓄券簡章

一、本行為集中游資……發行第二期有獎儲蓄券……

二、本期總額為一百萬元，定於民國卅一年三月一日開始發行。

三、……每張售價……

四、本期獎額分配如下：……

五、……開獎日期……

六、本期開獎日期：……

七、購買本期獎券……

八、本期獎券……

九、各該獎券……

十、本簡章自公佈日施行。

（民國卅一年三月一日）

中共中央公佈

在職幹部教育的決定

規定業務教育政治教育文化教育理論教育為範圍

【新華社延安二日電】中共中央關於在職幹部教育的決定……（正文字跡模糊）

中共中央青委發佈

關於根據地區各級青委組織與工作暫行條例

美巴經濟協定將在裏約簽字

克利浦斯呼籲德工人一致起來破壞納粹生產

羅國老幼皆須強迫勞動

頓尼茲激戰中路德軍反攻不逞

反對罪惡戰爭與納粹奴役

——蘇境匈牙利俘虜告本國人民——

蘇駐英使館慶賀紅軍節

英空軍活躍分途襲擊歐非各地

中共中央關於在職幹部教育的決定

（中華民國三十一年二月二十八日中央政治局通過）

（一）在目前條件下，……

（二）在……

解放日报	时间	1942-3-6	期	第293期
			版	第4版

延安成立煤业协会

民生厂改善工人生活

【本市讯】延安东川一带，共有公私煤井十六处。但这些煤井互相间联系很少，生产方法及销路运输也少改进。边区工业局特帮助组织延安煤业协会，加强各矿联系，提高生产，成立堆栈，组织运输，解决销路问题，评定井口炭价。协会委员由各矿厂方或窑户民主选出，协会筹备会定三月十二日召开成立大会，并暂设会址于朱家沟。又：朱家沟民生煤厂，旧历正月给工人让“捐子”半月，即工人在这一期间挖的煤不抽给厂方“捐子”。据说工人每下窑一次，可得四十余元。并闻该厂于旧历年中，“跳秧歌”“闹社火”，甚为活跃。

在職幹部教育決定發佈後 教廳討論執行辦法
加強幹部教育科領導 草擬縣區鄉幹教計劃

[illegible]

「為孩子們工作」
——紀邊區保育院的幾位模範保育員

[illegible]

誰在「三八」戴花冠

[illegible]

實協者的工作 今後著重研究工作

[illegible]

紀念革命先烈 安定改名子長縣

[illegible]

金盆灣難民區 宣佈優待難民辦法

[illegible]

邊區通訊站 決定改編

[illegible]

延安成立 煤業協會
民生改善工人生活

[illegible]

半月軍事動態

第一〇一期

[illegible]

蘇維埃的轟炸機隊

利退大 作　田野節 譯

[illegible]

怎樣對付空中降落的日寇

坤乾

[illegible]

略談驅逐艦底作戰功能

吳憬

[illegible]

解放日报	时间	1942-3-7	期	第294期
			版	第4版

羊羢纺织试验成功　合作局拟大量生产

【本市讯】边区合作指导局，近以羊羢纺线之初步试验，已获相当满意的成绩；每斤羊羢可纺线纱六两到八两，手摇车或大车均可应用，又比羊毛易纺，比棉花纺纱亦无逊色。羢中夹杂的黑毛也可用人工分离，分出之黑毛足可付给弹工的工资。羢纱可用作棉线织布、布带淡灰色，柔软，坚实，雅致。酷似舶来品“维也纳”，又与上海三友实业社所出之“二一二自由呢”相仿。可以作为单衣或夹衣材料，价格并不比洋布高，且可省却每匹五十元之染费。合作局已决定令各合作社大批代收羊羢，并交团结纺织工厂开始纺织。预计今年全局干部夏衣将用此材料□制。边区年产羊羢二十万斤，过去除制毡、帽以外，未□适当利用，而作原料出口，每斤羢价相当于五斤棉花价格，近年来羢价惨落，每斤羊羢仅□半斤棉价。前后相□竟达十倍。羊羢初步试验成功，今后大量制造。对边区穿衣问题的解决当有□［很］大帮助。

開展邊區新文化
邊府文委會成立
通過組織簡則工作綱領

[illegible]

「爲孩子們工作」
——記邊區保育院的幾位模範保育員

[illegible]

姑娘與醫生

[illegible]

公路整修
清明節前完工

[illegible]

「三八」節——
邊區各界婦女分別舉行紀念
發動全邊區婦女積極參加生產，堅持抗戰，打倒法西斯侵略者，爭取婦女在經濟上的平等。

明日何日？

[illegible]

陝北保姆——和「老徐」們

[illegible]

留守兵團政治部
訓練經濟幹部

[illegible]

紡紗二萬八千斤 織布一萬八千丈
◇赤水本年紡織計劃◇

[illegible]

羊毛紡織試驗成功
合作局擬大量生產

[illegible]

軍事學院劉光武
非法拷打勤務員

[illegible]

文抗工作團
赴綏工作

[illegible]

科學園地

第十二期

居禮夫人及她的偉大貢獻

近代偉大的女科學家居禮夫人（Madame curie），及她在科學上的貢獻，早已成爲一般文明人民的常識了。

居禮夫人一八六七年生於波蘭的華沙，幼年對於自然科學有很大的興趣與研究的熱忱，[illegible]

問答欄

[illegible]

蘇聯的農莊實驗室

蘇聯 J·W·Pincus 作　儲山 摘譯

譯自「今日之蘇聯」——一九三九年四月號

[illegible]

鐳底放射線

自然界　地球、月亮和太陽

我們居住的地球理論上已經指出它不是方形，英勇大膽的冒險者和航海家早用行動證明了它是一個圓球，其直徑大約有八千哩（一哩約合2.8華里）。但仔細的測量起來，地球是一個橢圓形的球體，長徑比短徑要多27哩，地球的最北和最南的地方叫北極和南極。在地球表面的中部畫一個環繞中的圈——叫赤道——這樣，它就把地球平分成二部，赤道以北的叫北半球，赤道以南的叫南半球。地球表面有陸地和水，陸地僅約佔地球表面的五分之一。地球表面之上附着人類所必需的東西——空氣；空氣是[illegible]上面的，高出海面五六十哩的空間空氣就很少了。在這樣大的地球上人類只能在很小的地區內活動。假如把一個直徑八寸的皮球比作地球，則無論是在天空中飛行或地下鑽礦，人類所到的範圍只佔這個球體表面的千分之一寸的厚度。科學上的證明，可以使我們用間接方法來測量地球的重量。據說地球有6,000,000,000,000,000,000,000噸。

地球最近的鄰居是月亮。事實上這個鄰居距我們有240,000哩，月亮比地球小，但它的直徑亦有2,136哩。由於月亮的重量比地球小，所以在地球上有六斤重的東西，在月亮上僅有一斤重。用同樣的力量向外拋出一物，這個物體在月亮的距離要比在地球的大六倍。自然，月亮上不會有人存在着，既沒有生物所必需的空氣和水。月亮的光面儘有『石頭』一樣的東西，用最大的望遠鏡去看月亮時，我們可以發現月亮上也有類似地球上的高山和深谷，最高的『山』有二萬呎高，最寬的『谷』有一百哩寬，這些『山』和『谷』的來源無疑是由於月亮表面的隕落和『火山』的爆發所致。

由於平時的印象我們總把太陽和月亮對比起來，但是事實上它們除了都是圓球以外，很少有相似的地方。太陽的體積要比月亮大60,000,000倍，它的直徑有1,000,000哩，它是一個火球，它表面的溫度大約有攝氏表零上1000度，但它的內部要更高一些。所以，它不但不能像地球一樣是圓球，亦不能像水一樣是液體，它表面火焰的高度要有從地球到月亮的距離的二倍。太陽的熱和光由於輻射作用能夠達到地球上來，供給熱和光給地球極大的影響：風是由太陽的熱量在空氣中分布不均勻所引起的；雨與雪都是由於太陽把部分地球表面的水蒸發到空氣中，然後凝合而落在地面上；人們體力和[illegible]動物都是由於人已經從動植物中吸收了許多資料，然而它們亦是直接間接受着太陽的養育。如此，太陽的能量同樣被許多科學家所研究着，無論怎樣，在幾千萬年以前，太陽就以同樣大的熱和光普照着大地，並且在很遠的將來還像現在一樣的照耀下去。近代科學的證明要我們知道太陽的化學成分大體上和地球一樣，僅有較重的金屬不能在太陽上出現，當科學研究太陽的[illegible]時，他們發現有許多[illegible]，但是在解釋上，尚有許多不同的學說來解釋它，我們還不能得到徹底的完滿的結論來。

（屈）

編後

[illegible]

解放日报	时间	1942-3-10	期	第297期
			版	第4版

边区银行决定在绥投资两百万元发展警区纺织工业

【本报讯】边区银行顷决定在绥德投资二百万元，以发展警区的纺织手工工业。该行业务处长莫钧涛、工业局局长赵一峯等同志十人，已于今日首途赴绥。据边行调查，绥德警区有新式手拉纺织机一千余架，旧式纺织机六千余架，参加纺织的农村家庭妇女十二万余人。但因产销机构没有适当的配合，技术不求改进，不只所费成本颇巨，成品质量亦还差于边外出产的“三八布”，因此销路呆滞，不能再生产，减低成本的结果，使成品质量愈差，致颇有基础的绥德纺织工业，没有方法获得发展的机会。边行此次投资纺织事业之二百万元，将以股份有限公司的形态出现，组织民间资本，负责供给原料，收买成品，保证获得相当的利润；同时将由税局整顿布匹进出口的税收，奖励出口，以发挥民间纺织的热忱。此次同行的并有难民工厂纺织工程师霍然同志。

【又讯】边区银行业务处长莫钧涛同志，此次奉派赴绥的任务，据谈：（一）受贸易局之委任，调整边区和晋西北的贸易关系，办理通汇及统一税收等问题；（二）受财政厅的委任，整理警区的财政及财政会计等问题；（三）处理警区边行分行、贸易分局及一切有关的金融问题。按边区与晋西北之贸易关系，日益密切，但各种应有的统筹统支的机构，迄未建立，对于贸易关系之进展，影响颇大，此次当能有圆满解决。

边区银行决定 在纺织投资两百万元 发展边区纺织工业

【本报讯】边区银行顷决定在纺织投资二百万元，以发展边区的纺织手工工业。该行业务处长、工业局局长等同志十人，已於今日首次会议研究。据边行调查，边区现有新式手拉纺织机一千余架，旧式纺织机六千余架，参加纺织的农村家庭妇女十二万余人。但因缺乏资金，得不到适当的配合，技术不求改进，不只所费成本过高，成品质量亦难於与外来的「三八布」竞争，因此销路呆滞，不能再生产，减低成本的结果，使成品质量低落，致对有基础的纺织工业，没有得到发展的机会。这次投资纺织事业之二百万元，将以股份有限公司的形式出现，组织民间资本，负责供给原料，收买成品，保证获得相当的利润；同时将由税局整顿布匹进出口的税收，奖励出口，以发挥民间纺织的潜力。此次同行的并有建民工厂纺织工程师同志。

【又讯】边区银行业务处长同志，此次奉派赴绥的任务，据谈：（一）受贸易局之委任，调整边区和晋西北的贸易关系，办理边币及统一税收等问题；（二）受财政厅的委任，整理晋西北的财政及财政会计等问题；（三）处理银行边币分行、贸易分局设立一切有关的金融问题。按边区与晋西北之贸易关系，日益密切，但各种应有的机构，迄未建立，对於贸易关系之进展，影响颇大。此次当能有圆满解决。

解放老子的背

——陈海阔——

[illegible]

甘泉县委召开学习动员大会

行政学院调整教务工作

[illegible]

本市纸烟大检查 查出两千二百余条

【本市讯】[illegible]

春耕运动

绥德分区：植棉两万一千亩

关中分区：开荒一万六千亩

延安市委发动农村支部 向群众进行宣传解释

[illegible]

「边艺」筹备开学

[illegible]

各县普设保育委员会

[illegible]

娱乐通讯

[illegible]

秋天

锡静

[illegible]

第九十九期

朋奇·瓮林特

白果夫作　译

[illegible]

（续完）

关於白果夫

[illegible]

第一卷（上）

解放日报	时间	1942-3-11	期	第298期
			版	第1版

延安市工会、劳动介绍所启事

本会所于一九四一年发给在延各泥木石包工头之职业□，现已失其作用特声明作废，今后一切工程建筑，均请与延市泥木石工程建筑合作社接洽是荷！

解放日報

今日出版一大張　第二九七號　中華民國三十一年三月十一日

社址：延安解放日報社　每月六元　零售每期二角

蘇軍攻克特諾雅諾沃

庫爾斯克三面被圍

紅軍千萬將參加春季作戰

地中海英艦活躍

意艦一艘中彈起火

北非自由法軍向前推進

德後備軍人力業已消耗殆盡

蘇軍醫工作獲極良讚頌

法艦四十五艘轉讓德寇

英蘇軍事代表團先後自伊撤退

英首相邱吉爾

將在下院解釋印度問題

加拿大又一批援軍抵英

社論

南太平洋大局

蘇聯青年女英雄

塔尼亞（蘇雅）永活在紅軍心中

——西綫紅軍指揮員函蘇雅母親——

英財相要求下院通過

追加預算二萬五千萬鎊

本年度預算共四十一萬五千萬鎊

今年每日支出一萬一千五百萬鎊

加里寧居民積極修復故鄉

芬蘭饑民搗毀軍堆棧

解放日报	时间	1942-3-14	期	第301期
			版	第4版

工职校增设化、矿两科

【本报讯】边区工业职业学校自开始招生以来，连日已有本市各校学生，及来自绥米的学生前往投考者多人。该校为扩展培养边区工业技术人才起见，除原设机械、纺织两科外，近又决定增设化学及矿务两科，为□理论及实践之联系，故在校教授一般原理后即分赴工业局各工厂实习。

慶祝「三八」
朱總司令號召婦女參加生產

【本報特訊】[illegible]

春雨霏霏中　追悼中山先生

【本報訊】十二日為孫中山先生逝世紀念，延市各界[illegible]

建設廳政務會議　討論春耕問題

目前中心在提高農民的生產熱忱、設法解決勞動力、農具等困難問題。發動農民深耕、施肥、早種。

【本市訊】[illegible]

工職校　增設化礦兩科

【本報訊】邊區工業職業學校自開始招生以來，該日已有本市各校學生，及外面來的學生前往投考者多人。該校為擴展增設化學、礦業兩科，在材料、教育方面外，並又決定增設化學及礦務兩科，擬招收一般學生及原有學校分配工作各工廠實習。

林務局延市造林　派員赴各縣視察

【本市訊】[illegible]

警一旅　訂半年教育計劃

【本市訊】[illegible]

農貸在志丹　放款二十五萬元　貸出鐵一千頁

一林

[illegible]

爐邊閒話

煥南

[illegible]

河水上漲沖斷橋　行人車馬均不便　市府宜爭築並立水標

【本市訊】[illegible]

延市北區　籌建北市場

【本報訊】[illegible]

中央管理局　成立經濟建設處

【本市訊】中央管理局[illegible]

!!!向日本的革命英雄致敬!!!

渡邊政之輔

[illegible]

岩田義道

知識階級出身。[illegible]

小林多喜二

有名的革命作家。[illegible]

野呂榮太郎

知識階級出身。[illegible]

市川正一

[illegible]

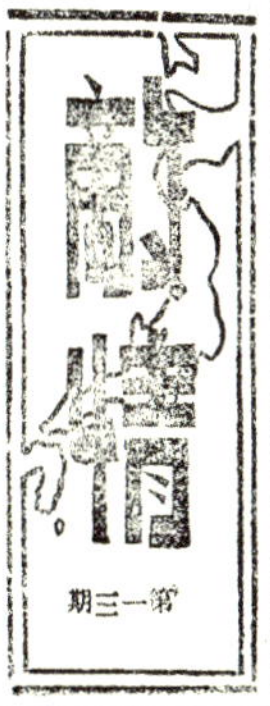

第一三一期

紀念「三·一五」

三月十五日這一天，是日本[illegible]

鎮壓革命運動的法律

——日本統治階級——

【治安維持法】[illegible]

日寇利用泰國西南撈以及緬門客是之下，當作根據地，從上月廿七日開始，發動了對爪哇的鉗形攻勢，以八與[illegible]分三路登陸，五日佔領了巴達維亞，九日佔領了萬隆和泗水，不到十天，爪哇已經全部陷落，荷印羣島便全部淪入日軍鐵蹄之下。

在緬甸，八升仰光已經陷落，日軍將繼續向北進攻曼德勒，向西攻取孟加拉灣，以佔領緬甸全土。

太平洋第一步階段的戰爭即將結束，而日寇鯨吞蠶食的「能處」，已開始向澳洲進攻。八日日軍在澳屬新幾內亞之薩拉摩亞登陸，[illegible]欲佔領該島以作進攻澳洲北岸之根據地。這種企圖仍不僅受盟國的威脅。

在這樣的形勢之下，保衛澳洲和印度已成為同盟國刻不容緩的急務（敵人的「大東亞經濟建設計劃」，包括印度、澳洲、新西蘭也括在內）。但日寇終決也不能大量增援印度，在印度的某些據點，有被敵人攻陷的可能。

○　○　○　○

隨着日寇在南方戰爭迅速的進展，對蘇戰爭的危險也在逐漸增加起來。

日寇不僅在偽滿邊境佈置了一百多萬軍隊，抽調了華北一部兵力開往偽滿，軍事的佈置似在積極進行中。而且，上月還使政府更換了駐蘇大使的人選，這在日蘇關係十分「微妙」的今天，的確是值得注意的一件大事。儘管敵人宣傳說不過是一件平常的事，還會使為本人要求那有法西斯香爆火的氣味，但是誰都說是「日寇對蘇政策的轉換，日寇想積對蘇展開外交攻勢」。日本軍部利用新佐藤這個小白臉（佐藤尚武在一九三六年林內閣時代任外相，[illegible]「協和外交」，曾反對過日德反共協定），把他打扮成一個「和平使者」的式樣，來進行聯絡去進行談判，想要解決日蘇間一切懸案（如北樺太石油問題，漁業問題，[illegible]等問題）。而其實卻提出蘇聯不能接受的苛刻的條件，使得談判破裂，以便在國內發起反蘇的輿論，造製戰爭的藉口。

上述日日蘇間談判即將正式開始，而在全體使義斯科方面反對日本，希望儘存日東對之時，斯大林對日本減少信任之心（據說如此）。這就說明了日寇侵略的野心的[illegible]。我們應記得：[illegible]便爆發了日俄戰爭。那麼，使遞駐蘇（十一日由東京出發）就是佐日蘇戰爭的信號。

○　○　○　○

在日本國內，四月底總選舉的準備在積極進行。翼贊政治體制協議會，已着手成立各[illegible]的宣傳，並準備[illegible]，來進行總選的宣傳，以博得選民的歡心。至於候選人，則決定由貴族院的「推薦會」提出，翼贊會之中央協力會議亦決定從翼「壯年團」來在選舉中進行宣傳動員的工作。日本法西斯軍部企圖經過這次選舉來獲得其全，統一統治階級內部的分歧，完成日本法西斯政治體制。

在三月召開的地方長官會議上，東條強調這次選舉之重要性，說「依照選舉，結集國民總力，以遂行堅決心的向完成戰爭目的之途上邁進。」同時，還宣稱「大東亞戰爭進展為戰爭之第一階段，最大的戰果，[illegible]今後，帝國將保大東亞之安定與繁榮，[illegible]在此確定戰爭之戰鬥力，與盟邦德意兩國密切合作，雙方互相呼應，展開積極的戰爭。」這就表明了對蘇作戰的野心。而總選舉後法西斯政治體制之完成，也正是進行新的戰爭的準備條件。

此外，敵政府已準備於本年四月起在台灣實施「志願兵」制度。陸軍省的海兵科，也設立少年兵，凡十五歲以上十八歲以下的少年均可投考。這反映了敵人兵員缺乏的困難。

（三月十一日完稿）

活躍在太平洋大戰中的敵酋

——（十九）——

緬甸最高指揮官——飯田祥二郎

[illegible]

荷印最高指揮官——今村均

現年五十七歲，宮城縣人，士官學校十九期步兵科與陸軍大學畢業。曾任駐英、印度等地武官，返國後任參謀本部課長，先後歷任陸軍省軍務局長等職，一九三八年晉級中將。今村[illegible]

解放日报	时间	1942-3-17	期	第304期
			版	第4版

排庄渠灌溉逾万亩

【本报讯】本市西区排庄水渠被洪水冲毁段落，业已修复，最近建设厅交通运输局及市府第四科曾会同派人前往考察，成立水渠管理所，由建厅丁景才任所长，并出资二万元疏通淤塞，今年可以灌溉土地一万三千余亩。闻本渠灌溉土地，公私参半，过去未严密分配放水时间及段落，曾发生偷水纠纷，影响老百姓庄稼菜蔬，今后水渠管理所将特别注意及此。

边区国民教育新方针 提高质量减少数量

取消与合併不健全小学 建立中心小学以作模范

全边区中小学春季始业

【本报讯】寒假已满，边区所有小学定於三月十五日正式开学，……

延县发展纺织重影响春耕 农贷增加十万元

公盐改代金可缴交

合作社股金奖储券采自愿方式

【本报讯】延安县的春耕动员大会已经开过了，……

排庄渠灌溉逾万亩

【本报讯】本市西区排庄渠……

妇纺线上

一延安县柳林区的模范纺织妇女

海棱

便利民众纺线 合作局设弹花站

【本报讯】……

延安市储蓄分局 承销储蓄奖券廿五万

【本市讯】……

绥德地方法院院长 冯振寰同志病故

【本市讯】……

扩大妇女纺织

……

高院定期开审 学疗上诉人命案

【本市讯】……

文艺 第一〇三期

寄

——向正在，和正在准备出发的作家们致意。

江华

……

客居的心情

吴伯箫

……

解放日报	时间	1942-3-17	期	第304期
			版	第4版

便利民众纺织合作局设弹花站

【本报讯】据合作指导局调查，目前各县妇纺工作推广中所遇到的一般困难，乃是生棉花无人弹，以致愿纺的妇女，虽有生花在手，却雇不到弹工弹，因而影响纺纱生产。最近该局已设法购买了一批弹花机，分发绥德、清涧等县，设立弹花站，并派专人教习。同时该局又培养了一批大车纺纱人员，即将派赴绥、清两地设立纺纱传习所，教授新法，改良技术，以提高纱的产量和质量。

邊區國民教育新方針
提高質量減少數量
取消與合併不健全小學　建立中心小學以作模範

全邊區中小學春季始業

延縣發展電影宣傳春耕
農貸增加十萬元
公鹽改代金可繳實　合作社股金變儲券自願方式

便利民衆紡織
合作局設彈花站

婦紡線上
——延安縣柳林區的幾個模範紡織婦女

海稜

小言　擴大婦女紡織

延安市儲蓄分團
承銷儲蓄獎券廿五萬

綏德地方法院院長
馮駿霆同志病故

高院定期開審
學療上訴人命案

文藝　第一〇三期

寄
——向正在，和正在準備出發的作家們致敬。

江華

「我們所處的現實是紀念碑性的。」

客居的心情

吳伯簫

解放日报	时间	1942-3-17	期	第304期
			版	第4版

小言论　扩大妇女纺织

敌人拼命地封锁我们，破坏分子不断地阻挠我们，使输入边区的棉花、布匹，受到限制，然而，我们唯一对付的良法：就是广泛地植棉，普遍地发展家庭手工业——提倡妇女纺织，“自己动手解决穿衣问题”。今天，全边区的妇纺，除绥德分区，固林、延川、延长等县而外，要算延安县的柳林区做得最好，该区妇纺虽然进行不久，但已有显著的进步，从这次合作指导局所举行的“三八妇纺给奖大会”，就可以看出。当农村妇女真正懂得了：纺织可以增加家庭收入，改善生活，可以帮助解决穿衣……她们是乐意参加纺织的，问题是在于用怎样的方式去组织她们，团结她们，教育她们。凡事开头难，然而做出头绪，不断努力，一定会有成就，“南区合作社”对于妇纺的发展经验，就是一个很好的例证。“假使全边区的妇女都组织起来纺织，那么，全边区人民的穿衣问题就完全解决了！”

提高兩縣農民教育新方針

提高質量減少數量

取消與合併不健全小學 建立中心小學以作模範

全邊區中小學春季開始

【本報訊】寒假已滿，邊區所有小學定於三月十五日正式開學，……

延縣發展紡車電影等春耕

農貸增加十萬元

公鹽改代金可繳交 合作社股金獎儲券採自願方式

【本報訊】延安縣的春耕動員大會已經開過了，……

婦紡綫上

海稜

——延安縣柳林區幾個模範紡織婦女

延安市勸儲分團

承銷儲蓄獎券廿五萬

【本市訊】延安儲蓄分團於十三日下午假銀行……

綏德地方法院院長

馮振寰同志病故

【本市訊】綏德地方法院院長……

便利民衆紡綫

合作局設彈花站

【本報訊】……

高院定期開審

學療上訴人命案

【本市訊】學療人命案上訴一事，……

擴大婦女紡織

小言論

敵人的封鎖我們，頑固份子不斷的阻撓我們，使輸入邊區的棉花、布匹，受到限制，然而，我們唯一對付的良法：就是擴大的植棉，普遍的發展家庭手工業——提倡婦女紡織，「自己動手解決穿衣問題」。

今天，全邊區的婦紡，除延長等分區，固林、延川、延長等縣而外，要算延安縣的柳林區做得最好，該區婦紡雖然進行不久，但已有顯著的進步，從這次合作指導局所舉行的「三八婦紡給獎大會」，就可以看出。

當農村婦女真正懂得了：紡織可以增加家庭收入，改善生活，可以幫助解決穿衣——她們是樂意參加紡織的，問題是在於用怎樣的方式去組織她們，團結她們，教育她們。

凡事開頭難，紡織做出頭緒，不斷努力，一定會有成就，「南區合作社」對於婦紡的發展經驗，就是一個很好的例證。

「假使全邊區的婦女都組織起來紡織，那麼，全邊區人民的穿衣問題就完全解決了！」

文藝

第一〇三期

寄

——向正在，和正在準備出發的作家們致意。

江華

客居的心情

吳伯簫

紧急启事

中央财政经济处（下称甲方）与新市场被服工业合作社（下称乙方）前曾于一九四一年一月，经工合作中签订合同合作经营被服社以来迄今已逾年余现因无合作必要双方同意解除合同，全部资产负债仍按原合同三分之一归甲方三分之二归乙方现已由工合参加组织清算委员会清算全部资产负债，所有与本社有债权关系之机关商店及私人务请于三月十八日至二十八日十天内来本社清理手续过期概不负责，特此启事。

中共中央财政经济处新市场被服工业合作社

解放日報
社址：延安解放日報社
今日出版一大張

邊府十七次政務會議
通過邊區地權條例
確定私有制業主有權處分土地
民政廳廳長說明該條例意義

西南線某區德被迫撤退
列城前線兩日殲敵二千

蘇拉列夫著文指出
紅空軍已獲主動權
空戰或空襲中屢予敵人重創

古柏發表演說
星洲英軍未失職

莫洛托夫
接見自由法國特使

荷蘭擴大批商船
補充戰事中損失

社論
發揚民主作風

英海軍襲羅得島
北海英艦實行防衛潛艇工作

徑截輜重橫攻士卒
蘇游擊隊活躍敵後
驅逐德寇重建蘇維埃

人道報等風行全法
發行額已各達萬份

法屬摩洛哥
拘禁英僑民

解放日报	时间	1942-3-19	期	第306期
			版	第1版

边区工业局供销课启事

本课自即日起迁移联合商店内办公，各界有事接洽，请径至该店可也。

解放日報

中華民國三十一年三月十九日　第三○六號　今日出版一大張

社址：延安解放日報社　每月六元　零售二角　本期

邊府十七次政務會議
通過邊區地權條例
確定私有制業主有權處分土地
民政廳廳長說明該條例意義

西南線某區德被迫撤退
列城前線兩日殲敵二千

蘇拉列夫著文指出
紅空軍已獲主動權
空戰或空襲中屢予敵人重創

社論
發揚民主作風

古柏發表演說
星洲英軍未失職

莫洛托夫
接見自由法國特使

荷蘭購大批商船
補充戰事中損失

徑截輜重橫攻士卒
蘇游擊隊活躍敵後
驅逐德寇重建蘇維埃

英海軍襲羅維得島
北海英軍實行防衛潛艇工作

人道報等風行全法
發行額已各達萬份

法屬摩洛哥
拘禁英僑民

延安煤业协会正式成立

【本市讯】十二日在朱家沟召开延安煤业协会成立大会，有十四个煤厂参加，大会通过了协会组织章程，拟于日内呈请民政厅登记。并选出五个委员，新中国第一煤厂胡厂长当选为主任委员，利华一厂，大众煤厂，复兴煤厂及白家牙民众煤窑等当选为委员。随即提出如何决定炭价？如何解决把工问题？如何解决各煤厂的矿工问题等，交委员会处理。

深入了解情況 轉變部隊作風
部隊考察團出發
留守兵團指示五個月內中心工作

給保安部隊 留守兵團 慰問信

總衛生部防止延及邊區
內蒙一帶鼠疫蔓延
中央門診部接種牛痘

爐邊閒話
煥南

文化俱樂部「春季茶會」

行政學院春季始業
軍事學院文化隊開學

民國三十一年三月四日

毛澤東 朱德 王稼祥

七百餘人追悼馮震寰同志

延安煤業協會正式成立

延安召開衛生設施座談會

難民紙廠收買廢紙

延市工會經濟自給

鄜縣簡易師範改歸教廳辦理

文藝 第一〇五期

賠償

（譯自「國際文學」蘇文版七卷六期）

「機械的騎士」
——建「油錫總指揮部」退迴的

躺在睡椅裏的人（續）
雷加

解放日报	时间	1942-3-19	期	第306期
			版	第4版

枣园纸厂收买废纸

【本报讯】无用废纸每斤市价三元（印刷纸四元），有此项废纸者，可集齐卖给枣园纸厂，充当造纸原料。如亲送该厂，每斤另加运费三角。

深入了解情况 轉變部隊作風 部隊考察團出發

留守兵團指示五個月內中心工作

[illegible]

給留守兵團保安部隊慰問信

[illegible]

內蒙一帶鼠疫蔓延 總衛生部防止延及邊區 中央門診部接種牛痘

[illegible]

爐邊閒話

煥南

[illegible]

文化俱樂部「春季茶會」

【本報訊】文化俱樂部於十五日上午邀集本市業餘文化娛樂團體及各職業俱樂部，舉行「春季茶會」，交換工作意見，促進彼此友誼，並擬籌設開展春季文娛活動，出席者有星期業學校，業餘劇團等十餘團體代表，會上對於怎樣活潑本市文化娛樂問題，意見頗多。結後決定在文化俱樂部設立「藝術信箱」，凡有關於美術、戲劇、音樂、歌詠、舞蹈各部份的問題及困難，均由俱樂部負責人提出解答。

行政學院春季始業 軍事學院文化隊開學

[illegible]

七百餘人追悼馮震寰同志

[illegible]

毛澤東　朱德　王稼祥

民國三十一年三月四日

延安召開衛生設施座談會

[illegible]

延安煤業協會正式成立

[illegible]

棗園紙廠收買廢紙

【本報訊】無用廢紙每斤市價三元（印刷紙四元），有此項廢紙者，可集齊賣給棗園紙廠，充當造紙原料。如親遠送廠，每斤另加運費三角。

延市工會經濟自給

[illegible]

鄜縣簡易師範改歸教廳辦理

[illegible]

文藝 第一〇五期

聽覺

[illegible]

（譯自「國際文學」俄文版七第六期）

「機械的聯繫」——從「油船德賓特號」說起的

[illegible]

躺在睡椅裏的人（續）

雷加

[illegible]

一九四二年二月十五日

解放日报	时间	1942-3-21	期	第308期
			版	第4版

振华土纸质量欠佳

【本市讯】据悉振华纸厂全体职工同志，现正为完成本年度造纸三千令的生产计划而努力，从各方面加以改进，以达目的。唯近来印厂所收该厂送到之土纸，每令中常有百分之二十左右粗糙异常，致印成报纸模糊不堪，阅读困难。望振华纸厂不但要在数量上完成计划，且应在质量上尽可能求得改良云云。

邊府十五次政務會議 決定四月開始鄉選

最近期內改選未實行三三制的縣議會；派員到各縣研究「精兵簡政」執行情形。

西北局文委 討論文協工作方針

開辦邊區藝術部學校

鄜縣發生□□ 設法防治

綏德生產局公佈防疫標語

預防勝於治療

發展擴大合作事業的關鍵（續完）

邊保召開郵部會議 傳達土地政策決定

振華土紙 質量欠佳

鄜縣春耕中 破壞份子造謠

科學園地

第十三期

怎樣減少公鹽的損失？

——七十萬元——

當你受了驚嚇的時候

燕虹

自然界　地球和月亮怎樣運行

假如有一個人站在離地球很遠的北方，向北看，他會看見以下兩件運行和我們日常經驗相反的現象：

地球是以反時鐘方向（即是與時鐘表上的針所走的方向相反），在橢圓形的軌道上繞日而行。同時又以穿過中心通過地球的南北極的軸心依反時鐘方向的旋轉。前者叫公轉，後者叫自轉。地球自轉一週所需要的時間叫一天；換句話說，一天就是地球上某一點從正對太陽的方向向東轉，然後再轉到正對太陽的方向所需要的時間。正因為地球是圍繞地軸自西向東轉，所以我們在地球上的人看去太陽每天從東方升起而落到西方去。把地球自轉一週的時間分成二十四份，每份算一小時。每小時分成六十分，每分又分成六十秒。這樣我們就可以區別一天內的時間。地球公轉一週所需要的時間叫一年。計算來一年有365天5時48分47秒。但平時為了方便起見，每年以365天計算，四年便多餘下一天的時間，這樣每四年有一個閏年，閏年有366天。

同時，月亮又作反時鐘方向的旋轉，月亮繞地球一週所需要的時間叫做月（陰曆的月）。不過由於地球是繞日而行，所以月亮也就在一定的軌道上環繞太陽而運行。

月亮不是一個能發光發熱的球體，它只像鏡子一樣，把太陽所射來的光線反射到地球上來，我們平常所看見的月亮只是那被太陽光線所照耀地區中的一部份。所以當月亮在不同的位置時，我們會看見滿月與缺月等不同的現象。

由於地球繞日而行，月亮又以地球為中心不斷地運動着，也就有許多機會使太陽、地球、月亮走到同一的直線上。當地球走到太陽與月亮之間，遮沒了一部份從太陽射到月亮上的光線，這便使月亮有月蝕現象，當月亮走到地球與太陽之間，遮沒了一部份從太陽照到地球上的光線，這樣就可以見到日蝕。但事實上，地球公轉的軌道面和月亮運行軌道面不是一個，兩者約交成5度8分的傾斜，所以日蝕或月蝕的發生，一定要在它們走到這兩個平面的交綫附近的時候（陰曆初一、十五）的時候。

地球的軸線不是和地球公轉的軌道面垂直的，它有23度半的傾斜度，但是無論地球在軌道上的何處，地軸常常不變地指向一定的方向，這個方向就是夜晚北極星所出現的方向。這種地軸的傾斜就決定了太陽光線對地球上各地所照射的時間和方向，因時因地而不同，地球上的氣溫便是因此而有變化的。當地軸的北端向著太陽傾斜時，北半球被照射的時間較長同時太陽的光線比較直射，這時是地球上北半球的夏季。當地軸的北端遠離太陽傾斜時，北半球被照射的時間短，太陽的光線比較斜射，氣溫低降，這時就是北半球的冬季。在冬夏兩季的過渡期間是春和秋，這就是一年四季的原因。

當我們在研究地球與太陽的距離的變化時，我們雖然知道由於地球的軌道是橢圓形的，在冬季地球與太陽的距離比夏季近，但是正因為這種變化影響到溫度的作用很小，所以不會有多大的影響。

月亮是以反時鐘方向圍繞地球運動的，因此我們可以預測日蝕和月蝕的時間。

這就是年，月，日，四季，晝夜，節氣，日蝕月蝕等現象的原因。

解放日报	时间	1942-3-22	期	第309期
			版	第4版

总工会设两办事处

【本市讯】边区总工会，于边区工业局及后勤工业局两处设立工会办事处，代表总工会直接领导各该系统之工厂工会工作，和处理日常事务，闻已正式开始办公。又后勤工业局工会办事处，已由各厂选出执委七人组织职工联合会。

邊區總工會 擬定幹部學習辦法

學院規定業務學習佔百分之六十，初級文化補習班已開辦 總工會依照文化程度及學習要求小分為業務文化識字三組。

創辦中的工業職業學校

莫漢

延市委召開支幹聯席會 保證鄉選實行三三制 審查黨員糾正壞現象

爐邊閒話

煥南

巡視糧食工作 財廳派員

部隊參議會十六日號召 擬以兩月時間 深入各連隊了解調查

總工會設兩辦事處

【本市訊】邊區總工會，於邊區工業局及後勤工業局兩處設立工會辦事處，代表總工會直接領導各該系統之工廠工會工作，和處理日常事務，現已正式開始辦公。又後勤工業局工會辦事處，已由各廠選出執委七人組織工聯合會。

衛生

第五期

中央總衛生處 邊區衛生委員會編

春季防疫專號

春季防疫的重要性

傅連暲

春季應該防什麼病？怎樣防？

春季主要傳染病預防表

接種牛痘——預防天花

百日咳（咳疹）

快捕蒼蠅，預防傷寒、赤痢

衛生統計（三）

各國傳染病死亡人數佔全體死亡人數百分比

國別	每百死亡人中傳染病死亡人數
中國（1934-35）	31·4
日本（1926-28）	29·1
希臘（1927-29）	24·2
匈牙利（1927-29）	17·0
英國（1927-29）	15·0
德國（1926-28）	13·5
美國（1927-29）	13·1
法國（1926-28）	12·1
澳大利亞（1927-29）	9·0

解放日报	时间	1942-3-24	期	第311期
			版	第4版

赌博、打人、偷窃恶习中印厂工会严格纠正

【本市讯】中央印刷厂工会于十九日晚开会员大会，纠正赌、打、偷恶习。赌博的风气于旧历新年发展到极点，参加者上自负责同志下至勤务员，日夜不断，输赢颇大，后经上级发觉，才告停止，并决定今后不论是谁，再赌博就送公安局处理。打人骂人的事，每次经工会提出批评，总是无效，近又发生王述之打李建同志等数起。他们虽然当大众的面说，打人为法律所不容许，今后保证不再打人。但是心里总认为打了人至多也就是批评批评，与他没有什么关系，于是打人事件屡次发生，以致丧失了互相友爱的精神。去年九月间伙夫丁明昌，勤务员李德成、李现成，偷公钱三千元，十一月间，李德成，又偷了人家的肥皂，他不承认，结果在他身上查出，逐进一步追究，他才说出三千块钱也是他偷的。没有说出别人，而丁明昌闻风潜逃，当时将李德成送至法院。因其年龄未满十六岁，最近仍回厂工作。但他还是偷窃人家的肉、梨、枣……等杂物。又刘安世偷毛背心一件，工会均给他们警告，停止了他们的会籍。赌、打、偷，这些恶习，都是渐渐习染，由小而大的。而工会的主要缺点是没有及时和彻底地予以纠正，也没有把这些具体的材料，作为教育全厂的材料。

李副主席攜眷返任
賀霍兩副廳長同來

李副主席——
談談回邊區觀感：
幹部對三三制的真實了解很不夠，工作方式還是老一套，關門主義包辦代替依然很厲害，對於人權財權的保障做得差，警區人民應與貧富合作發現老民。

賭博打人偷竊惡習
中印廠工會嚴格糾正

【本市訊】中央印刷廠工會於十九日晚開會員大會，糾正賭博、打、偷惡習。賭博的風氣給該廠前年竟風行極點，參加者上自負責同志下至勤務員，日夜不斷，輸贏頗大，後經上級屢勸，才告停止，並決定今後不論是誰，再賭博就送公安局處理。打人罵人的事，屢次經工會提出批評，總是無效，最近發生王偉之打李進同志等數起。……

西北火柴公司
利用廢物作原料

【本市訊】……

王老漢的「成份」

爐邊閒話

青年劇院出演：「延安生活素描」

甘泉民教館加強群衆聯系

中央管理局組織改變

文藝

第一〇七期

陸康的歌聲

劉白羽

冰心

林今明

讓你們鑿鑿吧！
把你們的刀子都磨了，
　在我臉頰上劃過去，
你看，我是很結實的。

讓你們把我劈開來，
隨便拾一塊來看一看，
我是很潔白的！

但是，
到了陽光能夠給我
　以溫暖的時候，
你看，我會奔騰起來，
　　滴滴流淌。

解放日报	时间	1942-3-24	期	第311期
			版	第4版

西北火柴公司利用废物作原料

【本市讯】日前边区工业局化学科，在新华化学厂召集有关化学工作人员，讨论耐火耐酸的陶瓷，及制酸、制磷、氯酸钾等试验问题，认为可利用木炭灰、荞麦秆灰、洋芋秆灰、黄蒿灰等作为氯酸钾原料，并利用散在各处的骨头作制磷原料。闻西北火柴公司现已开始烧制，并收买上项废灰及骨头（废灰每斤洋两角，骨头每斤洋五角）。现西北火柴公司暂设于桥儿沟新华化学厂内开始工作。

李副主席携眷返任 賀霍兩副廳長同來

李副主席

認爲令我感到：幹部對三三制的真義了解得很不夠，工作方式還是老一套，關門主義包辦作風很嚴重，對於人權財權的保障做得差，警區人民應貧富合作建設邊區。

[illegible]

王老漢的「成份」

藴輝

[illegible]

青年劇院出演：「延安生活素描」

【本報訊】二十一日晚，青年劇院假青年俱樂部試演「延安生活素描」。劇本是該院編劇組同志自己創作的，內容多反映延安日常生活中的某些缺點，及某些知識上的不良現象。節目共有五個：「多情的詩人」、「友情」、「無牢騷先生」、「小廣播」、「爲了寂寞的緣故嗎？」劇短而諧，生動逼真，給觀衆以深刻的印象。當演到中央號召整頓三風的時候，這些極有諷刺性的節目，爲教育全體的材料不小。

賭博打人偷竊惡習 中印廠工會嚴格糾正

【本市訊】中央印刷廠工會於十九日晚開會員大會，對賭博、打人、偷竊等惡習，展開嚴格的批評。[illegible]

爐邊閑話

煥南

[illegible]

加强與群衆聯系 甘泉民教館

【本報訊】甘泉民教館，[illegible]

中央管理局組織改變

【本報訊】中央管理局爲了工作的改進，[illegible]

西北火柴公司 利用廢物作原料

【本市訊】目前邊區工業急需化學原料，在新華化學廠服務的化學工作人員，[illegible]，認爲可利用木炭灰、蕎麥秆灰、洋芋秆灰、黃蒿灰等作爲氯酸鉀原料，[illegible]。西北火柴公司現已開始燒製，並收買上項廢灰及骨頭，[illegible]。

文藝

第一〇七期

陸康的歌聲

劉白羽

[illegible]

冰心

林今明

讓你們說罷吧！

讓你們的刀子和鏽了，

在我臉龐上劃過去，

你看，我是很結實的。

讓你們把我剝開來，

隨便撿一塊來看一看，

我是很潔白的！

但是，

到了陽光能夠給我

以溫暖的時候，

你看，我會奔騰起來，

滴滴流淌。

[illegible]

解放日报	时间	1942-3-25	期	第312期
			版	第1版

延市泥木石工程建筑合作社启事

本社为了适应社会建筑之需要与避免过去工程建筑种种弊端，特在边区银行对两旧市工会地址成立泥木石工程建筑合作社，迄已筹备就绪于二月二十七日开始营业，如欲惠顾请到本社接洽。兹择其主要优点如下：技术优良，价格公道，大小建筑，按时完成，包工均工，听凭自便。

解放日报

中华民国三十一年三月廿五日 今日出版一大张

社址：延安解放日报社

贸易局紧急启事

本局前局长、秦副局长公出，余局长因病休养，嗣后凡有向本局公洽者，请与肅飞同志接洽。凡关于业务方面之事，请与光华商店贺九宣、程行征两同志接洽是荷。此启

延市泥木石工程建筑合作社启事

延安市工会劳动介绍所启事

延安市政府通知

白求恩国际和平医院启事

总结晋冀鲁豫反扫荡经验 刘伯承师长发表谈话

人民武装组织为军民结合环节

我军不断向烟台进击中

斯塔拉雅罗萨区红军 最近十日歼敌二万

塔斯社揭露 纳粹在近东阴谋活动

德在土阴谋已被驱逐

美法谈判 继续进行

希特勒春季攻势日近 谋攫取近东及高加索

路透社

保土国积极备战 德继续增援保土

土驻英新大使 抵伦敦

维希航空部长 视察法属西非

苏收复区人民致函真理报 控诉纳粹暴虐统治始末

德工人秘密组织

保王鲍利斯赴德 讨论德国新要求

路透社

论把文化工作推进一步

解放日报	时间	1942-3-25	期	第312期
			版	第1版

延安市工会劳动介绍所启事

本会所于一九四一年发给在延安各泥木石包工头之职业证现已失去作用，特声明作废。今后一切工程建筑均请与延市泥木石工程建筑合作社接洽是荷。

解放日報
日五廿月三年一十三國民華中 號二十二第 張一版出日今
社址：延安解放日報社 ……元六月每……

貿易局緊急啓事

本局前局長、孫副局長公出，余局長因病休養，關於凡有向本局公洽者，請與龍飛同志接洽。凡屬業務方面之事，轉與光華商店賀九貞、銀行伍爾同志接洽是荷。此啓

白求恩國際和平醫院啓事

延市泥木石工程建築合作社啓事

延安市工會勞動介紹所啓事

本會因於一九四一年發給本延安各泥木石包工頭之證照已失去作用，特聲明作廢，今後一切工程建築均請與延市泥木石工程建築合作社接洽是荷

延安市政府通知

總結晉東南反掃蕩經驗

劉伯承師長發表談話

人民武裝組織為軍民結合環節

我軍不斷向烟台進擊中

斯塔拉雅羅薩區紅軍

最近十日中殲敵二萬

塔斯社揭露

納粹在近東陰謀活動

德在土間諜已被驅逐

美法談判 繼續進行

希特勒春季攻勢日近 謀攫取近東及高加索

路透社

保土關係漸緩 保土關係趨緊

土駐英新大使 與艾登話

把文化工作推進一步

控訴納粹暴虐統治始末

蘇敦復區人民致函眞理報

德工人秘密組織

號召伙伴爭取和平 呼籲德士自動歸來

保王鮑利斯赴德 討論德國新要求

路透社

馬來聯邦太子 流亡印度

解放日报	时间	1942-3-26	期	第313期
			版	第4版

经建部铁矿熔制铁家具

【本报讯】后勤经建部铁矿，自去年在蟠龙镇开办以来，经过情形已致本报。该部为加强领导起见，近特派安子明为该矿厂长，并雇用熟练工人数名，该厂试验炼铁已有进步。过去因黏土所制熔炉未经完善，以致在熔铁过程中，往往熔炉爆炸，遭受损失，现此项缺点已改正。由该厂所炼之铁制成的家具，已有很多种类。又据调查，该矿铁层厚达一尺，铁石熔成熟铁达百分之三十，劣者达百分之十五，采铁用人工开凿，或施放火药爆炸，工人多为八路军战士。

農貸委會在綏貸放紡織貸款五十萬元
貿易局等大批棉花運綏 保證工人得到適當利益

【本報訊】邊府農貸委員會，頃決定在綏德貸放棉紗紡織貸款五十萬元，以發展該地的家庭紡織工業。該項貸款仍採用折實辦法，即貸出之款按照市價折成棉紗，還款時亦償還實物，月息一分，其生活貧苦特別困難者，並免除利息。該會現已商同貿易局、合作指導局，即由綏安運西兩區成斤棉花紡紗，以供廣大紡織之需要，使借到貸款的紡織人民，即可隨時購得棉花。同時織成布疋後，貿易局所屬的光華商店，合作指導局所屬的合作社，並負責收買其成品。農貸委員會保證紡織工人得到適當數量的利益。聞該會已擬定紡織貸款的具體辦法，規定凡具備下列條件之一者，即可請求貸款：一、參加紡織生產互助小組，或合作社及婦聯會的組織者；二、有紡車或織布機具者；三、有紡織的技術者。紡紗貸款每人貸予上等棉花一斤至十斤；織布貸款每人借給上等棉花三斤至十五斤，此項貸款每年舉辦一期。現暫定為五十萬元，必要時當酌予增加。

建設廳瞿副廳長 談綏德警區經濟建設

[illegible]

經建部鐵礦 熔製鐵傢具

[illegible]

總工會研究工人工資

[illegible]

延市的建築工資

[illegible]

定邊縣府招待士紳 歡迎兩縣新縣長就任

[illegible]

邊區農業局 設法救治鄜縣牛瘟

[illegible]

曲子、三岔的商業

[illegible]

市聲簡訊

[illegible]

後勤在職幹部學習 分經濟衛生工業交通四大類

[illegible]

邊府文委成立後 文化團體紛請登記 將全盤籌劃各團體工作

[illegible]

文藝

第一〇九期

鐘形皇后

[illegible]

希特勒的自我描寫
——創作隨筆之一——

草明

[illegible]

河（二首）

艾青

[illegible]

解放日报	时间	1942-3-26	期	第313期
			版	第4版

总工会研究工厂工人工资

【本市讯】由于物价不断高涨，工厂工人之工资，按照去年十月的规定，已□［逯］低落，现边区总工会已着手研究，并派人到各工厂实地调查，闻将拟就初步办法，建议政府及生产机关酌予提高。

農貸委會在綏貸放紡織貸款五十萬元

貿易局等大批棉花運綏

保證工人得到適當利益

建設廳霍副廳長談綏德警區經濟建設

後勤在職幹部學習

分經濟衛生工業交通四大類

定邊縣府招待士紳歡迎兩新科長就任

邊區農業局設法救治鄜縣牛瘟

邊府文委成立後文化團體紛請登記

將全盤籌劃各團體工作

總工會研究工政工人工資

經建部鐵廠　鎔製鐵條

曲子、三岔的商業

延市的建築工資

市縣簡訊

文藝

第一〇九期

鐘形皇后

蘇聯・普里什芬作　吳伯簫譯

希特勒的自我描寫

——創作隨筆之一——

草明

河（二首）

艾青

一

河流呀
你奔跑着又跳躍着
繞過荒野又跌下懸岩
從不休息也不停留
你要到哪兒去呢？

我要到東方去——
那邊有寬闊的海洋
有發怒的波濤
有悲壯的歌聲的突襲
有精壯力氣的
月夜銀色的平靜。

一九四二年二月一日

二

常常深夜的河邊
我聽見河水嘹嘹的流着
好像一群艱苦的旅行者
一步步前進，一面嘆息
他們在這冷酷的夜晚
給冰凍的下面
不斷的奔向遠方……

一切都已入睡了
但河水依然艱辛地流着
經過廣大的黑暗的地域
一直奔向黎明。

一九四二年二月二十七日

解放日报	时间	1942-3-26	期	第313期
			版	第4版

小言论　延市的建筑工资

近□［来］常常发生这样的纠纷：有些工人受工头骗了，辛苦地做了工，而得的工资却很少，或者全没有，饿着肚子找工会诉苦。有些机关的总务科或管理科拿了合同找工会，说工头拐钱跑了，但工程没有完成，又找不到工人。还有的，各个工资不同，有些过高有些过低，极不统一，等等。为什么发生这些事情？这因为：有些人不经过市工会和工程建筑合作社，而私自订立包工合同，一旦工头拐钱逃跑了便无人负责，于是建筑不能完成，工人又挨了饿。再则今年的流动工人较缺乏，供不应求，于是有些机关贪图眼前一时之便，而争夺工人，高价雇工。因此，有部分没参加工会和合作社的工头就乘机抬高工资，乱说二十五至三十元，是工会规定的工资，进行其造谣欺骗拐钱逃跑等行为。为了克服与纠正以上各种现象，避免冤枉损失，在请工建筑时，应该经过市工会与工程建筑合作社，以取得确实的保障和工资的统一。不然，不但对公家或私人建筑是个损失，对某些被骗工人是个不幸，对市工会与工程合作社信誉及工作进行是个莫大阻碍，而且造成延市工资高涨，将会影响工厂工人的情绪。

農貸委會在綏貸放 紡織貸款五十萬元

貿易局等大批棉花運綏 保證工人得到適當利益

【本報訊】邊府農貸委員會，頃決定在綏德貸放紡織貸款五十萬元，以發展該地的家庭紡織工業。該項貸款仍採用折實辦法，即貸出之款按照市價折成棉紗，還款時亦折成實物，月息一分。其生產成績特別優良者，並免除利息。該會現已商同貿易局、合作指導局，即由延安運送兩萬斤棉花往綏，以供應紡織之需要，俾借到貸款的紡織人民，即可隨時購得棉花。同時織成布之後，貿易局所屬的光華商店，合作指導局所屬的合作社，並負責收買其成品，保證紡織工人得到適當的利益。該會已擬定紡織貸款的具體辦法，規定凡具備下列條件之一者，即可請求貸款：一、參加紡織生產互助小組，或合作社及紡織會的紡織者；二、有紡車或織布機具者；三、有紡織技術者。紡紗貸款每人借予上等棉花一斤至十斤；織布貸款每人借給上等棉花三斤至十五斤，此項貸款每半年為一期，現暫定為五十萬元，必要時當酌予增加。

建設廳霍副廳長 談綏德警區經濟建設

後勤在職幹部學習 分經濟衛生工業交通四大類

定邊縣府招待士紳 歡迎兩新科長就任

【定邊訊】三月二日縣府假三師大禮堂舉行招待士紳會議，政府委員與參議會常駐會議員均全體參加。會上並歡迎趙文炳先生就任三科副科長……

邊區農業局 設法救治鄜縣牛瘟

【本市訊】三月二十二日上午農業局開會討論本年工作計劃……

邊府文委成立後 文化團體紛請登記 將全盤籌劃各團體工作

曲子、三岔的商業

過去「商無門面民無房」，「牛羊牲口一播光」。

現在 各有商號數十家，最多的資本十萬元。

總工會 研究工人工資

經建部鐵礦 ……製鐵傢具

市縣簡訊

延市的建築工資

文藝

第一〇九期

鐘形皇后

蘇聯·普里什文作　吳伯簫譯

希特勒的自我描寫

——創作隨筆之一——

草明

河（二首）

艾青

一

河流呀
你奔騰着又翻騰着
繞過荒野又跌下懸岩
從不休息也不拒絕
你要到那兒去呢？

我要到東方去——
那邊有遼闊的海洋
有蔚藍的波濤
有美麗的奇異的探險
有精壯力氣的
月夜似的平靜。

一九四二年二月一日

二

在靜寂寒夜的河邊
我聽見河水嘩嘩地流着
好像一隊無數的夜行者
一邊行走，一邊歌唱
他們在這冷寂的夜晚
從冰層的下面
不止地奔向遠方……
一切都已入睡了
但河水依然興奮地流着
經過廣大的黑暗的地域
一直奔向黎明。

一九四二年二月二十七日

中国工人　第一三期：根据地党对劳资关系的态度

一方面，为发动工人阶级积极参加抗战，必须改善工人阶级的生活状况，提高其文化程度和政治地位。另一方面，又要保证国民经济的繁荣和发展，使资本家有利可图，于是必须实行十小时工作制，增加劳动生产率。因此我党对根据地劳资关系的态度是主张劳资协调的。

中国工人　第一三期：战后雇工生活的变化

晋东南武乡县的情况

在战前，晋东南武乡的农村雇工市随着不同季候而终日劳作不息的。如在春季——天拂晓时起身，担水、喂牲口、吃早饭，早饭吃的是菜汤、谷面团子。饭后耕地，好牛三亩，坏牛一亩多，中间要休息三、四次。中午回来吃饭、喂牛，午饭吃的是菜汤、高粱面。下午牛休息，则往地里刨地边，或担粪，做到太阳下山，才回来吃晚饭，吃的是米汤炒面（一斗黑豆，二升谷子，炒后磨的面），一边吃饭，一边□［喂］牲口。半夜鸡鸣时，还要起来喂牲口一次。夏季——天到晚忙于锄草。割麦时不午睡。立夏至立秋前可睡午觉。锄草遇天下雨，躲在附近小土窑内，稍晴又要出来工作。秋季——半夜就起身下地割豆子，太阳出来时已担着一担豆子回来。早饭后割谷子，一直到天黑。晚饭后，照常□［喂］牲口。天下雨，在家推磨、剥麻，没有空闲。冬季——收割完了，有的人回到家里，做些小生意，或担炭、打柴谋些收入。不能回家的长工，半夜照旧起来喂牲口。平日推磨，没有牲口的就用人力拉，直到中午才止。下午拣谷播米，准备明天碾，或出外拾粪、割草、担煤炭。一年四季，荤菜几乎没见过。到过年时，至多吃些豆腐、饺子或面。雇工休息，一般按旧习惯。农忙时多干，秋收后略松。一年中的休息，过旧年时有十天，晴明节和十月初一日各上坟一天，端阳、中秋和七月半各休息一天，春秋两季回家换衣服，照□［例］共有十二天的假期。抗战后，农村雇工的日常工作比战前并无多大的差别；但雇工的生活，则比战前大为改善了。例如：工资——战前，工资很少，无法维持生活，常受失业威胁；战后，政府对雇工工资有最低限度的规定，起码要维持一个人的生活，雇主不能像战前那样任意减低工资。待遇——战前，雇主随便打骂工人。工作做不好，还要扣工资，没有活时，随便开除；战后这样的情形就很少发生了。饮食——

战前，一般雇工的饮食与雇主家庭所食的相差很远；战后，一□［般］已改善些了，有个别地方，能与雇主家庭吃同样的饭。衣服——战前，雇工在冬天往往没有棉衣穿；战后，大致有了棉衣。文化——战前，百分之百是文盲，经常两毛票子当作一毛花，平时唱唱民间流行的歌谣小调解闷；战后，有不少雇工已认识二三百字，能唱几个抗战歌子，参加民革室活动，有些人在开会时，还会说一套大道理。政治地位——战前，见了雇主不敢说话，雇主门前唱戏，雇主不叫看，不敢看；战后，说话自由了，要参加开会，雇主也不故意为难。在从前，雇主见了雇工无事不说话。平时也不到雇工家里“串门子”；现在，雇主与雇工相见很和气，有时也有说有笑，并且常和雇工往来。以前，雇工根本没有组织，也不准有组织；现在都参加了工会和农会。其他——战前，失业后当流氓，名为“二虎光棍鬼”。做工抽空，赌博、逛“破鞋”；战后，这种现象少了。失业了，有的参加抗日军。做工得空，到民革室上课读书，或参加抗战工作——自卫军、担架、慰劳、放哨……生活是紧张而愉快的。（华）

邊區政府十六次例會通過
提倡民衆春耕熱忱
增放農貸撥借糧食

加強在職幹部教育

賀副縣長談教育
米脂籌設高中部
師資、經費是困難問題

荒山變良田
甘泉一個自然村的調查
光華

非黨人士當選

各縣一科長聯席會議
四月十五日召開

醫大製牛痘苗
已成卅五萬支

各醫院衛生所
接收老百姓病人
一般民衆按規定納費
抗屬貧難民免費診療

新市場右溝大掃除

混入三邊活動
破壞份子

在日寇統治下的東北鐵路工人
亞人

戰後僱工生活的變化
——晉東南武鄉縣的情況——

在戰前，晉東南武鄉的農村僱工是過着不分季節而終日勞作不息的。

如在春季——天拂曉時起身，担水、餵牲口、吃早飯，早飯吃的是菜湯、谷麵圓子。飯後耕地，打牛三鍋，趕牛一鍋多，中間要休息三、四次。中午回來吃飯、餵牛，午飯吃的是菜湯、高粱麵。下午半休息，即作地裏閒地邊，或担糞，做到太陽下山，才回來吃晚飯，吃的是米湯炒麵（一斗黑豆，二升谷子，炒成磨的麵），一邊吃飯，一邊餵牲口。半夜鷄叫時，還要起來餵牲口一次。

夏季——天到晚忙於鋤草。無多時不午睡。立夏至立秋前可睡午覺。鋤草遇天下雨，就在附近小土窯內，雨晴又要出來工作。

秋季——半夜就起身下地割谷子，太陽出來時已担着一担谷子回來。早飯後割谷子，一直到天黑。晚飯後，照常餵牲口。天下雨，在家推磨、鍘草，沒有空閒。

冬季——秋收完了，有的人回到家裏，做些小生意，或租炭、打柴來增收入。不能回家的長工，半夜照例起來餵牲口。平日推磨，沒有牲口的就用人力拉，直到中午才止。下午拾谷揚栗，從黎明天就，或出外拾糞、鍘草、担煤炭。

一年四季，票拳是手沒見過。到過年時，至多吃些豆腐、餃子肉與。

僱工休息，一般按習慣。春忙時少冷，秋收後略暇。一年中的休息，過舊年時有十天，清明節和十月初一日各上墳一天，端陽、中秋和七月半各休息一天，春秋兩季回家換衣服，照例共有十二天的「閒」。

抗戰後，農村僱工的日常工作比戰前並無多大的差別；但僱工的生活，則比戰前大爲改善了。例如：

工資——戰前，工資很少，無法維持生活，常受失業威脅；戰後，政府對僱工工資有最低限度的規定，起碼要維持一個人的生活，僱主不能像戰前那樣任意減低工資。

待遇——戰前，僱主隨便打罵工人。工作做不好，還要扣工資，沒有活時，隨便開除；現在這種的情形就很少發生了。

飲食——戰前，一般僱工的飲食與僱主家庭所食的相差很遠；戰後，一般已改善些了，有的地方，能與僱主家庭吃同樣的飯。

衣服——戰前，僱工在冬天往往沒有棉衣穿；戰後，大致有了棉衣。

文化——戰前，百分之百是文盲，經常用毛錢子當作一毛花，平時唱唱民間流行的歌謠小調而已；戰後，有不少僱工已識字二、三百字，能唱幾個抗戰歌子，參加民革室活動，有些人在開會時，還能說一套大道理。

政治地位——戰前，見了僱主不敢說話。僱主門前唱戲，僱主不叫看，不敢看；戰後，說話自由了，還參加開會，僱主也不敢隨便辱罵。在從前，僱主見了僱工無事不說話，平時也不到僱工家裏「串門子」；現在，僱主與僱工相見很和氣，有時也有說有笑，並且常和僱工往來。以前，僱工根本沒有組織，也不准有組織；現在都參加了工會和農會。

其他——戰前，失業後流浪，名爲「二流光棍鬼」，做工抽菸，賭博，進「破鞋」；戰後，這種現象少了。失業了，有的參加抗日軍。僱工得空，到民革室上課或讀書，或參加抗戰工作——自衛軍，担架，慰勞，放哨……生活是緊張而愉快的。

（華）

中國工人　第一三一期

根據地區對勞資關係的態度

一方面，儘量鼓勵工人階級積極參加抗戰，必須改善工人階級的生活狀況，提高其文化程度和政治地位。

另一方面，又要保證國民經濟的發展和發展，使資本家有利可圖，於是必須實行十小時工作制，增加勞動生產率。因此我們對根據地勞資關係的態度是主張勞資協調的。

——日寇統制東北勞工的機關——
勞工協會

一九三八年，日寇在東北設了一個「勞工協會」。表面上看來好像是一個群衆組織；而實際是幫助政府執行勞動統制和強制勞工的機關。

在新京（長春）設勞工協會中央本部，受敵偽民生部大臣的指揮。在各省設有支部，支部長由省公署次長兼任。各縣設「勞工協會出張所」，所長由副縣長兼。在偽滿當「副長」的都是日本人，所以勞工協會的重要職位，從中央本部到出張所的負責人，都由日本人擔任。

勞工協會的日常工作：是管理勞動市場與「勞工宿泊所」（工人旅館）招募與統制勞工，發勞動票，締結統制協定等。

一九三九年，將華北各地之「大東公司」，改爲「勞工協會關外部」，向平、津、山東一帶，招工出關。這不僅是統制東北對外的招工，而且表示它的魔手已伸入華北來了。

（待）

記……生活的片斷（續完）
陳文希

解放日报	时间	1942-3-28	期	第315期
			版	第3版

晋西北纺织增产

【新华社晋西北二十六日电】晋西北纺织第一厂为晋西北较优工厂之一，创立于一九三九年，当时为一合作社之生产部，资本仅五千元，一九四〇年初由行署接收时仅每月产布三十疋，同年四月曾经过一度整理。现该厂有纺织机七百二十余架，工人一百余名，工人生产技术，大为提高，织布工人每天已由三四丈增至一捆半，质量方面也大有改进。去年四月至十二月全厂共产布四千二百十二匹，及袜子数百打。成本方面，亦设法使其逐渐减低，去年五月为百分之二五,八九月则降至百分十二。闻今年该厂计产布一万疋。

敵後戰爭日益殘酷

華北寇軍到處放毒

毒烟毒米毒鞋無奇不有

强迫人民組織大量散佈鼠疫

晉西北臨參會籌委會

積極推進選舉工作

決定於今年「七七」召開參議會

晉西北紡織增產

中央研究院討論整頓三風

陳樹人撫慰觀察僑工作

緬英軍總司令亞歷山大訪渝返緬

敵機擾陝

晉察冀邊區本年開始義務兵役

服役期限三年期滿待謠退伍

信箱

建立「黨八股病院」

編者同志：

沂蒙山區反掃蕩展開中

來自民間

記八秩老人李丹生

莫艾

老人題贈本報

中國能分期歸還貸款

美戰時經濟局長瓊斯聲稱

各地戰況

解放日报	时间	1942-3-29	期	第316期
			版	第4版

经济建设　新正今年织布千匹　无定河植树三千株

【新正讯】本县全县干部联席会，决定开荒三千亩，运盐一千六百驮，增加纺纱机与织布机共一千四□［百］十架，产布一千疋，纱二千四百斤，增畜牛、驴、骡、马共六百三十头，羊二千只。为减轻人民担负，今年运盐分三期完成任务。头期至本月底完成三百驮，由老百姓运回。此后均由政府组织的运输队负责运输。

【新正讯】县联社，于本月十一日召开全县社员代表大会。决定：一、全县要扩大股金六万五千元。二、县联合作事业，归民众自己管理，并改善合作干部生活。三、根据精兵简政原则，配备使用干部。四、加强工厂领导及生产效率，并扩大运输队，吸收私人加入。

【绥德讯】绥德农业试验场，于十七日邀请各机关、学校、部队、团体等讨论今年植树问题，决定今年全市植树三千株，种类以榆树及椿树为主，地点全植于无定河岸，并决定以四月一、二、六、七、四日为植树日期，至是日各机关学校部队均须自带工具及水桶集体栽植。

【鄜县讯】县府定三月三十日——四月五日为“植树周”，每人植树一株。动员各界参加。

邊區政府公佈 違警罰暫行條例

凡妨害緩（？）務、秩序、交通、風化、衛生、及他人身體或財產之違警行為，均得分別予以處罰。

【本市訊】

延安中區八鄉土地問題

（普查材料）

黎林

民廳視察研究室

今年中心工作——

研究各級政府組織機構與行政制度；邊區「三三制」實施情形。

【本報訊】

經濟建設

新正今年織布千疋 無定河植樹三千株

【新正訊】

【綏德訊】

延市公安局 舉行全市戶口登記 動員市民進行衛生工作

【本市訊】

【又訊】

延市商民大會 討論市內衛生 推銷儲蓄獎券

【本報訊】

中央印刷廠職工大會 檢討半年工會工作

民眾呼聲

父親賣了她！

秀蘭

文藝

第一〇一期

山溝中

羅烽

從阿爾卑士山歸來

法國 A．都德作

（未完）

解放日报	时间	1942-3-29	期	第316期
			版	第4版

中央印刷厂职工大会检讨工会半年工作

【本报讯】中央印刷厂职工会于三月二十六、七两晚，举行全体会员大会，总结第十五届执行委员会半年来工作及改选，到会者有边区总工会代表及该厂全体职工同志二百余人。去会场路上到处有红绿的竞选标语，“选举××同志，他工作努力，活跃……”。开会后，首由工会主任万启盈同志报告半年来的工作。谓略半年中工会处于下列特殊环境：行政领导机构经过数次的变动，当时工人的工作情绪，处在生产低潮，劳动纪律松怠，经济的更加困难及工会没有得到上级很多的帮助。这些原因，都影响到工会工作。主要缺点是对各方面工作，没有很好布置与检查，调查研究工作，没有很好的总结经验教训。优点方面：工会领导热烈参加了边区选举运动，参加延安青年反法西斯代表大会，与延市工友举行联欢，并在教育方面部分更趋实际等。对今后工作提出：改变工会组织形式，执委会改为工会委员会，设委员五人候补委员两人，工会下设四个部：即组织部、教育部、俱乐部、劳动保护部。在教育方面，根据中央在职干部教育的指示，将技术文化提到主要地位，此外复有政治时事教育（包括策略教育），并组织具体问题报告，过去装门面作风，必须勇于打破。报告完毕进行讨论，大家踊跃发言多指出工作中的缺点，如在组织工作方面，小组不健全，没有按期开会，没有确定小组长的任务，自我批评不够，在小组会上没有很好讨论问题，今后必须选出有能力的人负责，领导方面要有中心，经常检查与督促。教育工作方面，今后分组要慎重，不要使文化太不齐的人编在一块，教学上要用启发式，反对填鸭式。劳动保护部要注意清洁卫生……俱乐部活动要普遍，不要太偏重于打球。二十七日晚进行选举。

邊區政府公佈違警罰暫行條例

凡妨害安寧、秩序、公務、交通、風化、衛生、及他人身體或財產之違警行為，均得分別予以處罰。

【本市訊】繼政府甘寧邊區保護自由法令頒佈之後，邊區政府特頒違警罰暫行條例……

延安中區八鄉土地問題

（普查材料）

黎林

民廳視察研究室

研究各級政府組織機構與行政制度，邊區三三制實施情形。

今年中心工作

【本報訊】民政廳最近設視察研究室……

延市商民大會

討論市內衛生推銷儲蓄獎劵

經濟建設

新正今年織布千疋

無定河植樹三千棵

【新正訊】本縣各保幹部聯席會，決定開荒二千畝，還擬增加紡紗機與織布機共一千四百架，紡布一千疋，紡紗二千四百斤，增喂牛、驢、騾、馬共六百三十頭，羊二千隻。

延市公安局

舉行全市戶口登記

動員軍民進行衛生工作

民衆呼聲

父親賣了她！

秀蘭

中央印刷廠職工大會

檢討工會半年工作

文藝

第一〇一期

山溝中

留烽

從阿爾卑土山歸來

法國A．鄧德 作

（未完）

解放日报	时间	1942-3-30	期	第317期
			版	第4版

经建部一、二月生产成绩

商业：二十八万元　工业：产煤五十万斤　布四千六百匹　毛线百六十万斤

【本市讯】后勤经建部今年全部工作的布置，首先是紧缩了组织，除运输处外，处以下科的建制，一月份一律取消，改设或设干事，与经常联系的单位，实行了合编，整个组织机构，向精干强化踏进了一步。一、二月份的工作中心是：健全各科制度，整顿纪律，调整人力、物力、资金，以求彻底纠正零乱的生产方式，做到相对的集中经营。在这一任务下面，各单位的工作作风上，管理经营上，顿呈一变，工作效率与各方改进，也都初步正规化。两月来商业上计获利润二十八万元，工业方面，造纸完成五百余刀，石炭五十万斤，布四千六百余疋，毛线一百六十余万斤。

邊參會確定 今年徵糧十六萬石 徵草一千六百萬斤

政府保證不借糧不買糧

【本報訊】陝甘寧邊區今年的救國公糧，前日邊參會確定為十六萬石，救國公草也確定為一千六百萬斤。和去年徵收公糧二十萬石，公草二千六百萬斤的數量比較起來，公糧減收百分之二十，公草減收百分之四十。

[illegible]

消息傳出農人說：

「那就更好了，我們多收些糧就不要多出公糧了。」

[illegible]

邊區教育廳總結新文字冬學工作

志丹延安最好 延川慶陽最差

[illegible]

清澗植棉三千垧

[illegible]

經建部一、二月生產成績

商業：二十八萬元

工業：產煤五十萬斤

布四千六百疋

毛線百六十萬斤

【本市訊】後勤經建部今年全部工作的佈置，首先是緊縮了組織，除[illegible]外，[illegible]一月份一律取消，[illegible]，實行了合網，[illegible]，向[illegible]化[illegible]了一步。

一、二月份的工作中心：是[illegible]，[illegible]紀律，調整人力、物力、資金，以求[illegible]的生產方式，做到[illegible]的集中經營。在這一任務下面，各單位的工作作風上，管理經營上，[illegible]一變，工作效率與各方改進，也都[illegible]正規化。兩月來商業上[illegible]二十八萬元，工業方面，[illegible]五百餘刀，石炭五十萬斤，布四千六百餘疋，毛線一百六十餘萬斤。

「誠懇、實際、有恆」

在建廳歡迎會上 霍副廳長勉同仁

【本市訊】[illegible]

更正

[illegible]

文藝

第一一一期

作家面前的「坑」

蕭軍

[illegible]

山莊中（續完）

羅烽

[illegible]

解放日报	时间	1942-4-2	期	第320期
			版	第1版

陕甘宁边区工业职业学校续招新生

（简称边区工业学校）

本校招生人数尚有余额，现又增设工业化学及采矿冶金两科故特展期续招新生。（一）宗旨：培养工业技术人才。（二）分科与年限：本校共分纺织，矿冶，机械，工业化学四科。纺织矿冶两科，修业期为二年，机械，工业化学两科，修业期为三年。（三）课程：（一）普通课程，国文、数学，物理化学，会计学识，工业管理；（二）各科专修课程，及工厂实习（详见简章）。（四）招考名额：六十人。（五）投考资格：年龄在十六岁至二十五岁之间的男女青年具有高小毕业程度初中程度均可投考入校后依程度高低分班学习。（六）投考手续：四月三十日以前来延安南门外边区工业局本校报名，随到随考。（七）待遇：学习期间全部免费，毕业后可自谋职业，或由本校介绍工作。

解放日報

中華民國三十一年四月二日　第三二〇號　今日出版一大張

社址：延安解放日報社　本期零售二角　每月六元　半年卅二元　全年六十元

軍渡敵砲轟朱家川

發砲千餘三分之一為毒氣彈

在本報改版座談會上

毛澤東同志號召

整頓三風要利用報紙

批評絕對平均觀念和冷嘲暗箭辦法

晉東南八路軍組慰問團

慰問難胞撫輯流亡 全力幫助墾荒春耕

山東分局婦委 調查婦女工作

太行山區

軍民修水利

漳河中段築堤興工

牟平等地集敵六千

膠東軍民迎擊敵掃蕩

魯偽軍千餘結隊投誠

華北黨政軍民關係密切

八路軍積極協助地方建設

社論　是戰略反攻還是攻勢防衛？

我駐印專員 沈士華赴任

晉西北偏關縣府

根絕收復區煙毒

確定收煙辦法

國府公佈國家總動員法

容市登記戶口

加強戶籍管理

解放日报	时间	1942-4-2	期	第320期
			版	第2版

新中国工厂赶制春衣　二十六天三千五百套

【本市讯】新中国被服厂的工作时间已经增加到十一小时，并发起了“五一”竞赛，他们的目标，是完成七千套春衣，该厂是刚从被服合作社分出去的：缝衣机十架，工友约三十名，（内有女工和学徒占半数）因开工太迟，在四月份尚留下三千五百套未缝好，按现有生产力每机日产十一二套，以四月份二十六天劳动日计算，只能缝出三千套，离四月底完成总任务尚缺五百套。全体工友热烈地响应了厂长所提出的增加一小时工作时间的号召，为保证竞赛的胜利，并组织了各股组干部，具体分配人力使用缝机，全体工友抱着坚强的信心，卷进了竞赛中，从四月一日起，坚决执行下列竞赛的原则：（一）遵守厂规；（二）保证完成生产任务并提高质量；（三）愉快地对待工作；（四）爱护公物，节省原料；（五）抓紧时间认真学习和娱乐。个人和集体的（小组）英雄主义的劳动热忱，充溢在新中国被服厂，他们保证在四月底给同志们穿上春衣。

鄜區疫病流行 衛生當局趕籌預防 並組防疫隊往疫區協助

荷鋤扶犂策牛而耕 延市春耕普遍開始

農村兒童斷片

于令

優待技術幹部 每月津貼三十五元至一百元

蒙民移住邊區 邊府貸款兩萬元

本報革新前夜 訪詢各界意見

莫艾

邊區銀行朱行長返延 談物價高漲原因

響應「留守兵團文化年」 某旅撥款五十萬元 關中某團選編文化教材

新中國工廠趕製春衣 廿六天三千五百套

綏德新店區 租佃問題多

延市北區衛生檢查 綏德兒童死亡率驚人

民衆呼聲 我沒土地種

康文德

來函照登

解放日报	时间	1942-4-3	期	第321期
			版	第1版

难民工厂招请工人、学徒启事

（一）名额：不拘，凡有纺纱、织布、染色、打铁、鍊铁、木工等之技术工人及青年有志愿从事上项职业之学徒或雇工，均受欢迎。（二）体格：须以健壮而无宿疾者为合格。（三）待遇：除本厂供给食、宿、衣服、用具外，每月工资从优。（四）接洽处所。一、延安南门外边区工业局。二、安塞高桥川本厂。三、各县县政府四科。四、本厂驻外各县办事处。（五）来厂路费，伙食由本厂供给。

解放日報
中華民國三十一年四月三日　第三二三號　今日出版一大張
社址：延安解放日報社　每月六元　全年六十元　本期零售二角

延市參議會定期召開一次大會

新市鄉政府改選成立

中英訂中印航約

重慶加爾各答通航

滬敵沒收物資發給物主空頭債券

——謂待昭和卅年向戰敗國取償

緬甸前綫沉寂

美空軍活躍泰緬境 炸敵機場阻其進展

魯中敵寇

敵千餘犯博山受挫

晉西敵被迫南撤

敵機襲浙贛

【中央社吉安二日電】敵機三十八架，今日分四批襲贛，第一批十架，第二批九架，第三批十九架，由撫州竄入南豐，在城郊投彈。

【中央社上饒二日電】沉寂已久之浙境，日來又在浙境內活動，一日敵機四十九架，分四批侵襲浙境之蘭水、衢縣。

敵遣偽滿人員赴內蒙加緊奴化統治

社論　鄉選開始

印度教大會等聲明拒絕英方建議

阿沙德尼赫魯訪克利浦斯

國民大會委員會延期召開

兒童節大會明天舉行

兒童圖書館將揭幕

第一卷（上）

边区政府废除羊毛税

动委会决定春耕期间不得任意动员

【本市讯】边府为了发展边区牧畜，已在第十七次政务会议上通过，从今年起全边区的羊毛税、完全废除；在四月一日，发出命令和布告，命令各级政府，遵照执行。

【本市讯】边区动委会重新改组情形，已志上月本报。兹悉该会于四月一日假交际处召开第一次常委会议，讨论改组后组织机构，及春耕期间不得任意动员两问题。李副主席宣布四月一日为新动委会成立之日。继谓：“林主席自鄜甘视察归来，即感到动员必须统一。否则既累人民，又影响工作效率。同时指出边区今天存在着‘食之者众、生之者寡’的严重问题，为要克服这个危机，只有减轻人民的义务劳动，使大量的劳动力用在发展农业上；因此春耕期间各机关及下级政府不得任意动员。对春耕问题李副主席着重指出要防止老户欺新户的积习，必须让移民组织自己的新村，同时政府还要切实执行对于移民在三年内不收公粮的决定。经讨论后，并决定以林李主席为正副主任，推选刘景范为动委会秘书长，从动委会正式成立之日起，举凡一切有关动员工作，必须呈准动委会始能办理。闻新的动员条例已交祕书长起草，准备在第二次常委会通过施行。”

解放日报

中华民国三十一年四月四日　今日出版一大张

社址：延安解放日报社　每月六元　零售每份二角

公粮公草数目确定后 农民积极计划春耕

[illegible]开生荒不弃熟荒

各地宣传工作仍须深入展开

【本报讯】[illegible]

晋察冀公布办法 援助敌区同胞抗日

各地区士绅富户壮丁络绎归来

【新华社晋察冀二日电】[illegible]

敌国资源缺乏之 华北敌搜括铜铁粮食 南洋则争时

敌在新加坡 捕我侨胞三千

传敌在缅甸西岸登陆 日军进逼普罗梅南郊

边区优待移民 拨款廿万元

半月来移延难民达六百人

边区政府废除羊毛税

动委会决定 春耕期间不得任意动员

【本市讯】边区政府为了发展边区牧畜，已在第十七次政务会议上通过，从今年起，全边区的羊毛税，完全废除：在四月一日，发出命令和布告，命令各级政府，遵照执行。

【本市讯】[illegible]

冀鲁豫边区敌锋顿挫

新四军血战宿迁

【新华社[illegible]】[illegible]

社论

在游击战争环境中 在职干部教育是可能和必要的

[illegible]

难民工厂土经土纬布试织成功

【本市讯】两年以前许多人已经想到这个问题，就是当洋纱断绝了的时候怎么办？年前难民工厂就试以土纱代洋纱作经线，但工人多感困难毫无信心，今年因为洋纱几乎绝市，而乃不断地试织。现已经制成了土经土纬布；用两支土纱做经纱，加配一支土纬或两支土纬织成斜布或方布，这种布在质上并不亚于洋经土纬。质软经穿，结实异常。在量上过去每人每月可织宽尺布十八匹，现在亦可织十五匹。这种方法解决了纺织业中最大的困难。难民工厂自四月份起将全部以土纱织布。

留政李部長關中歸來
談駐軍教育生活
冬季演習成績佳文化食糧缺乏

[illegible]

整頓三風
總政、建廳
規定檢查工作大綱
中央醫院分四週進行

[illegible]

記八路軍幹部子弟學校

曾艾狄

[illegible]

延市籌款七十萬
建大衆俱樂部

[illegible]

十八集團軍衛生部
關於上半年防疫工作的指示

（一）上半年最易流行的幾種急性傳染病：一、傷寒二、鼠疫三、急性胃腸炎四、霍亂五、天花六、白喉。

[illegible]

難民工廠
土經土緯布試織成功

[illegible]

西北局在職幹部
補習學校成立
李卓然同志親任校長

[illegible]

「土地政策」發佈後
留守兵團戰士安心
他們分得的土地有了保障

[illegible]

甘泉縣參議會
將召開二次大會

[illegible]

全國各地小學教師
待遇微薄生活艱苦

四川　[illegible]

貴州　[illegible]

雲南　[illegible]

湖南　[illegible]

江西　[illegible]

福建　[illegible]

浙江　[illegible]

河南　[illegible]

陝西　[illegible]

廣東　[illegible]

重慶　[illegible]

解放日报	时间	1942-4-6	期	第324期
			版	第2版

经建部第一炭厂主任郭垣才工作不负责营私舞弊

支部予以最后严重警告　行政上决定将他撤职查办

【本市讯】后勤经济建设部企业处第一炭厂主任郭垣才同志，于一九三五年入党。他在日常工作态度上表现了不负责任，他曾经这样说："上有经建部，下有窑头。"由于这种错误观点的发展，郭垣才同志由失掉工作立场而被落后分子所利用，由自己不负责任，从领导地位转到被人指挥，造成很多不必要的损失。当人报告付他："炭窑快塌了！必须即日兴工架撑，不然就不能继续开采。"他从不进窑去视察，只是呈请上级拨款，命令下级修筑。后来上级检查工作时，才发觉这是工人捏造的，而领的公款，已经工诸流水了。第二次工人又报告："窑内风洞阻塞，空气缺乏，工作无法支持，请求另开风洞。"而郭垣才同志并没有接受上次的教训去做实际的调查，甘受骗局，仍然拨款，又浪费公款三百六十余元。此外郭垣才同志的私有观念也很浓厚，他有一个原则是个人高于一切，因此营私舞弊就贯彻在他全部行为中，当炭厂和供给部交炭领粮的机会，他每一大斗五十元领回，换小斗四十元卖出，这是舞弊方法之一。其次是不忠实，虚报账目和私造单据。同时又以克扣下层，抽斤换两等手段，已入私囊的有五百八十二元四角五分，可是他却不肯坦白承认，伪称该款寄存民众剧团内弟杨全保处。后经杨证明并无此事，他才默认。综合郭垣才同志的各种错误，当经支部大会通过，予以"最新严重警告"，行政上决定将其撤职查办。

晉西北積極準備春耕

行署指示 幫助反掃蕩中被毀農戶

延市東區難民移民 借得農貸努力開荒

邊府委員會今日召開

高步範高崇山兩委員 廣集民情來延出席

安副議長告警區同胞 號召節約儲蓄 購買儲蓄券發展紡織業

覺醒聯盟開盟員大會

經建部第一炭廠主任郭垣才 工作不負責營私舞弊 支部予以最後嚴重警告 行政上決定將他撤職查辦

敵軍「掃蕩」詭計多端 軍民聯合始能克敵制勝

晉西北敵加强特務活動

重慶公務人員將實行 日用品定量分配制

工廠工資將以實物爲標準

財廳被服廠五一生產競賽

各地紀念兒童節

泰和

恩施

韶關

昆明

貴陽

洛陽

贛省糧食增產

國內簡訊

醫大擬製豚霍亂疫苗 缺少菌苗希各界幫助

教廳開會 歡迎賀副廳長

黨的生活

檢查始末

軍事學院的黨性檢查

吳　强

黨性鍛鍊的標準

軍事學院政治部訂

解放日报	时间	1942-4-6	期	第324期
			版	第2版

工厂工资将以实物为标准　财厅被服厂五一生产竞赛

【本报讯】边区总工会于前日召集延安各工厂当局讨论工人工资等事，朱总司令、邓发同志莅该会指导。中央印刷厂、工业合作社、军事工业局、中财处，均派有代表参加。目下物价高涨，工人工资则未依比例增加，影响工人生产情绪甚大。此问题颇为复杂，会上经五小时讨论未有最后结论，据总工会文教主任张力克同志说，以后工资涨减，可能以实物为标准。并规定大致较统一的工资。又闻政府方面，待总工会讨论结束后，或将有新工资条例颁布云。

【本报讯】财政厅被服厂，为迎接"五一"国际劳动节，特发起"反法西斯生产比赛"，日期由四月一日起至五月一日止，规定办法如下：完成六百套者为特等，奖金四百元。完成五五〇套者为头等，奖金三百元。完成五〇〇套者为二等，奖金二〇〇元。完成四五〇套者为三等，奖金一〇〇元。

晉西北積極準備春耕

行署指示 幫助反掃蕩中被毀農戶

延市東區難民移民 借得農貸努力開荒

邊府委員會今日召開

高步範高崇山兩委員 廣集民情來延出席

安副議長告警區同胞 號召節約儲蓄

購買儲蓄券發展紡織業

覺醒聯盟 開盟員大會

工作不負責營私舞弊 支部予以最後嚴重警告

經建部第一炭廠主任郭垣才 行政上決定將他撤職查辦

敵軍「掃蕩」詭計多端 軍民聯合始能克敵制勝

教廳開會 歡迎賀副廳長

晉西北敵 加強特務活動

重慶公務人員將實行 日用品定量分配制

各地紀念兒童節

泰和

恩施

韶關

昆明

貴陽

洛陽

贛省糧食增產

醫大撥製霍亂疫苗 缺少菌苗希各界幫助

國內簡訊

黨的生活

軍事學院的黨性檢查

吳強

檢查始末

黨性鍛鍊的標準

軍事學院政治部

工廠工資將以實物為標準

財廳被服廠五一生產競賽

【本報訊】邊區總工會於前日召集延安各工廠當局討論工人工資等事……目下物價高漲……影響工人生產情緒甚大。此問題頗為複雜，會上經五小時討論未有最後結論……以後工資……可能以實物為標準。……又聞政府方面待總工會討論結束後，即將有新工資條例頒佈云。

【本報訊】財政廳被服廠，為迎接「五一」國際勞動節，特發起「反法西斯生產比賽」，日期由四月一日起至五月一日止。規定辦法如下：完成六百套者為頭等，獎金三百元。完成五〇〇套者為二等，獎金二〇〇元。完成四五〇套者為三等，獎金一〇〇元。

收买破纸启事

本队为了补救造纸原料之不足，特决定收买大批破纸，希各界同志多多收集函告，或直接送本队造纸厂均可。收买办法如下：一、印刷纸头每斤大洋四元；二、普通破纸每斤大洋三元；三、直送本队每斤加运费大洋三角。

中央教导大队建设队启本队造纸厂住西川枣园

解放日報
中華民國三十一年四月七日　第三二五號　今日出版一大張
社址：延安解放日報社　每月六元　本期零售二角

九十師紅軍增調南綫
前日擊落德機百架
近一週內斃敵四萬

英戰時內閣
檢討印各黨派覆文
英工會主張印組臨時政府
阿沙德尼赫魯晤約翰遜

中共中央宣傳部
關於在延安討論中央決定及毛澤東同志整頓三風報告的決定
（四月三日）

港僑歸來 已達五十萬人

後方火柴專賣 即將實行

晉西北 獎勵植樹

邊府委員會第一日
聽取邊府工作報告
李副主席指出行政工作缺點
謝副議長建議確定討論中心

解放日报	时间	1942-4-9	期	第327期
			版	第2版

中央印刷厂生产超过计划三月份排字三百余万

振华分厂造纸超过百分之十八　华侨毛织厂工人增加产量提高

【本市讯】自“一九四二年要生产四千万字”的口号，在中央印刷厂提出后，该厂工人同志的生产热忱大大提高了，三月在排字部全体同志努力之下，在校对科，浇字部、刻字部、纸版部、电机部很好的配合，共排了三百一十二万八千多字，加上□［还］字共六百多万，超过原订计划一十二万余。至于机器部、装订部亦全部完成任务。并据该厂负责同志谈，三月份因原稿关系而处于半停工状态者有七天之久，因个别校清样同志不能及时到厂校对而受损失者达五十多小时，否则生产数量尚不止此数云。

【甘泉讯】洛河川振华一分厂，三月份生产八十三令印刷纸，超过计划百分之十八点六，创造了该厂成立以来的最高纪录。特于一日晚开会总结，创造优良成绩者计有：候立民一一七刀（每刀二斤十两重），袁启发一四六刀（二斤半重）王开武一二五刀，魏修书一二六刀，学徒斛登云一〇〇刀。高玉兰一二〇刀。工务科邝同志报告：“打浆组阎正龙、高海海一天下三碾，提高生产量三分之一，洗浆组杨立成坚持“工作不完不下工”。这都是值得大家学习的。不过也有个别坏的现象：例如晒纸组丁志祥、王学知，捞纸组王学礼在工作时间打架，打浆组马瑞堂工作时睡觉等，都是影响生产，违反劳动纪律的。……”最后更指出今后应注意的几点：（一）因为全厂工人只占学徒十二分之一，所以应该努力提高技术；（二）注意质量，接受总厂“突击数量，影响报纸印刷”的教训；（三）注意清洁卫生和健康；（四）保持工作经常性。最后，工友们在会上提出：“保证四月份一〇〇令计划胜利完成。”

【又讯】振华纸厂第一分厂，为了加速完成本年生产八百四十令纸的任务，全厂职工热烈响应边府“增加战时生产、加工一小时”的号召，经全厂职工讨论后，已于四月一日开始实行，现全厂生产情绪极高，捞纸组工友说：

"我们多捞一张纸，多印一张报。"

【本市讯】西北华侨实业公司毛织厂，筹办已有两月余，内部设备逐步充实，工人亦源源增加，现已有工人八十多人，生产热情很高，每架织毯机每天能织毯四床至六床，弹毛机每架机子，每天能弹毛五十斤至六十斤。成品销路亦相当大，只联合商店一家一天就能售出八十床至一百床。工人们都说："这是华侨工厂的成绩，我们大家都应努力的生产，使得更多的华侨同胞，都愿意到我们边区来开办工厂使我们边区经济更加有办法，我们的生活也能过得更好"。另一工人说："华侨在我们边区开工厂，还算是第一次，我们怎能不好好底干"。工厂为了工人能更加发挥积极性，和行政上取得密切的联系，日前已召集工人大会，把工人都组织起来，成立了工会。

解放日报	时间	1942-4-9	期	第327期
			版	第2版

边区总工会决定纪念“五一”办法

【本市讯】总工会决定更实际的迎接第五十六周年的“五一”国际劳动节，预防为“五一”而纪念“五一”的形式主义的毛病，现将其纪念的实际办法简摘如下：第一、各级工会必须深刻地检查对边区施政纲领第十二条规定的：“调节劳动关系，实行十小时工作制，增强劳动生产率，适当地改善工人生活”。执行的实情如何？第二、各级工会必须从上而下，从下而上地彻底检查与清算工会工作中的主观主义、形式主义的毛病，及得出纠正的积极办法。第三、农村工会除上述任务外，当前必须着重春耕检查，和广泛地向会员及农民传达解释政府今年征收公粮十六万石、公草一千六百万斤，并保证不借粮买粮，及不收羊毛税的决定。第四、各地应在工人集中地区进行纪念，或联合附近的工厂共同进行纪念。纪念形式要简单，内容要切实。并不以劳民伤财为原则。

中央印刷厂生产超过计划
三月份排字三百余万
振华分厂造纸超过百分之十八
华侨毛织厂工人增加产量提高

【本市讯】自「一九四二年要生产四千万字」的口号，在中央印刷厂提出后，该厂工人同志的生产热忱大大提高了，三月在排字部全体同志努力之下，在校对科、浇字部、刻字部、拼版部、电机部很好的配合，共排了三百一十二万八千余字，加上缀字共六百多万，超过原订计划一十二万余。至于机器部、装订部亦全部完成任务。惟该厂负责同志谈，三月份因原稿关系而处于半停工状态者有七天之久，因个别校对同志不能及时到厂校对而导致损失者达五十多小时，否则生产数量尚不止此数云。

【甘泉讯】洛河川振华一分厂，三月份生产八十三令印刷纸，超过计划百分之十八·六，创造了该厂成立以来的最高记录。特于一日晚开会总结，创造优良成绩者计有：欧立民一一七刀（每刀二斤十两重），高启发一四六刀（二斤半重）王开武一二五刀，钱栓尚一二六刀，解登云一〇〇刀，高玉兰一二〇刀。工务科郑同志报告：「打浆组同正瑞、高海海「天下三碾」，提高生产量三分之一，洗浆组特立成坛「工作不完不下工」。该组是值得大家学习的。本月也有个别坏的现象：例如抄纸组丁志群、王焕如，捞纸组王德峰在工作时间打架，打浆组马瑞堂工作时睡觉等，都是影响生产，违反劳动纪律的。……」最后更提出今后应注意的几点：（一）因为全厂工人只估总数十二份之一，所以应该努力提高技术；（二）注意质量，接受后厂「唤醒剧社，剧团根据印刷」的教训；（三）注意清洁卫生和健康；（四）保持工作经常性。最后，工友们在会上提出：「保证四月份一〇〇令计划顺利完成。」

【又讯】振华纸厂第一分厂，为了加速完成本年生产八百四十令纸的任务，全厂职工热烈响应边府「增加几时生产，加工一小时」的号召，经全厂职工讨论后，已于四月一日开始实行，现全厂生产情绪极高，捞纸组工友说：「我们多捞一张纸，多印一张报。」

【本市讯】西北华侨实业公司毛织厂，成立已有两月余，内部组织逐步充实，工人亦渐渐增加，现已有工人八十多人，生产热情很高，每架织机每天能织毯四床至六床，弹毛机每架机子，每天能弹毛五十斤至六十斤。成品销路亦相当大，只联合商店一家，一天就能售出八十床至一百床。工人们都说：「这是华侨工厂的成绩，我们大家都应努力的生产，使得更多的华侨同胞，都愿意到我们边区来开办工厂，使我们边区经济更加有办法，我们的生活也能过得更好」。另一工人说：「华侨在我们边区开工厂，这算是第一次，我们应当好好干干」。工厂为了工人能更加发挥积极性，和行政上取得密切的联系，目前已召集工人大会，把工人都组织起来，成立了工会。

边区总工会决定
纪念「五一」办法

【本市讯】总工会决定更实际的迎接第五十六周年的「五一」国际劳动节，预防为「五一」而纪念「五一」的形式主义的毛病，现将其纪念的实际办法摘录如下：

第一、各级工会必须保障的检查对边区施政纲领第十二条规定的：「调节劳动关系，实行十小时工作制，增强劳动生产率，适当的改善工人生活」。执行的实情如何？

第二、各级工会必须从上而下，从下而上的澈底检查与清算工会工作中的主观主义、形式主义的毛病，及得出纠正的积极办法。

第三、农村工会除上述任务外，当前必须帮着春耕检查，和广泛的向会员及农民解释边区政府今年征收公粮十六万石、公草一千六百万斤，并保证不借粮贷粮，及不收伞毛税的决定。

第四、各地应在工人集中地区举行纪念，或联合附近的工厂共同举行纪念。纪念形式要简单，内容要切实。并不以劳民伤财为原则。

行政工作的困难
一个县长的谈片

记者

第二次边区政府会议，所集中讨论的问题，是怎样能使政令下达，怎样使边区的各级的工作做好。下面就是安塞县县长邵清华同志关于她自己亲身经验的谈片。

×　×　×

我平日的时间充满开会，县府日常琐事大半由秘书处理，但也很少有比较充裕的时间来看书，处理什么问题。

×　×　×

政府有政务会，政府委员会，以及民政、财政、教育、建设、粮食、锄奸、救济、选举、征粮、保卫等各种委员会，保健委员会，除了这样特殊不同的问题，须由不同的各科科长参加外，县长、秘书、保安科长、保安队长各主任均参加。这些委员会在县级上，是与政务委员会是平行的。

×　×　×

科务会议总结起来，最多每周六次，最少的开会两次，大概没有记录。开会的目的，一般的法是为了个别问题，不是为了研究什么的。

×　×　×

此次征粮时期中，有些区长，在接到县政府命令后，首先看是什么事情，假如与公粮无关，就丢下不管，或者只是随意看上一看。这种现象的发生，原因当然很多，但工作联系不好，没有正规制度，同时动员工作太多，这都是主要的原因。

×　×　×

有时动员工作规定时间，而机关转到一起时，偶然的许多忘掉了一两件，这是常有的事。或者由于地理上一起，结果什么都做不好。

×　×　×

各科有时很忙，但有时也很闲，自己研究工作的习惯，是很少的。

×　×　×

区乡的干事会议，平均不到两月就开一次，我来了六个月，开了四次区长会，内容两次为了运盐，两次为了征粮。

×　×　×

在大动员工作下，干部们减下去负有一定的任务，但他们不能管其他日常工作，就放弃了其他工作，这些现象是一时不能克服的。

×　×　×

在这次「精兵简政」中，由于干部的缩编，所受影响很大。县以下干部质量没有提高，而数量却减少了。现在县上只有一个[illegible]。

大后方一个贫农家庭的负担

留耿

在陕西汉中区[illegible]有一贫农家庭，种地六亩，共四口人。男子在外从军，女在家中持家务，另外有两个小孩，一个七岁，一个三岁，七岁的尚未读书。这个家庭的生活全靠这个家庭妇女来维持。自她丈夫离家后二载，从未寄过钱来。[illegible]一日三餐不得一饱，[illegible]以供零用。就是这样一个家庭，在一九四一年的负担有如下的数字：

（一）军麦：每亩地需缴军麦二升五升，六亩地共缴军麦一石五斗，分两期出，第一期在上半年出了七斗五升，第二期在下半年又出了七斗五升，共计一石五斗，约值洋五百七十元（按市价每斗三十八元计算）。政府只发给了五十七元（按每斗三元八角发的），实际上[illegible]。也就是说这家在一九四一年出军麦实际上约值洋五百一十三元。

（二）田赋：在一九四一年上半年出了五元四角，下半年田赋改征实物，六亩地又出了一斗二升麦，约值洋四十五元六角。计交田赋一次，须洋五十一元，每年必须交纳一次，所谓「交纳田赋，是人民的天职」。

此外零星的出麦子一升、二升不等，约有好几次，大约有二斗麦的样子，约值洋七十六元。（这零星出的麦子是由保甲长私自摊派的，乡间人总是不大问清楚的，所以结果也就不知道为什么出的。据一般推测，不外是「人情」，或保甲人的伙食费等）。

（三）经费杂款：包括联保经费、以及保甲长的支应招待费（日常无费一并摊在一块摊下的）。老百姓对这些钱也不大问清楚，仍是摊派着出。一次出了五元，一次出了六元，一次出了九元，三次共出了二十元。零星还出一元、二元不等，约有好几次，共有十五元的样子，全年计出了三十五元。

（四）戏票钱：县政府在城关内修建戏院，没有人看，县政府强迫命令保甲长给各家挨户派戏票，每张一元。不管你看与否，收了戏票就得出一元钱。一年共做了两次戏，出了两元，实际上有的只看了一回戏。

本村演戏，每家须出一元钱，谓之：「摊戏钱」，凡有钱之家，都要出钱。这家当然也有一份，所以也出了一元钱。

（五）巡更守夜费：自新县制实施后，白日有联防守哨，夜晚有巡更守夜，由全村人轮流挨家巡更，以防盗匪。有壮丁之家，就由壮丁去巡更，[illegible]一次三元，十二个月共三十六元。

以上五项共出了七百一十四元，[illegible]出一百一十九元的捐税，约估每亩地的年产量百分之三十一，即每亩地每年要把出产量三分之一的东西交给政府。

从这捐税负担方面的情形，另外在劳动力方面，因没有人，也要经常雇工劳动力。计在一九四一年雇工劳动力有如下数目：

（一）耕地：耕一垧地二十四元（每亩四元），一九四一年共耕了三垧，共七十二元。播种时，须要犁耕一次，共十八元（每亩三元），计共耕地出洋九十元。

（二）施肥：播种后，施肥一次，共须四日，每日雇两人，四日共八人，每人每日工资二元，计共十六元。

（三）锄草：麦苗出生后，要锄草。锄草一次，共须三日，每日雇一人，工资两元，三日共六元。

（四）收获：割一亩麦四元，六亩共二十四元。[illegible]计共十八元。[illegible]收获一次，约出了三十二元。

全年雇劳动力共出了一百五十四元，加上捐款七百一十四元，共计八百六十八元。估全年总收入量（麦子六石，值洋二千二百八十元，麦草一千二百斤，值洋一百二十元，共二千四百[illegible]元）的百分之三十六，这超过全年总收入量的三分之一。

由以上情形看来，就可知大后方农村中一般农民生活穷困的原因。所以陕西北民间有这样一句流行的话：「[illegible]」

边区剧运零讯

【绥德讯】一二〇师「战斗剧社」，于廿九日抵本市后，即积极在该地整理排演，[illegible]月，决定排演曹禺先生名剧「北京人」。

【关中讯】「西北剧团」、「关声」两剧团，在精兵简政的原则下，现已合并，定名「八一剧团」，有团员九十余，直属关署政治部领导，并从上月十日起，开始学习半年。

【关中讯】关中剧团于日前举行开学典礼，进行正规的学习。

工会干训班毕业同学
订立工作公约

【本市讯】边区总工会于去年十月间，开办了一期工会干部训练班，年底毕业时，同学们自动发起订立一个「工作公约」，以便大家回到工厂后，仍能取得密切联系，实行互相检查，藉此推动自己的工作与学习，切实完成总工会所给予的任务。公约六条，介绍于下：

一、积极参加本厂工会工作。

二、努力提高文化技术。

三、坚决执行总工会的一切决议与指示。

四、定期向总工会报告自己的工作与学习情况。

五、同学间每两月至少互相通信一次，交换工作意见，

六、违背公约者，应受全体同学的批评。

在文化技术学习上亦起模范作用，只是同学之间通信交换工作意见，做得还不够。

[illegible]

是下种的时候了

忠民

[illegible]把握住播种生长时间的长短，和各地气候的不同，选择适当的时间下种，对于庄稼生长、增加产量，都有很大的关系。

为了抓紧时间，[illegible]

延安乡选消息

【本报讯】[illegible]

【本报讯】[illegible]

【本报讯】[illegible]

赤水华池
教师联合会改选
规定在职干部教育计划

【赤水讯】赤水教师联合会于日前进行改选，王金璋同志当选主任。于组织问题，决定联合会改为三人，各区设主任一人；教联合会的中心工作，是帮助各教员学习，参加组织教师学习辅导委员会，参加者有县长等七人。

【华池讯】本县在职干部教育，现已具体规定，他的方针是「为什么，学什么」，在组织方面，按照各人程度，分为研究、干部、识字三组。[illegible]

一得书

焕南

大文章不易写，只好写点小文章。[illegible]

「一得书」是取「愚者千虑必有一得」之意，[illegible]

把骨头硬起来

延安市府人员说：「不遵守法令的，大都是公务人员」。「市府权威低落，党、政、军、学人员藐视市府法令」。「要求政府提高市府权威」。（见「解放日报」）

「提高市府权威」，完全应该；[illegible]

「懂得」，「养成习惯」，不是容易的。要「三令五申」，[illegible]

因此，市政府应该：

首先，每一法令，总要慎重考虑，顾到各方面，通过一定的法定手续。[illegible]

其次，要忍耐。[illegible]

[illegible]

四月四日

延市工会召开工头联席会
赞成参加建筑合作社
认购储蓄券三千元

【本市讯】延市工会于三月廿九日召开延市工头联席会，讨论参加工建合作社及购买储蓄券问题，计到有工头廿五人。[illegible]

大后方
地主商人操纵合作社
政府农贷贫民不得实惠

【本报桂林讯】[illegible]

又讯：[illegible]

【本报韶关讯】[illegible]

第一卷（上）

解放日报	时间	1942-4-9	期	第327期
			版	第2版

工会干训班毕业同学订立工作公约

【本市讯】边区总工会于去年十月间，开办了一期工厂工会干部训练班，年底毕业时，同学们自动发起订立一个“工作公约”，以便大家回到工厂后，仍能取得密切联系，实行互相检查并借此推动自己的工作与学习，切实完成总工会所给予的任务。公约六条，介绍于下：一积极参加本厂工会工作。二努力继续提高文化技术。三坚决执行总工会的一切决议与指示。四定期向总工会报告自己的工作与学习进程。五同学间每俩月至少互相通信一次，交换工作意见，[。] 六违背公约者，应受全体同学的批评。据最近的考查，大部分的同学都积极参加了工会工作，在文化技术学习上亦能起模范作用，只是同学之间通信交换工作意见，做得还不够。

解放日报	时间	1942-4-9	期	第327期
			版	第2版

延市工会召开工头联席会

赞成参加建筑合作社认购储蓄券三千元

【本市讯】延市工会于三月二十九日召开延市工头联席会，讨论参加工程建筑合作社及购买奖券等问题，计到有工头二十五人，工会干部三人。首由工会肖主任报告工合的好处，首先就是对工人工头都有利：（一）可避免工头间你抢我夺的不正当现象，可调剂配备工人，使工程快完成；（二）技术与工具得以改良，如大工程用大车牲口运输，以便节省许多不必要的人力去加强建筑；（三）保证可以赚钱，可改善生活，把各人暂时不用之钱集中起来存在合作社可生利。另一方面，合作社有了基金，如遇工人无工做时，可得到合作社帮助，而且还可救济贫苦失业伤亡工人等。其次对建筑的主方也有好处，因工建合有一定基金，建筑合同及手续全由工合负责，所以有人说工建合工资太高是不对的，目前因工人少，工程多又急需工人，工资虽稍高一点，但为使公私建筑得到保障，这是完全必要的。（过去，财政厅给艾克亮包窑洞三个二千一百元，但时间延长了，工资增加了三次而工程尚未完成；又有建设厅修李家桥与王保全订合同一万元，工程虽已完成但该工头欠下工人七千元而逃跑了。）工建合是工人自己的，全延市工人工头，都应团结到工建合里来，采取集体包工办法。随后就是工头们发言，李凌盛说："工会为工人谋利益，合作社是工人的合作社，进了股连本带红利都是工人的，当然我们应该参加合作社"。各工头都异口同声赞成加入合作社，并一致议决：（一）关于股份与分红，每股十元，凡承认一股者即为社员，工头包工赚赔百分之八十归工头，百分之二十归合作社，每半年分红利一次。（二）文教费由市工会合作社向工头收集百分之二，作为工人教育，建立俱乐部及救济伤亡工人之用。（三）储蓄奖券流动工人可认购三千元，按各个工程大小，工人多寡分配蓄券由工头负责在四月半推销完毕。最后进行选举，田茂华、李怀尚、李清元三人当选为常委，负工合总责，此外选出：李凌盛（杨家领）、李芳新、雷国泰（北门外文化沟）、顾汉清（西区）、王义真（王家坪东关桥儿沟）、赵怀英（南关）、任义山（市场）、杜良迎（西北局沟杜甫川）等八人为工建合委员，代表合作社分工领导各该处工程建筑。

中央印刷廠生產超過計劃　三月份排字三百餘萬

振華分廠造紙超過百分之十八　華僑毛織廠工人增加產量提高

【本市訊】自「一九四二年要生產四千萬字」的口號，在中央印刷廠提出後，該廠工人同志的生產熱忱大大提高了。三月在排字部全體同志努力之下，在校對科、鑄字部、刻字部、紙版部、電機部很好的配合，共排了三百一十二萬八千字，加上涼字共六百多萬，超過原訂計劃一十二萬餘。

工會幹訓班畢業同學　訂立工作公約

是下種的時候了

忠民

一得書

煥南

延安鄉選消息

行政工作的困難——一個縣長的談片

紀哲

邊區總工會決定　紀念「五一」辦法

大後方一個貧農家庭的負擔

留耿

邊區劇運零訊

赤水華池　教師聯合會改選　規定在職幹部教育計劃

延市工會召開工頭聯席會　贊成參加建築合作社　認購儲蓄券三千元

大後方　地主商人操縱合作社　政府農貸貧民不得實惠

延安新华化学工业合作社

启者本社产品，新华肥皂等，自本月份起，由光华商店，联合商店，新中国商店负责推销，概不另行批发。特此通告，尚希各界鉴谅延安新华化学工业合作社谨启。

四月九日

解放日报
中华民国三十一年四月十日 星期五 第三[illegible]八号 今日出版一大张
社址：延安 解放日报社 每月六元 零售每份二角

边府委员会昨闭幕
通过要案廿七件
完成精兵简政加强干部教育

【本报讯】边府委员会第二次会议，昨日举行第四次会议，出席委员高岗、李鼎铭等十人，各厅处负责同志列席，由李副主席主持，会议通过要案二十七件。计民政十四件，建设、财政、会计八件，教育二件，司法二件，保安一件。

[illegible]

边区参议会二次会议
关于政府工作的决议

[illegible]

孟加拉湾发生海战
传敌在印海岸登陆

[illegible]

中央医院启事

（一）本院为便利小儿科门诊，但因[illegible]

[illegible]

社论
英印谈判

[illegible]

巴坦形势危急
敌包围美菲军左翼
守军弹尽力竭退至新防线

[illegible]

重庆加紧防空

[illegible]

整顿三风在敌后
新华日报华北版
检查新闻编写工作
惩判主观主义商讨改进办法

[illegible]

澳洲举行作战会议
盟国空军出击古邦获胜
敌在缅伦加等地登陆

[illegible]

我政府拨款
救济逃难缅民

[illegible]

华北根据地
敌在占领区施行物资交换

[illegible]

解放日报	时间	1942-4-12	期	第330期
			版	第2版

迎接“五一”劳动节　兴华工厂加紧生产

新华化学厂进行学习竞赛

【本市讯】为迎接“五一”劳动节，兴华纺织工厂发动四月份为生产突击月，规定在本月内，完成一百五十匹宽洋布；五十二打毛巾（按三月份只生产宽洋布九十匹，三十打毛巾）。一日已开始进行。工友们情绪很高，每人都具有超过规定数目的决心。据统计，一日到七日，所出产数量，已超过全三月份二分之一强。

【本市讯】新华化学厂工会组织全厂学习竞赛，来迎接“五一”国际劳动节，该厂于九日晚召开动员大会，当即决定厂内竞赛条例，及对外——中央印刷厂、纬华纺毛厂、交通纺织厂、光华药厂等——挑战书，并于十日全体职工大会通过。学习竞赛条例内规定之时间，为自本月十一日起至二十八日止。共分甲、乙、丙三个小组为单位。竞赛纪律分自习及上课两方面，时间秩序考绩等都有明确规定。课程计有数学、化学、新文字、时事四门，按各组程度具体规定学习范围。并积极发挥学习的积极性和经常性。纠正自高自大、好高骛远的不良现象，要虚心向人学习，要勇于助人的精神。对外挑战书由于职业不同，故学习课目就无法规定。挑战基本原则如下：（一）按照本厂学习纪律；（二）质量提高；（三）不妨碍日常生产；（四）检查笔记；（五）按时总结；（六）出版竞赛刊物，闻该项挑战书已于十一日分送各厂。该厂并规定竞赛期内，每□［二］□出版学习壁报一次。

甘泉民衆努力春耕
春麥小蘇均已下種
兩次農貸放出十五萬元

魯藝舉行四週年紀念
成立整頓三風總檢查委員會

米脂各界
慰勞河防將士

整頓三風
西北局宣傳部擬定討論辦法

邊區醫專檢查工作

山東分局婦委委員
陳若克同志壯烈殉國

「北京人」五一上演

迎接「五一」勞動節
興華工廠加緊生產
新華化學廠進行學習競賽

延大同學舉行黨與非黨員座談會

印度學聯召開全亞反日青年大會
延安青年反法西斯臨委會馳電致賀

延安中國青年反法西斯臨時委員會
四月八日

邊府下令
嚴禁私賣公糧

根據地介紹三　晉西北抗日根據地
若衡

（一）概況

（二）政權

（三）生產建設

（未完）

整頓三風遍及敵後
北嶽區羣衆團體
總結檢查務期克服缺點

行政學院決定
研究「十八種文件」後
再進行工作檢查

貿易公安稅務三局再度規定
禁烟入口販賣辦法

經濟部發表
全國省營工業概況

康德與文出版局十地糾紛
已獲解決

後方物價狂漲
原因在囤積居奇

探訪通訊部啟事

第一卷（上）

解放日报	时间	1942-4-15	期	第333期
			版	第1版

难民工厂招请工人、学徒启事

（一）名额：不拘，凡有纺纱、织布、染色、打铁、鍊铁、木工等之技术工人及青年有志愿从事上项职业之学徒或雇工，均受欢迎。（二）体格：须以健壮而无宿疾者为合格。（三）待遇：除本厂供给食、宿、衣服、用具外，每月工资从优。（四）接洽处所：一、延安南门外边区工业局。二、安塞高桥川本厂。三、各县县政府四科。四、本厂驻外各县办事处。（五）来厂路费、伙食由本厂供给。

奖励植棉增加产量　东三县植棉贷款增至一百一十万元

【本报讯】东三县植棉贷款总额，原定延长三十万元，延川三十二万元，固临二十二万元，共计八十四万元，现因各该县农民需款颇急，在边府增拨农贷的决定下，农贷委员会决增至一百一十万元。据该会负责人阎志祥同志谈：彼近由东三县工作返延，延长棉贷即将发放完毕，延川、固临正在贷放中。上列三县农民，亦因去年负担尚未十分公平之故，出卖耕牛、农具与迁移的现象亦颇多，棉贷发放后，至少已能使农民继续安心生产。他们借得了贷款后，可以购存粮食及用具，这虽然已经不是“棉贷必定要直接用在植棉的生产上”，但济急之作用，间接也扩大了植棉的区域。例如延长三区，去年植棉只二百多垧，发放棉贷十一万元后，现已增种二千二百多垧，以该县一般平均每垧出产净花六十斤计，则该区即可年产净花十三万二千斤。在开始宣传调查的时候，老百姓都以为是“谣言”，“公家那有钱借给咱们”，反以多报少，不□实话，各县农贷委员会，当即打破宣传调查老的一套，随到随放，老百姓见果然借到了钱，各□［乡］农民立即踊跃组织棉贷小组，因此求过于供，现延长、延川棉贷，决各增至四十万元，固临增至三十万元。在贷放过程中的缺点：第一是部分区乡各级干部不太关心，认为这又是一件麻烦的工作；第二是在这一两个月内，物价波动太甚，棉贷方法是折实还实，以至相当影响到工作；第三是民主精神发扬的不够，由于某些干部要私情，做人情，不需借的倒借上了，需要借的反而借不到，这给予工作以不少损失。这是一个最大的缺点。假如民主精神充分发扬，则棉贷一定得到更好的效果，例如延川城区某棉贷小组里面，混进了“二流子”，当棉贷工作干部说明小组应负连带责任时，有几个农民就立起身来对那“二流子”说：“王老二，你去年种一垧棉地还弄坏，今年要种五垧，骗鬼，咱们可不负责任！”那“二流子”竟老起面皮说道：你们不负责，我来负责，我愿当小组长。其余的农民们都用手指着他的脸道：“你当！你当！你当我们就都退出。”那想骗钱的“二流子”终于被赶出棉贷小组以外了。阎志祥同志说：“由此可见，在□村里无论做任何工作，没有民主就不会做好”。

解放日報
中華民國三十三年四月十五日　第□□□號　今日出版一大張
社址：延安解放日報社　本期零售二角　每月六元

陝甘寧邊區合作社聯合會啟事

茲訂於本月十九日（星期日）上午九時在延安市新市場銀行大禮堂召開成立大會，希各會員屆時出席為荷。

合作社聯合會籌備會啟　四月十四日

難民工廠招請工人學徒啟事

（一）名額：不拘，凡有紡紗、織布、染色、打鐵、鑄鐵、木工等之技術工人，及青年有志願從事上項職業之學徒或雜工，均所歡迎。

（二）體格：須以健壯而無宿疾者為合格。

（三）待遇：除本廠供給食、宿、衣服、用具外，每月工資從優。

（四）接洽處所：一、延安南門外邊區工業局。二、安塞高橋川本廠。三、各縣縣政府四科。四、本廠駐外各縣辦事處。

（五）來廠路費、伙食由本廠供給。

日蘇中立協定週年

真理報社論　警告敵法西斯派

空談在北方進行吞併戰爭　首將造成日本自身的損害

……協定乃日蘇關係長期演進之結果，同時亦為對蘇聯並非濟於那些可以任意被人侵犯的國家這一顯明真理之理解底結果。……

……由於長時期之經驗，日本統治集團業已了解與蘇聯維持和平與善鄰關係，比由各種法西斯冒險企圖吞併貪慾所引起之經常衝突要有利得多。……

被軍事冒險沖昏了頭腦的各軍事法西斯派必須了解：他們空談在北方進行吞併戰爭，將首先遭成損害，而尤其是對於日本自身。如果日本能夠慎重考慮，則處在目前複雜之國際形勢中，日蘇中立協定亦將保持其對於兩國民族之重要性。

維希內閣倉卒改組

親德巨魁賴伐爾再次登台

二百萬萬元偽鈔　氾濫華北幾等廢紙

人民拒用遭敵慘殺

印度洋上　發現敵龐大艦隊

伊洛瓦底前線繼續進兆

粵南游擊隊　毀敵機一架

狂暴無恥聞所未聞　華北敵竟採用「攤派自首」

「皇軍實力雄厚」原是偽軍裝腔

亂　破曉前的黑暗

獎勵植棉增加產量　東三縣植棉貸款增至一百一十萬元

櫻花節日

覺醒聯盟山東支部　向日本兄弟作宣傳

解放日报	时间	1942-4-15	期	第333期
			版	第2版

边区总工会将召集各工厂工会干部联席会议

边区总工会决定“五五”召开延安附近二十余工厂工会干部联席会。预定开会三天，议事日程有:（一）新工资标准与劳动合同准则的修改问题;（二）工人教育的改造问题；（三）依照整顿三风精神检查各级工会工作的内容与办法问题；（四）公营厂内工会工作的方针与任务问题。出席会议以现任的工会委员为限人，人数按各工厂人数比例而定。（三十人以下的出席一人，六十人以下的二人，百人以下的三人，百人以上的四人，二百人以上的五人。）并将邀请各厂及党的负责人出席参加。

毛主席號召全邊區部隊研究「紅四軍九次黨代表大會決議」

留守兵團發出訓令 規定學習研究辦法

怎樣清查土地

——延安縣實際工作經驗之一

整頓三風 消息一束

總政直屬隊

三五九旅政治部

三邊進行防疫 合水流行病蔓延

邊保司令部

政聲報

行政學院

西北黨校

邊區總工會將召集各工廠工會幹部聯席會議

邊區總工會決定「五五」召開延安附近廿餘工廠工會幹部聯席會，預定開會三天，議事日程有：（一）新工資標準與勞動合同準則的修改問題；（二）工人教育的改造問題；（三）依照整頓三風精神檢查各級工會工作的內容與辦法問題；（四）公營廠內工會工作的方針與任務問題。出席會議以現任的工會委員為限，人數按各工廠人數比例而定。（卅人以下的出席一人，六十人以下的二人，百人以下的三人，百人以上的四人，二百人以上的五人。）並將邀請各廠廠方的負責人出席參加。

邊府通過節約案

一科長聯席會即將舉行

綏德等縣一科長談民政工作

一得書

煥南

客多於主

團結

不應該白吃飯

民眾呼聲

不是公家人 禁止穿軍裝

——延安市城內西山居民李清田

——本報記者莫艾代寫

团结工厂

三个月产布千匹　振华纸厂上月未完成计划

【本市讯】团结工厂于日前召开今年第一次工作总结大会。首由顾厂长报告三个月来生产布一千一百匹，毛巾二千余条，这是从克服困难中得来的成绩，有时洋纱没有了，改织土纱，有时土纱只剩十多斤，但在大家努力下，工作始终未停。他又讲到这三个月来领导上的缺点，希望大家批评！全体同志当即诚恳地说出领导上处理问题有时只凭主观，而不顾及工人的情绪和要求，以致引起大家的不满，还有解决问题太慢等缺点。

【安塞讯】振华造纸总厂，三月份生产计划为二百令，结果仅完成一百五十四令，生产计划未能完成原因很多，主要的由于少数落后分子有意消极怠工。已经该厂职工大会决议补足办法，落后分子亦已承认错误。全厂职工大会上首由工务科长报告生产计划未能完成的原因，谓："……天气渐暖，河沟解冻，泥水洗浆不净，影响捞晒，再是去年所存熟料用完，现用干料蒸煮（冻冰不能泡料），生熟不均，对质量（纸上很多的细小柴棍，不便印刷），数量都有很大影响，但最主要的还是由常心亮等个别落后分子借要求提高工资，有意消极怠工，工友有意见应该好好讲，坦白直接的提，不应有这种行为。不仅影响生产，且对不住抗日军队，对不住老百姓，对改善工人生活提高工资也有相当的影响，工厂生产不出，就不能提高工资，只有利敌人，给敌造机会，这种行为应严厉清除。"后宣布四月份二百令的生产计划，大家热烈讨论，常心亮当场向大会承认错误，宣誓痛改前非，交工会常委会处分，继由生产委员宋俊杰号召全厂进行四月份竞赛补偿三月份损失，当时全厂热烈响应，职员提出半天完成行政工作，半天参加生产，反务科保证不出生□［锅］。不下粗料，最后由王厂长结论着重指出要严格调查质量。

西北局召開幹部會議

成立邊區學習總委員會

執行中宣部「四三」決定

領導黨政軍民學習

研究討論文件日期

各組學習時間分配

談精兵簡政

陶鑄

延長參議會做到三三制

共產黨員退出二十人

邊府籌備成立

邊區防疫委員會

撥款購買疫苗等器材

四月十四日

學山之夜

——隴東行之一

本報特派記者　海稜

四月五日晨於大勞山

團結工廠

三個月產布千疋

振華紙廠上月未完成計劃

【本市訊】團結工廠於日前召開今年第一次工作總結大會，首由該廠長報告三個月來生產布一千一百疋，毛巾二千餘條……

【安塞訊】振華造紙廠，三月份生產計劃爲二百令，結果僅完成一百五十四令……

北區二鄉參議會

選舉鄉長

帮助民衆解决春耕困難

鄜縣府擬借糧五百石

請邊區銀行發農貸十萬元

邊區農校

培養縣級農業科員建立考試制度

葭縣甘泉

成立勸儲分團

開始推銷儲蓄券十四萬

東南聯大成立

設七院暑期招生

市府主持下

募集商股七十萬元

建築大衆俱樂部

軍政雜誌

前線畫報停刊

敵幹校等土地糾紛

乃因登記手續引起

國內簡訊

【中央社永安十一日電】

解放日报	时间	1942-4-18	期	第336期
			版	第2版

建厅决定工厂工资以实物为标准

难民工厂等“五一”生产竞赛

【本市讯】关于工厂工人工资十六日建厅又召开第二次会议讨论。决定以实物为标准按米价计算支付货币工资（物品部分仍按去年决定），依轻重工业作标准估定工资高低，分工人、学徒、职员三类。工人——重工业每月每人一斗至二斗（三十斤计），轻工业八升至一斗六升，学徒——重工业四升至八升，轻工业四升至六升；职员待遇交各生产领导机关研究另定。以上决定呈交政府批准，于“五一”正式公布。

【本市讯】边区各工厂工人工资自去年“五一”增加工资后，九月间又有新的决定。近来物价高涨，边区总工会曾于四月四日召开经济机关负责同志座谈会，草就陕甘宁边区战时工厂集体合同暂行准则，此次提交建厅会议讨论研究，该暂行准则包括工作时间、例假、工资、学徒职员待遇等共八章于建厅会议上修正通过，详细文件，待边府批准后公布。

【本市讯】为迎接“五一”节，各工厂掀起热烈竞赛，难民纺织厂、振华造纸厂、兴华制革厂、卫生材料厂等共同发动生产及娱乐竞赛，规定优胜工厂奖锦旗一面，劳动英雄奖金五十元。

延川等縣獎勵植棉
子長種棉農戶增多

【延川訊】延川縣植棉工作團，依照「獎勵辦法」於四月八日開始獎勵。計得到獎品的農戶共有四十八名，甲等九名，乙等二十一名，丙等十八名；獎勵的物品，甲等一把鋤，一頁鏵，乙等二把鋤，丙等兩頁鏵；在會場上並實物獎勵，並到處張貼着獎勵布告。

【子長訊】子長去年試驗植棉共十二垧，棉農三十一戶，今年得獎棉農十五戶。東二區四鄉去年植棉農戶馬治祥種了一畝棉地，收花廿三斤，得獎二頁鏵。馬治祥很覺光榮，他在大會上說：「種棉花是好事，除了二十三斤花，又得了二頁鏵，鏵可耕地，二十三斤棉花自己搓了布，又有衣穿。」他拉着群眾的夾襖，高興的說：「現在外頭買不來布，咱們自己織自己穿，今年我要多種一垧棉花地。」各區已因受馬治祥影響都要求種棉。四鄉現在已統計好的植棉地有十七垧。二鄉的去年植棉僅六垧，今年已增加到廿六垧，三鄉去年植棉半垧，今年也增加到了十一垧，四鄉今年植棉十七垧，三個鄉今年植棉有五十四垧，比較去年植棉增加了七倍多，尚有一、五、六鄉未統計在內。

確東二區的植棉情形來說，子長今年植棉地可增加十倍。但今年植棉要完成二千畝預定的數目，恐怕還成問題，因為：（一）大部份老百姓還沒有植棉的習慣。（二）去年植棉未豐收。（三）植棉工作做得不深入。

【子長訊】……決定子長爲植棉……並在……家廟（在來家坪）……工作者在本年春耕期內，除……外，並在示範家廟附近進行巡迴指導工作。

邊區文協舉行座談會
歡迎綏德等分會代表

【本報訊】邊區文協於十六日舉行座談會，歡迎綏德等分會代表……

鄜縣成立保護森林委員會
全縣植樹四萬株

【鄜縣訊】……

增選消息

【本市訊】……

風沙延綏道
隨區雜記之一
本報特派記者　海燕

……

豫東僞軍一部反正

【中央社洛陽十七日電】……

研究毛澤東同志整頓三風報告的反映心得
敵區工作委員會　總支委

樂同志學習報告

（一）三大報告與四大決定的研究情形……

（二）我對於毛主席四大報告與中央決定的認識……

（三）研究時的困難和缺點……

（未完）

劉同志的學習報告

……

邊區工業局
設紡織染實驗館

【本市訊】邊區工業局成立紡織染實驗館……

鄜縣淳耀整頓小學
減少數量提高師資
◇協助私塾進步◇

【本報鄜縣訊】……

中央管理局
幹部文化補習學校
舉行開學典禮

【本報訊】……

迎接護士節
中央門診部
選舉模範護士

【本市訊】……中央門診部於四月十五日……

解放日报	时间	1942-4-19	期	第337期
			版	第2版

迎接五一劳动节　难民兴华等四厂联合举行运动大会

振华纸厂发动生产竞赛

【安塞讯】难民纺织厂，兴华制革厂，振华造纸厂，八路军制药厂拟于五月一日二日举行纪念“五一”运动大会，大会筹委会已告成立，积极进行筹备工作。运动会竞赛项目，有体育，戏剧，及歌咏。并决定兴华制革厂，振华造纸厂，八路军制药厂各选出劳动英雄三名、难民纺织厂选劳动英雄六名。大会经费二千元（内包括劳动英雄奖品），这个决定已传到各工厂，各工厂工人异常兴奋，已积极准备各项竞赛。

【安塞讯】振华纸厂总厂为纪念“五一”国际劳动节，响应工会提出：“以生产竞赛纪念“五一”之号召。各生产小组提出互相竞赛，工作人员每日抽出三小时帮助各组生产，分厂向总厂挑战，其竞赛条件：（一）按人数比例，总厂与分厂的产量为二与一之比、保证质量要好（轻、细、白、整齐）。（二）遵守劳动纪律及厂规。（三）注意卫生，减少病号。总分厂各出“战斗小报”及“叠活三日刊”以反映生产的情形，突击数目总厂为二四〇令，分厂为一二〇令。

各縣一科長聯席會開幕
劉縣長報告民政工作

邊區學習總委會 正式通過執行中宣部「四三決定」修正計劃

西北局成立 邊區宣傳總委

大後方土地 價格一致上漲

一得書

煥南

迎接五一勞動節
難民興華等四廠 聯合舉行運動大會
振華紙廠發動生產競賽

【安塞訊】難民紡織廠，興華製革廠，振華造紙廠，八路軍被服廠將於五月一日二日舉行紀念「五一」勞動大會，大會籌委會已告成立，積極進行籌備工作。該為會競賽項目，有體育，戲劇，及娛樂。並決定興華製革廠，振華紙廠，八路軍被服廠各選出勞動英雄三名，難民紡織廠選勞動英雄六名。大會經費二千元（內包括勞動英雄獎品），預備決定已備有公宿，各工廠工人與會異常，已積極準備各項競賽。

【安塞訊】振華紙廠總廠為紀念「五一」國際勞動節，響應工會提出：「以生產競賽紀念『五一』」之號召。各生產小組提出互相競賽，工作人員每月抽出三小時幫助各組生產，分廠向總廠挑戰，其競賽條件：（一）按人數比例，總廠與分廠的產量為二與一之比，保證質量好（韌、細、白、整齊）。（二）遵守勞動紀律及廠規。（三）注意衛生，減少病號。總分廠合出「戰鬥小報」及「發表三日刊」以反映生產的情形，與摹數目總廠為二四〇令，分廠為一二〇令。

中央學習總委會成立
領導研究廿二個文件

邊區零訊

研究毛澤東同志 整頓三風報告的反映心得

王同志的學習報告

邊區郵局
發表無法投遞郵件清單

張家畔全體商人 討論繁榮市場辦法

公務員須認購戰時公債

滇桂修路

更正

解放日报	时间	1942-4-21	期	第339期
			版	第2版

迎接“五一”

华侨交通等厂产量提高，绥德洛河滩工厂举行竞赛

【本市讯】华侨纺毛厂由工友们自动提出，决定举行“五一”生产竞赛半个月（从四月十六日起）。竞赛条件：一、听从工务科的指导及调动；二、爱护工具节省原料；三、突击生产不妨碍经常学习；四、工作时不吵嚷保持肃静；五、不迟到早退；六、正面提出意见，不在暗中发牢骚。竞赛项目分：弹毛、合股、织布、织毯、导纬、导线、漂染、修理等各项。评判及给奖：全分一百，质量占三十，数量占三十，条文占四十,六十分以上有奖，一百分奖二百元，九十分奖一百五十元，八十分奖一百二十元，七十分奖八十元，六十分奖五十元。并有竞赛委员会的组织，在开始的三天内，生产量平均增加百分之三十，如毯子由每日产十四床增至二十床，运线二十五斤增至四十斤。在竞赛期中樊富贵、暴思敬又大显身手，两个人日织十一床，共机子五架，而产量超过一半。又有绰号杨司令的是一个残废，过去曾被人讥为“落后”分子，现在站在生产的最前线了。

【本市讯】交通纺织厂，近来生产量激增，由日产布十余匹，增至三十匹，甲等线由每日每人纺六两增至十四两，打纱由每日二斤增至四斤。上升原因有：工资法变动，按件给资，生活条件改进，而重要者乃系在迎接“五一”号召下大家特别兴奋。又讯：新华化学厂发动学习竞赛以后，一周来已作到每日学习三小时，全体到课，集体自习。工人们说：“过去觉得自习时间太长，现在反觉不够用了。”有的说：“在竞赛中消灭了火气，不再吵嘴了。”“我们在学习竞赛中反倒增加了生产，紧张了生活”。

【绥德讯】洛河滩各工厂为了迎接“五一”劳动节，提高生产热忱，已按照各厂不同的工作，规定出生产竞赛办法，及劳动英雄的标准，并成立评判委员会。在奖励方面，分团体及个人两种。个人头等奖洋三十二元，二等二十五元，三等二十元，四等十五元；团体奖以按期完成生产量并超过百分率为标准，予以奖旗，锦帐分为头二三四五等。

劉廳長報告精兵簡政

科長聯席會第三日

精兵要提高軍隊質量　簡政要加強政府工作

【本報訊】二十日民政廳劉廳長在「科長聯席會議上報告「精兵簡政」問題，他在報告開始前先就保障人權財產問題略加解釋，並提出個人意見，他認為：「一般不良現象的發生，主要是政府本身執行得不夠，政府所頒佈的施政綱領，幹部沒有切實研究，在群衆方面也沒有很好的宣傳。」「軍政民中間的一些糾紛，除加強軍隊教育，幫助軍隊解決困難外，還應教育人民愛護自己的軍隊」。「擁民公約規定辦法是很好的，懂得的要經過民主，改造舊東西，吸收舊東西裏面的好的部份」。

劉廳長關於「精兵簡政」的報告，內容主要有三點：（一）精兵簡政實質：是的方面就是支持長期抗戰，須使人力物力調整得當，克服困難，爭取勝利。（二）關於精兵簡政的意義：精兵並非只在減少幾個兵，而是要加強提高部隊質量，提高軍隊質量，加強教育，使每一個兵都很精幹。簡政並不是減低政府力量，而是要加強政府工作，提高政府力量，把幹部適當的加以調整，使每人都站到適當工作崗位上。（三）各級如何執行精兵簡政？劉廳長指出：在精兵方面，應精自衛軍、保安隊加強訓練，使各區實際情形定出計劃進行。簡政方面，在幹部人員的配備上，要適合今天的情況，避免犯頭大腳小的毛病，無文作用的機關即予合併取消；政令要統一，要適下級能了解，計劃要能行得通，「朝令夕改」，「一個命令」，以及政令繁瑣等現象，一定要改正。研究制度要有中心，有計劃，有檢查，切實走上正規化。

迎接「五一」

華僑交通等廠產量提高

綏德洛河灘工廠舉行競賽

【本市訊】華僑紡毛廠由工友們自動提出，決定舉行「五一」生產競賽半個月（從四月十六日起）。競賽條件：一、聽從工務科的指導及監督；二、愛護工具節省原料；三、對學生產不妨礙課常學習；四、工作時不吵嘴保持肅靜；五、不遲到早退；六、正面提出意見，不在背後議論。競賽項目分：紡毛、合股、織布、織毯、染色、修理等各項。評判及給獎：全分一百，質量佔三十，數量佔三十，條文佔四十，六十分以上有獎，一百分獎二百元，九十分獎一百五十元，八十分獎一百二十元，七十分獎八十元，六十分獎五十元。該有競賽委員會的組織，在開始的三天內，生產量平均增加百分之卅，如毯下山每日由十四床增至廿床，織毯由廿五斤增至四十斤。在競賽期中幾個積極份子，像身手，兩個人日織十一床，共織了五架，而產量超過一半。又有紡織部的第一個落後，過去曾被人稱為「落後」份子，現在站在生產的最前線了。

【本市訊】交通紡織廠，近來生產量激增，由日產布十餘疋，增至卅疋。中等織布每日每人由六兩增至十四兩，打紗由每日二斤增至四斤。上升原因有：工資法變更，按件給資，生活條件改進，而重要者乃係在迎接「五一」號召下大家特別興奮。

又訊：新華化學廠發起學習競賽以後，一週來已作到每日學習三小時，發揚到課，集體自習。工人們說：「過去覺得自習時間太長，現在反到不夠用了。」有的說：「在競賽中消滅了火氣，不再吵嘴了。」「我們在學習競賽中反倒增加了生產，鬆散了生活」

【綏德訊】洛河灘各工廠為了迎接「五一」勞動節，提高生產熱忱，已按照各廠不同的工作，規定出生產競賽辦法，及勞動英雄的標準，並成立評判委員會。在獎賞方面，分團體及個人兩種。個人頭等獎洋卅二元，二等廿五元，三等廿元，四等十五元，團體獎以按期完成生產量並超過百分率為標準，予以獎旗，錦標分為第一二三四四等。

綏德籌備紀念革命五月

神府縣議會實行三三制

中共參議員退出三十三人

各界學習動態

冀中區一年來中小學教育有發展

他們是怎樣學習的？

介紹甘泉縣級幹部教育

一得書

召開區鄉主席會議

民政廳學委會改組

同宜耀一區開荒超過兩千畝計劃

鄜縣派員下鄉檢查春耕

財政學會在渝成立

全國警察機構

中共中央发布关于五一节的指示

【新华社延安二十二日电】五一劳动节快到来了，中共中央特于昨日发布关于五一节的指示，全文如下：今年五一正当国际反法西斯斗争及中国人民抗战均已进入严重阶段，因此今年纪念五一必须与国际工人阶级反法西斯斗争及我国人民坚持抗战克服困难的斗争密切联系起来。同时应根据党中央及毛泽东同志整顿三风的号召来改造各根据地工会工作，深入肃清职工运动中的主观主义，宗派主义，党八股的思想方法与工作作风的残余。在职工运动中主观主义主要表现于不估计今天根据地职工运动的环境：经济落后工业缺乏的农村，敌人反复扫荡的战争环境，新民主主义的政治经济的特点，硬将产业城市职工运动的一套办法搬到根据地来，不管有无工人及有多少工人，在乡村中普遍建立工会，有些地方甚至建立各种产业和职业总工会，并进行尖锐对立的斗争，这就是职工运动中主观主义的实质。职工运动中的宗派主义，主要表现于：某些工会中党员包办工会。当工人群众尚未发动起来时，派员发动工人组织工会是正确的，但工人群众已经起来，就应当实行民主选举工会领导机关；吸收非党职工参加工会领导机关中工作，然而，不少工会工作的党员仍继续包办的作风，以致造成某些工会脱离群众的现象。职工运动中的党八股表现于工作计划宣传教育的不切实际，特别在教育方面，在某些公营工厂工人教育中，不问对象，夸夸其谈，大讲经济学，马列主义，哲学，而轻视与业务有关的技术教育，忽视反对行会主义思想及工人中某些狭隘思想的教育工作。为克服职工运动中主观主义，宗派主义，党八股的残余，第一必须进行客观环境的调查研究，研究具体的工作环境，研究劳资关系在抗战中的变化，分别研究每个资本家和雇主，研究公营工厂管理制度和生产技术的改进，研究工人成分在抗战中的变化；第二必须注意吸收工人中积极分子，特别是熟练工人参加工会工作，发扬工会民主作风，吸收他们检查工会工作，只有经过他们才能团结全体职工。为着吸收熟练工人积极分子到工会工作，在工会领导机关中，应实行共产党员最多只占三分之一的三三制；第三必须克服空洞的工作作风及夸夸其谈的教育内容、方式，方法、去教育一般工人群众。整顿三风是改变思想作风的长期斗争，并不是经过一个五一动员就能解决问题的，而只是经过五一动员作为我们工作的开始。因此进行这一工作必须有充分的领导和组织，各级职委和工会党团必须根据中宣部决定与实际情况规定自己学习检查工作的计划。我们着重指出，整顿三风，必须与目前抗战动员配合起来，在目前抗战形势日益困难，敌人反复扫荡的战斗日益残酷，需要我们具有百倍坚定的信心和斗争意志，动员工人群众积极参加武装组织，和各种生产建设，克服这一困难局面，只有这样去纪念五一才有实际意义，否则将会变成应景式的纪念。五一纪念仪式，应以节省人力、物力为原则，各根据地可按照当地情况召集五一群众纪念大会或晚会。上述工作执行情形望随时电告中央职工运动委员会。

四月二十一日

解放日报	时间	1942-4-23	期	第341期
			版	第2版

朱总司令视察南泥洼农场工厂

【本报讯】朱总司令于上星期往南泥洼，视察该处农场及工厂，二十日已返抵延安，记者于二十二日往访，叩询此行观感，朱总司令说：“南泥洼为陕北的江南”，该处气候和南方颇似，森林茂密，风景幽雅，小河中游鱼往来。后勤经建部的造纸厂，现在有八个池子，工人七十余人，每天可出纸二千五百张，最近准备扩充到十六个池子，每日可增产纸至五千张，农场生产，今年准备种玉米、麻、洋芋、水稻等，该处畜羊有三百只，四十多头牛及鸡鸭等很多，此外各单位仍有木工厂、菜地等，商业已亦开始繁盛。从前该处居民不少，内战时期曾一度为土匪占据，弄得民不聊生，八路军镇守陕北后，始有今日状态，且日益发展。

在參議會大禮堂舉行

邊區幹部學習動員會

任弼時高崗兩同志指示研究方法

【本報訊】邊區各機關，已於廿日起開始閱讀中央宣傳部所指定的廿二個文件，第一、政軍民各個與總學習委員會，均已成立；各機關單位的學習委員會亦開始工作。廿一日下午，在參議會大禮堂舉行邊區幹部學習動員大會，邊府李副主席、柳實踐諸同志均到席參加。

【本報訊】任弼時同志向邊區二千餘幹部……

邊區各級機關

開始閱讀廿二個文件

討論精兵簡政

一科長聯席會

【本報訊】一科長聯席會大會上討論「精兵簡政」問題時，邊區參議員霍子樂先生……

鄜縣在職幹部

學習仍有缺點

適當教材不夠

朱總司令

視察南泥灣農場工廠

【本報訊】朱總司令於上星期往南泥灣，視察該處農場及工廠，廿日已返延安……

華北新華日報等

審判新聞

通訊中之黨八股

邊府政務會議決定

成立延安防疫委員會

邊府通知

勞動節放假五天

後勤工業局長飭各工廠現狀

邊府重申前令

農忙期減少動員

晉西北反掃蕩中

幾則英勇故事

鼻子可割

話不可說

關中報兩週年紀念

嚴格檢查過去缺點

確定今後編輯方針

歡迎軍政考察團延安組

留守兵團直政

學聯休會員

週內抽獲一萬個

黨的生活

怎樣閱讀整頓三風的文件？

我對中宣部「四三」決定的認識

樹棠

晉察冀黨校的特點

柏銘

四月十二日

一得書

煥南

一語之差

四月十七日

兩條腿

解放日报	时间	1942-4-27	期	第345期
			版	第2版

振华纸厂分厂民主讨论工资估价

【甘泉讯】振华纸厂分厂日前举行工资估价讨论会，用民主方式决定每人工资。学徒叶启发、白寅之、侯立民升为工人，估定每月工资一百元。其他工友工资，亦有重新估定者。会场讨论甚为热烈，晒纸组长谢川运首先谦逊地说："我虽然担任了小组长的责任，但因技术较差，本身份内的任务，尚差一点未完成，节省原料和工厂清洁、卫生方面做得也不够，望各同志不客气的批评！"因为谢川运平日工作热忱很高，学习、待人接物都能为全组模范，本月工作虽未全部完成，原因却是为了检查和帮助组员工作而耽误了时间，情有可原，因□［此］决定将他的工资一百四十元减少二元，作为惩罚。学徒叶启发、白寅之等进厂不久，工作积极、遵守劳动纪律，技术进步较快，所以决定升为工人。在这次会议里，不仅根据各个人的实际工作情形，经过民主讨论，决定所值的工资，而且在讨论中，也较深入地检讨到各人几月来技术进步、学习情形，给予各个工友帮助不少。会后，全厂生产情绪，大为提高。

努力完成開荒計劃

延安縣金盆區已完成三分之一

共產黨員影響羣衆積極生產

延縣川口區開荒成績甚差

子長檢查春耕工作

西北局宣傳部指示 各支部保證學習計劃完成

綏德市第一圖書館 改爲子洲民教館

清澗駐軍 展開文化學習運動

整頓學風黨風文風

（上接第一版）

毛澤東

綏德專署醫務所 成立防疫委員會

延市政府頒佈 新度量衡實施辦法

振華紙廠分廠 民主討論工資估價

延安市青市學聯召開 四屆中國青年節籌備會 確定紀念辦法

兩個世界的分野

——敵後通訊

高詠

英機繼續出動襲法北部 亞貝威勒展開空戰 捷克兵工廠亦被炸

地中海上英擊沉敵艦三艘 軸心機活躍蘇彝士地帶

中英訂協定 改善華籍海員待遇

解放日报	时间	1942-4-28	期	第346期
			版	第2版

工会会员成分变化关中工会进行调查

【关中讯】分区工会为着彻底了解工会会员阶级成分的变化，特详尽调查新正三区三乡四十二个会员（多为手工业工人及雇工）的状况。该乡为经过土地革命的地区，革命前他们的成□［份］是中农（兼工人）二，贫农及佃农各（兼工人）十五，雇农及专门手工工人各五；他们的自耕地占所耕地百分之二十三，其余均为租地当地；耕牛三十七、驴十一、羊五十只。数年来由于边区□设猛进，农村生产力向上，他们的成分已起了很大变动，计中农二十二，贫农十四。佃农雇农各一，手工工人四，自耕地占总耕地百分之九十，租地当地合占百分之十；计有耕牛六十五，驴十六，骡一，羊九十三只。调查结果，工会认为有些会员已□适宜参□工会，当劝二十二人脱离会籍；另吸收四个工人参加，现该□共有会员二十四名。

邊參會常駐會即行召開

安副議長等同車抵延

邊區學習總委會組巡視團檢查學習

春假期間研究工作照常

延安新市場商人舉行時事討論會

工會會員成份變化

關中工會進行調查

【本市訊】分區工會爲着調查了手工工會會員成份的變化，曾調查新正三區三鄉四十二個會員（多爲手工業工人及雇工）的狀況。該地爲經過土地革命的地區，革命前他們的成份是中農（僱工人）二，貧農及佃農各（雇工人）十五，「農及專門手工工人各五；他們的自耕地佔所耕地百分之廿三，其餘均爲租地當地；耕牛三十七、驢十一、羊五十隻。數年來由於邊區……

黨的生活

我怎樣學習黨的文件

記筆記的幾種方式

劉敏

英勇的青年

河防戰鬥片斷

小星

文化教育版

清涼山

發洋財受洋罪

作家魏伯代理米脂抗救主任

雨後觀春耕

春耕的現階段

莫艾

文件研究熱潮

怎樣精讀？

郭衡

意外的收獲

邊師

留守兵團

西北黨校　青救會

部隊

三五九旅研究

魯省漁業遭敵摧殘

專署幫助漁民改業　發動武裝保衛漁區

總動員法五五施行

小言論

突擊開荒

解放日报	时间	1942-5-1	期	第349期
			版	第1版

边区各界热烈纪念五一节

文化沟举行纪念大会

【本报讯】今日为国际劳动节，边区各工厂、机关、学校及公营商店等，均一律休假。延安市各工厂工人，并于下午二时，齐集文化沟广场，集会纪念。上午并举行工人运动会，有球类比赛等节目，地点亦在文化沟广场。安塞等地工厂，亦分别举行纪念大会，并选举劳动英雄。据边区总工会负责同志谈：今年纪念劳动节的精神，是增加产量，提高质量，巩固边区，并加强学习，争取抗日及全世界反法西斯的早日胜利。

【本报讯】火的五月已经到来，延安各机关、学校，除个别因工作关系外，均放假五日，集中力量学习党中央所规定的二十二个文件，边区学习总会并将在此时间，协同各学习分会，举行测验，故五月节乃学习之突击节。

中華民國三十一年五月一日　星期五

解放日報

日一月五年一十三國民華中　號九四三第　號大一版出日今

社址：延安解放日報社　每月六元　零售二角　本期

本報啟事

五一節本報休假一天。二日停報。三日照常出版。此啟。

曾國：三幕劇

帥嘉人（?）

西北文藝工作團演出

地點：邊區參議會禮堂

時間：五月一日至十五日

晉察冀我軍連戰皆捷

攻克博野蠡縣完縣

冀南敵採取「鐵壁合圍」戰術

代論　戰鬥的五一紀念

弼時

法國西職工會　五一宣言

晉察冀東線戰鼓雷鳴

敵軍近萬大舉寇邊

我軍民緊急動員加緊學習備戰

真理報五一社論

蘇聯千百萬勞動人民以新的成功迎接五一

今年完全擊敗希特勒

邊區各界熱烈紀念五一節

文化溝舉行紀念大會

【本報訊】今日為國際勞動節，邊區各工廠、機關、學校及公營商店等，均一律休假。延安市各工廠工人，定於下午二時，齊集文化溝廣場，集會紀念。上午並舉行工人運動會，有球類比賽等節目，地點亦在文化溝廣場。安塞等地工廠，亦分別舉行紀念大會，並選舉勞動英雄。據邊區總工會負責同志談：今年紀念勞動節的精神，是增加產量，提高質量，鞏固邊區，並加強學習，爭取抗日及全世界反法西斯的早日勝利。

【本報訊】火的五月已經到來，延安各機關、學校，除個別因工作關係外，均放假五日，集中力量學習黨中央所規定的廿二個文件，邊區學習總會當將在此時間，協同各學習分會，舉行測驗，故五月節乃學習之突擊節。

晉東雁北村選完成

中央对晋东南抗日根据地职工运动的指示

北方局转晋东南党委：党委工委报告，已收到，内容很好。希望以后根据中央调查研究决定，深入调查各种具体情况，经常报告，以便向你们提供意见。在报告中证明职工会工作有了很大进步，并向深入工作方面发展；但另一方面，尚有许多弱点，主要表现在对抗日根据地的基本特点（战争，农村，新民主主义政权）认识不足，因而对劳动政策了解不深刻，工作缺乏中心和经常性，党政军民关系有些不正常，所以职工会工作还不够深入巩固，望工委考虑下列意见，改进职工会工作：一、关于工资问题：敌占区高于我区的工资额，是因为敌占点线平原交通便利，工业品来源较易，而某些农产品价格则较我区高，因此一般生活水准亦较我区高。我区经济落后，且不断受敌破坏掠夺封锁。因而，相对的名义工资必然高于我区，此种现象，敌我形势未根本改变前是很难彻底转变的，就在平常状态农村工资也低于城市工资的，因此，我们不能采取提高工资与敌竞争劳动力的政策。在我工作不深入，党政军民关系不正常，敌人高价吸收工人下，部分劳动力的外流是必然会发生的。我们只有深入群众工作，团结职工，提高政治教育，适当改善工人生活与社会地位，改善党政军民关系，从政治上来对抗敌人的奴役政策与引诱政策。由于战时的破坏，根据地生产缩小，而需要则增加，因此在根据地内把战前生活与现在比较作为改善工人生活标准是不妥当的。目前改善工人生活，只能依据战争环境及各地生产及生活水准之不同，来规定工资。农村成年工人，一般以维持本人生活外，还能养活一个人为原则。因此规定各地同等的工资是不可能的。公营工厂工人工资如果把各种优待价值算入工资之内，则实际工资并不比农村工人低得多少。至于某些公营工厂工资稍低于农村工人工资的原因，是由于公营工厂的生产主要不是为了营业获利，而是为了战争的需要，加上抗战经费的困难，在长期战争环境中，此种现象是很难免的。因此，职工在军事工业及公营工厂中工作，是一种抗战义务性的光荣劳动，党的支部和工会应在这一方面做深入的解释工作，加强政治教育，提高职工政治认识与技能，改善其社会地位，协同党政军改进工厂管理方法，发扬民主，调剂职工关系，在可能范围内改善物质生活，来团结职工安定工人生活。减少工资问题的纠纷，最好采用物品本位的工资制，为了提高生产效率，仍以计件制为宜。二、农村劳资关系问题：农村雇主不愿雇用工会积极分子，多找小山沟出来的落后农民，或少年工人的现象，除某些雇主抱有恐惧工人斗争心理之外，同时由于工会会员中积极分子，各种会议活动时间过多，耽误生产，甚至恃势凌人，要求过高，此种现象若不改正，不仅雇主不雇工会会员及积极分子，而且将降低农村生产，妨害工人团结，养成工人惰性，造成工人失业，工会脱离群众等危险。雇工积极分子所提出的“多种，早锄，多收好抗日”的口号及生产互助小组，应广泛宣传与实行，才能发展生产，改善工人生活，协调劳资关系。对于企图利用我们政策的改正，而向工人进攻的雇主，（如多分配雇工负担等）应根据具体事实，进行调解，必要时请求政府仲裁。总之，我们必须从劳资双方均能获益为原则，去适当改善工人生活，照顾各阶层利益的观点出发，坚决克服狭隘的行会利益的思想。三、关于工时问题：一切公私工厂作坊必须依据中央的指示，实行十小时工作制，至于雇工手艺工人亦只能按原来的生产习惯，酌量减少一二小时，工会开会及开短期训练班，应于例假休息时间举行，不能占用生产时间，还须遵守劳动纪律，及劳动合同，以便发展生产，维持劳资双方友好关系，保障团结抗战。四、职工负担与支差问题：应执行政府各阶级公平负担的政策，但因职工没有副产，其免征点可以在保证维持职工生活条件下，可提交当地参议会讨论，以减轻某些生活特别困难之职工的负担。因雇工劳动既已出卖给雇主，其支差应属于雇主方面，但战争动员，则一切职工，应一律执行。五、职工会的组织形式：主观地把产业城市的组织形式机械的搬到农村来，如你们在地方总工会下成立各业总工会，（产业的、矿工的）一县之内成立矿工会，产业工会，直属各业总工会的领导，显然是不适当的。（至于某些县份矿工集中较多者则仍可成立矿工产业工会）因为地区辽阔多山的农村中，工人稀少已不易领导，再加组织上的分离，不管在组织上深入工作上，都是不利的。农村中的零散矿工与雇工羊工，应统一于县工会之内，直属于总工会领导，否则不仅浪费人力金钱，而且会使工会成为形式主义，脱离实际，障碍深入工作。工委应提交各业总工会的代表大会，向群众解释清楚，改变上述组织形式，把工作交由总工会执行，各业干部则参加总工会的领导。至于按行政系统组织的产业联合组织,(如后勤军工行署等)为适合党政工的配合，仍可以保存，直属总工会。此种组织的改变，不是削弱产业工人工作，而是加强总工会对产业工会矿工工会的领导。六、职工会的主要工作任务：职工会应以提高劳动热忱，严守劳动纪律，提高职工技术，保证生产，适当改善工人生活，党政工会必须协同进行政治文化技术教育，根据工人具体特点，决定这三种教育的分量，使生产与学习适当的配合起来，以安定和提高工人的生产情绪。工会教育工作，及日常活动应注意时间的节制与工人兴趣，除工厂煤矿，必须单独进行工作外，一般应集中于村镇：民革室民众学校及各救共同活动，调剂各救关系，纠正借口在加强无产阶级领导口号之下，工会工作突出和骄傲现象，工会会议至多一月举行一次，内容着重抗战工作，劳动政策的检讨，鼓励学习发展生产，教育的中心则以学习技术识字为主。工人武装组织，均应集中于武委会领导。工会应积极参加武委会工作，工会内不应单独成立武装部及单独之部队。工会工作应尽量发挥民主，在组织与领导上，必须反对共产党员包办的现象。在各级工会领导机关，应实行共产党员与一般工人之比例只占三分之一的“三三制”，尽量吸收不脱离生产的工人积极分子参加各级领导机关，使群众与领导机关的联系更加密切。为实行精兵简政方针，节省人力物力，工会应尽量培养不脱离生产的干部，向减少职业干部方向发展，职业干部应以少而精为原则。严格建立在职干部学习制度，学习内容政治方面以党的政策，政府法令，职运历史策略及实际调查的研究为中心。日常教育应以提高生产技术及文化水平与科学知识为主。一般干部训练，工会不必单独办训练班，必要时可在党校及其他学校设立职干班，其教育内容，亦应以上列科目为原则。某些工会组织与军政民关系不甚融洽的现象，工会应自主的力求改善，克服狭隘的偏见，凡不能直接解决的问题，可会商召集适当的联席会议解决之，这是今天晋东南职工会急待解决的问题。

四月二十四日

中央對晉東南抗日根據地職工運動的指示

北方局轉晉東南黨委：

一、關於工資問題：

二、農村勞資關係問題：

三、關於工時問題：

四、職工負担與支差問題：

五、職工會的組織形式：

六、職工會的主要工作任務：

四月廿四日

新文字幹部學校　新文字報社

文抗作家進行文件研究

丁玲劉白羽等任學委

中央印刷廠工會廠方訂集體合同

改善工人生活嚴明勞動紀律

提防敵機來襲

華僑毛織廠生產競賽成績揭曉

暴思敬等當選為勞動英雄

綏德大光紡織廠五一競賽產量提高

延安紡織廠獎勵勞動英雄

黨的生活

延大

誰學習得最好？（下）

中央黨校

管理局

國際報導社

慶陽市籌開青年節反法西斯大會

解放日报	时间	1942-5-1	期	第349期
			版	第2版

中央印刷厂工会厂方订集体合同

改善工人生活严明劳动纪律

【本市讯】中央印刷厂订立职工会及厂方集体合同，于四月份公布。该合同系根据发展战时生产，保护工人利益，提高劳动热忱，并便利双方工作进行之原则。内容包括工作时间及休假、工资、女工童工、学徒职员、待遇、劳动纪律及管理规则等八章。该合同已经总工会批准，自一九四二年四月份起发生效力。（一）该厂工作时间为每日十小时如遇抗战需要自愿作义务工者不受限制；额外工作之工资，以八小时作一全工计算；额外工作时间每周不得超过十五小时；夜班工作时间为八小时；休假日除星期外，规定元旦、春节、“二七”纪念、“五一”国际劳动节、“七七”抗战纪念日、国庆日及政府通知休息之纪念日均为假日，此外并规定每年休息两星期，不休息者发给例假工资。（二）工资系采用实物货币混合制，工人货币工资依工人技术高低、熟练程度、劳动强度、热忱及来厂年龄为标准；每半年估价一次，估价委员会由厂方与职工会共同组织。实物工资包括伙食及衣服除实物工资外，工人发给货币工资三十五元至六十元。（三）女工童工方面：十四岁至十六岁为童工，童工工作时间为八小时；禁止十四岁以下之男女从事劳动；禁止孕妇、哺乳妇及童工从事夜间工作；女工于分娩前后给假两月，工资照发，并应依据政府之规定给予产妇津贴费。（四）学徒职员：学徒学习期限为二年，学徒在学习期间技术进步特别迅速者，职工会得商请厂方缩短其学徒期，或予以精神上、物质上之奖励；学习期满后，根据其技术规定工资。（五）待遇：厂方应为职工会设置俱乐部、课堂及工会办公室之场所与设备。厂方应为工人设备宿舍及必需用具，如门锁、床板、桌、凳、灯、油、水、壶、冬季御寒炭火等；在工作时间内工人参加上级工会或其他重要会议，经由厂方准许者，在开会期间内之工资照发，厂方不得无故开除工人学徒，如开除时须经职工会之同意，并须在三天前通知职工会，以便提出意见；厂方应为工人设立医务所及托儿所；工人学徒疾病时，医药费应由厂方负责，病重休息者，须经医生之证明，病愈时保持其工作位置；此外工人学徒因病死亡，因公受伤而不能工作或因而残废者，均给予抚恤金等。(六）劳动纪律及管理规则：职工会有维持劳动纪律之职责；厂方为整理工作秩序，得制定管理规则，此项规则不得与集体合同有所抵触！职工学徒如不能遵守劳动纪律及管理规则时，厂房得按情节之轻重予以处分。不经请假手续而无故不工作者，作旷工论；若职工学徒有捣毁工厂设备、侵害工厂财产、法权时，应受法律之制裁。

中央對晉東南抗日根據地職工運動的指示

北方局轉晉東南黨委：黨委工運報告，已收到，內容很好。希望以後根據中央勞委研究決定，深入分析各種具體情況，經常報告，以便向你們提供意見。在報告中證明職工會工作有了很大進步，並向深入工作方面發展；但另一方面，仍有許多弱點，主要表現在對抗日根據地的基本特點（戰爭，農村，新民主主義政權）認識不足，因而對勞動政策了解不深刻，工作缺乏中心和經常性，黨政軍民關係有些不正常，所以職工會工作還不夠深入發展。望工委考慮下列意見，改進職工會工作：

一、關於工資問題：

二、農村勞資關係問題：

三、關於工時問題：

四、職工負擔與支差問題：

五、職工會的組織形式：

六、職工會的主要工作任務：

四月廿四日

新文字幹部學校 新文字報社

文抗作家進行文件研究 丁玲劉白羽等任學委

中央印刷廠 工會廠方訂集體合同 改善工人生活嚴明勞動紀律

提防敵機來襲

黨的生活

延大 怎樣學習得最好？（下）

許曠大

中央黨校

留政

中央黨院

管理局

華僑毛織廠 生產競賽成績揭曉 暴思敬等當選為勞動英雄

綏德大光紡織廠 五一競賽產量提高

延安紡織廠獎勵勞動英雄

國際報導社等

本報綏德通訊站

慶陽市籌開青年節反法西斯大會

更正

华侨毛织厂生产竞赛成绩揭晓

暴思敬等当选为劳动英雄

【本报讯】边区各工厂热烈纪念“五一”声中，本市华侨毛织厂亦以生产竞赛来迎接“五一”，四月十五日厂方和工会共同召开纪念“五一”动员大会并组织了竞赛委员会，订出竞赛条约（已志数天前本报）与给奖标准：头等奖一百分，奖金二百元，二等奖九十分，奖金一百五十元，三等奖八十分奖金一百二十元，四等奖七十分，奖金八十元，五等奖六十分，奖金五十元，竞赛期是四月十六日到四月三十日，并在五月一号二号放假二天，以资恢复竞赛后的疲劳。

【本报讯】华侨毛织厂于四月三十日结束竞赛，在竞赛的最末一刹那，工友们仍用白热化的生产热忱和最高的生产速度来争取劳动英雄。暴思敬得一百分的，是这次竞赛委员会一致公认的劳动英雄；在半个月的生产竞赛期中，他织出了五十七条半毛毡，其中五十条半是甲等货，只有二条是乙等货，质量好，数量超出了竞赛范围。最主要的是他对生产竞赛认识好，他完全遵守了竞赛中六项条约。樊富贵和姚盖娃生产的质量和数量也非常好，但是他们背地里发过牢骚，根据竞赛条约第六条，扣三分，得九十七分的头等劳动英雄。常敬德是合股组最好的一个，他很努力忠实于竞赛，但他只顾到生产，却忘了学习，犯了竞赛条约第三条，扣了十分，结果他归入九十分二等劳动英雄勇陈任是一个小脚老婆婆，她生产的数量和质量虽无特殊的好，但他生产的热忱很高，学习很努力，遵守竞赛条约，有一天她对李厂长说：“今天我不去上课，因下雨，地滑得很，我脚小爬不了山”，然而她偷偷地溜到工厂去工作（工厂是平房）以补过失。顽皮天真而可爱的青工郭联恩，他是导线股的，半个月他导线四百七十三斤，质量都好，遵守竞赛条约，学习又好（学习班长），给二等奖，计这次得奖的劳动英雄还有梁常钟，蔡永基，杨又福，侯长水，任自明，王金海，郝满厚，王荣海等。

【本报讯】华侨毛织厂的前身是纬华毛织厂，现在每日出产量日益增加，质量也在提高中，而且还有新的发明，如弹毛机上的钢珠瓦坏了是不能买到和修理的，袁金发同志已研究出了修理的办法，而且和原来一样的好用，这对被封锁着的边区，在弹毛的事业上有很大的帮助，因此将由厂方另拨奖金奖励他。

中央對晉東南抗日根據地
職工運動的指示

北方局轉晉東南黨委：

〔根〕據報告，已收到，內容很好。看完以後根據中央調查研究決定，深入〔了〕解各種具體情況，經常報告，以便向你們提供意見。在報告中證明職工會工作有了很大進步，並向深入工作方面發展；但另一方面，有許多弱點，主要表現在對抗日根據地的基本特點（戰爭，農村，新民主主義政權）認識不足，因而對勞動政策了解不深刻，工作缺乏中心和經常性，黨政軍民關係有些不正常，所以職工會工作還不夠深入實際。望考慮下列意見，改進職工會工作：

一、關於工資問題：

[illegible]

二、關於勞資關係問題：

[illegible]

三、關於工時問題：

[illegible]

四、職工負擔與支差問題：

[illegible]

五、職工會的組織形式：

[illegible]

六、職工會的主要工作任務：

[illegible]

四月廿四日

新文字幹部學校　新文字報社

開始研究文件

[illegible]

中央印刷廠
工會廠方訂集體合同
改善工人生活嚴明勞動紀律

〔本市訊〕中央印刷廠訂立職工會及廠方集體合同，[illegible]

文抗作家
進行文件研究
丁玲劉白羽等任學委

〔本市訊〕[illegible]

華僑毛織廠
生產競賽成績揭曉
暴思敬等當選為勞動英雄

〔本報訊〕邊區各工廠熱烈紀念「五一」聲中，本市華僑毛織廠亦以生產競賽來迎接「五一」，四月十五日廠方和工會共同召開紀念「五一」動員大會並組織了競賽委員會，訂出競賽條約（已誌前本報）與給獎標準：頭等獎一百分，獎金二百元，二等獎九十分，獎金一百五十元，三等獎八十分，獎金一百二十元，四等獎七十分，獎金八十元，五等獎六十分，獎金五十元。競賽期是四月十六日到四月卅日，並在五月一號二號放假二天，以資恢復競賽後的疲勞。

〔本報訊〕華僑毛織廠於四月卅日結束競賽，在競賽的結束一個月間，工友們仍用自覺化的生產熱忱和提高的生產建康來爭取勞動英雄。

[illegible]

提防敵機來襲

〔本報訊〕[illegible]

誰學習得最好？（下）

許爾大

黨的生活

延大

[illegible]

中央黨校

[illegible]

留守處

[illegible]

中央…

[illegible]

管理局

[illegible]

綏德大光紡織廠
五一競賽產量提高
延安紡織廠獎勵勞動英雄

〔本報綏德訊〕[illegible]

〔本報延安訊〕[illegible]

國際報導社等
討論國際宣傳事宜

〔本市訊〕[illegible]

〔本報訊〕華僑毛織廠……

[illegible]

本報綏德通訊員
舉行擴大小組會

〔綏德訊〕[illegible]

慶陽市舉開
青年節反法西斯大會

〔慶陽訊〕[illegible]

更正

[illegible]

解放日报	时间	1942-5-1	期	第349期
			版	第2版

绥德大光纺织厂五一竞赛产量提高

延安纺织厂奖励劳动英雄

【本报绥德讯】某旅各工厂，为了迎接国际劳动节，特举行大规模之“五一竞赛”。曾于月初在西山寺开生产人员会议，根据各厂、所不同的工作，规定竞赛标准，及劳动英雄创造办法，并成立评判委员会，奖励规定有团体奖，个人奖及技术创造发明等奖。自竞赛公约宣布以后，各厂即掀起如火如荼的竞赛运动。记者曾参观过大光纺织厂，生产量已大大提高。在未竞赛前，布织排最多每日织布四十块（每块五十二尺），现在每日织布六十二块。打线子以前每日有打四把者，现在最少日能打线子五把，如女工霍桂兰同志，一天能打十五把。打幅子的余树兰同志，日打十斤。织布的冯玉朋，日织三块，刘仁日织毛巾七打之多云。

【本报延安县讯】延安县纺织工厂，在纪念“五一”节时，将由俱乐部、工会领导集会选举劳动英雄外，并请专人报告工人在今日的任务。该厂共有直接参加生产的工人五十三人。厂方已拨出奖金二千元，分别奖励平常生产积极的劳动英雄。

【本报延安县讯】延安纺织工厂十七岁织袜女工贾宝珍，劳动积极，经常保持日产袜子两打半的记录，且质量甚佳，她所织出来的每一双袜子，从无窟窿。她在十四岁的时候，就在延安市白家坪染织合作社做工，那时她被家中卖给人家当童养媳，备受虐待，在工厂做工后经济逐渐能够自立，遂能脱却牢笼，因此，她认识到边区的好处，在公家加紧生产的号召下，努力工作，“用来报答边区”。记者曾周观该厂各部，每个部分的工人都一致称赞她：（一）生产量多；（二）工作热心，质量好；（三）尽心指导学徒，帮助学徒；（四）遵守劳动纪律，从不迟到早退；（五）对人态度好，不耍脾气。该厂首名英雄，全厂工人都已准备选她。

中央對晉東南抗日根據地職工運動的指示

北方局轉晉東南黨委：已收到，內容很好。希望以後根據中央調查研究決定，深入調查各種具體情況，經常報告，以便向你們提供材料。在報告中說明職工會工作有了很大進步，並向深入工作方面發展；但另一方面，[illegible]

一、關於工資問題：

[illegible]

二、農村勞資關係問題：

[illegible]

三、關於工時問題：

[illegible]

四、職工負担與改善問題：

[illegible]

五、職工會的組織形式：

[illegible]

六、職工會的主要工作任務：

[illegible]

四月廿四日

新文字幹部學校　新文字報社

開始研究文件

【本報訊】新文字幹部學校和新文字報社，日前舉行動員大會，開始整頓三風學習，並歡迎黨外人士參加者極為踴躍。

中央印刷廠工會廠方訂集體合同

改善工人生活嚴明勞動紀律

【本市訊】中央印刷廠訂立職工會及廠方集體合同，於四月份公佈。[illegible]

文抗作家進行文件研究

丁玲劉白羽等任學委

【本市訊】[illegible]

黨的生活

誰學習得最好？（下）

許　嘯大

延大

[illegible]

中央黨校

[illegible]

中央醫院

[illegible]

管理局

[illegible]

提防敵機來襲

【本報訊】[illegible]

華僑毛織廠生產競賽成績揭曉

暴思敬等當選為勞動英雄

【本報訊】[illegible]

綏德大光紡織廠五一競賽產量提高

延安紡織廠獎勵勞動英雄

【本報綏德訊】[illegible]

【本報延安訊】[illegible]

本報綏德通訊員

擴大小組

[illegible]

更正

[illegible]

慶陽市籌開青年節反法西斯大會

【慶陽訊】[illegible]

【子長訊】[illegible]

解放日报	时间	1942-5-3	期	第350期
			版	第1版

延安各界齐集文化沟热烈兴奋纪念“五一”

朱总司令等号召增加生产

【本报讯】前天是五一国际劳动节，延市各界三千余人，于下午四时，齐集文化沟广场，举行纪念大会。出席大会各业工人之精神，一致贯注于加强技术教育，提高生产效率，以克服困难，迎接光明，争取民族解放战争之胜利，为今年工人奋斗的目标。主席高长久同志在说明国内外形势后，提示工人提高警惕：在光明快要到来之前，进程更是困难，工农同志应增进生产，努力春耕，以巩固边区。朱总司令勉励工人多做工，多造枪弹，即多消灭敌人。边区工业已从无到有，今后应从有到扩大，然后才能巩固边区，求得抗日战争的胜利与工人阶级之解放。“边区工人是替自己做工，和其他各地的工业情形有本质上的不同。”朱总司令盛赞兵工制度，因为他们的生活待遇和普通兵士一样，但对于生产的贡献颇大，“这些都是工人中的模范。”边府李副主席说为了战胜日本法西斯，中国的无产阶级、资产阶级应很好地团结起来，增加生产。李市长及日本友人市川常夫讲话后，并通过告全国同胞书。

【本报讯】五一劳动节纪念大会的会场上，旗帜飘扬，每一个工人均显出无限的兴奋。在大会未开会前，记者曾坐在地上和工人攀谈，新华化学厂工人程肇继学习三年。现已是一个熟练的工人，据他说所以能够这样的原因，是工厂里有业务学习的规定，他学的是化学，学理与实际的结合，故使技术进步甚快。总政木工厂工人张福年，他说他们的工作虽然从早到晚，每日工作十小时以上，“但是，我们是为自己的阶级——无产阶级而奋斗”，故工作甚为愉快。他们全厂的工人，对于朱总司令增加生产的号召，都切实在工作上响应。土石工人张鸿发，他是一个在边区内外往来流动的工人，他说边区比其他地方好的原因是，第一是有工可做；第二是待遇优厚；第三是市工会负责介绍；第四是代表工人利益的共产党，“不会让人欺侮我们。”财政厅被服厂苏常德说：我替战士做衣，心底真有无限的高兴，当我做成一件衣服后，就想到它会披在保卫边区的战士身上，我也好像在前方哩！”参加大会的战士们已都穿上了新的单服，王海元指着衣服对记者说，这都是工人给我们缝的，“但是，我们参加五一节的理由不仅这一点大家还有共同的使命，在今天就是一致努力巩固边区”。会场上的三千多人，都充满着兴奋的情绪。

【本报讯】边区工人总数现有六万余人，内农村工人五万一千余人，产业工人有九千三百多人，其中纺织工厂四十八处，二、三五七人；造纸厂十四处，三八〇工人；机器厂十处，一、二六八工人；化学厂六处，三七七工人；被服厂五处，五六六工人；印刷厂七处，五一九工人；鞋厂四处，二三四工人；炭矿二、七七八工人；盐工八二〇工人；油矿工九〇工人；铁矿工八〇工人。此是边区总工会今年三月份根据各地工会的调查所得，没有登记的未统计在内。此项工人均有工会的组织。现总工会组织除各县工会外，直属工厂工会共三十一处，中心工作为实际技术的指示和教育。

解放日報

今日出版一大張　第一〇五三號　中華民國三十三年五月三日

本期零售二角，每月六元，半年卅二元，全年六十元　社址：延安解放日報社

斯大林告全國將士書
宣稱今年擊毀納粹
庫茲尼佐夫亦發表告士兵書
莫卅萬軍火工人電蘇聯致敬

延安各界齊集文化溝
熱烈興奮紀念「五一」
朱總司令等號召增加生產

真理報「五一」社論
春季攻勢將由紅軍發動

敵陷曼德勒臘戍
英人堅信有力收復失地
各方正研討援華新路綫

晉西北文聯
檢查文風

社論
今年完全擊敗希特勒

雁北偽警備總隊長
逃出敵手率部投誠

太行區
紀念五一

我留美航空生

信陽出犯敵
被我圍殲中

軸心合謀孤注一擲
希墨集議薩爾斯堡
商討軍事政治領導問題

解放日报	时间	1942-5-3	期	第350期
			版	第1版

太行区纪念五一

【新华社太行区一日电】太行区各界，今日热烈纪念五一节。各工厂作坊均放假一天，选□盛大纪念会。为迎接这一伟大节日而举行的生产突击竞赛，亦于是日宣布其总结，此外并举行政治文化测验。许多职工会根据中共中央整顿三风的精神，提出整顿“会风”的号召，讨论整顿“会风”的办法。晋冀豫区职工运动领袖齐华同志，并于本日在华北新华日报著论号召“扫除职工运动中的绊脚石。”

GIEFANG RHBAO

星期日　第一版

中華民國三十一年五月三日

解放日報

今日出版一大張　第三五〇號　中華民國三十一年五月三日

本期零售二角，每月六元，半年卅二元，全年六十元　社址：延安解放日報社

舊瓶盛新水

當新的沒有誕生，舊有的形式還必需要利用，此所謂舊形式新內容。邊區出產新華墨水，品質優良，已為一般人士公認，因為缺乏墨水瓶，所以不能普遍供給，最近邊區工業局除了開展化學工業外，並委本部代收舊墨水瓶。每個三元，如欲交換，一個空瓶可以換取墨水二兩。

營業時間每日上午九時至下午四時星期一休息。

聯合商店門市部啓

邊區銀行延安總行啓事

一、五月一日至五月五日特遵政府規定放假五天，以資紀念勞動節。

二、自五月六日起因加強整頓三風的學習，每日營業辦公時間，改為上午從十時起至十二時止，下午從三時起至五時止。特此登報，非時不予接洽，敬祈各界垂督。

四月廿八日

斯大林告全國將士書

宣稱今年擊毀納粹

庫茲尼佐夫亦發表告士兵書

莫卅萬軍火工人電蘇聯致敬

讀理報「五一」社論

春季攻勢將由紅軍發動

延安各界齊集文化溝

熱烈興奮紀念「五一」

朱總司令等號召增加生產

敵陷曼德勒臘戍

英人堅信有力收復失地

各方正研討援華新路綫

晉西北文聯

檢查文風

【新華社晉西北二日電】晉西北文聯定於五四紀念日（該會成立二週年紀念日），邀定各機關文化工作者，

雁北偽警備總隊長

逃出敵手率部投誠

社論

今年完全擊敗希特勒

太行區紀念五一

【新華社太行區一日電】太行區各界，今日熱烈紀念五一節。各工廠作坊均放假一天，並召開盛大紀念會。為迎接這一偉大節日而舉行的生產突擊競賽，亦於是日宣佈其總結。此外並舉行政治文化測驗。許多職工會根據中共中央整頓三風的精神，提出整頓「會風」的號召，討論整頓「會風」的辦法。[illegible]同志，並於本日在華北新華日報著論號召「掃除職工運動中的[illegible]」。

我留美航空生

在麥利桑那州受訓

軸心合謀孤注一擲

希墨集議薩爾斯堡

商討軍事政治領導問題

信陽出犯敵

被我圍殲中

解放日报	时间	1942-5-5	期	第352期
			版	第2版

固林放棉贷三十万元

民众计划大量植棉，鄜县大义区掀起春耕热潮

【固林讯】三十万植棉贷款发下后，固林县民众植棉之热忱骤形提高。规定凡新添种五堆地以上者，可多贷款一百五十元至五百元。只因去年政府征粮较多，民众担负较重，以致有的民众生怕今年公家借贷款名义来作调查工作，待秋收后好征公粮，因此有些农民在表上少填棉地而多图贷款，目的是想解决自己的困难。同时因这些棉花贷款日期离植棉的时间太近，宣传、调查、组织工作都没有布置好，这缺点将日后青苗贷款时的一个教训。

【固林讯】最近固林县下雨一昼夜，民众欢天喜地，嘴里不断哼着地方小调，大家都在忙着翻地播种，计划大量植棉。

【鄜县讯】鄜县大义区各乡掀起了春耕浪潮：二乡前后沟共有四十五家，其中四十二户都参加到生产战线上来，他们组织“扎工互助组”，每组有十余人，现有五个组，计开荒最多的有四十余亩，最少的也有五亩，全乡共开荒地四百余亩，五乡共开荒一百余亩，三乡共开荒地一百余亩。其中有许多模范例子，如卢老汉一人就开荒四十余亩，有新近从友区逃来的难民，他们热爱边区，在短短的时期中亦有开荒十五亩以上的。种树方面：三乡保证每人植树一棵，二乡五百多人，植树五百多棵。四月二十五日天降甘霖。农民纷纷翻土播种。并说：“不怕负担重，就怕不生产”，“不怕生产坏，就怕自己懒”。

本市各界青年舉行「五四」紀念大會

賀師長報告前方青年運動

對延安青年提出五點希望

【本報訊】延安各界五四中國青年節紀念大會，於昨天上午在八路軍大禮堂召開，到延市各機關學校軍隊男女青年二千餘人，大會雖延遲至十一時才宣佈開會，但進行甚為迅速及簡單扼要。主席馮文彬同志之致詞，及一二〇師師長賀龍同志之報告，與會各界青年特別興奮，聆聽報告時鴉雀無聲。

留守兵團學委會三次會議

檢討各單位學習情況

固林放棉貸卅萬元

民衆計劃大量植棉

鄜縣大義區掀起春耕熱潮

【固林訊】三十萬棉貸款發下後，固林縣民衆植棉之熱忱，雖然提高。規定凡新墾棉五垧地以上者，可多貸款一百五十元至五百元。只因去年政府征糧較多，民衆負擔較重，以致有的民衆深怕今年公家借貸款名義來作調查工作，待秋收後好征公糧，因此有些農民在談上少墾棉地而多領貸款，目的是想解決自己的困難。同時因這次借花貸款日期離植棉的時間太近，宣傳、調查、組織工作都沒有佈置好，這缺點將作日後貸款時的一個教訓。

【固林訊】最近固林縣下過一場雨，民衆歡天喜地，喊着不斷呼着地方小調，大家都在忙着翻地播種，計劃大量植棉。

【鄜縣訊】鄜縣大義區各鄉掀起了春耕浪潮：二鄉節後滿共有四十五家，其中四十二戶都參加到生産戰線上來，他們組織「札工互助組」，每組有十餘人，現有五個組，計劃開荒最多的有四十餘畝，最少的也有五畝，全鄉共開荒地四百餘畝。五鄉共開荒一百餘畝，三鄉共開荒地一百餘畝。其中有許多模範例子，如廣老漢一人就開荒四十餘畝，有新近從友區逃來的難民，他們越發賣力，在短短的時期中都有開荒十五畝以上的。領導方面：三鄉保健婦人植棉一畝，二鄉五百多人，植棉五百多垧。四月廿五日天降甘霖，農民紛紛翻土播種。並說：「不怕負損重，就怕不生産」，「不怕生産壞，就怕自己懶」。

忘不了革命好處的人

記模範勞動英雄吳滿有

莫艾

本市將舉行紀念會

「五一二」護士節

政府委員畢光斗老先生參加生產影響群衆

冀中文建會推進文化協助教育

最近確定任務實行改組

防大預防鼠疫

黨的生活

一段筆記

——調查研究決定及「農村調查」序讀後——

石汶

（一）為什麼黨內及非黨工作人員中一向存在着對調查研究注意不夠的嚴重現象？

（二）調查研究注意不夠的現象具體表現在那裏？

（三）怎樣認識調查研究的工作？

（四）中央決定中指出的方法與對象

華北聯大讀閱文件

中国共产党早期新闻史史料汇编

边区总工会召开各工厂工会干部会议

【本报讯】边区总工会召集之各工厂工会干部联席会议，已于昨日开幕，到二十余厂。因早晨下雨，会议程序稍有变更，大会开会前，由后勤工业局、难民工厂、新华化学厂、农具工厂等报告各厂教育工作近况。继由总工会主任高长久同志，报告这次大会意义，指出：在抗战中，每一年中，边区各工厂都涌现了不少劳动英雄。会议在今天时局下举行，是更有伟大意义的，希望会议中，对改进生产提出许多贡献。继续讲话者有中共中央职工会代表李颉伯同志。会议日程规定如下：五日午前揭幕式，下午大会讨论新工资合同，晚上小组讨论；六号上午邓发同志及高自立同志报告，下午讨论及总结，七号朱总司令、李强同志报告，下午讨论如何改进各工厂教育工作；八号上午大会讨论，下午讨论今后各工厂工作方向；九号总结闭幕。

【本报讯】记者于会议中，访晤某厂机器动力组长王希哲，他今年只有二十七岁，十一年前他便在河南等地机器厂服务，他觉得他来到边区后有许多进步，“外面学技术则完靠自己艰苦奋斗，拜托师兄，这边则厂方尽量帮助学习，一面学一面实际做，进步非常全快”。他认为边区工厂最大缺点，有些领导人本身不懂技术，管理工厂等经验也差，“但是他们艰苦奋斗精神，在外面工厂里是看不到的”。谈到生产设计时王同志说“在这里一件物品的原料到制成品，一切都是由工程师去设法，把新的技术，能在边区改造适当应用。”王希哲同志不仅技术上有相当素养，他本身还兼一厂工会分会主任，对工会工作十分积极。

延安各界舉行成吉思汗公祭大典

吳玉章那素滴勒蓋親臨主祭

【本報訊】舊曆三月廿一日（五月五日）爲元太祖成吉思汗春節聚會日，延安各界特於昨日下午一時在蒙古文化促進會成吉思汗紀念堂舉行公祭，儀式隆重。邊府特撥款八千元做爲成吉思汗公祭經費，蒙古文化促進會翻印延安各界紀念成吉思汗專刊，分贈延安蒙古同胞和各機關。另外，新中國、交通、聯合等四商店爲紀念蒙古民族史上偉人——特發出紀念成吉思汗富貴儲蓄券一萬五千元，凡蒙古同胞前往購買者，均以九折優待。

【本報訊】延安各界成吉思汗春祭於昨日舉行盛大之公祭典禮，會堂佈置，莊嚴肅穆，祭堂中央懸掛成吉思汗石膏像，兩側貼着蒙古人民生活風俗的速寫，用柏枝搭成的祭堂中央供奉全羊兩隻，兩側燃點香燭。開祭時，喇嘛三人誦經，百餘蒙古同胞及各機關學校代表均默立堂前致祭。

【本報訊】吳玉章同志和邊府那素滴勒蓋係成吉思汗春祭的主祭人。致祭畢吳玉章同志首先講話：「成吉思汗的功績，爲蒙古人所崇拜，爲世界人士所稱道，他建立過燦爛歐亞的一個大國家，他能團結民族來抵禦外部，始終以不屈不撓的精神和敵人搏鬥，成吉思汗事業的成功，由於他能團結人民，賞罰嚴明，建立了新的社會秩序和正義。今天我們紀念成吉思汗，特別要學習他的團結民族的抵禦敵人的民族主義精神來擊毀我們的敵人。」

其次由那素滴勒蓋以蒙古語講演大意謂：「在今天成吉思汗春祭大會上，我感到非常興奮，過去少數民族在中國是不能被承認是一個民族的，他沒有地位，爲人所輕視，但今天在邊區就不同了，享受自由，受到尊重。我們蒙古人要以成吉思汗的精神來團結各民族，我們蒙古同胞的內部，也要以誠相見，在生產上，工作上，學習上來幫助邊區政府。只要全中國的民族團結起來，一定可以戰勝我們的共同敵人——日本強盜。」

中央黨校規定

學習整頓三風文件計劃

【本市訊】中央黨校關於學習整頓三風文件的計劃，於日前做了補充決定，由教務處通知了該校各支部同志決定原文如下：

關於整頓三風的具體學習計劃與學習廿二個文件的進度與程序茲補充規定如下：

第一步（第一週）精讀及研究中宣部『四三』決定。

第二步（第二週至第三週）正科及預科甲乙各支將廿二個文件全部瀏覽一遍，以概括了解這些文件的大意（預科丙班以下先讀五個文件）

第三步（第四週至第十一週）將所有文件分類逐件精讀，逐件作筆記，深入的研究討論，並聯系及當個人思想及與本身有關之工作等，俾使我們在文件研究完畢後進行達到自我檢討與檢查工作時，有豐富的內容，並且容易作的徹底。

第四步（第十五週至第十六週）進行檢查工作及自我檢討，寫作本期學習總結。

註：在研究文件過程中，一切能記筆記的同志，必須寫筆記，各小組開會時，必須作詳細記錄，各支幹會及教務處將負責隨時檢查筆記，記錄，並且隨時作總結。

這終學習進度列表如下：

步驟	項別（各類如何研究及其所包括之文件名稱）	件數	時間（週數）
第一步	精讀研究中央宣傳部『四三』決定	一	第一週
第二步	正科及預科甲乙兩級瀏覽所有文件，預科丙班以下讀五個文件		第二至第三週
第三步	（分類逐篇精讀）		
第一類	（一）毛澤東同志二月一日在黨校的報告。（二）毛澤東同志二月八日在延安幹部會上的報告。（三）康生同志在延安幹部會上的報告（四）季米特洛夫論幹部政策。	四	第四至五週
第二類	（一）毛澤東同志關於改造學習的報告。（二）中央關於調查研究的決定（三）毛澤東同志農村調查序言二（四）中央關於延安幹部學校決定。（五）中央關於在職幹部教育決定。（六）聯共黨史結束語第二條（七）四軍九次代表大會論黨內不正確傾向第五節。	九	第六至八週
第三類	（一）中央關於增強黨性決定。（二）毛澤東同志在邊區參議會的演說。（三）毛澤東同志論反對自由主義。（四）聯共黨史結束語第四、五、六條（六）陳雲同志論怎樣作一個共產黨員（七）四軍九次代表大會論黨內不正確傾向（減去第五節）。（八）列寧、斯大林等論黨的紀律與黨的民主，（九）斯大林論平均主義。	九	第九至十一週
第四類	（一）毛澤東同志二月八日在延安幹部會的報告。（二）康生同志第二次報告（三）宣傳指南小冊子。	三	第十二週
第四步	再作綜合的總的研究包含（一）重讀毛澤東同志兩次報告與聯共黨史結束語（全部）及季米特洛夫論幹部政策。（二）斯大林論黨的布爾塞維克化十二條，（三）斯大林論領導與檢查。	六	第十三到十四週
第五步	再由中央宣傳部『四三』決定：要依據廿二個文件的精神進行自我檢討與檢查工作寫作黨員個人鑑定，總結本期學習。		第十五至十六週

第三步即第四週學習計劃，定於五月六日開始，並將選擇某些文件合併研究上述文件，亦於時間的規定，因爲於經驗只能是大體的，在將來的學習進程中，也許需要加以伸縮。

中央黨校教育處 五月一日

華池縣 成立文化補習班

[illegible]

研究文件熱潮影響下

總建部過去不願學習者 現亦積極參加

供給部建學習獎懲制度

[illegible]

白求恩醫院 選舉模範護士

[illegible]

邊區總工會 召開各工廠工會幹部會議

【本報訊】邊區總工會召集之各工廠工會幹部聯席會議，已於昨日開幕，因事換下期，會議程序稍有變更，大會開會前，由後勤工業局、難民工廠、新華化學廠、農具工廠等報告各廠教育工作近況，繼由總工會主任高長久同志報告，指出了在抗戰中，每一年中，邊區各工廠都湧現了不少勞動英雄，會議在今天舉行，是更有偉大意義的，希望會議中，對改進生產提出許多貢獻。繼續講話者有中共中央職工會代表李頡伯同志。

會議日程規定如下：五日午前揭幕式，下午大會討論新工會工作；六號上午勞發同志及高自立同志報告，下午討論各工廠教育工作；八號上午大會討論，下午討論今後各工廠工作方向；九號總結閉幕。

【本報訊】記者於會議中，訪晤茎廠模範勞動組長王希賢，他今年只有廿七歲，十一年前他便在河州等地機器廠服務，他覺得他來到邊區技術許多進步，「外面學技術，則完全靠自己摸索鑽門，拜託師兄，這邊則師方面熱心幫助學習，一面學一面實踐，進步非常快！」。他認爲邊區工廠最大缺點，有些原料本身不能生產，「但是他們艱苦奮鬥精神，在外面工廠是看不到的」。談到生產設計時王同志說：「在這裏一件物品的原料到製成品，一切都是由工廠自己負責，把新的技術，能在邊區改造適當應用。」王希賢同志不僅技術上有相當研究，他本身還是一廠工會分會主任，對工會工作十分積極。

怎樣使學校和羣衆的關係密切起來

郭林

[illegible]

市縣簡訊

[illegible]

甘隴道上

隴東行之三

[illegible]

家家戶戶種田忙

[illegible]

「減糧宣傳員」

[illegible]

麥子的折合問題

[illegible]

關中水利

築壩修堤積極建設

[illegible]

平西訓練好細 進行各種活動

[illegible]

興華工廠 四月份生產超過計劃

[illegible]

財部積極實施 煙類專賣

[illegible]

邊區劇協 將出版「邊區戲劇」

[illegible]

體育消息

[illegible]